# 钢铁低碳高能效
# 共性难题技术研发与应用

张永杰　黄　军　编著

北　京
冶　金　工　业　出　版　社
2019

## 内容提要

本书从钢铁行业节能、低碳、绿色高质量转型升级发展出发，结合国内外技术进展及工序三层极限能耗模型的研究开发，总结行业低碳高能效典型共性难题技术的最新研究与开发动态，尝试给出尽可能科学、经济的解决方案。

全书共分13章，主要内容包括钢铁能效的概念及现状、钢铁低碳高能效共性技术、钢铁工序三层极限能耗模型，以及10项钢铁行业共性难题技术的研发案例和解决实施方案，为读者提供近年来钢铁节能低碳行业典型共性技术难题攻克动态与尚存问题。

本书可供从事钢铁行业节能减排的技术人员以及钢铁工程设计、使用和维护的技术人员阅读，也可供从事钢铁行业相关研究的科研人员及相关专业的本科生、研究生参考。


**图书在版编目(CIP)数据**

钢铁低碳高能效共性难题技术研发与应用/张永杰，黄军编著．—北京：冶金工业出版社，2019.9
ISBN 978-7-5024-8211-4

Ⅰ.①钢… Ⅱ.①张… ②黄… Ⅲ.①钢铁工业—节能减排—研究—中国 Ⅳ.①F426.31

中国版本图书馆CIP数据核字（2019）第183930号

出版人　谭学余
地　址　北京市东城区嵩祝院北巷39号　邮编　100009　电话　(010)64027926
网　址　www.cnmip.com.cn　电子信箱　yjcbs@cnmip.com.cn
责任编辑　夏小雪　张登科　美术编辑　彭子赫　版式设计　孙跃红
责任校对　王永欣　责任印制　牛晓波
ISBN 978-7-5024-8211-4
冶金工业出版社出版发行；各地新华书店经销；三河市双峰印刷装订有限公司印刷
2019年9月第1版，2019年9月第1次印刷
169mm×239mm；27.25印张；531千字；412页
**135.00元**
**冶金工业出版社　投稿电话　(010)64027932　投稿信箱　tougao@cnmip.com.cn**
**冶金工业出版社营销中心　电话　(010)64044283　传真　(010)64027893**
**冶金工业出版社天猫旗舰店　yjgycbs.tmall.com**
（本书如有印装质量问题，本社营销中心负责退换）

# 序　一

钢铁材料因其耐温、耐候、高比强度的性能特点，可多次循环利用的生态特征，是现代社会应用最为广泛的结构材料之一，被誉为“绿色经济的引擎”。钢铁材料作为基础材料，不仅在建筑、交通、电力、煤炭、化工、水利等国民经济支柱产业中发挥着“产业之米”作用，而且在国防安全、现代绿色产业中也发挥着必不可少的关键作用。钢铁与现代文明共进步。

高能源使用强度和高碳排放强度已成为传统钢铁生产的明显“短板”。行业专家认为：过去两百年，钢铁工艺技术革命的核心是解决“效率”问题，未来钢铁工艺技术革命的核心应是解决“清洁制造”问题。钢铁企业在转型升级的过程中，必须立足于资源环境现状与行业发展要求，着力持续提升绿色制造水平，不断改善区域环境质量；积极承担社会责任，将产城融合、生态和谐作为企业可持续发展的核心目标。

四十年前，宝钢积极引进节能减排新技术，坚持“消化、吸收、再创新”，坚持循环经济，坚持可持续发展，各项绿色技术指标在国际同类钢铁企业中达到一流水平，有力推动了国内钢铁行业节能环保技术发展。十年前，宝钢在国内率先提出环境经营战略，大力实施绿色产品开发及全生命周期评价，大力推进绿色制造和实施环保节能改造，大力发展绿色产业以及促进循环经济发展，有力推动了国内钢铁企业的社会责任担当。近年来，宝钢正以“共建高质量钢铁生态圈”为时代使命，以“成为全球钢铁业引领者”为公司愿景，践行钢铁企业绿色经济的先行者、绿色生态的守卫者、绿色社会的建设者，大力推进绿色制造，建设绿色、智慧、精品钢铁。

本书是宝钢股份、宝武集团研发人员、工程技术人员和管理者汗水与智慧的结晶，也是宝钢股份、宝武集团大力支持节能低碳研究与创新，搭建全社会关注钢铁绿色低碳技术创新平台的成果总结与分享，体现了宝钢股份、宝武集团作为有高度社会责任感的企业，在推动钢铁行业绿色低碳转型发展中的坚实行动与责任担当。

期待本书的出版，能将国内外从事钢铁绿色低碳的企业及科技人员联系起来，也期待更多有关钢铁行业绿色低碳技术成果的不断涌现，推动我国钢铁工业低碳、绿色、高质量发展。

中国钢铁低碳清洁产业创新战略联盟理事长
原宝钢集团副董事长

2019年8月8日

# 序　二

自铁器时代至今，钢铁作为经济发展、文明构建、社会运行的核心支撑从未被撼动。钢铁产业是国民经济的支柱性产业，是实现工业化的支撑产业，在整个国民经济中具有举足轻重的地位。中国的钢铁工业伴随新中国 70 年的发展，虽然其产量已占全球钢铁的 1/2，国际竞争力不断提升，但高能耗、高排放的行业形象亟须改变，绿色、低碳、高质量、转型发展不仅是钢铁业发展的必然趋势，也应是当务之急。

原宝钢集团、现在的宝武集团十分重视技术创新。正是宝武集团为代表的一批先进钢铁企业，在力行以企业为中心的国家技术创新体系建设中，发挥了中流砥柱作用，引导了一批国际领先的钢铁技术在中国形成，推动了世界钢铁技术进步。记得 2001 年，与宝钢同行结伴前往日本参加国际会议，当时，本书作者张永杰还是年轻的企业工程师，也一道随行；时任日本钢铁学会副会长的浅井滋生教授在樱花树底下谈国际钢铁业重心从欧洲、美国、日韩向中国迁移，技术创新中心也应遵循产业迁移而转移，浅井先生寄语小张，希望中国年轻的学者能接过世界钢铁技术创新的接力棒。20 年快过去了，当年的小伙子也成长为宝钢股份中央研究院首席研究员，欣喜地看到张永杰首席在钢铁低碳高能效技术研发领域所取得的进展与成果。

本书的形成，正是宝武集团一批专家、学者、工程技术人员通过企业国际化技术创新平台，与国内外高校、科研院所、专业技术公司合作，立足开放、自主创新，尝试在钢铁低碳高能效行业共性技术难题研发上取得突破。本书从基于现有能耗指标评价体系的局限性，提出了三层极限能耗概念模型，理论极限能耗、技术极限能耗与实际操作最佳能耗指标，完善和补充了现有的钢铁能源评价指标体系；并针对烧结矿显热、焦炉荒煤气显热、高炉渣显热、铁钢界面能效、高炉煤气二氧化碳捕获与利用、生物能冶金利用与碳汇、钢铁多流耦合分布式能源等十项行业典型共性难题开展了研发实践。本书从局部总结了近年来我国钢铁领域节能低碳研究与创新的成果，凝聚了作者和相关科技人员的汗水与智慧，也从一个侧面反映了我国钢铁企业在钢铁节能减排、低碳技术开发方面的探索与创新，体现了我国钢铁行业在推进超低排放升级改造、践行绿色发展中的责任与担当。

期待本书的出版，并期待更多有志之士能够一同加入到钢铁行业绿色低碳技术创新与技术开发中来，共同推进我国钢铁行业的高质量健康发展和持续繁荣。

东北大学原校长、党委书记

2019 年 7 月 21 日

# 前　言

20世纪初世界钢铁制造中心由英国转移到美国，20世纪60~70年代再转移到日本、韩国，21世纪初到中国，技术研发也循序相似路径，而中国诸多的钢铁企业为钢铁技术进步提供了充分的空间。随着我国经济结构的调整，节能降耗和低碳经济是中国钢铁转型发展的重要内容，也带动了中国钢铁节能减排共性技术研发。近十年来，中国涌现了一批国际领先的钢铁低碳高能效共性技术。本书以钢铁绿色制造为研究背景，以低碳、高能效为技术目标，以钢铁行业节能低碳共性技术难题为研究对象，分享个人、团队以及中国钢铁界一批志同道合者在各自岗位上，以理论分析、数学模型、科学实验、工程应用和商业推广等多种手段开展的研究研发和工程化、商业化所取得的进展与成果。

不同钢铁企业能效对标是行业难题，同一钢铁企业同一工序的不同机组能效对标也会因生产工艺、设备、技术条件和产品等不同出现很大差异，现有能效评价指标与参考体系获得的工序能耗值难以具有可比性，工序节能目标难以量化。本书根据美国 Carnegie Mellon University 的 R. J. Fruehan 教授提出的理论极限模型，将其拓展为理论极限能耗、技术极限能耗、实际生产极限能耗三层多阶极限能耗模型。其中，理论极限能耗是在理想原料和理想反应器条件下计算获得的能耗水平，是工序能耗的边界值，是技术研发追求的目标；技术极限能耗是以工序达到热力学平衡状态，该层能耗可对比不同技术条件下符合“热力学理论”的极限能耗，进而比较不同技术条件下的能耗水平；实际生产极限能耗是考虑工序过程具体物理化学变化、现场操作条件下的极限能耗，是实际生产过程的操作目标。研究希望通过三层极限能效的引入，为工序能耗对标提供定量化工具。

基于钢铁行业能耗水平及节能技术发展现状，本书结合工序三层极限能耗模型，定量分析工序能效提升潜力，形成工序共性技术难题研发突破的若干切入点。这包括：(1) 焦炉荒煤气显热回收技术。该技术国际上已历经几十年研究。宝钢股份与宝钢节能环保技术有限公司承担国家项目开展工业实验。同时，在宝钢股份科技部推进下，宝钢股份与安徽工业大学就焦炉荒煤气上升管换热器涂层技术开展合作研究。该技术最近几年有较大突破，宝钢股份宝山基地、青山基地、梅山基地均有工程实施案例，不少钢铁企业已启动商业化应用。(2) 竖式冷却炉回收烧结矿显热技术。七年前宝钢开始跟踪竖式冷却回收烧结矿显热技术，曾探讨与国际公司合作开发，当得知中冶东方与天津天丰钢厂已工业化投运，作者前往考察并将该技术推荐给宝钢股份及中国钢铁工业协会，宝钢股份决定利用梅山 $198m^2$ 烧结机改造机会实施该技术，促进该技术商业化。宝钢股份公司领导考虑到该技术商业化过程可能存在的不成熟与风险，特别为该工程配套了一个科研项目，作者与负责工程实施的现场同志共同负责该科研项目。(3) 每吨1450~1600℃的高炉渣含 50kg 标准煤以上能量且是高品位余热，但因高炉渣资源化利用需要快速冷却，行业主流工艺尚无法回收其高品位余热。针对这一行业共性难题，国际上研究高炉渣显热回收有很多不同技术路线，如：转碟法干式粒化，国内有工程公司搭建中试实验室；有钢球法，在德国有半工业实验机组；也有日本企业利用其显热和材料特性生产矿棉，国内有企业引进该技术；还有利用其显热生产微晶，也有在研究生产水泥；作者指导的一名博士生正在探讨其生产发泡建材的可行性。(4) 钢铁全流程，转炉烟气显热也是一个重要的余热资源，现代转炉中均有汽化冷却烟道回收，但回收后烟气温度仍高达 800~1000℃，且因涉及转炉烟气中煤气的回收利用，需要耦合不同的除尘技术，这是行业共性难题技术。本书展示了致力于转炉烟气纯干法除尘回收余热的钢铁人在包钢开展了近 3000 炉的工业试验结果，宝钢工程技术集团有限公司也对该技术进行集成开发，作者与他们探讨工业应用可行性。(5) 作者认为铁钢、钢铸、铸轧界面智能高效热链接提升能效是铁素流温度管理的主流方向。几年前，作者在宝钢股份倡导开展此项技术协同攻关，2017~2018年，在公司领导的支持下，组织宝山、青山、梅山、东山四个基地近百人开展协同攻关研修。宝钢股份以公司级大项目子项来开展铁钢界面智能高效热链接技术的研发攻关，立项当年产生科研直接经济效益3700万元。本书重点介绍该项目进展。初步估计，上述工序共性技术难题研发切入点若在钢铁长流程企业得以系统应用，能效可提升4%。

基于钢铁行业碳排放现状及国际钢铁低碳研究进展，本书还系统分析全流程节能低碳共性技术，从协同能效提升、系统能效提升、二氧化碳捕获与利用等角度，形成若干系统共性技术难题研发切入点。这包括：(1) 余热驱动高炉鼓风脱湿技术。按照已故院士吴仲华先生观点，余热就地利用相对效率高，若将高炉冲渣水余热用于高炉鼓风定湿，可能为高炉冲渣水余热高效利用提供新途径。为此，利用上海理工大学在脱湿领域的理论基础和实验平台，研究余热驱动的脱湿技术。通过搭建试验台，验证该原理可行。再溯源高炉鼓风脱湿技术发展史，当年宝钢引进该技术时，正值日本将湿法脱湿技术改为电制冷脱湿，宝钢引进电制冷脱湿，并成为行业主流；但在智能制造技术有较大进步的今天，余热驱动高炉鼓风脱湿技术应该有其生命力。(2) 余热蒸汽用于加工矿渣钢渣微粉技术。随着钢厂对余热回收的高度重视，业内一直在寻找并开发更高价值的蒸汽余热利用技术，作者也一直跟踪该领域新技术突破。在2013年的一次国际会议上，西南科技大学介绍了蒸汽动能磨技术，会上作者与该技术拥有人探讨用于加工矿渣、钢渣微粉的可行性。之后，团队同事利用西南科技大学的实验设备进行矿渣、钢渣微粉加工试验以及对加工后的微粉进行性能测试，初步评估有相当大的经济价值和能效提升价值。(3) 二氧化碳捕获、利用与封存（CCUS）技术。欧洲ULCOS项目，日本COURSE50项目均涉及钢铁CCUS。5年前，作者与项目团队开始此领域跟踪研究，并在企业内搭建试验台测试高炉煤气对不同化学吸收剂性能影响，项目研究重点在于捕获后的$CO_2$如何在钢铁生产中应用，形成宝钢版技术路线图，世界钢协（World Steel）将此命名为BAO—CCU。（4）钢铁余热耦合生物质能利用及生物炭制备技术。国际上，百万吨CCS项目寥寥可数，其可持续性也一直是行业关注的话题。生物炭用于土壤因其碳汇而得到国际社会关注，1t生物炭，按照60%含C量计算，其中2%生物炭在土壤中以$CO_2$形式逸出，剩下58%以稳定的碳形式存在，相当于2.13t $CO_2$被封存，生物炭在土壤中可保持长达数百年甚至上千年不会逃逸，这等于把碳封存进了土壤，整个过程为“碳负性”。本人在前期大量调研的基础上，提出利用钢厂余热和闲置冶金炉窑用于冶金过程生物质能利用及碳汇技术开发，并指导博士研究生开展此项技术研究。从研究结果看，高温流程工业与生物质能碳化耦合，形成百万吨碳汇，较传统的CCS有较强的经济性和竞争优势。（5）钢铁流程特征分布式能源技术。它是一种具有分布式能源根本特征的钢铁企业新型能源系统架构。这对钢铁企业传统集中式能源供应系统来说，既是一种新形势下的必要发展与补充，同时又是一种系统性的提升与变革。按国际通行定义，分布式能源是一种建在用户端的能源供应方式，具有灵活可靠特点，以资源、环境效益最大化来确定方式和容量，将用户多种能源需求，以及资源配置状况进行系统整合优化，采用需求应对式设计和模块化配置的新型能源系统，是从源、网、荷、储四个维度对集中供能钢铁工业多能流的系统优化。近十年，宝钢对适应钢铁工业特点的可再生能源开发，钢铁工业余能的深度利用，钢铁工业多能流生产、供给与互补，分布式能源并网及源、网、荷、储的系统优化提升等系列关键科学问题展开研究及实施工程应用，成效显著。

本书共分13章。第1章为绪论，重点介绍钢铁能效的概念及研究现状，同时提出了钢铁极限能耗相关概念，概述了钢铁低碳的背景、历程及国内外钢铁低碳绿色发展面临困境、出路及开展的探索性工作。第2章为钢铁低碳高能效共性技术分析，针对全球碳减排及钢铁行业技术现状归纳总结了钢铁典型低碳高能效共性技术难题。第3章是结合R. J. Fruehan教授提出的理论极限模型以及钢铁能源管理实际问题，提出三层极限能耗概念模型，探索钢铁能效评价指标体系。第4~13章为钢铁流程10项典型共性技术难题研发与应用实践。

本书由宝钢股份张永杰首席研究员组织撰写，张永杰首席与内蒙古科技大学黄军博士共同负责编著。具体撰写分工为：第1~2章由宝武集团能源环保部戴坚同志执笔；第3章由东北大学李海峰博士执笔；第4章由安徽工业大学包向军博士执笔，宝钢节能环保技术有限公司曹先常总工和江南龙冶节能科技有限公司孟晓东董事长对该章有贡献；第5章由宝钢股份中央研究院梅钢技术中心孙俊杰博士执笔，东北大学董辉博士对该章有贡献；第6章由内蒙古科技大学黄军博士执笔，华北理工大学李智慧博士、辽宁科技大学潘玉华教授对该章有贡献；第7章由上海理工大学张良博士执笔；第8章由内蒙古科技大学黄军博士执笔，致力于纯干法除尘回收余热的赵尚武、马剑博对该章有贡献；第9章由东北大学邓安元教授执笔，东北大学胡振伟博士、宝钢股份中央研究院能源与环境研究所陈国军博士对该章有贡献；第10章由西南科技大学陈海焱教授和宝钢股份中央研究院能源与环境研究所王如意博士联合执笔；第11章由宝钢股份中央研究院能源与环境研究所宋清诗博士执笔；第12章由东北大学吴畏副教授和张璐博士执笔；第13章由宝钢股份能源环保部钱峰同志执笔。

本书在编撰过程中，除了前面提及的各章执笔人员外，张永杰、黄军两位编著者与各位执笔人员在技术交流、合作开发过程中，逐渐形成初稿，并就初稿进行反复讨论、修改、校核。李海峰博士、宋清诗博士、孙俊杰博士、张良博士、陈国军博士等人参与了全书校核，还有宝钢股份能源与环保部周佃民博士、东北大学在读博士生汪森辉与祁腾飞同学、即将入职宝钢股份中央研究院的王明月同学等对本书部分章节撰写、校核付出了不少心血与汗水。在有关项目的研究和开发过程中，作者有幸参加了北京大学“碳俘获、利用与封存——钢铁行业”项目研究，受此项目资助，得以编著出版本书。本书列入北京大学“碳俘获、利用与封存——钢铁行业”项目研究成果。本书涉及的研究也得到了宝钢股份、宝武集团，特别是宝钢中央研究院许多同事、领导，以及钢铁界同行的大力支持。本书成稿后，在上海宝钢召开了审稿会，邀请了东北大学蔡九菊教授、东北大学邹宗树教授、华北理工大学张玉柱教授、中钢集团鞍山热能研究院谢国威副院长、宝武集团能环部戴坚同志等，对书稿进行了审核，大家提出了许多宝贵意见。在此一并表示衷心的感谢。

宝钢股份、宝武集团一贯坚持绿色发展、坚持企业社会责任担当，投入了大量资源开展钢铁低碳高能效共性技术研发。尽管有些技术刚进入中试、应用完善阶段，有的仍在研发、改进阶段，但鉴于行业低碳高能效转型发展的紧迫性，公司决定支持其出版发行，期待这些技术分享对钢铁绿色低碳高质量转型发展起到积极的推动作用。

作者致力于钢铁技术研发二十余年，专注钢铁低碳高能效技术研发近十年，这里抛砖引玉介绍了本人参与的若干技术，水平所限，书中肯定存在诸多纰漏与不妥之处，恳请专家、读者多多批评指正。尤其值得强调的是，这里涉及不少尚处研发进程，或应用试验阶段的技术，肯定存在不少仍需探讨的技术细节，有可能其理论观点和技术方向也尚需斟酌、探讨，敬请专家、读者不吝赐教。

张永杰

2019 年 5 月 15 日于上海

# 目　　录

# 1 绪　论

2018 年全球钢产量 18.086 亿 t，同比增长 4.6%，二氧化碳排放量大于 32 亿 t，据国际能源署（International Energy Agency，IEA）估计，全球钢铁行业生产过程中 $CO_2$ 排放占全球温室气体排放总量的 4.0%~5.0%。2018 年中国粗钢产量 9.283 亿 t，同比增长 6.6%，约占全球粗钢产量 51.3%，中国钢铁行业碳排放量占中国碳排放总量 14%左右[1,2]。钢铁材料对现代社会经济发展至关重要，若能实现钢铁低碳高能效绿色发展，将促进钢铁这一绿色低碳材料更广泛使用。

## 1.1 钢铁材料的绿色属性

国际钢协（World Steel）总干事 Edwin Basson 说："钢铁不仅是未来全球经济支柱，还是未来发展绿色经济核心"。一方面，钢铁作为结构材料具有易获得性、低成本、高强度、易加工、可循环利用等特点；另一方面，新经济社会，无论是轻便节能的汽车或可再生能源发电，还是新的高效发电站、智能电网建设、交通基础设施开发以及高能效住宅和商业建筑等领域，钢铁均是不可或缺的材料。2018 年，在社会绿色低碳转型发展以及钢铁去产能的大背景下，中国粗钢产量 9.283 亿 t，同比增长 6.6%，从另一侧面说明了钢铁材料与现代社会密切融合，与其他结构材料相比，更具绿色低碳特性[1]。世界钢协（World Steel）数据见表 1-1。

**表 1-1　2018 年粗钢产能排名前十位的国家产能数据[1]**

| 名次 | 国家 | 2018 年产量/Mt | 2017 年产量/Mt | 增长率/% |
|---|---|---|---|---|
| 1 | 中国 | 928.3 | 870.9 | 6.6 |
| 2 | 印度 | 106.5 | 101.5 | 4.9 |
| 3 | 日本 | 104.3 | 104.7 | −0.3 |
| 4 | 美国 | 86.7 | 81.6 | 6.2 |
| 5 | 韩国 | 72.5 | 71.0 | 2.0 |
| 6 | 俄罗斯① | 71.7 | 71.5 | 0.3 |
| 7 | 德国① | 42.4 | 43.3 | −2.0 |
| 8 | 土耳其 | 37.3 | 37.5 | −0.6 |
| 9 | 巴西 | 34.7 | 34.4 | 1.1 |
| 10 | 伊朗① | 25.0 | 21.2 | 17.7 |

① 指使用部分数据或非世界钢铁资源进行估计的年度产能。

生命周期评价（Life Cycle Assessment，LCA）是一种“从摇篮到坟墓”的环境管理和分析工具，它是从产品生命周期全过程来量化其资源能源消耗和环境排放，并评价这些消耗和排放对于资源、生态环境及人体健康带来的影响，钢铁生命周期如图 1-1 所示。宝钢积极参与国际钢协倡导的 LCA 研究，并形成了系统评价数据库[3~5]。尽管从铁器时代至今，钢铁作为国力强盛、经济发展、社会运行的核心支撑从未被撼动，但当今社会人们看到的往往是钢铁行业高能耗、高排放的一面，而忽略钢铁绿色低碳的本身材料属性。实际上，从结构材料的全生命周期评价数据（如图 1-2 所示）可知，钢铁较铝、镁、钛等金属材料，工程塑料、陶瓷、玻璃等非金属材料，其温室气体排放均少得多。相比水泥、碳纤等不可回收材料，中国转型发展更需要钢铁这一可回收、高比强度的绿色材料。

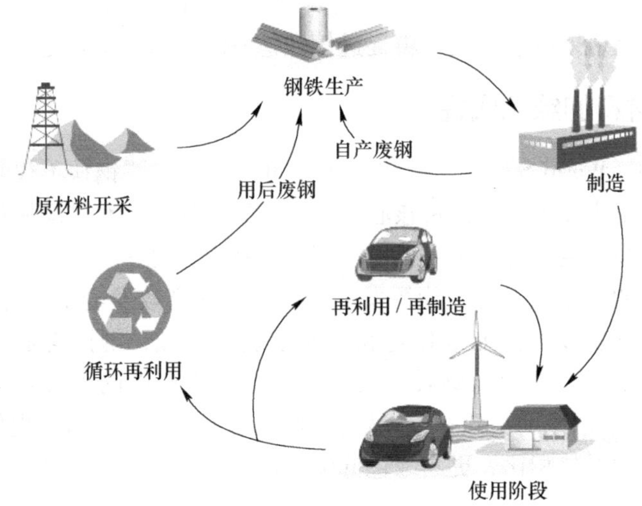


图 1-1 钢铁生命周期示意图

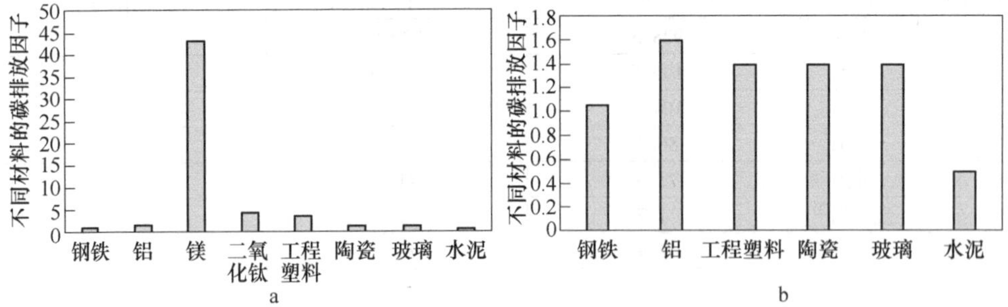


图 1-2 结构材料中钢铁材料的低排放特性

a—不同材料的碳排放因子对比（含镁金属）；b—不同材料的碳排放因子对比（不含镁金属）

简言之，钢铁是绿色材料，绿色社会离不开钢铁；钢铁制造绿色低碳技术创新，让钢铁更绿色。发展钢铁绿色低碳制造，引导社会选择绿色低碳钢铁材料，促进社会绿色低碳发展，从而走上可持续循环发展的良性道路，是钢铁从业者不可推卸的责任。

## 1.2 钢铁生产与能源效率

### 1.2.1 若干基本概念

（1）能源效率。国际上对能源效率没有统一的概念和标准，也没有规范的测算指标，因此能源效率的测算是由众多学者在研究发展过程中逐渐丰富和完善的[6]。世界能源委员会在1995年出版的《应用高技术提高能效》中，把能源效率定义为：减少提供同等能源服务的能源投入[7]。这是能源效率的一般性或传统概念，许多专家学者对这一定义表示认可。1997年，Bosseboeuf等人[8~10]从经济上的能源效率和技术经济上的能源效率两方面对传统定义进行了拓展，经济上的能源效率指用相同或更少的能源获得更多产出或更好的生活质量；技术经济上的能源效率指由于技术进步、生活方式的改变、管理的改善等导致特定能源使用的减少。

（2）节能。按照世界能源委员会1979年提出的定义，节能是采取技术上可行、经济上合理、环境和社会可接受的一切措施以提高能源资源利用效率的行动[8]。这就是说，节能是旨在降低能源强度（单位产值能耗）。

目前，国际普遍用提高能源效率来替代20世纪70年代能源危机后提出的节能一词[8]。从国际权威机构对能源效率和节能的定义来看，节能与提升能源效率的含义是一致的，实现节能的根本目标就是提高能源效率。

（3）能源生产率与能源消耗强度。能源生产率的概念来自生产率。生产率是指生产过程中产出与所需投入之间的比值，按照投入要素可分为单要素生产率和多要素（全要素）生产率[11,12]。能源生产率指标只是衡量能源投入与产出之间的比例关系，与统计年鉴上能源消耗强度互为倒数。由于能源生产率其本身包括了大量的结构因素，如能源与劳动、资本间的替代，能源价格的变动等都会影响能源生产率的数值。能源效率与真正效率一样，包含技术效率和配置效率两部分，前者是指现有资源最优利用的能力，即在各种投入要素的条件下实现最大产出，或者给定产出水平下投入最小化的能力；后者则要求一定的要素价格条件下实现投入（产出）最优组合的能力[12~14]。

（4）全要素能源效率。Patterson和Wadsworth研究证实，仅以能耗强度（或者说能源生产率）作为能源效率改善的技术指标将会对政策制定和能源效率研究产生严重误导[6]。经过大量研究与探索，2006年Hu和Wang等人[15]指出产业的经济产出与包括能源投入在内的全部投入要素都具有相关性，并在此基础上提出了全要素（包括人力、资本等）能源效率指标，弥补了传统指标能源生产率仅考虑能源这一单一要素的缺陷或不足。

2007 年，魏楚等人[6,12]基于 Hu 和 Wang 等人的思路将能源效率定义为当前固定能源投入下实际产出能力达到最大产出的程度，或者说在产出固定条件下能实现最小投入的程度，其文章中还指出能源生产率与能源效率的对比差异，见表 1-2。

**表 1-2 能源生产率与能源效率对比[6,12]**

| 类别 | 能源生产率（能耗强度） | 能源效率 |
|---|---|---|
| 定义 | 生产过程中产出与所需投入之比 | 投入资源最优利用的能力 |
| 表达式 | 产出/能源（能源/产出） | 投入法或产出法 |
| 值的大小 | [0，+∞] | [0，1] |
| 评价方法 | 不同经济体之间横向比较，或者纵向比较 | 越接近 1 越好 |
| 是否有量纲 | 有 | 无 |
| 优点 | 计算简单，适用于技术效率差异较大经济体（如行业）之间的比较 | 能够衡量投入要素被实际生产所利用的程度，更体现效率因素 |
| 缺点 | 没有考虑其他配合要素的影响，不能体现出技术效率的真实变化 | 计算较为复杂，基于投入法和产出法的效率值不相等 |

综上所述，传统意义上的能源效率实质上是能源生产率的定义，只把能源投入要素和产出进行比较，没有考虑其他投入要素的影响，是一种仅考虑能源这一单一要素的单要素生产率评价方法，使能源效率与实际能源效率出现较大偏差，存在较大的局限性。全要素能源效率则考虑能源和其他要素（人力、资本等），该框架下的能源效率综合考虑投入要素和产出要素之间的相互作用，在投入角度不仅包含有能源，还包含了资本、劳动力等因素，同时在产出中加入了“坏”产出即污染等负向因素，使之成为衡量某个地区或行业能源效率的更准确科学的指标。

### 1.2.2 能效评价方法

能源效率评价是对能源效率所处水平的判断，合理的能源效率评价方法可以为提高能源效率指出努力方向和改进途径。目前，关于能源效率评价方法的研究，主要可以分为两种，一种是单要素能源效率评价法，只把能源要素和产出进行比较，不考虑其他生产要素，如前所述的单要素生产率的计算，有量纲；另一种是全要素能源效率评价方法，考虑各投入要素、产出要素之间的相互作用而进行评价，无量纲，取值 0~1[6,10,12]。

（1）单要素能源效率评价方法。单要素能源效率评价法的基本原理是将一个经济体的有效产出直接与能源投入进行比较，其本质是单要素能源生产率。单要素方法使用起来简单，容易理解，但它忽略了资本与劳动力对 GDP 的贡献及能源使用、劳动力及资本之间的替代效应。

（2）全要素能源效率评价方法。全要素能源效率评价法来源于微观经济学上的全要素生产理论，其实质在于确定能源效率前沿，通过实际效率与前沿效率的比值确定能源效率。全要素能源效率评价方法通过对各种生产要素的组合分析，弥补了单要素能源效率评价法只考虑能源单一要素的不足。主要有两种确定效率前沿的方法：第一种是非参数估计的分段线性逼近方法，后来发展为能源效率的非参数方法，非参数方法中最典型的是数据包络分析法（DEA）；第二种是通过参数函数来拟合数据，即能源效率的参数方法，评价原理是根据预先设定的函数形式进行预先参数估计，通过区分函数中的误差项来确定能源效率，参数法中最常用的是随机前沿分析方法（SFA）。

全要素能源效率定义为在既定投入要素不变的条件下的最大产出，或产出不变条件下的最小投入水平，不受投入要素单位变动的影响，能真实的刻画能源效率的变动，但计算方法复杂，指标和模型不同也会使计算结果出现差异。

### 1.2.3 能效评价指标

1996 年，Patterson 等人认为能源效率的衡量指标主要可分为四类：热力学指标、物理-热量指标、经济-热力学指标和纯经济指标[6,10,12,13]。

（1）热力学指标。这类指标依靠热力学的测度，按照不同的热量测度方法，又可以分为第一法则能源效率、第二法则能源效率及第三法则能源效率。

（2）物理-热力学指标。这类是混合性指标，能源的投入以热力学单位计算，以物理学单位测量产出，这些物理学单位设法测量工序服务传输，比如产品的吨数。

（3）经济-热力学指标。这类指标同样是混合性指标，工序的产出是根据市场价格测度的，能源投入依然是传统的热力学单位计量。

（4）纯经济性指标。这类指标纯粹根据市场价格来测量能源效率的变化，能源的投入及其产出都是货币计量。

尽管上述四种能效评价指标对能源效率给出不同的评价，但实际评价中存在较多的缺陷，评价结果之间往往缺乏可比性。首先是能源投入的测量问题，比如：如何将非同质要素加总，确定加总方法后采用何种指标（热量指标、价值指标），如何界定能源边界问题等；其次是能源产出的测量界定问题，比如：如何判断产出是否无用[12]。

1997 年国际能源组织提出能源效率指标金字塔，Phylipsen 等人在能源效率指标金字塔基础上进行了深入拓展研究[8,10,16]。2000 年，亚太能源研究中心指出，能源效率指标的基本任务是后果评估、目标评价和在同等群体中的相对形势评估[8]。2001 年，王庆一等人[17]认为，衡量能源效率的指标可分为经济能源效率、物理能源效率两类，经济能源效率指标包含单位产值能耗、能源成本效率两类指标，物理能源效率指标包括物理能源效率（热效率）、单位产品或服务能耗。

### 1.2.4　钢铁工序极限能耗

钢铁工业经过几百年发展，无论是单体设备，还是工序、系统，能效已相当高。钢铁企业已建立一套完整的能源评价指标体系，有全厂性能源指标，如：吨钢综合能耗；也有炼焦、烧结、球团、炼铁、炼钢、轧钢等工序能耗指标；以及高炉炼铁过程焦比、煤比等单一设备能效指标；这为钢铁低碳绿色发展做出很大贡献。但是，由于受生产工艺流程、物料条件、装备水平、工序完整程度、加工深度、能源加工转换等多方面因素影响，指标体系在企业间可比性不强，也很难单独用一个或者某几个指标评价不同钢铁企业的整体能效水平。例如，评价钢铁企业综合能耗水平的吨钢综合能耗指标，特别是“长流程（高炉-转炉）”和“短流程（电炉）”企业，两者吨钢综合能耗相差甚远。正因如此，企业间指标值差异甚大，使外界误认为能效低下，影响了钢铁企业绿色低碳的认同。所以，应加强钢铁能耗先进性的研究。

工序能耗指标用于评价企业某一生产工序能效水平，该指标虽然也受物料条件、装备大小等因素影响，但用于评价一个工序的能效水平相对比较准确。虽然不同钢铁企业间工序能耗存在工艺设备、工艺路线和产品差异，但与吨钢综合能耗的可比性相比，差异要明显缩小，具有一定可比性。

工序能耗既是评价基本生产单元能耗水平的综合指标，又直接影响企业吨钢综合能耗指标水平，因此国内外学者对钢铁企业工序能耗开展大量的研究。美国 Cainegie Mellon 大学的 R. J. Fruehan 教授[18]对工序能耗理论最小值的研究，提出了理论极限模型。宝钢在 2010 年就对转炉炼钢工序进行了极限能耗的系统研究，最近又根据 R. J. Fruehan 教授等人的研究，基于物质流与能量流往往相互耦合、相互影响规律，通过物料和能量平衡关系提出了三层极限能耗概念模型，即理论极限能耗、技术极限能耗与实际操作最佳能耗指标，将在本书第 3 章中详细阐述。

### 1.2.5　钢铁高能效技术研发

理论上，高能效技术是最清洁、低碳的生产方式。实际生产条件下难以达到理论极限能效，通过管理攻关、操作改善、最佳可行技术（Best Available Technology，BAT）应用不断缩小实际生产能效与理论极限能效之间的差距；另外，通过开发新技术，逼近理论极限能效。钢铁高能效技术主要分为能源节约类、余热回收类、系统优化类、工艺技术类。

近些年我国钢铁业取得了举世瞩目的成绩，在余热余能回收方面也取得了显著的成绩，但部分工序，如：荒煤气显热回收、高炉渣显热回收和转炉烟气显热回收方面仍是行业难题，能效提升潜力较大。系统优化包括系统实施最佳可行技术（BAT），煤气高效利用、提高自发电比例、建设能源中心、优化界面模式，以及能量流、物质流协同运行多网融合系统技术等[19~21]。在国家政策、环保压力以及市场需求的三重驱动下，几十年未攻克的钢铁关键共性技术呈突破趋势，如竖冷窑回收烧结余热技术、冶金渣资源综合利用技术、二氧化碳的碳捕获、利用与封存（Carbon Capture，Utilization and Storage，CCUS）技术、钢铁余热协同处置生物质能制备生物质炭的碳汇技术等。

## 1.3 钢铁生产与低碳

### 1.3.1 低碳背景

在过去的130年中（如图1-3所示），地表平均温度上升了近0.85℃，1981~1990年全球平均气温比100年前上升了0.48℃[22,23]。自1880年以来，共出现14个最暖年份，其中13个出现在21世纪，而2015年又刷新了新纪录[24]。尽管气候现象需要更长时间的数据支撑，但目前普遍认为，温室效应是导致全球变暖的主要原因。所谓温室效应，是指透射阳光的密闭空间由于与外界缺乏热交换而形成的保温效应，即太阳短波辐射可以透过大气射入地面，而地面增暖后放出的长波辐射却被大气中的温室气体所吸收，从而产生大气变暖的效应。温室气体指的是大气中能吸收地面反射的长波辐射，并重新发射辐射的一些气体，如二氧化碳、大部分制冷剂等。它们的作用是使地球表面变得更暖，类似于温室截留太阳辐射，并加热温室内空气的作用。大气中的二氧化碳就像一层厚厚的玻璃，使地球变成了一个大暖房。自工业革命以来，人类向大气中排入的二氧化碳等吸热性

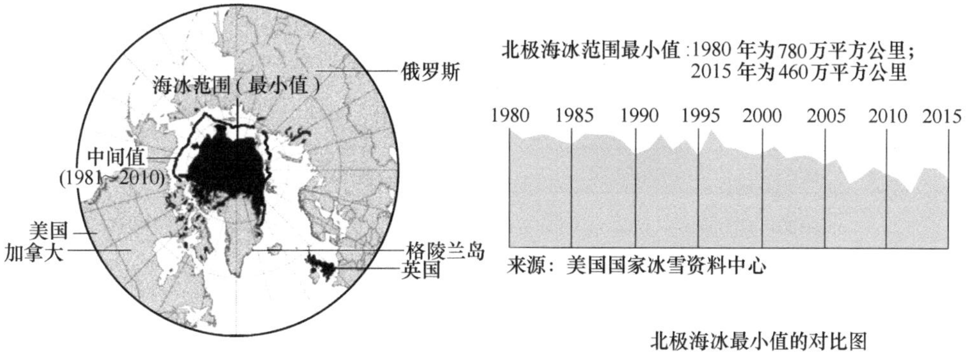


图1-3 北极海冰变化值[24]

强的温室气体逐年增加，大气的温室效应也随之增强，图 1-4 为历年世界二氧化碳排放量及同比增长率[25]。温室效应导致极地冰盖开始融化、海平面上升、极端天气变多，给全球气候造成了不可逆的危害（如图 1-5 所示）[26]。地球只有一个，尽可能减少对地球伤害的不可逆过程是人类共同的课题，面对全球气候变化，联合国呼吁世界各国协同减低或控制温室气体（主要是二氧化碳）排放。“低碳”一词由此产生。

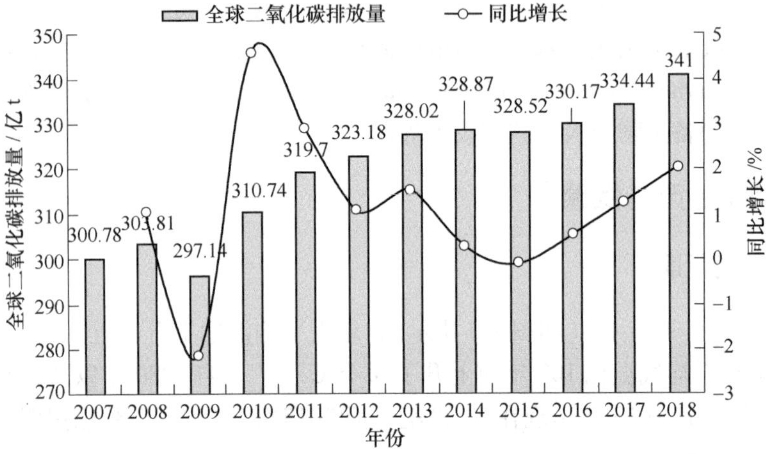


图 1-4 2007~2018 年世界 $CO_2$ 排放量及同比增长率[25]

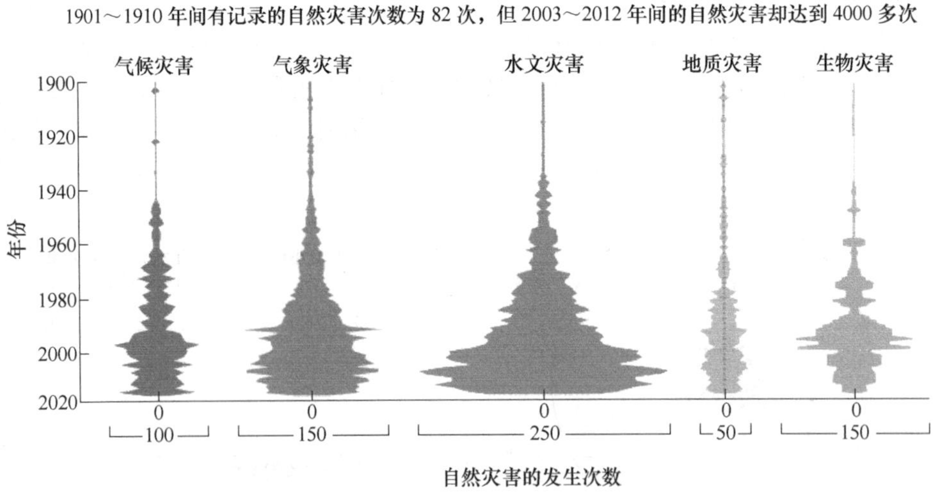


图 1-5 自然灾害记录[26]

（自然灾害的主要类型有气候灾害（极强温度和干旱）、气象灾害（暴风雨）、水文灾害（洪水）、地质灾害（地震）和生物灾害（流行病）等，资料来源：灾害流行病学研究中心（CRED）［2013］）

### 1.3.2 人类命运共同体

二氧化碳与全球变暖的话题早在1896年就由瑞典科学家提出，到了20世纪70年代，这一问题引起更多关注。可以归纳为如下节点[27~31]：

(1) 1988年，联合国环境规划署（United Nations Environment Programme, UNEP）和世界气象组织（World Meteorological Organization, WMO）成立了政府间气候变化专门委员会（Intergovernmental Panel on Climate Change, IPCC)，并于1990年发布第一份评估报告。

(2) 1992年6月在巴西里约热内卢举行联合国环境与发展大会并签署《联合国气候变化框架公约》(United Nations Framework Convention on Climate Change, UNFCCC)。

(3) 1997年12月，在日本京都由联合国气候变化框架公约参加国制定了《京都议定书》，在国家层面首次设定强制性减排目标，2005年《京都议定书》生效，但由于世界上最大的排放国——美国未通过该议定书，《京都议定书》并未达到预期目标。

(4) 2003年，英国政府发布主题为《未来能源——创建低碳经济》的能源白皮书，首次提出“低碳经济”概念，引起国际社会广泛关注。

(5) 2007年3月，欧盟各成员国领导人一致同意，单方面承诺到2020年将欧盟温室气体排放量在1990年基础上至少减少20%。2007年12月，印度尼西亚巴厘岛气候大会确立了“巴厘岛路线图”，目的在于针对气候变化全球变暖而寻求国际共同解决措施，为气候变化国际谈判的关键议题明确议程。达成的“巴厘岛路线图”确定了未来强化落实《联合国气候变化框架公约》的领域，并为其进一步实施指明了方向。

(6) 2009年，哥本哈根气候大会，第一次统一设定温室气体排放限额，但未达成具有法律约束力的条约。

(7) 2015年12月12日，首份具有法律约束力的全面气候变化协议《巴黎协定》签订，标志着哥本哈根会议之后，低碳时代的到来。该协定目标是将全球平均温升控制在低于工业化水平前的2℃以内并对整个人类社会的行为提出了新的要求。中国国家主席习近平在开幕式上强调巴黎协定“不是终点，而是新的起点”，是对未来全球治理模式的探索和建设“人类命运共同体”的推动。

(8) 2018年10月8日，在韩国仁川，IPCC举行第48次全体会议并发布了一份气候报告，报告表明，如果气候变暖以目前的速度持续下去，预计全球气温在2030年至2052年间就会比工业化之前水平升高1.5℃。由于现今地表均温较工业革命前水平已经升高1℃，按照第二项控温目标，人类活动所致温度上升不能超过0.5℃。这份报告指出，如果实现“1.5℃”目标，经常遭遇极端高温天气的人口将减少大约 4.2 亿人，遭遇异常高温天气人口减少 6400 万人，但要实现“1.5℃”目标，亟待全球社会大幅减少温室气体排放，并且在能源体系、耕地使用、城市和工业设计、交通、建筑等领域迅速做出深刻变革。报告也指出，这些技术的有效性尚未得到大规模验证，有些可能会给可持续发展带来大风险。这些技术变数，增加了跨政府间协商、跨区域间合作、跨行业间协调，政策、商业、技术三者协同的难度。

2015 年，在巴黎国际气候大会上中国政府宣布碳排放强度减排目标：2030 年单位国内生产总值 $CO_2$ 较 2005 年下降 60%～65%，且 2030 年前后使中国碳排放总量达到峰值，并争取提前。《国民经济和社会发展第十三个五年规划纲要》提出了“十三五”期间，单位 GDP 能源消耗降低 15%、主要污染物排放总量减少 10%～15%的要求。面临日益严峻的资源、能源、环境形势，钢铁低碳高能效发展刻不容缓。

### 1.3.3 钢铁与低碳社会

钢铁低碳，顾名思义是钢铁生产过程中降低以 $CO_2$ 为主的温室气体排放；钢铁低碳的基本特征是低排放、低能耗及低污染。就生产过程而言，是指持续运用整体预防策略，最大限度地提高能源与资源利用率，尽可能地减少煤炭石油等高碳能源消耗以及 $CO_2$ 等温室气体排放；对产品使用而言，是指减少产品在整个使用过程对环境的影响，实现低排放、低污染。

（1）钢铁碳排放总量。钢铁行业是资金、技术、资源、能源密集型行业，其能源消耗占到全世界总能源消耗的 5%，并且贡献了全球 6% 的人为排放 $CO_2$[32]。每生产 1t 钢需消耗 35.4GJ 的能源，并且排放 1.8t 的 $CO_2$[33]。我国钢铁工业 $CO_2$ 排放量占全国碳排放总量的 14%左右。钢铁总产量大、铁钢比高、一次能源以煤为主是造成中国钢铁行业 $CO_2$ 排放总量大的主要原因。

钢铁工业是典型的铁—煤化工过程，钢铁制造流程的物理本质是铁素物质流（如铁矿石、废钢、铁水、钢水、铸坯等）在能量流（主要是碳素流）的驱动和作用之下，按照特定的运行程序，在“流程网络”中作动态有序的运行[34,35]。在“流程”的运行过程中，最重要的能量推动是碳素流，碳素的输入端（$CO_2$ 的排放源）主要来源于煤等化石燃料的燃烧、石灰石等含碳熔剂的分解以及废钢等原料的消耗；碳素的输出端主要包含钢材等产品、焦油等副产品、排入大气的 $CO_2$ 等所含的碳量[34]。

钢铁冶炼流程中 $CO_2$ 排放源可分为三类：直接排放源、间接排放源和碳排放权的抵扣。直接排放指排放源由报告实体所有或控制的、在生产过程中排放的 $CO_2$，即企业自身购入且消耗的化石燃料和熔剂等产生的 $CO_2$ 排放。间接排放是指报告实体活动所使用的 $CO_2$，但排放是发生在其他实体所控制的排放源上，如电力。碳捕集利用、冶金固废回收利用、副产煤气发电等属于潜在的可抵扣的碳排放权[34]。

（2）钢铁企业碳排放计算。碳排放计算也是钢铁行业一个共同的话题，世界钢协（World Steel）在这方面做了大量工作，国内外也有大量研究人员、专业机构和钢企开展这方面的研究工作。碳排放量的计算方法主要包括投入产出法、生命周期产出法、碳足迹计算器、IPCC 计算方法等[34,36]。

钢铁企业的 $CO_2$ 排放检测是对各种输入、输出物料和能源的性质及其消耗量，以及产品产出及其对应的 $CO_2$ 排放因子等各种数据进行监测，并基于这些数据，通过特定的计算方法，核算得到钢铁企业的 $CO_2$ 排放量。钢铁工业/企业 $CO_2$ 排放量的计算原理，根据碳平衡原理，通过对系统内碳平衡的输入与输出，计算系统内被氧化的碳的量，然后折算为 $CO_2$，即[7]：

$$CO_2\ 排放量 = (\sum 碳输入量 - \sum 碳输出量) \times 44/12$$

此外，国际钢铁协会参照 IPCC 的 $CO_2$ 排放量计算方法提出了 ISO 14404 标准[7]。我国根据《2006 年 IPCC 国家温室气体清单指南》、《钢铁生产二氧化碳排放强度计算方法（转炉炼钢）》（ISO 14404-1）、《钢铁生产二氧化碳排放强度计算方法（电炉炼钢）》（ISO 14404-2）等标准，提出了《中国钢铁生产企业温室气体排放核算方法与报告指南（试行）》的标准。如图 1-6 所示是钢铁生产企业温室气体排放及核算边界。

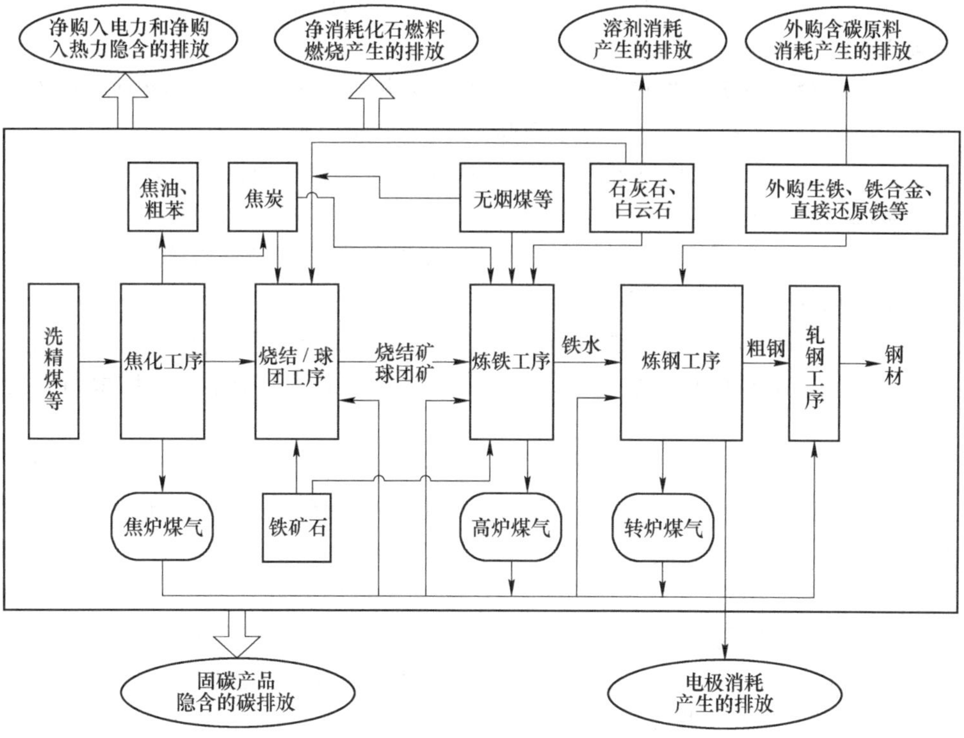

图 1-6 钢铁生产企业温室气体排放及核算边界[37]

根据《中国钢铁生产企业温室气体排放核算方法与报告指南（试行）》的标准，钢铁生产企业的 $CO_2$ 排放总量等于企业边界内所有的化石燃料燃烧排放量、工业生产过程排放量及企业净购入电力和净购入热力隐含产生的 $CO_2$ 排放量之和，还应扣除固碳产品隐含的排放量，计算方法如下[37]：

$$E_{CO_2} = E_{燃烧} + E_{过程} + E_{电和热} - R_{固碳}$$

式中 $E_{CO_2}$——企业 $CO_2$ 排放总量，t-$CO_2$；

$E_{燃烧}$——企业所有净消耗化石燃料燃烧活动产生的 $CO_2$ 排放量，t-$CO_2$；

$E_{过程}$——企业工业生产过程产生的 $CO_2$ 排放量，t-$CO_2$；

$E_{电和热}$——企业净购入电力和净购入热力产生的 $CO_2$ 排放量，t-$CO_2$；

$R_{固碳}$——企业固碳产品隐含的 $CO_2$ 排放量，t-$CO_2$。

### 1.3.4 钢铁低碳技术研发

针对钢铁行业 $CO_2$ 排放要求，世界各国就钢铁低碳技术展开了大量的技术研发。

（1）欧盟超低 $CO_2$ 排放炼钢项目[38~41]。2004 年欧洲钢铁技术平台指导委员会决定实施超低 $CO_2$ 炼钢技术研发项目（ULCOS——Ultra-Low $CO_2$ Steelmaking）。它是欧盟钢铁业为大幅减少 $CO_2$ 排放而实施研发的突破性炼钢技术，该项目目标是到 2050 年吨钢 $CO_2$ 排放量较现在最好水平减少 50%。ULCOS 项目分为三个阶段，第一阶段是 2004~2009 年，测试煤炭、天然气、电力及生物能为基础的钢铁生产路线的减碳排放潜力，已于 2008 年完成；第二阶段是在第一阶段测试基础上展开中试和示范，检测可能问题并估算投资、运营费用；第三阶段是在第二阶段基础上建设工业生产线，进行工业实践。项目初期，ULCOS 项目从世界上 80 种钢铁生产前沿技术中选择了四种极具发展前景的突破性技术进行了研究，即高炉炉顶煤气循环（TGR-BF）、先进的直接还原工艺（ULCORED）、新熔融还原工艺（HIsarna）、电解铁矿石。此外，ULCOS 还展开氢气和生物质还原炼钢技术、碳捕集和存储技术（CCS）以及对欧盟和全球未来不同碳约束情景的研究。

（2）日本 COURSE50 计划[38~40,42,43]。COURSE50 项目是由日本新日本制铁株式会社、JFE 钢管公司、住友金属株式会社、神户钢铁公司、日新制钢株式会社和新日铁工程公司共同负责项目。其研究内容包含两个方面：1）减少高炉 $CO_2$ 排放量技术开发。①开发为减排 $CO_2$ 用氢等作还原剂还原铁矿石的反应控制技术，目的是降低高炉焦比。②开发利用焦炉未利用余热（800℃），提高氢含量的焦炉煤气改质技术。③开发高炉用氢作还原剂时使用的高强度、高反应性焦炭制造技术。2）从高炉煤气中分离、回收 $CO_2$ 技术开发。①开发与从高炉煤气中分离、回收 $CO_2$ 有关的化学吸收法和物理吸附法。②推进扩大利用钢铁厂未利用余热，降低分离、回收 $CO_2$ 所用能量技术开发。

（3）韩国浦项低碳炼铁[38~40,44,45]。韩国浦项制铁低碳炼铁技术的中长期研究项目包括以下 3 个方面：1）低碳炼铁 FINEX 技术。2）全氢高炉炼铁技术，短期目标是利用钢铁生产过程中产生的副产气体制取可用于还原铁的氢气，中长期目标是开发出能够低成本大量制造高纯度氢气的技术。3）碳捕获与分离技术，利用氨水吸收及分离高炉煤气中 $CO_2$ 的技术，利用钢厂产生的中低温废热作为吸收 $CO_2$ 所需的热能。

（4）国内钢铁低碳技术研发。2004~2008 年宝钢采用化学吸收法，基于改良 MEA 化学吸收剂展开了石灰窑烟气中 $CO_2$ 用于转炉炼钢的小试实验研究，烟气量达 40L/h。2010 年宝钢在罗泾地区采用膜分离技术利用 COREX 炼铁装置产生煤气生产乙醇，2012 年完成中试目标。2012 年首钢京唐引入煤气发酵制燃料乙醇技术建成 300t 技术示范工程，该技术通过微生物发酵将 BFG（Blast Furnace Gas 高炉煤气）、COG（Coke Oven Gas 焦炉煤气）和 LDG（Linz-Donawitz Gas 转炉煤气）混合气制成汽车、航空燃料。衡阳钢管采用单层分散性 CuCl 分子筛吸附分离 CO 技术建成世界第一套高炉煤气分离 CO 的 PSA 法大型工业装置，产品气 CO 回收率达到 70%，浓度 70%以上，成本 0.5~0.6 元/$m^3$，目前已运行 5 年多。近年来，宝钢结合国内外技术发展和自身特点，提出有别于 ULCOS 与 COURSE50 且被 World Steel 命名为 Bao-CCU 的技术方案，其特点有：1）采用模块化碳捕获技术，以钢铁厂低品质余热作为碳捕获驱动力；2）$CO_2$ 和高炉提质气的多重利用创造经济效益；3）$CO_2$ 代替部分氮气，实现 $CO_2$ 资源化利用与多重价值创造。

## 1.4 钢铁行业转型发展

### 1.4.1 钢铁形象改变

钢铁行业既是传统产业，也是“产业之米”，伴随着我国经济发展，经历了几十年迅猛发展，这种迅猛发展大致是建立在“高能耗、高排放、高污染”的粗放型发展模式基础上，导致我国不少钢铁企业的产能增加与规模扩张主要建立在大量的资源、能源投入的基础上，而且由于能源利用率低造成了巨大资源、能源浪费。此外，钢铁行业也被认为是高排放（废气、废水、废渣）行业。钢铁企业在为国家和人民创造出大量物质财富的同时，也耗损了大量的资源、能源，造成环境负荷加大。

国际钢协针对钢铁及钢铁业声望，在 2011 年、2014 年、2018 年分别开展了三次调查，调查涵盖 10 个国家，对象分为：钢铁利益相关者与国际组织，前者包括商业、潜在客户、政府官员和商业媒体，后者主要是联合国、欧盟以及其他一些非政府组织等。被调查对象联想到钢铁的特性有正面、负面，而负面集中在产生污染、气候变化影响、资源耗竭方面。如图 1-7 所示，各国钢铁业的好感度与熟悉程度对比，印度是既熟悉又好感，美国是不熟悉但好感，而中国则是熟悉但好感程度最低[46]。

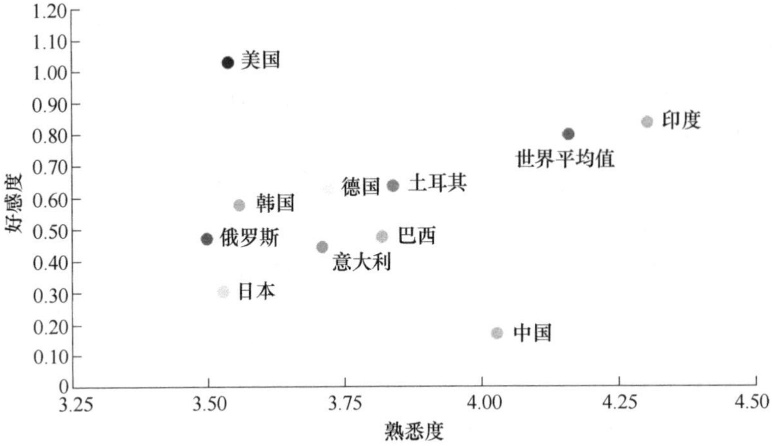


图 1-7　国际钢协十国钢铁声望调查[46]

钢铁工业为中国国民经济发展、社会现代文明建设做出巨大贡献的同时，又被指责为污染之源、耗能之首，政府、公众、媒体对钢铁有诸多误解，钢铁企业在生存发展、招聘人才、资本市场等诸多领域受限，甚至被当作雾霾祸首而遭受限产、关停。

企业的社会责任，尤其是生态责任是钢铁企业支撑绿色发展的重要品牌资本和机会资本。一个社会责任缺失的钢铁企业，往往为利润的最大化而不惜放弃应承担的环境成本，如：偷排废水废气、排放不达标、不投或不运行环保设备等；这种行为必将受到环保法规的严惩，而且还会受到社会各界限制与舆论谴责，企业品牌形象将因此严重受损，进而导致企业获利下降、发展机会锐减。反之，一个自觉担当社会责任的钢铁企业，其前期良好的环保投入与绿色、低碳、循环发展，将大大提升企业绿色形象，并在绿色发展中转化为企业绿色品牌，从而在行业与社会中获取更多的发展先机，赢得更多的市场和发展机会。宝武集团陈德荣董事长指出，过去两百多年钢铁工艺技术革命的核心是解决“效率”问题，未来钢铁工艺技术革命的核心是要解决“清洁制造”问题。钢铁企业在转型升级的过程中，必须立足于资源环境现状与规划发展要求，着力持续提升绿色制造水平，不断改善区域环境质量；积极承担社会责任，将产城融合、生态和谐作为企业可持续发展的核心目标。

### 1.4.2　优化能源结构

近四十年来，中国钢铁企业为节能降耗做了大量的工作，吨钢综合能耗逐年下降，但粗钢产量增长过快导致能源消耗总量居高不下，加上以碳基（煤）为主的能源结构，使二氧化碳排放量始终难以下降，备受社会关注。传统钢铁企业的能源结构以煤为主，占80%以上，历史上最高的企业曾达到98%以上。钢铁企业要实现低碳，必须对现有的能源结构进行调整、优化。

（1）通过技术措施，努力减少煤炭使用量。围绕钢铁企业用煤生产工序，采取一切直接、间接的有效手段，降低高炉、烧结、球团、锅炉等用煤用焦总量。

（2）通过清洁能源替代，减少煤炭使用量。利用技术手段，用电、天然气、可再生能源等清洁能源替代煤或焦炭、冶金燃气去完成工艺过程，如天然气替代喷吹煤、天然气替代煤炭用于蒸汽锅炉、电加热替代冶金燃气加热等。

（3）研究开发以一氧化碳、氢气为还原剂的高炉炼铁技术。目前，高炉冶炼还原剂主要是焦炭或煤中的碳，如果使用一氧化碳或氢气替代，可以大大降低碳排放，如国外开展的COUESE50研究等。

（4）研究冶金燃气的深度加工，以天然气替代冶金燃气用于各类加热炉。冶金燃气含有较高的一氧化碳，在经济技术合理的前提下，充分利用冶金燃气用于化工工业，而原先用于各类加热炉的功能由天然气承担，从而降低二氧化碳的排放。

（5）氢能冶炼技术。长远来看，整个冶金行业要适应高质量发展的要求，发展低碳冶炼技术，氢能冶金也将成为冶金行业实现高质量发展的重要选择。

### 1.4.3 优化生产结构

钢铁企业能源效率经过长期不断提升，各类节能措施不断落实，节能潜力和空间越来越小、难度越来越大。从生产结构优化角度，研究革命性、创新性的冶金新流程、新工艺，以保证钢铁工业的低碳发展和发展后劲。

（1）积极开拓、发展短流程工艺。钢铁制造流程主要分为高炉—转炉—铸轧长流程和电炉—铸轧短流程两种。短流程工艺因为原料为废钢，没有了炼铁工艺使得能源消耗大减（长流程工艺中炼铁以前能量消耗约占全流程的80%），经测算，短流程比长流程节省75%的能源消耗，因而碳排放短流程比长流程少80%左右。另外，从废钢资源蓄积量来看，中国近二十年钢产量的迅猛发展，社会废钢资源蓄积量也在不断增加，到2020年可能达到2亿t以上，我国废钢资源的充足，也为发展短流程炼钢提供了保障和前提。

（2）加大废钢使用量及降低铁钢比。在中国长流程工艺为主导的条件下，加大转炉废钢使用量、降低企业铁钢比（企业铁钢产量之比）也是调整生产结构、降低能耗与二氧化碳排放量的有效手段。降低铁钢比可以通过两个途径来实现，一是在钢产量不变的条件下，扩大废钢使用量，降低铁产量；二是铁产量不变，增加废钢使用量来增加钢产量。不管何种形式，由于铁前能耗巨大，都能有效降低能源消耗量。经验表明，铁钢比每降低 1%，吨钢综合能耗下降 5～7kgce（公斤标准煤）。

(3) 积极研究非高炉炼铁技术。高炉炼铁技术已应用上百年，为钢铁工业的发展做出不可磨灭的贡献，但高炉炼铁原料必须是经过烧结或焙烧的熟料和经过焦化的焦炭，后来虽发展了高炉喷吹技术和球团技术，但高炉之前的能耗依然巨大、污染物排放也大。

非高炉炼铁技术是世界冶金发展的重大课题之一，实现非高炉、直接还原炼铁可以降低钢铁企业对主焦煤的依赖度，实现低能耗、低排放。目前研究非高炉炼铁方法主要有直接还原炼铁、熔融还原炼铁、闪速冶炼技术、气基还原炼铁技术、电解炼铁等。

(4) 开发近终形连铸及轧制技术。近终形连铸是指在保证成品钢材质量的前提下，尽量缩小连铸坯的断面，使之更接近，甚至直接成为最终产品的连铸过程。与传统的连铸工艺相比，近终形连铸由于简化生产工艺、减少轧制过程、提高成材率等优势，缩短生产线、节约了生产用能源。

薄板坯连铸连轧工艺是目前应用比较成功的近终形连铸及轧制技术工艺，在世界各地已建有不少生产线。薄带连铸技术也逐渐走向商业化。

### 1.4.4　开发节能低碳新技术

节能工作是钢铁企业能源管理的重要组成部分，广大能源管理工作者经过长期的节能降耗工作，节能潜力空间变小，难度变大，但节能技术不能因此而畏缩不前。当前，节能技术发展除常规技术外，应重点做好以下几个方面：

(1) 注重熔融态冶金渣的余热回收开发。严格的讲，随着焦炉荒煤气、转炉煤气余热回收技术的开发，熔融态冶金渣的余热回收技术还是钢铁企业余热回收的难题。目前尚未见到成功的案例，需要钢铁企业继续努力。

(2) 注重低温余热回收开发。钢铁企业低温余热目前还是非常普遍，从技术上讲目前可以做到利用低温余热进行回收利用（如发电），但技术上的可行性不等于经济上的可行性，要实现和普及钢铁企业低温余热回收还需要在技术上进行研究开发，实现技术、经济的双可行。

(3) 注重通用节能技术的应用与开发。钢铁企业节能技术以往较多关注钢铁设备、生产系统的节能技术，如干熄焦技术、高炉炉顶余压发电、冶金燃气利用等，对通用设备（如电动机、风机、水泵等）节能技术关注较少，原因是单体用能量小、立项难、涉及部门多管理困难。但通用设备数量多，用能量合计也不小，要充分重视通用设备节能技术的推广应用。

(4) 注重行业外节能技术在钢铁领域中的应用与发展。多年来，钢铁企业的节能技术是围绕钢铁企业内部进行交流、分享，比较缺乏与外界的交流和分享，如有色行业、石油行业等，还有分布式能源、智慧能源等新技术突破等。加大与其他行业节能技术交流有利于钢铁企业节能技术的发展与应用。

## 1.5 本章小结

本章重点介绍了钢铁能效的概念及研究现状，同时提出工序极限能耗相关概念，概述了钢铁低碳的背景、历程及国内外应对钢铁低碳绿色发展所开展的探索性工作，并分析了钢铁绿色低碳转型发展，主要内容如下：

（1）当今社会，钢铁行业因高能耗、高排放的一面，人们往往忽略钢铁绿色低碳的本身材料属性。实际上，从结构材料的全生命周期评价数据看，相比水泥、碳纤等不可回收材料，中国转型发展更需要钢铁这一可回收、高比强度的绿色材料。

（2）对比分析了能源效率和能源生产率的差异。传统的能效更多是指能源生产率，如吨钢综合能耗、吨钢可比能耗和工序能耗；企业应关注全要素条件下能源投入与能源产出。能源效率的评价方法有单要素能源效率评价方法、全要素能源效率评价方法两种，全要素能源效率包含参数法（主要是 SFA 算法）和非参数方法（主要是 DEA 方法）。

（3）简介钢铁工序极限能耗概念，即三层极限能耗模型——理论极限能耗、技术极限能耗与实际操作最佳能耗指标。

（4）介绍了低碳发展背景，2015 年《巴黎协定》签订意味着低碳时代到来，指出绿色低碳高质量发展是我国未来发展的方向，低碳对钢铁影响深远。

（5）分析我国钢铁是典型的铁—煤化工过程，具有高碳特性。钢铁冶炼流程中碳排放源包括直接排放源、间接排放源和碳排放权的抵扣。钢铁碳排放量的计算是通过对系统内碳平衡的输入与输出，计算系统内氧化的碳量，然后折算为 $CO_2$，国际钢协提出了 $CO_2$ 测算的 ISO 14404 标准。

（6）介绍国内外钢铁低碳技术研究现状，包括欧盟 ULCOS 项目，日本 COURSE50 项目，韩国浦项的 FINEX 技术，以及中国的 Bao-CCU、煤气发酵制燃料乙醇技术等。

（7）钢铁厂在转型升级的过程中，必须立足于资源环境现状与规划发展要求，着力持续提升绿色制造水平，不断改善区域环境质量。

（8）实现转型，必须从优化能源结构、优化生产结构和开发节能低碳技术三方面着手，钢铁企业必须对现有的能源结构进行调整、优化，才能全面实现钢铁企业的转型发展。

综上所述，面对削减产能发展的大趋势，钢铁行业不仅要摆脱粗放增长的惯性，坚持去产能、控产量，更要牢固树立新发展理念，实现创新驱动、以质取胜。此外，坚持技术创新实现钢铁行业绿色低碳高质量发展。

## 参考文献


[1] World Steel. World Steel 统计数据 [EB/OL]. 2019.

[2] 徐匡迪. 低碳经济与钢铁工业 [J]. 钢铁，2010，45 (3)：1~12.

[3] 刘颖昊，刘涛，郭水华. 从 LCA 视角评估钢铁产品改进的环境效益 [J]. 环境工程，2012，30 (S2)：437~439.

[4] 刘涛，刘颖昊. 从生命周期视角看钢铁行业节能减排 [J]. 冶金经济与管理，2019 (1)：24~25，28.

[5] 王伟晗，刘涛，刘颖昊，等. Evaluation on Contribution of Steel Products to Environmental Improvement from Life Cycle Assessment Perspectives [J]. Journal of Shanghai Jiaotong University (Science)，2012，17 (3)：370~372.

[6] 刘鸿杰. 环境约束下钢铁行业全要素能源效率及影响因素研究 [D]. 北京：华北电力大学，2014.

[7] 王庆一. 中国的能源效率及国际比较（上）[J]. 节能与环保，2003 (8)：5~7.

[8] 吴琦，武春友. 基于 DEA 的能源效率评价模型研究 [J]. 管理科学，2009，22 (1)：103~112.

[9] Didier Bosseboeuf，Bertrand Chateau，Bruno Lapillonne. Cross-country comparison on energy efficiency indicators：the on-going European effort towards a common methodology [J]. Energy Policy，1997，25 (7)：673~682.

[10] 吴利梅. 钢铁企业能源效率及其评价研究 [D]. 天津：河北工业大学，2012.

[11] 李琮. 世界经济学大辞典 [M]. 北京：经济科学出版社，2000.

[12] 魏楚，沈满洪. 能源效率与能源生产率. 基于 DEA 方法的省际数据比较 [J]. 数量经济技术经济研究，2007 (9)：110~121.

[13] 魏楚，沈满洪. 能源效率及其影响因素：基于 DEA 的实证分析 [J]. 管理世界，2007 (8)：66~76.

[14] Farrell M J. The Measurement of Productive Efficiency [J]. Journal of the Royal Statistical Society，1957，120 (3)：253~290.

[15] Hu Jinli，Wang Shichuan. Total-factor energy efficiency of regions in China [J]. Energy Policy，2006，34 (17)：3206~3217.

[16] Phylipsen G J M，Blok K，Worrell E. International comparisons of energy efficiency-Methodologies for the manufacturing industry [J]. Energy Policy，1997，25 (7)：715~725.

[17] 王庆一. 能源效率及其政策和技术（上）[J]. 节能与环保，2001 (6)：11~14.

[18] Fruehan R J，Fortini O，Paxton H W，et al. Theoretical Minimum Energies to Produce Steel for Selected Conditions [R]. Carnegie Mellon University，Pittsburgh，PA，2000：2~9.

[19] 工业和信息化部. 钢铁工业调整升级规划（2016—2020 年）[J]. 中国钢铁业，2016 (12)：5~13.

[20] 张春霞，王海风，张寿荣，等. 中国钢铁工业绿色发展工程科技战略及对策 [J]. 钢

铁，2015，50（10）：1~7.

［21］李烈军．钢铁行业节能减排的现状与途径［J］．材料研究与应用，2008，2（4）：328~331.

［22］中国环境网．报告称过去130年来全球平均升温0.85℃［J］．中国环境科学，2014，34（12）：3248.

［23］潘洁，冯莲．气候变化与自杀意念/自杀行为初探［J］．中外健康文摘，2013（27）：410~412.

［24］严南编译自BBC. BBC带你6张图表更好地了解全球气候变化［EB/OL］. https.//www.guancha.cn/internation/2015_11_30_343087.shtml，2015-11-30/2019-05-06.

［25］陈后润．2018年全球天然气发电市场现状与发展趋势：碳排放创新高，煤改气成发展趋势［EB/OL］. https.//www.qianzhan.com/analyst/detail/220/190218-b13d4c48.html. 2019-02-18/2019-05-06.

［26］联合国开发计划署（UNDP）．2014年人类发展报告［EB/OL］. 2014.

［27］黄文论．广西发展低碳经济路径研究［J］．广西经济，2011（6）：35~37.

［28］王启东．后《京都议定书》时代中国减排国际义务研究［D］．广州：暨南大学，2010.

［29］刘月超．循环经济：欧盟宣言［J］．高科技与产业化，2007（7）：63~65.

［30］闵云．试析边境碳调节的合法性、有效性与公平性［D］．南京：南京大学，2016.

［31］蔡金鑫．全球气温或提前升高1.5℃［J］．生态经济，2018，34（12）：2~5.

［32］Onarheim K，Mathisen A，Arasto A. Barriers and opportunities for application of CCS in Nordic industry—A sectorial approach［J］. International Journal of Greenhouse Gas Control，2015，36：93~105.

［33］Burchart-Korol Dorota. Life cycle assessment of steel production in Poland：a case study［J］. Journal of Cleaner Production，2013，54（Complete）：235~243.

［34］张春霞，上官方钦，张寿荣，等．关于钢铁工业温室气体减排的探讨［J］．工程研究-跨学科视野中的工程，2012，4（3）：221~230.

［35］殷瑞钰．冶金流程工程学［M］．北京：冶金工业出版社，2009.

［36］耿涌，董会娟，郗凤明，等．应对气候变化的碳足迹研究综述［J］．中国人口·资源与环境，2010，20（10）：6~12.

［37］国家发展改革委．中国钢铁生产企业温室气体排放核算方法与报告指南（试行）［S］. 2013.

［38］李冰．“十三五”钢铁企业低碳发展面临的形势及对策分析［J］．山东冶金，2015，37（6）：6~8，13.

［39］严珺洁．超低二氧化碳排放炼钢项目的进展与未来［J］．中国冶金，2017，27（2）：6~11.

［40］李冰，李新创，李闯．国内外钢铁工业能源高效利用新进展［J］．工程研究-跨学科视野中的工程，2017，9（1）：68~77.

［41］Meijer K，Denys M，Lasar J，et al. ULCOS. ultra-low $CO_2$ steelmaking［J］. Ironmaking &

Steelmaking，2009，36（4）：249~251.

[42] 魏侦凯，郭瑞，谢全安．日本环保炼铁工艺 COURSE50 新技术［J］. 华北理工大学学报（自然科学版），2018，40（3）：26~30.

[43] Nishioka K，Ujisawa Y，Tonomura S，et al. Sustainable Aspects of $CO_2$ Ultimate Reduction in the Steelmaking Process（COURSE50 Project），Part 1：Hydrogen Reduction in the Blast Furnace［J］. Journal of Sustainable Metallurgy，2016，2（3）：200~208.

[44] 张寿荣，张绍贤．韩国浦项钢铁公司 FINEX 工艺［J］. 钢铁，2009，44（5）：1~5，38.

[45] 胡俊鸽，周文涛，王艳丽．Finex 熔融还原技术的新发展［J］. 冶金信息导刊，2007，44（4）：12~14.

[46] World Steel. World Steel 统计数据［EB/OL］. 2018.

# 2 钢铁低碳高能效共性技术

钢铁绿色低碳高质量发展需要技术创新。本章从产业共性技术定义出发，结合钢铁行业焦炉、烧结、高炉、转炉、界面以及 CCUS、生物质能与碳汇、余热资源高效利用等领域行业共性技术难题，分析钢铁低碳高能效共性技术研发重点。

## 2.1 产业共性技术

### 2.1.1 定义

经济发展与社会进步对技术的依赖程度逐渐加重，技术以其自身巨大的能量，深刻影响着当今人类社会经济发展与进步。国家层面，技术在经济发展与国家竞争力提升上发挥着无可替代的作用；产业层面，技术变革与创新关系着产业长远发展与行业竞争力保持；企业层面，技术能力的获得成为其技术升级、企业竞争力提升的重要源泉。

共性技术（Generic Technology）的概念最早由 Anders Granberg 在 1981 年提出，是指自然过程因果联系的集成，并能够完成某些功能的技术。共性技术第一次被明确定义是在 1988 年美国 ATP（Advanced Technology Program 先进技术计划）上：一种有可能应用到大范围的产品或工艺中的概念、部件，或工艺，或科学现象的深入研究[1]。清华大学李纪珍等人[2,3]从产业共性技术所具有的广阔适用性和影响力层面对其作出的概念界定得到了国内多数学者认同，即：在很多领域内已经或未来可能被普遍应用，其研发成果可共享并对一个或多个行业及企业产生深度影响的一类技术。产业共性技术一般等同于共性技术，国外多称共性技术，国内多称产业共性技术。

目前，产业共性技术重要性日益凸现，得到政府与产业界的高度重视。《国家中长期科学和技术发展规划纲要（2006—2020）》明确要求，加快开发能够推动结构升级和促进可持续发展的共性技术、关键技术和配套技术。2013 年国务院办公厅发布《关于强化企业技术创新主体地位，全面提升企业创新能力的意见》提出，依托转制院所和行业领军企业，在钢铁、有色金属等产业推动建设一批产业共性技术研发基地。工信部提出《产业关键共性技术发展指南（2017年）》，其中也涉及钢铁行业节能及余热利用产业关键共性技术。

### 2.1.2　失灵现象

由于共性技术的广阔应用前景（Multi Use）、服务多用户（Multi User）的基本属性，以及使能（Enabling）和竞争前（Pre-competitive）的技术特性，使得共性技术在很多产业都出现供给不足、扩散成本高、组织管理效率低下、政府作用不明确的现象，即出现“市场失灵”和“组织失灵”[2,3]。

产业共性技术的市场失灵是指共性技术的外部性导致纯市场机制的共性技术供给不足[2]。即：由于复杂的网络外部性等技术特性，技术的产权很难清楚界定，交易成本本身包含技术学习成本高，单个企业不能保证技术收益全部归属于自身，最终出现共性技术“市场失灵”[2]。此外，李纪珍在研究中提到共性技术“市场失灵”存在“供给”市场失灵及“扩散”市场失灵[2,3]，其将共性技术划分为基础性共性技术、竞争前共性技术和应用类共性技术[2]。对于应用类共性技术，单个企业因为不能保证获得技术全部收益或多数收益，而不愿意进行产业共性技术研发，出现“供给”市场失灵；对于基础性共性技术，研发和创新需要基础理论的长期积累，技术承接方在进行成果转化过程中需进行二次开发，且技术本身不确定性较大、价值不明显，技术转让、技术许可等市场机制下的扩散被限制，出现“扩散”市场失灵。

共性技术的组织失灵是指单个个体由于个体能力的有限不能满足共性技术研究开发的要求，共性技术的研究开发需要多个个体的合作，而在共性技术开发成功后，又难以扩散并低成本实现社会资源配置的帕累托最优[2]。简单而言，即单个个体由于能力所限难以实现共性技术供给，而合作又难以实现共性技术的商业价值。

应对产业共性技术的双重失灵，政府、行业龙头企业及其联盟、行业专业研究开发院所等在共性技术的供给及扩散中有着独特作用。共性技术的双重失灵是上述组织干预和投身共性技术的研发与推广的理论依据，上述组织在共性技术的研发与推广中主要有以下职能：（1）同时解决共性技术双重失灵问题，一方面促进共性技术的创新研发，另一方面推动关键共性技术的推广应用；（2）合理选择共性技术的组织模式并确定共性技术的共享层次；（3）推动法律法规制度健全，创造公平公正的竞争环境，提供共性技术开发所需的部分资金，其他诸如对参与经济主体的约束、激励、协调等[2,4,5]。

由于共性技术的发展严重关系着我国产业转型升级，在发展共性技术过程中，不应只强调共性技术创新能力的提升，还应当重视共性技术创新扩散能力的提高，只有这样我国的共性技术整体水平才能提高，也会为钢铁工业的可持续发展提供支撑力量。目前市场条件下，要想促进关键共性技术的市场供给，一方面要推进合作开发，另一方面需保证合作开发者商业利益的前提下加大共性技术的传播扩散。

### 2.1.3 钢铁行业共性技术

20 世纪 90 年代，钢铁行业推广六项关键共性技术，即高炉高效率长寿综合技术、高炉高效喷煤技术、高效连铸技术、转炉溅渣复吹长寿技术、棒线材高速连轧技术、行业综合系统节能技术。这些关键共性技术的创新大多是以行业主管部门确定技术方向、国家资助、行业研究机构承担科研任务的技术攻关形式开展，先在少数企业进行技术试点，再由行业主管部门大规模组织生产企业以技术改造的形式对取得突破的技术进行推广应用[6]。进入 21 世纪，中国钢铁行业组建钢铁共性技术协同创新中心[7]，在选矿、冶炼、连铸、热轧、短流程、冷轧及智能制造等领域，开发一系列创新工艺、装备和技术。通过工艺、装备、产品、服务的系统创新，实现了钢铁行业的绿色化发展。

2017 年，为进一步落实《中国制造 2025》，工业和信息化部围绕制造业创新发展的重大需求，组织研究了对行业有重要影响和瓶颈制约、短期内亟待解决并能够取得突破的产业关键共性技术，通过研判国内外产业发展现状和趋势，在广泛征求意见的基础上，提出《产业关键共性技术发展指南（2017 年）》[8]。“节能环保与资源综合利用”单独作为一大项列出，涉及冶金行业的有“冶金与煤电工业固废全产业链协同利用关键技术”“冶金熔渣及尾矿协同制备高性能微晶玻璃技术”“冶金尘泥高效综合利用技术”“节水型液态熔渣高效热回收与资源化利用技术”等。对于钢铁材料类共列出 13 项产业关键共性技术，“钢铁制造流程余热减量化与深度化利用技术”是其中之一，其主要技术内容包括：焦炉烟气余热梯级利用技术，荒煤气余热回收发电技术，发电乏蒸汽用于海水淡化技术，烧结矿显热发电技术，干式粒化等余热回收技术，高炉冲渣水制冷、制热及发电技术（高炉区域低品位余热冷热电三联供综合利用），高炉热风炉烟气余热梯级利用技术，转炉、电炉烟气余热利用技术，连铸坯显热利用技术，大型加热炉烟气源头减量及高效利用技术，余热源头减量就地利用与钢铁生产工艺的协同技术，余热利用与环保、固废处理的协同技术，余热利用与城市、社区环境的协同技术等。上述产业关键技术的提出为国内钢铁行业低碳高能效技术进步指明方向。

2019 年 4 月，国家发展改革委会同有关部门对《产业结构调整指导目录（2011 年本）（修正）》进行了修订，形成了《产业结构调整指导目录（2019 年本，征求意见稿）》，“钢铁行业超低排放技术以及副产物资源化、再利用化技术”“冶金固体废弃物（含冶金矿山废石、尾矿，钢铁厂产生的各类尘、泥、渣、铁皮等）综合利用先进工艺技术”“钢铁与相关产业间可循环流程工艺技术开发与应用”等涉及钢铁行业低碳及减排技术被列为行业鼓励类产业技术。

随着中国钢铁业的企业规模和技术能力的成长，产业技术创新的机制也发生了变化。一些大型企业构建起了相对完善的技术创新体系，并发展起较为强大的技术创新能力。这些企业的技术知识积累日益增多，技术搜索和监测的视野已经扩展到全球范围。宝钢作为国内钢铁行业的排头兵，2000 年起，宝钢与国家自然科学基金委联合设立了面向全国的“钢铁联合研究基金”，支持钢铁行业的技术创新。宝钢不仅与国内高校，还与美、欧、日、韩、澳大利亚等国外众多高校、研究机构、专业技术企业建立合作关系。中国钢铁业以企业为主体、产学研合作的技术创新机制正基本形成[6]。

钢铁产业共性技术，一方面由于钢铁行业历史悠久、体量大、品种多、工艺技术路线复杂、研究机构健全等特点，新技术不断涌现仍有大量潜力；另一方面，某些行业共性难题长期得不到突破与攻克，技术供给市场缺失，技术创新与扩散需要加强。共性技术扩散有利于提高行业甚至社会的整体技术水平，促进钢铁行业整体竞争力提升，但共性技术扩散会影响企业竞争力，个别企业为保持技术优势不愿做共性技术扩展工作。大型企业作为行业龙头，有责任保持其相关技术开发的同时，引导其将绿色低碳技术领域的创新技术扩散并应用于行业内的中小型企业，最终达到整个行业技术的突破。本书针对钢铁行业共性难题进行系统梳理，并在此基础上开展有选择性的研究，推进共性技术扩散，从而推动钢铁行业绿色低碳转型发展。

## 2.2　钢铁低碳高能效共性技术难题

### 2.2.1　焦炉

#### 2.2.1.1　焦炉能效分析

焦炉是一种用于煤加工提炼焦炭的冶金炉窑。现代焦炉由炭化室、燃烧室、蓄热室、斜道区、炉顶和烟道等组成。焦炉中，煤在隔绝空气（防止氧化）的条件下被加热到 1000~1100℃ 并持续 14~24h 以去除挥发性物质并生成焦炭。图 2-1 所示为某钢厂炼焦工序物料与能源投入产出示意图，在输入端有物料和能源输入，在焦炉内部，物料在能量的驱动下，发生一系列的物理化学变化，在输出端生成期望的产品和其他物质，并有不同形式的二次能源输出。

2018 年全国焦炭产量达到 43820 万 t，同比增长 0.8%，中钢协会员单位炼焦工序的平均能耗为 104.88kgce/t[9]。表 2-1 所示为炼焦工序能耗对照表。有研究认为，炼焦工序理论极限最低能耗估算约为 68.24kgce/t[10]，与之相比，炼焦工序尚有很大的节能提升空间可挖掘。

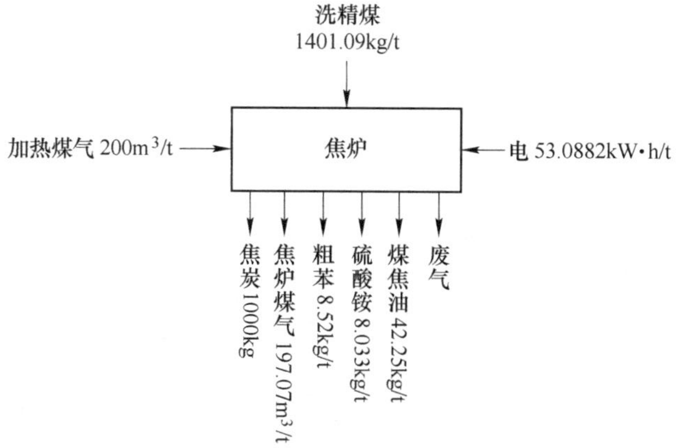


图 2-1 某钢厂炼焦工序物料与能源投入产出示意图

**表 2-1 炼焦工序能耗对照表** (kgce/t)

| | | |
|---|---|---|
| 中国钢协会员单位 2018 年工序能耗 | 平均值 | 104.88 |
| | 先进值 | 74.76 |
| | 落后值 | 152.43 |
| 国家标准（顶装焦炉）《焦炭单位产品能源消耗限额》(GB 21342—2013) | 限定值 | ≤150 |
| | 准入值 | ≤122 |
| | 先进值 | ≤115 |
| 清洁生产指标《钢铁行业清洁生产评价指标体系》(2014) | Ⅰ级基准值 | ≤115 |
| | Ⅱ级基准值 | ≤125 |
| | Ⅲ级基准值 | ≤155 |

某大型钢厂年产焦 400 万 t，消耗高/焦混合煤气约 30.2 亿 $m^3$（标态），消耗原煤折合标煤 537.8 万 t。炼焦工序余热资源主要有焦炉混合煤气燃烧产生的烟气余热、原煤干馏得到的荒煤气显热和焦炭显热。焦炉烟气是由高炉煤气和焦炉煤气燃烧产生的，其煤气所占比例分别为 90%和 10%，根据当前实际情况，烟气的温度可按 1300℃计算，利用后的温度按 200℃计算，烟气量为 614982.5 万 $m^3$（标态）。荒煤气自焦炉出口温度约为 750℃，这部分余热当前未利用，荒煤气量为焦炭产量乘以系数 437 计算。焦炭温度为 1050℃，目前干熄焦利用后实际温度可降至 150℃，焦炭产量为工序产量。根据上述基础数据可得到炼焦工序的余热状况，见表 2-2。可见，当前炼焦工序焦炭的余热通过干熄焦技术等几乎全部回收，余热资源回收潜力主要是荒煤气显热回收，其从 750℃到 140℃的余热并没有得到有效利用。

**表 2-2　炼焦工序余热资源状况❶**

| 工序产量 | 400 万 t 焦炭 | | 能源消耗 | 高炉、焦炉混合煤气 30.2 亿 $m^3$（标态）；原煤 537.8 万 tce① | | 余热形式 | 焦炉烟气 1300℃<br>荒煤气 750℃<br>焦炭 1050℃ | |
|---|---|---|---|---|---|---|---|---|
| 余热资源名称 | 资源量（气体（标态）/万 $m^3$，固体/t） | 余热资源总量/万 tce① | 当前利用 | | | 最佳可利用 | | |
| | | | 温度/℃ | 量/万 tce① | 率/% | 温度/℃ | 量/万 tce① | 率/% |
| 焦炉烟气 | 614982.5 | 50.5 | 200 | 44.2 | 87.5 | 140 | 46.2 | 91.5 |
| 荒煤气 | 174752.1 | 7.57 | 750 | 0 | 0.00 | 140 | 3.2 | 42.3 |
| 焦炭 | 3998904.5 | 23.6 | 150 | 21.7 | 91.9 | 150 | 21.7 | 91.9 |
| 合计 | — | 81.67 | — | 65.9 | 80.7 | — | 71.1 | 87.0 |

① tce：吨标煤。

### 2.2.1.2　焦炉节能技术

炼焦工序设备节能技术[11~15]有煤调湿技术、捣固焦技术、焦炉处理废塑料技术、焦炉自动化控制技术等；余热余能回收技术有干熄焦技术、焦炉烟道余热回收技术和荒煤气显热回收利用技术。

煤调湿技术是基于煤干燥技术发展起来的炼焦煤预处理技术，是“装炉煤水分控制工艺”的简称，即将炼焦煤料在装炉前去掉一部分水分，保持装炉煤水分在 6%左右，然后装炉进行炼焦生产。据相关资料显示，煤料含水量每降低 1%，炼焦耗热量就减少 62MJ/t-干煤，采用煤调湿技术后，若煤料水分从 10%降低至 6%，炼焦耗热量节省约 248MJ/t-干煤，折合约 8.48kgce/t-干煤[10]。

捣固焦技术是在装煤推焦车的煤箱内用捣固机将已配合好的煤捣实后，从焦炉机侧推入炭化室内进行高温干馏的炼焦技术。可提高效率减少能耗，根据计算采用捣固焦技术较传统方法可节能 1.3kgce/t-焦。

❶ （1）在余热资源总量计算过程中涉及基准的选择问题，表 2-2 及后续余热资源计算过程中，余热资源总量是指该余热资源降至标准工况（0℃、0.1MPa）下所释放的热量总量；余热资源利用量是指目前该余热资源实际被利用的热量总量；余热资源最佳可利用量是指当前技术经济条件下可以被合理利用的最佳热量总量。余热利用率为余热资源利用量与余热资源总量的比值，余热资源最佳可利用率为余热资源最佳利用量与余热资源总量比值。（2）考虑到余热载体不同回收技术、难度、经济性有较大差异，余热的最佳可利用温度随不同类型余热资源有一定差异。例如：气体余热资源（以烟气为主）最佳利用温度>140℃，主要是考虑钢厂烟气和副产煤气的余热利用温度仍需在酸露点以上，以保证设备长寿、可靠；液体余热资源最佳可利用温度>80℃，主要考虑的是钢厂最为常见的可利用液体余热是冲渣水余热；固体余热资源最佳可利用温度>400℃，主要是考虑目前的固态余热资源回收技术手段和投资回报等因素。另外，兼顾部分技术实际现状和未来发展可能性，干熄焦、烧结矿的最佳可利用温度定为 150℃。（3）烟气数据统计难且品质不同，而燃气数据较全，烟气量通过燃气在完全燃烧和理想气体假设下计算获得。

焦炉处理废塑料技术是将废塑料与煤混合炼焦，采用焦炉处理废塑料技术可节能 4kgce/t-焦。

焦炉自动化控制技术，可以节约人工劳动强度，降低炼焦工序能耗。根据计算可节约燃料 10%，节能 0.17GJ/t-焦，折合标煤约 5.8kgce/t-焦。

干熄焦技术是红焦显热回收技术，是通过惰性气体熄灭赤热焦炭的熄焦方法。该技术可实现约 80% 的红焦显热回收，平均每熄 1t 红焦可回收 3.9MPa、450℃蒸汽 0.45~0.58t，可降低炼焦能耗 35~40kgce/t-焦，且可改善焦炭质量，降低高炉焦比。国内重点统计的大中型钢铁企业焦炭生产干熄焦率为 85.92% 左右。

180~230℃焦炉烟道废气带出热约占焦炉支出热的 17%，直接排往大气造成极大的能源浪费，目前焦炉烟道气余热回收利用技术主要有：热管生产蒸汽技术、煤调湿、负压蒸氨等[16]。在这些烟道气余热利用技术中，用于生产蒸汽具有技术成熟、投资少、热回收率高等优点，是目前较为理想的利用方式。

上述余热余能回收手段目前已得到了较为广泛的应用，特别是干熄焦余热回收技术，但目前荒煤气显热回收却是炼焦工序的一个难点。

#### 2.2.1.3 焦炉荒煤气显热回收技术

荒煤气是指煤在焦炉炭化室内经高温干馏后的热解产物，从焦炉上升管逸出。荒煤气组成成分十分复杂，可分为三部分：水汽、干煤气和杂质。依据炼焦煤的不同荒煤气组成也不相同。目前，炼焦行业对荒煤气的传统处理工艺是喷洒大量 70~75℃的循环氨水，循环氨水吸热而大量蒸发，使荒煤气温度冷却至 82~85℃，再经初冷器冷却至 22~35℃，进入后序煤化工产品回收加工工段。这就导致温度约为 750℃，约占炼焦工序余热的 36% 的焦炉荒煤气带出的热量被白白浪费，还增加水资源消耗。荒煤气显热高效回收利用是行业共性难题技术之一。

焦炉荒煤气的余热回收之所以一直处于研究探索阶段，其回收利用难点主要有以下三点：（1）荒煤气成分复杂，高温时会发生结碳现象，且随着温度的降低（470℃以下）有焦油等组分析出，在用换热器吸收荒煤气热量时，无法避免荒煤气中重质焦油成分结焦，导致换热器换热效果下降甚至失去换热效果；（2）荒煤气中萘、苯、氰、硫、氢化合物对换热壁面有腐蚀作用；（3）很多上升管余热利用装置存在变形、泄漏问题。所以，迄今尚没有经长期运转证明荒煤气余热回收利用成熟可靠的技术。目前，使用较多的上升管换热器技术也只能将荒煤气温度降至 500℃左右，500℃以下显热被浪费。

#### 2.2.1.4 焦炉荒煤气显热回收节能减排潜力

假设荒煤气温度为 750℃，考虑荒煤气 750~150℃之间的余热回收。吨焦煤气约为400m³，假设平均比热容为1.52kJ/(m³·℃)，则吨焦可回收余热资源量为364800kJ热量，折合12.45kgce，减排32.37kg二氧化碳（按照千克标准煤产生2.6kg$CO_2$），减排0.11kg二氧化硫（按照千克标准煤产生0.0085kg$SO_2$），减排0.09kg氮氧化物（按照千克标准煤产生0.0074kg$NO_x$），减排灰尘2.50kg（按照千克标准煤产生0.2kg烟尘）。

## 2.2.2 烧结

### 2.2.2.1 烧结能效分析

高炉炉料主要是烧结矿、焦炭，烧结是高炉—转炉长流程钢铁企业的主要工序。烧结是粉末或粉末压坯加热到低于其中基本成分熔点的温度，然后以一定的方法和速度冷却到室温的过程。烧结的结果是粉末颗粒之间发生黏结，烧结体的强度增加，把粉末颗粒的聚集体变成为晶粒的聚结体，从而获得所需的物理、力学性能的制品或材料。如图2-2所示是某钢铁企业烧结工序物料与能源投入产出示意图，在输入端有烧结煤、焦粉等物料投入和焦炉煤气、电力等能源投入，在生产工序设备内部，物料在能量的驱动和作用下，发生一系列的物理化学变化，在输出端，生成烧结矿和其他物质，并有不同形式的二次能源输出。

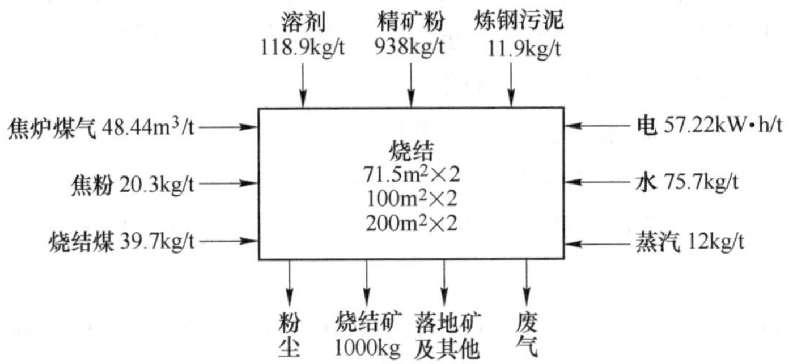


图2-2　某钢铁企业烧结工序物料与能源投入产出示意图

钢铁行业中烧结工序能耗较高，一般占冶金总能耗的10%左右。表2-3所示是烧结工序能耗对照表，2018年全国重点钢铁企业烧结工序能耗为48.60kgce/t，较2017年48.44kgce/t的工序能耗略有增加[9]。根据2018年国家发展和改革委员会、生态环境部、工业与信息化部三部门印发的《钢铁行业清洁生产评价指标体系》和2013年印发的GB 21256—2013国家标准，我国烧结工序能耗较国际领先水平（Ⅰ级基准值）仍有差距，也未达到国家先进值水平。另有研究认为，铁矿烧结过程中，能让铁矿石烧结团聚的极限最小理论能耗为40.95kgce/t(1200MJ/t)[10]。烧结工序节能潜力巨大。

**表 2-3　烧结工序能耗对照表**　(kgce/t)

| | | |
|---|---|---|
| 中国钢协会员单位 2018 年工序能耗 | 平均值 | 48.60 |
| | 先进值 | 40.62 |
| | 落后值 | 60.95 |
| 国家标准<br>《粗钢生产主要工序单位产品能源消耗限额》<br>(GB 21256—2013) | 限定值 | ≤55 |
| | 准入值 | ≤50 |
| | 先进值 | ≤45 |
| 清洁生产指标（不含脱硝/含脱硝）<br>《钢铁行业（烧结球团）清洁生产评价指标体系》<br>(2018) | Ⅰ级基准值 | ≤45（≤49） |
| | Ⅱ级基准值 | ≤50（≤54） |
| | Ⅲ级基准值 | ≤58（≤62） |

烧结消耗能源主要是燃气、原煤和焦炭，烧结工序余热资源主要是烧结机烟气显热和烧结矿显热。表 2-4 所示，按某钢厂年产烧结矿 1500 万 t 计算，年煤气消耗约 4569.7 万 $m^3$（标态），原煤和焦炭消耗折合 68.9 万 tce。烧结机烟气温度按 300℃计算，焦炉煤气燃烧产生烟气量为 11899.6 万 $m^3$（标态），煤与焦炭共产生烟气量 712277.4 万 $m^3$（标态），总计 724177.0 万 $m^3$（标态）。烧结矿显热由 580℃烧结矿温度体现，目前已利用至温度 350℃。根据上述基础数据可得到烧结工序的余热状况，可见烧结工序节能潜力主要在于烧结烟气显热和烧结矿显热高效回收。

**表 2-4　烧结工序余热资源状况**

| 工序产量 | 1500 万 t 烧结矿 | | 能源消耗 | 焦炉煤气 4569.7 万 $m^3$（标态）；原煤 68.9 万 tce① | | 余热形式 | 烧结烟气 300℃<br>烧结矿 580℃ | |
|---|---|---|---|---|---|---|---|---|
| 余热资源名称 | 资源量（气体(标态)/万 $m^3$，固体/t） | 余热资源总量/万 tce① | 当前利用 | | | 最佳可利用 | | |
| | | | 温度/℃ | 量/万 tce① | 率/% | 温度/℃ | 量/万 tce① | 率/% |
| 烧结烟气 | 724177.0 | 11.0 | 300 | 0.00 | 0.00 | 205 | 3.66 | 33.3 |
| 烧结矿 | 15000000 | 27.6 | 350 | 12.54 | 45.4 | 270 | 16.44 | 59.6 |
| 合计 | — | 38.6 | — | 12.54 | 32.5 | — | 20.10 | 52.1 |

① tce：吨标煤。

#### 2.2.2.2　烧结节能技术

烧结工序节能技术有：烧结余热回收发电技术、减少漏气率技术、降低点火热耗技术、热风烧结技术、小球烧结技术[17~21]。

烧结余热发电是一种利用冷却机上烟罩密封使高温烟气输给余热锅炉进行发

电的技术。根据测算，平均每吨烧结矿产生的烟气余热回收可发电 20kW · h，折合吨钢综合能耗可降低 8kg 标准煤。

烧结机的漏风对烧结生产的各项经济技术指标影响很大，也是目前国内钢铁联合企业烧结工艺面临的重大难题。抽风机是烧结系统耗电的主要设备，占烧结过程总电量的 70%~80%，而烧结过程漏风率占其总风量的 30%~70%。根据测算，减少烧结厂的漏风情况可以降低风机功率消耗 2.7~3.6kW · h/t，折合 0.37~0.47kgce/t。减少烧结漏风主要措施是对烧结机和冷却机进行密封操作，烧结密封有滑块密封、橡胶密封、水密封、钢刷密封等。

点火能耗与点火强度、烧结料水分、抽风强度以及点火保温炉型等有关。在点火过程中，严格控制点火温度是十分必要的，合适的点火温度既能把台车上的混合料点燃，又不使表面过熔。烧结厂点火温度控制在（1050±50）℃较合理，点火时间要根据点火温度来确定，温度低时延长点火时间，温度高时缩短点火时间，以保证适宜的点火温度。采用新型点火保温炉可实现点火温度的精确控制，目前日本开发的线性烧嘴、多缝式烧嘴、面燃式烧嘴的节能效果明显。2010 年唐山某炼铁厂将点火温度由原来的 1150℃降到 1050℃，煤气吨矿消耗由 2009 年的 43.96$m^3$/t 降至 2010 年的 39.54$m^3$/t。

热风烧结技术是国内外学者于 20 世纪 90 年代开展的均质烧结技术相关研究中的一项重要的工艺组成。该技术方法是将带（环）冷机热废气用高温风机抽出并输送到点火炉后部的保温段，用于热风烧结和料层保温，其工艺机理在于利用烧结矿热废气的物理热来替代部分固体燃料的燃烧热，使料层温度分布更加均匀。根据济钢数据，在料层厚度为 575mm 的实验条件下，采用热风烧结技术，焦粉量由基准的 1.7kg 下降至 1.6kg，下降了 2.8%；点火温度下降至 1050℃，煤气的消耗也大幅度下降；采用热风烧结后，烧结时间下降 1~2min，缩短了烧结时间，提高生产效率，降低能耗。

小球烧结技术是将烧结混合料造成小球，主要是解决掺进细精矿后透气性差的问题，进而提高烧结矿的产量和质量。其特点是通过改变现有混合机工艺参数及内部结构，延长混合料在混合机内的有效滚动距离，改善混合料在混合机内的滚动状态，使烧结混合料造成 3mm 以上小球比例大于 75%。通过这种方法烧出的烧结矿，上下层烧结矿质量均匀，强度高、还原性好。根据测算，采用小球烧结技术，混合料温度可提高到 70℃以上，一般烧结料层高度可提高 50~100mm，可提高烧结矿产量 5%~15%，烧结固体燃耗可减少 2~5kgce/t，烧结矿 FeO 可减少 0.5%~1%，烧结矿质量得到显著的改善。

目前，这些节能降耗技术在国内外各大钢企得到较为广泛的应用。由于工艺技术原因，烧结矿显热虽实现了大部分回收，但冷却风机漏风问题、高品位烧结矿显热高效回收、杜绝扬尘等问题是当前烧结工序亟待解决的难题技术。

#### 2.2.2.3 烧结矿显热回收技术

温度约600~800℃的烧结矿所携带的显热约占整个烧结过程余热资源的70%，烧结矿显热品质较高，数量较大，其可被空气介质所携带。烧结矿显热回收技术距今有40年的发展历史，日本钢管公司（现已合并为JFE公司）是世界上第一个将烧结冷却机余热发电系统应用到实际生产的公司。烧结矿显热回收主流工艺是在烧结带冷或环冷机上配置余热锅炉发电[22,23]。目前，烧结矿余热回收主要存在两方面的技术难点：（1）采用冷却机冷却，需消耗大量自然风，换热后的烟气风温在300℃以下的烟气量占总烟气量的60%左右，温度在300~450℃之间的烟气量占比30%~40%，烧结矿温度降到100~150℃。这一过程中，烟气温度低且量大，㶲损失大，且造成后续设备除尘压力大。（2）由于冷却机采用抽风或鼓风的强制冷却方式，造成冷却机漏风严重（顶部漏风和底部漏风两种），目前常采用滑块密封、橡胶密封、水密封、钢刷密封等密封方式减少漏风率，但均存在一定的局限性。烧结矿显热高效回收是行业共性难题技术之一。

传统的烧结显热回收技术存在缺陷，其主要是大风量造成的㶲损失和除尘压力问题，以及漏风问题导致的余热资源浪费问题和烟尘污染问题。目前，天津天丰钢铁与国内工程技术公司合作，率先开发并工业化应用竖炉回收烧结显热，该方法采用逆循环，冷却风量小，且无漏风和烟尘无组织排放等问题，但该技术在后续工业化和商业化过程中也暴露出许多不成熟和需要深入研究的机理问题。

#### 2.2.2.4 烧结矿显热回收节能减排潜力

烧结工序属于热加工工序，一般包括烧结和冷却。热烧结矿从烧结机尾部卸下，热矿温度为600~800℃，随后经过破碎和筛分进入冷却机冷却，此时烧结矿的温度在450~650℃之间，其物理显热约为663.32MJ/t矿。若实现余热的全部回收，则吨矿可节约22.63kgce，节约成本15.84元（吨标准煤700元计算），减排58.86kg二氧化碳（按照千克标准煤产生2.6kg$CO_2$），减排0.19kg二氧化硫（按照千克标准煤产生0.0085kg$SO_2$），减排0.17kg氮氧化物（按照千克标准煤产生0.0074kg$NO_x$），减排灰尘4.53kg（按照千克标准煤产生0.2kg烟尘）。

### 2.2.3 高炉

#### 2.2.3.1 高炉能效分析

高炉是应用焦炭、含铁矿石（天然富块矿、烧结矿和球团矿）和熔剂（石灰石、白云石）生产液态生铁的竖式反应器或冶金炉窑。高炉本体自上而下分为炉喉、炉身、炉腰、炉腹 、炉缸5部分。图2-3所示是高炉工序物流和能流投入产出示意图，高炉物料输入端有焦炭、烧结矿和球团矿等，物料输出端包含液态铁水、炉渣和高炉煤气等。能流输入端包含入炉碳元素的氧化放热、热风带入热和其他带入热，能流输出端包含用于入炉料中氧化物的分解和脱硫反应热、铁水带走物理热、炉渣带走物理热、煤气带出热和其他热输出。

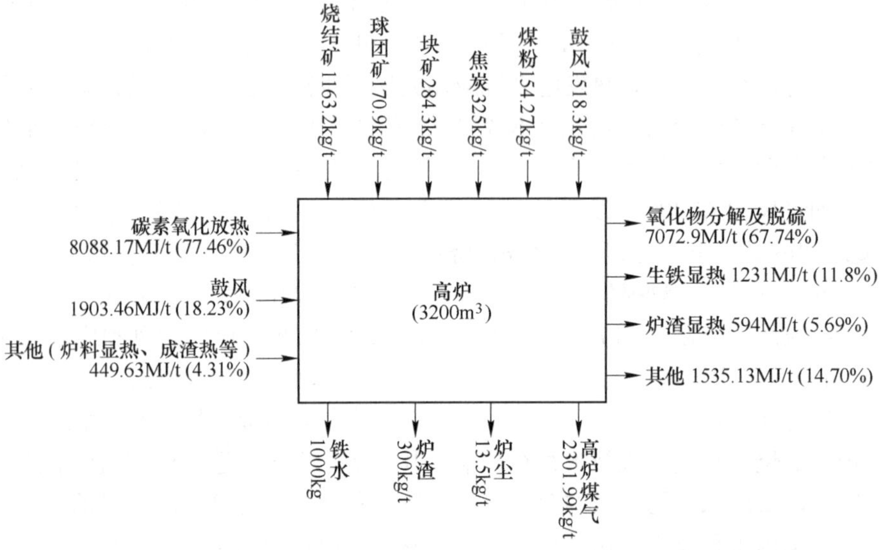


图 2-3　某钢高炉工序物流和能流投入产出示意图（吨铁计量）

在钢铁生产过程中，高炉炼铁约占整个钢铁生产总能耗的 34%[10]❶。表 2-5 是高炉工序能耗对照表，2018 年，参加中钢协能源统计的企业有 85 家，中钢协会员单位炼铁工序能耗为 392. 13kgce/t，较 2017 年同期下降 0. 77kgce/t。而与国家标准比较，达到“限定值”未达到“准入值”标准，与清洁生产指标对比属于Ⅲ级，与国家先进值标准和国际先进清洁生产指标差距较大。有研究认为，典型铁精矿焦炭还原反应生成 1450℃渣铁的高炉极限工序能耗为 301. 10kgce/t，较 2018 年行业平均水平 392. 13kgce/t 相比，尚有较大节能低碳潜力。

**表 2-5　高炉工序能耗对照表**　　（kgce/t）

| | | |
|---|---|---|
| 中国钢协会员单位 2018 年工序能耗 | 平均值 | 392. 13 |
| | 先进值 | 308. 27 |
| | 落后值 | 447. 09 |
| 国家标准<br>《粗钢生产主要工序单位产品能源消耗限额》<br>（GB 21256—2013） | 限定值 | ≤435 |
| | 准入值 | ≤370 |
| | 先进值 | ≤361 |
| 清洁生产指标<br>《钢铁行业（高炉炼铁）清洁生产评价指标体系》（2018） | Ⅰ级基准值 | ≤380 |
| | Ⅱ级基准值 | ≤390 |
| | Ⅲ级基准值 | ≤400 |

❶ 国内高炉炼铁约占整个钢铁生产总能耗的 50%以上，原文与国内统计口径有差异。

以某钢铁企业高炉工序年产量1200万t为例，所消耗的能源主要是热风炉使用的高炉煤气、焦炉煤气和转炉煤气的混合煤气，以及高炉使用的焦炭，其中年消耗煤气量约56.97亿$m^3$（标态）。高炉工序所产生的余热主要有铁渣、热风炉烟气和高炉煤气余压。铁渣显热，温度为1500℃左右，目前这部分余热未能利用。热风炉烟气显热由高、焦、转炉混合煤气完全燃烧后的烟气产物余热组成，高、焦、转炉煤气所占比例分别为91%、2%和7%，根据模型计算的烟气量为1112572.4万$m^3$（标态），燃烧烟气的出口温度为282.26℃。根据上述数据可计算得到高炉工序的余热余能回收现状，见表2-6，高炉炼铁工序的节能低碳潜力在于铁渣显热和热风炉烟气显热回收。

**表2-6　高炉工序余热资源状况**

| 工序产量 | 1200万t铁水 | | 能源消耗 | 煤气56.97亿$m^3$（标态）；原煤65.92万tce① | | 余热形式 | 铁渣1560℃<br>热风炉烟气282℃<br>煤气余压 | |
|---|---|---|---|---|---|---|---|---|
| 余热资源名称 | 资源量（气体（标态）/万$m^3$，固体/t） | 余热资源总量/万tce① | 当前利用 | | | 最佳可利用 | | |
| | | | 温度/℃ | 量/万tce① | 率/% | 温度/℃ | 量/万tce① | 率/% |
| 铁渣 | 3363200 | 20.72 | 1560 | 0.00 | 0.0 | 150 | 18.66 | 90.1 |
| 热风炉烟气 | 1112572.4 | 11.61 | 180 | 1.53 | 13.2 | 140 | 3.77 | 32.5 |
| 煤气余压 | 1184256.8 | 9.34 | 45 | 5.76 | 61.7 | 45 | 5.76 | 61.7 |
| 合　计 | — | 41.67 | — | 7.29 | 17.5 | — | 28.19 | 67.7 |

① tce：吨标煤。

### 2.2.3.2　高炉节能技术

高炉炼铁节能技术可分工艺设备操作节能和余热余能回收两方面。工艺设备操作节能有高炉喷煤技术、高炉自动化控制技术、提高风温技术、热风炉双预热技术；余热余能回收技术有高炉煤气顶压发电技术、高炉渣显热回收等[24~29]。

高炉喷煤技术是将大量煤粉喷入高炉的工艺。该技术是指通过高风温、富氧鼓风，从而降低高炉焦比，降低生铁成本。2018年中钢协会员单位高炉喷煤比为139.12kg/t，比上年同期降低2.89kg/t，是近年煤比降低幅度较大的一年。《2011~2020年中国钢铁工业科学与技术发展指南》中提出高炉喷煤指标：2011~2020年全国重点钢铁企业大于2500$m^3$高炉喷煤量≥160~200kg/t，大于1000$m^3$高炉喷煤量≥140kg/t，使用30%以上多金属难选复合矿冶炼的高炉喷煤量≥140kg/t。提高喷煤比的技术措施有：保证炉缸热量充沛，使用高风温，提高炉料高铁品位（降低渣量），进行脱湿和富氧鼓风，提高炉料透气性和高炉操作水平，优选煤种，均匀喷吹，改善煤粉燃烧条件等。

高炉自动化控制是指通过改进高炉过程控制，优化系统操作条件，提高铁水质量并降低能耗和运行成本。

使用各种技术提高高炉热风温度，包括燃料预热，同时将冷风管线和废气烟道做绝热处理。当热风温度维持在1000~1200℃范围内时，温度每上升100℃，焦比降低2.8%。高炉热风炉双预热技术是指同时预热高炉煤气和助燃空气的技术，这不仅会明显提高热风炉理论燃烧温度，而且有利于提高热风炉的寿命，降低能源消耗。热风炉烟道的烟气温度为300~400℃，烟气量很大，携带的热量相当可观，因此高炉热风炉余热回收在节能减排方面具有重大意义。

高炉煤气顶压发电技术（TRT，Top Gas Pressure Recovery Turbine）是在高炉煤气减压阀前将煤气引入一台透平膨胀机作功，将高炉压力能和热能转化为机械能并驱动发电机发电的一种能量回收技术。由于多数高炉运行时有高压风，因此炉顶煤气压力仍高达300kPa，温度约为200℃，TRT吨铁可产生15~40kW·h的电量，其输出电量可满足全部高炉设备（包括鼓风机）约30%的电力需求。

在现代高炉中，生产1t生铁可产生0.25~0.30t的液态炉渣，温度为1450~1600℃。目前已有多项高炉渣余热回收系统方案，由于在安全、可靠的能效系统的开发过程中存在诸多技术困难，尚未得以商业化应用。高炉渣的余热回收和资源化利用协同技术是目前钢铁业的研究重点之一。

#### 2.2.3.3　高炉渣显热综合利用技术

高炉渣是炼铁过程中生产的副产品，利用不好就是工业生产废弃物。高炉渣堆放不仅浪费土地资源，还严重污染着环境，若将其回收利用，便可成为很好的矿物资源。高炉渣也含有大量的显热。高炉渣的处理方法主要分为干渣和水淬渣两种方式。干渣法有双冷却筒工艺、风淬法和熔渣粒化流化工艺等；水渣法是使用大量水对高炉渣进行冲制冷却，通常渣水比为1∶10，高炉渣在热应力的作用下冷却破碎成小颗粒，经沉淀过滤后用作水泥添加料。

高炉渣余热回收过程中存在的最主要矛盾是：余热回收与附加利用价值之间的矛盾，具体如图2-4所示。高炉渣在较大冷却速率下主要形成玻璃相，其附加利用价值较高，但是现有的干法余热回收方法通常无法保证炉渣的玻璃相含量，影响高炉渣的附加利用价值。因此，高炉渣余热高效回收是行业共性难题技术之一，其重点在于保证炉渣附加利用价值的同时实现炉渣的余热回收最大化。

#### 2.2.3.4　高炉渣显热高效利用节能减排潜力

目前，高炉渣的资源化利用技术较为成熟，而余热资源回收量较少，高炉渣的余热回收是目前迫切待解决的难题，高炉渣节能降耗潜力主要针对高炉渣余热资源。考虑吨铁渣量0.25t，出渣温度为1450~1600℃，以较低的1465℃的高炉

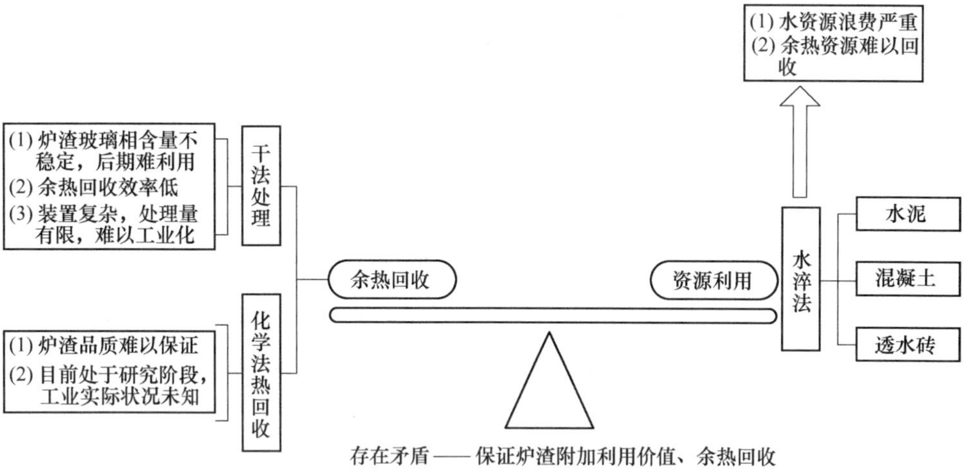


图 2-4 高炉渣能源-资源回收的矛盾

渣所携带的物理热高达 1.48GJ/t，折合 50.50kg 标准煤，节约成本 35.35 元（吨标准煤 700 元计算），减排 131.30kg 二氧化碳（按照千克标准煤产生 2.6kg $CO_2$），减排 0.43kg 二氧化硫（按照千克标准煤产生 0.0085kg $SO_2$），减排 0.37kg 氮氧化物（按照千克标准煤产生 0.0074kg $NO_x$），减排灰尘 10.10kg（按照千克标准煤产生 0.2kg 烟尘）。

## 2.2.4 转炉

### 2.2.4.1 转炉能效分析

转炉是应用铁水、废钢和铁合金为主要原料，靠铁液本身的物理热和铁液组分与大量吹入的 $O_2$ 发生化学反应生产液态钢水的冶金炉窑。转炉炼钢过程中，投入物料有铁水、废钢、氧气等动力介质和造渣剂等，产出物料有钢水、钢渣、炉气和烟尘等。能量输入主要是铁水显热、元素反应热等；能量输出主要是钢水显热，钢渣显热，炉气显热、潜热和烟尘显热。

转炉工序能耗包括铁水预处理、转炉冶炼、精炼和连铸等能耗。2018 年它们的能耗值分别为 0.34kgce/t、－18.57kgce/t、8.68kgce/t 和 6.29kgce/t，较 2017 年分别增加 0.04kgce/t、－0.25kgce/t、0.21kgce/t 和－0.16kgce/t[30]。2018 年中钢协会员单位工序能耗约－13.39kgce/t，较上年增加－0.84kgce/t，见表 2-7，与国家标准相比达到限定值水平，与清洁生产指标相比未达到国家一般水平，即Ⅲ级基准值，与国家标准先进值和清洁生产Ⅰ级指标差距显著。转炉工序余热余能回收包含转炉烟气潜热回收和显热回收，2018 年中钢协会员单位转炉煤气回收量为 115.32$m^3$/t，同比升高 1.25$m^3$/t。验证企业转炉炼钢能耗时，不仅要看煤气回收量，还要看煤气的发热值，这样才科学合理。

**表 2-7　转炉工序能耗对照表**　(kgce/t)

| | | |
|---|---|---|
| 中国钢协会员单位 2018 年工序能耗 | 平均值 | -13.39 |
| | 先进值 | -30.76 |
| | 落后值 | 12.37 |
| 国家标准<br>《GB 21256—2013 粗钢生产主要工序单位产品能源消耗限额》 | 限定值 | ≤-10 |
| | 准入值 | ≤-25 |
| | 先进值 | ≤-30 |
| 清洁生产指标<br>《钢铁行业（炼钢）清洁生产评价指标体系》(2018) | Ⅰ级基准值 | ≤-30 |
| | Ⅱ级基准值 | ≤-25 |
| | Ⅲ级基准值 | ≤-20 |

有研究认为，考虑转炉烟气温度为 800℃（成分 $CO:CO_2=80:20$）时，以铁水温度 1400℃，出钢温度 1600℃，铁水含碳 C%由 4.5%降低到 0.5%，对应的炼钢工序的理论极限能耗是-21.23kgce/t-钢，与 2018 年-13.39kgce/t-钢的工序能耗相比，节能还有一定的潜力，目前转炉的主要节能仍在转炉烟气显热回收。

以某企业年产 1350 万 t 钢坯计算。转炉工序产生的余热资源主要有 1450℃的转炉煤气、1050℃的钢渣以及 1100℃连铸坯的显热。转炉烟气量因为转炉的特殊结构，通过钢产量乘以系数 110 计算，结果为：148500 万 $m^3$（标态），烟气的出口温度为 1100℃。转炉钢渣显热由钢渣余热组成，钢渣温度为 1050℃，钢渣的产量由钢产量乘以系数 0.1127 得到钢渣量为 152.1 万 t，目前该部分余热未能利用。转炉连铸坯显热由转炉连铸坯余热组成，其温度为 1100℃，连铸坯的质量为钢的质量即 1350 万 t。根据上述基础数据可得到转炉工序的余热状况，见表 2-8。

**表 2-8　转炉工序余热资源状况**

| 工序产量 | 1350 万 t 钢坯 | | 能源消耗 | 无 | | 余热形式 | 转炉煤气 1100℃<br>钢渣 1050℃<br>连铸坯 1100℃ | |
|---|---|---|---|---|---|---|---|---|
| 余热资源名称 | 资源量（气体（标态）/万 $m^3$，固体/t） | 余热资源总量/万 tce① | 当前利用 | | | 最佳可利用 | | |
| | | | 温度/℃ | 量/万 tce① | 率/% | 温度/℃ | 量/万 tce① | 率/% |
| 转炉煤气 | 148500 | 13.06 | 850 | 2.43 | 18.6 | 140 | 12.07 | 92.4 |
| 钢渣 | 1521000 | 8.57 | 1550 | 0.00 | 0.0 | 400 | 7.90 | 92.2 |
| 连铸坯 | 13500000 | 25.34 | 500 | 13.82 | 54.5 | 400 | 16.12 | 63.6 |
| 合　计 | — | 46.97 | — | 16.25 | 34.6 | — | 36.09 | 76.8 |

① tce：吨标煤。

#### 2.2.4.2 转炉节能低碳技术

转炉工序中的低碳技术有很多，这里主要介绍：转炉煤气柜调整技术，转炉烟气余热回收技术，铁水包、钢水包蓄热式烘烤技术，风机变频、调速运行和 $CO_2$ 底吹炼钢技术。

转炉煤气柜调整技术。转炉煤气（LDG）是转炉炼钢工序的主要能源产品，LDG 的回收直接影响工序能耗水平和全流程能源调度平衡。煤气柜调整技术是指通过新建或改建扩大煤气柜容，提高煤气柜存储能力和缓冲能力，减少 LDG 放散，其主要是解决 LDG 的生产周期性与使用连续性之间的矛盾。吨钢 LDG 回收量可达到 100~120$m^3$/t-钢（标态），热值可达 8360kJ/$m^3$。国内钢企由于回收水平差异以及 LDG 用户不足、煤气柜位不足常导致 LDG 的盈余放散。通过建立转炉煤气优化调度模型，消除煤气管网中煤气发生量和煤气用户消耗量的波动，实现煤气的供需波动平衡；对各用户的煤气需求量进行合理分配，制定科学合理的转炉煤气优化调度方案，减少煤气放散，提高煤气利用率[31]。

转炉烟气余热回收技术。转炉炉气温度 1400~1600℃，通常采用汽化冷却烟道式废热锅炉将高温烟气冷却到 800~1000℃ 回收生产蒸汽，衡量蒸汽回收水平的指标有两个：一是吨钢回收蒸汽量，二是蒸汽压力。目前，转炉蒸汽回收量和压力差别都很大，先进的回收量达到 100kg/t-钢以上，压力可达 2.5~4MPa。

铁水包、钢水包蓄热式烘烤技术。铁水包、钢水包是盛储铁水、钢水的容器，又是冶炼设备重要组成。使用过程中损失大量的热量以内衬蓄热损失为主。常规方法是以煤气为燃料，采用传统的燃烧技术加热铁水包和钢水包，但是由于煤气热值低燃烧效率低下，导致铁钢包烘烤速度慢、温度分布不均匀、煤气耗量大、生产成本高。蓄热式烘烤技术的核心是蓄热式燃烧系统，其包含两个蓄热式烧嘴，互相交替工作，其中一个烧嘴燃烧时，另一个停止燃烧，且烧嘴处蓄热体蓄积烟气显热用作空气、燃气预热。蓄热式烘烤技术使烘烤时间明显缩短、节能效果显著，通过烧嘴交替工作使包内温度场更加均匀、烘烤质量更高。

风机变频、调速运行。在转炉吹炼过程中，吹炼时间和非吹炼时间约各占一半。在非吹炼时期，没有炉气产生，控制除尘风机的电机速度，使风机在非吹炼时间内处于低转速运转，风机的轴功率降低，可节约非吹炼时间的电力消耗。风机变频调节是通过变频技术控制电动机的转速调节风机风量。

$CO_2$ 底吹炼钢技术。国外研究学者在 20 世纪末即开始研究底吹 $CO_2$ 代替 $N_2/Ar$ 的炼钢新技术[32]，其冶金价值在于：（1）脱磷要求的强动力学搅拌；（2）减少 $N_2/Ar$ 消耗；（3）抑制钢水过氧化现象。此外，根据冶金热力学原理：$CO_2$ 在炼钢高温下可与铁水中的碳发生氧化反应生成 CO，减少 $O_2$ 消耗并对 $CO_2$ 做资源化利用。以宝钢股份宝山基地转炉吨钢 $CO_2$ 顶吹喷入量为 5$m^3$（标态）计算，

每年可消耗 $CO_2$ 27000 万 $m^3$；底吹采用 $CO_2$ 完全代替 Ar，每年可消耗 $CO_2$ 约 1120 万 $m^3$。

“负能炼钢”是转炉炼钢节能的主要技术[33]。要实现转炉工序“负能炼钢”，一方面要努力降低炼钢耗能；另一方面要加强能量回收，提高回收效率。提高转炉煤气和转炉烟气余热回收率和利用率是实现转炉“负能炼钢”的重要保障。转炉工序煤气消耗占能源总量的 42%，电力和氧气各占消耗的 20%左右；转炉能源回收中，蒸汽占 27%，煤气回收占 73%，提高煤气、蒸汽的回收量，转炉工序能耗值即可实现负值。一般煤气回收量大于 $100m^3/t$，蒸汽回收量大于 80kg/t 的企业，可实现转炉工序负能炼钢。

#### 2.2.4.3　转炉烟气显热回收技术

常规的 OG 法和 LT 法都是以保证生产运行和回收转炉煤气为出发点，而没有重点考虑烟气显热的回收和能源利用率的提高。OG 法和 LT 法通过回收转炉煤气，基本实现了烟气中化学能的回收，但对热能的回收不够彻底。通过汽化冷却（余热回收）的方式将烟气从 1400～1600℃降至 800～1000℃，然后通过喷水降温、除尘，造成大量热量浪费的同时带来环境污染、水资源和能源的高消耗，严重制约了转炉炼钢工序节能降耗水平的提高。同时，当 CO 含量低于 20%时，这部分煤气被放散掉，若能将其热量充分回收利用，则在不影响煤气回收质量的同时，提高了蒸汽的产量[34]。转炉烟气 1000℃以下显热高效回收是行业共性难题技术之一。

#### 2.2.4.4　转炉烟气显热回收技术节能减排潜力

考虑吨钢转炉烟气量为 $120m^3$/t-钢，转炉烟气比热取 1.38kJ/($m^3$·℃)，烟气进口温度 1600℃，出口温度 800℃，这一段余热回收量为 132480kJ/t-钢，折合 4.52kgce，节约成本 3.16 元，减排 11.75kg 二氧化碳，减排 0.038kg 二氧化硫，减排 0.0033kg 氮氧化物，减排灰尘 0.90kg；若再考虑 800～150℃余热的回收，余热量为 107640kJ，折合 3.67kgce，节约成本 2.57 元，减排 9.54kg 二氧化碳，减排 0.031kg 二氧化硫，减排 0.0027kg 氮氧化物，减排灰尘 0.73kg。若能实现 1600～150℃之间的余热回收，余热回收量折合 8.19kgce，减排 21.29kg 二氧化碳，减排 0.069kg 二氧化硫，减排 0.0060kg 氮氧化物，减排灰尘 1.63kg。

### 2.2.5　界面能效

#### 2.2.5.1　概念

“界面”是相对于钢铁生产流程中烧结、炼铁、炼钢、连铸和轧钢等主体工序而言，指的是两相邻工序之间的连接部分或过渡过程，钢铁生产涉及的主要界面如图 2-5 所示。“界面技术”是指相邻工序之间的衔接—匹配、协调—缓冲的技术、物质流的物理和化学性质调控技术及其相关装置[35]。钢铁联合企业生产流程的重要界面有：炼铁—炼钢界面、炼钢—连铸界面、连铸—轧钢界面等。就高炉—转炉区段的铁钢界面技术是指钢铁生产流程中，衔接炼铁、炼钢两大工序的有关技术及其装置组成的衔接—匹配过程，这一过程包括时间衔接、物流衔接、铁水成分与温度衔接等。界面技术研究可实现生产过程中的物质流、能量流、温度和时间等基本参数的衔接（尤其是热衔接）、匹配、协调和稳定，极大地促进生产流程整体运行的稳定、协调，实现紧凑化、连续化和高效化，从而使能源流得到最大化的利用。

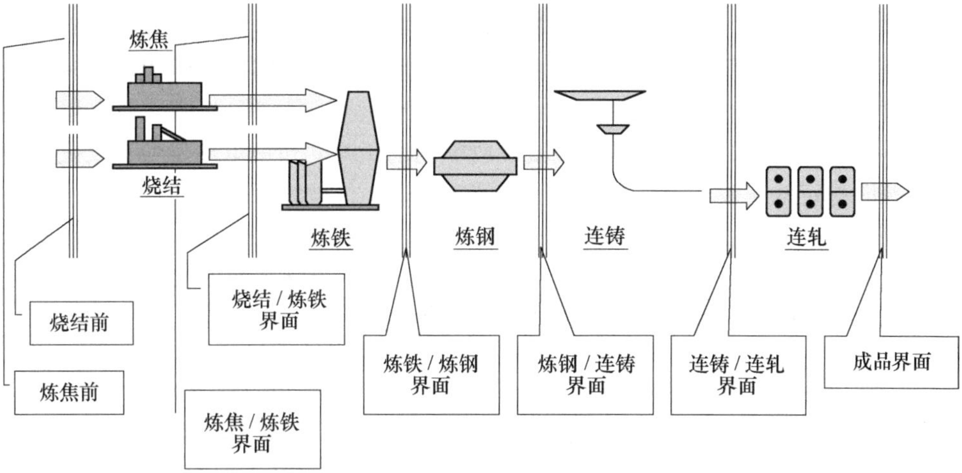


图 2-5 钢铁生产流程的界面

钢铁工业是典型的流程制造业，工序多、过程复杂、范围广，对全社会资源、能源和环境的影响显著。随着钢铁生产技术和规模的发展，生产工序间的衔接、匹配发生了本质变化，如何优化调控工序和工序区段，最大限度地将炼铁、炼钢、连铸、轧钢等工序合理地衔接和匹配，实现钢铁制造过程中物流和能源流的整体优化，是进一步深化节能减排的关键。因此，解决工序间的各种不确定因素和各工序环节之间的柔性调节问题，保证物流和能源流顺利衔接和合理匹配的“界面技术”凸显出其重要性[36]。以温度为例，是贯穿于钢铁生产全过程的一项重要指标，炼铁、炼钢、连铸、轧钢各工序的生产都必须达到一个相对稳定的温度范围。在钢铁联合企业里，上道工序的产品是下道工序的原料，铁素流温度是一种衡量资源的指标，保护中间产品的温度，尽量减少温度损失，对企业的节能降耗乃至整个生产经营都具有十分重要的意义。

### 2.2.5.2　铁钢界面技术

高炉—转炉界面的主要任务是完成铁水承接、输送、预处理、储存与缓冲、铁水兑入量的准确调控以及受铁容器的快速周转等。在钢铁联合企业中，炼铁工序能否高质量地提供成分和温度稳定的铁水，直接关系到炼钢过程的成本和生产效率。铁水成分、温度的稳定是实现从高炉到轧钢连续、协调操作的前提。先进的高炉—转炉区段界面技术正是稳定、高质量地提供铁水的保证。高炉—转炉界面的涵义是广泛的，它不仅涵盖了物流的衔接、传递、匹配，而且包含着时间和空间特征，良好的高炉—转炉界面技术可以解除高炉、转炉冶金负荷的相互制约关系，不仅可以解放高炉的生产能力、提高转炉生产率，还可以提高整个生产系统的可靠性，减少能源消耗和环境负荷。

减少铁钢界面的铁水温降对于节能降耗具有显著的意义。铁水作为炼钢的基本原料，其温度降低直接影响到铁水预处理和炼钢工艺，同时影响生产管理以及鱼雷罐寿命等，与企业节能降耗乃至整个生产经营都有密切关联。铁水温降过大，不仅造成能量浪费，甚至会因凝罐而影响生产调度和鱼雷罐寿命；反之，如果能及时稳定地脱硫、为炼钢提供高温的铁水，不仅节约能源，而且能进一步降低炼钢成本。实际生产表明，转炉入炉铁水温度提高 20℃，就有利于降低铁水比 0.8%。按铁钢比 90%、年产铁 1400 万 t 计算，入炉铁水温度提高 40℃，可降低铁水比 1.6%，每年可多产钢 28.15 万 t。国家发改委、环保部会同工信部联合发布《钢铁行业清洁生产评价指标体系》，该指标体系自 2014 年 4 月 1 日起施行。其中对铁钢界面的铁水温降设定了三个基准值，分别是：Ⅰ级基准值≤80℃，Ⅱ级基准值≤100℃，Ⅲ级基准值≤130℃。Ⅰ级、Ⅱ级和Ⅲ级分别代表国际清洁生产领先水平、国内清洁生产先进水平和国内清洁生产一般水平。这一指标从侧面说明我国铁钢界面温降控制技术与国际先进水平相比较尚有较大差距。铁钢界面铁水温降控制的难度主要有以下几点：(1)“铁钢界面”包括高炉出铁、铁水运输及预处理等许多环节，在管理层面，牵涉部门多，多交叉领域负责，很多专业技术难以落实，为管理和技术交叉带来难度；(2) 高炉—转炉区段技术经济指标的分析与评价是多方面的，有生产率、产品质量、能耗和环境负荷等。目前，关于生产率、产品质量方面的分析研究已较充分，但为保证生产率和产品质量，如运输过程中除磷脱硅等，忽略了铁水温降等指标；(3) 高炉炼铁工序和转炉炼钢工序的不稳定操作，导致鱼雷罐停留的等待时间过长、空罐时间过长，造成铁水温降大，自动化程度偏低、调控水平不足。

### 2.2.5.3　钢铸界面技术

炼钢—连铸界面，钢液会经历出钢、钢包内运输、精炼、浇注等主要过程，在此过程中钢水温降受到多种因素的影响，主要包括传搁时间、精炼工艺、吹氩工艺、浇注工艺以及钢包和中间包的保温性能和热状态等[37]。

连铸实际生产过程中，由于中间包内钢液液面的热辐射和耐材的蓄热与散热等热损失会导致中间包钢液温度的降低，特别是在浇铸初期、钢包交换以及浇铸末期，使中间包内钢液产生较大的温度差，显著影响钢坯质量。目前，减少中间包内钢水温降的主要措施在于提高中间包的绝热效果和钢水表面投入覆盖剂，使用新型绝热材料，采用等离子加热、感应加热等外部热源技术。

#### 2.2.5.4 铸轧界面技术

连铸坯的热送热装技术是将热态连铸坯直接或间接运送到热轧加热炉中进行补热或均热，或不经加热炉，仅在辊道输送过程中进行边角补热后直接轧制，以达到大幅度节能的技术。连铸坯热送热装工艺可以提高产品质量，改进生产效率，是企业节能减排、降本增效最直接有效的方法。与连铸坯冷装相比其优点是：(1) 节约能源。铸坯的入炉温度越高，其能量损失越少。(2) 提高成材率，减少材料成本。热送热装缩短了铸坯加热时间，在温度达标时完全不用加热，降低了铸坯加热过程中的再次烧损，直接提高了生产效率。(3) 优化生产物流，减少板坯库房、劳动成本和运送成本。(4) 由于热坯直接进入加热炉，节省加热炉时间，加快了轧制速度，提高了产量。

#### 2.2.5.5 铁钢界面技术节能减排潜力

如上所述，相对单个车间、工序技术，铁钢、钢铸、铸轧三大界面能效提升因跨部门、跨专业，往往被忽略和不被重视，是行业共性难题技术。但随着智能制造技术被工业界所关注和应用，铁钢、钢铸、铸轧三大界面智能高效热链接越来越得到企业重视，突破提升的可能性也越来越大。以入炉铁水温度提高20℃，铁水比热为0.837kJ/(kg·℃)，吨铁节约热量为16740kJ，折合标准煤0.57kg，节约成本0.40元，减排1.48kg二氧化碳，减排0.0048kg二氧化硫，减排0.0042kg氮氧化物，减排灰尘0.11kg；继续考虑入炉铁水温度提高20℃，有利于降低铁水比0.8%计算，则吨金属料（主要是铁水+废钢）中节约铁水量8kg，按照吨铁极限能耗355kg标准煤计算，减少2.84kgce，节约成本2.0元，减排7.38kg二氧化碳，减排0.024kg二氧化硫，减排0.021kg氮氧化物，减排灰尘0.57kg。综合计算，入炉铁水温度提高20℃，有利于降低铁水比0.8%，减少3.41kgce消耗，节约成本2.39元，减排8.87kg二氧化碳，减排0.029kg二氧化硫，减排0.025kg氮氧化物，减排灰尘0.68kg。

### 2.2.6 碳捕集、利用与封存

#### 2.2.6.1 钢铁行业低碳排放技术及CCUS

工业企业是我国耗能大户，钢铁、建材、石化、化工、有色、电力等高耗能行业碳排放量占全国70%以上，其中中国钢铁行业碳排放量约占中国碳排放总量的14%。提高钢铁行业能效、减少碳排放是我国钢铁行业未来很长一段时间的发展方向。钢铁低碳高能效工作不仅仅是只通过生产操作优化，也包括生产过程中的碳捕集、利用与封存。

二氧化碳捕集封存技术（Carbon Captuer and Storage，简称CCS）是全人类应对气候变化问题最具发展前景的解决方案之一。在政府间气候变化专门委员会（IPCC）和国际能源署（IEA）的引领下，各国政府和科研机构正大力开展有关CCS的基础研究工作。钢铁界也积极行动，欧盟从2004年开始启动超低二氧化碳排放炼钢项目（ULCOS）[38]，日本钢铁联盟开展COURSE50项目[39]。

图2-6所示为日本钢铁联盟建设的1座$12m^3$的试验高炉，确立了将氢还原效果达到最大化的反应控制技术；在分离捕集高炉二氧化碳的技术方面，研发高性能的化学吸收液，进一步提高物理吸附法效率，并且研究使用未利用的热能，从而进一步降低成本。化学吸收法工艺主要是在吸收塔内，吸收液与供给气体呈逆流接触，选择性地吸收$CO_2$。$CO_2$浓度升高后，将高浓度的吸收液送往再生塔，加热至120℃左右，释放$CO_2$；再生后的吸收液冷却，再送至吸收塔。吸附和分离不断重复，从而达到$CO_2$的分离和捕集。

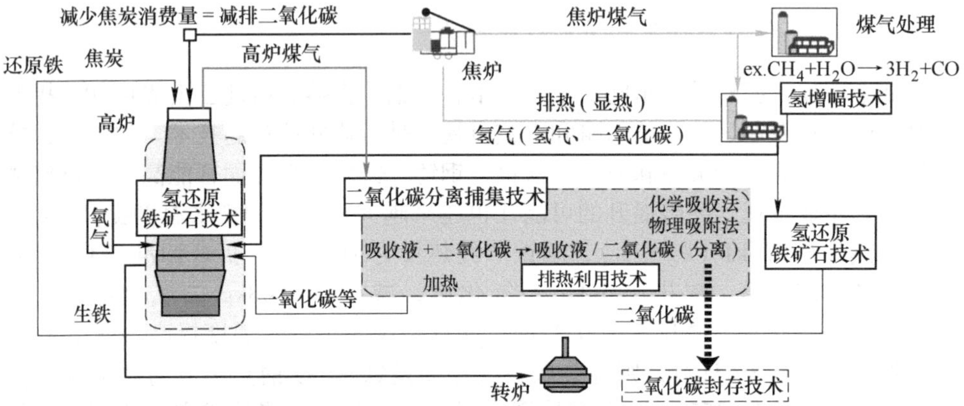


图2-6　日本钢铁联盟建设的$12m^3$的试验高炉工艺流程[39]

美国的低碳炼钢研究旨在开发能显著降低钢铁生产中$CO_2$排放的新技术[40]。其中有两项低碳技术效果最好：一是麻省理工学院（Massachusetts Institute of Technology）开展的熔融氧化物高温电解研究，通过电解将液态氧化铁分解为铁水和氧气，不产生$CO_2$；二是犹他大学（The University of Utah）将处于实验室研究阶段的氢还原铁矿石技术应用到闪速炉反应器上，通过替代炼铁生产过程中所用的煤和焦炭减排$CO_2$。

目前国际社会普遍认为，采用CCUS技术是减少人类活动产生$CO_2$排放的最佳解决方案之一，是与发展清洁能源、增加生物碳汇等并列的减缓气候变化人类迫切需要实施的行动。目前国内外的研究重点主要集中在 $CO_2$ 的捕获工作中；$CO_2$ 的运输是较易解决的问题；$CO_2$ 的封存主要是大宗量的地质封存和海洋封存，目前除了 EOR（Enhanced Oil Recovery）有部分的经济效益，简单的地质封存技术都需花费封存费用而不能创造经济效益；$CO_2$ 的利用主要是资源化利用，对于钢铁企业捕获的大宗量 $CO_2$ 进行资源化利用并产生效益也是目前研究的重点课题。

#### 2.2.6.2 碳捕获与资源化利用

CCUS 捕集方式有三类：燃烧后捕集、燃烧前捕集和富氧燃烧捕集。燃烧后捕集方式是最早实现工业化 $CO_2$ 捕集的方式。燃烧后碳捕集的方法主要有低温蒸馏法、吸附法、吸收法、膜分离法和电化学法。其中变压吸附法、化学吸收法、膜分离法、物理吸附四种方法在 $CO_2$ 分离中应用较多。从一次性投资、运营成本与能耗和废弃物处理等方面综合考虑，化学吸收法可以充分发挥钢铁企业余热综合利用的优势，有效利用低温热介质，最大限度地减少投资，从而提高利润。此外，变压吸附法和陶瓷膜法由于其本身的独特优越性，也可能成为未来钢铁业 $CO_2$ 捕获的研究重点。宝钢开展了基于变压吸附法的高炉煤气 $CO_2$ 分离技术和基于化学吸收法的高炉煤气 $CO_2$ 分离技术对比研究。衡阳钢管的高炉煤气 CO（变压吸附法）提纯项目，是世界上第一个成功应用于高炉煤气提纯 CO 的工程化案例。

CCUS 有别于 CCS 技术最重要的一点是 $CO_2$ 的资源化利用。国内外学者针对 $CO_2$ 的资源化利用展开了研究，其应用方向主要可分为以下几种：$CO_2$ 用于转炉炼钢、$CO_2$ 取代氮气、$CO_2$ 化工应用和 $CO_2$ 养藻。（1）$CO_2$ 用于转炉炼钢。从 20 世纪 80 年代开始，国内外科研工作者开始开发底吹 $CO_2$ 的新技术，其冶金价值在于脱磷要求的强动力学搅拌、减少氩气消耗以及抑制钢水过氧化现象。此外根据冶金热力学原理，$CO_2$ 虽属弱氧化性气体，但在炼钢温度下，$CO_2$ 氧化碳等元素的化学反应是完全可以进行的，也就是说 $CO_2$ 可用于钢水脱碳。（2）$CO_2$ 取代氮气。氮气是钢厂重要能源介质，高压氮主要用作高炉喷煤、炼钢溅渣等，中压氮主要用作高炉、炼钢和冷轧工序，还有部分用于氮气管道吹扫、气动输送、石灰料仓保护气、CDQ 补充气等。$CO_2$ 和氮气同属惰性气体，在部分领域完全可采用 $CO_2$ 替代氮气工作。（3）$CO_2$ 化工应用。$CO_2$ 的化工用途有油田 $CO_2$ 混相驱油（EOR）、植物气肥制备、超临界萃取、代替氟氮烃用作发泡剂、生产泡沫板材制备、白炭黑制备、硼砂制备、轻质氧化镁制备、其他有机化工产品、无机化工产品制备以及焊接保护气等。（4）$CO_2$ 养藻。利用高炉煤气培养能源微藻技术不仅可以低成本捕获 $CO_2$，而且可以生产生物燃料，但高炉煤气存在对微藻的有害成分是实现该技术产业化的难点。

#### 2.2.6.3　CCUS 技术难点

钢铁企业作为我国碳排放大户，碳排放量约占全国总碳排放量的 14%，钢铁企业低碳发展是未来发展的必然趋势，CCUS 技术由于其显著的优越性是钢铁低碳发展的方向，而目前 CCUS 尚处于研究探索阶段，尚未大规模应用。至 2018 年年底全球仅有 21 座大规模 CCUS 设施投入运行，年捕集 3700 万 t $CO_2$，相比较全球工业碳排放量而言微不足道，且这些 CCUS 技术主要用在火电厂，钢铁企业应用较少。钢铁企业 CCUS 技术的应用主要存在以下几方面的难点：(1) 钢铁行业从 2005 年以来，以日本和韩国为代表，在各自政府的支持下，投入大量的资金开展 CCS 研究，其捕获对象是高炉煤气中的 $CO_2$，化学吸收法和变压吸附法两种技术路线均在实践中得到了应用。但这种技术实质是将捕获的 $CO_2$ 进行封存，未进行资源化利用，即 $CO_2$ 的捕获未获得收益，仅依靠政府补贴难以维持，这种无收益状态限制了很多企业的研发投入。(2) CCUS 技术包含 $CO_2$ 的资源化利用，但目前这些 $CO_2$ 技术尚不成熟，很多应用尚处于理论阶段，未得到广泛应用证明，也未得到市场认可。(3) 部分企业对 $CO_2$ 减排的重要性没有引起足够重视。所以，尽管国际社会对 CCS 十分重视，钢铁企业也意识到行业面临二氧化碳减排的压力，但钢铁经济可持续地实施 CCUS 是行业共性难题技术之一。

CCUS 技术主要包含 $CO_2$ 的捕获、利用和封存技术，其节能低碳潜力是多方面的（主要是 $CO_2$ 的捕获和资源利用），且难以通过实际数据定量展示其节能潜力，因此此处只做定性分析。(1) $CO_2$ 的捕获减少碳排放，减缓温室气体的排放压力，延缓全球气候温度的上升，降低环境压力；此外钢铁企业的碳捕获有助于实现和城市的协同发展，更好的融入城市、服务城市。(2) $CO_2$ 的资源化利用一方面可为企业带来经济效益，如制备化工用品、养藻制备生物燃料等，抵消碳捕获带来的经济投入；另一方面降低钢铁企业的能源消耗，实现钢铁企业的节能降耗，如 $CO_2$ 取代氮气用作转炉炼钢或清扫气、密封气可减少氮气的生产，减少能源消耗。(3) $CO_2$ 的捕获和资源化利用可实现钢铁企业内部的资源整合利用和循环。

### 2.2.7　生物质能碳汇

#### 2.2.7.1　生物质与生物质能

生物质是地球上最广泛存在的物质，它包括所有动物、植物和微生物以及由这些生命物质派生、排泄和代谢的许多有机质。各种生物质都具有一定能量，以生物质为载体，由生物质产生的能量便是生物质能，其实质是太阳能的一种表现形式，其来源于绿色植物的光合作用，并以化学能的形式储存在生物质体内。生物质能是一种物质能源，与化石能源相比生物质能是唯一可再生的含碳能源。

据估计，作为植物生物质的主要成分，木质素和纤维素（其来源于绿色植物将 $CO_2$ 和 $H_2O$ 的光合作用）每年以约 1640 亿 t 的速度再生，如以能量换算相当于石油产量的 15~20 倍。如果这部分资源得以利用，人类相当于拥有一个取之不尽的资源宝库。而且，由于生物质来源于空气中的 $CO_2$，燃烧后再生成 $CO_2$，不会增加空气中的 $CO_2$ 的含量，整个过程为“碳中性”。如果将生物质转化为生物炭，埋到地下后几百至上千年不会消失，等于把碳封存进土壤，有助于减缓全球变暖，碳被埋入地下，整个过程为“碳负性”。国际生物碳组织认为，这种碳负性实质是碳汇的过程，且生物质燃烧温度低，不易产生 $NO_x$ 等排放物，生物质和生物质能是未来能源发展的趋势。

开发利用生物质能是解决能源与环境问题的重要途径之一，预计到 21 世纪中叶，采用新技术生产的各种生物质替代燃料将占全球总能耗的 40%以上。生物质能的主要利用技术包括物理转化技术、化学转化技术、生化转化技术以及共转化技术，通过这些转化技术可将生物质转化为方便利用的固态燃料、液体燃料和气体燃料。钢铁行业作为高能耗、高排放行业，含有丰富的余热余能资源，可用作生物质热化学转化的热源。

#### 2.2.7.2 钢铁余热与生物质能利用

生物质的热化学转化包含燃烧、气化、液化和热解炭化等技术，目前研究较为广泛的是生物质热解气化技术。以生物质的热解气化为例，生物质的热解气化是将生物质原料在高温下与有限的气化剂（空气、氧气、水蒸气等）发生部分氧化反应生成固液气燃料。生物质的热解气化可分为生物质干燥、热解、氧化和还原重整四个反应阶段，干燥阶段需要消耗大量热资源。

由于生物质自身的分散性大、水分高、能量密度低以及不易储存等缺点，限制了其大规模工业化利用，因此选择合理的预处理方式解决生物质利用中存在的瓶颈问题已成为当前的研究重点[41]。充分利用钢厂余热资源，为不同类型的生物质能热解炭化提供全部或部分热源，用于生物质干燥、低温炭化，可实现这类余热的充分高效利用；同时为钢厂充分利用生物质能，减少钢铁企业对不可再生煤炭资源的依赖，降低钢铁企业的生产成本和投入环保设备的运行成本，减弱因燃煤和秸秆燃烧带来雾霾天气的恶劣影响，为我国能源的可持续发展和我国钢铁企业转型升级寻找新的路径。

#### 2.2.7.3 生物质碳汇技术难点

针对钢铁余热制备生物质能，国内外钢铁企业和研究学者做了大量研究和实践工作。如 Bisio 研究通过将高炉渣显热转换成化学能的方式来回收高炉渣余热，甲烷（$CH_4$）和水蒸气（$H_2O$）的混合物在高炉渣高温的作用下，生成氢气（$H_2$）和一氧化碳（CO）气体，通过吸热反应将高炉渣的显热转移出来；昆明理工大学进行了利用高温烟气热解成型生物质制炭的实验室模拟研究；宝钢利用低温烟气余热干燥生物质，高温烟气用于热解炭化，且在实验室研究回转窑协同制备生物质炭、园林废弃物混合水葫芦制备生物质炭。钢铁经济可持续地实施 CCUS 是行业共性难题技术之一，生物质能冶金利用以及生物质能利用工业余热制备生物质炭实现碳汇或许为钢铁绿色低碳转型发展提供新途径。

钢铁行业含有大量余热余能，可用作生物质炭制备的热源，但目前钢铁企业尚未进行大规模的生物质能加工，其目前存在的问题在于原料方面。一是由于燃料的效率低，增大了原料的需求量，二是原料的低位热值远远低于煤炭等化石能源，三是原料的收购成本较高，四是原料的密度小、体积大，造成了很大的运输费用。同时这些原料具有很大的季节和区域局限性，原料的储存费用也比较大。这里认为生物质能碳汇也是行业共性难题技术之一。

#### 2.2.7.4　生物质碳汇节能减排潜力

钢铁余热制备生物质炭的节能低碳潜力可从以下几个方面进行分析：（1）以秸秆为例，假设 1kg 秸秆炭化需消耗 980kJ 热量，则吨秸秆热解炭化需消耗 980000kJ 的热量，折合标准煤 33.4kg，若热量全部来源于钢铁余热，则吨秸秆可实现 33.4kgce 的余热回收；（2）生物质（以秸秆为例）产物节能低碳潜力。1kg 秸秆可得到生物炭约 0.33kg，热值为 20000kJ/kg；可燃气为 0.3$m^3$，热值为 14700kJ/$m^3$；焦油 0.05kg，木醋液 0.3kg。假设生物炭和可燃气用作燃料，1kg 秸秆产生的生物炭和可燃气产生的热量折合标准煤 0.3757kg，且不产生碳排放（碳中性）。综上所述，利用钢铁余热可减少 409.1kgce 的消耗，节约成本 286.2 元，减排二氧化碳 1063kg，减排二氧化硫 3.48kg，减排氮氧化物 3.03kg，减少烟尘排放 81.78kg。

### 2.2.8　中低温余热协同利用

余热余能是冶金能源的重要组成部分，包括各种烟气（废气）携带的显热，最终轧制成材或成材前铁水、钢水、坯料具有的显热，烧结矿、球团矿具有的显热，高炉渣和钢渣等熔渣显热，生产中各种冷却水及产生的蒸汽携带的热能，高炉炉顶煤气的余压和少许带有压力的冷却水等。钢铁企业中低温余热如何高效利用是行业共性难题技术。其主要原因在于中低温余热资源回收经济性差，投资回报期长，企业的积极性不高，同时低温余热回收装置大，换热强度低，存在设备运行稳定性差、项目投资高、风险大的问题，导致很多低温余热回收技术都不成熟。针对钢铁生产中的中、低温余热回收利用没有很好的技术经济性，对余热回收利用技术的普及和推广造成了障碍，进一步加强研发力量，实现回收利用的经济性和可行性是其未来发展的主要方向[42,43]。

将目前的余热资源和其他工艺过程协同，以提高余热回收与利用的效率和经济性是一种有效的手段。本书重点介绍两种低温余热利用技术，高炉冲渣水余热用于鼓风脱湿技术和余热蒸汽动能磨用于加工超细粉技术。两种技术都是将中低温余热和其他工艺协同，提高余热利用效率。有人研究高炉冲渣水余热用于鼓风脱湿技术是利用高炉冲渣水余热作为吸收式制冷系统驱动热源，制取低温冷冻水。将湿空气与冷冻水进行热交换，空气中水蒸气冷却至露点温度以下，水分凝结析出，再经除水器排出，使空气中含水量降低。本书重点介绍利用高炉冲渣水余热驱动液体脱湿技术代替电制冷脱湿。高炉鼓风脱湿使进入高炉的鼓风湿分相对稳定，消除了湿分波动对炉况的不利影响。余热蒸汽动能磨用于加工超细粉是利用钢铁企业大量余热回收的低压蒸气，开展高炉渣或钢渣的超细粉加工。蒸汽动能磨采用钢厂余热作为粉碎工质超细粉碎钢渣，不但为钢厂余热的利用提供了一种高效的方法，而且提高了钢铁企业余热的经济价值。此外，蒸汽动能磨能降低粉碎能耗、提高粉碎强度，实现钢渣的低成本、规模化超细加工。蒸汽动能磨为超细粉体加工开创了一种全新的工艺、方法和技术。

### 2.2.9 钢铁多流耦合分布式能源

世界分布式能源联盟（World Alliance for Decentralized Energy，简称 WADE）对分布式能源定义为：安装在用户端的高效冷/热/电联供系统，系统能够在用户端（或附近）发电，高效利用发电产生的废能生产热和电[44]。与分布式能源相对应的是集中能源系统，所谓集中式能源系统，是采用大容量设备、集中化生产，通过输送设施（如电网、热网、燃气网等）将各种能量长距离输送给众多用户。由于采取集中化生产，其管理成本（包括人力成本）低、自动化程度高、能源设备单机效率高，在大规模工业生产具有很大的优势。但集中化生产也存在输送损耗高、事故影响面广、余热余能利用水平低等不足[44]。分布式能源是分布在用户侧的能源利用系统，可实现以直接满足用户多种需求的能源梯级利用；通过用户对能源的不同需求，实现按质用能，能级匹配，综合利用，将输送环节的损耗降至最低，从而实现能效的最大化；同时可以提高能源利用率和供电安全性，实现按需供能以及为用户提供更多选择，分布式能源利用已成为了全球能源及制造产业的重要发展方向[44,45]。

钢铁工业的余热余能具有布局分散、品质参差不齐的特点，而且二次能源生产总量大于消费量，在一定程度上存在能量供、需不匹配[46]。分布式能源利用是站在更高层面，根据不同品质的能源介质及不同区域，按照“分配得当、各得所需、温度对口、梯级利用”的科学用能原则实现能源的就地转换利用，形成多个区域性能源利用体系。钢铁企业采用集中能源系统与分布式能源系统有机结合，可充分回收利用余热余能，是钢铁企业重要的节能发展方向。

钢铁工业中的分布式能源可以分为钢厂本地可再生能源、钢铁工业能量就地回收、钢铁工业冷/热电组合联产的三类能源形式。伴随着能源减量化、清洁化、低碳化、供能灵活化的要求，钢铁企业的分布式能源技术变得越来越具有重要的意义。如何突破传统钢铁能源系统存在的问题，借鉴智能制造及分布式能源技术新突破，形成集中+分散的灵活柔性、低碳清洁、高能效钢铁分布式能源是行业共性难题技术之一。

## 2.3　钢铁低碳高能效共性难题技术研发重点

我国能源结构以煤炭为主，高能耗意味着能源的浪费，主要是煤炭资源的浪费。煤炭的燃烧释放大量污染物和 $CO_2$，造成严重的环境污染问题，且 $CO_2$ 是主要温室气体。21 世纪是低碳经济时代，发展低碳钢铁是人类命运共同体、中国发展转型、扭转中国钢铁声望的需要。钢铁行业是典型流程行业，工序多、过程复杂、范围广，无论是余热余能的综合利用，固废的处理，还是碳捕集、存储及利用方面，政府及行业已经总结出若干产业关键共性技术。作为行业领先的企业，宝钢投入大量资源开展了涉及钢铁产业低碳高能效的共性技术的研发。这些技术很多本身仍处于继续发展中，有些已经进入到中试、应用化阶段，提高、推广和应用这些共性技术是行业重要任务。

由于专业背景不同、目标认识不同，造成对共性技术定义千差万别，作者结合宝钢的生产及能源利用状况，选择性地开展钢铁低碳高能效的行业共性难题技术研发与跟踪，如图 2-7 所示。这些技术包含：

(1) 焦炉荒煤气余热回收技术（见本书第 4 章）；

(2) 烧结矿显热回收工艺（见本书第 5 章）；

(3) 高炉渣资源特性及利用（见本书第 6 章）；

(4) 熔融高炉渣直接产品化（见本书第 6 章）；

(5) 余热驱动高炉鼓风脱湿技术研究（见本书第 7 章）；

(6) 转炉高温烟气显热回收技术（见本书第 8 章）；

(7) 铁钢界面温降减少及能效提升技术（见本书第 9 章）；

(8) 余热蒸汽用于加工矿渣钢渣微粉技术（见本书第 10 章）；

(9) 二氧化碳的捕获、利用与封存（CCUS）技术（见本书第 11 章）；

(10) 钢铁余热耦合生物质能利用及生物炭制备（见本书第 12 章）；

(11) 钢铁多流耦合分布式能源技术（见本书第 13 章）。

希望通过上述难题的研究和部分解决方案的介绍，引起行业重视，建立更有效的合作机制，集中力量突破一些共性技术，推动技术创新与集成，实现中国钢铁绿色、低碳、高质量、可持续发展。

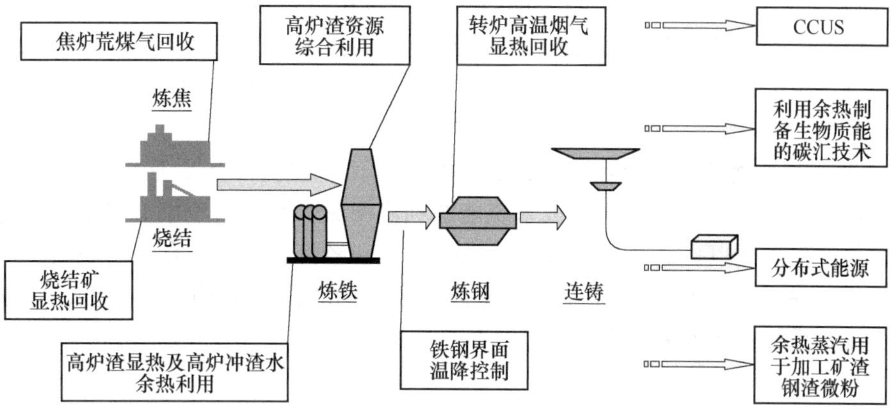


图 2-7 本书涉及的行业共性难题

## 2.4 本章小结

针对全球碳减排大形势以及中国政府加大钢铁业用能总量控制和碳排放总量控制力度，结合我国钢铁行业发展现状及目前存在的突出问题，提出了部分钢铁迫切需要解决的共性难题，并从现状、难度和节能减排潜力等方面简要阐述解决这些共性难题的必要性。

（1）针对产业共性技术的“市场失灵”和“组织失灵”，作为技术创新能力的主体，企业应建立产学研合作创新机制，推进合作开发，解决关键共性技术市场缺失，在保证商业利益的前提下，加大共性技术传播扩散，最终达到整个行业的技术突破。

（2）基于工序的理论极限能耗，评估了炼焦、烧结、高炉、转炉、连铸等核心工序及界面能效，指出虽然很多节能降耗技术已应用，但是仍有许多技术难点尚待突破与解决。

（3）炼焦工序，焦炉荒煤气的余热回收困难，对技术的要求较高，目前采用的焦炉荒煤气余热回收技术尚不能高效、安全的回收显热。高效回收荒煤气余热是炼焦工序的共性难题之一。

（4）烧结矿显热虽实现了大部分回收，但冷却机漏风、高品位烧结矿显热无法有效回收、存在无组织排放等是当前烧结工序亟待解决的共性难题技术。

（5）国内积极探索钢铁渣综合利用技术，力争开发一些生产流程简单、成本较低、社会需求量大的新产品，最终实现钢铁渣元素及高品位显热价值最大化。

（6）转炉烟气的高温显热和化学潜热的回收对于转炉炼钢工序的节能降耗非常关键，提高转炉烟气低温显热回收率也是行业共性难题技术。

(7) 钢铁行业是能耗大户，同时也是二氧化碳排放大户。在全球碳排放控制日趋严格的大环境下，大力发展钢铁行业低碳技术、推广低碳技术的应用，是钢铁行业实现低碳发展，保证绿色可持续发展的有效途径，CCUS 和碳汇是两个有效途径。

(8) 对于钢铁企业余热利用，需要按照“因地制宜、热尽其用、温度对口、梯级利用”的原则，实现区域或系统能源利用率最大化。对于中低温余热，与其他工艺过程协同以提高余热回收与利用的效率和经济性是一种有效的手段。

(9) 采取集中与分散能源系统重构，高效回收高效利用余热余能，是钢铁企业能源系统重要发展方向。

## 参考文献


[1] 张清辉，丁黎军．产业共性技术开发平台研究国际比较［J］．中国管理信息化，2012，15(10)：48~50.

[2] 李纪珍．产业共性技术发展的政府作用研究［J］．技术经济，2005 (9)：19~22.

[3] 李纪珍，邓衢文．产业共性技术供给和扩散的多重失灵［J］．科学学与科学技术管理，2011，32 (7)：5~10.

[4] 张治栋，张淑欣．产业共性技术政府支持性研究［J］．经济与管理，2013 (3)：92~96.

[5] 郑月龙，周立新，张卫国．产业共性技术研发政府支持合同［J］．技术经济，2016，35 (11)：22~27.

[6] 李纪珍，杨志刚．中国钢铁业技术创新机制演变与产业共性技术创新［J］．技术经济，2008 (6)：15~20，31.

[7] 协同创新，高质量发展，建设世界先进的钢铁工业集群——2011 钢铁共性技术协同创新中心工艺与装备研发平台简介［J］．钢铁研究学报，2019，31 (2)：247~250.

[8] http：//www. miit. gov. cn/newweb/n1146290/n4388791/c5884747/content. html.

[9] 王维兴．2018 年我国炼铁生产技术述评［N］．世界金属导报，2019-03-19 (B02)．

[10] Ernst Worrel, Paul Blinde, Maarten Neelis, et al. Energy Efficiency Improvement and Cost Saving Opportunities for the U. S. Iron and Steel Industry［R］. Environmental Energy Technologies Division, 2010, 9.

[11] 祁永程，高攀．焦炉煤气净化工艺节能技术探讨［J］．当代化工研究，2018 (5)：80~81.

[12] 赵世芬．焦炉烟道气余热利用节能改造及效益分析［J］．山西化工，2016，36 (1)：60~62.

[13] 毛永丰．焦炉煤气净化工艺节能技术探讨［J］．山西焦煤科技，2015 (S1)：120~122.

[14] 王亮超．自动控制技术在邯钢焦炉节能降耗中的应用与实践［C］//中国金属学会能源与热工分会．2010 全国能源与热工学术年会论文集．中国金属学会能源与热工分会．中国金属学会，2010：478~480.

［15］陈海文，邵丰，张长青．大型焦炉的节能减排技术分析［J］．燃料与化工，2010，41（5）：7~9.

［16］胡建江．焦炉余热回收与利用技术［C］//中国金属学会能源与热工分会．第八届全国能源与热工学术年会论文集．中国金属学会能源与热工分会．中国金属学会，2015：32~37.

［17］赵志星，潘文，焦光武，等．首钢烧结高温烟气循环提质节能减排新工艺［C］//中国金属学会．第十一届中国钢铁年会论文集——S01．炼铁与原料．中国金属学会，2017：1~7.

［18］王学敏，梁桂梅，王洪军．烧结大烟道余热利用节能实践［J］．冶金动力，2017（4）：14~15.

［19］曹治洲．钢铁厂烧结工艺的节能降耗设计探讨［J］．中小企业管理与科技（上旬刊），2017（4）：51~52.

［20］唐继忠．鞍钢鲅鱼圈烧结节能降耗措施［N］．世界金属导报，2016-11-29（B10）．

［21］王梁．烧结工序节能降耗新技术发展趋势［J］．中国冶金，2015，25（12）：64~67，70.

［22］任强，姬抱平，夏长乐．烧结余热发电技术应用与改造［J］．节能，2018，37（11）：43~45.

［23］杨国强．冶金企业烧结冷却机余热发电技术开发及应用［J］．资源信息与工程，2018，33（4）：101，103.

［24］徐铮．高炉炼铁节能降耗及资源合理利用技术［J］．山东工业技术，2019（3）：17.

［25］王维兴．2017年中钢协高炉炼铁系统能耗现状及节能潜力分析［J］．冶金管理，2018（4）：49~55.

［26］孙敏敏，宁晓钧，张建良，等．炼铁系统节能减排技术的现状和发展［J］．中国冶金，2018，28（3）：1~8.

［27］汤清华，王宝海，张洪宇，等．高炉炼铁工艺节能减排新技术［J］．炼铁，2015，34（4）：1~3.

［28］郭同来．高炉喷吹焦炉煤气低碳炼铁新工艺基础研究［D］．沈阳：东北大学，2015.

［29］周继程，张春霞，韩伟刚，等．中国高炉TRT技术的应用现状和发展趋势［J］．钢铁，2015，50（12）：26~31.

［30］王维兴．2017年我国炼钢生产技术评述［N］．世界金属导报，2018-03-13（B03）．

［31］孙婷．钢铁企业转炉煤气调度模型及仿真［D］．武汉：华中科技大学，2014.

［32］王雪亮．300t转炉喷吹$CO_2$炼钢工艺技术研究［D］．北京：北京科技大学，2018.

［33］夏宏钢．西钢120t转炉负能炼钢的技术进步与实践［D］．鞍山：辽宁科技大学，2016.

［34］刘晨．我国转炉一次除尘技术节能减排的潜力［N］．世界金属导报，2013-01-15（B11）．

［35］王兰玉，苏福源，高军．钢铁工艺流程优化界面技术［J］．河北冶金，2014（10）：1~6.

［36］王兰玉．钢铁工业物流、能源流界面技术集成与创新［N］．世界金属导报，2012-07-17（B10）．

[37] 冯凯，徐安军，汪红兵，等．转炉—连铸区段精细化控制节能潜力研究［J］．重庆大学学报，2013，36（11）：44~50.

[38] Birat Jean-Pierre，王旭明．超低 $CO_2$ 炼钢项目与其他减排项目及减排新理念［J］．世界钢铁，2014，14（5）：22~30.

[39] 张利娜，李辉，程琳，等．国外钢铁行业低碳技术发展概况［J］．冶金经济与管理，2018（5）：30~33.

[40] 胡俊鸽，郭艳玲，周文涛，等．美国低碳炼铁新技术的进展及应用前景分析［J］．冶金管理，2011（2）：51~53.

[41] 邱红．以低碳为导向的城市设计策略研究［D］．哈尔滨：哈尔滨工业大学，2011.

[42] 代铭玉．钢铁制造全流程余热余能资源的回收利用现状［J］．冶金经济与管理，2017（2）：52~56.

[43] 胡惠勤．钢铁企业余热资源的回收与利用［J］．科学与财富，2018（3）：294.

[44] 何世文．分布式能源技术在钢铁工业应用的现状与前景［J］．冶金动力，2018（12）：28~30，35.

[45] 周佃民．分布式能源在钢铁工业中的应用［J］．冶金能源，2017，36（S1）：1~5.

[46] 熊超，程小矛．分布式能源梯级利用——钢铁工业“十二五”节能的重要方向［J］．中国钢铁业，2011（12）：25~27.

# 3 钢铁工序三层极限能耗模型研究

钢铁企业能耗评价一般包括工序能耗、吨钢综合能耗、吨钢可比能耗和二次能源回收量等指标，但是由于钢铁企业在产品、工艺路线、二次能源回收及回收后利用效率上的差异，现有能耗指标难以准确反映企业节能水平，甚至连企业内部不同单元相同工序和机组的能效对标也难以进行。要定量分析行业共性难题技术的低碳高能效潜力，需要有定量化分析计算方法，本章为宝钢与东北大学合作开展的关于钢铁工序三层多阶极限能耗模型研究，旨在建立钢铁工序能耗计算模型。

## 3.1 现有指标体系与极限能耗模型

### 3.1.1 现有指标体系

（1）吨钢综合能耗。吨钢综合能耗指企业在统计报告期内每吨钢消耗的各种能源总量。能源消耗必须是将各种能源按规定的计算方法分别折算为统一标准后的总和，单位 kgce/t-steel（千克标煤/吨钢）。计算公式为：

$$\text{吨钢综合能耗} = \frac{\text{企业自耗能源量}}{\text{企业钢产量}}$$

（2）万元产值综合能耗。万元产值综合能耗指统计报告期内企业综合能源消耗量与期内用能单位工业总产值的比值，是反映企业能源经济效益高低的综合指标。其单位通常以“吨标准煤/万元”表示。计算公式为：

$$\text{万元产值综合能耗} = \frac{\text{综合能源消耗量}}{\text{工业总产值}}$$

（3）工序能耗。工序能耗指钢铁企业各工序生产每吨合格产品直接消耗的能源量，单位 kgce/t-output（千克标煤/吨产品）。计算公式为：

$$\text{工序能耗} = \frac{\text{工序能源消耗量} - \text{回收的能源量}}{\text{工序产品产量}}$$

### 3.1.2 现有指标存在问题

吨钢综合能耗指标是国家、行业及企业比较重视的指标，在产业政策及发展规划里都有明确要求，用该指标来衡量钢铁企业能耗有一定的局限性。一方面该指标受铁钢比影响极大，铁前工序能耗占总能耗的70%，如某企业铁钢比大，则其吨钢综合能耗指标就高[1~4]。另一方面生产工艺的不同及部分工序的缺失也影响吨钢综合能耗指标统计，采用电炉废钢冶炼短流程工艺的钢铁企业吨钢综合能耗一般低于高炉—转炉长流程企业；部分企业没有自有矿山、烧结厂或焦化厂，而采用外购矿石、烧结矿或焦炭的形式，反而比能源综合利用、能源管理水平高的企业的吨钢综合能耗指标要低。

同为钢铁企业，特钢、不锈钢与普碳钢的万元产值能耗指标因受生产产品投入的合金原料、工艺流程以及产品市场价格影响而无法比较，即使同一类特钢、不锈钢企业其万元产值能耗指标因原料、工艺流程、市场价格的影响远大于能效水平。生产初级产品企业，即使吨钢综合能耗较低，但由于单位产值上不去，万元产值综合能耗也降不下来；生产高档产品企业，即使吨钢综合能耗相对较高，但随着产品售价增加，万元产值综合能耗相对下降。目前，国内不同钢铁企业单位产品平均售价高低相差几倍甚至十几倍。

正因如此，现行能耗评价指标体系由核心指标（吨钢综合能耗、铁前系统吨铁单位产品能耗和炼钢工序单位产品能耗）和参考指标（炼焦、烧结、球团、高炉、转炉、炉外精炼、连铸、铁水预处理和热轧等各工序单位产品能耗）组合而成。但不同钢铁企业工序能耗仍因生产工艺、设备、技术条件和产品等不同而出现很大差异，如此获得的工序能耗对标也难以具有可比性。同时，由于钢铁企业在产品、工艺路线、二次能源回收后利用效率上的差异，往往会造成单纯的能耗指标存在差异，进而不能准确体现出不同企业的节能水平。

工序能耗指标评价一个工序的能效水平，虽然不同钢铁企业间工序能耗存在工艺设备、工艺路线和产品差异，但与吨钢综合能耗的可比性相比，差异要明显缩小。工序能耗既是评价基本生产单元能耗水平的综合指标，又直接影响企业吨钢综合能耗指标水平，因此国内外学者对钢铁企业工序极限能耗开展大量的探索研究。钢铁产业集中度增强是未来发展趋势，同一企业同类工序多基地、多机组的现象会逐渐增加，企业能效管理需要同类工序多基地不同机组之间的能耗指标对标方法与工具的研究与开发。

### 3.1.3　极限能耗概论

在钢铁流程中，物质流与能量流往往相互耦合、相互影响，通过物料和能量平衡来深入研究钢铁生产工序的理论能耗模型的建立与开发是一项重要的工作。目前，钢铁企业各工序的理论极限能耗并未形成一个统一的标准，以至于钢铁企业一直被外界认为是耗能大户。基于此，宝钢与东北大学结合美国 Cainegie Mellon University 的 R. J. Fruehan 教授提出的理论极限模型，拓展提出三层极限能耗概念模型，即理论极限能耗、技术极限能耗与实际操作最佳能耗指标。通过理论极限能耗、技术极限能耗研究，尝试揭示钢铁冶金反应器与各工序真实能效水平。R. J. Fruehan 教授等人[5]对工序能耗理论最小值研究，做出以下假设：

（1）工序能耗只包括直接能耗；

（2）生产辅料能耗不计入工序能耗，如合金、氧气、耐火材料和电极；

（3）在工序能耗计算中不考虑电能在生产和输送过程中的损失；

（4）能量损失和热损失不计，如炉子的热损失和机械、电力设备的能量损失；

（5）关注能量输出，如高炉煤气的化学热和显热是必须考虑的；

（6）烧结和焦化工序能耗不考虑；

（7）因产量损失造成的能量损失不计。

极限能耗研究主要在三个层面开展，如图 3-1 所示。该概念模型对应的是不同层次的目标，即：现场操作的目标对应实际最佳能耗指标，技术提升的目标对应技术极限能耗，研发则是以不考虑现行反应器的理论极限能耗为目标开发新型反应器和工艺。建立钢铁生产工序极限能耗模型，详细分析三个层次极限能耗模型的特点和节能技术，以能源消耗、回收利用、转换为重点，综合考虑物质流与能量流的影响，提出钢铁生产工序的能源管理目标和方向，为各工序的冶金过程强化和反应器优化提供理论基础，同时结合目前能耗水平，探索节能减排的新方向和途径。

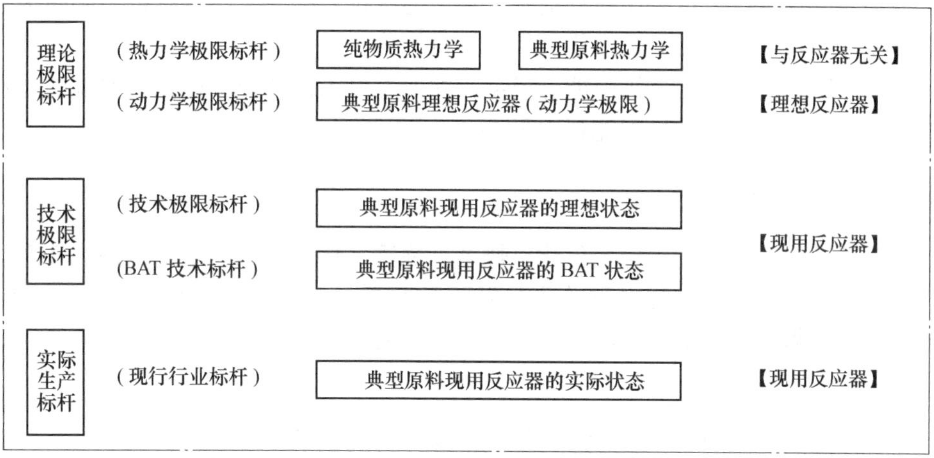


图 3-1　三层多阶模型结构划分图

第一层次是理想理论极限能耗，与反应器无关的理论极限能耗，即理想原料、理想条件下的热力学极限能耗水平。理论极限能耗是在理想原料和理想反应器条件下计算获得的能耗水平，在实际生产中基本上是无法达到的。理想理论极限能耗因能源和产品类型又可划分为不同阶段的极限能耗。

该层次的能耗模型是能耗模型理论研发的基础，可为公司高层管理者以及技术研发人员提供工序极限能耗的理论数据支撑。建立钢铁生产工序的理想原料、理想条件下的理论极限能耗模型，包括焦化、烧结、炼铁、转炉炼钢、电炉炼钢、轧钢等六个典型工序，并对比分析某工序的理想理论极限能耗模型与实际操作之间的异同，可借此分析工序节能减排方向和途径。

第二层次是技术极限能耗模型，也称典型反应器极限能耗模型，即反应达到热力学平衡，物理能与化学能理想匹配的极限能耗水平。该模型可通过变化原料成分、操作参数等条件计算不同条件下的符合热力学理论的极限能耗。该模型包括目前钢铁企业中最佳可适技术（BAT，Best Available Technology）应用及新兴领先技术应用，可通过变化不同技术操作条件的形式实现对应的极限能耗的预期结果。

对于任何一个工序，在确定的反应器条件下，存在一个与理想反应器相对应的理论极限能耗。但由于实际反应器都不可能达到理想状态，所以又存在一个与反应器内过程动力学相关的反应工程学极限能耗，这应是可期望实现的极限能耗。当工序的实际能耗达到或接近反应工程学极限能耗时，认为已经达到可行的极限能耗，已无继续降低能耗的空间。

本层次的技术极限能耗是在典型原料和典型反应器条件下计算获得的能耗水平，在实际生产中可通过添加不同BAT，逐步逼近本层次极限能耗，该层次能耗主要是为现场操作人员采用何种措施实现节能减排目标提供参考依据，同时为制定节能减排目标的相关人员提供节能减排目标值。

第三层次是实际生产极限能耗模型，即通过对工艺和操作优化可实现的物理能与化学能合理匹配的极限能耗水平。

## 3.2　理论极限能耗

常见的钢铁生产工序包括焦化、烧结、炼铁、转炉炼钢、电炉炼钢、轧钢等六个典型工序，工序过程说明详见表3-1。模型的建立以纯物质的热力学为基础，钢铁工序过程中涉及的所有物料均采用纯物质表示，例如：矿石成分为纯氧化铁（$Fe_2O_3$），废钢成分为纯铁（Fe），焦炭成分为纯碳（C）等。

**表3-1　六个典型工序理论极限能耗理想条件假设**

| 工　序 | 原　　料 | 产　物 |
|---|---|---|
| 烧结（A） | 纯 $Fe_2O_3$+CaO+$SiO_2$ | 烧结矿 |
| | 纯 $Fe_2O_3$+CaO+$SiO_2$+C+$O_2$ | 烧结矿+煤气 |
| | 典型铁精矿+典型熔剂+典型燃料+空气 | 烧结矿+烟气 |
| 焦化（B） | 典型炼焦煤（C+灰分+挥发分） | 焦炭+焦炉煤气 |

续表 3-1

| 工 序 | 原 料 | 产 物 |
| --- | --- | --- |
| 炼铁（C） | 纯 $Fe_2O_3$ | 纯铁 |
| | 纯 $Fe_2O_3$ 碳热还原熔化 | 1450℃的铁水 |
| | 典型铁精矿焦炭还原熔分 | 1450℃的渣铁 |
| | 纯 $Fe_2O_3$ 气基（CO、$H_2$、$CO/H_2$）还原 | 固态金属铁+$CO_2/H_2O$ |
| | 典型铁精矿气基（CO、$H_2$、$CO/H_2$）还原 | 900℃的 DRI+$CO_2/H_2O$ |
| 转炉（D） | 1350℃，4.5%C 理想铁水氧气脱碳 | 钢水 |
| | 1350℃，4.5%C 典型铁水氧气脱碳脱硅脱磷 | 钢水 |
| 电炉（E） | 25℃，0.1%C 废钢电热熔化 | 钢水 |
| | 25℃，0.1%C DRI（Direct Reduction Iron，直接还原铁）电热熔化 | 钢水 |
| | 800℃，0.1%C DRI 电热熔化 | 钢水 |
| 轧钢（F） | 1200℃，热轧 | 钢材 |
| | 25℃，冷轧 | 钢材 |

通过建立的理论极限能耗模型，分析各工序在理想条件下所消耗的物料流及能量流的情况，同时可获得某一成分对整个过程的影响程度，如烧结工序 $SiO_2$、CaO 对碱度的影响；C、Si、Mn 元素对高炉、转炉等能耗的影响等。对比分析某工序的理想理论极限能耗模型与实际操作之间的异同，提出某工序节能减排的方向和途径。

### 3.2.1 钢铁工序理论极限能耗模型建立

基于实际生产，考虑到实际生产中存在不同的热量来源（如电能、风能、化学能等）、使用不同种类的还原剂（如 C、$H_2$、CO 等）、生产不同类型的产品（如铁水、固体生铁、DRI 等）等特点，对每一个工序进行多阶划分，详见表 3-2。基于实际生产划分的工序所对应的能耗才是真正符合实际理论的能耗。基于 R. J. Fruehan 模型进行改进，以期获得符合实际生产的多阶理论极限能耗。

**表 3-2 钢铁生产工序分类整理**

| 编号 | 工 序 说 明 |
| --- | --- |
| A1 | 纯 $Fe_2O_3$+纯 CaO+纯 $SiO_2$→烧结矿 |
| A2 | 纯 $Fe_2O_3$+纯 CaO+纯 $SiO_2$+纯 $C/O_2$→烧结矿+$CO_2$ |
| A3 | 纯 $Fe_2O_3$+纯 CaO+纯 $SiO_2$+纯 C+空气→烧结矿+$CO_2$+$N_2$ |
| B1 | 典型炼焦煤（C+灰分+挥发分）→焦炭+焦炉煤气 |
| C1 | 纯 $Fe_2O_3$→1450℃纯铁 |
| C2 | 纯 $Fe_2O_3$ 碳热还原熔化→1450℃的铁水 |

续表 3-2

| 编号 | 工　序　说　明 |
|---|---|
| C3 | 典型铁精矿焦炭还原熔分→1450℃的渣铁 |
| C4 | 纯 $Fe_2O_3$ 气基（CO、$H_2$、$CO/H_2$）还原→900℃固态金属铁+$CO_2/H_2O$ |
| C5 | 典型铁精矿气基（CO、$H_2$、$CO/H_2$）还原→900℃的 DRI+$CO_2/H_2O$ |
| D1 | 1350℃，4.5%C 理想铁水氧气脱碳→1550℃钢水 |
| D2 | 1350℃，4.5%C 典型铁水氧气脱碳脱硅脱磷→1550℃钢水 |
| E1 | 25℃，0.1%C 废钢电热熔化→1450℃钢水 |
| E2 | 25℃，0.1%C DRI 电热熔化→1450℃钢水 |
| E3 | 800℃，0.1%C DRI 电热熔化→1450℃钢水 |
| F1 | 1200℃，热轧→钢材 |
| F2 | 25℃，冷轧→钢材 |

以上过程涉及的纯物质及其热力学数据列于表 3-3 和表 3-4 中，模型涉及的其他热力学数据见本书附录。

**表 3-3　理想理论模型涉及的物质及化学反应**

| 物　质 | | | | 化　学　反　应 | |
|---|---|---|---|---|---|
| $Fe_2O_3$ | CaO | Fe | CO | $3Fe_2O_3+C=2Fe_3O_4+CO$ | $C+1/2O_2=CO$ |
| $Fe_3O_4$ | $SiO_2$ | C | $CO_2$ | $Fe_3O_4+C=3FeO+CO$ | $CO+1/2O_2=CO_2$ |
| $Fe_xO$ | $Al_2O_3$ | Si | $H_2$ | $FeO+C=Fe+CO$ | $H_2+1/2O_2=H_2O$ |
| FeS | MgO | S | $H_2O$ | $3Fe_2O_3+H_2=2Fe_3O_4+H_2O$ | $CO+H_2O=CO_2+H_2$ |
| $CaCO_3$ | MnO | P | $CH_4$ | $Fe_3O_4+H_2=3FeO+H_2O$ | $C+H_2O=CO+H_2$ |
| $MgCO_3$ | $P_2O_5$ | Mn | $H_2S$ | $FeO+H_2=Fe+H_2O$ | $MnO+C=Mn+CO$ |
| — | — | — | $O_2$ | $CaCO_3=CaO+CO_2$ | $SiO_2+2C=Si+2CO$ |
| — | — | — | $N_2$ | $MgCO_3=MgO+CO_2$ | $P_2O_5+5C=2P+5CO$ |

**表 3-4　常用化学反应的热力学数据**

| 化学反应式 | 反应热/$kJ\cdot mol^{-1}$ | 化学反应式 | 反应热/$kJ\cdot mol^{-1}$ |
|---|---|---|---|
| $3Fe_2O_3+CO=2Fe_3O_4+CO_2$ | $\Delta H^{\ominus}=-43.23$ | $C+1/2O_2=CO$ | $\Delta H^{\ominus}=-110.54$ |
| $Fe_3O_4+CO=3FeO+CO_2$ | $\Delta H^{\ominus}=+19.29$ | $C+O_2=CO_2$ | $\Delta H^{\ominus}=-393.51$ |
| $FeO+CO=Fe+CO_2$ | $\Delta H^{\ominus}=-10.93$ | $CaCO_3=CaO+CO_2$ | $\Delta H^{\ominus}=+178.87$ |
| $3Fe_2O_3+H_2=2Fe_3O_4+H_2O$ | $\Delta H^{\ominus}=-2.07$ | $MgCO_3=MgO+CO_2$ | $\Delta H^{\ominus}=+116.94$ |
| $Fe_3O_4+H_2=3FeO+H_2O$ | $\Delta H^{\ominus}=+60.45$ | $H_2O+CO=H_2+CO_2$ | $\Delta H^{\ominus}=-41.16$ |
| $FeO+H_2=Fe+H_2O$ | $\Delta H^{\ominus}=+30.23$ | $H_2+1/2O_2=H_2O$ | $\Delta H^{\ominus}=-241.99$ |
| $SiO_2+2C=Si+2CO$ | $\Delta H^{\ominus}=+635.1$ | $MnO+C=Mn+CO$ | $\Delta H^{\ominus}=+287.19$ |
| $P_2O_5+5C=2P+5CO$ | $\Delta H^{\ominus}=+128.1$ | | |

注："+"为吸热反应；"-"为放热反应。

### 3.2.2 钢铁工序理论能耗模型求解过程

采用边界条件输入→质量平衡→热量平衡三步走的计算路线，计算上述16种理想条件下的钢铁生产工序能耗。过程中若涉及化学反应，则在计算热量平衡时加入相应的化学反应热，同时还考察分析不同的输入条件（边界参数）对能耗的影响。

#### 3.2.2.1 烧结

（1）A1：纯 $Fe_2O_3$+纯 CaO+纯 $SiO_2$→烧结矿。

1）边界条件输入。$Fe_2O_3$ 质量分数为 90%（相当于品位 63%），碱度为 1.8，以生产 1t 烧结矿为基准，烧结矿温度 1500K（必须达到此温度才可实现矿石的熔化过程）。

2）质量平衡。

纯 $Fe_2O_3$ 的质量：

$$M_{Fe_2O_3} = 1000 \times 90\% = 900\text{kg/t-sinter}$$ [1]

纯 CaO 的质量：

$$M_{CaO} = [1000 \times (100\% - 90\%)/(1 + 1.8)] \times 1.8 = 64.286\text{kg/t-sinter}$$

纯 $SiO_2$ 的质量：

$$M_{SiO_2} = 1000 - M_{Fe_2O_3} - M_{CaO} = 35.714\text{kg/t-sinter}$$

3）热量平衡。原料带入热（室温 298K 为标态，标态下显热为 0），原料带走热（根据热力学数据，计算 1500K 时原料带走热）。

$$\begin{aligned} Q &= (900/160) \times \Delta H_{Fe_2O_3} + (64.285/56) \times \Delta H_{CaO} + (35.715/60) \times \Delta H_{SiO_2} \\ &= (900/160) \times 172090 + (64.285/56) \times 62123 + (35.715/60) \times 80536 \\ &= 1087258.44\text{kJ/t-sinter} \\ &= 1087258.44/(7000 \times 4.1868)\text{kgce/t-sinter} \\ &= 37.098\text{kgce/t-sinter} \end{aligned}$$

**（注：标煤的热值是 7000kcal/kgce，即（7000×4.1868）kJ/kgce。）**

在 A1 假设条件下，生产 1t 烧结矿需提供热量 37.098kgce/t-sinter，此过程中仅有加热熔化过程，无还原过程。在理论极限的情况下，若烧结矿的显热按 100%回收，则最低能耗为 0kgce/t-sinter。

（2）A2：纯 $Fe_2O_3$+纯 CaO+纯 $SiO_2$+纯 C/$O_2$→烧结矿+$CO_2$。

1）边界条件输入。$Fe_2O_3$ 质量分数为 90%（相当于品位 63%），碱度为 1.8，以 1t 烧结矿为基准，烧结矿温度 1500K。

2）质量平衡。

---

[1] kg/t-sinter 为千克/吨烧结矿。

纯 $Fe_2O_3$ 的质量：

$$M_{Fe_2O_3} = 1000 \times 90\% = 900\text{kg/t-sinter}$$

CaO 的质量：

$$M_{CaO} = [1000 \times (100\% - 90\%)/(1 + 1.8)] \times 1.8 = 64.286\text{kg/t-sinter}$$

$SiO_2$ 的质量：

$$M_{SiO_2} = 1000 - M_{Fe_2O_3} - M_{CaO} = 35.714\text{kg/t-sinter}$$

3）热量平衡。原料带入热（室温 298K 为标态，标态下显热为 0），原料带走热（根据热力学数据，计算 1500K 时原料带走热）。

$$\begin{aligned} Q &= (900/160) \times \Delta H_{Fe_2O_3} + (64.285/56) \times \Delta H_{CaO} + (35.715/60) \times \Delta H_{SiO_2} \\ &= (900/160) \times 172090 + (64.285/56) \times 62123 + (35.715/60) \times 80536 \\ &= 1087258.44\text{kJ/t-sinter} \\ &= 1087258.44 /(7000 \times 4.1868)\text{kgce/t-sinter} \\ &= 37.098\text{kgce/t-sinter} \end{aligned}$$

已知化学反应提供热量，根据

$$C + O_2 = CO_2 \quad (393.51\text{kJ/mol})$$

设需要 $x$kg 碳燃烧，释放 $M_{CO_2}=x/12$kmol，生成 $CO_2$ 的体积 $V_{CO_2} = (x/12) \times 22.4\text{m}^3$。

生成 $CO_2$ 气体温度 $T_{CO_2}=673$K，则气体带走热为：

$$y = (x/12) \times 22.4\text{m}^3 \times 1.954(\text{kJ/(m}^3 \cdot ℃)) \times (673 - 273)\text{kJ} \tag{3-1}$$

对以上过程列出热量方程：

$$(1087258.44 + y) = (x/12) \times 393.51 \times 1000 \tag{3-2}$$

联立方程式（3-1）和式（3-2），获得：

$$x = 34.66\text{kg/t-sinter}$$

$$y = 49167.89\text{kJ/t-sinter}$$

则生产 1t 烧结矿需 34.66kg 碳（若按照焦炭中 C% = 85%计算，需要的焦粉质量为 40.78kg/t-sinter），提供的热量等价于 38.776kgce/t-sinter。

在 A2 假设条件下，生产 1t 烧结矿需提供热量 38.776kgce/t-sinter。在理论极限的情况下，若仅回收 $CO_2$ 显热，按 100%回收，最低能耗为 37.098kgce/t-sinter，若气体和烧结矿的显热均按 100%回收，则最低能耗为 0kgce/t-sinter。

（3）A3：纯 $Fe_2O_3$+纯 CaO+纯 $SiO_2$+纯 C+空气→烧结矿+$CO_2$+$N_2$。

1）边界条件输入。$Fe_2O_3$ 质量分数为 90%（相当于品位 63%），碱度为 1.8，烧结矿温度 1500K。

2）质量平衡。

纯 $Fe_2O_3$ 的质量：

$$M_{Fe_2O_3} = 1000 \times 90\% = 900\text{kg/t-sinter}$$

CaO 的质量：

$$M_{CaO} = [1000 \times (100\% - 90\%)/(1 + 1.8)] \times 1.8 = 64.286\text{kg/t-sinter}$$

$SiO_2$ 的质量：

$$M_{SiO_2} = 1000 - M_{Fe_2O_3} - M_{CaO} = 35.714\text{kg/t-sinter}$$

3）热量平衡。原料带入热（室温 298K 为标态，标态下显热为 0），原料带走热（根据热力学数据，计算 1500K 时原料带走热）。

$$\begin{aligned} Q &= (900/160) \times \Delta H_{Fe_2O_3} + (64.285/56) \times \Delta H_{CaO} + (35.715/60) \times \Delta H_{SiO_2} \\ &= (900/160) \times 172090 + (64.285/56) \times 62123 + (35.715/60) \times 80536 \\ &= 1087258.44\text{kJ/t-sinter} \\ &= 1087258.44/(7000 \times 4.1868)\text{kgce/t-sinter} \\ &= 37.098\text{kgce/t-sinter} \end{aligned}$$

已知化学反应提供热量，根据

$$C + O_2 = CO_2 (393.51)\text{kJ/mol}$$

设需要 $x$kg 碳燃烧，释放的 $CO_2$ 为 $x/12$kmol，则生成 $CO_2$ 的体积为 $(x/12)\times 22.4\text{m}^3$，耗氧量为 $x/12$kmol，则伴随的 $N_2$ 量为 $(x/12)\times(0.79/0.21)$kmol，最终以 $CO_2$+$N_2$ 形式排出。若生成 $CO_2$+$N_2$ 气体温度为 673K，则气体带走热为：

$$y = (x/12) \times 22.4 \times C_{P\_CO_2} \times (673 - 273) + (x/12) \times (0.79/0.21) \times 22.4 \times C_{P\_N_2} \times (673 - 273)\text{kJ} \tag{3-3}$$

则总热量方程为：

$$(1087258.44 + y) = (x/12) \times 393.51 \times 1000 \tag{3-4}$$

联立方程式（3-3）和式（3-4），获得：

$$x = 39.03\text{kg/t-sinter}$$

$$y = 192533.16\text{kJ/t-sinter}$$

则生产 1t 烧结矿需 39.03kg 碳（若按照焦炭 C%=85%计算，约需要质量为焦粉 45.91kg/t-sinter），提供的热量等价于 43.67kgce/t-sinter。

在 A3 假设条件下，生产 1t 烧结矿需提供热量 43.67kgce/t-sinter。在理论极限的情况下，若只回收 $CO_2$、$N_2$ 显热，按 100%回收，最低能耗为 37.098kgce/t-sinter。若气体和烧结矿的显热均按 100%回收，则最低能耗为 0kgce/t-sinter。

（4）烧结模型验证。R. J. Fruehan 教授提出的理论极限模型中，将烧结过程简化为 298K 的 $Fe_2O_3$ 加热至 1623K 所需的能量，即为最低能耗。其计算结果见表 3-5。

**表 3-5 R. J. Fruehan 教授的部分计算结果**

| 工序 | 理论能耗 | | 实际能耗 | |
|---|---|---|---|---|
| | GJ/t-output | GJ/t-steel | GJ/t-output | GJ/t-steel |
| 烧结 | 1.2 | 1.6 | 1.5~1.7 | 2.1~2.4 |

与 R. J. Fruehan 教授建立的模型相比，作者建立的模型计算需耗能 1192353.08kJ（折算标煤为 40.68kgce/t-sinter）。

（5）烧结模型分析。综上所述，烧结工序不同条件下的理想理论极限能耗见表 3-6，在不同假设条件下，若不考虑废气热回收和烧结矿显热回收（A1、A2、A3），则不同工艺对应的理论能耗不尽相同。若只考虑废气回收（A1′、A2′、A3′）或同时考虑废气和烧结矿显热回收（A1″、A2″、A3″），三种工艺对应的理论能耗相同，分别是 37.098kgce/t-sinter、0kgce/t-sinter。

**表 3-6　烧结工序理想理论极限能耗的三种假设条件**

| 编号 | 工 序 说 明 | 能耗/kgce · t-sinter$^{-1}$ |
|---|---|---|
| | 若不考虑废气热回收和烧结矿显热回收 | |
| A1 | 纯 $Fe_2O_3$ + CaO + $SiO_2$ → 烧结矿(1500K) | 37.098 |
| A2 | 纯 $Fe_2O_3$ + CaO + $SiO_2$ + C + $O_2$ → 烧结矿(1500K) + $CO_2$(673K) | 38.776 |
| A3 | 纯 $Fe_2O_3$ + CaO + $SiO_2$ + C + 空气 → 烧结矿(1500K) + ($CO_2$ + $N_2$)(673K) | 43.670 |
| | 若考虑废气热 100%回收，且不考虑烧结矿显热回收 | |
| A1′ | 纯 $Fe_2O_3$ + CaO + $SiO_2$ → 烧结矿(1500K) | 37.098 |
| A2′ | 纯 $Fe_2O_3$ + CaO + $SiO_2$ + C + $O_2$ → 烧结矿(1500K) + $CO_2$(673K) | 37.098 |
| A3′ | 纯 $Fe_2O_3$ + CaO + $SiO_2$ + C + 空气 → 烧结矿(1500K) + ($CO_2$ + $N_2$)(673K) | 37.098 |
| | 若考虑废气显热和烧结矿显热均 100% 回收 | |
| A1″ | 纯 $Fe_2O_3$ + CaO + $SiO_2$ → 烧结矿(1500K) | 0.0 |
| A2″ | 纯 $Fe_2O_3$ + CaO + $SiO_2$ + C + $O_2$ → 烧结矿(1500K) + $CO_2$(673K) | 0.0 |
| A3″ | 纯 $Fe_2O_3$ + CaO + $SiO_2$ + C + 空气 → 烧结矿(1500K) + ($CO_2$ + $N_2$)(673K) | 0.0 |

理论计算可以将物料的温度、产生的热量任意分配，这些都是建立在一定的假设条件下进行的，R. J. Fruehan 教授等对工序能耗理论最小值的假设如下：能量利用率可以任意分配，也就是所谓的热力学极限，只关心物料的初始状态及终止状态。

烧结的实际生产过程与理论仍然存在较大的区别，如理论上烧结矿应加热到 1500K 才能熔化，将物料加热至熔化需要较大的热量，而实际生产将这部分热量用于下部物料的预热，采用一定厚度的物料进行烧结，熔化的物料具备一定的显热，通过热风的方式将热量带走，预热下部物料，提高了能量利用率。实际生产过程中烧结矿的平均温度约为 600℃(873K)，实际烧结物料具有一定的厚度，物料通过上部点火过程获得热量，将热量从上向下传递，并燃烧其内部加入的燃料。这种操作方式在一定程度上提高了热量利用率，最终实现了烧结矿平均温度为 873K 的效果。

基于实际工序使用的氧化剂为空气，与上述的假设条件 A3 更接近。将 A3

条件下烧结矿温度设置为与实际生产过程数据相等的873K，将废气温度设为120℃(393K)，将烧结矿品位设置为58.5%进行计算，计算过程同前述过程，计算获得的碳消耗仅为15.826kg，获得的能耗分为以下两种情况，根据发热量进行折算：

1）若不考虑废气回收热和烧结矿冷却过程回收热，整个能耗为17.708kgce/t-sinter；

2）若仅考虑回收废气热（120℃的废气显热），能耗则降为17.163kgce/t-sinter；

3）若考虑回收烧结矿热，能耗会更低（实际生产过程烧结矿的物理热可回收40%，若使用竖炉可回收80%以上）。

若在气体显热回收效率100%的情况下，生产873K烧结矿，三种条件下理论最低能耗都是17.163kgce/t-sinter，这一点是符合热力学守恒定律的（始末状态相同，能耗则相同）。本模型计算获得的能耗值17.163kgce/t-sinter是在燃烧率100%，无漏风，无其他杂质的情况下计算获得。该数据为基于实际烧结工艺的理论最低能耗，从另一角度也体现目前烧结工艺自上而下的热量利用方式，是符合节能降耗的理念。

综上所述，基于实际烧结过程对烧结的理论能耗进行重新整理计算，获得的理论极限能耗见表3-7，其中理论极限能耗值只考虑废气显热回收，不考虑烧结矿显热回收。

**表3-7 基于实际温度的烧结工序理想理论极限能耗的三种假设条件**

| 编号 | 工序说明 | 能耗/kgce·t-sinter$^{-1}$ |
|---|---|---|
| A1 | 纯 $Fe_2O_3 + CaO + SiO_2 \rightarrow$ 烧结矿(873K) | 17.163 |
| A2 | 纯 $Fe_2O_3 + CaO + SiO_2 + C + O_2 \rightarrow$ 烧结矿(873K) + $CO_2$(393K) | 17.163 |
| A3 | 纯 $Fe_2O_3 + CaO + SiO_2 + C +$ 空气 $\rightarrow$ 烧结矿(873K) + ($CO_2 + N_2$)(393K) | 17.163 |

#### 3.2.2.2 炼焦

炼焦是将炼焦煤在隔绝空气中加热到950~1050℃，经过干燥、热解、熔融、黏结、固化、收缩等阶段最终制得焦炭的过程。炼焦的产物是焦炭和粗煤气。焦炭的生产过程如图3-2所示。实际上生产每吨焦炭约需消耗3.5~5.0GJ能量，需1.6t洗精煤。洗精煤的特性直接影响着焦炭的消耗量，进而影响着能源消耗量。

本模型计算的理论能耗主要是脱除配煤中的挥发分的过程，根据冶炼基础及生产产品对挥发分、温度等要求，计算炼焦过程中的挥发分裂解热以及产生的煤气显热。对焦化工序的B1进行简单的机理分析，假设条件为产品终点温度与煤气温度均为873K，表3-8中t-coke表示吨焦炭。

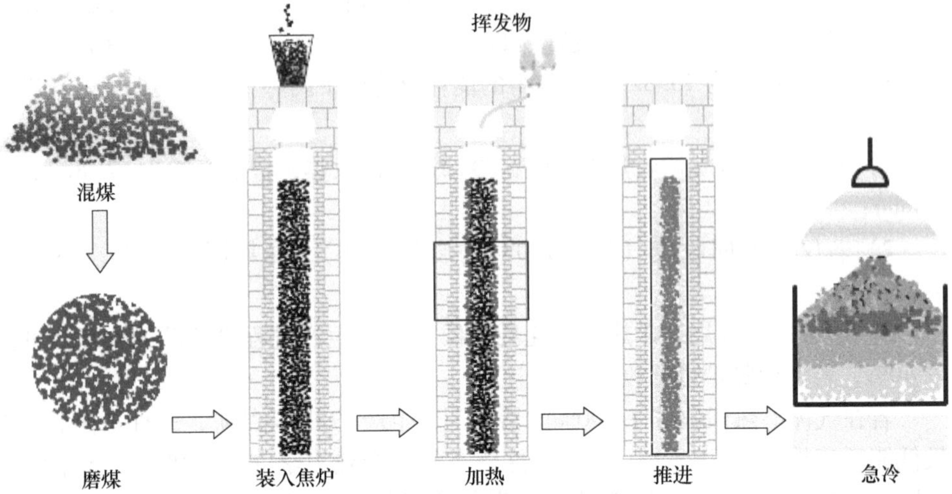


图 3-2　焦化过程

**表 3-8　焦化工序的理想理论极限能耗**

| 编号 | 工　序　说　明 | 能耗/kgce · t-coke$^{-1}$ |
|---|---|---|
| B1 | 典型炼焦煤（C+灰分+挥发分）→焦炭+焦炉煤气（873K） | 33.33 |

### 3.2.2.3　高炉炼铁

高炉冶炼是把铁矿石还原成生铁的连续生产过程。铁矿石、焦炭和熔剂等固体原料按规定配料比由炉顶装料装置分批送入高炉，并使炉喉料面保持一定的高度。焦炭和矿石在炉内形成交替分层结构。矿石料在下降过程中逐步被还原、熔化成铁和渣，聚集在炉缸中，定期从铁口、渣口放出。

(1) 炼铁工序极限能耗计算。炼铁工序极限能耗模型的建立以纯物质的热力学为基础，工序过程中涉及的所有物料均采用纯物质表示，如：矿石成分为纯 $Fe_2O_3$，焦炭成分为纯 C 等，计算结果见表 3-9。C1～C5 工序中假设条件为气体温度均为 473K，其中 C4、C5 工序中入炉气体分配比例为 CO：$H_2$=7：3。

**表 3-9　炼铁工序理想理论极限能耗的五种假设条件**

| 编号 | 工　序　说　明 | 理论最低能耗 /kgce · t-output$^{-1}$ |
|---|---|---|
| C1 | 纯 $Fe_2O_3$ → 1450℃纯铁+$O_2$ | 266.45 |
| C2 | 纯 $Fe_2O_3$ 碳热还原熔化 → 1450℃的铁水+$CO_2$ | 288.72 |
| C3 | 典型铁精矿焦炭还原熔分 → 1450℃的渣铁+$CO_2$ | 301.10 |
| C4 | 纯 $Fe_2O_3$ 气基（CO：$H_2$=7：3）还原 → 900℃固态金属铁+$CO_2$+$H_2O$ | 26.46 |
| C5 | 典型铁精矿气基（CO：$H_2$=7：3）还原 → 900℃的 DRI+$CO_2$+$H_2O$ | 32.29 |

由表3-9可知，C1工序属于电解过程，产品为1450℃的纯Fe(液态)，其中$Fe_2O_3$分解反应耗能最大（由热力学数据可知，$Fe_2O_3$分解热为741.044kJ/mol）。C2工序产品为1450℃的铁水（Fe=94.5%，C=5.5%），采用的方式为碳热还原，气体产物为100% $CO_2$。C3工序产品为1450℃的铁水（Fe=94.5%，C=5.0%，Si=0.5%）和渣（CaO=55.56%，$SiO_2$=44.44%），其中渣的加入带来了额外的热量支出。C4工序产品为900℃固体金属铁，其中作为还原剂的气体初始温度为1273K，CO还原的放热反应与$H_2$还原的吸热反应间的合理耦合，是本工序理论能耗低的根本原因。C5工序产品为金属化率为90%的DRI，因处理的原料为铁精矿，含有杂质脉石成分，是其工序能耗高于C4工序能耗的根本原因。另外，C4、C5工序中涉及FeO→Fe的间接还原反应，根据热力学理论可知需要过量的还原气体才可以高效率的实现这一还原过程，但本书中并未考虑这一因素，所以理论极限上C4、C5两种工序的生产效率极低，但在实际生产中并不可取。实际生产中会根据生产效率来计算气体的过量系数，需要的能耗会远高于此理论能耗值，将在下一层次能耗上进行详细分析。

（2）过程参数敏感性分析。对以上五种炼铁假设条件，根据其产品种类、还原方式、供热方式等进行划分，分别设置了对应工序下的可变参数，见表3-10。计算各个参数与能耗之间的关系，见表3-11～表3-15。

**表3-10 五种假设条件下可变参数列表**

| 工序 | 可变参数 |
|---|---|
| C1 | 初始物料/固体产物/气体温度 |
| C2 | 初始物料/铁水/气体温度、铁水碳含量 |
| C3 | 铁矿石品位、初始物料/铁水/炉渣/气体温度、铁水中碳/硅含量、炉渣碱度 |
| C4 | 初始固体物料/初始气体/固体产物/气体产物的温度、CO比例 |
| C5 | 初始固体物料/初始气体/固体产物/气体产物的温度、CO比例、金属化率 |

由表3-11～表3-15可知，在不同的假设条件下，各个可变参数变化与能耗之间的关系，基于此也可以进行参数的敏感性排序，并以此作为现场操作调节的基础依据。表3-11～表3-13中tHM表示吨铁水，表3-14中tFe表示吨生铁，表3-15中tDRI表示吨直接还原铁。

**表3-11 C1假设条件下参数变化与能耗变化之间的关系**

| 参数变化 | 能耗变化/kgce · $tHM^{-1}$ |
|---|---|
| | C1 |
| 产品铁水温度增加100K | +3.2 |
| 产品气体温度增加100K | +1.5 |

**表 3-12　C2 假设条件下参数变化与能耗变化之间的关系**

| 参 数 变 化 | 能耗变化/kgce · $tHM^{-1}$ |
|---|---|
| | C2 |
| 产品铁水温度增加 100K | +3. 2 |
| 产品气体温度增加 100K | +2. 4 |
| 产品碳含量增加 1% | +9. 3 |

**表 3-13　C3 假设条件下参数变化与能耗变化之间的关系**

| 参 数 变 化 | 能耗变化/kgce · $tHM^{-1}$ |
|---|---|
| | C3 |
| 产品铁水温度增加 100K | +4. 6 |
| 产品气体温度增加 100K | +2. 4 |
| 产品碳含量增加 1% | +9. 2 |
| 产品硅含量增加 1% | -1. 0 |
| 炉渣碱度增加 0. 1 | +0. 65 |

**表 3-14　C4 假设条件下参数变化与能耗变化之间的关系**

| 参 数 变 化 | 能耗变化/kgce · $tFe^{-1}$ |
|---|---|
| | C4 |
| 入口气体温度增加 100K | +3. 2 |
| 出口气体温度增加 100K | +4. 4 |
| 入口气体 CO 比例增加 10% | -3. 7 |

**表 3-15　C5 假设条件下参数变化与能耗变化之间的关系**

| 参 数 变 化 | 能耗变化/kgce · $tDRI^{-1}$ |
|---|---|
| | C5 |
| 入口气体温度增加 100K | +3. 8 |
| 出口气体温度增加 100K | +4. 2 |
| 入口气体 CO 比例增加 10% | -3. 5 |
| 出口金属化率比例增加 10% | -0. 26 |

需要特殊说明的是，对于 C4、C5 两种工艺，入口气体温度与产品输出温度存在一定的关系，本书中 C4 工艺是在金属铁温度=入口气体温度-100 的条件下计算获得的数据，C5 工艺是在 DRI 温度=入口气体温度-100 的条件下计算获得的数据，这就是 C4、C5 工艺下随着入口气体温度的增加，出现能耗增加的原因。

#### 3. 2. 2. 4　转炉炼钢

转炉炼钢工艺，根据配料要求，先把废钢等装入炉内，然后倒入铁水，并加入适量的造渣材料（如生石灰等）。加料后，把氧气喷枪从炉顶插入炉内，吹入氧气（纯度大于99%的高压氧气流），使它直接与高温的铁水发生氧化反应，除去杂质。在除去碳、硅、磷、硫等杂质元素后，当钢水的成分和温度都达到要求时，即停止吹炼，提升喷枪，准备出钢。出钢时使炉体倾斜，钢水从出钢口注入钢水包里，同时加入脱氧剂进行脱氧和调节成分。转炉在炼钢过程中会产生大量烟气，它的主要成分是氧化铁尘粒和高浓度的一氧化碳气体等。因此，必须加以净化回收，综合利用。从回收设备得到的氧化铁尘粒可以用来炼铁；一氧化碳可以作化工原料或燃料；烟气带出的热量可以副产水蒸气。转炉炼钢法具有冶炼速度快、炼出的钢种较多、质量较好，以及建厂速度快、投资少等许多优点。转炉炼钢的原材料分为金属料、非金属料和气体。金属料包括铁水、废钢、铁合金；非金属料包括造渣料、熔剂、冷却剂；气体包括氧气、氮气、氩气、二氧化碳等。非金属料是在转炉炼钢过程中为了去除磷、硫等杂质，控制过程温度而加入的材料。主要有造渣料（石灰、白云石），熔剂（萤石、氧化铁皮），冷却剂（铁矿石、石灰石、废钢），增碳剂和燃料（焦炭、石墨籽、煤块、重油）。

（1）转炉炼钢过程极限能耗计算。按照前述提出的计算原理，转炉炼钢极限能耗值见表3-16，特定计算条件（煤气温度为800℃，气体成分为CO∶$CO_2$=1∶1）下，两种假设条件下的最低能耗差别较小。

**表3-16 转炉炼钢工序理想理论极限能耗两种假设条件**

| 编号 | 工 序 说 明 | 理论最低能耗/kgce · t-steel$^{-1}$ |
|---|---|---|
| D1 | 1350℃，4.5%C 理想铁水氧气脱碳→钢水 | -14.67 |
| D2 | 1350℃，4.5%C 典型铁水氧气脱碳脱硅脱磷→钢水 | -18.40 |

注：D1 计算条件：铁水温度=1350℃(1623K)，铁水含碳量=4.5%，钢水温度=1823K，钢水含碳量=2.0%。

D2 计算条件：铁水温度=1350℃(1623K)，铁水含碳量=4.5%，铁水含硅量=0.40%，铁水含磷量=0.03%，钢水温度=1550℃(1823K)，钢水含碳量=2.0%，铁水含硅量=0.10%，铁水含磷量=0.01%。

（2）过程参数的敏感性分析。对以下两种转炉炼钢假设条件，分别设置了如下的对应工序下的可变参数，见表3-17。

**表3-17 各种假设条件下可变参数列表**

| 工 序 | 可 变 参 数 |
|---|---|
| D1 | 出钢温度/C%、煤气温度/CO% |
| D2 | 出钢温度/C%/Si%/P%、煤气温度/CO% |

通过模型计算各个参数与能耗之间的关系，见表3-18和表3-19。根据能耗变化来看，脱硅、脱碳反应是强放热反应，对炼钢能耗影响较大，脱碳量和脱硅量越大，炼钢过程产生的能耗越多。

表 3-18　D1 假设条件下可变参数与能耗之间的关系

| 参数变化 | 总能耗变化/kgce · t-steel$^{-1}$ |
|---|---|
| | D1 |
| 出钢温度增加 100K | 3.25 |
| 出口气体温度增加 100K | 0.33 |
| 出口气体 CO 比例增加 10% | 2.00 |
| 出钢钢水 C 含量增加 1% | 7.40 |

表 3-19　D2 假设条件下可变参数与能耗之间的关系

| 参数变化 | 总能耗变化/kgce · t-steel$^{-1}$ |
|---|---|
| | D2 |
| 出钢温度增加 100K | 3.3 |
| 出口气体温度增加 100K | 0.34 |
| 出口气体 CO 比例增加 10% | 2.01 |
| 出钢钢水 C 含量增加 1% | 8.4 |
| 出钢钢水 Si 含量增加 1% | 12.2 |
| 出钢钢水 P 含量增加 1% | 0.80 |

由表 3-18 和表 3-19 可知，过程参数的敏感性由高到低依次是铁钢 Si 含量差值、铁钢间 C 含量差值及铁钢间的温度差值。根据实际生产数据可知，根据实测回收的顶吹氧转炉炉气可知含 CO 成分 60%~80%，$CO_2$ 成分 15%~20%，以及氮、氢和微量氧，同时冶炼不同钢种对终点碳含量的控制也有所不同。在本书的理想反应器内无 $N_2$ 和 $O_2$ 生成，边界条件见表 3-16，若将其中的部分条件做如下调整，即按照 CO∶$CO_2$=80∶20，终点碳含量为 0.5%，其他条件保持不变，通过模型计算可获得对应的 D1、D2 工艺下能耗分别为−17.12kgce/t-steel、−20.87kgce/t-steel。

### 3.2.2.5　电炉炼钢

电炉炼钢冶炼过程一般分为熔化期、氧化期和还原期，在炉内不仅能造成氧化气氛，还能造成还原气氛，因此脱磷、脱硫的效率高。与传统流程相比，钢铁联合企业在高炉→转炉→连铸→热轧板卷过程中，能耗一般为 23GJ/t-steel，而以废钢为原料的电炉钢厂短流程工艺生产的产品能耗接近 10GJ/t-steel，能耗降低 60%左右。

电炉炼钢能量的主要来源由以下三部分构成：

电能，计算公式：$t_{出钢} = t_0 + C \times W/(P \times \Psi + P_{燃料})$，其中 $C$ 为吨钢电耗，kW · h/t；$W$ 为钢水总重，t；$P$ 为电炉变压器容量，kV · A；$\Psi$ 为变压器利用率；$t_0$ 为非通电时间，min。

化学能，包括元素氧化及炉气燃烧带来的化学热、输入燃料带来的化学热。化学反应热在电炉能量收入中占相当大的比例，可达 30%。特别是电炉使用铁水后，化学热的比例达到 40%以上，这是现代电弧炉炼钢工艺的一个特点。化学反应中各发热元素的来源首先是炉料（废钢和生铁），其次是由碳枪喷入的碳粉或焦粉。对于普通铁水，每吹入 $1m^3$ 的氧气，所含各元素在 1600℃时反应理论发热值约为 4kW · h。其计算方法见表 3-20。

**表 3-20 化学元素化学热计算参考表**

| 元素 | 产物 | 反应热 | |
|---|---|---|---|
| | | kJ/g | kW · h/g |
| Al | $Al_2O_3$ | 30.995 | 8.61 |
| Si | $SiO_2$ | 32.157 | 8.93 |
| Mn | MnO | 6.992 | 1.94 |
| Fe | FeO | 4.775 | 1.33 |
| C | CO | 9.159 | 2.54 |
| C | $CO_2$ | 32.761 | 9.10 |

物理热，铁水或预热废钢带入的显热。主要是电炉加铁水工艺带来的铁水物理热。若废钢需预热到 600℃以上，也会带来部分物理热。

（1）电炉工序极限能耗计算。对于理论能耗均未考虑化学反应带来的热量变化，只考虑物料的加热熔化及带入物料的物理热，对三种工序的计算条件予以说明，计算结果详见表 3-21。

1）E1 电炉炼钢（25℃，0.1%C 废钢电热熔化→钢水），计算均以废钢初始温度为 25℃，初始碳含量 0.1%为计算标准。

2）E2 电炉炼钢（25℃，0.1%C DRI 电热熔化→钢水），计算均以 DRI 初始温度为 25℃，初始碳含量 0.1%为计算标准。

3）E3 电炉炼钢（800℃，0.1%C DRI 电热熔化→钢水），计算均以 DRI 初始温度为 800℃，初始碳含量 0.1%为计算标准。

**表 3-21 电炉炼钢工序理想理论极限能耗的三种假设条件**

| 编号 | 工序说明 | 理论最低能耗/kgce · $t\text{-}steel^{-1}$ |
|---|---|---|
| E1 | 25℃，0.1%C 废钢电热熔化→1450℃钢水 | 43.43 |
| E2 | 25℃，0.1%C DRI 电热熔化→1450℃钢水 | 43.48 |
| E3 | 800℃，0.1%C DRI 电热熔化→1450℃钢水 | 24.49 |

（2）过程参数的敏感性分析。对三种假设条件电炉炼钢，分别设置了如下对应工序下的可变参数，见表 3-22。

**表 3-22 三种假设条件下可变化参数列表**

| 工序 | 可变参数 |
|---|---|
| E1 | 出钢温度 |
| E2 | 出钢温度/Si%/P% |
| E3 | 出钢温度/Si%/P% |

下面重点分析了三种假设条件下出钢温度对能耗的影响，见表 3-23～表 3-25。通过计算结果可知，出钢温度增加 100K，三种假设条件下对应的能耗分别增加了 2.6kgce/t-steel、2.85kgce/t-steel、2.9kgce/t-steel，其原因是钢水成分不同所致。

**表 3-23　E1 假设条件下参数变化与能耗之间的关系**

| 参数变化 | 总能耗变化/kgce · t-steel$^{-1}$ |
|---|---|
| | E1 |
| 出钢温度增加 100K | +2.6 |

**表 3-24　E2 假设条件下参数变化与能耗之间的关系**

| 参数变化 | 总能耗变化/kgce · t-steel$^{-1}$ |
|---|---|
| | E2 |
| 出钢温度增加 100K | +2.85 |

**表 3-25　E3 假设条件下参数变化与能耗之间的关系**

| 参数变化 | 总能耗变化/kgce · t-steel$^{-1}$ |
|---|---|
| | E3 |
| 出钢温度增加 100K | +2.9 |

#### 3.2.2.6　轧钢

影响轧钢工序能耗的具体因素分析如下：（1）加热温度的影响。轧钢工序能量消耗主要包含有三个部分，分别是燃料能量消耗、电力设备能量消耗以及氧化烧损，其中影响到轧钢工序能耗最大的一个因素便是其加热温度。单位热量消耗随加热温度下降而下降。同时，避免钢坯的生产出现延误或是差错，也可适当降低加热炉的温度。（2）加热炉热效率的影响。加热炉的加热方式和其内部结构也能影响到能量的消耗。良好的加热方式对于提升燃料的燃烧效率十分有效，单位燃料产生的热量也会更多。同时，在炉子的内部结构上，特别是良好的炉衬结构，能有效提高炉子的保温效果，从而减少热量的流失。（3）钢种生产方式的影响。实际生产过程中，燃料消耗量会受到不同钢种加热工艺、温度及时间的影响，若钢种生产工艺不符合相应的标准和要求，很难达到理想的轧钢效果，在能量损耗上会造成多余的浪费。

（1）轧钢工序极限能耗计算原理。本模型建立的轧钢能耗分为两部分，一是加热能耗，二是形变能耗。其中，加热能耗在热轧总能耗中比例较大，形变能耗在冷轧总能耗中比例较大。形变能耗的计算方法如下：

$$E = \sigma \varepsilon c$$

式中，$\sigma$ 为屈服强度；$\varepsilon$ 为形变系数；$c$ 为屈服强度形变常数，取平均值 0.7。形变系数 $\varepsilon$，由下式计算获得。

$$\varepsilon = \ln(t_0/t_f)$$

式中，$t_0$、$t_f$ 分别代表轧制钢材的初始和终点厚度。

轧钢工序的理论极限能耗见表 3-26。

**表 3-26 轧钢工序理想理论极限能耗的两种假设条件**

| 编号 | 工 序 说 明 | 理论最低能耗/kgce · t-steel |
|---|---|---|
| F1 | 1200℃，热轧→钢材 | 28.932 |
| F2 | 25℃，冷轧→钢材 | 0.546 |

（2）轧钢工序极限能耗计算过程。F1 热轧（1200℃，热轧→钢材）：计算过程和结果见表 3-27。

**表 3-27 F1 假设条件下理论能耗计算过程**

| | | | | | |
|---|---|---|---|---|---|
| 初始温度/K | 298.00 | 初始尺寸/mm | 254.00 | 冶炼基础/kg | 1000.00 |
| 轧制温度/K | 1473.00 | 产品尺寸/mm | 2.00 | 总能耗 | |
| 比热容/J · (kg · K)$^{-1}$ | 700.00 | 形变系数 | 0.70 | | |
| 屈服强度（与温度相关）/MPa | | | 7.50 | MJ/t-steel | kgce/t-steel |
| 加热能耗/MJ | 822.50 | 形变能耗/MJ | 25.43 | 847.93 | 28.932 |

由表 3-27 可知，初始温度 298K 钢坯加热到 1473K 进行热轧时，加热能耗为 822.5MJ/t-steel，而对应条件下形变能耗为 25.43MJ/t-steel。

F2 冷轧（25℃，冷轧→钢材）的计算过程和结果见表 3-28。

**表 3-28 F2 假设条件下理论能耗计算过程**

| | | | | | |
|---|---|---|---|---|---|
| 初始温度/K | 298.00 | 初始尺寸/mm | 2.00 | 冶炼基础/kg | 1000.00 |
| 轧制温度/K | 298.00 | 产品尺寸/mm | 1.00 | 总能耗 | |
| 比热容/J · (kg · K)$^{-1}$ | 700.00 | 形变系数 | 0.70 | | |
| 屈服强度（与温度相关）/MPa | | | 33.00 | MJ/t-steel | kgce/t-steel |
| 加热能耗/MJ | 0.00 | 形变能耗/MJ | 16.01 | 16.01 | 0.546 |

由表 3-28 可知，冷轧过程能耗主要为形变能耗，上述条件下，形变能耗为 16.01MJ/t-steel，而在实际形变过程还伴有产品温升现象，此模型暂未考虑。

### 3.2.3 理想钢铁工序理论极限能耗结果分析

基于热力学理论建立了钢铁工序的理论极限能耗模型，同时考虑到钢铁工序实际生产中可以使用不同的能量来源（如火电、风电、化学能等）、也可以使用不同种类的还原剂（如 C、$H_2$、CO 等）、同时可生产不同类型的产品（如铁水、固体生铁、DRI 等）等多种因素，对钢铁工序进行多阶划分，获得了符合实际生产的多阶理论极限能耗。各工序的理论最低能耗见表 3-29，其中涉及的气体显热均为 100%回收。

**表 3-29 六大典型工序 16 种理想假设条件下理论极限能耗**

（能耗单位：kgce/t-output）

| 编号 | 工 序 说 明 | 理论能耗 |
|---|---|---|
| A1 | 纯 $Fe_2O_3$ + CaO + $SiO_2$ → 烧结矿（873K） | 17.163 |
| A2 | 纯 $Fe_2O_3$ + CaO + $SiO_2$ + C + $O_2$ → 烧结矿（873K）+ $CO_2$（393K） | 17.163 |
| A3 | 纯 $Fe_2O_3$ + CaO + $SiO_2$ + C + 空气 → 烧结矿（873K）+（$CO_2$ + $N_2$）（393K） | 17.163 |
| B1 | 典型炼焦煤（C + 灰分 + 挥发分）→ 焦炭 + 焦炉煤气（873K） | 33.33 |
| C1 | 纯 $Fe_2O_3$ → 1450℃ 纯铁 + $O_2$ | 266.45 |
| C2 | 纯 $Fe_2O_3$ 碳热还原熔化 → 1450℃ 的铁水 + $CO_2$ | 288.72 |
| C3 | 典型铁精矿焦炭还原熔分 → 1450℃ 的渣铁 + $CO_2$ | 301.10 |
| C4 | 纯 $Fe_2O_3$ 气基（CO ∶ $H_2$ = 7 ∶ 3）还原 → 900℃ 固态金属铁 + $CO_2$ + $H_2O$ | 26.46 |
| C5 | 典型铁精矿气基（CO ∶ $H_2$ = 7 ∶ 3）还原 → 900℃ 的 DRI + $CO_2$ + $H_2O$ | 32.29 |
| D1 | 1350℃，4.5%C 理想铁水氧气脱碳 → 1550℃ 钢水 | −14.67 |
| D2 | 1350℃，4.5%C 典型铁水氧气脱碳脱硅脱磷 → 1550℃ 钢水 | −18.40 |
| E1 | 25℃，0.1%C 废钢电热熔化 → 1450℃ 钢水 | 43.43 |
| E2 | 25℃，0.1%C DRI 电热熔化 → 1450℃ 钢水 | 43.48 |
| E3 | 800℃，0.1%C DRI 电热熔化 → 1450℃ 钢水 | 24.49 |
| F1 | 25℃，钢材，热轧 → 1200℃ 钢材 | 28.932 |
| F2 | 25℃，钢材，冷轧 → 25℃ 钢材 | 0.546 |

## 3.3 技术极限能耗（以烧结为例）

对于任何一个工序，除了上节叙述的一个与反应器无关的理论极限能耗外，在确定的反应器条件下，还存在一个与理想反应器相对应的理论极限能耗，即技术极限能耗，在典型原料、典型反应器条件下获得的最低能耗水平。在实际生产中可通过采用先进可适技术（BAT），以逐步逼近的方式尽可能接近本层次极限能耗。

该层次极限能耗模型为化学反应达到热力学平衡状态，同时物理能与化学能理想匹配的极限能耗水平。该模型可通过变化原料成分、产品成分、操作参数等条件的形式，计算不同条件下的符合“热力学理论”的极限能耗。下面以烧结工序为例进行详细介绍。

### 3.3.1 烧结工序技术极限能耗模型建立

烧结工序能耗主要为固体燃料消耗、点火气体消耗以及电耗[6~10]。其中固体燃料消耗占75%~80%，点火气体燃料消耗约占5%~10%，电力消耗约占13%~20%。固体燃料消耗所占比例最大，如何有效利用固体燃料及寻找降低固体燃料消耗的方法是烧结过程节能减排的重点研究方向之一。

固体燃料（焦粉）是烧结过程的主要配料之一。在烧结过程中，焦粉通过燃烧放热，供应烧结过程中的物理和化学变化所需的能量。若焦粉添加量不足，燃烧产生的热量不足致使混合料完全矿化，则出现“欠烧”现象，烧结矿质量、产量下降；反之，焦粉添加过量不仅浪费燃料，增加 $CO_2$ 和 $SO_2$ 的排放，同时也使料层升温过快、烧结终点提前，致使烧结矿转鼓指数不符合标准，烧结矿质量不合格率升高。

关于烧结工序的反应器极限能耗模型主要研究以下两个方面。第一，碳素化学能与物理能的协调规律。合理分配碳素的还原化学能和燃烧热能，为提高碳素利用水平提供依据。第二，碳素循环理论和技术。由于反应热力学平衡和反应效率等因素，碳素的转化和利用率难以达到理想的水平，因此需要考虑产物气体中碳素的循环利用。基于此，将反应器的极限能耗划分为三类，见表3-30。

**表3-30 铁矿石烧结技术极限能耗模型条件**

| 工　序 | 划分原则 | 冶金反应过程 |
|---|---|---|
| 典型原料、理想反应器热力学极限 | 假定反应达到热力学平衡，物理能与化学能理想匹配 | 典型铁精矿+典型熔剂+典型燃料+空气燃烧→烧结矿（FeO=0）+烟气（CO=0）<br>（点火煤气+空气过剩系数1.0） |
| 典型原料、典型反应器热力学极限 | 假定反应达到热力学平衡，物理能与化学能理想匹配，同时考虑热损失、漏风率 | 典型铁精矿+典型熔剂+典型燃料+空气燃烧→烧结矿（FeO=0）+烟气（CO=0）<br>（热损失5%+漏风率5%+点火煤气+空气过剩系数1.0） |
| 典型原料、典型反应器反应工程学极限 | 物理能与化学能非理想匹配，通过对设计、工艺和操作进行优化，达到可实现的目标 | 典型铁精矿+典型熔剂+典型燃料+空气燃烧→烧结矿+烟气<br>（热损失+漏风率+点火煤气+空气过剩系数+返矿+烟气脱硫+水） |

依据《钢铁行业节能减排先进适用技术指南》中所提及的BAT（如图3-3所示），对烧结工序进行能耗分析，计算不同BAT可实现的节能减排效果，为新建项目的技术选择和已建项目的技术改造提供参考。

### 3.3.2 烧结工序技术极限能耗修正模型建立

由表3-30可知，前两个工序的热力学极限模型并未考虑水分在烧结过程中的作用，只考虑了化学能和物理能的匹配。若无水分存在，反应器效率将会大幅降低。其原因是水分在烧结工艺中主要有制粒、导热、润滑、助燃等作用，是保证烧结过程顺利进行、提高烧结矿产量和质量必不可少的条件之一。因此，为了

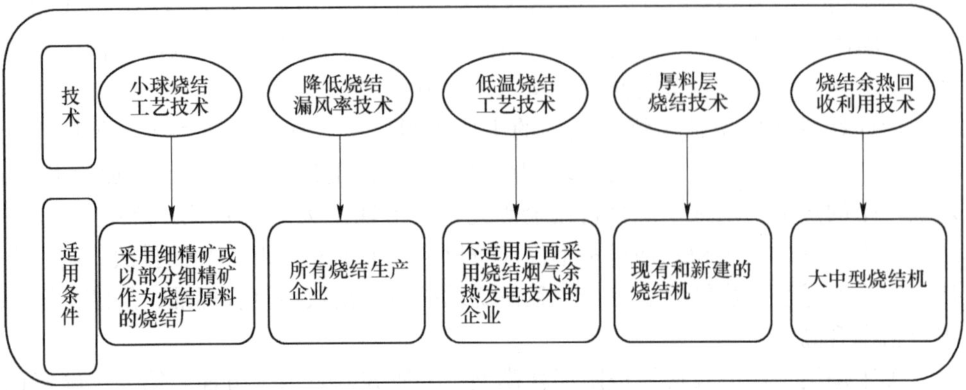


图 3-3　铁矿石烧结 BAT

更好地接近实际生产情况，在计算上述两个模型后，需对模型计算过程进行进一步的修正。

#### 3.3.2.1　典型原料下的极限能耗模型（第一阶）

对于理想的烧结过程而言，可将能量分为热收入与热支出两大类，并有如下规律：

(1) 热支出环节中，烧结的热能完全用于矿石的升温；

(2) 热收入环节中，烧结所需热能完全由标准煤燃烧供给；

(3) 烧结过程中的其他条件均为理想条件。

在上述假设条件下，可获得典型原料下的极限能耗模型：

$$H_{总} = H_t$$

$$J_{总} = m_{ce} \times K_{ce}$$

式中，$H_{总}$ 为所需要的总能量（热支出）；$H_t$ 为将单位质量矿石由初始温度提高到烧结目标温度所需的能量；$J_{总}$ 为能量的来源（热收入）；$m_{ce}$为燃烧消耗标准煤质量，$K_{ce}$为 1kg 标准煤的燃烧热值。

#### 3.3.2.2　典型原料下的极限能量模型-热支出修正（第二阶）

在典型原料下的极限模型基础上，结合实际生产，焦粉燃烧放出的热量主要作用如下：

(1) 用于料层升温蓄热。烧结时混合料层中物理化学反应的顺利进行需要保证一定的温度与反应时间，将混合料提高到目标温度并维持是焦粉燃烧供热的主要目的。

(2) 用于提供混合料水分的蒸发吸热。混合料加入适量的水是为了使混合料具有合适的粒度分布状态，保证料层具有一定程度的透气性。但水分自身在烧结过程中会蒸发，水分的升温热和蒸发热是焦粉燃烧供热的一项重要支出。

（3）用于提供熔剂中碳酸盐的高温分解吸热。烧结过程需要白云石、石灰石等矿物作为熔剂。熔剂中的 $CaCO_3$ 和 $MgCO_3$ 等碳酸盐在高温下会吸热分解，需要吸收大量的热量。

（4）用于提供烧结过程 Fe 元素的氧化和还原热。一方面，在焦粉燃烧区，还原性氛围使高价 Fe 还原成低价 Fe，甚至单质 Fe；另一方面，气流的氧气在高温下会使低价 Fe 氧化为高价 Fe。从总体上看，Fe 元素的氧化与还原整体处于动态平衡中，复杂的化学反应过程并不占据焦粉供热的主流。

考虑上述因素对烧结过程的热支出修正如下：

$$H_{总} = H_t + H_{水} + H_{碳酸盐}$$

式中，$H_{水}$ 表示水分升温蒸发所需能量；$H_{碳酸盐}$表示碳酸盐分解所需能量。

#### 3.3.2.3 典型原料下的极限能量模型-热收入修正（第三阶）

我国定义 1kg 标准煤产生热值为 $29.307\times10^6$J，不同种类的能源折合成标准煤的数值也不尽相同，其中焦炭平均低位发热值为 0.9714kgce/kg。在实际烧结过程中，由于焦粉的热值变化，焦粉配比也会发生变化。由于烧结时间、烟气温度、氧气含量等因素的不同，导致焦粉的实际热值低于理想热值，因此需要对焦粉配入量进行一定量的补偿。换言之，焦粉并非100%完全燃烧，会有一定量的部分燃烧，造成烧结烟气成分中存在部分 CO。对烧结过程中温室气体 $CO_x$ 的研究表明：随烧结时间的增加，排放烟气中 CO 含量降低，$CO_2$ 含量增加，但是仍有相当一部分的 C 未实现完全燃烧。烧结时间为 3~15min 时，烟气中 CO 约占烟气 $CO_x$ 气体的 7%~11%。综上所述，结合实际生产对烧结过程热收入进行修正，修正公式：$J_{总} = m_{ce} \times K_{ce} = A_2 \times m_{焦粉} \times K_{焦粉}$，式中，$A_2$ 为修正系数，与烧结烟气成分有关。

根据前述的三阶修正模型可知，模型分类汇总于表 3-31。

**表 3-31 三阶模型边界条件**

| 序号 | 能耗模型描述 |
|---|---|
| Sec_D1 | $H_{总} = H_t$<br>式中，$H_{总}$ 为所需要的总能量（热支出）；$H_t$ 为将单位质量矿石由初始温度提高到烧结目标温度所需的能量<br>$J_{总} = m_{ce} \times K_{ce}$<br>式中，$J_{总}$ 为能量的来源（热收入）；$m_{ce}$为燃烧消耗标准煤质量；$K_{ce}$为 1kg 标准煤的热值 |
| Sec_D2 | $H_{总} = H_t + H_{水} + H_{碳酸盐}$<br>式中，$H_{水}$ 表示水分升温蒸发所需能量；$H_{碳酸盐}$表示碳酸盐分解所需能量 |
| Sec_D3 | $J_{总} = m_{ce} \times K_{ce} = A_2 \times m_{焦粉} \times K_{焦粉}$<br>式中，$A_2$ 为修正系数，与烧结烟气成分有关 |

### 3.3.3 烧结工序技术极限模型求解

烧结配料[11~15]是根据已有原料的物理化学特性、供应量及规定的烧结矿含铁量、碱度和其他成分的要求，确定合适配料比例的过程。数学模型的建立主要依据物质守恒原理，且采用合适的算法求得最优解。

烧结配料采用线性规划法建立数学模型。模型包括三个方面：决策变量、目标函数和约束条件。烧结配料要求满足原料成本最低、原料配比适当（根据料场存料量及原料性能调节）、烧结性能及烧结矿冶金性能优良等条件，其中只有原料成本最易量化。因此，将原料配比作为决策变量，原料成本作为目标函数，其他指标作为约束条件。

技术极限能耗模型为第二层能耗模型，主要划分为三阶。其中模型涉及的物质均为典型物质，本模型中涉及的典型物质（矿石、熔剂、燃料）的成分项见表 3-32，其他成分在这一层次能耗中暂不考虑。

**表 3-32 铁矿石烧结典型物料成分表**

| 物料 | 成 分 |
|---|---|
| 矿石 | $Fe_2O_3$（或 $Fe_3O_4$）、CaO、MgO、$SiO_2$、$Al_2O_3$ |
| 燃料 | C、CaO、MgO、$SiO_2$、$Al_2O_3$ |
| 熔剂 | CaO、MgO、$SiO_2$、$Al_2O_3$、$CO_2$ |
| 空气 | $N_2$、$O_2$ |

考虑到热损失、漏风率和空气过剩系数是影响烧结过程的三大重要参数，对烧结过程进行了多阶划分。第一阶为热损失、漏风率均为零及空气过剩系数为 1.0；第二阶为设备冷却系统和密封系统较好，即热损失 5%+漏风率 5%，空气过剩系数仍为 1.0；第三阶为实际生产中最优参数组合，即热损失、漏风率、空气过剩系数均为实际最优数据，依实际情况而定。对以上三个阶层进行标号排序，详见表 3-33。

**表 3-33 烧结工序分阶（热力学极限）**

| 编号 | 冶金反应过程 |
|---|---|
| Sec_A | 典型铁精矿+典型熔剂+典型燃料+空气燃烧→烧结矿（FeO=0）+烟气（CO=0）<br>（热损失 0%+漏风率 0%+烟气（$CO_2$+$N_2$）+空气过剩系数 1.0） |
| Sec_B | 典型铁精矿+典型熔剂+典型燃料+空气燃烧→烧结矿（FeO=0）+烟气（CO=0）<br>（热损失 5%+漏风率 5%+烟气（$CO_2$+$N_2$+$O_2$）+空气过剩系数 1.0） |
| Sec_C | 典型铁精矿+典型熔剂+典型燃料+空气燃烧→烧结矿（FeO=0）+烟气（CO=0）<br>（热损失>5%+漏风率>5%+烟气（$CO_2$+$N_2$+$O_2$）+空气过剩系数>1.0） |

烧结配料的基本原则是根据质量守恒定律，按不同化学成分的平衡，列出一

系列方程。主要方程有以下三种。

铁平衡方程式：

$$w(Fe_{烧}) = \sum w(Fe_i) \times i$$

碱度平衡方程式：

$$[\sum w(CaO_i) \times i]/[\sum w(SiO_{2i}) \times i] = R$$

MgO 平衡方程式：

$$w(MgO_{烧}) = \sum w(MgO_i) \times i$$

#### 3.3.3.1 配料计算（物料平衡）

已知烧结过程的原料化学成分，见表 3-34，同时规定生产 100kg 烧结矿，需焦粉 $K=7.5$kg，矿石消耗为 $X$kg，石灰石消耗为 $Y$kg。烧结矿产品含 FeO = 18%，碱度 $R=1.50$，求解 $X$、$Y$ 的值。

**表 3-34 铁矿石烧结原料成分表**

| 原料 | 成分 | | | | |
|---|---|---|---|---|---|
| 矿石 | $Fe_2O_3$ | CaO | MgO | $SiO_2$ | $Al_2O_3$ |
| 百分数/% | 85 | 4 | 5 | 3 | 3 |
| 燃料 | C | CaO | MgO | $SiO_2$ | $Al_2O_3$ |
| 百分数/% | 85 | 5 | 4 | 3 | 3 |
| 熔剂 | $CO_2$ | CaO | MgO | $SiO_2$ | $Al_2O_3$ |
| 百分数/% | 44 | 28 | 20 | 4 | 4 |

首先，列出两个方程式：一是 FeO 平衡方程式，二是碱度平衡方程式。

（1）FeO 平衡方程式。烧结过程中因碳燃烧、碳酸盐分解等原因形成混合料的失重，包括石灰石减重和焦粉减重。其中碳酸盐以烧损计算，焦粉失重以固定碳全部燃烧计算。以 100kg 烧结矿为基准，设烧结过程中由于还原和氧化作用氧的变化为 $O_{变}$，根据反应方程式 $Fe_2O_3 = 2FeO + O$ 的化学计量可知，每生成 1mol FeO，损失 0.5mol O，则 $O_{变} = 100 \times (FeO/72) \times (16/2) = (18/72) \times 8 = 2$kg/(100kg_ sinter)

$$X + Y - Y \times CO_2 - O_{变} + 7.5 \times (1 - 0.85) = 100$$

简化为：

$$X + 0.56 \times Y = 100.875 \tag{3-5}$$

（2）碱度平衡方程式。根据碱度的定义，可列出下式：

$$(X \times CaO_{ore} + Y \times CaO_{flux} + K \times CaO_{fuel})/$$
$$(X \times SiO_{2ore} + Y \times SiO_{2flux} + K \times SiO_{2fuel}) = R$$

即：$(0.04X + 0.28Y + 7.5 \times 0.05)/(0.03X + 0.04Y + 7.5 \times 0.03) = 1.5$

简化为：

$$0.04X + 0.28Y + 0.375 = 0.045X + 0.06Y + 0.3375 \tag{3-6}$$

联立式（3-5）和式（3-6）求解，得：

$$X = 99.702\text{kg};\ Y = 2.095\text{kg}$$

以上计算是以 100kg 烧结矿为基础。确定燃料消耗后，即可计算出烧结矿的成分。但上述计算中没有规定烧结矿中含 Fe、MgO 量。如果 Fe 和 MgO 含量均有要求，则按铁平衡可列出第三个方程式，按 MgO 平衡列出第四个方程式。此时，必须有两种或两种以上的铁矿石进行配料。假设混合料中一种矿石的消耗量为 $X$，另一种矿石的消耗量为 $Z$（或几种混合矿），按铁平衡的第三方程式为：

$$X \times (\text{Fe\%})_X + Z \times (\text{Fe\%})_Z + Y \times (\text{Fe\%})_Y + K \times (\text{Fe\%})_K = (\text{Fe})_A \tag{3-7}$$

联立求解式（3-5）~式（3-7），可求得 $X$、$Y$、$Z$ 值。

为了满足烧结矿 MgO 的要求，则配加白云石 $V$kg，列出第四个方程式：

$$X(\text{MgO\%})_X + Z(\text{MgO\%})_Z + Y(\text{MgO\%})_Y + V(\text{MgO\%})_V + K(\text{MgO\%})_K = (\text{MgO})_A \tag{3-8}$$

联立求解式（3-5）~式（3-8），可求得各种原料的消耗量。

#### 3.3.3.2　能耗计算（热平衡）

为了获悉物料组成及物料结构状况与能量消耗的关系，尤其是正确评价烧结机的能量利用水平，确定烧结机各项热收入、热支出、热效率等技术经济指标，定量地将烧结过程的热能分布明细化，找出主要热能消耗及无效热能消耗，明确节能方向，需要进行烧结过程的热平衡计算。

（1）烧结过程的热量收入。烧结过程的热量收入有料层中固体燃料燃烧的化学热，混合料、烧结空气的物理热和烧结过程的其他化学反应热。具体项目列举如下。

1）固体燃料的化学热 $q_1$；2）混合料的物理热 $q_2$；3）化学反应放热 $q_3$=氧化亚铁氧化放热 $q_{3\text{-}1}$+成渣热 $q_{3\text{-}2}$；4）烧结过程中空气带入物理热 $q_4$=烧结用空气带入物理热 $q_{4\text{-}1}$+烧结过程漏风物理热 $q_{4\text{-}2}$。

（2）烧结过程的热量支出。烧结过程的热支出包括混合料物理水蒸发耗热，化合水、石灰石及矿石分解耗热，烧结矿和烟气物理热及其他热损失。具体项目列举如下。

1）混合料物理水蒸发热 $Q_1$；2）结晶水分解热 $Q_2$=消石灰分解热 $Q_{2\text{-}1}$+含水矿物的分解热 $Q_{2\text{-}2}$；3）碳酸盐分解热 $Q_3$=熔剂中碳酸盐分解热+矿石为菱铁矿时的分解热；4）烧结矿物理热 $Q_4$；5）烧结废气带出的物理热 $Q_5$；6）化学不完全燃烧热损失 $Q_6$；7）烧结矿残碳化学热损失 $Q_7$；8）主要热损失 $Q_8$=点火保温炉表面散热 $Q_{8\text{-}1}$+出点火保温炉烧结矿表面散热 $Q_{8\text{-}2}$；9）冷却水带走物理热 $Q_9$；

10）烧结台车回车道散热损失。

#### 3.3.3.3 技术极限模型的物料平衡和热平衡的简化算法

物料平衡涉及三种固体物料消耗和一种气体物料消耗，即铁精矿消耗量、燃料消耗量、辅料消耗量、空气消耗量，热平衡同样包括四项，即烧结矿显热、燃烧放热、碳酸盐分解耗热、烟气显热。

若已知求解的烧结矿品位，因所有物料中只有铁精矿中含有铁元素，故可根据设定的品位直接计算得到矿耗 $M_{ore}$。

铁平衡方程式：　　$1000 \times w(Fe_{烧}) = w(Fe_{ore}) \times M_{ore}$

每一项物料成分给定后，其物料的烧损量即可确定，属于已知值。若给定一个燃料消耗值 $M_{fuel}$，则利用氧化物平衡式，即可确定出唯一的辅料用量 $M_{flux}$。

$w(Fe_2O_{3烧}) = w(Fe_2O_{3ore}) \times M_{ore}$

$w(MgO_{烧}) = w(MgO_{ore}) \times M_{ore} + w(MgO_{fuel}) \times M_{fuel} + w(MgO_{flux}) \times M_{flux}$

$w(CaO_{烧}) = w(CaO_{ore}) \times M_{ore} + w(CaO_{fuel}) \times M_{fuel} + w(CaO_{flux}) \times M_{flux}$

$w(SiO_{2烧}) = w(SiO_{2ore}) \times M_{ore} + w(SiO_{2fuel}) \times M_{fuel} + w(SiO_{2flux}) \times M_{flux}$

$w(Al_2O_{3烧}) = w(Al_2O_{3ore}) \times M_{ore} + w(Al_2O_{3fuel}) \times M_{fuel} + w(Al_2O_{3flux}) \times M_{flux}$

$w(MgO_{烧}) + w(CaO_{烧}) + w(SiO_{2烧}) + w(Al_2O_{3烧}) + w(Fe_2O_{3烧}) = 1000$

可见，燃料消耗用量与辅料消耗用量相互关联。在传统算法中，燃料消耗给定后，热损失作为热平衡的最终调节参数。本模型中热损失的比例为已知值，根据设定的边界条件就可确定唯一的碳耗，进而最终根据烧结矿成分计算出烧结矿的碱度。

$$w(CaO_{烧}) / w(SiO_{2烧}) = R \tag{3-9}$$

### 3.3.4 修正模型结果分析

#### 3.3.4.1 Sec_D1 烧结模型

典型算例：根据 A1 的计算结果可知，生产碱度为 1.8、温度为 873K、品位为 56.85%的烧结矿，矿石的升温所需能耗为 17.204kgce/t-sinter，且随着矿石品位的提高，能耗逐渐降低，其极限值为 16.88kgce/t-sinter（100%$Fe_2O_3$）。

$$H_{总} = 17.204\text{kgce/t-sinter} \tag{3-10}$$

#### 3.3.4.2 Sec_D2 烧结模型

典型算例：根据 A1 的计算结果可知，矿石的升温所需能耗为 17.204kgce/t-sinter，且随着矿石品位的提高，能耗逐渐降低，其极限值为 16.88kgce/t-sinter（100%$Fe_2O_3$）。若考虑水分的蒸发吸热以及碳酸盐的分解，其热量消耗将会大幅上升。

碳酸盐分解热：

根据 Sec_C1 计算结果，生产碱度为 1.8、温度为 873K、品位为 56.75%～56.85%的烧结矿，碳酸盐分解热所消耗的能耗为 9.33kgce/t-sinter（辅料为石灰石，实际生产中若使用石灰，该部分能耗将大幅下降）。

水分分解及蒸发热：

实际生产中一般配水比例为 7%～8%，矿石+辅料+焦粉三者之和一般为 1350kg/t-sinter，则水分大约 1350×7.5%＝101.25kg。根据热力学数据可知，1kg 水蒸发热为 2487.1kJ/kg，总计蒸发热为 101.25×2487.1＝251819kJ，折算标煤为 251819/(7000×4.1868)＝8.59kgce/t-sinter。

按照本阶段模型计算思路，则总工序能耗为：

$$H_{总} = 17.204 + 9.33 + 8.59 = 35.124\text{kgce/t-sinter}$$

#### 3.3.4.3　Sec_D3 烧结模型

由前述可知，随烧结时间的增加，排放烟气中 CO 含量降低，$CO_2$ 含量增加，但是仍有相当一部分的 C 未达到完全燃烧。烧结时间为 3～15min 时，烟气中 CO 约占烟气 $CO_x$ 气体的 7%～11%。

针对热力学数据计算，1kgC 完全燃烧放热为 34072kJ/kg，不完全燃烧放热为 9167kJ/kg。按照烟气中 CO 约占烟气 $CO_x$ 气体的 10%，计算可知，其燃烧效率为（9167×10%+34072×90%）/(34072×100%)＝92.69%。

按照本阶层模型计算思路，则所需的耗能为：

$$H_{总} = 35.124/92.69\% = 37.89\text{kgce/t-sinter}$$

上述所消耗的能耗只包括了固体燃料消耗，并未包括点火煤气消耗和电耗。按照传统烧结经验来讲，点火煤气加电耗占总能耗的 20%～25%，即总能耗为：

$$H_{总} = 37.89/(0.8 \sim 0.75) = (47.36 \sim 50.52)\text{kgce/t-sinter}$$

将烧结矿的显热进行回收，总能耗将会下降。若按照目前环冷机显热回收方式，显热回收率约为 30%～40%。取回收效率为 35%，则总能耗变为：

$$H_{总} = (47.36 \sim 50.52) - 17.204 \times 35\% = (41.34 \sim 44.50)\text{kgce/t-sinter}$$

综上所述，若全部采用生石灰，能耗可降低 9.33kgce/t-sinter，极限能耗为(41.34～44.50)kgce/t-sinter；若烧结矿 100%热量回收则能耗可降低 17.204kgce/t-sinter，极限能耗为（30.156～33.316)kgce/t-sinter。以上所述均是采用较为先进的 BAT 为基础的。

### 3.3.5　烧结工序的技术极限能耗

建立典型原料成分和典型反应器条件下热力学极限能耗。基于烧结实际过程，将矿石熔化热、水分蒸发热和碳酸盐分解热逐步加入模型中，将烧结模型的技术极限划分为三个阶层，分别获得了各个条件下的对应能耗，以及模型参数对能耗的影响程度。模型计算的主要结论见表 3-35。计算过程中涉及的气体显热均为 100%回收。

**表 3-35 技术极限能耗涉及的烧结工序**

（能耗单位：kgce/t-sinter）

| 编号 | 工 序 说 明 | 能耗 |
|---|---|---|
| Sec_A | 典型铁精矿+典型熔剂+典型燃料+空气燃烧→烧结矿（FeO＝0）+烟气（CO＝0）（热损失 0%+漏风率 0%+烟气（$CO_2$+$N_2$）+过剩系数 1.0） | 26.484 |
| Sec_B | 典型铁精矿+典型熔剂+典型燃料+空气燃烧→烧结矿（FeO＝0）+烟气（CO＝0）（热损失 5%+漏风率 5%+烟气（$CO_2$+$N_2$+$O_2$）+过剩系数 1.0） | 27.911 |
| Sec_C | 典型铁精矿+典型熔剂+典型燃料+空气燃烧→烧结矿（FeO＝0）+烟气（CO＝0）（热损失>5%+漏风率>5%+烟气（$CO_2$+$N_2$+$O_2$）+过剩系数>1.0）<br>［本算例以热损失 10%，漏风率 40%，过剩系数 1.8 为基准进行计算］ | 29.619 |
| Sec_D1 | $H_{总} = H_t$<br>式中，$H_{总}$ 为所需要的总能量（热支出）；$H_t$ 为将单位质量矿石由初始温度提高到烧结目标温度所需的能量<br>$J_{总} = m_{ce} \times K_{ce}$<br>式中，$J_{总}$ 为能量的来源（热收入）；$m_{ce}$为燃烧消耗标准煤质量；$K_{ce}$为 1kg 标准煤的热值 | 17.204 |
| Sec_D2 | $H_{总} = H_t + H_{水} + H_{碳酸盐}$<br>式中，$H_{水}$ 表示水分升温蒸发所需能量；$H_{碳酸盐}$表示碳酸盐分解所需能量 | 35.124 |
| Sec_D3 | $J_{总} = m_{ce} \times K_{ce} = A_2 \times m_{焦粉} \times K_{焦粉}$<br>式中，$A_2$ 为修正系数，与烧结烟气成分有关 | 37.89 |

### 3.3.6 BAT 应用案例

为了进一步分析 BAT 带来的节能效果[16~29]，使用原料、熔剂、燃料典型成分，考虑了一次/二次配水比例、碳酸盐分解热、焦粉燃烧率、FeO 生成热、热损失、漏风率、空气过剩系数、碱度、返矿、烧结矿及烟气温度、热回收效率、电耗等多个因素，建立了一套烧结全模型分析软件，计算结果见表 3-36。

**表 3-36 典型算例下的操作参数**

| 碱度 | 烧结矿温度 | 烟气温度 | 内返矿比例 |
|---|---|---|---|
| 1.80 | 600℃ | 120℃ | 20% |
| 电耗 | 烧结矿 FeO 含量 | 热损失 | 漏风率 |
| 50kW · h/t-sinter | 10% | 10% | 50% |
| 空气过剩系数 | 燃烧率 | 配水比例 | 热回收效率 |
| 1.8 | 92.69% | 7.5% | 25% |

续表 3-36

| 工序能耗 $E_1$ | 工序能耗 $E_0$ | 工序能耗 $E_1'$ | 工序能耗 $E_0'$ |
|---|---|---|---|
| 50. 47kgce/t-sinter | 32. 94kgce/t-sinter | 48. 29kgce/t-sinter | 30. 75kgce/t-sinter |

对表 3-36 中工序能耗 $E_1$、工序能耗 $E_0$、工序能耗 $E_1'$、工序能耗 $E_0'$的含义进行逐一说明，为了便于比较，列出了四种工序能耗的折算方法，计算公式如下。

（1）$E_1$ = 碳素燃烧热值/(7000×4. 1868)+电耗×0. 1229-回收效率的热值/(7000×4. 1868)，此值依据热值进行等效计算，回收效率小于 100%。

（2）$E_0$ = 热碳素燃烧热值/(7000×4. 1868)+电耗×0. 1229-回收效率 100%的热值/(7000×4. 1868)，此值依据热值进行等效计算，但属于热值极限，即回收效率等于 100%。

（3）$E_1'$ = 焦炭消耗量×0. 8821+电耗×0. 1229-回收效率的热值/(7000×4. 1868)，此值依据现场换算系数进行等效计算，回收效率小于 100%。

（4）$E_0'$ = 焦炭消耗量×0. 8821+电耗×0. 1229-回收效率 100%的热值/(7000×4. 1868)，此值依据现场换算系数进行等效计算，但属于现场极限，即回收效率等于 100%。

（5）未考虑点火煤气的工序能耗，据现场数据获悉点火煤气等效能耗约为 3. 0～3. 5kgce/t-sinter。

（6）未考虑生石灰的加入，采用等效代替的方法 1kg 生石灰（CaO = 87%，其余为 $CO_2$）等效于 87%/52% = 1. 67kg 的石灰石（52%）；若生产采用 45kg 生石灰，则代替加入的石灰石 75. 15kg，碳酸盐分解热大约减少 40%，即 3. 6kgce/t-sinter。

以上计算未考虑的因素中，点火煤气带来的能耗增加量与碳酸盐分解带来的能耗减少量热值相当，故计算出的工序能耗应与现场实际能耗相差无几。以表 3-36 中的操作参数为依据，对不同的 BAT 进行考察，通过参数的波动进行计算，最终获得 BAT 可能带来的能耗变化信息。

#### 3. 3. 6. 1　改善透气性的 BAT 技术

（1）小球烧结。小球烧结是 1988 年日本福山制铁所开发的技术，是将含铁原料、返矿、熔剂、黏结剂和少部分燃料混合润湿后，在造球盘内制成 3～10mm 小球，并在圆筒混合机内外滚煤粉，在烧结机上进行抽风烧结的工艺。矿粉经过成球处理，可以大幅度地提高混合料中小颗粒（一般指大于 3mm）的数量，从而改善烧结料的透气性和强化烧结过程，特别是对细矿粉烧结效果更好。

小球烧结工艺技术在我国主要适用于采用细精矿或以部分细精矿作为烧结原料的烧结厂。小球烧结技术可以获得以下预期效果。

1）改善烧结料层透气性，提高烧结速度与产量；

2）有利于增加料层高度和降低固体燃料消耗量以实现低温烧结；

3）由于小球自身依靠固相扩散固结，而小球间为液相黏结，故可提高烧结矿强度，增加成品率；

4）可以降低烧结矿的 FeO 含量，改善其还原性；

5）可以采用低负压抽风烧结，节省电耗。

小球烧结技术有三个优点：一是改善烧结料层透气性；二是有利于增加料层厚度和降低固体燃料消耗量；三是混合料粒度组成改善，提高烧结矿强度，增加成品率。但该工艺也存在一定的缺点，即延长了工序流程，增加了原料用水的消耗量。使用本模型计算小球烧结技术带来的能耗变化，需对以下参数进行设置。据前人文献可知，该技术工艺 FeO 含量降低 5%~7%，还原度提高 10%~15%；转鼓强度提高 5%，即返矿率降低 5%，其他参数不变。表 3-37 列出了使用小球烧结前后参数变化情况及能耗变化信息。

**表 3-37 使用小球烧结 BAT 前后各参数对比**

| 工序 | $FeO_{烧结矿}$/% | 返矿率/% | 固燃 /kg · t-sinter$^{-1}$ | 能耗 $E_1$/kgce · t-sinter$^{-1}$ | 能耗 $E_1'$/kgce · t-sinter$^{-1}$ |
|---|---|---|---|---|---|
| 传统烧结 | 10 | 20 | 54.40 | 50.47 | 48.29 |
| 小球烧结 | 9.5 | 19 | 53.38 | 49.73 | 47.58 |
| 变化率 | -5% | -5.0% | -1.84% | -1.47% | -1.47% |

（2）支撑烧结。支撑烧结主要是利用在烧结机台车上固定的立柱将烧结矿支撑起来，可防止烧结矿的自重和抽风作用导致的烧结矿层对下部烧结料的压力及透气性的破坏。研究表明，采用支撑法烧结工艺，使得下部料层透气性保持良好，燃烧带的燃烧条件也好，使得垂直烧结速度提高，烧结产能增加，同时透气性好，供氧充足，燃烧利用率高，也能有效降低固体燃料消耗。

1）通过支架支撑，弱化了上部料层重量对下部料层烧结的影响，使烧结料层尤其是燃烧带的透气性得到改善，生产率显著提高。

2）与常规烧结相比，安装支架后烧结成品率大幅度提高，烧成率也呈增加趋势，且利用系数显著提高。

通过此项技术可提高燃料的燃烧率，将传统烧结的 92.69%提高到 96%，且转鼓强度提高 5%，即返矿率下降 5%，其他参数不变。使用支撑法烧结前后的信息见表 3-38。

表 3-38　使用支撑法烧结 BAT 前后各参数对比

| 参数 | 燃料燃烧率 /% | 返矿率 /% | 固燃 /kg · t-sinter$^{-1}$ | 能耗 $E_1$/kgce · t-sinter$^{-1}$ | 能耗 $E_1'$/kgce · t-sinter$^{-1}$ |
|---|---|---|---|---|---|
| 传统烧结 | 92.69 | 20 | 54.40 | 50.47 | 48.29 |
| 支撑烧结 | 96.00 | 19 | 52.59 | 50.05 | 46.71 |
| 变化率 | +3.57% | -5.0% | -3.33% | -0.83% | -3.27% |

（3）偏析布料。偏析布料就是使混合料沿料层高度偏析分布，即烧结料层上部混合料粒度偏小，下部混合料粒度偏大。这种布料方法可以提高烧结料层透气性，使碳在料层中分布更加合理。为了实现偏析布料，需对烧结厂现有的泥辊加反射板布料器进行改造，使布料泥辊处于最佳高度。通过对反射板的倾角和长度进行必要的调整，利用球状物曲线运动更快的原理，适当改变反射板的形状，增加小球在水平方向上的运动速度，直径大的小球具有更快的运动速度，从而实现偏析布料。偏析布料的效果与支撑法烧结类似，将燃料放出的热量更好地进行分配，且能提高燃料燃烧率，在此不再做算例分析。

#### 3.3.6.2　降低漏风率技术

目前，国内外所使用的烧结机普遍存在着能耗高、效率低、产品质量差、利用系数低等问题，其根本原因是烧结机漏风。这种有害漏风，已经成为烧结行业的一大世界性难题。国内烧结机漏风率一般都在 50%左右。烧结工序的电耗 70%～80%都消耗在主抽风机上，而这些都与漏风有关。降低烧结漏风率技术重点在于对相关设备的改造和技术操作管理。可根据烧结生产过程中漏风的具体情况对相关设备作相应的改造和维护，最终降低烧结漏风率。

在烧结生产过程中，根据计算，每吨干混合料的理论空气需要量为 800m$^3$。按照一般情况考虑，以每吨干料的烧成率 85%，烧结成品率 70%计算，每吨成品烧结矿的空气需要量为 1345m$^3$。但在实际生产中空气消耗量远大于这个数值，其主要的原因是烧结设备漏风严重。对不同原料和不同型式的风机，均有“合理的”容许漏风率，约占 15%～30%。

风机电耗与烧结漏风率有着直接的关系。烧结机漏风率降低 10%，多数情况下每吨烧结矿的电耗可降低 1.5kW · h 以上。以下数据来自于中国金属学会网站的《降低烧结漏风技术》一文中。

（1）日本新日铁大分 2 号烧结机采取降低漏风率的措施后，漏风率降低了 13.5%，电耗降低了约 2.5kW · h/t。相当于每降低 10%漏风率，电耗降低了 1.85kW · h/t。

（2）我国鞍钢 3 号烧结将漏风率从约 50%降至 40%左右后，电耗由 21.9kW · h/t 降至 20.2kW · h/t。即降低 10%的漏风率，电耗降低 1.7kW · h/t。

（3）莱钢集团银山型钢公司烧结厂两台265$m^2$烧结机分别于2004年5月和2005年2月建成投产，初期由于各方面原因漏风率均达到60%左右。后经过降低漏风率改造后，取得了较为明显的效果。电耗由之前的44.17kW·h/t降低到41.49kW·h/t；无烟煤消耗由之前的69.66kg/t降低到59.64kg/t；煤气消耗由之前的0.053GJ/t降低到0.049GJ/t。

（4）梅山烧结厂将漏风率由70%降低至45%后，电耗降低了4.325kW·h/t。相当于每降低10%的漏风率，电耗降低1.73kW·h/t。

另外，降低烧结漏风率，不仅会带来烧结生产中的直接节能减排效果，也通过改善烧结矿的质量，以及提高固体燃料的完全燃烧程度来获得间接的节能减排效果。

优点：降低烧结漏风率可以节能，降低生产成本；可以提高固体燃料的完全燃烧程度，有减排效果。缺点：有关设备改造增加投资费用；生产过程中需要经常性的维护，增加了人力成本。

关于漏风率对电耗的影响，本模型无经验公式进行计算，综上所述可知，对电耗的降低效果还是十分显著的。在假设电耗等参数不变的情况下，计算分析漏风率对煤耗的影响程度，见表3-39。通过模型计算可知，降低漏风率对烧结烟气量的降低有极大的效果。烟气量直接决定了电力的消耗量，所以降低漏风率对降电耗的作用大于降煤耗的作用，最终导致工序能耗的明显下降。

**表3-39 使用BAT前后各参数对比**

| 参数 | 漏风率/% | 烟气量（标态）/$m^3$·t-sinter$^{-1}$ | 固燃/kg·t-sinter$^{-1}$ | 能耗$E_1$/kgce·t-sinter$^{-1}$ | 能耗$E_1'$/kgce·t-sinter$^{-1}$ |
|---|---|---|---|---|---|
| 传统烧结 | 50 | 1539.89 | 54.40 | 50.47 | 48.29 |
| 磁封烧结 | 40 | 1285.20 | 53.13 | 49.56 | 47.42 |
| 变化率 | -20% | -16.54% | -2.33% | -1.80% | -1.80% |

### 3.3.6.3 厚料层技术

厚料层烧结技术是通过加高烧结机台车栏板，增加料层厚度，从而利用料层的自动蓄热，减少混合料中的配碳量，发展烧结料层中的氧化气氛，提高料层温度和保温时间。因此，该技术具有降低固体燃耗和提高烧结矿质量等方面的优点。

厚料层烧结不仅使热利用率提高，燃料消耗相应降低，而且因烧结过程自动蓄热量增加，高温保持时间延长，表层返矿量相对降低，减少了烧结过程不均匀带来的影响，使烧结矿的结构均匀，质量提高，成品率和转鼓强度提高，固体燃耗降低。济钢应用厚料层烧结后，烧结矿FeO含量降低了0.51%，转鼓强度提高了1.25%，固体燃料消耗降低了2.15kgce/t-sinter，烧结机利用系数提高了

2.31%，成品率提高了1.24%。

料层厚度越高，烧结固体燃耗越低。料层由500mm增加到800mm时，工序能耗由80.74kgce/t-sinter降低到56.51kgce/t-sinter。烧结料层每提高10mm，燃料消耗可降低1~3kg/t。

### 3.3.6.4　余热回收技术

烧结余热利用是指将烧结生产工序中产生的烟气和烧结矿的热量加以回收再利用的技术，主要分两大部分，如图3-4所示。一部分是占总带入热量约24%的烧结烟气显热。烧结过程中，随着物理化学反应的进行，烧结烟气温度、成分等不断变化，当烧结进行到最后，烟气温度明显上升，机尾风箱高温段排出的废气温度可达300~400℃；另一部分是占烧结过程总热量约45%的烧结矿显热。从烧结机尾部卸出的热烧结矿平均温度为600~800℃，在冷却过程中，烧结矿显热变为冷却气体显热，高温段废气温度为350~420℃。因此，烧结机尾风箱烟气和烧结矿显热是烧结余热回收的重点。

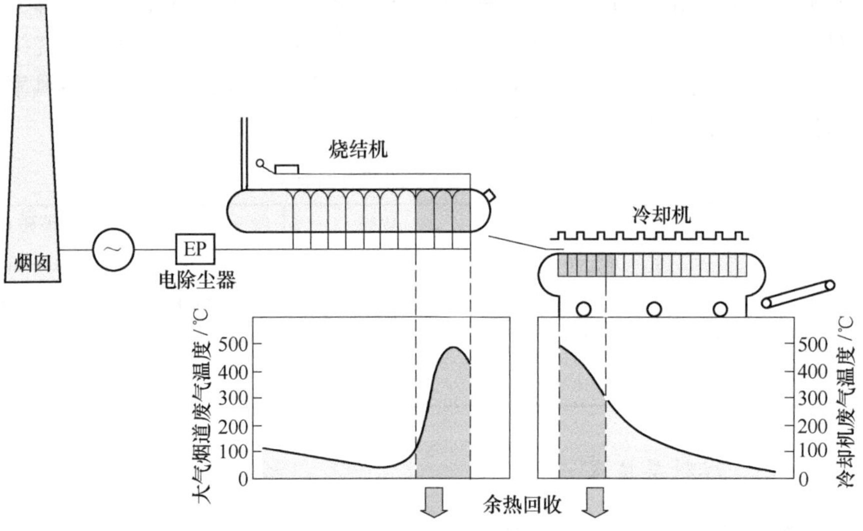


图3-4　烧结生产工序烟气余热回收示意图

烧结烟气余热回收，能进一步强化节能减排，提高钢铁生产过程的资源、能源利用效率。烧结烟气余热发电技术平均每吨烧结矿产生的烟气余热回收后可发电20kW·h，在一定程度上节约能耗，能够大力促进钢铁企业实现节能降耗目标。

适用于大、中型烧结机，回收蒸汽量87.9kg/t-sinter，蒸汽压力2.05MPa，在一定程度上节约能耗。对烧结余热回收，本模型采用回收效率进行实质分析，对能耗的回收效率进行详细设置，计算结果见表 3-40。

**表 3-40 使用余热回收技术 BAT 前后各参数对比（其他参数不变）**

| 参数 | 回收效率 /% | 烟气量（标态） /$m^3 \cdot t\text{-}sinter^{-1}$ | 固燃 /$kg \cdot t\text{-}sinter^{-1}$ | 能耗 $E_1$/$kgce \cdot t\text{-}sinter^{-1}$ | 能耗 $E_1'$/$kgce \cdot t\text{-}sinter^{-1}$ |
|---|---|---|---|---|---|
| 传统烧结 | 25 | 1539.89 | 54.40 | 50.47 | 48.29 |
| 余热回收 | 35 | 1539.89 | 54.40 | 48.13 | 45.95 |
| 烟气循环 | 50 | 1539.89 | 54.40 | 44.63 | 42.44 |
| 竖炉技术 | 60 | 1539.89 | 54.40 | 42.29 | 40.10 |

## 3.4 实际生产极限能耗（以烧结为例）

本层次模型以烧结为例进行详细说明。烧结工序涉及物理和化学变化，包括燃料燃烧和传热、蒸发和冷凝、氧化和还原、分解和吸附、成矿反应、熔化和结晶等。目前，国内各大钢铁企业上报的烧结工序能耗数据相差甚大，其中未形成统一的计算方法是造成工序能耗大相径庭的主要原因。实际生产极限能耗模型可为国家制定统一的烧结工序能耗计算方法提供参考，以期尽快实现烧结工序能耗的统一标准。

第一层次模型获得了以纯物质为基础的理论极限能耗模型的数据库。第二层次模型获得了以典型物质、典型反应器为基础的技术极限能耗模型建立的模型参数计算公式。第三层次模型主要以前述建立的数据库和计算公式为基础，以宝钢烧结工序的操作条件为依据，建立烧结工序实际操作极限能耗模型，以期可通过改变操作条件实现对未知情形炉况的预测分析。

实际生产极限能耗模型可设置不同的接口，包含物料成分的输入、产品成分的输入等必要的边界条件和各工序的实际操作条件，通过与现场人员的讨论，确定了软件的最终界面参数。操作人员选择边界条件和操作条件后，系统会自动寻找最优的计算方法，最终计算获得某实际操作条件下的极限能耗。

本层次能耗主要针对表 3-41 中涉及的工序进行计算。实际生产极限能耗模型可根据宝钢典型的烧结机组和工序进行模型验证，通过现场数据回归及修正，进一步完善实际生产极限能耗模型，最终在宝钢烧结厂建立实际能耗计算通用规则[30~32]。对其他烧结厂，可以根据其机组的实际数据，计算出该机组应达到的极限能耗水平，实现各个机组的参数对标及统一管理。

**表 3-41 烧结的实际生产极限能耗**

| 能耗层次 | 模型极限条件 | 工 序 描 述 |
|---|---|---|
| 实际原料、实际工序条件反应工程学极限 | 烧结机与环冷机不同反应器之间的能量匹配和余热循环利用的匹配度 | 实际铁精矿+实际熔剂+实际燃料+空气燃烧→烧结矿+烟气（热损失+漏风率+点火煤气+空气过剩系数+返矿+烟气脱硫+加水量+环冷机+风机+其他辅助设施） |

### 3.4.1　烧结实际生产工序能耗模型建立

与第二层次能耗相比，本层次能耗涉及的物料成分更加完善，即选用实际生产物料的成分作为输入条件。在获得实际生产物料配比后，对混合物料的成分进行了归一化处理，且原料采用干基和湿基两种方式进行表示，计算过程比第二层次更为复杂，同时计算量也远远高于第二层次能耗模型。

首先，为了厂际间的对标分析，需要统一各种原料的化学全成分项。通过调查全国各大烧结厂，同时结合相关文献，将原料中可能存在的成分全部列出。当在某一烧结厂使用时，可根据各厂的原料条件进行成分输入，若无表中涉及的成分项目，则输入为零（开发的程序中也对“成分为零的项”进行了特殊处理，保证了程序的稳定性）。结合目前国内矿石原料、燃料及熔剂成分，制定了表 3-42 所示的各种物料全成分标准。使用本模型计算时，需将其全成分表补齐，以便后期进行厂际间的对比分析。表中 Vol 代表燃料中的挥发分，Ash 代表燃料中的灰分。

**表 3-42　实际物料全成分标准项（烧结工序）**

| 序号 | 矿石 | 石灰石 | 白云石 | 生石灰 | 无烟煤 | 焦粉 | 返矿 | 点火煤气 | 空气 |
|---|---|---|---|---|---|---|---|---|---|
| 1 | TFe | TFe | TFe | TFe | TFe | TFe | TFe | CO | $N_2$ |
| 2 | FeO | FeO | FeO | FeO | FeO | FeO | FeO | $CO_2$ | $O_2$ |
| 3 | $Fe_2O_3$ | $Fe_2O_3$ | $Fe_2O_3$ | $Fe_2O_3$ | $Fe_2O_3$ | $Fe_2O_3$ | $Fe_2O_3$ | $H_2$ | $H_2O$ |
| 4 | CaO | CaO | CaO | CaO | CaO | CaO | CaO | $H_2O$ | — |
| 5 | MgO | MgO | MgO | MgO | MgO | MgO | MgO | $CH_4$ | — |
| 6 | $SiO_2$ | $SiO_2$ | $SiO_2$ | $SiO_2$ | $SiO_2$ | $SiO_2$ | $SiO_2$ | $C_nH_m$ | — |
| 7 | $Al_2O_3$ | $Al_2O_3$ | $Al_2O_3$ | $Al_2O_3$ | $Al_2O_3$ | $Al_2O_3$ | $Al_2O_3$ | $O_2$ | — |
| 8 | MnO | MnO | MnO | MnO | MnO | MnO | MnO | $N_2$ | — |
| 9 | $TiO_2$ | $TiO_2$ | $TiO_2$ | $TiO_2$ | $TiO_2$ | $TiO_2$ | $TiO_2$ | — | — |
| 10 | $Na_2O$ | $Na_2O$ | $Na_2O$ | $Na_2O$ | $P_2O_5$ | $P_2O_5$ | $Na_2O$ | — | — |
| 11 | $K_2O$ | $K_2O$ | $K_2O$ | $K_2O$ | S | S | $K_2O$ | — | — |
| 12 | $P_2O_5$ | $P_2O_5$ | $P_2O_5$ | $P_2O_5$ | Rest | Rest | $P_2O_5$ | — | — |
| 13 | S | S | S | S | $C_{fix}$ | $C_{fix}$ | S | — | — |
| 14 | Rest | Rest | Rest | Rest | $H_2O$ | $H_2O$ | Rest | — | — |
| 15 | C | $CO_2$ | $CO_2$ | $CO_2$ | Vol | Vol | C | — | — |
| 16 | $H_2O$ | $H_2O$ | $H_2O$ | $H_2O$ | Ash | Ash | $H_2O$ | — | — |
| 17 | CW（结晶水） | — | — | — | C | C | — | — | — |
| 18 | — | — | — | — | H | H | — | — | — |
| 19 | — | — | — | — | O | O | — | — | — |
| 20 | — | — | — | — | N | N | — | — | — |
| 21 | — | — | — | — | S | S | — | — | — |

为了实现各企业的对标管理，需要对原料成分进行统一设定，并做归一化处理。对已报道的宝钢某烧结机原料成分进行归一化处理，其原料成分见表 3-43。各个企业测定成分并不完全统一，各企业可进行自身情况适当特殊化处理（即缺少项输入值为零）。

**表 3-43 原料成分表（归一化）**

| 类型 | 材料及成分 | | | | | | | | |
|---|---|---|---|---|---|---|---|---|---|
| 含铁原料 | 名称 | $H_2O$ | TFe | $Fe_2O_3$ | FeO | CaO | MgO | $SiO_2$ | $Al_2O_3$ |
| | 匀矿 A | 7.960 | 61.000 | 85.341 | 1.600 | 0.460 | 0.190 | 4.250 | 1.480 |
| | 匀矿 B | 7.820 | 61.090 | 84.867 | 2.140 | 0.710 | 0.210 | 4.270 | 1.450 |
| | 匀矿 C | 7.890 | 60.840 | 85.121 | 1.590 | 0.620 | 0.210 | 4.280 | 1.470 |
| | 匀矿 D | 7.990 | 60.950 | 84.776 | 2.040 | 0.630 | 0.210 | 4.260 | 1.470 |
| | 小球 | 0.990 | 40.360 | 53.437 | 3.470 | 7.870 | 1.130 | 4.870 | 1.960 |
| | 烧结粉 | 0.000 | 58.730 | 76.097 | 7.010 | 7.870 | 1.510 | 5.110 | 1.850 |
| | OG 泥 | 0.000 | 56.030 | 0.886 | 71.130 | 0.000 | 0.000 | 1.730 | 0.000 |
| | 名称 | MnO | $FeS_2$ | $P_2O_5$ | $TiO_2$ | $K_2O$ | $Na_2O$ | Rest | LOI/C/CW_$H_2O$ |
| | 匀矿 A | 0.190 | 0.036 | 0.143 | 0.080 | 0.000 | 0.000 | 0.350 | 5.880 |
| | 匀矿 B | 0.190 | 0.039 | 0.135 | 0.080 | 0.000 | 0.000 | 0.318 | 5.590 |
| | 匀矿 C | 0.180 | 0.039 | 0.145 | 0.080 | 0.000 | 0.000 | 0.644 | 5.620 |
| | 匀矿 D | 0.190 | 0.043 | 0.141 | 0.080 | 0.000 | 0.000 | 0.380 | 5.780 |
| | 小球 | 0.020 | 0.548 | 0.109 | 0.120 | 0.000 | 0.000 | 0.077 | 26.390 |
| | 烧结粉 | 0.230 | 0.021 | 0.128 | 0.110 | 0.000 | 0.000 | 0.064 | 0.000 |
| | OG 泥 | 0.000 | 0.186 | 0.190 | 0.000 | 0.000 | 0.000 | 22.094 | 3.785 |
| 熔剂 | 名称 | $H_2O$ | TFe | $Fe_2O_3$ | FeO | CaO | MgO | $SiO_2$ | $Al_2O_3$ |
| | 生石灰 | 0.000 | 0.000 | 0.000 | 0.000 | 87.140 | 0.200 | 0.000 | 0.000 |
| | 石灰石 | 3.523 | 0.000 | 0.000 | 0.000 | 52.485 | 0.645 | 2.300 | 1.065 |
| | 白云石 | 4.076 | 0.000 | 0.000 | 0.000 | 30.933 | 20.445 | 1.855 | 0.318 |
| | 蛇纹石 | 5.400 | 0.000 | 0.000 | 0.000 | 1.720 | 39.500 | 37.800 | 0.840 |
| | 名称 | MnO | S | $P_2O_5$ | $TiO_2$ | $K_2O$ | $Na_2O$ | Rest | LOI/C/CW_$H_2O$ |
| | 生石灰 | 0.000 | 0.082 | 0.000 | 0.000 | 0.000 | 0.000 | 2.548 | 10.030 |
| | 石灰石 | 0.000 | 0.017 | 0.000 | 0.000 | 0.000 | 0.000 | 1.540 | 41.948 |
| | 白云石 | 0.000 | 0.010 | 0.000 | 0.000 | 0.000 | 0.000 | 0.353 | 46.794 |
| | 蛇纹石 | 0.000 | 0.000 | 0.000 | 0.000 | 0.000 | 0.000 | 0.140 | 20.000 |

续表 3-43

| 类型 | 材料及成分 | | | | | | | |
|---|---|---|---|---|---|---|---|---|
| 燃料 | 名称 | $H_2O$ | TFe | $Fe_2O_3$ | FeO | CaO | MgO | $SiO_2$ | $Al_2O_3$ |
| | 无烟煤 | 5.500 | 0.847 | 1.211 | 0.000 | 1.374 | 0.257 | 9.706 | 3.810 |
| | 焦炭 | 4.920 | 0.600 | 0.858 | 0.000 | 0.518 | 0.112 | 6.271 | 3.841 |
| | 名称 | MnO | S | $P_2O_5$ | $TiO_2$ | Rest | $C_{fix}$ | Vol | Ash |
| | 无烟煤 | 0.017 | 0.226 | 0.062 | 0.327 | 0.404 | 77.485 | 5.120 | 17.395 |
| | 焦炭 | 0.007 | 0.154 | 0.075 | 0.194 | 0.120 | 86.180 | 1.670 | 12.150 |
| | 名称 | $C_{fix}$ | Vol | Ash | C | H | N | O | S |
| | 无烟煤 | 73.223 | 4.838 | 16.438 | 76.899 | 0.910 | 0.253 | 0.000 | 0.000 |
| | 焦炭 | 81.940 | 1.588 | 11.552 | 82.121 | 0.456 | 0.951 | 0.000 | 0.000 |

### 3.4.2　烧结实际生产工序能耗模型求解过程

建立烧结工序模型过程中，各厂可依实际情况对基准参数进行部分调整。为了便于对比分析，在计算结果界面处将基准参数悉数列出。本模型基准算例下的基准参数设定如下：

（1）每生产 1000kg 烧结矿配入 80kg 炉尘。

（2）点火煤气由高炉煤气与焦炉煤气以一定比例混合组成。假定煤气燃烧的过剩空气系数为 1.4，且生产 1t 成品烧结矿需点火热量 167200kJ。

（3）焦粉燃烧全部生成 $CO_2$，燃烧的过剩空气系数为 1.5。

烧结工序模型进行计算时，以生产 1000kg 成品烧结矿为基准，模型操作条件设定如下：

（1）混合矿中精矿粉与富矿粉配比为 9∶1；

（2）混合料中水分为 8%；

（3）初始配入碳粉为生产烧结矿的 8%；

（4）成品烧结矿的二元碱度 $R_2=1.8$；

（5）烧结矿中 FeO 含量为 10%；

（6）返矿率为 35%，其中返料为 27%，底料为 8%；

（7）烧结物料温度为 60℃，比热容为 0.83kJ/(kg · ℃)；

（8）烧结矿出烧结机温度为 850℃，30%的热废气排出烧结机的温度为 400℃，70%的温度为 60℃。

以上假设条件均作为输入参数在初始界面处显示，以便用户计算时进行输入调整。该参数将作为输出结果的一部分进行输出，以便于用户间在同一基准上进行公平的对比分析。物料全成分标准项建立后，为了保证烧结矿产品质量、合理选择烧结设备，了解和控制烧结生产操作过程，核算烧结生产经济效益等一系列对比分析，需对提供的数据进行烧结生产过程的计算。下面以配料计算、物料平衡计算和热平衡计算三大模块分别进行详细介绍。

### 3.4.2.1 烧结配料计算模块

配料计算的目的是为了保证成品烧结矿化学成分（$R$、TFe、$SiO_2$、CaO、MgO、$Al_2O_3$ 等）的稳定，可满足原料供应量、原料成本等生产管理的需要。配料计算以原料的化学成分、烧结矿化学成分和产品质量的要求、原料供应情况、烧结试验结果和经济效益为依据。配料计算也是物料平衡、热平衡、设备选择计算的前提条件。

进行配料计算之前，对烧结过程参数做出如下假设：

（1）含铁原料，除烧损和95%的硫进入气相外，其余全部进入烧结矿；

（2）燃料的灰分全部进入烧结矿；

（3）TFe、CaO、$SiO_2$、MgO、$Al_2O_3$ 在烧结过程中质量不发生变化；

（4）配料计算过程中不考虑机械损失。

1）配料计算方法。烧结配料计算法包括三种：经验配料法、理论配料法和线性规划配料法，详见表3-44。一般来讲，经验配料误差范围大，理论配料、线性规划计算准确。

总结目前配料计算法存在的不足，本模型重新设计了两种烧结配料方法，即生产配料计算法（已知原料配比预测烧结矿成分）和设计配料计算法（已知烧结矿成分推导出原料配比）。借鉴高炉配料法的概念，将生产配料称为正向配料法，设计配料称为逆向配料法，具体区别详见表3-44中后两项的过程描述。

**表3-44 烧结配料计算方法**

| 方法 | 过程描述 |
|---|---|
| 经验配料 | 主要应用于现场生产，其特点是速度快，但误差比较大。<br>计算思路是首先根据原料种类和化学成分以及烧结矿化学成分指标，设置原料配比，根据烧结矿化学成分的化验结果进行验证。再根据上一个班的生产情况、现在的生产情况，估计一个配料比进行验算，再进行调整。当验算结果与烧结矿质量指标相符合，确定为最终的配料比。<br>随着计算机水平的提高，目前现场大部分采用计算机准确配料计算和现场经验相结合的方法。 |
| 理论配料 | 特点是计算准确、速度快，但其适合的原料种类较少。<br>计算依据是 TFe、CaO、$SiO_2$、MgO、$Al_2O_3$ 在烧结过程中质量不变化，按照所需计算原料的种类（即未知数的多少），分别根据氧平衡方程、碱度平衡方程、铁平衡方程、$SiO_2$ 平衡方程、MgO 平衡方程等，计算原料配比。 |
| 线性规划 | 线性规划是解决多变量最优决策的方法，是在各种相互关联的多变量约束条件下，解决或规划一个对象的线性目标函数最优的问题。当资源限制或约束条件表现为线性等式或不等式，目标函数表示为线性函数时，可运用线性规划法进行决策。<br>线性规划配料计算法的特点是计算准确，考虑了经济技术指标，适合于多种原料种类的计算。 |

续表 3-44

| 方法 | 过　程　描　述 |
| --- | --- |
| 正向配料 | 已知各含铁原料干基配比及水分、烧结矿 FeO%和脱硫率，预测各含铁原料单耗及烧结矿未知成分。<br>适用于实际生产过程中现场操作人员和现场工程师使用。<br>需要现场工程师对此软件进行调试。调试过程中会因烧结机设备的不同，对模型中的修正系数进行不同程度的修正或校正。调试完毕后，现场人员方可使用此模型。 |
| 逆向配料 | 已知各含铁原料干基配比、燃料配比及质量、生石灰质量、各原料水分、脱硫率、烧结矿品位（或 FeO）、碱度和 MgO，计算熔剂及其他未知成分。适用于烧结设计的技术研究人员使用。<br>此模型主要用于烧结参数有所改变时，预测其参数对烧结矿成分及能耗带来的变化，然后根据变化采取合适的应对措施。 |

2）配料算法的分类及相互转化。烧结实际生产中通常讲的物料配比主要分为三种情况，即内配比（干基）、内外配比（干基）和配合系数（湿基），如图 3-5 所示。三者之间可以相互转化，其中内配比是全部原料干基配比之和为 100%，可根据它们各自的水分计算出配合系数，即切出量系数。同样，与水分无关的内配比与内外配比，可直接相互换算，但内外配比与配合系数之间不能直接转换，需要先换算为内配比后再转换。

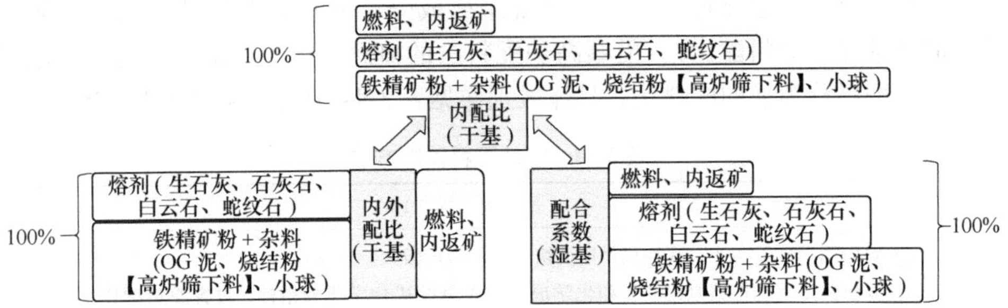


图 3-5　三种配料方式之间的转换关系

为了方便进一步的对标分析，作者编制一个用于三者间相互转换的小程序。用户可以按照自己熟悉的方式进行设定，避免不同企业的现场人员在交流时，出现配比算法不统一导致无法交流的情况。该功能可帮助现场人员在同一平台进行对话，同时有利于对数据进一步对标分析。

配料模块（逆向运算）主要功能是计算烧结过程中涉及的固体物料消耗量。需要说明的是，铺底料是根据物料的铺设厚度和堆密度来获得的，因其成分在反应前后不发生变化，只是温度发生变化，只与热量平衡相关，故其无需参加配料计算，但仍需参与热量衡算。

### 3.4.2.2 烧结过程物料平衡

烧结过程物料平衡遵循物质守恒定律，即进入烧结过程的物料总质量等于该过程排出的各种产物的总质量。该模块的计算目的是：（1）确定各工序处理的物料量；（2）确定中间物料的组成；（3）确定产品及“三废”物质的数量及组成。

以生产配料法为例进行说明。此算法对应于后期开发的系统调试员的工作内容，通过调节参数使其与指定烧结机参数配套使用。已知所有固体物料的干基配比及水分设定值，计算冶炼 1t 成品烧结矿所需要的物料量。生产算法的配料计算主要包含以下三部分。

（1）求解前的准备。模型建立过程中有如下变量规定：$m_i$ 为组成含铁原料的各原料内配比、$m_j$ 为组成熔剂的各熔剂内配比和 $m_k$ 为组成燃料的各燃料外配比，单位均为%。根据配比原理分别计算组成含铁原料的干基配比 $M_{Oi}$(%)，组成熔剂的干基配比 $M_{Fj}$(%) 和组成燃料的干基配比 $M_{Ck}$(%)。比例换算的算例见表 3-45，其中内配比数据为计算的过程参数。

**表 3-45 原料所需的过程参数的换算**

| 类别 | 燃料 | | 返矿 | 熔　剂 | | |
|---|---|---|---|---|---|---|
| 名称 | 焦粉 | 无烟煤 | 返矿 | 生石灰 | 石灰石 | 白云石 |
| 干基比 | 2.00 | 1.50 | 19.0 | 4.20 | 3.45 | 3.23 |
| 内配/% | 57.143 | 42.857 | 100.0 | 38.603 | 31.710 | 29.688 |

| 类别 | 含　铁　原　料 | | | | | | |
|---|---|---|---|---|---|---|---|
| 名称 | 匀矿 A | 匀矿 B | 匀矿 C | 匀矿 D | OG 泥 | 小球 | 烧结粉 |
| 干基比 | 21.37 | 20.00 | 20.00 | 20.00 | 0.00 | 2.00 | 5.75 |
| 内配/% | 23.979 | 22.442 | 22.442 | 22.442 | 0.000 | 2.244 | 6.452 |

（2）联立方程组。配比确定后，未知数变为三个，分别是含铁原料混合量、熔剂混合量和燃料混合量。需要说明的是三个未知量还存在内在关联。根据含铁原料、熔剂、燃料的内配比分别计算出含铁原料混合成分、熔剂混合成分和燃料混合成分。下一步需要计算生产 1t 成品烧结矿所需的三种混合原料量。

因烧结过程涉及 $Fe_2O_3$ 与 FeO 之间的相互转化，故需预先设定成品烧结矿中的 FeO 的含量为 $FeO_{烧}$，本例取值 7.5%。另外还需知道生产过程中的脱硫率为 $De_S$，本例取值 95%。以干基物料为基准，设含铁原料、熔剂、燃料的质量分别为 $M_{Ore}$、$M_{Flux}$、$M_{Coke}$，单位为 kg/t-sinter，根据物料守恒，有：

$$含铁原料_{混合量} + 熔剂_{混合量} + 燃料_{混合量} - 烧损_{损失量} - 脱硫_{损失量} - \Delta O_{FeO变化引起的氧变化量} = 成品烧结矿$$

其中，

$$烧损_{损失量}\Delta_{LOI} = M_{Ore} \times LOI_{Ore} + M_{Flux} \times LOI_{Flux} + M_{Coke} \times LOI_{Coke}$$

$$脱硫_{损失量}\Delta_{S} = M_{Ore} \times FeS_2 \times (64/120) \times De_S \times 62.5\% + M_{Flux} \times S \times De_S + M_{Coke} \times S \times De_S$$

$$氧元素_{变化量}\Delta_{O} = [1000 \times FeO_{烧} - (M_{Ore} \times FeO_{Ore} + M_{Flux} \times FeO_{Flux} + M_{Coke} \times FeO_{Coke})]/9$$

列出平衡方程式如下：

$$M_{Ore} \times (1 - LOI_{Ore}) + M_{Flux} \times (1 - LOI_{Flux}) + M_{Coke} \times (1 - LOI_{Coke}) + M_{Ore} \times [1 - FeS_2 \times (64/120) \times De_S \times 62.5\%] + M_{Flux} \times (1 - S \times De_S) + M_{Coke} \times (1 - S \times De_S) + [1000 \times FeO_{烧} - (M_{Ore} \times FeO_{Ore} + M_{Flux} \times FeO_{Flux} + M_{Coke} \times FeO_{Coke})]/9 = 1000$$

因物料干基配比间存在一定的关系，可知混合熔剂量、混合原料量与混合含铁原料之间的关联式如下：

$$M_{Ore}/M_{Flux} = [(1-\sum m_k - m_{ore\_return}) \times \sum m_i]/[(1-\sum m_k - m_{ore\_return}) \times \sum m_j] = \sum m_i/\sum m_j M_{Ore}/M_{Coke} = [(1-\sum m_k - m_{ore\_return}) \times \sum m_i]/\sum m_k$$

上述三个关系式构成一个方程组，通过联立求解即可获得三个未知变量。三个变量得以求解后，乘以各自的配料百分比即可求出生产 1t 烧结矿所需的原料质量。计算结果见表 3-46。

**表 3-46　冶炼 1t 烧结矿所需物料消耗的计算结果**

| 类别 | 燃料 49.35 | | 返矿 267.88 | 熔剂 118.88 | | |
|---|---|---|---|---|---|---|
| 名称 | 焦粉 | 无烟煤 | 返矿 | 生石灰 | 石灰石 | 白云石 |
| 质量/kg · t-siner$^{-1}$ | 28.20 | 21.15 | 267.88 | 45.89 | 37.70 | 35.29 |

| 类别 | 含铁原料 973.80 | | | | | | |
|---|---|---|---|---|---|---|---|
| 名称 | 匀矿 A | 匀矿 B | 匀矿 C | 匀矿 D | OG 泥 | 小球 | 烧结粉 |
| 质量/kg · t-siner$^{-1}$ | 233.51 | 218.54 | 218.54 | 218.54 | 0.00 | 21.85 | 62.83 |

(3) 求解后的处理（碱度核算）。此时，除返矿外所有原料成分与质量均为已知。返矿成分不影响最终烧结矿成分，故通过其他原料的配比与成分列出各元素的平衡式，即可获得烧结矿成分：$CaO_{烧}$、$MgO_{烧}$、$SiO_{2烧}$、$Al_2O_{3烧}$、$S_{烧}$、$Rest_{烧}$等，且可进一步获得烧结矿的碱度 $R$。元素平衡式如下：

$$M_{Ore} \times CaO_{Ore} + M_{Flux} \times CaO_{Flux} + M_{Coke} \times CaO_{Coke} = 1000 \times CaO_{烧}$$

$$M_{Ore} \times MgO_{Ore} + M_{Flux} \times MgO_{Flux} + M_{Coke} \times MgO_{Coke} = 1000 \times MgO_{烧}$$

$$M_{Ore} \times SiO_{2\,Ore} + M_{Flux} \times SiO_{2\,Flux} + M_{Coke} \times SiO_{2\,Coke} = 1000 \times SiO_{2烧}$$

$$M_{Ore} \times Al_2O_{3\,Ore} + M_{Flux} \times Al_2O_{3\,Flux} + M_{Coke} \times Al_2O_{3\,Coke} = 1000 \times Al_2O_{3烧}$$

$$M_{Ore} \times FeS_2 \times (64/120) \times (1 - De_S) + M_{Flux} \times S \times (1 - De_S) + M_{Coke} \times S \times (1 - De_S) = 1000 \times S_{烧}$$

$M_{Ore} \times Rest_{Ore} + M_{Flux} \times Rest_{Flux} + M_{Coke} \times Rest_{Coke} = 1000 \times Rest_{烧}$

计算即所得的烧结矿成分见表3-47。

**表 3-47 烧结矿成分的计算结果**

| 成分 | TFe | FeO | $Fe_2O_3$ | CaO | MgO | $SiO_2$ | $Al_2O_3$ | S | Rest | 碱度 | 返矿率/% |
|---|---|---|---|---|---|---|---|---|---|---|---|
| 百分比/% | 58.817 | 7.500 | 75.690 | 8.315 | 1.065 | 4.754 | 1.704 | 0.002 | 0.969 | 1.749 | 21.128 |
| 质量/kg | 588.17 | 75.00 | 756.90 | 83.15 | 10.65 | 47.54 | 17.04 | 0.020 | 9.693 | | |

以上求解的是固体物料的消耗量，气体物料的计算方法目前比较统一，篇幅有限，不再赘述。同样，设计配料方法为逆向运算，通过设置边界条件、联立方程组实现逆向求解，求解过程在此不再赘述。

对比分析两种算法的计算结果，可知计算结果完全一致，验证了逆向运算的正确性和计算精度。设计算法可用来预测参数变更时所带来的变化信息，为下一步模型预测奠定了坚实的基础。总结前述计算过程获得的结果，整个过程的物料平衡见表3-48。

**表 3-48 烧结过程物料平衡表**

| 收入 | | | | | | 支出 | | |
|---|---|---|---|---|---|---|---|---|
| 项目 | kg/t-sinter | % | 项目 | kg/t-sinter | % | 项目 | kg/t-sinter | % |
| 混匀矿 | 973.80 | 27.29 | 配水量 | 114.32 | 3.20 | 成品烧结矿 | 1000 | 28.02 |
| 返矿 | 267.88 | 7.51 | 烧结抽风量 | 954.98 | 26.77 | 返矿量 | 267.88 | 7.51 |
| 铺底料 | 88.36 | 2.48 | 烧结漏风量 | 954.98 | 26.77 | 铺底料 | 88.36 | 2.48 |
| 生石灰 | 45.893 | 1.29 | 点火炉煤气量 | 1.740 | 0.05 | 废气量 | 2212.3 | 61.99 |
| 熔剂量 | 72.99 | 2.05 | 点火炉空气消耗量 | 29.642 | 0.83 | — | — | — |
| 焦粉量 | 28.198 | 1.383 | 保温炉煤气量 | 0.395 | 0.01 | — | — | — |
| 无烟煤 | 21.149 | | 保温炉空气消耗量 | 13.473 | 0.38 | — | — | — |
| 差值 | -0.75 | -0.021 | 合计 | 3567.80 | 100 | 合计 | 3568.55 | 100 |

### 3.4.2.3 烧结过程热平衡

烧结过程热平衡计算是根据能量守恒定律，即进入烧结机系统的热量等于烧结机支出的热量，研究热量的供应和分配状况。

计算的目的是：（1）评价烧结机的热效率水平；（2）为热工设备结构的设计和改造提供数据；（3）使热工设备在最佳条件下运行，达到高产优质。计算过程中，基准温度为0℃，固体或气体燃料使用低位发热量，煤气使用湿煤气低位发热量，参数单位使用国际统一的单位J、kJ、MJ、GJ、kg、t等。本模型只进行烧结机的热平衡计算（不含环冷机）。

需要说明的是，在生产算法中燃料用量已知，热损失值为热收入与热支出的差值。热损失值与设备大小、密封性能、环境等因素相关。一般情况下，烧结机在一定的周期内，热损失变化不大，其值可通过现场实测（需在物料品种及规格不变、系统工况稳定的情况下连续测试；热平衡测试应在烧结机系统连续运行的8小时内完成，每天测试次数不能少于2次，连续测试3天；物料量、温度、压力、流量等参数的测试每班不少于4次，然后取平均值）获得，也可通过生产算法获得热损失值及其在热支出的占有比例。测定的热损失可作为烧结机某一周期内的基准状态，并用于设计算法的逆向运算中，反推燃料用量。若算得的燃料用量超过此值，说明燃料消耗还有降低的可能性；反之，则认为此条件下的燃料消耗量为最佳。

下面以列表方式汇总了烧结热平衡计算结果，分为两种算法。

（1）传统算法，将 $Fe_2O_3$ 分解热列入热收入之中，见表3-49。

**表3-49　烧结过程热平衡表（传统算法）**

| 收入 | | | | | | 支出 | | |
|---|---|---|---|---|---|---|---|---|
| 项目 | kJ/t-sinter | % | 项目 | kJ/t-sinter | % | 项目 | kJ/t-sinter | % |
| 混合料显热 | 86726.68 | 4.820 | 点火煤气燃烧 | 85909.09 | 4.775 | 废气显热 | 380956.37 | 21.17 |
| 铺底料显热 | 7394.05 | 0.411 | 小球含碳燃烧 | 196499.05 | 10.922 | 水分蒸发热 | 284318.11 | 15.80 |
| 点火煤气热 | 157.52 | 0.009 | 硫化物反应热 | 3160.933 | 0.176 | 烧结矿显热 | 723134.45 | 40.19 |
| 助燃空气热 | 4890.32 | 0.272 | 氧化物分解热 | −104056.25 | −5.784 | 碳酸盐分解 | 116689.84 | 6.49 |
| 烧结空气热 | 48286.83 | 2.684 | 成渣热 | 53973.866 | 3.000 | 结晶水蒸发 | 126492.55 | 7.03 |
| 固定碳放热 | 1416186.78 | 78.715 | — | | | 热损失 | 167537.54 | 9.31 |
| 差值 | 0.00 | 0.000 | 合计 | 1799128.8 | 100 | 合计 | 1799128.8 | 100 |

（2）修正算法，将 $Fe_2O_3$ 分解热列入热支出之中，见表3-50。

**表3-50　烧结过程热平衡表（修正算法）**

| 收入 | | | | | | 支出 | | |
|---|---|---|---|---|---|---|---|---|
| 项目 | kJ/t-sinter | % | 项目 | kJ/t-sinter | % | 项目 | kJ/t-sinter | % |
| 混合料显热 | 86726.68 | 4.549 | 点火煤气燃烧 | 85909.09 | 4.506 | 废气带走热 | 380956.37 | 19.983 |
| 铺底料显热 | 7394.05 | 0.388 | 小球含碳燃烧 | 196499.05 | 10.307 | 水分蒸发热 | 284318.11 | 14.914 |
| 点火煤气热 | 157.52 | 0.008 | 硫化物反应热 | 3160.933 | 0.166 | 烧结矿带走热 | 723134.45 | 37.932 |
| 助燃空气热 | 4890.32 | 0.257 | 氧化物分解 | 0.000 | 0.000 | 碳酸盐分解 | 116689.84 | 6.121 |
| 烧结空气热 | 48286.83 | 2.533 | 成渣热 | 57192.100 | 3.000 | 结晶水蒸发热 | 126492.55 | 6.635 |
| 固定碳放热 | 1416186.78 | 74.286 | — | | | 热损失 | 170755.783 | 8.957 |
| — | — | — | — | | | 分解吸热 | 104056.25 | 5.458 |
| 差值 | 0.00 | 0.000 | 合计 | 1906403.353 | 100 | 合计 | 1906403.35 | 100.00 |

对比分析可知，因两种算法中设定成渣热占热收入的3%，那么将分解热列入热支出还是列入热收入中就会导致出现两种不同的计算结果，进而热损失也会因此而改变。对比分析两种算法可知，从热量消耗上来讲，修正算法更为合理。在未来的算法中应改进成渣热的计算算法，否则会因算法的不同导致不同的计算结果。

### 3.4.3 计算程序设计流程

通过上述对三个模块计算过程的描述，可以清晰地了解烧结工序的计算思路。根据前述的求解思路，列出烧结工艺计算的流程图，如图3-6所示。

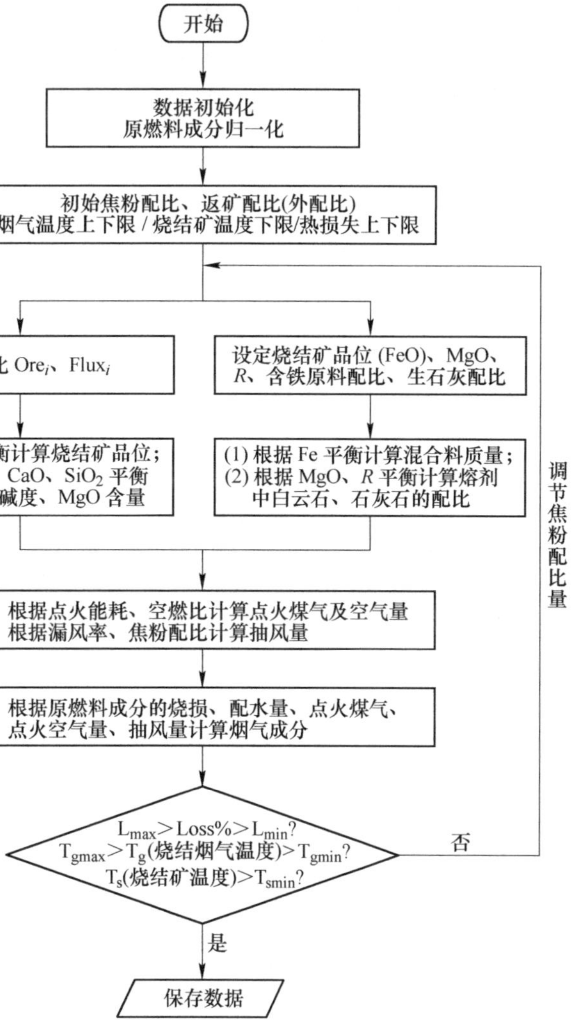


图3-6 烧结物料平衡和热平衡计算流程图

程序大致可分为三大步骤：

(1) 原燃料成分及物性数据的整理。包括成分补齐运算、源参数的初始化、过程参数初步计算。

(2) 固体物料的配料计算。包括烧结设计、烧结生产两种算法路线。

(3) 热平衡计算。包括过程参数的推导、配碳量的确定。最终通过热平衡获得最佳焦粉配比，结合其他能耗，实现烧结工艺的物流和能流分析。

流程图中的关键参数是料层厚度与蓄热量之间的关系，也就是固体之间的热量分配系数。根据文献，料层厚度越高，蓄热能力越大，热效率越高。所以，模型需要设置更多的参数用来考察参数之间的关联。如上所述，需要设置的参数为料层厚度与烧结矿平均温度和烟气平均温度之间的关系。这些数据均来自于现场数据的统计回归。立足于现场数据，回归到模型中，然后利用这些规律去预测实际生产中改变参数后可能发生的现象，这就是本模型的核心宗旨。

### 3.4.4　模型的应用及分析

根据前述的烧结工序能耗模型计算原理，开发了一套烧结工序能耗计算软件。利用此软件可计算出不同烧结操作参数对烧结过程的影响程度。模型可做到单一参数变化，其他参数保持不变的功能。虽然这样的假设计算出的结果可能与实际数据产生偏差，但是可以分析出各因素对烧结过程的影响程度，为现场操作人员分析操作参数可能带来的影响提供参考。在计算各个单一参数对烧结过程的影响之前，需要确定考察的各个参数的基准值，也就是说需要先确定一个基准态，以便做归一化处理。各参数的基准值见表 3-51。

**表 3-51　参数基准值及变化范围**

| 参数 | 碱度 $R$/- | 焦粉配比/% | MgO/% | FeO/% |
|---|---|---|---|---|
| 基准值 | 1.75 | 60 | 1.0 | 7.5 |
| 范围 | 1.55/1.65/1.75/1.85/1.95 | 40/50/60/70/80 | 0.9/0.95/1.0/1.05/1.1 | 6.5/7.0/7.5/8.0/8.5 |
| 参数 | 燃料质量 /kg · t-sinter$^{-1}$ | 生石灰质量 /kg · t-sinter$^{-1}$ | 配水量/% | 返矿外配比/% |
| 基准量 | 50（焦占 60%） | 45 | 7.5 | 19 |
| 范围 | 44/47/50/53/56 | 39/42/45/48/51 | 7.0/7.25/7.5/7.75/8.0 | 11/15/19/23/27 |
| 参数 | 料层厚度/mm | $T_{烧结矿}$/℃ | $T_{烟气}$/℃ | 漏风率/% |
| 基准量 | 730 | 600 | 120 | 50 |
| 范围 | 650/675/700/725/750 | 550/575/600/625/650 | 110/115/120/125/130 | 40/45/50/55/60 |

使用设计算法对上述基准状态进行了计算，物料平衡和热平衡的计算结果见表 3-52 和表 3-53。从表 3-53 中可以看出，烧结过程中主要热量来源来自固定碳

燃烧热和小球含碳燃烧热，热支出中废气带走热和烧结矿显热占比分别为19.983%、37.932%，该部分热量是钢铁企业重点关注的能源回收方向之一。

**表 3-52 基准状态下的物料平衡**

| 收入 | | | | | | 支出 | | |
|---|---|---|---|---|---|---|---|---|
| 项目 | kg/t-sinter | % | 项目 | kg/t-sinter | % | 项目 | kg/t-sinter | % |
| 混匀矿 | 974.43 | 27.11 | 配水量 | 114.39 | 3.18 | 烧结矿 | 1000 | 27.82 |
| 返矿 | 268.06 | 7.46 | 烧结抽风量 | 967.866 | 26.93 | 返矿量 | 268.06 | 7.46 |
| 铺底料 | 88.42 | 2.46 | 烧结漏风量 | 967.866 | 26.93 | 铺底料 | 88.42 | 2.46 |
| 生石灰 | 45.000 | 1.25 | 点火炉煤气量 | 1.740 | 0.05 | 废气量 | 2238.7 | 62.27 |
| 熔剂量 | 73.36 | 2.04 | 点火炉空气消耗量 | 29.642 | 0.82 | — | — | — |
| 焦粉量 | 30.000 | 1.391 | 保温炉煤气量 | 0.395 | 0.01 | — | — | — |
| 无烟煤 | 20.000 | | 保温炉空气消耗量 | 13.473 | 0.37 | — | — | — |
| 差值 | −0.52 | −0.015 | 合计 | 3594.64 | 100 | 合计 | 3595.16 | 100 |

**表 3-53 基准情况下的热平衡**

| 收入 | | | | | | 支出 | | |
|---|---|---|---|---|---|---|---|---|
| 项目 | kJ/t-sinter | % | 项目 | kJ/t-sinter | % | 项目 | kJ/t-sinter | % |
| 混合料显热 | 86726.68 | 4.549 | 点火煤气燃烧 | 85909.09 | 4.506 | 废气显热 | 380956.37 | 19.983 |
| 铺底料显热 | 7394.05 | 0.388 | 小球含碳燃烧 | 196499.05 | 10.307 | 水分蒸发热 | 284318.11 | 14.914 |
| 点火煤气热 | 157.52 | 0.008 | 硫化物反应热 | 3160.933 | 0.166 | 烧结矿显热 | 723134.45 | 37.932 |
| 助燃空气热 | 4890.32 | 0.257 | 氧化物分解 | 0.000 | 0.000 | 碳酸盐分解 | 116689.84 | 6.121 |
| 烧结空气热 | 48286.83 | 2.533 | 成渣热 | 57192.100 | 3.000 | 结晶水蒸发 | 126492.55 | 6.635 |
| 固定碳放热 | 1416186.78 | 74.286 | — | | | 热损失 | 170755.783 | 8.957 |
| — | — | — | — | | | 分解吸热 | 104056.25 | 5.458 |
| 差值 | 0.00 | 0.000 | 合计 | 1906403.353 | 100 | 合计 | 1906403.35 | 100.00 |

通过现场调研确定了影响烧结过程要因的变化和波动范围，研究分析了烧结过程的12个要因参数，分别是碱度、焦粉配比、MgO含量、FeO含量、燃料质量、生石灰质量、配水量、返矿外配比、料层厚度、烧结矿温度、烟气温度、漏风率等，获得参数对烧结过程的影响。获取参数对烧结过程能耗的影响后，利用本模型还可以进行参数的敏感性分析。

从数学角度来讲，敏感性分析[33]是指定量地分析有关因素发生某种变化对某一个或一组关键指标影响程度的一种不确定分析技术。其实质是通过逐一改变相关变量数值的方法来解释关键指标受这些因素变动影响大小的规律。敏感性分析有助于确定哪些影响参数对关键指标具有最大的潜在影响。它把所有其他不确定因素保持在基准值的条件下，考察过程中的每一要素的不确定性对目标产生多大程度的影响。具体到烧结工艺，便是分析各工艺参数对烧结指标的影响程度。

敏感性分析法：第一，要确定敏感性分析指标，敏感性分析的对象是具体的技术方案及其反映的经济效益。因此，对于烧结工序来讲，工序能耗、反应烧结矿性能的指标、成本等，都可以作为敏感性分析指标。第二，计算该技术方案的目标值，一般将基准态下的关键指标作为目标值。第三，选取不确定因素，在进行敏感性分析时，并不需要对所有的不确定因素都进行考虑并计算，而应视方案的具体情况选取几个变化可能性较大，并对关键目标值影响作用较大的因素。第四，计算不确定因素变化时对分析指标的影响程度，若进行单因素敏感性分析时，则要在固定其他因素的条件下，变化其中一个不确定因素；然后，再变化另一个因素（仍然保持其他因素不变），依次求出某个不确定因素本身对方案指标目标值的影响程度。最后，找出敏感因素，进行分析和采取措施，以优化工艺参数，得到最佳的工艺指标（目标函数）值。

（1）烧结工序参数选取。烧结过程的三类参数如图 3-7 所示。原参数是可变化的操作参数，过程参数是影响目标参数的主要因素，所以分析的参数应在源参数中筛选或根据模型参数的输入要求选取。

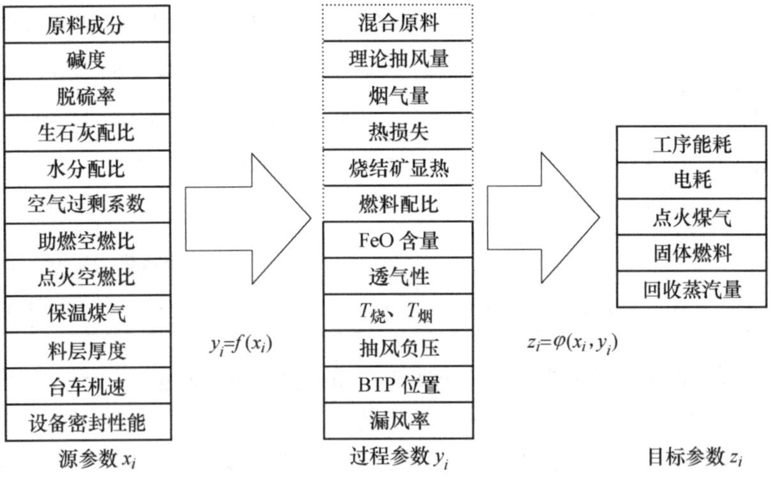


图 3-7　烧结工序参数选取

选取的变化参数主要有漏风率（设备密封性能）、热损失、碱度、配水量、FeO、生石灰、MgO、返矿配比，其基准值和取值范围见表 3-54。

表 3-54 单因素基准值及变化范围

| 参数 | 单位 | 基准值 | 取值范围 | 参数 | 单位 | 基准值 | 取值范围 |
|---|---|---|---|---|---|---|---|
| 漏风率 | % | 50 | 30~75 | FeO | % | 7.5 | 4.5~10.5 |
| 热损失 | % | 11 | 5~15 | 生石灰 | kg | 45 | 39~51 |
| 碱度 | — | 1.75 | 1.4~2.1 | MgO | % | 1 | 0.9~1.1 |
| 配水量 | % | 7.5 | 7~8 | 返矿配比 | % | 19 | 11~27 |

（2）烧结工序各参数的敏感性系数求解过程。

1）烧结工序各参数下的能耗计算。首先确定各因素参数基准值，依据烧结机当前状态进行设定，用现场数据进行模型调试计算出当前状态的热损失和漏风率。以此为基准值，将变量上下浮动，浮动范围依实际条件设定。将参数代入预测模型，计算不同变量下所对应的能耗值。

2）烧结工序各参数的敏感性计算。根据以下公式处理能耗数据，得到各参数下的敏感性程度。

$$S_i = (|(E_i - E_o)|/E_o)/(|(P_i - P_o)|/P_o) \tag{3-11}$$

$$S_{average} = (\sum S_i)/n \tag{3-12}$$

式中，$S_i$ 代表某参数下第 $i$ 个变量值对应的敏感性；$E_i$ 代表某参数下第 $i$ 个变量值对应的能耗值；$P_i$ 代表某参数下第 $i$ 个变量值；$E_o$ 代表某参数下基本变量值对应的能耗值；$P_o$ 代表某参数下基准变量值；$S_{average}$ 代表某参数的平均敏感度，即敏感性系数；$n$ 代表某参数的变量总个数。

3）无量纲化因素对能耗的影响。分析能耗的绝对值变化信息，需要给出在此基准态下，变化各参数不同幅度下所对应的能耗变化值，见表 3-55 所示。无量纲因素对能耗的影响如图 3-8 所示。

表 3-55 不同参数变化幅度下的能耗计算值

| 参数 | 无量纲变化范围及对应条件下能耗/kgce · t-sinter$^{-1}$ | | | | | | | | | |
|---|---|---|---|---|---|---|---|---|---|---|
| 漏风率 | 0.600 | 0.700 | 0.800 | 0.900 | 1.000 | 1.100 | 1.200 | 1.300 | 1.400 | 1.500 |
| 对应能耗 | 48.984 | 49.719 | 50.504 | 51.534 | 52.760 | 54.378 | 56.536 | 59.577 | 64.138 | 71.740 |
| 配水量 | 0.933 | 0.967 | 1.000 | 1.033 | 1.067 | — | — | — | — | — |
| 对应能耗 | 51.779 | 52.270 | 52.760 | 53.299 | 53.790 | — | — | — | — | — |
| 碱度 | 0.800 | 0.857 | 0.914 | 0.971 | 1.000 | 1.029 | 1.086 | 1.143 | 1.200 | — |
| 对应能耗 | 49.817 | 50.651 | 51.485 | 52.319 | 52.760 | 53.201 | 54.035 | 54.869 | 55.752 | — |
| 返矿 | 0.579 | 0.684 | 0.789 | 0.895 | 1.000 | 1.105 | 1.211 | 1.316 | 1.421 | — |
| 对应能耗 | 48.346 | 49.376 | 50.455 | 51.583 | 52.760 | 54.035 | 55.359 | 56.733 | 58.204 | — |
| 热损失 | 0.455 | 0.545 | 0.636 | 0.727 | 0.818 | 0.909 | 1.000 | 1.091 | 1.182 | 1.273 |
| 对应能耗 | 47.856 | 48.640 | 49.425 | 50.210 | 51.043 | 51.926 | 52.760 | 53.692 | 54.624 | 55.605 |
| 生石灰 | 0.867 | 0.933 | 1.000 | 1.067 | 1.133 | — | — | — | — | — |
| 对应能耗 | 53.741 | 53.250 | 52.760 | 52.270 | 51.779 | — | — | — | — | — |

续表 3-55

| 参数 | 无量纲变化范围及对应条件下能耗/kgce · t-sinter$^{-1}$ | | | | | | | | | |
|---|---|---|---|---|---|---|---|---|---|---|
| FeO | 0. 600 | 0. 800 | 1. 000 | 1. 200 | 1. 400 | — | — | — | — | — |
| 对应能耗 | 50. 259 | 51. 485 | 52. 760 | 54. 035 | 55. 310 | — | — | — | — | — |
| MgO | 0. 900 | 0. 950 | 1. 000 | 1. 050 | 1. 100 | — | — | — | — | — |
| 对应能耗 | 52. 613 | 52. 662 | 52. 760 | 52. 858 | 52. 907 | — | — | — | — | — |

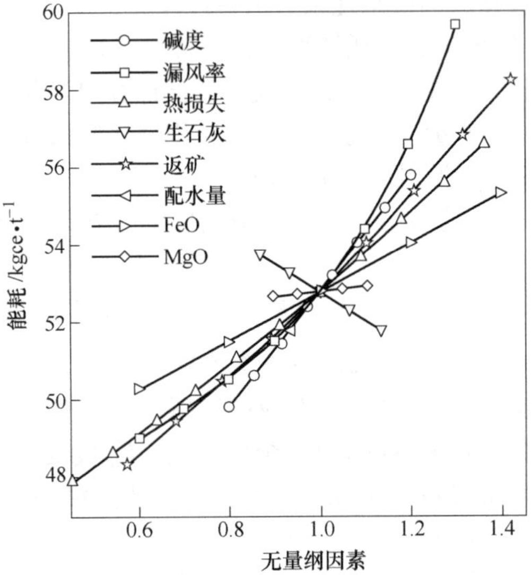


图 3-8　无量纲因素对能耗的影响

为了进一步直观地对敏感性进行对比分析，归一化后的敏感性系数对比如图 3-9 所示。由图可见，敏感性从大到小依次是：漏风率>配水量>碱度>返矿>热损失>生石灰>FeO>MgO。

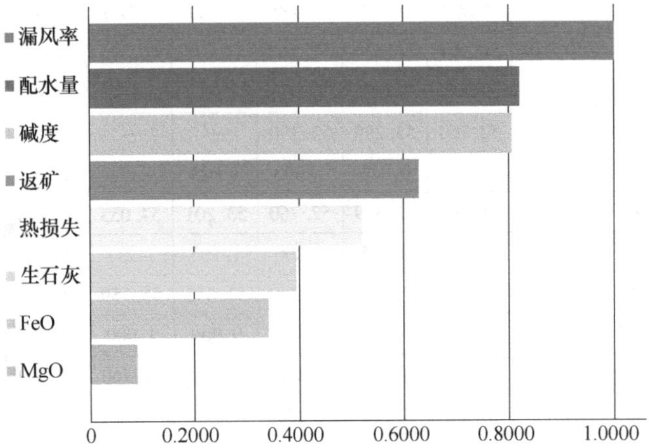


图 3-9　敏感性系数分布

各个因素的变化范围选择是依据生产经验而定，对于其他工序而言，在选取参数范围时应遵循一定的原则，否则计算结果可能会存在一定的差异，但基本参数对过程影响的变化趋势不变。任何参数的变化范围都要以实际情况而定，当变化范围较大或远远超出真实情况，模型所得结果准确度就会失稳。

## 3.5 本章小结

宝钢与东北大学合作开发工序三层极限能耗模型，在美国 Cainegie Mellon University的 R. J. Fruehan 教授提出的理论极限模型基础上拓展为三层极限能耗概念模型，即理论极限能耗、技术极限能耗与实际操作最佳能耗指标。该概念模型对应的是不同层次的目标，即：现场操作的目标是实际最佳能耗指标，技术提升的目标是技术极限能耗，研发则是以不考虑现行反应器的理论极限能耗为目标开发新型反应器和工艺。尽管本研究旨在建立钢铁生产工序极限能耗模型，详细分析三个层次极限能耗模型的特点和节能技术，以能源消耗、回收利用、转换为重点，综合考虑物质流与能量流的影响，为各工序的冶金过程强化和反应器优化提供理论基础，同时结合宝钢目前能耗水平探索节能减排的新方向和途径，但是仍属尝试性的研发，存在许多不完善且需要后续继续深入开发，在此抛砖引玉，期待更多同行关注和参与。获得的主要结论如下：

（1）钢铁工序的理论极限能耗。基于热力学理论建立了钢铁工序理论极限能耗模型，同时考虑到钢铁工序实际生产中可以使用不同的热量来源（如火电、风电、化学能等），也可以使用不同种类的还原剂（如 C、$H_2$、CO 等），同时可生产不同类型的产品（如铁水、固体生铁、DRI 等）等多种因素，对钢铁工序进行多阶划分，获得了符合实际生产的多阶理论极限能耗。各工序最低能耗计算过程中涉及的气体显热均为 100% 回收，16 种假设条件下工序理论极限能耗见表 3-56。

**表 3-56 理想理论极限工序能耗**

（能耗单位：kgce/t-output）

| 编号 | 工序说明 | 理论能耗 |
|---|---|---|
| A1 | 纯 $Fe_2O_3$+CaO+$SiO_2$→烧结矿（873K） | 17.163 |
| A2 | 纯 $Fe_2O_3$+CaO+$SiO_2$+C+$O_2$→烧结矿（873K）+$CO_2$（393K） | 17.163 |
| A3 | 纯 $Fe_2O_3$+CaO+$SiO_2$+C+空气→烧结矿（873K）+($CO_2$+$N_2$)（393K） | 17.163 |
| B1 | 典型炼焦煤（C+灰分+挥发分)→焦炭+焦炉煤气 | 33.33 |
| C1 | 纯 $Fe_2O_3$→1450℃纯铁+$O_2$ | 266.45 |
| C2 | 纯 $Fe_2O_3$ 碳热还原熔化→1450℃的铁水+$CO_2$ | 288.72 |
| C3 | 典型铁精矿焦炭还原熔分→1450℃的渣铁+$CO_2$ | 301.10 |

续表 3-56

| 编号 | 工 序 说 明 | 理论能耗 |
|---|---|---|
| C4 | 纯 $Fe_2O_3$ 气基（CO：$H_2$=7：3）还原→900℃固态金属铁+$CO_2$+$H_2O$ | 26.46 |
| C5 | 典型铁精矿气基（CO：$H_2$=7：3）还原→900℃的 DRI+$CO_2$+$H_2O$ | 32.29 |
| D1 | 1350℃，4.5%C 理想铁水氧气脱碳→1550℃钢水 | -14.67 |
| D2 | 1350℃，4.5%C 典型铁水氧气脱碳脱硅脱磷→1550℃钢水 | -18.40 |
| E1 | 25℃，0.1%C 废钢电热熔化→1450℃钢水 | 43.43 |
| E2 | 25℃，0.1%C DRI 电热熔化→1450℃钢水 | 43.48 |
| E3 | 800℃，0.1%C DRI 电热熔化→1450℃钢水 | 24.49 |
| F1 | 25℃，钢材，热轧→1200℃钢材 | 28.932 |
| F2 | 25℃，钢材，冷轧→25℃钢材 | 0.546 |

（2）以烧结工序为例的技术极限能耗。建立了典型原料成分、典型反应器条件下的对应的热力学极限能耗。基于烧结实际过程，将矿石熔化热、水分蒸发热和碳酸盐分解热逐步加入模型中，将烧结模型的技术极限划分为三个层次，分别获得了各条件下的对应能耗，以及工艺参数对能耗的影响程度。其主要结论见表 3-57。计算过程中涉及的气体显热均为 100%显热回收。

**表 3-57　铁矿石烧结技术极限工序能耗**

（能耗单位：kgce/t-sinter）

| 编号 | 工 序 说 明 | 能耗 |
|---|---|---|
| Sec_A | 典型铁精矿+典型熔剂+典型燃料+空气燃烧→烧结矿（FeO=0）+烟气（CO=0）（热损失 0%+漏风率 0%+烟气（$CO_2$+$N_2$）+过剩系数 1.0） | 26.484 |
| Sec_B | 典型铁精矿+典型熔剂+典型燃料+空气燃烧→烧结矿（FeO=0）+烟气（CO=0）（热损失 5%+漏风率 5%+烟气（$CO_2$+$N_2$+$O_2$）+过剩系数 1.0） | 27.911 |
| Sec_C | 典型铁精矿+典型熔剂+典型燃料+空气燃烧→烧结矿（FeO=0）+烟气（CO=0）（热损失>5%+漏风率>5%+烟气（$CO_2$+$N_2$+$O_2$）+过剩系数>1.0）<br>［本算例以热损失 10%，漏风率 40%，过剩系数 1.8 为基准进行计算］ | 29.619 |
| Sec_D1 | $H_{总}=H_t$<br>式中，$H_{总}$ 为所需要的总能量（热支出）；$H_t$ 为将单位质量矿石由初始温度提高到烧结目标温度所需的能量<br>$J_{总}=m_{ce}\times K_{ce}$<br>式中，$J_{总}$ 为能量的来源（热收入）；$m_{ce}$ 为燃烧消耗标准煤质量；$K_{ce}$ 为 1kg 标准煤的热值 | 17.204 |
| Sec_D2 | $H_{总}=H_t+H_{水}+H_{碳酸盐}$<br>式中，$H_{水}$ 表示水分升温蒸发所需能量；$H_{碳酸盐}$ 表示碳酸盐分解所需能量 | 35.124 |
| Sec_D3 | $J_{总}=m_{ce}\times K_{ce}=A_2\times m_{焦粉}\times K_{焦粉}$<br>式中，$A_2$ 为修正系数，与烧结烟气成分有关 | 37.89 |

（3）以烧结工序为例的实际生产能耗。烧结实际生产工序能耗模型应用的主要结论如下：

1）从简单的单一因素着手，对烧结过程中的参数进行了逐一分析，包括碱度 $R$、焦粉配比、MgO、FeO、燃料质量、生石灰质量、配水量、返矿外配比、料层厚度、烧结矿温度、烟气温度、漏风率等重要参数，获得了各参数对烧结过程的主要影响。

2）通过模型计算获得了单一参数变化下工艺参数对烧结过程的影响程度，同时获得了影响烧结工序能耗的工艺参数的敏感性。敏感性从大到小依次是：漏风率>配水量>碱度>返矿>热损失>生石灰>FeO>MgO。

烧结生产从布料、点火、烧结到冷却整个过程只有短短几十分钟的时间，是一个快速、高效、包含燃料燃烧和传热、蒸发和冷凝、氧化和还原、分解和吸附、成矿反应、熔化和结晶等诸多物理和化学反应的复杂过程。目前，国内诸多钢铁企业上报的烧结工序能耗数据相差甚大，其中没有统一的计算方法是造成工序能耗大相径庭的主要原因。建立的模型可为国家制定统一的烧结工序能耗计算方法提供参考，以便尽快实现烧结工序能耗的统一标准。

（4）模型应用：跨厂际同工序间的对标。本项目实现了烧结的三层多阶模型的开发研究，从物料平衡和热平衡角度出发，同时考虑烧结过程中动力学因素对参数的影响，建立了一套适用于实际现场的烧结能耗预测模型台，利用该模型可以实现烧结能耗的对标分析。

1）与传统算法相比，模型将其全部计算过程进行了针对性的展示，做到了真正意义上的对标分析。因模型所需的基本数据来源于现场，所以模型的准确性完全取决于现场数据的真实性程度，在此对使用本模型的管理人员提出两点建议：第一，开展加强对标工作管理，定期指派程序员进行数据采集，以保障模型数据的真实性和准确性；第二，使用软件前，一定先根据实际情况判断和检验数据的真实性，为模型的下一步工作提供真实可靠的数据。

2）跨厂际同工序对标模块是下一步工作的延续。烧结工序能耗模型已建立，但是关于跨厂际同工序间的对标需要统一标准条件。目前，预采取的办法是按照烧结矿成分的要求进行反推。即首先使用烧结机当前的操作参数进行正向运算，调试模型准确后，利用逆向运算（热损失不变）的方法，在原有的原料及操作参数下，计算各厂生产同一产品（根据国家标准而定，碱度设为2.0，其他参数不变）所需燃料消耗、点火煤气消耗、电耗、蒸汽回收量等四小项进行逐一排序，实现工序能耗精细化管理。

（5）进一步开发设想。

1）本章以钢铁工序为研究对象，提出了三层多阶模型的开发思路，计算获得了钢铁全流程工序的理论极限能耗，然后以烧结工序为例，详细的叙述了烧结工艺的技术极限能耗和实际生产最佳能耗，逐步分层、由浅入深的分析了工序的每一阶段所需考虑的问题及应对措施，从本质上剖析了烧结工序的能源管理目标和方向，建立了一套规范的能耗计算平台，为国家统一钢铁各个分工序极限能耗标准提供参考。

2）本研究除烧结工序外，还可拓展到其他工序（诸如高炉、转炉、电炉等）对应的技术极限和实际生产最佳能耗，目前看焦化、高炉炼铁、转炉、电炉等工序仍存在与烧结工序同样的问题，即未形成统一的能耗计算平台。以炼铁工序为例，从热量来源（如电能、风能、化学能等）、还原剂（如 C、$H_2$、CO 等）种类、产品类型上进行划分可分为很多种炼铁工艺，详见表 3-2。其中本模型计算了常见的理论极限能耗，如生产 1t、1450℃ 纯铁（液态）极限能耗为 266. 45kgce/tFe 或生产 1t、1450℃ 的铁水极限能耗为 288. 72kgce/tHM，然而 2017 年钢协会员单位公布的炼铁工序平均能耗[34]最低值与最高值相差 152kgce/tHM，甚至最低能耗已经低于理论极限能耗，因此其他工序计算平台亟待开发。

3）最后，期待更多企业、研究机构、行业组织参与此领域研究开发，建立一套完整的、统一的、规范的（能反映管理、技术、操作对能耗影响的综合分析模型）钢铁企业能源标准，推进跨厂际同工序间的对标挖潜。

## 参 考 文 献


[1] 陈学英. 烧结配料工 [M]. 北京：冶金工业出版社，2014.

[2] 张玉柱，胡长庆. 炼铁节能与工艺计算 [M]. 北京：冶金工业出版社，2002.

[3] 姜涛. 烧结球团生产技术手册 [M]. 北京：冶金工业出版社，2014.

[4] 钢铁研究总院，中国钢铁工业协会. 钢铁行业单位产品能耗限额国家标准应用指南[M]. 北京：中国标准出版社，2010.

[5] Fruehan R J，Fortini O，Paxton H W，et al. Theoretical Minimum Energies to Produce Steel for Selected Conditions [R]. Carnegie Mellon University，Pittsburgh，PA，2000：2~9.

[6] 余其红. 铁矿石资源多样化条件下烧结矿配矿优化研究 [D]. 武汉：武汉科技大学，2014.

[7] 赵斌. 烧结余热能高效发电研究 [D]. 保定：华北电力大学，2012.

[8] 周传强. 烧结混合料制粒效果预测模型研究 [D]. 重庆：重庆大学，2009.

[9] 张帆. 烧结配料优化及烧结矿 FeO 含量预测的数学模型研究 [D]. 沈阳：东北大学，2013.

[10] 黄晓贤. 铁矿烧结优化配矿数学模型的研究 [D]. 长沙：中南大学，2013.

[11] 冯军胜，董辉，高建业，等. 烧结矿余热回收竖罐内气体流态的实验研究 [J]. 东北大学学报（自然科学版），2016，37（4）：517~521.

[12] 周文涛，胡俊鸽，郭艳玲. 提高烧结机利用系数技术最新研究进展 [J]. 烧结球团，2016，41（1）：1~6.

[13] 刘征建，王耀祖，张建良，等. 支撑板对烧结过程的影响 [J]. 工程科学学报，2016，38（2）：200~206.

[14] 吴有文．“低碳厚料”烧结技术研究与应用［J］．酒钢科技，2015（4）：30~35.

[15] 许满兴．“点好火”是确保烧结产质量的关键操作［J］．烧结球团，2015，40（1）：1~4.

[16] 张志帅．安钢2#烧结机降低固体单耗的实践［J］．冶金丛刊，2014（6）：30~34.

[17] 全荣．富氧对烧结过程的影响［N］．世界金属导报，2016-01-26（B02）．

[18] 蒋大军．高负压大风量烧结模型及相关应用技术［J］．烧结球团，2012，37（3）：10~15.

[19] 张英，梁栋，何剑飞．热风烧结对烧结矿FeO及碳耗影响的试验研究［J］．新技术新工艺，2015（3）：89~91.

[20] 朱刚，陈鹏，尹媛华．烧结新技术进展及应用［J］．现代工业经济和信息化，2016，113（5）：57~60.

[21] 石红燕，陈伟，梁栋，等．烧结用料矿耗量理论计算及影响因素辨析［J］．山东冶金，2012，34（6）：33~35.

[22] 梁继明．烧结余热回收利用及效益分析［J］．资源节约与环保，2016（1）：15~16.

[23] 邹军辉．烧结余热能高效发电问题分析［J］．企业技术开发，2016，35（2）：169~170.

[24] 胡宇，毕瑞辰．谈烧结机密封装置改造方法［J］．黑龙江科技信息，2016（6）：87.

[25] 贺淑珍，周昊．改善厚料层烧结透气性的试验研究［C］//第八届中国钢铁年会论文集，2011：1~6.

[26] 马俊杰，吴敏，李勇．烧结配料过程焦粉最低配比计算方法［J］．化工学报，2012，63（9）：2688~2696.

[27] 许斌，常亮亮，姜涛，等．合理垂直烧结速度的研究［J］．中南大学学报（自然科学版），2007，38（2）：245~250.

[28] 龙红明，范晓慧，毛晓明，等．基于传热的烧结料层温度分布模型［J］．中南大学学报（自然科学版），2008，39（3）：436~442.

[29] 吴胜利，王跃飞，朱娟．铁矿粉颗粒特性对其烧结制粒性的影响［J］．钢铁，2015，50（5）：19~25.

[30] 倪文杰，李海峰，邹宗树，等．铁矿石烟气循环烧结工艺静态模型［C］//第二十届冶金反应工程学学术会议，2017：666~675.

[31] 倪文杰，李海峰，邹宗树．铁矿石烟气循环烧结工艺静态模型的开发及应用［J］．材料与冶金学报，2018，17（1）：6~14.

[32] 倪文杰，邹宗树，李海峰，等．焦炉煤气喷吹铁矿石烧结过程的静态模型和工艺优化［J］．材料与冶金学报，2018，17（3）：159~174.

[33] Wang Senhui，Li Haifeng，Zhang Yongjie，et al. A Hybrid Ensemble Model Based on ELM and Improved AdaBoost. RT Algorithm for Predicting the Iron Ore Sintering Characters［J］. Computational Intelligence and Neuroscience，2019：1 ~ 11. https：//doi. org/10. 1155/2019/4164296.

[34] 王维兴．2017年高炉炼铁系统能耗现状及节能潜力分析［EB/OL］. http：//www. nhcl. com. cn/news/230293. html.

# 4 焦炉荒煤气显热回收

焦炉上升管荒煤气出口温度可以达到800℃，带出的显热占焦炉总能耗的36%，具有较高的利用价值，但大部分焦化厂还没有实现荒煤气的显热回收利用。本章回顾了荒煤气显热回收技术发展历程，比较了现有的几种正逐步工业应用的显热回收技术，并介绍了不粘涂层换热器和新型桥管换热器的相关技术和设计方案。

## 4.1 背景概况

### 4.1.1 焦炉荒煤气余热总量

高炉—转炉长流程生产过程中，炼焦工序为炼铁工序提供焦炭，炼焦配煤成本占钢铁企业能源总成本的70%以上。第三章计算了炼焦工序的理论极限能耗，即考虑荒煤气热量100%回收的情况下，理论极限能耗为33.33 kgce/t-coke。在实际生产过程中，不计炼焦配煤，焦化工序能耗约为90~110 kgce/t-coke，焦化工序的能耗及余热比例分配如图4-1所示[1]，其中炼焦过程耗能占比最大，占总能耗的70%~80%，且与理论极限能耗尚有较大差距。

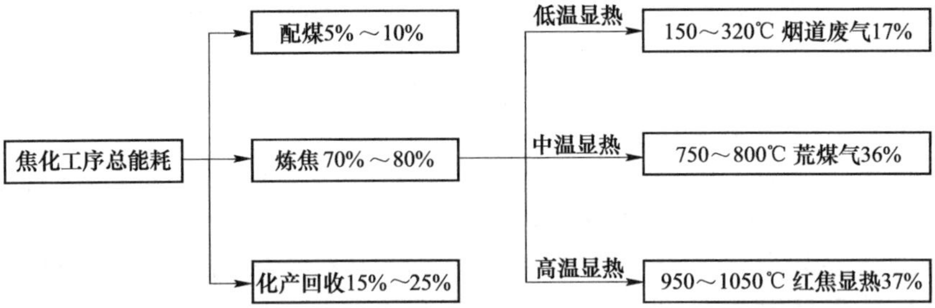


图4-1 焦化工序的耗能及余热比例

由图4-1可知，炼焦过程产生大量余热，高温余热约占37%，中温余热占36%，低温余热占17%，剩余的10%为焦炉炉体散热损失。就焦炉产物带出热而言，焦炉荒煤气显热带出热量与红焦显热带出热量相当，具有较高的回收利用价值[2]。

回收950~1050℃高温红焦显热，主流技术是干熄焦（Coke Dry Quenching,

简称 CDQ）技术，钢铁企业焦化厂 80%以上焦炉配备了干熄焦装置。干熄焦的基本原理是：以冷惰性气体（通常为氮气）冷却红焦，吸收了红焦显热的惰性气体作为换热介质，在热交换设备（通常是余热锅炉）中交换出热量而重新变冷，冷惰性气体再循环去冷却红焦[3]。在热交换过程中，焦炭的冷却速度与焦炭粒度、惰性气体的温度和惰性气体穿过焦炭层的速度有关。余热锅炉产生的蒸汽一部分用于发电，一部分用于化产。具体工艺流程如图 4-2 所示。750~800℃焦炉上升管荒煤气显热回收技术则尚处于工程化初始阶段。150~230℃烟道废气低温余热，目前主要用于煤调湿，该技术是通过回收烟道废气的余热对煤料进行间接加热[4]，从而使煤料水分控制在较低水平，具体工艺流程如图 4-3 所示。

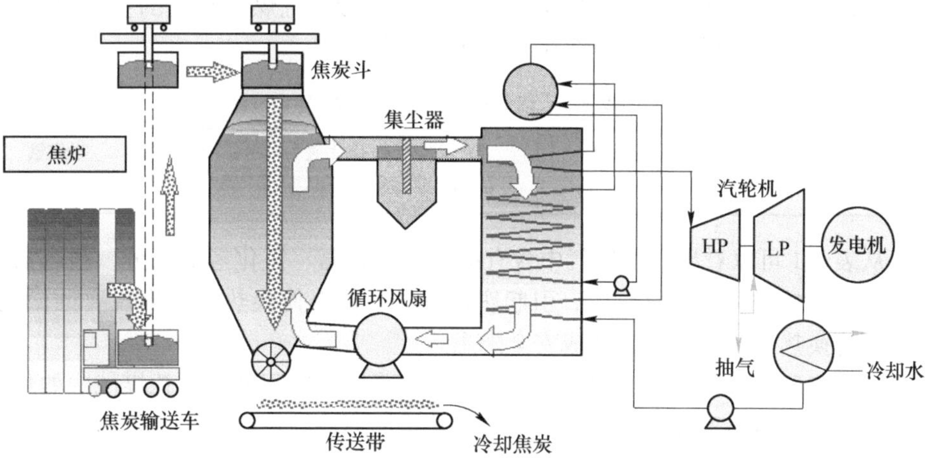


图 4-2 干熄焦装置工艺流程图

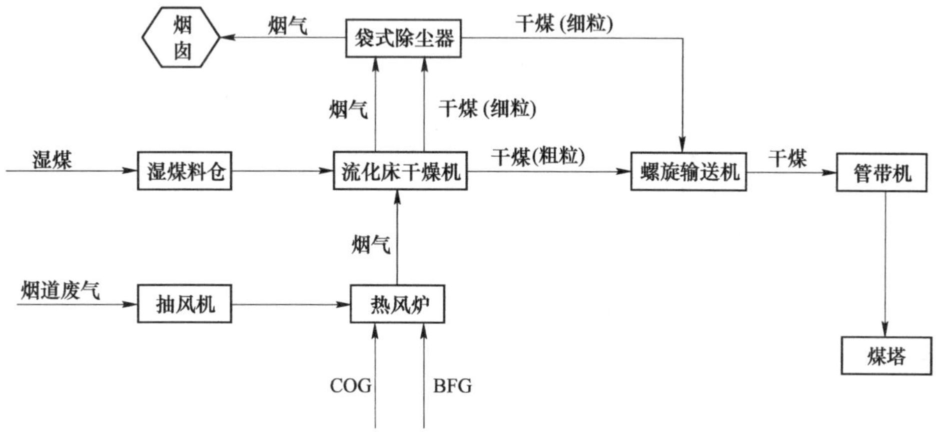


图 4-3 烟道废气余热回收调湿煤技术

据统计，2018 年中国焦炭的产量约为 4.4 亿 t，吨焦可回收的余热大约为 50kgce，按照焦炉荒煤气显热占炼焦余热总量的 35%计算[5]，大约可回收 700 多万 tce。

### 4.1.2　焦炉荒煤气性质

焦炉荒煤气是煤在焦炉炭化室高温干馏过程中，从焦炉上升管逸出的高温热解产物。荒煤气的组成十分复杂，按大类划分，可分为三部分：水汽、干煤气和杂质。其中，干煤气主要由 $H_2$（55%~60%）、$CH_4$（23%~27%）、CO（5%~8%）和 $N_2$（3%~5%）以及其他碳氢化合物组成。杂质主要由焦油、粗苯和萘等有机物组成，具体成分见表 4-1[11]，直接燃烧会引起环境污染问题[6~10]。依据炼焦配煤的工艺和种类不同，荒煤气组成也不尽相同。影响荒煤气组成的主要因素有：炼焦煤的含水量、煤的挥发分含量、炼焦操作条件等。

**表 4-1　荒煤气的主要杂质成分**　　($g/m^3$)

| 组成 | 焦油蒸汽 | 粗苯 | 氨 | 硫化氢 | 萘 | 氰化氢 |
|---|---|---|---|---|---|---|
| 含量 | 80~120 | 30~35 | 8~10 | 0.5~1.5 | 6 | 0.5~1.5 |

从表 4-1 可以看出，荒煤气中含有的硫化氢、氨、氰化氢等成分，很容易与常用换热器的普碳钢材料反应，引起腐蚀问题，甚至使换热管壁出现腐蚀微孔，从而影响换热器正常工作，造成安全隐患。

在余热回收过程中，当焦炉荒煤气温度下降到一定程度时，荒煤气中的焦油蒸汽就会在换热界面冷凝析出，黏附在换热壁面形成结焦层，影响传热系数。荒煤气冷却温度越低，冷凝在传热界面的焦油量就会越多，对传热系数影响越大。焦炉出口处的荒煤气温度受焦炉炼焦速率和炭化室装煤后间隔的时间影响，温度范围一般在 600~850℃之间周期波动。总焦炉荒煤气产量为 300~350m³/t 干煤，热焓约为 600~700MJ/t 干煤[12]。相关试验研究表明[13]，荒煤气中重质焦油成分的冷凝开始温度（冷凝点），在常压下为 400~500℃，焦油冷凝特性如图 4-4 所示。

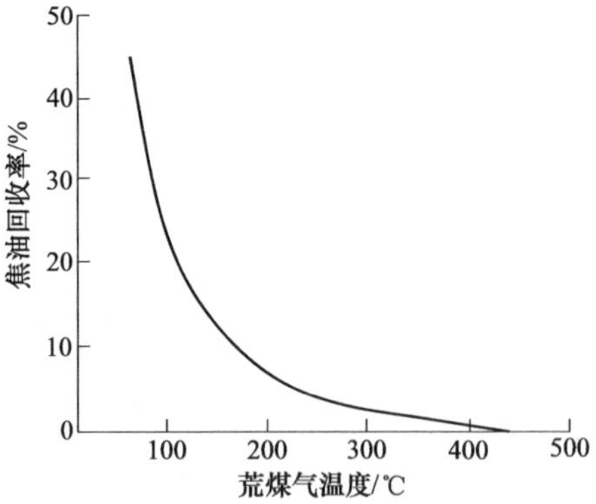


图 4-4　焦油冷凝特性

### 4.1.3　焦炉荒煤气显热回收技术难点

炼焦工艺过程中，焦炉荒煤气通过上升管导入桥管。上升管由钢板焊接或铸铁铸造而成，内衬耐火砖，上升管底部与炭化室相连，侧端开口，与桥管相连。桥管为铸铁弯管，桥管上设有氨水和蒸汽喷嘴，目的是降低荒煤气温度，桥管下部通过水封阀与集气管相连。水封阀采用水封翻板，并利用桥管氨水喷嘴喷洒下来的氨水形成水封，切断上升管与集气管的连接，当水封翻板打开时，上升管与集气管联通，如图 4-5 所示。

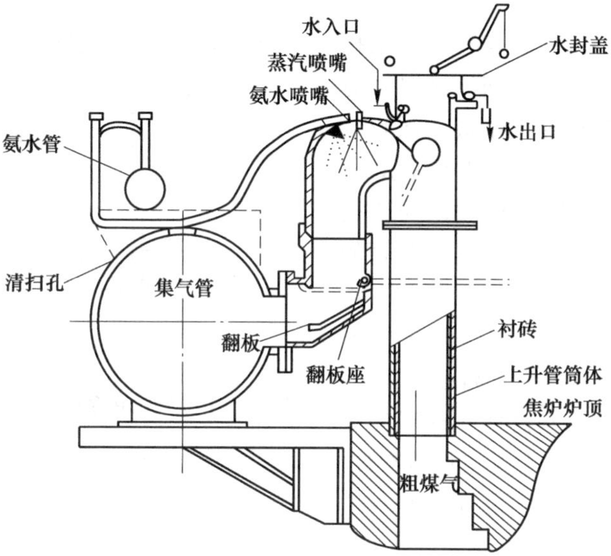


图 4-5 荒煤气导出设备

焦炉荒煤气的温度约为 600~850℃，一般采用桥管上的喷嘴喷淋 70~80℃循环氨水，直接与高温荒煤气接触换热，大量氨水汽化吸收大量显热，快速降低荒煤气温度。荒煤气经过氨水冷却后温度下降到 80~85℃，同时煤气中约 60%~70%的焦油冷凝析出。这些低温热随着荒煤气进入初冷器，最终被循环水带走，造成余热资源的浪费；同时，采用循环水取热，初冷器面积较大，循环水耗量大[14]。

目前，焦炉荒煤气显热回收存在一些技术难点，归纳为三“怕”、两道“坎”。炼焦生产上升管的三“怕”是指怕漏水、怕挂焦油、怕长石墨。换热管一旦漏水到炭化室，将给焦炉炉体带来重大事故；换热管壁一旦挂上煤焦油，壁面迅速长满石墨层，堵塞荒煤气通道。焦炉荒煤气显热回收必须跨越的两道“坎”，一是荒煤气温度极限的“坎”。当温度低于 500℃时，煤焦油蒸汽会发生冷凝，凝结在上升管内筒壁上；当温度高于 900℃时，荒煤气中的碳氢化合物又会在高温下析出，积碳而生成石墨。二是换热设备高性能的“坎”。换热设备必须具备耐高温、耐腐蚀、高导热性，并具有抗应变能力，才能适应上升管复杂的环境。

## 4.2　焦炉荒煤气显热回收计算

炼焦是装煤、加热、裂解、推焦的周期过程，在这个过程中每一孔炭化室荒煤气的温度、成分、流量等参数呈现周期性变化。荒煤气的成分、流量、温度直接影响显热回收潜力。根据现场生产数据，通过热平衡工艺计算，可以得到荒煤气显热回收的潜力。

由于不同的显热回收技术的结构参数和操作参数不尽相同，这里针对常用的水夹套上升管汽化余热回收装置为计算对象，结构如图4-6所示。

以6m焦炉实际运行数据为依据进行测算，计算边界为进出上升管的荒煤气，入口荒煤气温度为周期平均值，取值为737.1℃，出口荒煤气温度为380℃。表4-2为配煤比，表中数据为各煤种的干基比例，这里的比例为重量比；表4-3为煤焦基本参数，包括工业分析和元素分析；表4-4为焦炉煤气成分，这里的比例为体积比。

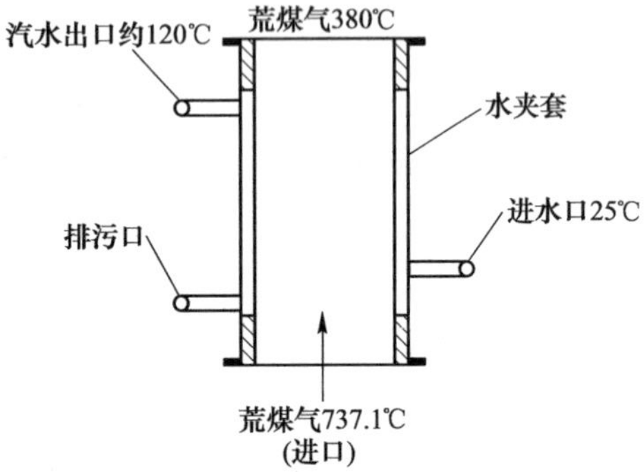


图4-6　上升管汽化余热回收装置（水夹套）

**表4-2　配煤比**　　（干基,%）

| 煤种 | 气煤 | 1/3焦煤 | 肥煤 | 焦煤 | 瘦煤 | 小计 |
|---|---|---|---|---|---|---|
| 配煤比 | 34 | 13 | 20 | 30 | 3 | 100 |

**表4-3　煤、焦基本参数**　　（%）

| 名称 | 工业分析 | | | | 元素分析 | | | | | 焦炭强度 | |
|---|---|---|---|---|---|---|---|---|---|---|---|
| | $M_t$ | $A_d$ | $V_d$ | $C_d$ | $C_d$ | $H_d$ | $N_d$ | $S_d$ | $O_d$ | $M_{40}$ | $M_{10}$ |
| 煤 | 9.64 | 8.52 | 27.53 | 63.95 | 78.81 | 4.20 | 1.32 | 0.53 | 6.62 | | |
| 焦炭 | | 11.24 | 1.03 | 87.73 | 86.72 | 0.37 | 0.65 | 0.67 | 0.35 | 88.15 | 6.15 |

**表4-4　煤气成分表**　　（%）

| 成分 | $CO_2$ | $O_2$ | CO | $CH_4$ | $C_2H_4$ | $C_2H_6$ | $H_2$ | $N_2$ | $Q/kJ \cdot m^{-3}$ |
|---|---|---|---|---|---|---|---|---|---|
| 焦炉煤气 | 3.0 | 0.7 | 5.8 | 25.4 | 2.2 | 1.2 | 57.2 | 4.5 | 18180 |
| 高炉煤气 | 22.4 | 0.4 | 21.0 | 0 | 0 | 0 | 3.9 | 52.4 | 3060 |
| MG混合煤气 | 20.9 | 0.4 | 19.8 | 1.9 | 0.2 | 0.1 | 7.8 | 48.9 | 4179 |

### 4.2.1　物料平衡计算

物料平衡计算是热平衡计算的基础，根据焦炉生产统计一段时间内工艺数据，结合现场测试的结果，可以计算出炼焦过程的物料平衡。

物料平衡包括收入项和支出项。收入项包括干煤量和配煤水量；支出项包括焦炭、焦油、粗苯、氨、净煤气、化合水、配煤水、漏算量等方面，还有一部分误差量也计入支出项。这里依据焦炉生产，以1000kg干煤为基准，由焦炉物料平衡推导上升管物料组成，略去复杂的计算过程，最终结果见表4-5。

**表4-5 焦炉物料平衡**

| 序号 | 符号 | 收入项目 | 数量 kg | 数量 对湿煤/% | 数量 对干煤/% | 序号 | 符号 | 支出项目 | 数量 kg | 数量 对湿煤/% | 数量 对干煤/% |
|---|---|---|---|---|---|---|---|---|---|---|---|
| 1 | $G_M$ | 干煤量 | 1000 | 90.4 | 100 | 1 | $G_J$ | 焦炭 | 754.0 | 68.13 | 75.4 |
| 2 | $G_S$ | 配煤水 | 106.7 | 9.6 | — | 2 | $G_V$ | 焦油 | 42.8 | 3.87 | 4.28 |
| | | | | | | 3 | $G_B$ | 粗苯 | 11.1 | 1.0 | 1.11 |
| | | | | | | 4 | $G_A$ | 氨 | 2.5 | 0.23 | 0.25 |
| | | | | | | 5 | $G_Z$ | 净煤气 | 150.6 | 13.61 | 15.06 |
| | | | | | | 6 | $G_K$ | 化合水 | 32.5 | 2.93 | 3.25 |
| | | | | | | 7 | $G_S$ | 配煤水 | 106.7 | 9.64 | |
| | | | | | | 8 | $G_L$ | 漏损粗煤气量 | 7.7 | 0.7 | 0.77 |
| | | | | | | 9 | $G_W$ | 误差 | -1.2 | -0.11 | -0.12 |
| 小计 | | | 1106.7 | 100 | 100 | 小计 | | | 1106.7 | 100.0 | 100.0 |

上述平衡表中除了焦炭以外，其他产品均以荒煤气的形式进入上升管，荒煤气的主要成分见表4-6。

**表4-6 荒煤气主要成分**

| 序号 | 项目 | 数量/kg | 相对比例/% |
|---|---|---|---|
| 1 | 焦油 | 42.8 | 12.36 |
| 2 | 粗苯 | 11.1 | 3.2 |
| 3 | 氨 | 2.5 | 0.72 |
| 4 | 净煤气 | 150.6 | 43.5 |
| 5 | 化合水 | 32.5 | 9.39 |
| 6 | 配煤水 | 106.7 | 30.83 |
| 合 计 | | 346.2 | 100.0 |

### 4.2.2 热平衡计算

荒煤气进入上升管后，加热上升管中的水，再经喷氨冷却、洗涤除尘后形成净煤气，这里讨论的热平衡是指进入上升管前和离开上升管后的热量变化。热平衡包括荒煤气进入上升管的带入热量和离开上升管后带出的热量。计算仍以1000kg干煤为基准。

（1）荒煤气带入上升管的热量。根据物料衡算，荒煤气包括净煤气、焦油、粗苯、氨和水蒸气，因此带入上升管汽化冷却器的总热包括进入上升管净煤气显热、焦油潜热与显热、粗苯潜热与显热、氨的显热、水的潜热与显热等组成。

1）净煤气显热 $Q_Z$。

$$Q_Z = C_Z t_Z V_Z \tag{4-1}$$

式中　$C_Z$——净煤气比热容，kJ/(kg · ℃)；

$t_Z$——净煤气温度，℃；

$V_Z$——净煤气体积，$m^3$/t 干煤。

2）焦油潜、显热 $Q_V$。

$$Q_V = G_V(q_V + C_V t_{22}) \tag{4-2}$$

式中　$q_V$——焦油汽化潜热，kJ/kg；

$C_V$——$0\sim t_{22}$温度内焦油的平均比热容，kJ/(kg · ℃)；

$t_{22}$——粗煤气在2/3时间内的平均温度，℃；

$G_V$——焦油质量，kg。

3）粗苯潜、显热 $Q_B$。

$$Q_B = G_B(q_B + C_B t_{22}) \tag{4-3}$$

式中　$q_B$——粗苯的汽化潜热；

$C_B$——$0\sim t_{22}$温度内粗苯的平均比热容，kJ/(kg · ℃)；

$t_{22}$——粗苯、焦油、化合水流出时的温度，可认为在结焦时间2/3之前流出；

$G_B$——粗苯质量，由物料平衡表可得：11. 1kg。

4）氨的显热 $Q_A$。

$$Q_A = C_A G_A t_2 \tag{4-4}$$

式中　$C_A$——$0\sim t_2$ 温度内氨的平均比热容，kJ/(kg · ℃)；

$G_A$——氨的质量，kg；

$t_2$——氨的流出温度，℃。

5）水的潜、显热 $Q_S$。

$$Q_S = G_K(2500 + C_K t_{22}) + G_S(2500 + C_S t_{21}) \tag{4-5}$$

式中　$t_{21}$——配煤水在$0\sim t_{21}$温度可取粗煤气在1/2时间内平均温度，℃；

$t_{22}$——化合水在$0\sim t_{22}$流出时的温度，℃；

$C_K$——化合水在$0\sim t_{22}$温度内的平均比热容，kJ/(kg · ℃)；

$C_S$——配煤水在$0\sim t_{21}$温度内的平均比热容，kJ/(kg · ℃)；

$G_K$——化合水量，kg；

$G_S$——配煤水量，kg。

其中，配水量采用下式计算：

$$G_S = G_M M_t/(100-M_t) \tag{4-6}$$

式中 $M_t$——煤料水分,%。

综上所述，荒煤气带入上升管汽化冷却器的总热量 $Q_入$等于进入上升管净煤气显热 $Q_Z$、焦油潜热与显热 $Q_V$、粗苯潜热与显热 $Q_B$、氨的显热 $Q_A$、水的潜热与显热 $Q_S$的加和，则：

$$Q_入 = Q_Z+Q_V+Q_B+Q_A+Q_S = 1084352\text{kJ/t}$$

（2）荒煤气离开上升管带出的热量。

荒煤气离开上升管时，带出总热量包括净煤气显热、焦油潜热与显热、粗苯潜热与显热、氨的显热、水的潜热和显热、上升管散热损失等。

1）净煤气显热 $Q'_Z$。

$$Q'_Z = C_{ZC}t_{ZC}V_Z \tag{4-7}$$

式中 $C_{ZC}$——净煤气比热容，kJ/(kg·℃)；

$t_{ZC}$——净煤气出口温度,℃；

$V_Z$——净煤气体积，$m^3$/t 干煤。

2）焦油潜、显热 $Q'_V$。

$$Q'_V = G_V(q_V + C_V t_{2C}) \tag{4-8}$$

式中 $q_V$——焦油汽化潜热，kJ/kg；

$C_V$——0~$t_{2C}$温度内焦油的平均比热容，kJ/(kg·℃)；

$t_{2C}$——粗苯、焦油、化合水与配煤水的逸出温度，与粗煤气温度相同；

$G_V$——焦油质量，由物料平衡表可得：42.8kg。

3）粗苯潜、显热 $Q'_B$。

$$Q'_B = G_B(q_B + C_B t_{2C}) \tag{4-9}$$

式中 $q_B$——粗苯的汽化潜热，kJ/kg；

$C_B$——0~$t_{2C}$温度内粗苯的平均比热容，kJ/(kg·℃)；

$G_B$——粗苯质量，kg。

4）氨的显热 $Q'_A$。

$$Q'_A = C_A G_A t_{2C} \tag{4-10}$$

式中 $C_A$——0~$t_{2C}$温度内氨的平均比热容，kJ/(kg·℃)；

$G_A$——氨的质量，kg；

$t_{2C}$——氨的流出温度,℃。

5）水的潜、显热 $Q'_S$。

$$Q'_S = G_K(2500 + C_K t_{2C}) + G_S(2500 + C_S t_{2C}) \tag{4-11}$$

式中 $C_K$——化合水在0~$t_{2C}$温度内的平均比热容，kJ/(kg·℃)；

$C_S$——配煤水在 $0\sim t_{2C}$ 温度内的平均比热容，kJ/(kg·℃)；

2500——水的潜热，kJ/kg；

$G_K$——化合水量，kg；

$G_S$——配煤水量，kg。

6）上升管汽化冷却器的散热量 $Q'_N$。

考虑散热损失比率占热量5%。

$$Q'_N = 5\%Q_{入} \tag{4-12}$$

综上所述，荒煤气带出上升管汽化冷却器的总热量 $Q_{出}$ 等于进入上升管净煤气显热 $Q'_Z$、焦油潜热与显热 $Q'_V$、粗苯潜热与显热 $Q'_B$、氨的显热 $Q'_A$、水的潜热与显热 $Q'_S$ 和散热损失 $Q'_N$ 之和，则：

$$Q_{出} = Q'_Z + Q'_V + Q'_B + Q'_A + Q'_S + Q'_N \tag{4-13}$$

（3）回收利用热量 $Q_{回}$。

$$Q_{回} = Q_{入} - Q_{出} \tag{4-14}$$

根据物料平衡表和现场数据，参考前文文献中的一些经验计算方法，上述各式的计算参数选取见表4-7。

**表 4-7　计算参数表**

| 符号 | 名　称 | 参数 | 备　注 |
|---|---|---|---|
| $t_Z$ | 净煤气温度 | $t_Z$ = 737.1℃ | 现场数据 |
| $C_Z$ | 净煤气比热容 | 1.69kJ/(kg·℃) | $t_Z$ 温度下的比热容 |
| $V_Z$ | 净煤气体积 | 324m³/t | 净煤气密度 |
| $Q_Z$ | 净煤气显热 | 403606kJ/t 干煤 | $Q_Z = C_Z t_Z V_Z$ |
| $q_V$ | 焦油汽化潜热 | 418.7kJ/kg | 《焦炉加热调节与节能》 |
| $C_V$ | $0\sim t_{22}$ 温度内焦油的平均比热容 | 2.49kJ/(kg·℃) | $C_V = 1.28 + 1.64\times10^{-3}\times t_{22}$ |
| $t_{22}$ | 粗煤气在2/3时间内的平均温度 | 740.1℃ | 现场数据 |
| $G_V$ | 焦油质量 | 42.8kg | 物料平衡表4-5 |
| $Q_V$ | 焦油潜、显热 | 96794kJ/t | $Q_V = G_V(q_V + C_V t_{22})$ |
| $q_B$ | 粗苯的汽化潜热 | 432.1kJ/kg | 《焦炉加热调节与节能》 |
| $C_B$ | $0\sim t_{22}$ 温度内粗苯的平均比热容 | 1.98kJ/(kg·℃) | $C_B = 1.03 + 1.29\times10^{-3}\times t_{22}$ |
| $t_{22}$ | 粗苯、焦油、化合水流出时的温度 | 740.1℃ | 粗煤气在结焦时间2/3之前流出的平均温度 |
| $G_B$ | 粗苯质量 | 11.1kg | 物料平衡表4-5 |
| $Q_B$ | 粗苯潜、显热 | 21062kJ/t | $Q_B = G_B(q_B + C_B t_{22})$ |
| $C_A$ | $0\sim t_2$ 温度内氨的平均比热容 | 2.73kJ/(kg·℃) | |
| $t_2$ | 氨的流出温度 | 737.1℃ | 现场数据 |

续表 4-7

| 符号 | 名 称 | 参数 | 备 注 |
|---|---|---|---|
| $G_A$ | 氨的质量 | 2.5kg | 物料平衡表 4-5 |
| $Q_A$ | 氨的显热 | 5031kJ/t | $Q_A=C_AG_At_2$ |
| $t_{21}$ | 配煤水在 $0\sim t_{21}$ 温度取粗煤气在1/2时间内平均温度 | 732.3℃ | 现场数据 |
| $t_{22}$ | 化合水在 $0\sim t_{22}$ 流出时的温度 | 740.1℃ | 粗煤气在结焦时间 2/3 之前流出的平均温度 |
| $C_K$ | 化合水在 $0\sim t_{22}$ 温度内的平均比热容 | 2.062kJ/(kg·℃) | 查《焦炉加热调节与节能》 |
| $C_S$ | 配煤水在 $0\sim t_{21}$ 温度内的平均比热容 | 2.051kJ/(kg·℃) | |
| $G_K$ | 化合水量 | 32.5kg | 物料平衡表 4-5 |
| $G_S$ | 配煤水量 | 106.7kg | 物料平衡表 4-5 |
| $M_t$ | 煤料水分 | 9.64% | 现场数据 |
| $Q_入$ | 粗煤气带入上升管汽化冷却器的总热量 | 1084352kJ/t | |
| $Q'_Z$ | 净煤气显热 | 192067kJ/t 干煤 | $Q'_Z=C_{ZC}t_{ZC}V_Z$ |
| $C_{ZC}$ | 净煤气比热容 | 1.61kJ/(kg·℃) | 查《焦炉加热调节与节能》 |
| $V_Z$ | 净煤气体积 | $324m^3/t$ | 净煤气密度 $\rho=0.465kg/m^3$ |
| $t_{ZC}$ | 净煤气出口温度 | 380℃ | 现场数据 |
| $Q'_V$ | 焦油潜、显热 | 48822kJ/t | $Q'_V=G_V(q_V+C_Vt_{2C})$ |
| $q_V$ | 焦油汽化潜热 | 418.7kJ/kg | |
| $C_V$ | $0\sim t_{2C}$ 温度内焦油的平均比热容 | 1.90kJ/(kg·℃) | |
| $t_{2C}$ | 粗苯、焦油、化合水与配煤水的逸出温度 | 380℃ | 与粗煤气温度相同 |
| $G_V$ | 焦油质量 | 42.8kg | 物料平衡表 4-5 |
| $Q'_B$ | 粗苯潜、显热 | 11208kJ/t | $Q'_B=G_B(q_B+C_Bt_{2C})$ |
| $q_B$ | 粗苯的汽化潜热 | 432.1kJ/kg | |
| $C_B$ | $0\sim t_{2C}$ 温度内粗苯的平均比热容 | 1.52kJ/(kg·℃) | |
| $G_B$ | 粗苯质量 | 11.1kg | 物料平衡表 4-5 |
| $Q'_A$ | 氨的显热 | 2290kJ/t | $Q'_A=C_AG_At_{2C}$ |
| $C_A$ | $0\sim t_{2C}$ 温度内氨的平均比热容 | 2.41kJ/(kg·℃) | |
| $t_{2C}$ | 氨的流出温度 | 380 | 同粗煤气温度 |
| $C_K$ | 化合水在 $0\sim t_{2C}$ 温度内的平均比热容 | 1.93kJ/(kg·℃) | 查《焦炉加热调节与节能》 |
| $G_K$ | 化合水量 | 32.5kg | 物料平衡表 4-5 |

续表 4-7

| 符号 | 名　称 | 参数 | 备　注 |
| --- | --- | --- | --- |
| $G_S$ | 配煤水量 | 106.7kg | 物料平衡表 4-5 |
| $Q'_N$ | 上升管汽化冷却器的散热量 | 54217kJ/t | |
| $Q_回$ | 回收利用热量 | 325656kJ/t | |
| $\eta$ | 热量利用率 | 30.04% | |

根据表 4-7 参数计算热量平衡，结果见表 4-8。

**表 4-8　热量平衡**

| 收入方 | | | | | 支出方 | | | | |
| --- | --- | --- | --- | --- | --- | --- | --- | --- | --- |
| 序号 | 符号 | 项目 | kJ/t 干煤 | % | 序号 | 符号 | 项目 | kJ/t 干煤 | % |
| 1 | $Q_Z$ | 净煤气显热 | 403606 | 37.22 | 1 | $Q'_Z$ | 净煤气显热 | 192067 | 17.71 |
| 2 | $Q_V$ | 焦油潜、显热 | 96794 | 8.93 | 2 | $Q'_V$ | 焦油潜、显热 | 48822 | 4.50 |
| 3 | $Q_B$ | 粗苯潜、显热 | 21062 | 1.94 | 3 | $Q'_B$ | 粗苯潜、显热 | 11208 | 1.03 |
| 4 | $Q_A$ | 氨的显热 | 5031 | 0.46 | 4 | $Q'_A$ | 氨的显热 | 2290 | 0.21 |
| 5 | $Q_S$ | 水汽的潜、显热 | 557856 | 51.45 | 5 | $Q'_S$ | 水汽潜、显热 | 450089 | 41.51 |
| | | | | | 6 | $Q'_N$ | 表面散热 | 54217 | 5.00 |
| | | | | | 7 | $Q_回$ | 回收利用热量 | 325656 | 30.04 |
| 合计 | | | 1084349 | 100.00 | 合计 | | | 1084349 | 100.00 |

通过热回收工艺计算，可以发现：按照现场实际参数，采用汽化冷却工艺，焦炉荒煤气的热量利用率可达 30%，回收潜力很大。

## 4.3　研究进展

20 世纪 80 年代，我国有关学者和技术人员针对荒煤气显热回收工艺展开了相关的研究工作。1982 年，鞍钢设计院的刘世钧等人指出，炼焦过程的结焦是由于荒煤气中的高分子化合物冷却而附着在上升管管口处，并发生二次裂解产生的，并以此开展上升管结构、煤气温度的研究[15]。1991 年，北京炼焦化学厂的熊仁恺分析了焦炉荒煤气的成分，并对各种品质的炼焦产品腐蚀性介质的生成进行了研究，指出焦化生产中管道等易形成液体的地方，容易产生稀电解质引起的腐蚀[16]。1996 年，牛泽群从能值或可用性角度提出，焦炭显热的能值系数（㶲值 $e$/热焓 $Q$）为 0.56，荒煤气显热能值系数为 0.48，以此为依据认为：焦炉余热量大，具有很大的节能潜力[17]。2014 年，赵国强研究了荒煤气的基本性质，考察了高温下荒煤气露点腐蚀和高温结焦特性，提出了适合实际工况的荒煤气余热梯级回收方案[18]。2014 年，史强等人利用高温高压黏度仪对高温煤焦油的黏度进行实验研究，当温度低于 200℃时，煤焦油黏度随温度升高而快速下降，当温度高于200℃时，煤焦油的黏度基本保持不变[19]。2014年，曹先常等人对煤焦油的流动性进行实验，当管壁温度达到400℃时，普通碳钢管道表面煤焦油基本脱除干净；镀镍涂层管道温度在350℃时，表面煤焦油基本脱除干净[20]。

2007年，Shen等人模拟研究了管式流动反应器中焦炉煤气的热转化动力学。使用氢气，蒸汽，甲苯和苯作为模型化合物[21]。2008年，Lecompte S等人进行了有机朗肯循环废热回收体系的热力学分析与回归模型的研究。该模型与实际的工厂和文献数据一致，并且可以合理地估计具有不同配置的焦炭生产过程[22]。2012年，岳益锋、张忠孝、胡广涛为了解决焦炉荒煤气显热回收传热计算中物性参数缺乏的问题，研究了常压下焦炉煤气黏度、导热系数和比热容3个物性参数。分别选用合适的数学模型对焦炉煤气的物性参数进行分析与计算，推导出焦炉煤气物性参数的计算公式。结果表明：焦炉煤气黏度、导热系数、比热容这三者的计算值与文献值最大偏差分别为-4.02%，-4.88%，-4.89%，表明数学模型可以用在工程计算中[23]。2015年，王聿民针对焦炉上升管、换热器上升管的换热规律进行了FLUENT数值模拟，结合某焦化厂的焦炉上升管实际验证，根据防止荒煤气结焦的高温涂层最适用的温度区间为120~300℃这一条件，得出采用高压水作为实际生产中的余热回收介质为最佳方案[24]。

2010年，岳宝华等人研究了通过催化剂促进热焦炉荒煤气焦油中的甲苯在600~750℃的温度下完全转化为轻质$CH_4$、CO和$CO_2$气体分子[25]。2012年，张政等人对荒煤气余热的结焦问题进行研究，提出提高换热器内壁温度、上升管采取保温措施、上升管设焦油导流装置、保证上升管内壁光滑和改变换热工质流量5种方法来防止换热器结焦[26]。2013年，蒋乐平开展焦化工程环境风险评价，这是建设项目环境影响评价工作的新内容。由于焦化项目原辅材料以及副产品等具有有毒性、有害性、易燃易爆性等多样性，以及生产工艺以及设备运行的复杂性，存在多种不同性质的潜在风险。故对于焦化项目的环境影响评价，环境风险评价应作为必不可少的评价重点[27]。2013年，杨仕杰等人用热重分析仪对荒煤气中焦油结焦过程进行分析，煤焦油的失重段在500℃之前，说明荒煤气结焦温度在400~500℃，并以氮气为换热介质，利用螺旋夹套式换热器回收荒煤气热量，通过合理控制氮气流量，设备运行一个月，未发现换热器内壁结焦现象[28]。

根据以上研究者的结果可以发现：运行过程中荒煤气换热器壁面温度不能过低，否则冷凝的煤焦油附壁，形成较难清除的焦油渣；当冷凝焦油沿换热器壁面向下流动到达换热器进口附近时受炭化室高温辐射，使焦油二次分解，造成底部壁面积碳。因此，荒煤气换热器下部还需要设置导油槽，避免其进口附近积碳。

## 4.4　技术发展与应用现状

### 4.4.1　夹套管技术

#### 4.4.1.1　水夹套管技术

20 世纪 70 年代初，首钢、太钢分别在 71 孔、65 孔焦炉上升管外安装汽化冷却器，利用荒煤气显热副产蒸汽。每吨焦可发生 0.5MPa 饱和蒸汽 0.1~0.12t。至 1980 年初，武钢、鞍钢、北京焦化厂等企业也采用这种能量回收方法。从实际应用效果看，该技术回收了部分荒煤气显热，但也存在较多的问题及技术缺点：（1）以水做介质，容易造成上升管夹套内的氧腐蚀和盐腐蚀。（2）每个上升管实际成为一个小的压力容器，为防止夹套堵塞，对水处理工艺要求较高，增加了运行成本。（3）荒煤气在上升管根部降温造成焦油析出，并在表面受热析碳结焦，影响气流流动；荒煤气导出过程中，其温度变化较大，焦油黏结严重，操作难度较大，稍有不慎，会造成夹套或蒸汽汽包压力过大而爆炸的问题。（4）水汽化产生的蒸汽作为能源，压力等级比较低，难以稳定回收利用。

杨仕杰等人[28]提出将 750℃荒煤气通过管道送入设置在焦炉附近的余热锅炉进行换热，并建立工业实验装置。该系统因焦油黏接等问题，运行效果并不理想。其中所使用的锅炉回收热技术是在上升管的外壁处焊接一环形夹套管，通过夹套内部的软水和荒煤气进行换热，将煤气温度降至 500℃，同时汽水混合物从夹套上部排出送至汽包，汽包内经汽水分离，低压饱和蒸汽外供，而饱和水通过管道自流送入上升管夹套下部循环使用，并按实际情况向汽包内补充水和排污，如图 4-7 所示。

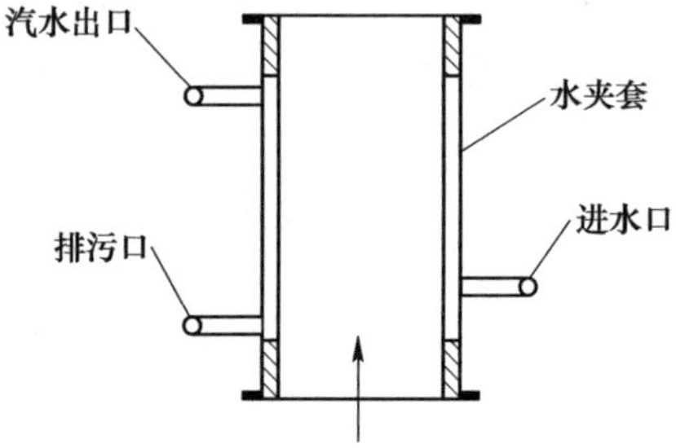


图 4-7　水夹套荒煤气换热器技术

2014 年，武汉平煤武钢联合焦化在一个上升管进行用水套管回收上升管余热的试验。在运行 8 个月后，水套管出现变形问题。

#### 4.4.1.2　导热油夹套管技术

1982 年日本新日铁公司开发出了利用导热油回收焦炉荒煤气余热的技术[18]，并且将回收到的余热用于干燥炼焦煤。该技术在日本的多家企业得到了应用，新日铁使用的夹套管与我国的汽化冷却系统的夹套管结构较为相似，二者的区别在于换热介质不同，该技术是通过泵送导热油以达到循环使用的目的。与蒸汽加热相比，导热油加热炉采用的是闭路系统，导热油不排放，热能损失小。而蒸汽加热是一种开路系统，蒸汽凝结为冷凝水后排放，热能损失较大。导热油在高温下蒸气压较低，而相同温度下水的饱和蒸气压则要高得多，因此蒸汽加热系统的耐压等级高于导热油加热系统。该技术工艺流程示意图如图4-8所示。

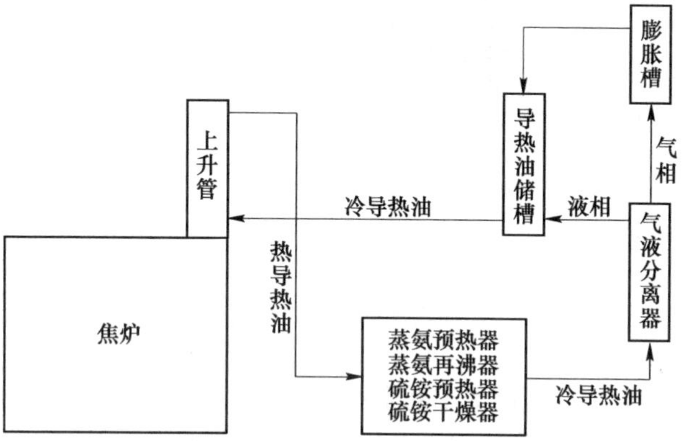


图4-8 导热油夹套管技术

技术优点：安全性高，回收热量可在一定范围内精确调整。

技术缺点：（1）导热油在使用过程常会发生热变质现象，从而影响系统的操作运行；（2）导热油的循环需要消耗一定电能，因此会使收益降低；（3）导热油泄漏会造成较严重的污染；（4）投资和运行费用较高。

#### 4.4.1.3 单晶硅水夹套管技术

2015年，邯钢焦化厂2×45孔6m焦炉上应用了单晶硅水夹套管技术，其上升管夹套系合金无缝结构，内壁在2000℃高温下涂镀5mm厚单晶硅，以防止导热介质泄露，并采用了其他防腐、防结焦等特殊措施。其工艺流程如图4-9所示。技术优点：（1）可防止水涌入炭化室；（2）能够避免大量结焦；（3）上升管寿命可达到5年一换；（4）多个上升管共用一个汽包。技术缺点：生产工艺相对复杂，制作成本较高。

其中5号焦炉于2015年11月15日全炉产汽并网。截至2016年2月底，5号焦炉荒煤气余热回收系统稳定运行100天，生产数据表明，吨焦可回收0.6MPa压力蒸汽100kg左右。目前，整套余热回收系统的设备状况、使用寿命，尚待时间验证。此外，在邯钢6m焦炉荒煤气显热回收首套装置的基础上，该装置又进行了较大的技术改进和材质优化，将用在邯钢焦化厂的7m焦炉荒煤气显热回收改造项目上[30]。

同时该单晶硅内衬层整体结构的焦炉上升管换热装置及回收荒煤气余热技术，成功应用于三钢闽光焦化厂2×65孔4.3m捣固焦炉，2014年2月28日开始运行，并于2014年11月3日通过三钢闽光股份公司验收，实现产生饱和蒸汽

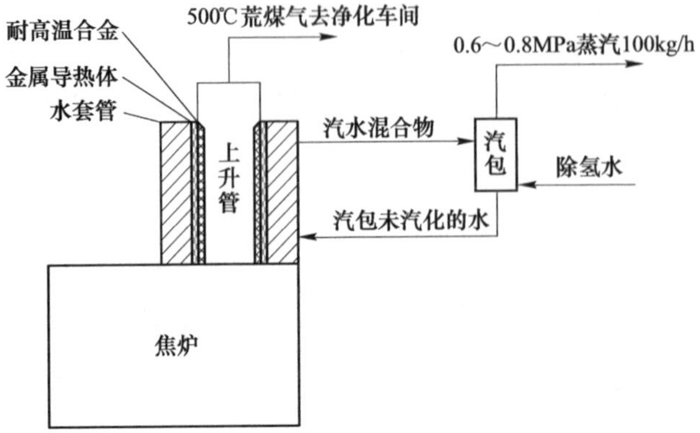


图 4-9　单晶硅水夹套管荒煤气余热回收流程图

（压力 0.4～0.9MPa）供煤化工车间生产使用的目标，能够平稳供汽。

另外，单晶硅水夹套管技术还应用于武汉平煤焦化一座 6m 焦炉荒煤气显热回收上升管项目，并已于 2016 年 10 月 28 日成功运行，吨焦产汽量达到平均 120kg 以上（武钢焦化委托武科大标定结果达 130kg），效益显著。

### 4.4.2　热管回收热技术

2007 年宝钢股份梅山钢铁公司曾经在焦炉上做过有关热管回收荒煤气余热的工业实验，虽然在工业实验过程中设定了荒煤气出口温度，但是，由于生产波动、操作控制难度大等因素影响，产生焦油黏结的现象，导致换热器效率大幅度下降。

工业实验技术方案应用高温热管技术回收焦炉荒煤气余热流程如图 4-10 所示，从炭化室出来 800℃的荒煤气进入上升管，通过辐射换热将热量传给高温钾热管，温度降至 500℃左右离开上升管，上升管内的钾热管吸收辐射热，并将热量传给上升管外部的冷凝端使联箱中的水吸热汽化并放出热量，联箱中的水汽化后通过汽水上升管进入锅炉，进行汽水分离，满足用户需求[31]。技术优点：（1）采用高温热管，能够保证热管壁温在荒煤气焦油露点之上，不会产生结焦问题；（2）高温钾热管安全可靠，即使热管破坏，钾蒸汽量小，不会像水夹套那样导致整个汽包中的汽水混合物漏入炭化室，不会造成安全事故，能够保证焦炉的安全运行。技术缺点：（1）高温热管造价相对较高；（2）由于要防止荒煤气结焦，必须提高热管管壁温度和热管管内工作温度，这就要求必须提高热管管内蒸汽压力，而碳钢——水热管最高工作温度和承压能力都有一定限制，因此对于热管安全运行提出的条件较高。

### 4.4.3　导热翅片余热回收技术

2015 年，文献［32］提出了一种回收焦炉荒煤气余热的上升管装置，该技术在上升管夹套内筒的内壁设有导热翅片。利用翅片传导荒煤气热量，通过隔热层隔开夹套内筒与荒煤气的接触，降低了荒煤气和夹套内筒壁的接触引起的荒煤气中焦油沥青-石墨化堵塞问题，如图 4-11 所示[33]。

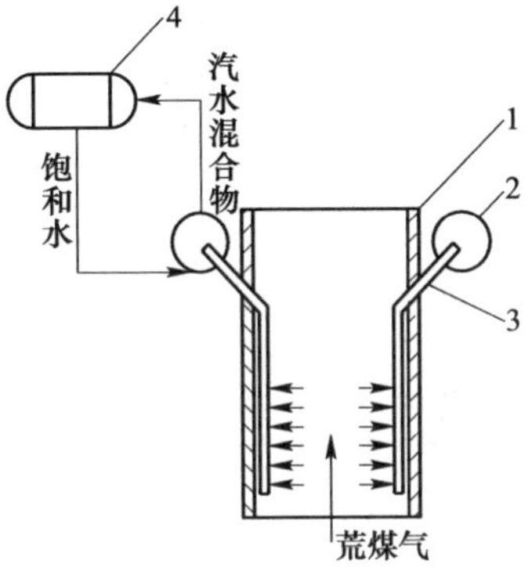


图 4-10 高温热管荒煤气余热回收流程图

1—上升管；2—蒸汽发生器；3—钾热管；4—汽包

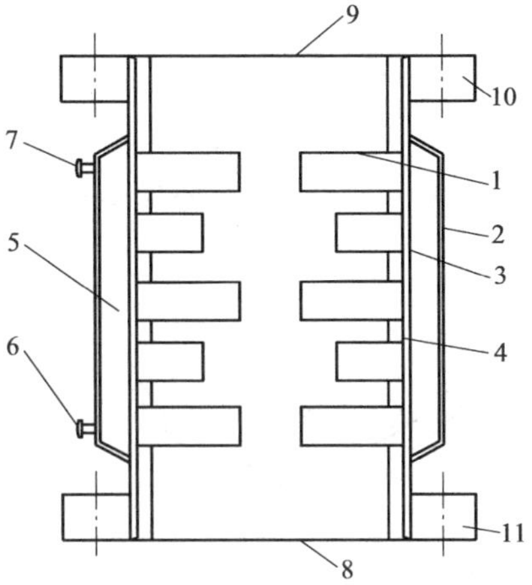


图 4-11 导热翅片上升管

1—导热翅片；2—上升管夹套外筒；3—上升管夹套内筒；4—隔热层；5—密封空腔；6—入水口；7—出水口；8—进气口；9—排气口；10—上连接法兰；11—下连接法兰

焦炉荒煤气从进气口进入，将热量传递给导热翅片后，从排气口排出。导热翅片吸收热量后，将热量传递给密封空腔内的水。水从入水口进入，加热成 0.6~6MPa 的饱和蒸汽后从出水口排出。技术优点：由于隔热层的作用，荒煤气与夹套内壁没有直接接触，提高了上升管外壁温度，从而降低了荒煤气中的焦油冷凝黏结。荒煤气入口温度为 650~800℃，出口温度为 450~550℃，导热翅片采用不锈钢、铜、铝等。技术缺点：（1）翅片需要消耗大量金属材料，成本较高；（2）翅片与荒煤气直接接触，在吸收热量时容易产生焦油附着，降低使用寿命。

### 4.4.4 螺旋盘管式换热技术

2017 年，宝钢股份梅山钢铁公司炼铁厂采用了一种新型的、以水作为换热工质、以上升管螺旋盘管式换热器进行荒煤气余热回收的技术，并进行了系统的试验研究[34]。

技术根据梅钢上升管直管段情况，拆除其原有耐火砖，对管体做一定改动，换热器下端对接上升管底座，上端对接上升管顶部，底部炭化室逸出的荒煤气保持原有流动方式通过换热器，然后进入桥管和集气管。上升管换热器由内到外同心布置防腐层、陶瓷层、螺旋盘管、上升管外壁，陶瓷层与上升管外壁之间填充特殊材料粉末减小间隙热阻，螺旋盘管采用 12 根盘管并列结构，这样既可以增加换热工质在上升管直管段的取热时长，又可以减小阻力。上升管换热器结构如图 4-12 和图 4-13 所示。

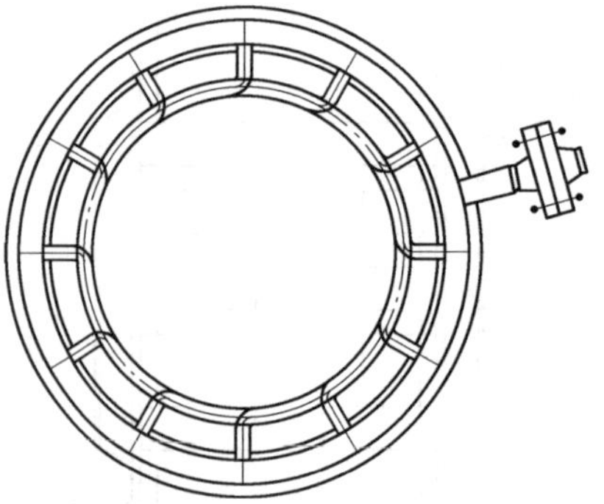

图 4-12　上升管换热器俯视图

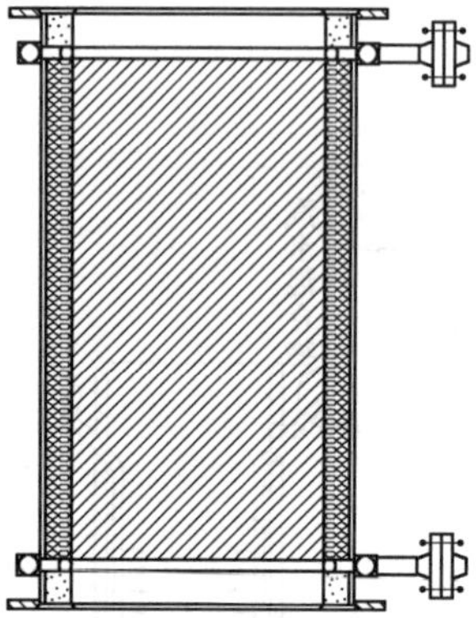

图 4-13　上升管换热器主视图

本实验在梅钢炼焦厂运行，每隔 6 个炼焦周期打开上升管一次，观察上升管根部是否结焦，试验过程中上升管根部没有结焦现象，且上升管内壁光滑。技术特点：采用螺旋盘管结构，增加了换热面积及换热工质的取热时长。整套系统的过程不可逆㶲损仅为 28.76%，说明本套上升管螺旋盘管换热系统是可行的。

### 4.4.5　荒煤气直接热裂解技术

20 世纪 90 年代和 21 世纪初，德国和日本分别开展了利用高温荒煤气热能将荒煤气中煤焦油、粗苯、氨、萘等热裂解成以 CO 和 $H_2$ 为主要成分的合成气的研究工作，分别形成了催化热裂解和无催化氧化重整两种技术路线，并完成了实验研究工作，为荒煤气的热能利用开辟了一条直接而且彻底的利用途径[35]。技术优点：可充分回收荒煤气的余热，甚至潜热也得以利用。技术缺点：荒煤气内苯和焦油被分解掉，不能回收有效的化工产品，降低了产品附加值。

### 4.4.6　上升管纳米涂层余热回收技术

上升管换热器作为荒煤气余热回收核心设备，提高上升管换热器防黏结、耐腐蚀水平是待解决的关键性问题。宝钢与安徽工业大学合作，开发了用于换热器表面的耐高温不黏防腐涂层，涂装于上升管换热器荒煤气换热侧可有效延长换热器使用寿命。

较传统技术相比，涂装不黏防腐涂层的上升管换热器具有下列优势：（1）相比较于常规的水夹套技术、导热油技术等荒煤气余热回收技术，涂装有防腐不黏涂层的上升管换热器拥有防腐不黏性能，可避免荒煤气余热回收过程中出现的焦油、煤粉、焦粉黏结问题以及焦油腐蚀问题，维持换热器换热效率不下降，延长换热器使用寿命；（2）避免上升管使用过程中出现的腐蚀穿孔问题，防止换热介质泄露进入炭化室引发安全事故；（3）可适量增加换热面积，增加荒煤气余热回收量，如增加回收450~500℃之间的余热，且这一温度区间析出的焦油不会对换热器换热系数、使用寿命造成影响。

本技术于2015年在宝钢股份宝山基地试用，在其中一根水夹套上升管换热器内壁涂覆纳米不黏涂层，试验结果验证了不黏涂层换热技术的耐腐蚀和不黏性能。由于本次试验运行时间较短，仅6个多月，对于涂层的耐温性和寿命还需要进一步验证。

### 4.4.7　桥管换热器技术

不黏涂层上升管换热器克服了焦油腐蚀、黏结问题，由于换热器与荒煤气之间的换热面积有限，对流换热时间较短，该技术仅能回收30%的荒煤气显热，增加了荒煤气显热回收成本，延长了技术投资回收周期。为进一步回收利用低温段荒煤气余热，缩短投资回报周期，结合现有荒煤气显热回收技术特点，陈光等人[36]提出了一种新型焦炉桥管换热器，如图4-14所示。

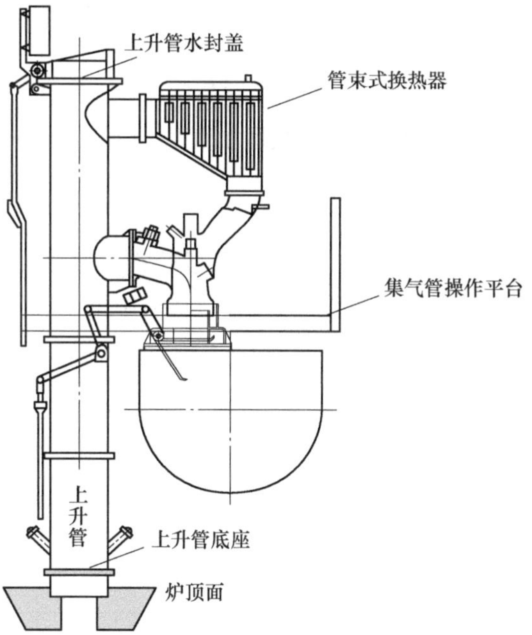


图4-14　新型焦炉桥管换热器

该系统是将原有的桥管通道拆除，由管束换热器取代；管束换热器连接上升管与集气管，上升管在原基础上加高1m左右，满足管束式换热器安装需要。荒煤气通过上升管后进入管束换热器，经过热交换后进入集气管。高温水经过换热器后转变为蒸汽进入蓄热器，由蓄热器加压后送入管网，焦油冷凝后沿下降通道进入集气管。在装煤出焦期间进行氨水喷射，达到密封和引流的作用。

该装置具有下列特点：（1）将上升管加高，采用原有上升管和集气管系统，按照实际工况条件设计加装管束式换热器，使荒煤气余热回收获得足够的利用空间，而且能够尽可能的减少原系统的改换。（2）换热管表面及所有内壁表面均涂装纳米水性不黏涂层，能够使凝结在换热管表面的焦油汇流至异型连接管底部，流至集气管回收再利用，有效地防止了焦油黏结堵塞。（3）管束式换热器为“┓”型，该形状结构有助于荒煤气的流动，加强了换热；换热器采用换热管焊接成单排组件再焊接成单元的形式，两侧和上下侧可达到较好的密封且形成荒煤气流通通道，而且单排组件不仅易于换热管的表面涂层处理，又能防止涂层在焊接时被高温破坏。（4）取热温度范围加大，而不仅限于将荒煤气温度保持在480℃以上。（5）可以在进集气管之前将荒煤气温度降到250℃以下，经测算换热效率达到70%（考虑荒煤气进口温度为750℃），充分回收了荒煤气中的有效显热，也进一步减少了原桥管系统大量使用的氨水量，节约了资源和能源。（6）形状可变的异型连接管，与“┓”型管束式换热器配合使用，不改变与集气管相配合的底座设计，既有利于流动和换热，又有助于凝结后的焦油液体的汇流和回收利用。

为了工程上进一步推广应用，根据系统使用的实际环境，即荒煤气实际运行工况和参数，进行换热器的热工计算和阻力计算，以确定具体的换热管数目、尺寸、间距、排布形式等，计算总的换热量、蒸汽产生量，换热过程的阻力变化等。

表4-9是设计计算原始参数，表4-10是桥管换热器设计参数，表4-11是根据荒煤气平均流量仿真计算的运行工况参数。从表中可以看到，采用该桥管换热器可实现0.172kg/s蒸汽的回收。

**表4-9　原始设计参数表**

| 物性参数 | 数值 |
| --- | --- |
| 荒煤气流量 | 0.82m³/s（实测工况流量最大值） |
| 荒煤气进口温度 | 752℃ |
| 荒煤气出口温度 | 250℃ |
| 进口水温度 | 100℃ |
| 出口蒸汽温度 | 100℃ |
| 进口水流速 | 0.01m/s |
| 换热管公称直径 | 38mm |

表 4-10 换热器设计参数

| 参 数 | 结 果 | 参 数 | 结 果 |
|---|---|---|---|
| 换热量 | 675.68kJ/s | 换热管子数 | 110 根（11×10） |
| 综合传热系数 | 226.25W/($m^2$ · ℃) | 总管子数 | 120 根（考虑壳体壁面密封） |
| 换热面积 | 12.1$m^2$ | 换热管尺寸 | $\phi$38 × 3mm（壁厚） |
| 换热管壁温度 | 110℃ | 换热管材质 | 20 号无缝钢管 |
| 蒸汽量 | 0.299kg/s | 管程阻力 | 3.3Pa |
| 换热方式 | 正交错流，三角排列 | 管间阻力 | 180.61Pa |

表 4-11 桥管换热器仿真计算运行参数

| 参 数 | 结 果 | 参 数 | 结 果 |
|---|---|---|---|
| 荒煤气流量 | 0.47$m^3$/s | 蒸汽量 | 0.172kg/s |
| 综合传热系数 | 164.10W/($m^2$ · ℃) | 管程阻力 | 1.12Pa |
| 换热管壁温度 | 110℃ | 管间阻力 | 70Pa |

## 4.5 本章小结

荒煤气是炼焦过程中产生的气体，伴随着炼焦过程从炭化室经上升管流出，温度在 600~850℃之间，这部分热约占炼焦过程产生余热的 36%。荒煤气的余热回收对节能减排意义重大，是焦化厂提高资源利用率的有效途径之一。

（1）焦炉荒煤气余热回收过程中的技术难点主要是解决换热器结焦和腐蚀的问题，保障换热器的运行效率和使用寿命。

（2）通过焦炉上升管荒煤气的热回收工艺计算得出余热回收的潜力与可行性，焦炉荒煤气的热量利用率可达 30%以上，回收潜力很大。目前余热回收的设备，荒煤气温度降低到 500℃左右，尚有较大余热回收空间。

（3）焦炉荒煤气余热回收在发展历程中已经形成了多种夹套管、导热油、热管等技术，并在不少焦化厂工业生产中实验和应用过，但是由于荒煤气性质复杂，生产参数波动较大，依然无法有效解决换热器结焦、腐蚀等问题。

（4）对比分析荒煤气显热回收技术特点，不黏涂层换热器技术是未来的发展方向，提出了一种新型桥管换热器，可以将荒煤气温度降低到 250℃以下。

## 参 考 文 献

[1] 王文堂. 煤气初冷系统余热利用技术 [J]. 化工科技市场，2001，24（8）：23~26.

[2] 陈素君．焦炉输出热量利用与探讨 [J]．冶金动力，2013 (4)：27~28.

[3] 张现林，朱银惠，张双进，等．干法熄焦在中国的应用前景 [J]．河北冶金，2002 (6)：32~34.

[4] 王维红，刘庆达，刘承智．焦炉烟道气煤调湿技术研发及推广应用 [J]．燃料与化工，2013，44 (5)：8~11.

[5] 周庆中，王文改，朱占升．荒煤气显热的回收 [J]．煤气与热力，1998，18 (1)：18~20.

[6] Xiao R，Li Y B，Jin B S. Thermodynamic equilibrium calculations for the reforming of coke oven gas with gasification gas [J]. Chemical Engineering & Technology：Industrial Chemistry -Plant Equipment -Process Engineering -Biotechnology，2007，30 (1)：91~98.

[7] Guo J，Hou Z，Gao J，et al. Production of syngas via partial oxidation and $CO_2$ reforming of coke oven gas over a Ni catalyst [J]. Energy Fuels，2008，22 (3)：1444~1448.

[8] Jiayuan Z，Jiemin&Lt Z，Hongjie Y．Kinetic model on coke oven gas with steam reforming [J]．中南工业大学学报：英文版，2008，15 (1)：127~131.

[9] Joseck F，Wang M，Wu Y. Potential energy and greenhouse gas emission effects of hydrogen production from coke oven gas in U. S. steel mills [J]. International Journal of Hydrogen Energy，2008，33 (4)：1445~1454.

[10] Modesto S A. Exergoeconomic analysis of the power generation system using blast furnace and coke oven gas in a Brazilian steel mill [J]. Applied Thermal Engineering，2009，29 (11)：2127~2136.

[11] 张政，郁鸿凌，杨东伟，等．焦炉上升管中荒煤气余热回收的结焦问题研究 [J]．洁净煤技术，2012，18 (1)：79~81.

[12] Bisio G. Energy savings in coke oven plants [C] // Energy Conversion Engineering Conference，1989. Iecec-89. Proceedings of the Intersociety. IEEE，1989：1719~1724.

[13] 陈小芸．焦炉荒煤气余热回收研讨及实验 [J]．上海节能，2009 (12)：34~36.

[14] 赵国强．荒煤气性质研究与余热综合利用 [D]．大连：大连理工大学，2014.

[15] 刘世钧．焦炉上升管汽化冷却技术的应用 [J]．鞍钢技术，1982 (7)：10~12+46.

[16] 熊仁恺．焦炉煤气中腐蚀性介质的生成与影响 [J]．煤化工，1991 (4)：29~34.

[17] 牛泽群．焦炉余热利用技术状况及发展方向 [J]．节能技术，1996 (1)：42~45.

[18] 赵国强．荒煤气性质研究与余热综合利用 [D]．大连：大连理工大学，2014.

[19] 史强，张忠孝，曹先常，等．高温煤焦油黏温特性的测定与分析 [J]．煤炭学报，2014，39 (11)：2335~2339.

[20] 曹先常，史强，徐正，等．焦炉上升管中煤焦油流动特性的实验研究 [J]．洁净煤技术，2014，20 (3)：83~86.

[21] Shen J，Wang Z Z，Yang H W，et al. A new technology for producing hydrogen and adjustable ratio syngas from coke oven gas [J]. Energy Fuels，2007，21 (6)：3588~3592.

[22] Lecompte S，Huisseune H，Broek M V D，et al. Methodical thermodynamic analysis and regression models of organic Rankine cycle architectures for waste heat recovery [J]. Energy，2015，87：60~76.

[23] 岳益锋，张忠孝，胡广涛．焦炉荒煤气物性参数的研究 [J]．洁净煤技术，2012，18 (4)：61~64.

[24] 王聿民．焦炉上升管套管换热器的数值模拟研究 [D]．马鞍山：安徽工业大学，2015.

[25] 岳宝华，孔令华，汪学广，等．Ni/MgAl（O）催化剂上高温焦炉煤气中焦油组分的催化转化［J］. 催化学报，2010，31（2）：218~224.
[26] 张政，郁鸿凌，杨东伟，等．焦炉上升管中荒煤气余热回收的结焦问题研究［J］. 洁净煤技术，2012，18（1）：79~81.
[27] 蒋乐平．焦化行业的环境风险评价方法［J］. 污染防治技术，2006（4）：34~36.
[28] 杨仕杰，郁鸿凌，林友斌，等．一种焦炉上升管荒煤气余热回收方法及试验［J］. 能源研究与信息，2013，29（4）：214~217.
[29] 何玉涛，陈廷山．余热锅炉在焦炉烟道气余热回收中的应用［C］//中国金属学会炼焦化学分会．2013年干熄焦技术交流研讨会论文集．中国金属学会炼焦化学分会：中国金属学会，2013：263~267.
[30] 韩培．焦炉荒煤气显热的余热利用［J］. 中国高新技术企业，2015（19）：103~105.
[31] 陈小芸．焦炉荒煤气余热回收研讨及实验［J］. 上海节能，2009（12）：34~36.
[32] 赵洪荣．空气介质回收荒煤气余热的研究与探讨［J］. 节能与环保，2013（4）：66~67.
[33] 姜爱国，樊晓光，汤志刚，等．回收焦炉荒煤气余热的上升管装置：中国 CN105238419A［P］. 2016-01-13.
[34] 张有猛，刘桂生，葛京鹏，等．焦炉荒煤气新型余热回收系统设计及试验［J］. 能源与节能，2017（11）：82~85.
[35] 孙业新．焦炉荒煤气余热回收技术概述［J］. 莱钢科技，2011（1）：5~7.
[36] 陈光，闫丹，包向军．一种抗黏结荒煤气的管束式余热回收系统：中国 CN105602582A［P］. 2016-05-25.
[37] 中国煤焦化行业市场运行态势及投资前景预测报告［EB/OL］. 中国产业信息网，2015-1-19. https：//wenku. baidu. com/view/6cf8d7a7b14e852458fb579b. html.

# 5 竖式冷却炉回收烧结矿显热

烧结是钢铁联合企业中主流工艺，为炼铁提供原料；烧结具有良好的资源适应性，可处理钢铁厂大量内生固体废弃物，又是促进钢铁企业内部资源充分利用的重要工序之一。我国现有烧结机约 1200 余台，每年烧结矿产量超过 8.5 亿 t，约消耗 4500 万 t 标准煤，工序能耗约占钢铁生产总能耗的 10%~15%。烧结矿显热占工序能耗的 40%以上，烧结矿显热利用是烧结厂实现节能减排、清洁高效生产的重要途径[1,2]。

## 5.1 烧结矿余热利用

烧结余热资源的回收与利用是降低整个烧结工序能耗的主要途径与方向，该技术始于 20 世纪 70 年代末期，距今约有 40 年发展历程。第 3 章烧结工序的能量平衡显示吨烧结矿显热为 723MJ/t-sinter，约占热支出的 40%，烟气显热 380MJ/t-sinter，占热支出的 21%。因此温度约 500~650℃的烧结矿所携带的显热约占整个烧结过程余热资源的 70%，其显热品质高，数量大，且可被空气介质携带并回收利用。

### 5.1.1 国外现状

纵观烧结余热回收利用技术发展历程，按照余热回收的目的与意义可分为基于节能和基于环保两大类技术，基于能源节约的烧结余热回收利用技术的研究主要集中于 20 世纪 80~90 年代，而基于环保技术的研究主要始于 20 世纪末，后者是将节能与环保相结合，具有较大的难度[3]。

（1）实现能源节约的烧结余热回收利用技术。日本很早就展开对烧结余热资源回收与利用技术的研究。20 世纪 70 年代末日本住友金属工业公司开始尝试在和歌山 4 号烧结机系统上回收烧结矿的显热，即将冷却热废气通入余热锅炉生产蒸汽（蒸汽产量 10~20t/h）[4]，通过烟气再循环方式成功将进入余热锅炉的废气温度由 325℃提高到 375℃。而后，日本钢管公司在扇岛和福山的钢铁厂分别建成了利用冷却热废气生产蒸汽并发电的余热回收与利用系统，同样采用烟气再循环技术，环冷机的高温段输入 100℃的循环空气，循环空气经过冷却机换热后上升到 350℃，随后送至余热锅炉生产蒸汽并发电。

住友金属小仓厂3号烧结机在1981年8月和9月先后建成并投产了冷却机和烧结机余热回收系统。两套系统均采用闭路强制循环的方式，分别设置余热锅炉，生产的蒸汽一部分用来推动蒸汽轮机发电，另一部分供炼铁厂内部使用。另外，为了提高环冷机热废气的温度，在设计余热回收系统时，加强了环冷机和排气罩之间的密封措施，增加了烧结矿层的厚度，使环冷机排气温度达303℃[5]。

1981年新日铁君津厂在3号烧结冷却机上，建成了一套利用低沸点有机工质F-85循环的余热发电系统，简称ORCS，功率达到12500kW，设备费总计25亿日元。该系统将烧结冷却机废气（690000$m^3/h$（标态），温度345℃）送入余热锅炉，废气余热使低沸点介质变为蒸汽带动蒸汽轮机发电，利用后的低沸点介质在冷凝器内冷凝后返回余热锅炉循环使用。有机工质F-85沸点比水低，蒸发潜热小，其比热容仅为水的1/5，发电效率较高，在同等条件下，其发电效率比蒸汽高10%~15%，不会自燃，无毒，无腐蚀性，是比较理想的工质，其缺点是工质成本高[6]。

20世纪80年代初，德国蒂森钢铁公司施韦尔根钢厂直接把冷却烧结矿的热废气供给烧结机作为点火炉的助燃空气，平均节约能源30MJ/t烧结矿[7]。前苏联马凯耶夫钢铁厂将点火后烧结料层表面的高温辐射热收集用以加热空气，随后利用加热的空气进行热风烧结，既改善了表面层烧结矿的质量，又节约了烧结过程中固体燃料的消耗，平均可节约21.56%的燃料消耗量[8]。此后，日本新日铁等公司又尝试将烧结余热用于点火炉前烧结原料的干燥，并取得了一定的成效[9]。

（2）实现环境保护的烧结余热回收利用技术。20世纪末和21世纪初，全球钢铁企业同时面临能源供应紧缺与环境保护压力，发达国家大型钢铁企业开始着手研究将能源节约与环境保护相结合的烧结余热回收与利用技术。20世纪末，荷兰IJmuiden公司研制出一种EOS（Emission Optimized Sintering）技术，该技术的核心是：抽取40%~45%的烧结热废气返回到烧结机台面，将其与新鲜空气预混后进入集气罩；另外，其还将热废气余热用于预热点火炉前的助燃空气；两者回收的能量分别达到18%和2.2%，共占总能量消耗的20.2%。该技术改造的效果是：烧结机的废气排放总量以及废气中粉尘、$SO_2$、$NO_x$和碳氢化合物等物质的排放量均得到大幅降低，烧结机的固体燃料消耗降低10%~15%。

奥地利Voes-Stahl烧结厂的节能减排系统的关键技术是：在不改变延长了18m的5号烧结机的原废气排放量的条件下，一方面将11~16号风箱的高温烧结废气返回到烧结机台面循环使用；另一方面将来自烧结矿环冷机的部分冷却热废气与通向烧结机台面的烧结废气混合，用以补充循环废气中氧气含量。技术改造的效果是：烧结机日产量提高了30.7%，废气排放量减少17.4%以上，固体燃料消耗减少 10%，点火炉煤气燃料消耗减少 20%。

### 5.1.2　国内现状

1987 年，宝钢首次从日本新日铁公司引进烧结余热回收的全套技术与装备，在 450m$^2$ 烧结机上用烧结矿的冷却废气产生蒸汽并发电（部分蒸汽并网），装机容量为 5100kW，是我国第一台现代化的大型烧结余热回收装置。该项工程对实现宝钢烧结工序能耗的降低和减少环境污染起到了至关重要的作用。此后，在“十一五”期间，宝钢依靠国内技术力量，在 1、3 号烧结机实施余热回收，收集主排烟气显热和环冷机的废气显热[10]。

1988 年，合肥钢铁公司炼铁厂在烧结矿冷却废气作为点火炉助燃空气的基础上，增大冷却废气回收量，随后将部分废气通入余热锅炉以生产蒸汽和热水[11]；1994 年，济钢烧结厂将 1 台 120m$^2$ 烧结机的余热通向余热锅炉，产生 260℃过热蒸汽，并入蒸汽管网；1997 年，太钢烧结厂将 2 台 134m$^2$ 烧结环冷机的余热通向余热锅炉，采用烟气再循环方式，产生 1.0MPa、194℃的饱和蒸汽，并入蒸汽管网；2003 年，鞍钢在利用环冷机废气生产蒸汽的基础上，将部分冷却机废气引入烧结机台面，为烧结生产提供 300℃的热风，还将部分冷却机废气通入点火炉前的料面上，干燥并预热烧结混合料。

2004 年，马钢引进日本川崎技术，在两台 300m$^2$ 烧结机上开工建设了余热发电系统，并于 2005 年并网发电。该项目实现带冷机高温废气的余热回收与利用，不仅有效地降低了烧结工序能耗，还产生较大的经济效益，提高企业自发电比率，同时环境保护效果显著。2006 年，由中国船舶重工集团公司第 703 研究所总承包的济钢 320m$^2$ 烧结余热发电系统开工建设，并于 2007 年正式在济钢投产，该项目回收烟气的温度在 300~400℃间，加热锅炉内给水产生 2.06MPa、375℃的过热蒸汽和 0.39MPa 的低压饱和蒸汽，供给汽轮机发电，该项目是我国第一个全部采用国内技术和供货，自主完成的烧结机余热回收工程，打破了我国在这一领域设计和制造依靠进口的历史。2007 年，莱钢采用余热锅炉来回收利用 265m$^2$ 烧结机环冷余热，生产 1.0MPa、260℃蒸汽，既减少了焦粉配加量，又满足了生产、生活用气需要，免除了蒸汽外购，节能降本效果显著。2008 年，武钢 3 台 450m$^2$ 烧结环冷机低温烟气余热工程热负荷试车成功并投产。2010 年，萍钢两台 180m$^2$ 烧结环冷机余热发电项目正式投产，配备余热锅炉蒸发量 32t/h 余热锅炉、一台 10MW 凝汽补汽式汽轮发电机组。此外，马钢二烧、安阳钢铁烧结厂、武钢一烧、梅山烧结厂、攀钢烧结厂、邯郸钢铁等先后建成了烧结余热蒸汽回收系统或烧结余热发电系统。

## 5.2 竖炉回收烧结矿显热发展历程

### 5.2.1 工艺提出

如上所述，目前烧结矿余热回收主要采用环冷机余热锅炉工艺[12]。根据宝钢烧结余热锅炉生产实践，此工艺在生产过程中遇到的问题主要有：烧结工艺参数波动大、烟气循环系统设计存在缺陷、环冷密封板缺失造成烟气热量损失、设备故障率高、余热锅炉热管积灰严重、蒸汽总网压力波动、锅炉水质恶化、锅炉入口温度较低等，由此造成锅炉运转率较低。如 2009 年宝钢 3 号机烧结余热锅炉运转率仅为 87.69%。

基于以上，2006 年，蔡九菊研究团队受干熄焦技术启发，提出了烧结矿竖式冷却换热新工艺并申请了发明专利，主张用烧结矿竖式冷却换热装置取代传统的环冷机[13~16]。该回收方式克服了传统带式环冷机因漏风造成余热资源回收效率低的问题。该工艺借鉴干熄焦工艺（CDQ）中干熄炉的方法和结构，回收工艺系统主要由：竖式冷却炉体、余热锅炉和汽轮机发电机三部分组成。冷却空气自竖式冷却炉体底部由鼓风机鼓入，进入炉体内与炽热烧结矿发生热量交换，再从炉体侧风口排出，最后进入余热锅炉与换热管内的换热介质进行充分的热量交换；烧结矿颗粒自炉体顶部进入炉体，与冷却空气进行热量交换而得以冷却，而后由炉体底部排出；补水与冷凝水经处理后进入余热锅炉内，与锅炉内的热空气进行热量交换后变成过热蒸汽，而后进入汽机发电系统。其核心目标是在对烧结矿冷却的同时实现烧结矿显热的高效回收。对比传统余热回收技术，竖冷回收烧结矿显热技术能够从根本上改变平铺并联方式和环冷漏风导致的回收热风温度低、热品质不高等问题；与传统带式环冷余热回收系统相比，烧结余热炉式回收系统漏风率几乎为零，气相与固相之间热交换充分，因大量减少了单位烧结矿送风量，不仅可以提高回收热风温度，还可以显著降低鼓风能耗；同时，该技术的密封式特点还能从原理上减少粉尘排放，达到环境保护的目的。

### 5.2.2 典型竖炉结构形式研究现状

烧结矿竖式冷却炉的炉身直立，大部分空间堆满块状物料，冷却气通过料层的孔隙向上流动。可参照的典型竖炉有：球团竖炉和干熄焦炉等。按断面形状可把竖炉分为圆形和矩形两种。竖炉是国外最早的一种焙烧球团装置，直到 20 世纪 60 年代初期，国外球团矿几乎都是用竖炉焙烧出来的，竖炉设备结构简单，基建投资省，材质无特殊要求，热效率高，单位耗热量低，运营费用少[17]。

早在 1950 年初期，明尼苏达大学矿山试验站从焙烧铁磁石精矿的过程中发展了竖炉。竖炉最简单的设计是不带外部冷却器的高炉炉身，当时由于其设计简单，燃料消耗较低而颇具名气[18]。

美国伊利矿业公司的竖炉发展始于 1948 年，建造投产了世界上第一座用于工业生产的球团竖炉。该竖炉的横断面为圆形，由于料流经常中断，料线不能很好的控制等原因，在 1951 年末另建一座矩形竖炉，这座竖炉分 3 节炉膛：上炉、中炉和下炉。焙烧过程在上炉进行，中炉用作高温均热，下炉进行逆流热交换使球团得到冷却。

球团竖炉中有代表性的结构为瑞典、美国、日本和中国的竖炉[19]。瑞典竖炉为等截面竖炉，其中冷却风经球团矿预热后部分作为助燃空气进入燃烧室，部分流向均热带和焙烧带。美国竖炉为变截面竖炉，在火口处截面最大，往下逐渐收缩，来自竖炉下部的预热空气直通均热带和焙烧带。日本竖炉为上小下大型竖炉，即在燃烧室下部火口处断面最大，然后逐渐收缩直至排料辊。瑞典和日本的竖炉构造可使气体沿炉子断面分布较均匀，不过，冷却空气所带入的灰尘会使燃烧室操作困难，特别是当焙烧自熔性球团矿时，在燃烧室墙壁上会结渣。以上统称第一代球团竖炉，均为直通式炉。直到 20 世纪 70 年代，济南钢铁公司发明了第二代球团竖炉[20]：“导风墙—烘干床”式球团竖炉，即在竖炉的中间设置导风墙，炉顶设置烘干床。这种结构使大部分冷却风经导风墙流出，为竖炉强化冷却创造了条件；使炉内气流分布合理，保证了足够稳定的均热带，有效避免了中心“死料柱”；烘干床的设置可以充分利用冷却风及焙烧带废气带来的余热，做到干球入炉，达到高产和顺行的目的。

除了上述炉型结构外，各钢厂还对竖炉工艺的其他环节进行了完善，包括给料布料系统、炉体冷却系统、燃烧系统和耐火材料等。

干熄焦炉是典型的气固换热式竖炉，如图 5-1 所示，其基本工艺流程是：从

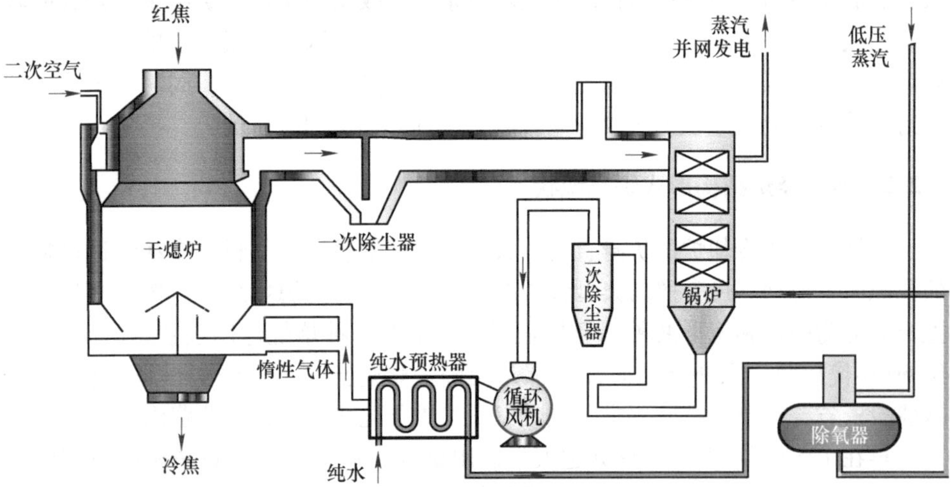


图 5-1　干熄焦（CDQ）工艺

干熄炉的上部装入红焦，红焦受重力的作用而下行，其下行的速度受排出装置的限制。闭路循环的惰性气体是干熄焦的载热体。惰性气体在冷却室先与红焦接触，吸收其显热后温度升至800℃以上，然后通过余热锅炉进行热交换，使温度冷降到200℃以下，在循环风机的作用下，惰性气体重新回到冷却室进行循环。如此不断循环，可将红焦冷却到250℃以下，冷却后的焦炭从干熄炉下部的排出装置排出。锅炉利用得到的热量使水汽化，产生具有能量的蒸汽，同时利用蒸汽进行发电。采用干熄焦装置可回收红焦显热，节约工业水消耗，降低焦化工序能耗；减少环境污染，改善环境质量；同时，还可改善焦炭质量，提高可用焦炭的产量[21]。

干熄焦技术在20世纪70年代后得到快速发展，主要提升技术的国家是苏联、日本、德国。苏联主要是从干熄焦应用规模上发展，到80年代末，苏联建成投产干熄焦装置达到30多套，炉型为50~70t/h中型装置，存在的问题是干熄焦装置在环保措施和自动控制方面起点不高。日本为了面对全球能源危机，有效的利用炼焦能源，从苏联引进了炼焦干熄焦技术，并从装置大型化、自动控制和环境保护方面进行了有效的改进。日本干熄焦设备技术特点是：接焦采用了旋转焦罐接焦技术、装焦方式采用了料钟布料、排焦采用旋转密封阀连续排焦，从而极大地降低了干熄焦装置的建设投资和装置的运行费用。日本干熄焦控制技术特点是：实现了计算机控制，做到全自动无人操作、采用除尘地面站，避免了干熄焦装置可能带来的二次污染。在德国发展干熄焦技术的主要公司是德国蒂森公司，蒂森公司做出的技术变动有：将水冷栅和水冷壁置入干熄炉、将干熄炉断面由圆形改成方形、应用了水冷壁式废热锅炉，使干熄焦装置能够吸收红焦显热约30%热量。同时，为了提高干熄炉的传热效率，蒂森公司实现了干熄炉中焦炭下降和循环气体上升的均匀分布，使干熄焦生产的气料比降为1200m$^3$/t，同时降低了循环风机的耗电，减小了干熄焦锅炉尺寸，进一步降低了装置的运行费用。

我国干熄焦技术的应用始于20世纪80年代，宝钢引进日本4×75t/h干熄焦装置并正式投产运行，随后济钢、首钢、马钢、攀钢等钢厂也运用发展了干熄焦技术。在这项技术推广应用过程中，我国在干熄焦技术的高效化、大型化以及工艺设备和工艺操作等方面做了很多改进和创新，使干熄焦技术水平进一步提高和完善，主要改进如下：(1) 干熄槽（冷却段）采用矮胖型。一般采取加大干熄炉直径的方法来增大容积，提高了冷却效果，降低了气料比，减少了投资。如莱钢干熄槽的高径比为0.9，武钢为0.8。(2) 加设料钟式分布器和给水预热器。如济钢设置给水预热器后，入口循环气体温度达130℃，排焦温度160℃，风料比只有1200m$^3$/t。(3) 采用先进的自动控制系统。武钢自主开发了兼容“三电一体化”的EI系统，将DCS与PLC相互渗透融合为EI集成控制系统。(4) 把矩形焦罐改为圆形旋转焦罐。这样解决了焦炭偏析问题，使焦罐内焦炭分布均匀。

(5) 实现连续排焦。采用连续排料的电磁振动给料器与旋转密封阀组合的排出装置，使焦炭下落均匀。(6) 干熄炉斜道孔改进。攀钢改变 30 个（马钢为 36 个）斜道处的调节板，实现了循环气体流量均匀分布。(7) 应用了最新烘炉技术和空气导入加回流控制技术，增加了省煤器回流工艺。(8) 重新选择叉形溜槽的耐火材料。

除了以上改进外，各钢厂还针对干熄焦运行过程中出现的一系列问题，如水封焊缝开裂、环形风道垮塌、干熄焦斜道牛腿破损状况以及布料和排焦过程中出现的问题等，对干熄焦中的重要设备和工艺进行了改进。这些改进后的成套设备和改进过程的思路已经比较完善，可为烧结矿竖冷炉工艺的设计和改进提供设备和思路方面的借鉴。

### 5.2.3　竖式炉工艺特点

烧结余热竖炉式回收系统主要由上料装置、冷却装置、排料装置、除尘装置、余热锅炉、循环风机和汽轮机组组成，如图 5-2 所示[22]。其中，上料装置用来装运从烧结台车卸下的热烧结矿，并与其他设备配合，将热烧结矿送入冷却炉体内进行冷却。排料装置采用旋转密封下料阀将烧结矿从炉体内排出。一次除尘器位于冷却炉体与余热锅炉之间，循环空气从上部排出炉体时会携带大量较大粒径的粉尘，这些大粒径的粉尘在重力的作用下就能降落而与气体分离，因此一

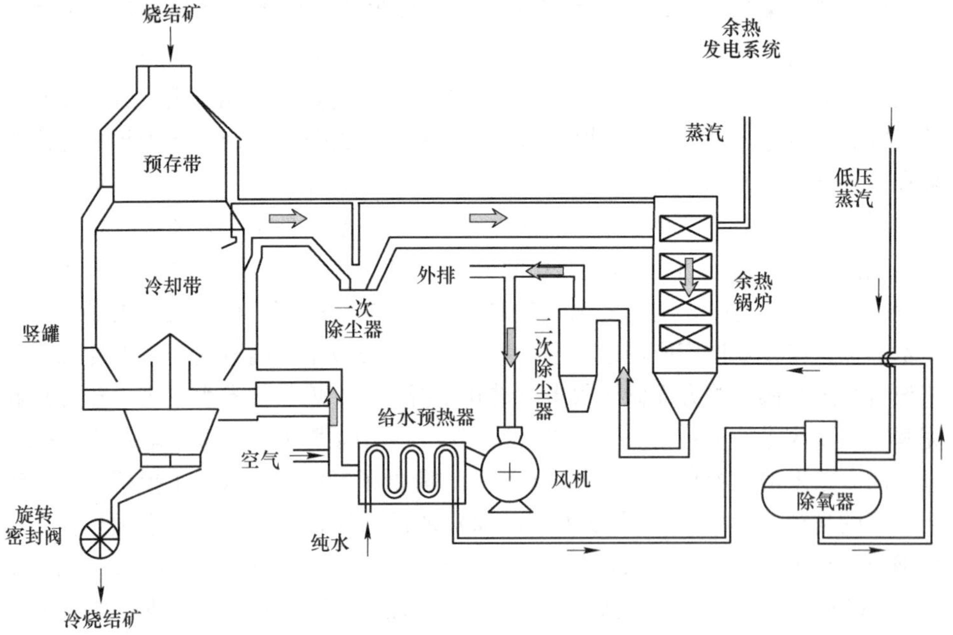


图 5-2　烧结矿竖式冷却系统示意图

次除尘采用重力除尘。气体经过重力除尘后会把大粒度烧结矿粉尘分离出来，减少循环气体对余热锅炉炉管的冲刷磨损，达到保护锅炉炉管的目的，二次除尘采用立式多管旋风分离除尘、将循环气体中小粒度烧结粉尘进行分离，以达到进入循环风机的要求。冷却炉体为圆形截面或者矩形截面，外壳用钢板及型钢制作，内衬为隔热耐磨材料。炉体上部为预存段，中间是斜道区，下部为冷却段。预存段与冷却段相交处开有热气流通道，用于排出已经加热好的循环气体，预存段主要用于接收间歇装入的热矿，具有缓冲功能，且对生产过程中进入炉体内烧结矿的量波动具有一定的补偿作用。在炉体的冷却段，热的烧结矿层与低温空气进行充分的热交换，烧结矿经降温后排出。从炉体底部供气装置进入的低温循环空气在吸收了热烧结矿的显热后经斜道及环形气道排出，进入余热锅炉进行热交换。供气装置主要由十字风道、风帽、上锥斗和下锥斗组成。由于竖冷炉回收烧结矿余热技术尚在不断完善中，实际生产过程遇到的各种问题会促进该系统组成不断完善和优化，系统组成的调整也在所难免。

竖式余热回收装置的优点如下[23, 24]：(1) 实现了烧结余热资源的高效回收，克服了传统冷却机漏风和只回收温度较高部分的烧结余热资源等弊端。(2) 携带烧结矿显热的热空气品质得到了提高，克服了传统冷却机产生的蒸汽品质较低且蒸汽量不稳定的弊端，为后续蒸汽利用打下了良好的基础。(3) 烧结矿冷却后的品质得到一定提高。热烧结矿在预存段进行了温度均匀化和残存挥发分析出的过程，其成熟度得到进一步的提高，生矿基本消除。其次，烧结矿在冷却炉内向下运动过程中受机械力作用，脆弱部分及生矿部分得以筛除，成品率得到提高。(4) 使得粉尘的排放量得到降低，保护了环境。由于冷却气体在密闭炉体内对烧结矿进行冷却，同时炉体采用定位接矿，粉尘易得到控制。(5) 由于炉体中的介质属于循环工作，工作效率和资源的反复利用率得到了较大的提高，进一步提高了热能利用率。

## 5.2.4 烧结矿竖式冷却技术工业化

### 5.2.4.1 天丰钢铁

2013 年天津天丰钢铁股份有限公司对 $150m^2$ 步进式烧结机进行了改造，开发烧结矿竖冷窑显热高效回收发电项目。该项目分为三大部分：(1) 将原来 $150m^2$ 步进式烧结机的冷却部分改为烧结二段，使整台烧结机烧结面积扩大到 $270m^2$；(2) 建设竖冷窑，对烧结矿进行冷却同时回收显热；(3) 建设余热回收 10MW 凝汽式汽轮机发电机组。

此工程于 2013 年 8 月开始设计，烧结机改造部分、竖冷窑部分、10MW 锅炉汽轮机发电部分分别由北京明诚设计院、中冶东方工程技术公司、中材节能股份公司负责。项目于 2014 年 4 月建成、投入试运行；2015 年 3 月，配套建设的

10MW 凝汽式汽轮机发电机组投产。天丰钢铁在竖冷炉建成后又进行了 19 次较大范围的改造与创新，系统渐趋稳定，烧结矿冷却正常，烟气换热运行发电正常，形成了烧结机改造+竖冷窑显热回收+燃气补热+汽轮机（发电）机组集成的系统技术和成套设备。

### 5.2.4.2　梅山钢铁

宝钢股份梅山钢铁 3 号烧结机为 198m² 带式烧结机，日产烧结矿 6060t，采用环冷机冷却热烧结矿的方式，配套直径 30m 环冷机一套和蒸发量 15t/h 余热锅炉一套。经过多方多次研讨及分析论证，决定在此烧结机后布置一座竖冷炉，并于 2017 年开始建造，该工艺采用竖冷炉冷却热烧结矿，通过收集冷却热烧结矿所产生的高温空气（废气），经余热锅炉生产中压和低压蒸汽，使烧结矿显热得到最大限度地回收，并配套建设蒸汽余热发电系统[25, 26]。梅钢 3 号烧结机的生产状况见表 5-1。

**表 5-1　梅钢 3 号烧结机的生产状况**

| 项　目 | 参　数 |
|---|---|
| 生产能力 | 6060t/d，200 万 t/a |
| 工作制度 | 连续工作制，每天 2 班，每班 12h，年工作 8400h，作业率为 96% |
| 原料方案 | 热破碎后温度约 520℃，粒度 0~150mm，<5mm 的占比<25% |
| 产品方案 | 产品为温度<150℃，粒度 0~150mm，<5mm 的占比<25% |
| 烧结机参数 | 有效面积 198m²，宽 3.3m，栏板高 720mm，运行速度 1~3.3m/min |

3 号烧结机环冷系统改造工程，配备一套竖冷炉和一套余热回收装置用于将热烧结矿的余热进行回收利用，理论上可产生 2.45MPa、400℃中压蒸汽 40t/h，1.27MPa、300℃低压蒸汽 2.38t/h。扣除掉之前环冷机的产汽量，每年可节约标煤量为 2.84 万 t；年 $CO_2$ 减排量为 7.5 万 t 以上；同时，竖冷炉系统采用废气循环，含尘风全部循环无排放，以烧结矿冷却风排放标准 50mg/m³ 计算，与原环冷机冷却风（吨矿冷却风量约 4300m³）达标排放相比，吨矿颗粒物排放量减少 0.215kg/t，年颗粒物排放量减少约 430t，相应节约铁矿原料 430t。

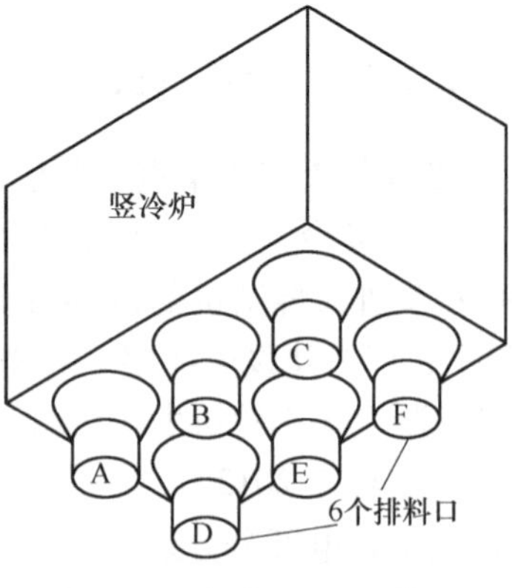

图 5-3　排料出口示意图

梅钢建设竖冷炉之前，借鉴了天丰钢铁的部分经验，在与设计方中冶东方反复探讨后选择了矩形截面竖炉，且下设六个排料口（如图 5-3 所示），以达到通过排料矩阵的变化调节炉内物料分布的目的。

2018 年 4 月梅钢竖冷炉开始装载热烧结矿，调试阶段其在环保节能方面与原环冷工艺对比数据见表 5-2。

**表 5-2 竖冷与环冷工艺对比数据**

| 项　目 | 环冷机 | 竖冷炉 | 备　注 |
|---|---|---|---|
| 烧结矿产量/$t \cdot h^{-1}$ | 320 | 320 | 正常生产 |
| 废气温度/℃ | 约 260 | 约 340 | 需优化 |
| 余热回收利用率/% | 约 30 | >50 | 利用率提高 |
| 总冷却风量/$m^3 \cdot h^{-1}$ | $110\times10^4$(21 循环) | $26\times10^4$（全循环） | 鼓风机由 4 台减为 1 台 |
| 废气排放/$m^3 \cdot h^{-1}$ | $89\times10^4$ | 趋近 0 | 减排 100% |
| 粉尘排放/$t \cdot a^{-1}$ | 480 | 趋近 0 | 减排 100% |
| 实际蒸汽产量/$t \cdot h^{-1}$ | 11 | 25 | 暂未发电 |
| 蒸汽温度/℃ | 220 | 300 | 需优化 |

## 5.3 竖冷炉工艺关键问题

### 5.3.1 竖冷炉工艺流程

#### 5.3.1.1 烧结矿物料流程

从烧结机尾翻料卸下的热烧结矿（平均温度 520℃），经单辊破碎机热破碎后，烧结矿碎块通过卸料管导入料车内，料车由卷扬系统沿斜桥提升至竖冷炉顶部，倾翻并卸料至炉顶料仓，通过料仓底部的喉管流入竖冷炉。烧结矿充满炉膛，并在炉膛内自上而下缓慢运动，与自下而上流动的冷却风进行充分的热交换来实现烧结矿的冷却。冷却后的低温烧结矿到达竖冷炉底部的卸料口，在竖冷炉出料口下部设有出料机，出料机排出的烧结矿（<150℃）通过输运皮带运走。

#### 5.3.1.2 冷却风流程

高压离心工艺循环风机将冷却风从竖冷炉下部以一定的压力通过送风配风装置和锥形风帽鼓入炉体内，自下而上流动穿过烧结矿料层，换热后的热风到达炉膛上部风腔汇集后，经主烟道流出，依次通过一次除尘器（粗降尘）、余热锅炉（热交换生产蒸汽）、二次除尘器（多管除尘）、热水换热器后，气体温度降到105℃左右。为了进一步降低循环废气的温度，在热水换热器之前引出一路废气外排送至筛分室除尘器，并在循环风机的入口设掺冷风阀，保证竖冷炉的进风风量和温度符合要求（80~90℃），最后由循环风机将热废气加压送至竖冷炉进风通道，完全密闭的循环方式对废气的含尘量要求较低，只要不磨损风机叶片即可，而且循环气体带入的热量能够保持一定的废气温度，进而提高蒸汽产量和发电量，提高烧结矿的热回收效率。为了便于直观的对比竖冷炉工艺与传统的环冷机工艺的差异，绘制了两种工艺的简易流程图，如图 5-4 和图 5-5 所示。

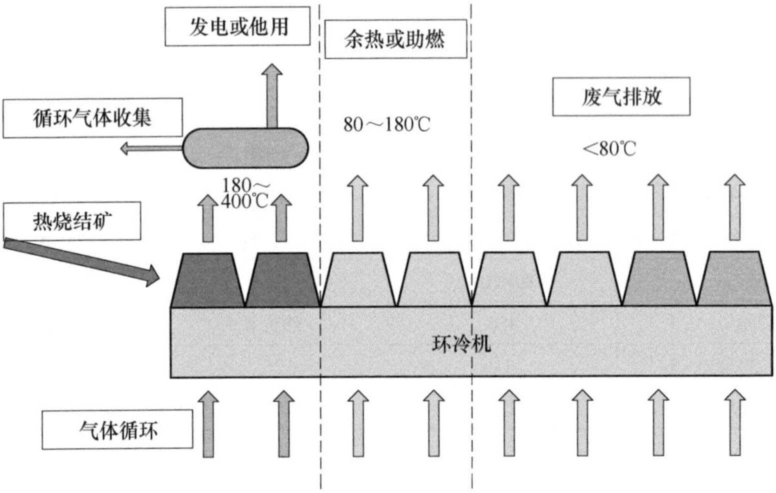


图 5-4　传统的环冷机工艺流程图

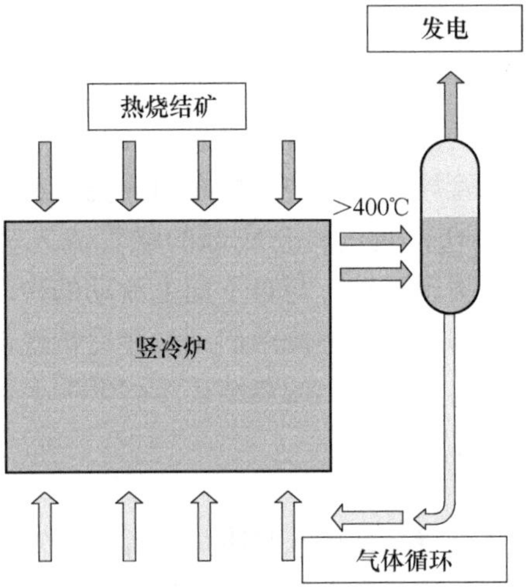


图 5-5　竖冷炉工艺流程图

## 5.3.2　关键问题

从干熄焦专有技术的提出到其工程化实施的完善，经历了几十年的探索。作为烧结矿余热回收利用的探讨途径之一，竖炉式回收利用技术刚刚步入工程试验阶段，其机理研究与工程实践的结合仍需经历反复考验[23]。从目前看，竖冷炉回收烧结矿显热工艺是否可以在工业上完全取代环冷工艺，尚需考虑以下6个问题[24,25]：

（1）料层阻力问题。冷却风自炉体下部流入，而后与料层进行热量交换。气固充分接触是保证气固进行充分热量交换的必要条件。气固接触充分的前提之一就是气体流经料层的阻力不能过大，否则，过高的料层阻力损失会使回收的经济性难以保证，甚至发生蓬料现象。其二，同干熄焦中的焦炭相比，烧结矿颗粒外形极度不规则，具有0~150mm的广粒度范围，尤其是小于5mm的粉料较多，在料堆的不同部位很容易产生严重的粒度偏析，导致竖冷炉内不同部位的空隙率差异很大，进而使不同部位的料层阻力很不均匀。目前，对于烧结矿填充床压降特性的研究主要集中于单一粒度的颗粒，对于混合粒度烧结矿填充床的研究较少，这使得该工艺在工业应用时可借鉴的经验很少。

（2）炉体内气固传热问题。炉体内气固传热问题是决定烧结余热回收技术是否可行的核心因素之一。炉体内烧结矿与冷却气体之间的气固热交换是否充分直接决定着炉体出口空气所携带余热的品质，进而决定着后续的发电过程，同时还影响着炉体的余热回收利用率。另外，气固传热的效率还直接影响着排出烧结矿的温度，如果排出烧结矿温度太高，就会存在烧坏底部运输皮带的风险，导致生产工序无法顺利进行，产生停机事故。这就需要相关研究者通过气固传热过程的研究，探讨炉体内气固传热基本规律，研究炉体烧结矿冷却能力、出口热风即冷却废气流量、温度等与炉体冷却段高度等结构参数之间的关系、炉内不同截面处的风料比以及布料制度与炉内烧结矿颗粒偏析的关系等相关规律。

（3）布料问题。布料装置的作用是将上料系统即旋转料罐所运来的热烧结矿按数量装入炉体并合理分布。竖炉冷却系统要满足排料连续性要求，这对炉顶布料装置提出了更高要求。布料装置运行情况的好坏直接影响着烧结矿冷却过程的顺利与否。因此，布料装置需要满足如下条件：布料均匀，密封好，设备简单，便于维修；运行平稳可靠；寿命长等。典型的竖式炉布料装置运用在高炉和干熄焦炉中，从理论上说，这两种工艺可以为烧结矿竖冷炉工艺提供借鉴经验。然而，高炉上的是冷料，而竖炉上的是热料，如何让高炉布料装置的一些结构如料流调节阀、眼镜阀、中心喉管、传动装置等推广在竖冷炉且成本又在控制范围内是一个重大难题；干熄炉顶部有装入红焦用的装入装置，与提升机配合将焦罐中的红焦装入干熄炉，且装入焦炭的温度远远大于烧结矿温度，从耐热角度来看是没有问题的，但是烧结矿粒度分布范围要比焦炭大，且粉末很多，相同的布料设备和制度下，烧结矿的粒度偏析要远远大于焦炭的。因此，干熄焦的布料装置是否可以应用到烧结矿竖冷炉工艺中也是一个需要探讨的问题。

（4）布风问题。布风装置的结构直接决定了冷却风的一次分布，烧结矿在竖冷炉内的偏析现象会导致不同部位阻力不同，进而影响冷却风在不同部位进入风量的差异，若差异过大，竖冷炉内的气固换热的均匀性无法保证，可能会出现废气温度不高，排料温度过高的现象。布风装置的作用是有效解决进入竖炉内的冷却风在竖炉圆周区域和内部区域的均匀分布，如何合理设计布风装置的结构也是竖冷炉研究者要重点注意的问题。

（5）排料装置及排料制度问题。排料装置是在保证竖炉内循环气体不向炉外泄漏的情况下，把冷却后的烧结矿连续排出的设备。排料制度是在现有排料装置的操作条件下，通过调节排料设备的不同功用把冷却的烧结矿排出炉内的方法。当整个竖冷炉以及附属设备建成后，大部分的生产参数都将被固化，烧结矿在炉内的分布规律也将变得很难调节，此时，排料装置及排料制度将成为调整竖冷炉内部烧结矿分布规律的有效手段，尤其是对多排料口的排料装置来说，通过其不同部位的排料口的开关配合，将会对不同部位的烧结矿停留时间产生关键的影响。如何设计排料装置以及根据排料装置优化排料制度也是研究工作者和生产操作人员应该重点关注的问题。

（6）烧结矿冶金性能问题。对炼铁工艺来说，最重要的是烧结矿的冶金性能是否会受到影响，同传统的冷却机相比，竖炉内烧结矿冷却速度要小很多，这种缓慢的冷却方式是否会影响烧结矿的冶金性能也是值得研究的问题。这一问题目前还未开始研究，主要是因为此问题在实验室条件下很难给出答案，需要在实际生产中慢慢摸索分析。

总的来说，烧结矿余热竖炉式回收利用是烧结余热资源高效回收利用的一条新途径，尽管其可借鉴干熄焦中干熄炉和其他竖式炉的结构和工艺，但由于烧结矿粒度严重偏析等问题的存在，其相比干熄焦工艺而言在料柱阻力和气固换热等方面存在更多更难的问题，如何解决这些问题，不仅需要众多的学者和工程技术人员的齐心协力，更需要研究院所和钢铁企业的大力支持。

## 5.4 竖冷炉内部颗粒偏析的分析

从本质上而言，余热回收炉体是一种气固逆流式移动床，是一种随机非结构化填充床，冷却介质流经烧结矿床层空隙与烧结矿表面以及炉体壁面进行热交换，流体流经床层细小空隙时造成流体压力损失。该阻力损失直接影响炉体内料层高度设计、风机的选择、风机耗电量等一系列的问题，影响回收余热的经济效益。而料层阻力的大小除了跟设备本身的设计有关，还跟竖炉内部烧结矿颗粒的偏析有很大关系。

### 5.4.1 颗粒偏析的初步分析

为了解竖冷炉内部颗粒偏析情况，宝钢股份梅山钢铁相关研究人员在停炉检修期间进入竖冷炉顶部对颗粒粒径在竖冷炉内的大致分布进行了观察，受缓冲仓一次偏析和下料喉管二次偏析的影响，发现物料偏析严重，总体粒度分布如图5-6所示。

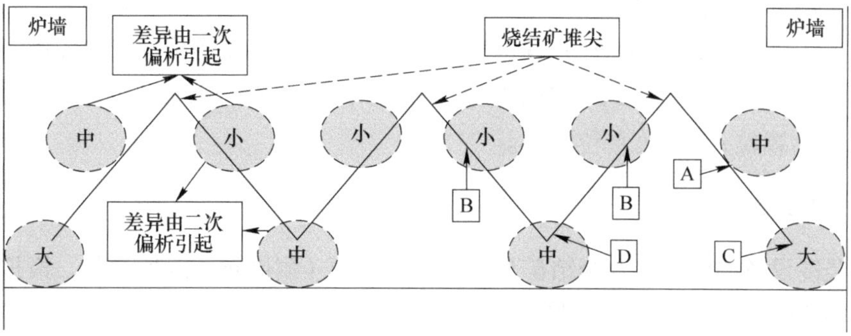


图 5-6 粒度偏析情况

观察发现，图 5-6 中料堆 A 和 B 处的粒度明显存在差异，推测这是由于小车把烧结矿倒入缓冲料仓时产生了第一次偏析，进而导致进入边缘喉管的颗粒粒度大于进入中间喉管的颗粒粒度。横梁 D 处和墙壁 C 处颗粒与堆尖 A 和 B 处颗粒的粒度差异是由二次偏析引起的。以上现象说明，一次偏析和二次偏析都不可忽略。

## 5.4.2 颗粒偏析的计算与分析

### 5.4.2.1 计算方法

由于实际工况的复杂性，烧结矿颗粒在竖冷炉内部运动时产生偏析的过程很难被观察到，其偏析后的粒度分布很难被测量。为了清晰的了解、观察、分析和解决烧结矿颗粒的偏析情况，采用离散单元法（Discrete Element Method，DEM）对竖冷炉内颗粒运动情况进行模拟计算。

离散单元法由 Cundall[27] 提出，随后由 Cundall 和 Strack[28] 完善，该方法通过跟踪每个颗粒的运动获得整个体系运动的过程，进而研究体系的宏观性质。

在 DEM 中，颗粒的运动服从牛顿第二定律[29]，根据颗粒间的受力情况，如图 5-7 所示，表示其平动和转动的方程为：

$$m_i \frac{\mathrm{d}\boldsymbol{v}_i}{\mathrm{d}t} = \boldsymbol{F}_{ij}^n + \boldsymbol{F}_{ij}^s + m_i\boldsymbol{g} \qquad (5\text{-}1)$$

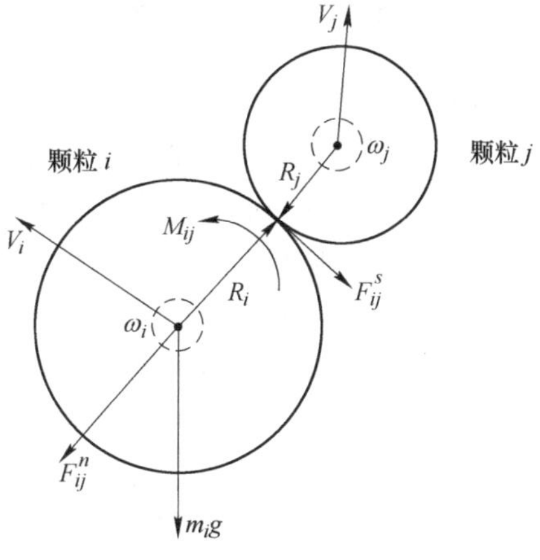


图 5-7 颗粒 $i$ 与 $j$ 碰撞时的受力与扭矩

$$I_i \frac{\mathrm{d}\boldsymbol{\omega}_i}{\mathrm{d}t} = \boldsymbol{R}_i \times \boldsymbol{F}_{ij}^s - \mu_r \boldsymbol{R}_i \left| \boldsymbol{F}_{ij}^n \right| \hat{\boldsymbol{\omega}}_i \tag{5-2}$$

式中，$m_i$与$I_i$分别表示颗粒 $i$ 的质量与转动惯量；$\boldsymbol{v}_i$与$\boldsymbol{\omega}_i$分别表示颗粒 $i$ 的平动速度与转动角速度；$t$ 为时间；$\boldsymbol{R}_i$表示颗粒 $i$ 指向与颗粒 $j$ 的接触点的矢量；$\boldsymbol{F}_{ij}^n$ 与 $\boldsymbol{F}_{ij}^s$ 分别表示颗粒 $i$ 所受到的法向力与切向力；$\mu_r$为滚动摩擦系数；$\boldsymbol{g}$ 为重力加速度；$\hat{\boldsymbol{\omega}}_i$ 为颗粒 $i$ 角速度单位矢量。

#### 5.4.2.2 模拟设置

竖冷设备的模拟涉及烧结矿与竖冷设备壁面（耐磨钢）两种材料，模拟中所涉及的烧结矿颗粒的物性、竖冷设备壁面的物性和 DEM 模拟的相关参数见表 5-3。

**表 5-3 烧结矿颗粒及竖冷设备模拟参数**

| 参数 | 数值 | 参数 | 数值 |
|---|---|---|---|
| 烧结矿 | | 壁面 | |
| 颗粒密度，$\rho$/kg · m$^{-3}$ | $2.65\times10^3$ | 密度，$\rho$/kg · m$^{-3}$ | 7850 |
| 颗粒直径，$d$/mm | 8，18，32 | 杨氏模量，$Y$/N · m$^{-2}$ | $2.0\times10^8$ |
| 质量百分比 | 30%，54%，16% | 泊松比，$\nu$ | 0.33 |
| 杨氏模量，$Y$/N · m$^{-2}$ | $1.0\times10^8$ | 滑动摩擦系数，$\mu_s$ | 0.43 |
| 泊松比，$\nu$ | 0.25 | 滚动摩擦系数，$\mu_r$ | 0.75 |
| 滑动摩擦系数，$\mu_s$ | 0.9 | 恢复系数，$e$ | 0.85 |
| 滚动摩擦系数，$\mu_r$ | 0.75 | 颗粒数 | $3.0\times10^5$ |
| 恢复系数，$e$ | 0.387 | 时间步长/s | $2.0\times10^{-4}$ |

#### 5.4.2.3 一次偏析改善

模拟目的主要是考察物料偏析情况及加入分料板后是否对缓解一次偏析有效果，该计算域只是选取缓冲料仓和小车作为研究对象（可减少计算量），计算所用颗粒直径为 40~80mm 范围内随机生成，装料过程与现场装料过程保持一致，小车一次装 10t 物料，缓冲仓和小车尺寸也与现场保持一致。本次计算过程共装载 7 次物料，即 70t，计算结束后两种装置料面如图 5-8 和图 5-9 所示。

把缓冲料仓的宽边平均分成 21 组，统计每一组内颗粒的质量占比和平均粒度，结果如图 5-10 和图 5-11 所示。

从图 5-10 和图 5-11 可以看出，加入分料板后会使颗粒在中心位置形成料坑，料坑的中心对应中间两个喉管的中心线，且坑内颗粒粒度明显增大，此种状况不仅会大大缓解一次偏析造成的不同喉管处粒度差异问题，还会使中间两个喉管的中心部位大颗粒增多，有利于提高中心配风的占比，减小风料比差异。

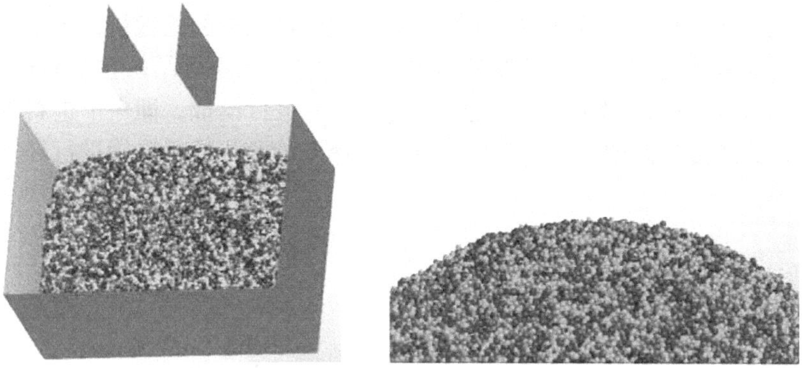

图 5-8　未安装分料板时的料堆

图 5-9　安装分料板后的料堆

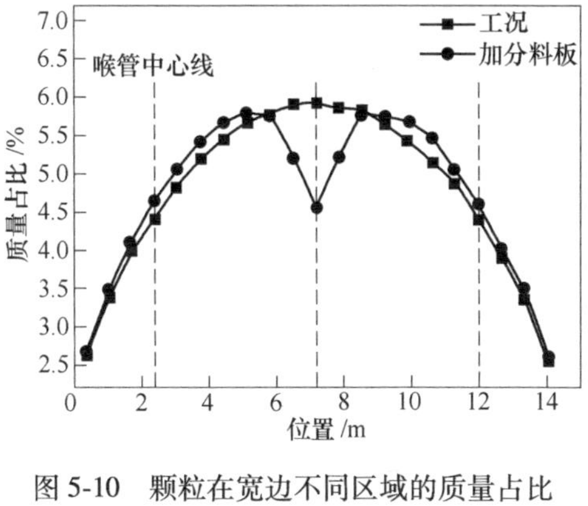


图 5-10　颗粒在宽边不同区域的质量占比

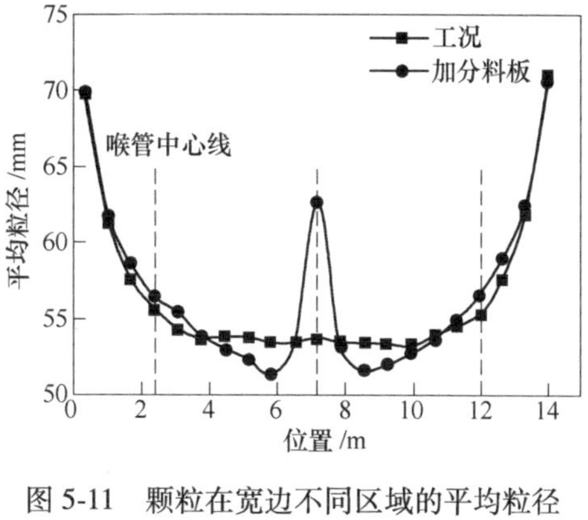


图 5-11　颗粒在宽边不同区域的平均粒径

#### 5.4.2.4　二次偏析的改善

二次偏析指烧结矿从缓冲仓下落至炉腔内的过程造成的偏析，为了研究进料管结构对炉腔内烧结矿粒径分布的影响，首先需要实现烧结矿在炉腔内的堆积。考虑到竖冷设备结构的对称性，选取整体的1/6进行模拟，即一个进料管和一个出料口。为了分析并改善二次偏析，这里选择三种形状的进料管进行计算，如图5-12所示。

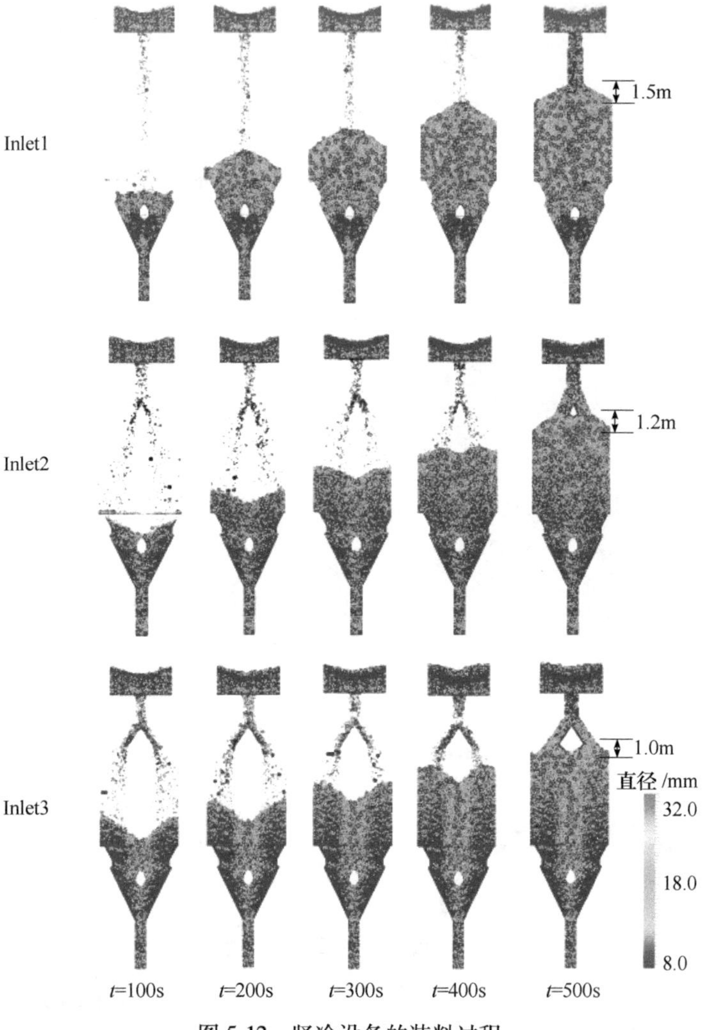


图5-12　竖冷设备的装料过程

从图5-12中可以看出，进料管的结构会明显改变烧结矿偏析的发展过程。在Inlet1时，出料口与竖冷设备中心重合，烧结矿的落点位于竖冷设备的中心。

在 Inlet2 和 Inlet3 时，出口位置向 4 个角落延伸，落料点偏离竖冷设备的中心。在 Inlet3 中，由于其出口更加远离竖冷设备的中心，烧结矿形成的料堆的中心更加靠近四个角落。烧结矿运动轨迹和距离的差异造成了其料堆结构、粒径分布和局部偏析的不同。Inlet1 的料堆高度为 1.5m，而 Inlet2 与 Inlet3 中的料堆高度分别为 1.2m 与 1.0m，比 Inlet1 的料堆高度分别减小了 20.3%与 33.3%。这是因为分支进料管结构的烧结矿出口距离竖冷设备的边壁更近，在烧结矿堆积角不变的情况下，减小了烧结矿堆积的底面面积，从而料堆高度也随之降低，由此可见分支进料管可以增加料层的有效厚度。

进一步分析堆尖中烧结矿的粒径分布，堆尖定义为出料管下沿到炉腔主体之间烧结矿，不同粒径的烧结矿在堆尖的质量分布如图 5-13 所示，三种粒径的烧结矿在堆尖中的质量分率与初始进料的质量分率一致，粒径为 18mm 的烧结矿质量分率最高，分别是 54.3%、56.2%和 51.8%，粒径为 32mm 的烧结矿质量分率最低，分别为 15.8%、16.6%和 11.5%，粒径为 8mm 的小烧结矿的数量介于两者之间，分别是 29.9%、27.3%和 36.6%。尽管料堆中不同粒径烧结矿总体的质量分布具有一致性，但主要由进料时的质量比决定。

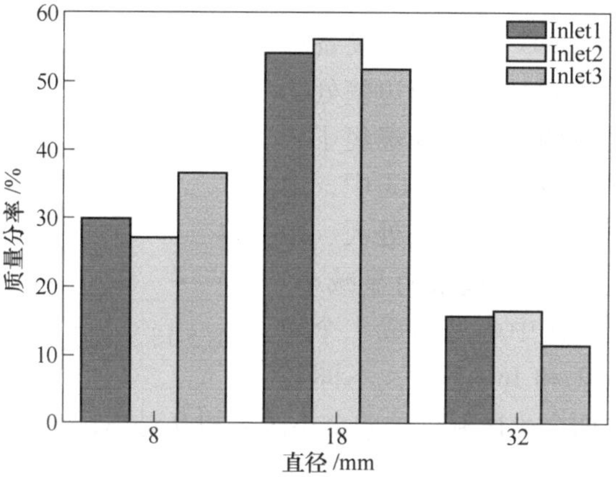


图 5-13 堆尖中不同粒径烧结矿的质量分布

但是，在堆尖的局部区域，烧结矿的粒径分布有明显的差异，堆尖中烧结矿粒径分布的顶视图如图 5-14 所示。可见三种进料管时都呈现了出口处小颗粒较多，料堆边缘大、中颗粒较多的特点，这是因为大颗粒动量较大运动距离较远，而小颗粒动量较小运动距离较近。然而，在 Inlet1 时小颗粒均集中于竖冷设备的中心，在 Inlet2 和 Inlet3 时小颗粒分布于四个相互对称的区域，由此可见分支进料管能够减小竖冷设备中心处小颗粒的数量，使小颗粒分布得更加均匀。并且，对比 Inlet2 与 Inlet3，Inlet3 中小颗粒的集中程度和小颗粒聚集区的分界线更为明显，因此可以认为 Inlet3 对烧结矿粒径分布的调整更为显著。

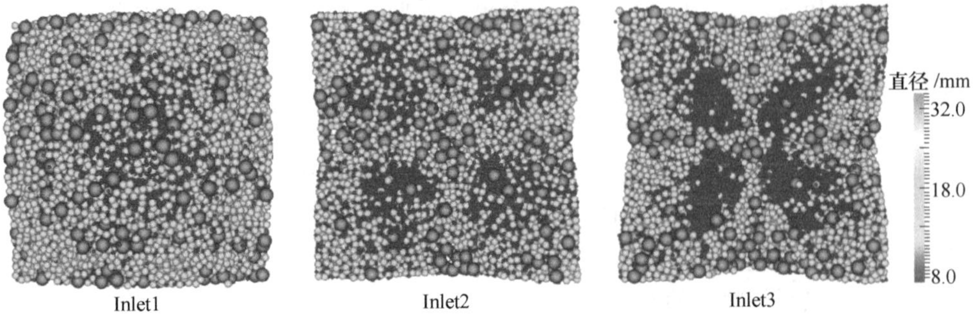


图 5-14　三种进料管对应的堆尖粒径分布（俯视图）

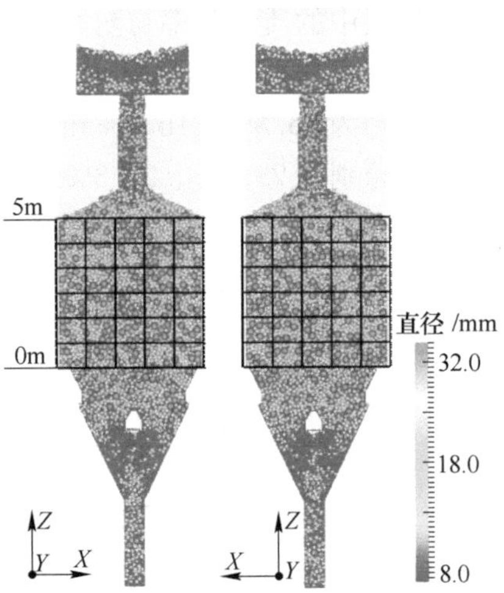


图 5-15　料层分布与统计网格的设置

分析炉腔内料堆主体中烧结矿的粒径分布，如图 5-15 所示，料堆主体从竖冷设备的炉腔底面到堆尖下方，总高度约为 5m。在高度为 1m、3m、5m 三个位置，烧结矿的粒径分布如图 5-16 所示，可见三种进料管都产生了明显的偏析，但是偏析的形态各不相同。在 Inlet1 中，竖冷设备中心处聚集了较多的小颗粒，四周边壁处的大颗粒较多，尤其在四个角落处聚集了较多的大颗粒。而在 Inlet2 和 Inlet3 中，中心处大颗粒明显增多，四周边壁处大、中颗粒数量占优，但大颗粒数量明显减小。与 Inlet1 中，小颗粒在中心处形成 1 个聚集区不同，在 Inlet2 和 Inlet3 中，不同粒径的烧结矿形成了四个小区域，这四个小区域相互对称，小区域中间为小颗粒聚集区，四周为较大颗粒的聚集区。

此外，Inlet2 和 Inlet3 中的大颗粒的分布也存在差异。在 Inlet2 中，小颗粒聚集处也存在一定数量的大颗粒，同时 4 个角落处大颗粒的聚集依然明显。而在 Inlet3 中，小颗粒在四个小区域的中心聚集，在相同位置几乎没有中、大颗粒，并且 4 个角落处几乎没有大颗粒。可见，Inlet2 和 Inlet3 改变了大小颗粒的分布，将 Inlet1 中单个小颗粒的聚集区分为了四个对称的小区域，并且 Inlet2 和 Inlet3 不同的出料口角度改变了大颗粒在四周和角落处的分布。因此，不同的出料口数目及出料口角度的设置将对炉腔内烧结矿的粒径分布产生较为明显的影响，从而调节烧结矿的粒径分布，为优化烧结矿和气体的换热提供参考。

进一步以网格划分的方法对烧结矿粒径的局部分布进行分析。网格划分的方法如图 5-15 所示，网格尺寸根据烧结矿尺寸以及竖冷设备尺寸确定，大网格的

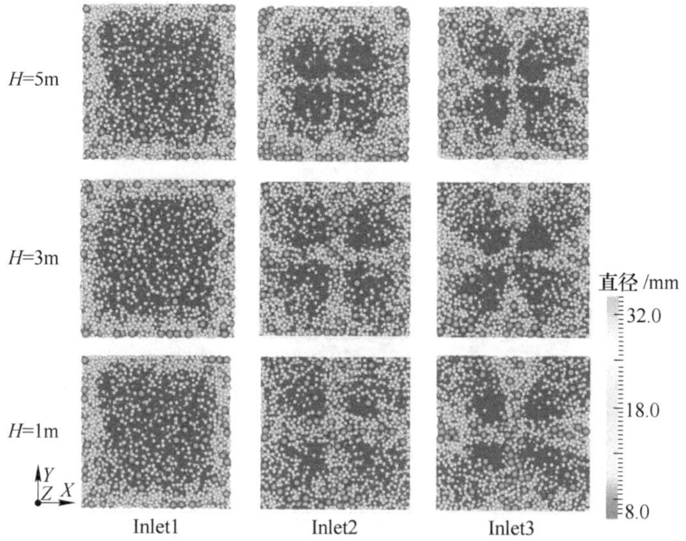


图 5-16 竖冷设备不同高度的烧结矿粒径分布

空间分辨率较低，统计数据难以精确反映对应区域的烧结矿偏析情况，而小网格含有的颗粒数较少，结果的统计意义较差，综合考虑两者，网格尺寸取为 $(0.84\times0.84\times0.84)\mathrm{m}^3$。对每个网格内三种粒径的烧结矿分别进行统计，并计算每个网格的相对平均颗粒半径，定义为各网格内烧结矿的平均半径与整个竖冷设备内烧结矿的平均半径的比值，如公式 (5-3) 所示：

$$\bar{r} = \left( \frac{\sum_{i=1}^{n} r_i \times r_i \times r_i}{n} \right)^{1/3} \tag{5-3}$$

$$R_r = \frac{\bar{r}}{R}$$

式中，$r_i$为网格内颗粒的半径；$n$ 为网格内颗粒的数量；$\bar{r}$ 为平均半径；$R$ 为整个竖冷设备内烧结矿的平均半径；$R_r$为相对平均半径。根据相对平均半径的定义可知其与相对平均粒径的值相同，$R_r$的值越接近于 1 表明颗粒的分布越均匀，小于 1 则出现小颗粒偏析，反之则为大颗粒偏析。

三种进料管不同高度的 $R_r$分布如图 5-17 所示。在 Inlet1 中，不同高度截面 $R_r$变化的趋势较为一致。中心位置的 $R_r$较小，最小值约 0.85，偏差为−0.15。边壁和角落处的 $R_r$较大，最小值约 1.2，而最大值达到了 1.62，可见在 Inlet1 中大颗粒偏析的程度高于小颗粒。在 Inlet2 中，不同高度截面 $R_r$的分布差异显著。$H=1\mathrm{m}$ 处的 $R_r$在 1.0 上下浮动，最小值为 0.86，最大值为 1.35，偏析相对较小。在 $H=3\mathrm{m}$ 处，中心与四周的 $R_r$差别较大，烧结矿的偏析加重，但角落与边壁的差异仍不明显。在 $H=5$m 处，竖冷设备角落出现了明显的大颗粒偏析。在 Inlet3 中，在 $H=1$m 和 $H=3$m 处的 $R_r$ 差异较小，在 $H=5$m 处竖冷设备的角落位置出现轻微的大颗粒偏析。

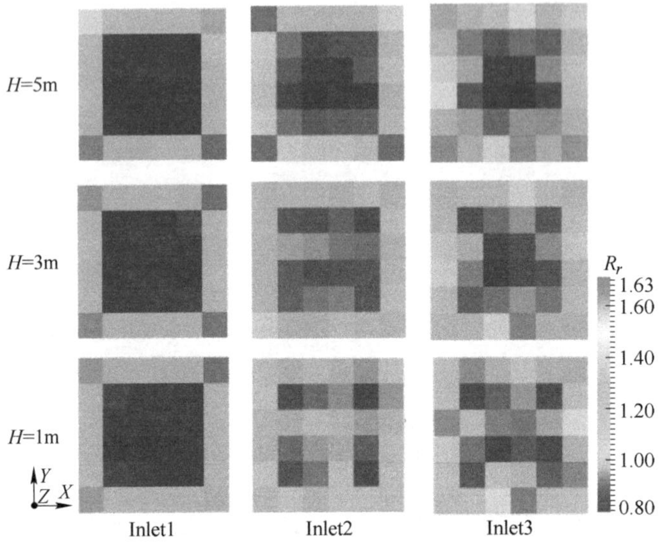


图 5-17　竖冷设备不同高度相对平均粒径

对比三种进料管时烧结矿的 $R_r$ 分布，可见 Inlet1 不同高度烧结矿偏析趋势一致，且偏析情况随高度的增加而加剧，而 Inlet2 和 Inlet3 使一个小颗粒偏析区变为四个，对烧结矿粒径分布的调整较为明显。比较 Inlet2 与 Inlet3 不同高度颗粒的分布情况，可见 Inlet2 在 $H=5$m 时，竖冷设备角落出现了明显的大颗粒偏析，而 Inlet3 在 $H=5$m 时角落处的 $R_r$ 相对较小，表明 Inlet3 对大粒径烧结矿的调节更为显著。

为了进一步分析烧结矿的偏析，统计了每个网格内三种粒径烧结矿各自的质量分率，并分别计算三种粒径烧结矿的偏析指数（Segregation Index，$S_D$），计算公式如式（5-4）所示：

$$S_D = \varphi_i - \varphi_o \tag{5-4}$$

式中，$\varphi_i$ 表示局部区域（网格）内某种烧结矿的质量分率；$\varphi_o$ 表示竖冷设备内相应烧结矿的质量分率（见表 5-3），$S_D$ 可以描述某种粒径烧结矿的聚集情况。偏析指数接近 0 说明偏析较小，正值说明此处某种烧结矿质量分率较高，发生正偏析，反之负偏析。三种进料管不同高度的 $S_D$ 分布如图 5-18～图 5-20 所示，可见小颗粒的负偏析均出现于设备两侧与角落位置，正偏析出现在设备中心位置，具体到不同的进料管，小颗粒的偏析各不相同。在 Inlet1 中，不同高度的偏析分布相似。对于小粒径的烧结矿，设备中心处的正偏析明显，不同高度偏析差别不大，负偏析主要出现在边壁尤其是角落位置。而中等粒径的烧结矿与小粒径的烧结矿分布相反，中心位置为负偏析而四周边壁为正偏析。尽管大粒径烧结矿的偏析没有中、小粒径烧结矿明显，但其分布规律与中等粒径烧结矿相似，负偏析出现在中心处，正偏析主要出现于设备的角落。这是因为：（1）相比中、小烧结矿，大粒径烧结矿的质量百分含量较小，导致偏析不明显；（2）大粒径烧结矿的动量大，运动中不易受到中、小烧结矿的影响。

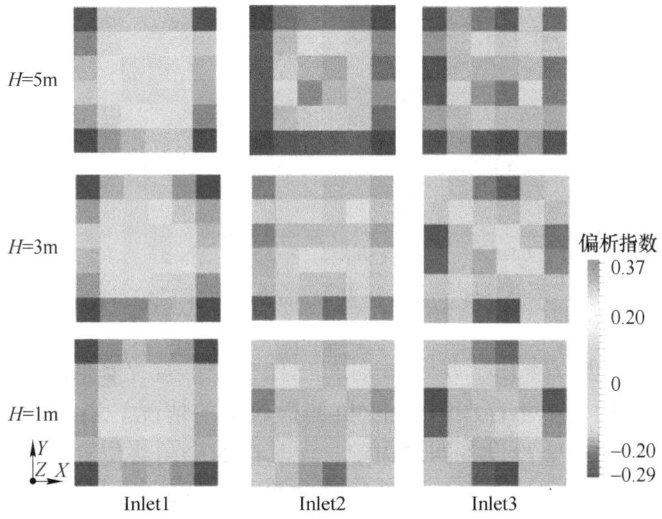


图 5-18　不同高度位置直径为 8mm 的烧结矿的偏析指数

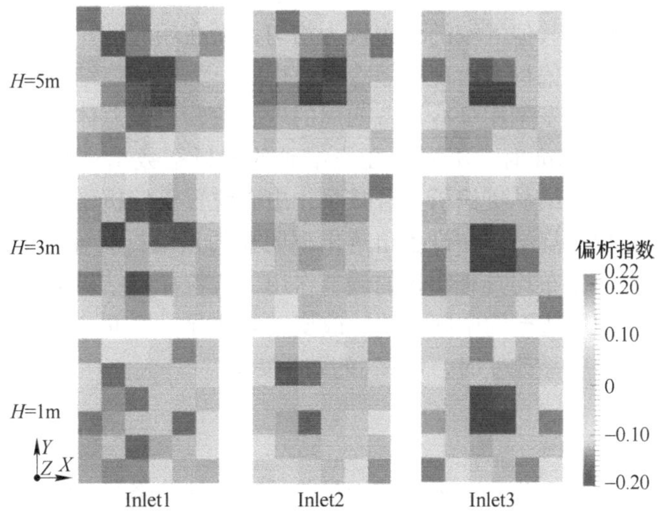


图 5-19　不同高度位置直径为 18mm 的烧结矿的偏析指数

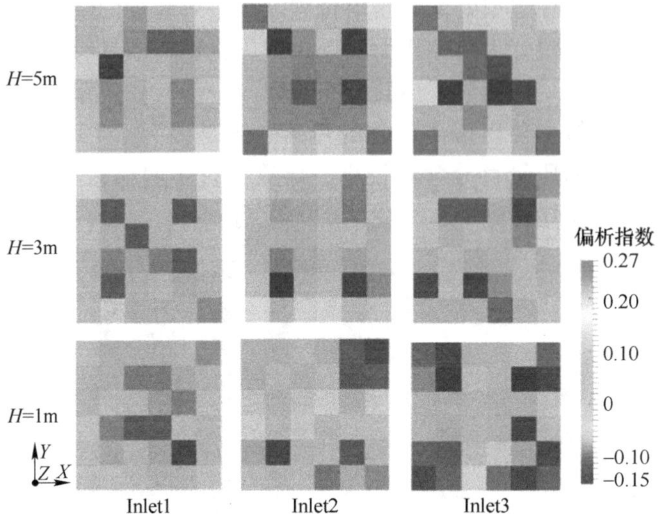


图 5-20　不同高度位置直径为 32mm 的烧结矿颗粒的偏析指数

在 Inlet2 中，当 $H=1$m、$H=3$m 时，三种粒径的烧结矿偏析指数相差较小，烧结矿分布比较均匀，不存在明显正/负偏析聚集的情况。当 $H=5$m 时，小粒径烧结矿负偏析发生在竖冷设备四周边壁，尤其以四个角落位置最显著，在竖冷设备中心有较轻微的正偏析；中等粒径烧结矿在竖冷设备的四周边壁有零星的正偏析，而中心出现了负偏析；大粒径烧结矿主要在竖冷设备角落出现了较明显正偏析，其他区域偏析并不显著。

在 Inlet3 中，当 $H=1$m、$H=3$m 时，竖冷设备四周的中间位置小粒径烧结矿的负偏析比较严重，其他区域的分布较为均匀；而在相同的位置，中等粒径烧结矿的正偏析明显，负偏析则出现在竖冷设备中心；大粒径烧结矿负偏析主要在竖冷设备角落，正偏析发生在竖冷设备四周的中心位置；但总体上三种烧结矿偏析差距并不大。在 $H=5$m 时，不同粒径烧结矿的偏析指数出现较大差异，竖冷设备边壁位置小粒径烧结矿负偏析显著减小，中心位置正偏析增加；中等粒径烧结矿变化不大；大粒径烧结矿在设备角落出现明显的正偏析。可见 Inlet3 对不同高度位置的烧结矿的分布均具有明显的调节作用，大粒径烧结矿从竖冷设备四个角落位置转移到了四周边壁的中间位置，改变尤其明显。因此，当需要对竖冷设备内烧结矿分布做出明显改变时，Inlet3 的效果更好。

## 5.5　本章小结

竖冷炉回收烧结矿余热工艺是基于目前环冷机的缺陷和干熄焦工艺的优势而产生的一种新型余热回收工艺。竖冷炉在本质上是气固逆流换热散料床，是一种典型的移动床换热器。该散料床内的烧结矿物料偏析问题和气流分布带来的换热均衡性问题是该工艺目前面临的主要问题。

（1）从理论层面上讲，竖式余热回收装置较传统的带式环冷技术更加优越，但从干熄焦专利的提出到其工程化研发再到工程化推广，经历了50~60年的时间。作为烧结矿余热回收利用的探讨途径之一，竖式回收利用工艺是否可行以及如何实施的问题，必然要历经理论上的认真论证，工程化过程的反复迭代优化以及实践上的长期考验。

（2）目前，天津天丰钢铁和宝钢股份梅山钢铁均已形成了一套各自的竖冷炉回收烧结矿余热工艺体系，两个竖冷炉在炉体和送风制度方面差异很大，代表了竖冷炉的两个不同方向的探索。从生产实践可以看出：竖冷炉回收烧结矿余热工艺取得初步成功，其在环保节能方面均已超越了环冷工艺，并且还存在可以改进升级的环节，比如，进一步降低排矿温度、提高废气温度、缓解烧结矿颗粒的一次偏析和二次偏析等问题。

（3）作为中国在钢铁低碳高能效共性技术独创技术之一，竖冷炉回收烧结矿余热工艺将成为主流技术已成行业共识。但对其探索与实践依然尚有不少工作要做，相信在天丰和梅钢这样的先行者带领下，竖冷炉回收烧结矿余热工艺会吸引越来越多的冶金研究者，也会有越来越多、越来越成熟的方法用于改进竖冷炉工艺。

## 参 考 文 献

[1] 刘传鹏，李国俊，林文佺，等．环冷机余热回收与利用系统的能量分析［J］．钢铁，2015，50（12）：60~66.

[2] 张秀芬，曹先常，姜未汀，等．烧结环冷机余热资源梯级利用系统分析与研究［J］．节能技术，2017，35（3）：251~254.

[3] 陈刚．环冷机余热回收系统分析与数值模拟［D］．北京：中国舰船研究院，2014.

[4] 陈永国，郭森魁，王华．钢铁企业烧结厂余热资源的回收利用［J］．能源研究与利用，2001（3）：44.

[5] 毛虎军，张浩浩，董辉，等．日本烧结余热回收利用技术［C］//全国能源与热工2010学术年会．北京：节能技术与设备，2010：561~564.

[6] 王兆鹏，胡晓民．烧结余热回收发电现状与发展趋势［J］．烧结球团，2008，33（1）：31~34.

[7] Alexander Fleischanderl，Christoph Aichinger，Erwin Zwittag. 环保型烧结生产新技术-Eposint and MEROS［J］．中国冶金，2008（11）：41~46.

[8] 布罗章斯基，B M. 㶲方法及其应用［M］．王加璇译．北京：中国电力出版社，1994.

[9] 徐国群．烧结余热回收利用现状与发展［J］．世界钢铁，2009（5）：27~31.

[10] 伍英，周茂军，马洛文，等．宝钢烧结余热锅炉生产实践［J］．烧结球团，2011，36（3）：

44~46.
[11] 聂建南. 合钢烧结废气余热利用的方式和经济效益［J］. 冶金能源，1988（1）：34.
[12] 张浩浩. 烧结余热竖罐式回收工艺流程及阻力特性研究［D］. 沈阳：东北大学，2011.
[13] 冯军胜，董辉，王爱华，等. 烧结余热罐式回收系统及其关键问题［J］. 钢铁研究学报，2015，27（6）：7~11.
[14] 蔡九菊. 中国钢铁工业能源资源节约技术及其发展趋势［J］. 世界钢铁，2009，9（4）：1~13.
[15] 董辉，林贺勇，张浩浩，等. 烧结热工测试与分析［J］. 钢铁，2011，46（11）：93~98.
[16] 董辉，赵勇，蔡九菊，等. 烧结-冷却系统的漏风问题［J］. 钢铁，2012，47（1）：95~99.
[17] 李明明. 烧结矿余热回收竖罐结构及热工参数研究［D］. 沈阳：东北大学，2014.
[18] 刘树立. 国外竖炉球团现状和我国竖炉技术的进展［J］. 烧结球团，1982（3）：57~64.
[19] 刘红军，吴增福. 浅析我国球团矿竖炉的现状及趋势［J］. 现代冶金，2008，36（3）：1~3.
[20] 董辉，蔡九菊，王国胜，等. 中国球团竖炉技术进步［J］. 中国冶金，2007，17（1）：13~16.
[21] 潘立慧，魏松波. 干熄焦技术［M］. 北京：冶金工业出版社，2005.
[22] 蔡九菊，董辉. 烧结过程余热资源的竖罐式回收与利用方法及其装置：中国，ZL200910187381.8［P］. 2009-09-15.
[23] 董辉，蔡九菊，赵勇，等. 烧结过程余热资源高效回收与利用装置及方法：中国，CN201110058524.2［P］. 2011-08-31.
[24] 冯军胜，董辉，李含竹，等. 烧结矿余热回收竖罐内流动阻力特性［J］. 中南大学学报（自然科学版），2017，48（4）：867~872.
[25] 孙俊杰，毕传光. 冷却竖炉内烧结矿运动行为模拟研究［J］. 梅山科技，2017（1）：15~18.
[26] 毕传光，孙俊杰. 竖式冷却回收烧结矿显热工艺在梅钢的应用［J］. 烧结球团，2018，43（4）：69~72.
[27] Cundall PA. A Computer Model for Simulating Progressive Large Scale Movement in Blocky Rock Systems [C]//Proceedings of the Symposium of the International Society for Rock Mechanics, Society for Rock Mechanics (ISRM), France, 1971: 2~8.
[28] Cundall P A, Strack O D L. A discrete numerical model for granular assemblies [J]. Geothechnique, 1979, 29 (30): 331~336.
[29] Zhang J Y, Hu Z G, Ge W, et al. Application of the Discrete Approach to the Simulation of Size Segregation in Granular Chute Flow [J]. Industrial & Engineering Chemistry Research, 2004, 43 (18): 5521~5528.

# 6 高炉渣显热利用

高炉渣是炼铁生产过程中的主要副产品，主要由铁矿石中的脉石、焦炭中的灰分、助熔剂和其他不能进入生铁中的杂质组成，吨铁产渣量可达 0.25t 以上。高炉渣作为钢铁企业的主要固废，约占钢铁行业废弃物的一半。作为二次资源，需处理后方能利用，水淬法是目前高炉渣主流处理工艺，只是热态高炉渣经水淬处理后，其蕴含的高品位余热资源被转换成低品位余热（热水和低温蒸汽），造成浪费。如何最高效的利用热态高炉渣显热是行业共性难题。本章重点讨论既保证其材料利用特性，又高效回收显热的一些新技术。

## 6.1 高炉渣材料资源特性与利用

### 6.1.1 高炉渣资源特性

高炉熔渣携带大量高品位热能，而这部分热能至今没有得到高效的回收利用。按高炉渣出渣温度为 1450～1600℃，1t 液态渣物理热高达 1.48GJ，相当于 50kg 标准煤，属于高品位可利用余热资源，极具有利用价值[1~3]。

高炉渣主要化学成分是 $SiO_2$、$Al_2O_3$、CaO 和 MgO 四种氧化物，用特殊矿石冶炼时，炉渣中可能含有 $CaF_2$、$TiO_2$、BaO 和 MnO 等化合物，同时含有少量未被还原的 FeO 和脱硫产生的硫化物。高炉渣主要特点如下：（1）导热系数低；（2）黏度随温度降低急剧升高。虽然熔渣的热焓大，但是由于其导热系数低，换热慢，换热介质难选择，回收的余热品质难以保证。此外，要保证熔渣的流动性，熔渣的处理温度必须很高。所以，目前高炉熔渣的热量回收十分困难。

高炉渣按酸碱度可分为碱性高炉渣和酸性高炉渣，按成分可分为钒钛高炉渣、锰铁高炉渣和高铝渣等。碱性高炉渣中的主要矿物为钙铝黄长石和钙镁黄长石，其次为硅酸二钙、假硅灰石、钙长石、钙镁橄榄石、镁蔷薇石及镁方柱石等；酸性高炉渣中的矿物成分主要为黄长石、假硅灰石、辉石和斜长石等；钒钛高炉渣中的主要矿物是钙钛石、安诺石、钛辉石、巴依石和尖晶石等；锰铁渣中主要矿物是橄榄石；高铝渣中主要矿物是铝酸一钙、三铝酸五钙和二铝酸一钙。目前，高炉渣的处理方法有干渣法、水淬法。我国主要以水淬法处理高炉渣[4~7]。一般酸性矿渣的玻璃体含量高于碱性矿渣，我国钢铁厂排放的快冷渣玻璃体含量一般在 80%以上。

高炉渣量大且是很好的二次资源，20 世纪 80 年代开始，许多国家将高炉渣作为一种“二次资源”加以利用[8,9]。目前，主流渣处理技术注重高炉渣作为固废资源的后续利用，熔渣所含高品质能量只是回收利用其低温低品质热量，能量品质损失严重。有不少学者正在研究直接利用熔渣及其显热生产高附加值产品。

## 6.1.2　传统高炉渣产品

如上所述，高炉渣的资源特性决定了钢铁企业需要在将高炉渣作为材料资源利用实现产品化的前提下考虑其显热利用。目前，高炉渣主要被用于建材、农业、化工、冶金等领域，将高炉渣变废为宝的过程中，达到经济效益、社会效益、环境效益的共赢[10]。

### 6.1.2.1　大宗建材

（1）高炉渣制备水泥。由于高炉渣与水泥的化学成分相似，经过水淬处理后高炉渣可用作水泥混合材料，替代水泥原料中的石灰石和黏土，以节约水泥熟料的用量、减少原料的用量和煅烧分解时所用的能量，降低窑的热负荷[11,12]。目前，高炉渣制备水泥是一项成熟的技术，我国用来制备水泥的高炉渣占炉渣总产量的 80% 左右。高炉渣普遍应用于众多大型建筑，取得了较好的应用效果[13,14]。

（2）高炉渣用作混凝土掺合料。高炉渣研磨至一定细度后制成微粉，可用来作为混凝土的掺合料。根据混凝土的不同使用要求，高炉渣粉可以等量地取代部分水泥，降低混凝土的成本。高炉渣微粉作为混合料制备混凝土，不仅可取代等量的水泥，创造良好的经济效益，而且能够改善混凝土的内部结构、耐久性、抗腐蚀性及后期强度等指标[15~17]。

（3）制备筑路材料。高炉渣经粉碎后可以用于筑路工程，作为铁路、公路、机场的道渣，铺设地基，也可以用于铺路等。用作铁路道渣可以减轻振动，吸收噪声，并且具有防滑性好、耐磨性高的优点。此外，高炉渣具有一定强度，并且弹性大，既可以提高地基的承载力，具有较好的稳定性，又可以提高地基的凝固速度，从而缩短地基工期，降低成本。

针对高炉渣疏松多孔的结构[18]，可将颜料渗透到高炉渣的微孔中，再利用有机聚合物防止颜料渗出，成功开发了彩色砂料，这种砂料被用来铺路，形成了多彩路面，既美化了城市环境，又节约了建设成本。

（4）制备新型墙体砖。我国传统的房屋建筑墙体一般采用红土烧制的红土砖，不仅浪费大量的红土资源，而且红土开采也导致我国的耕地资源减少。随着城市建设的快速发展，墙体材料的建筑需求不断增大，开发一种可替代红土砖的墙体材料存在着重大的现实意义[19~21]。

高炉水淬渣用于建材十分成熟，占高炉渣二次资源化利用的较大比例。水淬法中高炉渣显热无法高效利用。

#### 6.1.2.2 吸附材料

高炉渣具有作为吸附材料的特点[22]：

（1）高炉渣比重大，粒度粗，固液易分离，利用物理沉淀就很容易从废水中分离，可以大大简化操作环节，降低成本。相比之下，许多黏土类吸附材料虽然吸附性能好，但由于遇水后容易粉化，颗粒粒度小，固液分离困难，限制了在工业化应用。

（2）高炉渣经过1000℃以上的高温处理，机械强度高、性能稳定、无毒害作用、热稳定性和安全性能好。

（3）许多离子交换树脂虽然吸附容量大，速率快，但制作成本高，相比之下高炉渣能够降低废水处理成本。

（4）无需破坏矿物资源和生物资源，保护了矿物资源，避免环境破坏。因此，高炉渣作吸附剂不仅可以很好地解决高炉渣存放问题，并且可以变废为宝，以废治废，其经济效益、社会效益和环保效益显著。

随着人们对废水处理的日益关注，高炉渣在水处理方面的应用研究有巨大的前景和研究意义。$SiO_2$ 在溶液中以晶体结构（$SiO_4$）$^{4-}$ 的状态存在，这种特殊的多孔晶体结构能够促进离子间的交换和吸附作用。CaO 易溶于水中，以 $Ca^{2+}$ 的形式存在，其在碱性条件下可以形成没有固定形态的 $CaCO_3$，将重金属离子吸附在 $CaCO_3$ 上面，最后 $CaCO_3$ 与重金属离子一同被吸附到高炉渣中无定形金属氧化物上，进而被去除污水中的重金属离子[23]。

#### 6.1.2.3 微晶玻璃

微晶玻璃是以高炉渣为玻璃原料（加入量在50%～70%），加入石英砂等辅料，熔化成 $CaO-Al_2O_3-SiO_2$ 型基础玻璃液，在加热过程中通过控制晶化制得，以β-硅灰石为主晶相，由微晶相和玻璃相共同组成，是一种多晶材料，热稳定性好、机械强度高、耐磨、耐化学腐蚀等优点，作为一种新型建筑装饰材料，广泛应用于化工、电子、航空航天、国防等领域[24]。

高炉渣用作原料，可以降低熔融温度，促进玻璃液的均化、澄清。利用高炉渣制造富 CaO 的微晶玻璃，具有比普通玻璃更低的线膨胀系数，更高的机械强度，且具有显著的耐磨性和耐腐蚀性能。利用废钢铁炉渣制造出透明玻璃和彩色玻璃陶瓷，可以用作墙面装饰块及地面瓷砖。目前，以钢铁炉渣为原料制备出的微晶玻璃作为结构材料、功能材料、装饰材料等已被广泛应用于建筑、航空、化工、电气、电子等行业。

6.1.2.4　矿渣纤维

矿渣纤维是一种白色、丝状的纤维材料，具有不易燃烧、质轻、隔热性能好、导热系数低、耐氧化性等特点[25]。外观照片如图 6-1 所示，可加工成板、筒、毡等多种形状高性能矿渣纤维产品。

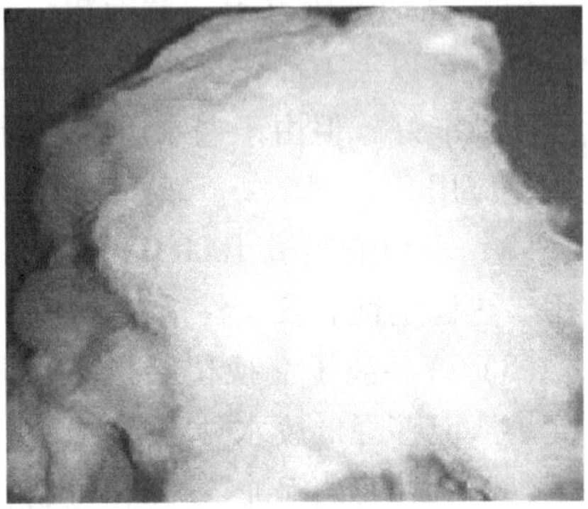

图 6-1　矿渣纤维外观

我国从 20 世纪 50 年代起，就开始对高炉渣制备矿渣棉技术进行研究，采用冷却后的高炉渣，在生产矿渣棉时需要等当量的焦炭燃烧加热，造成能耗高和生产成本较高，影响了该技术的应用推广。

近年来，国内外学者和企业对直接利用熔融高炉渣生产矿渣棉技术进行探索研究，并取得一定的成果[26~28]。由于高炉渣和玄武岩的成分相似，广州钢铁有限公司研究了利用熔融状态的高炉渣配加适量玄武岩生产玄武岩棉，结果证实了采用 60%的高炉渣加上 40%的玄武岩制成了玄武岩棉具有可行性；2001 年，大连环保设计研究院提出了利用高炉熔渣显热一步法生产矿渣棉的技术，通过对熔体成分调质、均匀化程度、温度调控和矿渣棉质量控制等技术进行了相关研究；日本 JFE 对直接使用热态熔融高炉渣为主要原料制取岩棉的技术进行了研发，在熔融高炉渣中加入玄武岩或其他硅质矿物，采用离心力、压缩空气喷吹等方法制成平均直径为 3~5μm 的人造矿物纤维。这些方法可以有效利用高炉液态渣显热，降低了矿渣棉生产成本，具有较好的经济效益。太钢于 2013 年引进日本的双联炉法高炉熔渣制棉技术。

### 6.1.3　传统高炉渣处理技术

传统水淬法、干渣法等高炉渣处理方法的合理性在于充分考虑了高炉渣的材料资源特性。

6.1.3.1　水淬法

高炉渣水淬法大致分为：底滤法、因巴法、拉萨法、图拉法、明特克法。高炉渣经水淬急冷，来不及形成矿物结晶而把其中的化学能储存于形成的玻璃体中，因而高炉水渣具有潜在的活性。

（1）底滤法（OCP 法）。底滤法是高炉炼铁领域最传统的渣处理工艺，其工艺流程是：高炉熔渣在冲制箱内由多孔喷头喷射的高压水进行水淬，水淬渣流经粒化槽被粒化，然后进入沉渣池过滤，经过过滤后的水渣由抓斗吊出，堆放于渣场继续脱水。沉渣池内的水及悬浮物通过分配渠流入过滤池，经过过滤后的水经集水管后送入冷却塔冷却，循环使用，失去的水量由新水补充。

（2）因巴法（INBA 法）。因巴法水渣处理系统是20世纪80年代初由比利时西德玛公司与卢森堡P&W公司共同开发的一项渣处理技术。因巴法的工艺过程为：高炉熔渣由熔渣沟流入冲制箱中，熔渣被高压水流水淬成水渣，之后水渣经水渣沟送入水渣池再进行细化加工。水渣流入分配器，渣水混合物在其中进行水渣分离。随着滚筒的旋转，渣落到筒内皮带机上运出；水由分配器下部流出，在冷却泵的压力下流入冷却塔，经处理后循环使用。

（3）拉萨法（RASA 法）。拉萨法水渣处理系统由日本钢管公司和英国RASA公司共同研发。其工艺流程为：熔渣由渣沟流入冲制箱进行水淬，水淬后的渣水混合物经过水淬沟进入粗粒分离槽内浓缩，浓缩后的渣浆由渣浆泵送至脱水槽脱水。浮在分离槽水面的微粒渣送到沉淀池，经沉淀后，同分离器送去的渣水混合物一起进行脱水，脱水后水渣由卡车外运；过滤后的水经过沉淀池到达冷却塔再回收利用。相比其他水冲渣工艺，拉萨法的最大优点是水资源利用率高。

（4）图拉法（TYNA 法）。图拉法是我国近几年才兴起的一项水渣处理系统，是把高炉渣先机械破碎，再将水淬渣流到转鼓脱水器中的一种工艺流程。图拉法在俄罗斯图拉厂2000$m^3$的高炉上首次应用，1998年首钢首次引进了三套图拉法处理装置。图拉法渣处理工艺与因巴法类似，采用圆筒形转鼓，对渣水混合物进行脱水。由转鼓机内四周均匀布置的筛板与转鼓一起旋转，将渣带上来，通过外壁的不锈钢滤网，实现脱水的目的。脱水后的水渣自动落在转鼓内的受料斗中，然后经下料口下方的胶带机运至渣场。热水槽的水位稳定，是保障水淬和冷却效果的必要条件。溢流装置由沉渣池和清水池组成，水池底部自然沉降的渣，由提升机提出水面并通过溜槽进入脱水转鼓机脱水，以保持水质。水淬过程中产生的水蒸气和有害气体的混合物，通过烟囱进行高空排放。

（5）明特克法（MTC 法）。明特克法高炉渣处理工艺是由首钢与北京明特克冶金炉技术有限公司联合研制开发，整套系统于2002年7月在首钢3号高炉上投入运行。其核心设备是特殊设计和制造的一台螺旋输送机和一台过滤器组成。螺旋输送机呈20°倾角安装在水渣池内，螺旋叶片将水渣池底部的水渣向上输运，水则靠重力和渣的翻动挤压双重作用向下回流，实现渣水分离及脱水的目的。水渣经脱水离开螺旋输送机的U型槽后，通过皮带系统输运至水渣堆场，冲渣水经过溢流进入过滤器过滤进入水循环系统。

水淬法处理过程中存在的问题是：（1）耗水量大。水淬渣过程中水压大于0.2MPa，水渣之比为（8~15）：1，吨渣耗水约0.8 ~1.2t。（2）产生污染物。在水淬过程中产生的$H_2S$与$SO_2$等气体直接排出，造成大气污染，渣中的碱性元素会进入冲渣水中造成水污染。若带有封闭式循环水和冷凝系统的粒化处理装置，则可以显著减少含硫水蒸气的释放，但也需要使用大量资金。（3）显热未得到有效回收。当炉渣水淬时，高温液态熔渣的巨大能源潜力只是用于水的加热和蒸发而被白白浪费。（4）水淬渣含水量比较高，渣粒再次利用时必须干燥处理，能源消耗大。尽管在转鼓、料仓或料堆就进行了机械脱水，但炉渣砂中依旧残留约10%~12%的水分。在水泥生产中，首先要对炉渣进行干燥处理，需要每吨炉渣砂输入超过100kW · h 的能量。（5）系统维护工作量大，耗电高。水冲系统循环水中所含大量的细颗粒，对水泵和阀门等部件的磨损和堵塞非常严重，故使用一段时间后会导致水压下降、电耗增加、冲渣效果变差。

高炉渣水淬法工艺优势在于，首先能够承受炉渣流量和物理/化学性质的较大波动。其次液态渣遇水快速冷却，液态渣化合物分子来不及排列成晶相结构而固化，形成非晶相的玻璃态。急冷的玻璃态高炉渣在水泥水化条件下具有良好的水硬活性，可作为水泥混合材或混凝土添加剂，这样的水淬渣售价相对较高，因此，绝大部分钢铁企业都采用水淬工艺处理高炉渣。其中，因巴法、图拉法能够实现流程的机械化和自动化，水渣质量好，整个系统安全性能可靠，设备成熟耐用，所以目前的高炉渣大多以因巴法、图拉法等湿法处理工艺为主。

#### 6.1.3.2　干渣法

高炉干渣处理工艺为将高炉热态渣放到干渣坑，然后对干渣坑喷水冷却，这是在高炉渣处理系统故障条件下，一种独特的渣处理方法。该方法的优点是没有设备损耗，可以应对所有的突发性事故；缺点是环境污染严重，且冷态高炉渣只能作为矿渣棉的生产原料。高炉产生的干渣，通过干渣破碎分选线加工成 0~25mm 规格干渣和 25~60mm 规格干渣，0~25mm 规格干渣作为水泥原料，25~60mm 规格干渣作为矿棉原料，如图 6-2 所示。由于干渣法处理方式易产生大量渣棉，具有一定的环境污染，资源利用率不高，且需一套完整运渣设备，因此，常规钢厂将干渣法处理方式只作为水渣系统故障时的替代处理方式。

#### 6.1.3.3　传统高炉渣处理方法的热回收及利用

在高炉渣湿法处理工艺中，熔渣所包含的高温物理热被转移到 60~90℃ 的冲渣水和 100℃左右的低温废蒸汽中，冲渣水经沉淀过滤后泵入空冷塔，降温到 50℃以下继续循环冲渣，北方有一些钢厂利用该部分余热进行冬季取暖。自 20 世纪 80 年代以来，邯钢、宣钢、鞍钢、济钢、通钢、唐钢、太钢等北方钢厂已经成功实施了高炉冲渣水余热采暖工程。高炉冲渣水余热采暖技术主要包括直接换热、间接换热和利用高炉冲渣水专用换热器进行直接换热供暖三种方式。由于

a

b

图 6-2 高炉干渣
a—0~25mm 规格干渣；b—25~60mm 规格干渣

冲渣水中含有大量的固体颗粒、悬浮物，很难彻底过滤，并且具有腐蚀性，易在暖气片、管道处发生堵塞、淤积和腐蚀，故直接供暖方案逐渐不被采用。目前钢铁企业应用较多的是间接换热供暖方案，该方案有效解决了管道、暖气片发生淤积、堵塞和腐蚀问题，但是换热器磨损、淤积问题仍没有彻底解决，并且不能全水量取热、余热无法完全利用。直接换热供暖是近期取得突破的新技术，其主要是采用高炉冲渣水专用换热器，应用较为广泛的有螺旋扁管换热器和全焊接板式换热器两种，具有无需过滤、全水量取热特点，且流程简单易于操作，适用于各种不同冲渣工艺。

### 6.1.4 高炉渣综合利用

目前，国内外处理高炉渣的方式主要为水淬法，在该过程中不仅需要大量水资源，而且高炉渣的余热余能没有得到回收利用；另外高炉渣主要作为生产水泥的原料，后续利用过程中需要烘干。为了解决以上问题，国内外的专家学者对高炉渣的余热回收利用开展了大量的研究工作，干式热回收工艺被提出来。该工艺有两个主要目的：一是回收高品位热能；二是保证高炉渣的高玻璃体含量。要实现该目的，其关键在于用空气对高炉渣进行快速冷却。然而，高炉渣的导热系数很低，所以需要将高炉渣转变为细小颗粒以增大换热面积，从而减小颗粒的导热热阻。为此，转鼓法、风淬法、转杯法等一系列处理工艺被相继提出。

关于高炉渣干式粒化处理回收显热技术[29~32]，显热直接回收过程总体可分粒化和余热回收两步，不同方式的热回收法其主要区别在于一是粒化方式不同，可采用离心粒化，也可采用冲击粒化；二是余热回收介质不同，可以是热空气、蒸汽，也可是熔盐等，通过介质将高炉渣的余热置换出来；三是换热方式不同，可采用直接接触换热，如固定床、流化床等，也可采用非直接接触换热。在高炉渣显热回收的过程中，熔渣的粒化效果影响着热回收率，决定了渣粒与换热介质的换热效果，渣粒越小其换热时间越短，换热效果越好。由于目前一般以空气和水作为换热介质，经过多次能量转换过程，回收的热品质普遍不高，且空气排出换热床层时夹带粉尘，需配套除尘装置，加大了系统的投入和运行成本，设备庞大，制约其大规模工业化。

化学法热回收技术是指在高炉熔渣释放热量的过程中使参与热回收过程的其他物质发生化学反应，或者其本身的化学性质发生根本性改变的一种热回收技术。例如，利用熔渣显热进行甲烷重整制氢、煤气化制煤气等。化学法回收熔渣显热是一项综合技术。此外，还有学者提出采用直接热电转换的方式对其余热进行回收利用[8,9]。

目前高炉渣大多作为水泥、混凝土、路基材等土木工程的建筑材料再利用，但由于产量增加、处置场地缺乏、环保标准严格化等原因，炉渣高附加值化及新利用技术开发的需求愈加强烈。高炉渣通过施加适当的化学工艺，利用自身炉渣显热，具有能够转化成高附加值材料的潜能。目前利用高炉渣制备纤维制品的技术接近成熟，其通过添加调质剂对高炉熔渣的成分进行调整，利用离心成纤工艺生产矿渣纤维，并最终制得纤维制品，这种方法可以在充分利用熔渣热量的同时，提升高炉渣的附加值。

## 6.2　熔融高炉渣干式粒化

基于熔融高炉渣具有的大量显热，自20世纪70年代以来，英国、瑞典、德国、日本、澳大利亚等国家都开展了高炉熔渣显热直接回收方面的应用研究，特别是在高炉渣干法处理工艺上，不过至今没有实现商业化。国内也有许多单位着手研究回收高炉渣显热的干法处理工艺。

### 6.2.1　国外现状

粒化是干法处理整个工艺流程的关键环节，是实现高炉渣显热有效回收的前提，也决定着粒化渣的品质和其后续利用途径。根据熔渣前处理方法的不同，可以分为转鼓法、风淬法、转杯法、转盘法等[29~35]。

转鼓法是20世纪80年代由日本石川岛播磨重工和住友金属工业联合开发的一种液态熔渣破碎技术。熔态高炉渣自由滴落，撞击敷有不浸润性涂层的旋转滚筒表面分散并被甩出而粒化，而后高炉渣颗粒进入流化床与空气进行换热，产生的热空气通过一个换热装置用来生产蒸汽。该系统曾在歌山钢铁厂进行了工业试验（处理能力约为40t/h），实现了50%~60%的余热回收率。该工艺的难点在于旋转滚筒表面涂层的选择和高温渣粒的分离，未能实现工业化。1984年，日本

NKK公司开发了“双转鼓”系统，如图6-3所示，该系统的主要组成部分是两个相邻的旋转方向相反的转鼓。熔渣流进入两转鼓中间的缝隙，并在滚压作用下被破碎。同时，熔渣与转鼓内部的低沸点冷却介质进行热交换，从而温度降低。最后，热交换后的冷却介质被送入余热锅炉实现余热的回收。在大型试验中，该过程可实现40%的热量回收，且渣产品中的玻璃相的比例超过80%。为了防止热交换效率急剧降低，粘到转鼓的渣需要定期清理。该工艺的难点在于转鼓的设计和稳定运行、渣膜厚度的控制以及具有高沸点高蒸发潜热有机溶剂的选择，由于整体热量回收率偏低等因素，也未能得到应用。

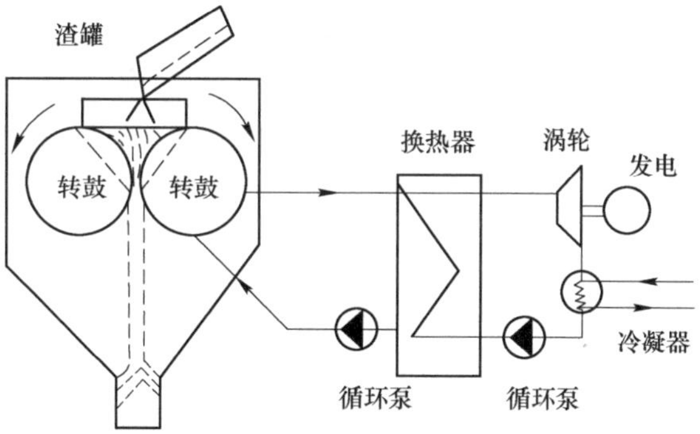


图6-3 双转鼓粒化法工艺流程图[4]

风淬法最早是由三菱重工和日本钢管公司提出的，其研究工作始于1977年，20世纪80年代进行了实验室实验，90年代进行了小时处理能力8t的工业实验。其工艺流程如图6-4所示。从高炉排出的1873K的液态渣首先经过黏度调节，而后流入风洞内的粒化区域，在此高压、高速的气流将熔渣吹散、微粒化，还有部分喷嘴用于避免粒化渣粒向上部和侧面飞溅。通过调整空气速度、熔渣流速、喷嘴分布及喷嘴尺寸等可实现渣粒尺寸的调节。飞行的颗粒首先与一级余热锅炉进行一次换热，而后落入二级余热锅炉中进行二次换热，由余热锅炉排出的渣粒温度在473~573K左右，由一级和二级余热锅炉产生的蒸汽被汇集到汽包中。通过对该系统进行热平衡评价发现，该系统中蒸汽所回收的热量约占熔渣余热的41%左右，热空气回收的余热约为39%，热空气的温度在773K左右，但这部分热量没有得到利用。能量回收效率低、渣粒不易收集及粒化过程的能量消耗大是该技术的主要缺点。

转杯法是指利用高速旋转的转杯将倾倒在转杯上的熔渣粒化，然后对高温渣粒进行余热回收的方法。20世纪80年代，英国钢铁公司和诺丁汉大学联合对转杯粒化技术进行了工业试验研究，其核心装置是转杯粒化器，工艺概念如图6-5a所示[36]。自从2000年以来，Primetals Technologies对该工艺流程进行了改进，取消了二级流化床，改进后的工艺概念如图6-5b所示[37]。高炉熔渣经注渣管流入旋转的转杯中，在离心力的作用下，在旋转杯的边缘，熔渣被甩出粒化，并在转

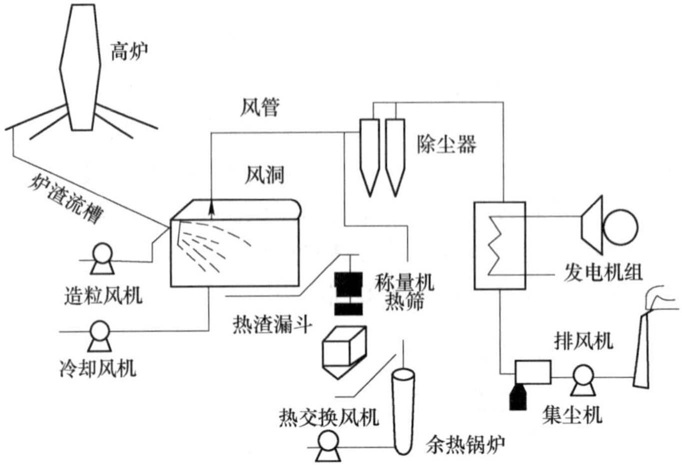


图 6-4　高炉渣风淬法工艺流程图[4]

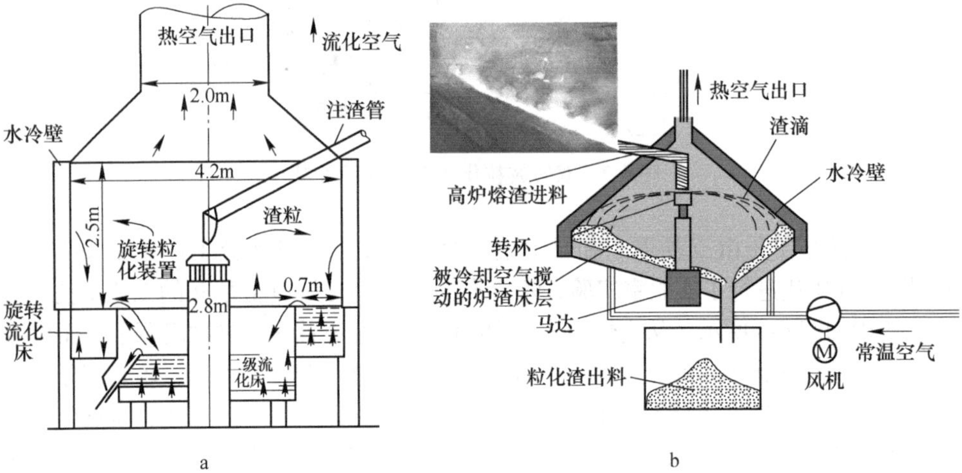


图 6-5　转杯法工艺概念流程图

a—1980 年代粒化工艺[36]；b—2000 年代粒化工艺[37]

杯周围环形空气射流的作用下，渣粒进一步破碎。随后，渣粒撞击热回收室的内壁后下落到流化床，与空气和床内水管发生热交换。试验结果表明：处理后的渣粒直径为 2mm，玻璃体含量超过 95%，热效率 60%。该方法的处理能力大，渣制品玻璃相含量高，缺点是由于转杯技术将粒化和二次热回收作为一体，使得设备较复杂，工艺控制比较困难。

澳大利亚联邦科学与工业研究组织（CSIRO）从 2002 年开始转盘粒化法的研究设计与开发工作。其原理与转杯法相同，依靠转盘离心力对熔渣进行粒化。该研究首先在试验台规模的装置上（直径约 0.5m，处理熔渣流量约 1kg/min）

进行了熔融高炉渣粒化试验（未进行余热回收）[38]，如图 6-6a 所示，并且取得了技术突破。在此基础上，以 CFD 数值模拟为先导指导设计和优化操作[39,40]，CSIRO 的研发团队开发了转盘离心粒化熔融高炉渣回收余热技术，并且在实验室建立了中试规模（Pilot Scale）的试验装置（直径约 1.2m，处理熔渣流量约 10kg/min）[41]，如图 6-6b 所示。在该装置上 CSIRO 开发的熔渣离心粒化与余热回收技术得到了成功的验证[42]。在此成功的基础上，继续以 CFD 数值模拟辅助指导设计和优化操作[43,44]，该研发团队进而在实验室建立了半工业规模（Semi-

a

b

c

图 6-6 CSIRO 熔融炉渣离心干式粒化与余热回收技术发展历程

a—实验台规模（2002～2006 年）[38]；b—中试规模（2007～2009 年）[41]；

c—半工业规模（2010～2013 年）[44,45]

Industrial Scale）熔渣离心粒化与余热回收装置（直径约 3m，处理熔渣流量约 100kg/min）[44,45]，如图 6-6c 所示。CSIRO 提出的余热回收系统主要分为两部分：熔融态的高炉渣首先在旋转盘粒化装置中粒化，并在下落过程中被空气冷却到 1173K 左右，完成非晶态转变，而后固态的高炉渣粒进入移动床与冷空气进行二次换热，渣粒的最终排出温度约为 323K。在该过程中空气可被加热到 873K 左右，可用来产生蒸汽、预热助燃空气或干燥物料等。采用该方法生产渣粒平均直径约为 1～1.5mm。CSIRO 将粒化与二次热交换相对分开，使得粒化设备相对简单，结构紧凑，工艺控制相对容易。

### 6.2.2　国内现状

国内对高炉渣干法粒化与显热直接回收利用技术进行了大量研究。东北大学、重庆大学、清华大学、辽宁科技大学、青岛理工大学对离心粒化法进行了机理研究，探索了转杯（转盘）转速、转杯（转盘）直径、熔渣温度、转盘表面特性等因素对粒化效果的影响，以期获得离心粒化的最佳工艺参数。这一领域的研究开发已进入工业应用阶段。

东北大学于庆波[46]等人针对转杯法粒化的热态试验，分析了高炉熔渣破碎的粒化机制，研究了转杯边缘线速度和熔渣温度对渣粒平均直径和质量分布的影响。东北大学和鞍钢合作申请的专利“一种高炉渣显热回收系统及生产工艺（200510047090.0）”，通过粒化轮对熔渣初步粒化后，在链篦机上用空气对粒渣进一步换热冷却，空气被加热到 700～800℃后送到余热锅炉，产生 0.3～0.4MPa 的蒸汽，渣则被冷却到 150℃以下。

重庆大学吴君军，刘小英等人[47,48]采用了数值计算方法对高炉渣离心粒化过程进行了三维模拟。证明了粒径、高炉渣初始温度、风速、风温对渣粒相变的影响。表明了渣粒粒径越大，凝固速度越慢；风速越快，凝固速度越快。

清华大学杜滨等人[49]，对转盘离心粒化液态高炉渣进行了实验研究，表明液态高炉渣的黏度越大，粒化后渣粒的直径越大。转盘的直径和转速能影响粒化后渣粒的直径。随着转盘直径和转盘转速的增大，高炉渣粒化后的直径越小。

辽宁科技大学姜超等人[50]对高炉渣离心粒化后运动的轨迹进行追踪，分析高炉渣离心粒化后，渣粒运动过程中换热的影响因素，进而分析换热装置内部温度场的变化，换热空气、水冷壁面及水冷壁内水的温度变化。

钢铁研究总院[51]研究了转杯粒化与风淬相结合的粒化方法，以离心力保证粒化渣的粒度分布，以风淬保证渣的温降速率、控制渣的品质，并辅助调节粒度分布。这些研究工作和取得的成果为下一步开展工业试验提供了理论指导。

青岛理工大学[52]搭建了高炉渣离心粒化实验平台，开展了理论分析、数值模拟、实验室及关键技术试验研究。

2015年北京中冶设备研究设计总院与澳大利亚联邦科学与工业研究组织（CSIRO）签署了关于高炉渣干法粒化技术的合作协议，双方合作开展高炉渣干法粒化技术的工艺放大试验，面向国内外共同开展该技术的商业化推广，致力于钢铁行业的绿色发展。

2017年开展的国家重点研发计划“液态熔渣高效热回收与资源化利用技术”，项目针对冶金行业液态熔渣离心粒化品质及效率低、回收余热品位与粒化颗粒品质协同困难、余热回收和系统集成及与冶金工艺流程匹配技术缺乏等瓶颈问题，创新高温熔渣余热回收和资源化利用技术，实现节能领域及相关交叉学科基础研究的发展和进步，提升我国冶金行业能源利用水平，促进冶金工业生产与环境协调水平，实现社会可持续发展。该项目由重庆大学牵头，北京科技大学、东北大学、西安交通大学、清华大学、北京工业大学、青岛理工大学、北京中冶设备研究设计总院有限公司、重庆赛迪热工环保工程技术有限公司、甘肃酒钢集团宏兴钢铁股份有限公司和甘肃爱科能源投资管理有限公司等11家单位共同参与。

### 6.2.3 干式粒化工程化

高炉渣显热回收技术必须要以处理后的炉渣具有优良的综合利用价值和性能为前提。熔融高炉渣的物理性质和高炉出渣的不连续运行使得熔渣显热回收存在困难，主要表现在以下几个方面：

（1）高炉熔渣导热系数低、换热慢。高温熔融钢铁渣初始温度高，熔渣呈液相具有流动性，硅酸盐类高炉渣在25~1300℃时导热系数仅为0.5~2W/(m·K)，1400~1500℃的液相阶段导热系数只有0.1~0.3W/(m·K)。熔渣冷却换热过程中，从液相到固液两相，再到固相的变化过程，熔渣导热系数是变化的，内部传热热阻大，冷却时间较长，粒径越大，冷却时间呈几倍的延迟。

（2）熔渣液相黏度随温度降低而增加，在1400℃出现固相颗粒，黏度急剧升高，达到0.3~1Pa·s，随着温度降低，熔渣逐渐失去流动性，开始凝固。液相黏度直接关系高炉渣粒化粒径的大小，关系着粒化成败。

（3）前述的两个问题导致较大的高温半熔融渣粒因冷却不足而在粒化设备和余热回收设备内相互黏结并且积累于设备内部，对于小渣粒，外部冷却强，但是内部仍是液态，在后续会有回温，也导致黏结，比表面积小，传热恶化，使得操作被迫中断而进行清理，这也是工业规模应用中遇见的主要问题。

（4）对于风淬法，粒化是靠气体的惯性力，粒化越小，需要的风量越大，导致风温降低。对于离心法，粒化依赖外界的机械力，鼓风主要是强化冷却和平衡控制，需要气流速度强化传热。换热介质若使用空气，热导率低，而且热容小，只有增加空气流速、增大空气量才能提高换热速率。过大的空气量导致气体平均温度降低，后续热利用效率降低。

（5）缓慢冷却熔渣形成晶体相，快速急冷熔渣形成玻璃相。急冷的玻璃态高炉渣在水泥水化条件下具有良好的水硬活性，可作为水泥混合材或混凝土掺合料。通过水淬的方法，冷却速度快，保证高炉渣的玻璃体含量。为了高炉渣具有较高的利用价值，较高的附加值，需要快速急冷，保证较高的换热速率，但是在干法处理高炉渣过程中，如果对熔渣的冷却速度不够，粒化后的渣制品玻璃相含量不高，就无法用作水泥原料。

为了保持流动性，熔渣的处理温度必须升高。虽然熔渣热焓大，但是其热导率低、换热慢，换热介质难以选择，而且回收的热品质难以保证。熔渣若要干式急冷处理，使产品渣含有95%以上的玻璃相，兼顾回收的热量品质，必须强化换热。因此，要提高换热速度和较好的回收热量品质只有尽量缩小渣粒的粒径，这可以抵消一部分低热导率的影响。渣粒越小，则传热和固化越快，黏附的可能性越小，熔渣的粒化技术是解决问题的关键，高效的干式粒化技术是热高效回收的前提条件。

另外，还需考虑出渣的间歇性和热量利用的连续性之间的矛盾，这需要设计巧妙的工艺流程，既要满足冷却速度等处理参数的要求，又要使热量的品质不出现大的波动。

## 6.3 熔融高炉渣直接产品化

目前，高炉渣水淬处理过程中不仅消耗大量的水资源，而且产生 $H_2S$、$SO_2$ 等有害气体，对环境产生了巨大的负面影响，高炉渣干式粒化显热直接回收利用技术还不成熟，熔渣显热未得到有效的利用，且其资源化利用的附加值也非常低。深入研究高炉渣新的综合利用途径不仅可减少固体废弃物的排放，而且可减少一次资源开采，具有明显经济和社会效益。

### 6.3.1 高炉熔渣调质生产水泥技术

#### 6.3.1.1 技术背景

水泥熟料是以石灰石和黏土、铁质原料为主要原料，按适当比例配制成生料，烧至部分熔融，并经冷却而获得的半成品，在水泥工业中，最常用的硅酸盐水泥熟料主要化学成分为 CaO、$SiO_2$ 和少量的 $Al_2O_3$ 和 $Fe_2O_3$。主要矿物组成为硅酸三钙、硅酸二钙、铝酸三钙和铁铝酸四钙。硅酸盐水泥熟料加适量石膏共同磨细后，即成硅酸盐水泥。

高炉渣主要由酸性氧化物 $SiO_2$、$Al_2O_3$ 和碱性氧化物 CaO、MgO 四种成分组成。在用普通铁矿石冶炼炼钢生铁的情况下，这四种成分之和在95%以上。其组分主要为硅酸钙、铝酸钙、铁铝酸钙，具有水泥熟料相近的组分，见表6-1。

表 6-1　高炉渣和水泥熟料成分　(%)

| 名称 | 灼减率 | CaO | $SiO_2$ | $Al_2O_3$ | $Fe_2O_3$ | MgO | $SO_2$ | f-CaO |
|---|---|---|---|---|---|---|---|---|
| 高炉渣 | 0.83 | 32.23 | 38.89 | 12.95 | 3.81 | 7.92 | — | — |
| 水泥熟料 | 1.12 | 63.80 | 19.63 | 5.78 | 4.56 | 2.26 | — | 1.25 |

高炉渣和水泥熟料的化学组成具有较大相似性，虽然化学成分含量有较大的差异，但是具有调整到与水泥熟料成分一致的可能性。而且从水泥熟料中各矿物组成的作用看，也并非要求所有的成分值完全一致。

#### 6.3.1.2　工艺流程

高炉熔渣调质生产水泥技术及雾化制粉热回收技术，是利用钢铁、冶金企业生产中排出的高温熔融液态渣（高炉渣或者转炉渣），将其所携带 1400~1600℃的高品质热量及液态渣具有的化学成分，在调质补燃炉内进行成分、温度调质处理，高温液态下生产硅酸盐水泥熟料，并将高温液态的硅酸盐水泥熟料雾化成细小液滴，通过受热面和介质对流换热冷却形成固态硅酸盐水泥熟料粉末；同时回收高温液态的硅酸盐水泥熟料的优质热量，形成过热蒸汽用于发电，工艺流程图如图 6-7 所示，其中涉及调质补燃炉技术、雾化喷嘴技术、输送气流床换热技术等关键技术[53]。

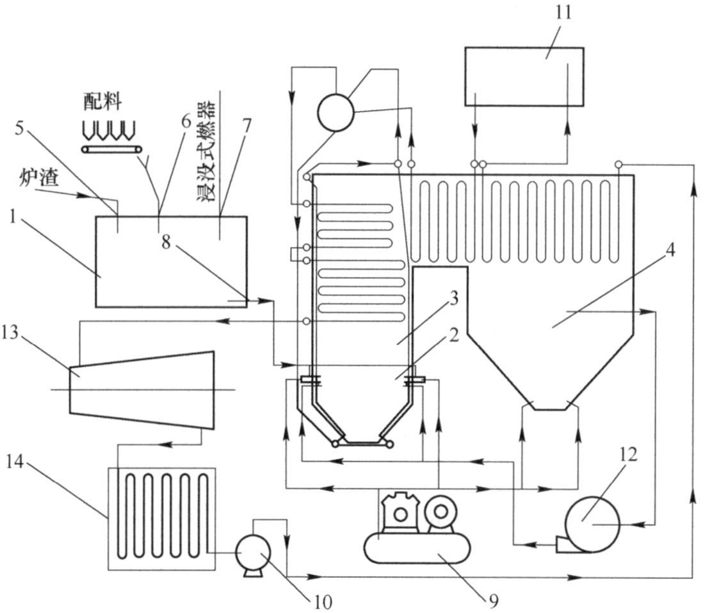


图 6-7　高炉熔渣调质生产水泥及热回收技术工艺流程图[53]

1—调质窑炉；2—干式粒化装置；3—换热锅炉；4—收尘器；5—液态渣入口；6—调质加料口；7—加热补燃装置；8—流液洞；9—空压机；10—给水泵；11—除氧器；12—鼓风机；13—汽轮机；14—凝汽器

（1）调质补燃炉技术：调质补燃炉是在熔融钢铁液态渣各种干式粒化法中首次提出和使用。调质补燃炉为水泥熟料配料提供混合、熔化、扩散和进行化学反应的空间，补燃为水泥熟料主要矿物硅酸三钙合成提供了液相、温度、低黏度的反应条件和反应时间，使 $2CaO \cdot SiO_2 + CaO = 3CaO \cdot SiO_2$ 的反应向正方向进行，同时调和了高炉出渣间断性和热量利用的连续性之间的矛盾。

调质补燃炉的结构设计借鉴煤气化的水冷壁气流床和发电锅炉的煤粉炉；燃烧借鉴有色金属冶炼的浸没燃烧；燃烧器借鉴水泥干法回转窑燃烧器。调质补燃炉炉底采用两层保温层砌筑，上层铺富铝尖晶石砖。炉壁是垂直悬挂膜式水冷壁，水冷壁可以向下膨胀，水冷壁铺设富铝尖晶石捣打料。生产中水冷壁挂渣，达到以渣抗渣的目的。炉顶入液态渣与配料，根据炉容量设置顶插式燃烧器，燃烧器插入液态渣熔液内燃烧。

调质补燃炉的优势在于燃烧器插入液态渣熔液内燃烧，热量损失少，且有搅拌作用，燃烧充分，传热快；配料容易迅速熔化、扩散；不易回火，燃烧稳定，不用点火，燃烧安全，方便调节，操作简单。

（2）雾化喷嘴技术：利用雾化喷嘴将液态渣雾化成细小的渣滴，瞬间冷却固化，解决了既要渣的玻璃体高含量，又要换热介质出口高风温的矛盾，粒化中存在的渣粒尺寸大、不均匀、粘连、拉丝现象也得以消除。

雾化喷嘴采用气雾化技术。喷嘴设计为三流道，渣熔液通道大于 20mm，保证熔液流阻小，流道通畅、不黏堵；气流分为前后两个通道，后通道气流为高风温、高风压、小流量，在喷嘴内部与熔液混合，形成一次气液混合流，对溶液进行雾化；前部气流通道与一次气液混合流喷嘴紧耦合，气流在紧耦合被加速，高速气流对一次气液混合流冲击，完成二次雾化。两次雾化使渣熔液形成的液滴更加细小，冷却速度快，换热速率加快；后部气流由于是高风温、高风压、小流量，不会造成高温渣熔液失去流动性，渣熔液黏度不会大幅度降低，高速喷出时，也避免了二次雾化时渣液滴返流而堵嘴的现象。

（3）输送气流床换热技术：熔融液态渣的各种物理法热回收工艺的热效率低，是制约工业化的根本原因。借鉴煤粉炉换热和干法水泥熟料烧结生料和烟气换热技术，设计了输送气流床换热，如图 6-8 所示。流化床内换热介质与高炉熔渣逆流换热，换热介质流速、流量受床层高度、床层阻力影响，加大换热介质流量、流速，就要降低床层高度、减小床层阻力或加大床层面积，所以换热介质与渣接触时间短，时间固定。

输送气流床用空气换热，换热空气经离心风机进入轴向旋流叶片旋转喷出，与雾化喷嘴喷出的液滴旋转扰动、剧烈混合，液滴表面凝固冷却。表面冷却的液滴和空气一起进入拉瓦尔式的收缩、扩大通道被加速，与对面同样对喷气固流相撞，由于液滴表面刚刚凝固，较容易破裂，大的颗粒又被破碎，内部的液相又形

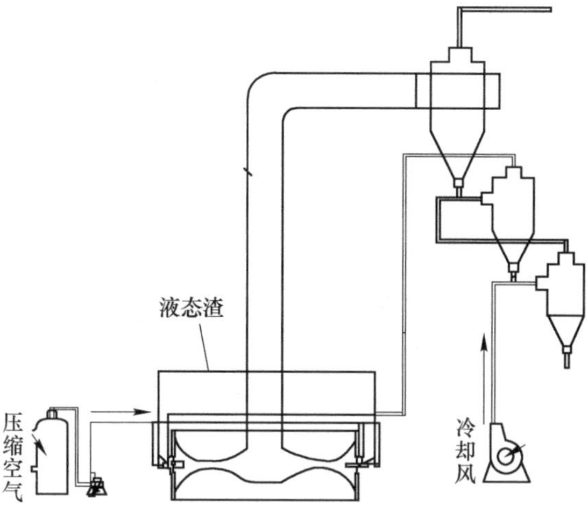


图 6-8 输送气流床换热示意图

成新的表面凝固。细小的颗粒（渣粉）和空气形成气流输送，一起进入布有受热面的管道，输送与换热同时进行，输送一定距离后，进入旋风分离器扰动旋转，气固分离。高温气体进入余热锅炉，渣粉进入下两级旋风分离器和新的冷空气逆流剧烈扰动旋转换热，渣粉被冷却到 100℃以下排出收集。空气经余热锅炉换热，低温气流进入布袋除尘器、引风机，进行下一个循环。由于空气和渣没有化学反应，空气经过除湿，所以空气可以换热到低于 80℃。

#### 6.3.1.3 中试试验

基于工艺流程图，进行工艺流程的设计，设备的选择、排布、开发，并以此为基础，模拟实际生产的需要，安装了除汽轮机、发电机以外的全部设备，完成小规模中试，如图 6-9 所示。

试验中的调质补燃炉为筒状，内径 900mm，耐火层厚度 50mm，净高 1450mm，筒壁设有水冷螺旋管，五通道水冷浸没式燃烧器插入渣熔液 200～350mm，熔化量 800kg/d，炉温最高 1650℃，渣熔液在加入适当的矿化剂，在 1400～1500℃时，黏度小于 0.1Pa·s；渣熔液碱度 3.2，温度 1650℃时，黏度能小于 0.065Pa·s。加入生产水泥熟料的配料时，浸没燃烧器搅拌作用明显，配料熔化迅速；当配料加入到生成 $CaSiO_2$ 的量，熔液碱度 3.5 时，炉温 1650℃，黏度仍低于 0.075Pa·s；雾化喷嘴流量 3～4.5kg/min，冷却的渣粉达到 200 目（200 目=0.075mm）时筛余 8%，玻璃相 95%以上。

高炉熔渣调质生产水泥及热回收技术特点：（1）调质补燃炉解决了熔液态渣干式粒化法中黏度变化的关键问题；虽然补燃了燃料，但在热回收阶段又基本收回，使利用高炉渣中成分生产水泥熟料成为可能，为熟料的主要矿物成分硅酸

图 6-9　中试装置实物图

三钙生成提供了空间和条件。(2) 高温型三流道雾化喷嘴实现了干式粒化法粒化颗粒尽量小的目的，粒径小是熔融高炉渣热回收采取的必要手段。(3) 利用高炉渣生产水泥熟料，不但节能且提高了炉渣的附加值。(4) 在热回收过程中避免了大量用水及水与液态渣直接接触使其冷却的方式，节省了大量的水资源，避免了水与液态渣接触产生硫化物污染环境。尽管也有专家提出该工艺与传统水泥相比的经济性，但该工艺存在不少有价值的创新点。

### 6.3.2　高炉熔渣调质及直接成纤技术

传统的高炉渣生产矿棉是以高炉渣粒料及焦炭等为主要原料，再添加适当量的调试剂，如石英石，通过鼓风传递或增高料斗等方法加入到一系列设备内加热，从而制得符合要求的熔渣，经过离心或喷吹制成矿棉纤维，再由收集器集棉等工序得到不同用途和性能的矿棉制品。目前国内大多采用冲天炉工艺，但此工艺有着污染大、成本耗能高、质量差等缺点，需研发更好的工艺方法。

如果利用液态高炉渣直接调质生产矿渣棉，高炉渣显热的利用率在 80% 以上，可降低矿渣棉的生产成本。近年来，国内外许多科学工作者和许多的钢铁企业逐渐认识到现有高炉渣处理方式的不合理性，开始研究利用熔融态高炉渣进行在线调质，并进行直接纤维化的生产工艺[54]。

从原料成分方面来说，用高炉渣来生产矿渣纤维是可行的。为弥补高炉渣相对矿渣纤维的高碱度问题，可以对高炉渣进行调质处理，以达到生产矿渣纤维合适的成分含量。可通过添加 $SiO_2$ 或 $Al_2O_3$ 含量较高的铁尾矿或粉煤灰，来调节高炉渣的酸度系数，达到生产矿渣纤维适宜的条件。

矿渣纤维生产工艺主要有三种：喷吹成纤、离心成纤和离心吹制方法。

喷吹成纤方法是利用高速气流将熔体流股吹散并拉伸成纤维，分为平吹法和立吹法。平吹法优点是产量大、能耗低、装置相对简单，但是制备的纤维较粗，渣球含量高。立吹法优点是产量大、纤维质量高，缺点是能耗高。

离心成纤方法一般是将熔体滴落在四辊离心机的第一个滚轮的合适位置，进而在熔体甩至二、三辊轮及第四个辊轮的过程中，利用离心力和熔体黏度的共同作用而制成纤维，如图 6-10 所示。优点是产量大，纤维较长，能耗低。缺点是设备复杂，操作要求高。

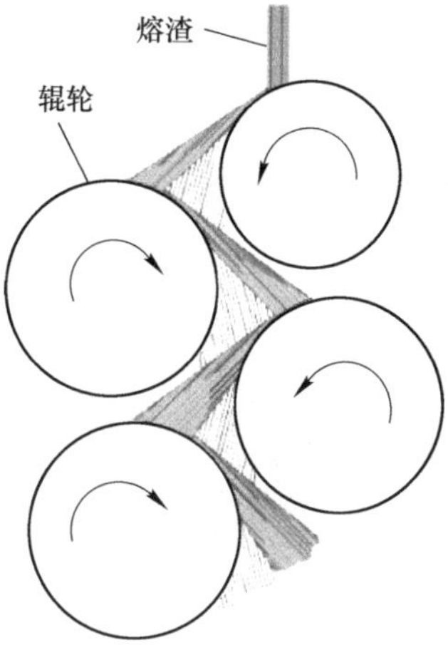

图 6-10 离心成纤示意图

离心吹制方法一般是在离心甩丝方法的基础上，在多辊离心机的辊轮周围设置环形高速喷嘴，熔体在离心成纤过程中，被高速气流继续拉伸变细。该技术优点是产量大，纤维直径较小，渣球等杂质相对较少，纤维质量高。缺点也是设备较为复杂。

华北理工大学[55~57]在实验室条件下，利用干渣重熔方式进行实验，对熔渣纤维化机理展开研究。利用冶金渣综合利用实验平台和中试实验平台进行热态实验，采用离心法和喷吹法制备的纤维，实现熔融态高炉渣的直接纤维化技术，在充分利用高炉渣显热的同时，对高炉渣进行高附加值产品的开发。制备的矿渣棉可生产质量符合要求的矿渣棉板，此矿渣棉板具有良好的绝热性、耐高温等优点，使用温度在600℃以上，高炉渣纤维 SEM 图像如图 6-11 所示。

图 6-11 高炉渣纤维 SEM 图像[57]

宝钢从 2010 年开始立项进行“高炉熔渣直接生产矿棉关键技术”的研发，在高炉渣物性研究的基础上，确定了高炉渣电熔补热的技术方案，根据矿棉产品使用要求，设计了系列化的高炉渣矿棉产品的工艺配方，完成了喷吹和离心成纤工业试验，如图 6-12 所示，结合纤维样品的物性测试及耐水、耐酸、耐碱等耐久性试验，优选出最佳配方，并据此制作出合格的矿棉制品试样，为工业化生产提供了重要的基础数据。其实验工艺流程如图 6-13 所示。

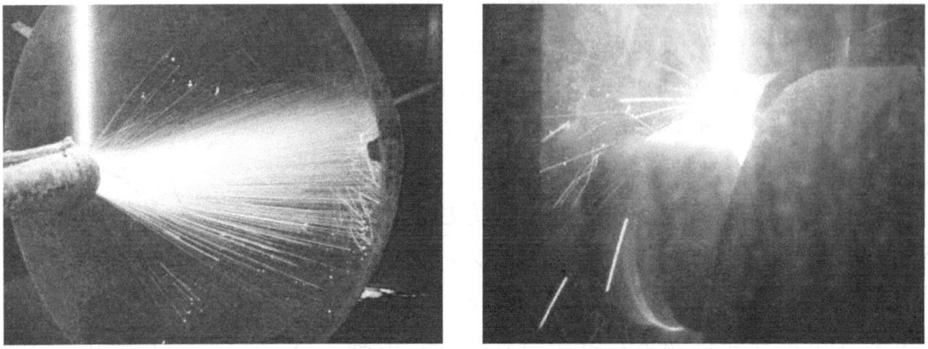

a　　b

图 6-12　喷吹法（a）和离心法（b）成纤过程

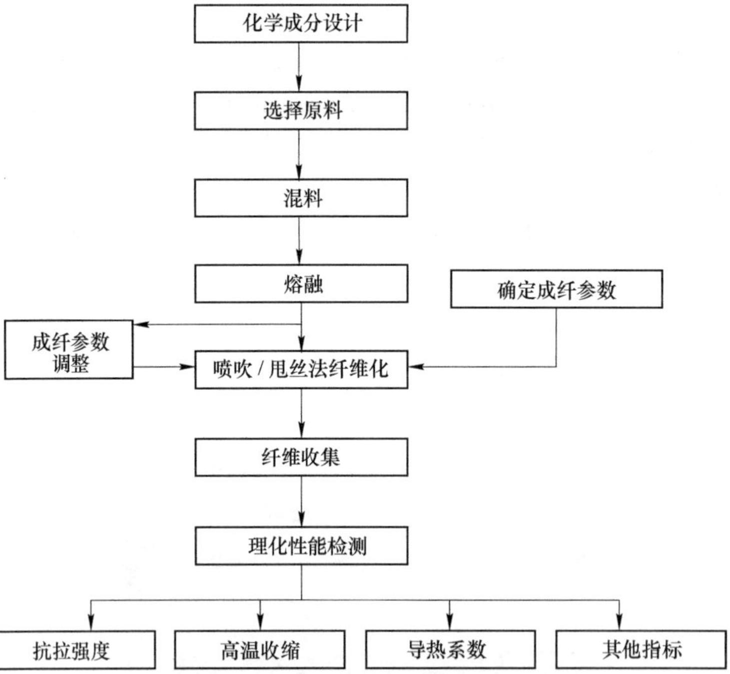


图 6-13　成纤试验工艺流程

此外，宝钢还结合现代化高炉的实际情况，相继攻克了高炉熔渣在线取渣控制、熔渣精确调质、控温、控流等一系列技术难关和瓶颈，研究开发了一整套拥有宝钢知识产权的热熔渣制棉工艺技术，为宝钢高炉熔渣直接生产矿棉的工业化和商业化奠定了基础。高炉熔渣矿棉化技术由于采用了先进的电熔技术，基本实现了无废气和烟尘排放，而且可添加少量粉煤灰和碎玻璃等工业和城市固体废弃物作为调质原料，具有良好的社会环保效益与推广应用前景。低成本、阻燃的矿棉墙体保温材料在建筑、装饰等领域的应用，也可大大降低建筑物保温工程的成本，其推广利用将大大节约社会的能源消耗。该项技术获得国际钢协第三届“Steelies”可持续发展报告成就奖。依托十二五国家科技支撑计划项目，宝钢打通热态高炉渣直接生产矿渣纤维的工艺路线，其工艺流程图如图6-14所示。主要包括在线取渣系统、溶渣炉系统、制棉系统和公辅系统等。其关键工艺在于：通过核心工艺装备熔渣炉系统，对高炉热态熔渣制矿棉所需合格熔体的成分、温度、流量进行有效控制，将高炉出渣的间断过程转换为连续稳定生产过程。

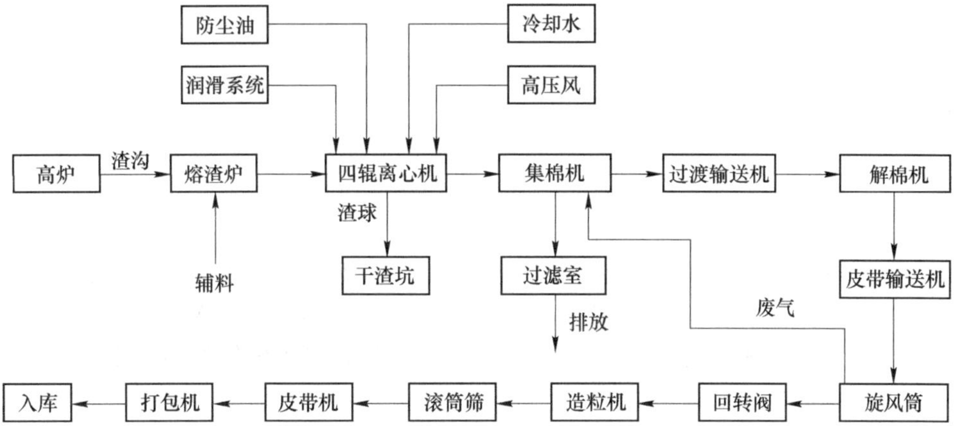


图6-14 宝钢生产矿渣纤维示范工程工艺流程图[58]

高炉热态熔渣的取渣位置选在高炉干渣沟分流口到吹制箱之间的渣沟上，为了实现熔渣在线取渣工艺，对高炉干渣沟进行改造，使热态熔渣可直接由取渣沟流进熔渣炉。高炉熔渣通过取渣系统与调质料一起进入熔渣炉系统，并对加料池、熔化池、料道分段分区进行温度控制，在满足产品性能的同时，实现能耗的最小化。熔渣炉采用电熔技术，空间辅以燃烧系统，炉体配置优质耐火材料，补热选用电极馈入电能。高温熔渣及辅料直接流入溶渣炉中，经补热熔化、均化、流出等过程，最终得到合格熔渣。进熔渣炉的熔渣温度约为1400℃，经过熔渣炉补热调质后的合格熔渣温度为1450~1500℃。

合格熔渣经进料溜槽导入成纤系统，成纤系统由四辊离心机和三角集棉机组成。高温熔渣在离心辊产生的离心力和风环喷出的高速气流复合作用下被甩制成纤维，并将纤维吹入三角集棉机。纤维在飞跃过程中，利用其与渣球的速度差有效地将未成纤的渣球分离出去。同时，采用雾化方式将防尘油均匀地施加到纤维表面。从三角集棉机排出的渣球装入斗内，再用叉车运至干渣坑临时堆放。纤维在集棉风机负压风抽吸作用下落在三角集棉机网带上形成原棉层，如图 6-15 所示。原棉经输送机进入解棉机初碎成棉团，由皮带机送至吸棉口，通过旋风筒风机气体输送，经旋风筒气固分离后通过回转阀定量送入造粒机造粒，再进入滚筒筛进行整形和除渣处理，从滚筒筛出来的粒状棉产品满足建材行业对吸声板用粒状棉的要求。

图 6-15　矿渣生产的原棉[58]

矿渣纤维生产所采用的主要原料是炉渣、工业废渣及其他废料，其中废渣的主要成分就是硅酸盐，因此利用废渣生产矿渣纤维，不但可以变废为宝，也在很大程度上缓解了环境压力。热态高炉渣的利用可降低矿渣纤维的制备成本，有利于提高矿棉质量和环保，符合现代生产节能减排、绿色发展的要求。

### 6.3.3　高炉熔渣制备发泡陶瓷材料技术[59]

发泡陶瓷作为一种新型外墙材料，经高温烧制，自然发泡生长而成，气孔间不贯通，不吸水，导热系数低且防火性能好，抗老化，弥补了有机保温材料易燃、易老化的致命弱点，可与建筑物同寿命，具有广泛的应用前景。传统发泡陶瓷生产工艺一般是采用高炉渣、铁尾矿、煤矸石、粉煤灰、赤泥等冷态工业废渣作为主体原料，添加部分配合料和发泡剂，经过主体原料的预热、配料均化、高温喷雾造粒、隧道窑烧结，制备发泡陶瓷毛坯板，再加工成型入库。但是在传统的生产工艺中，对主体原料进行预热需要消耗大量的能源；隧道窑烧结也消耗大量燃料，致使烧结工段成本一直居高不下。因此，传统中制备发泡陶瓷材料的方法均存在热能消耗过高，成本过高的问题，不利于发泡陶瓷产业的进一步发展。

利用高炉熔渣制备发泡陶瓷材料，并将干式粒化工艺与发泡陶瓷工艺相结合，既能直接利用高炉熔渣的显热，又能降低发泡陶瓷材料制备的能耗，实现了发泡陶瓷产品制备过程中的节能降耗和高炉熔渣余热再利用的有机统一，一方面可以消耗大量的冶金废渣，减少渣的堆积，另一方面利用了高炉熔渣中蕴含的物理热，综合能耗低，产品附加值高，可节约资源和能源，同时实现经济效益的最大化。

东北大学张璐等人[59]提出了一种高炉熔渣制备发泡陶瓷材料工艺，工艺示意图如图 6-16 所示。首先对配合料进行预热，配合料按质量百分比包括大于10%的二氧化硅。在后续步骤将配合料与高炉熔渣进行混合时，高炉熔渣为高炉中直接排放的熔融炉渣，温度一般在 1450~1550℃，温度较高。若配合料不经过预热而直接与温度较高的高炉熔渣混合，得到的调质熔渣的温度会大幅度地降低，影响最终发泡陶瓷材料的性能，且这样高炉熔渣的显热也不能很好地利用，后续也会增加能源消耗。因此，先将配合料进行预热到与高炉熔渣接近的温度，然后再与高炉熔渣进行混合，能够充分有效地利用高炉熔渣的显热，进而节约能源，同时保证制成的发泡陶瓷材料的性能。

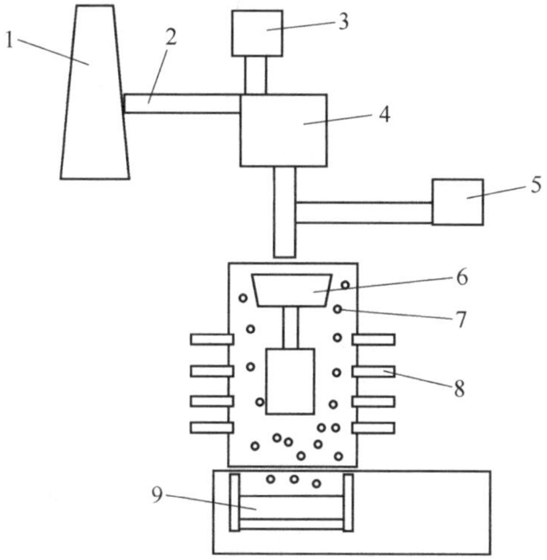


图 6-16　高炉熔渣制备发泡陶瓷材料工艺示意图

1—高炉；2—熔渣输送装置；3—配合料预热装置；4—调质均化装置；5—发泡剂蓄热装置；6—转碟；7—转碟粒化的调质熔渣；8—发泡剂输送装置；9—发泡装置

其次将温度为 1450~1550℃的高炉熔渣和预热后的配合料一起输送入调质均化装置中，并保温。调质均化装置主要起到调质的作用，能够将通入到其中的原料混合均匀，同时还能起到保温的作用以防止热量的散失，可以选择调质均化窑或者其他具有相同作用的装置。

然后向调质均化装置中加入金属氧化物，金属氧化物中的金属元素的摩尔质量小于 30g/mol，并将调质均化装置中的所有原料混合均匀，得到调质熔渣。由于高炉熔渣中的部分元素的含量较低，不能达到预生产的发泡陶瓷材料的成分要求，因此，通过加入配合料和金属氧化物并与高炉熔渣混合均匀，进而达到对高炉熔渣的成分进行调质的过程，以使调质后得到的高炉熔渣（即调质熔渣）中的元素成分满足生产需求。

后续将调质熔渣输送到转碟粒化装置中，并同时通入预热后的发泡剂，利用转碟粒化工艺，使发泡剂和调质熔渣混合均匀，使发泡剂充分包覆调质熔渣，得到发泡陶瓷配料。

最后，将发泡陶瓷配料输送到发泡装置中，进行发泡、退火，得到发泡陶瓷材料。得到的发泡陶瓷材料的常温抗折强度为6.45MPa，抗压强度为5.67MPa，导热系数为0.319W/(m·K)，且具有优异的耐酸碱、耐腐蚀、防火、保温、隔音、吸音等性能。

本技术将高炉熔渣直接产品化并用于制造高附加值的发泡陶瓷等建材产品。将其直接作为原料进行使用，并通过向高炉熔渣中加入配合料和部分金属氧化物对高炉熔渣中的成分进行调质，以满足产品的材料成分需求。以高炉熔渣中的物质和能量直接利用为出发点直接生产发泡陶瓷，省去了现有技术中先对高炉熔渣进行水冷，后期使用时再次加热的工艺。因此，既避免现有技术中采用水淬工艺造成的热量的损失和大量的水资源消耗，能够充分利用高炉熔渣所含的高品质显热，又能避免现有技术中二次加热造成的能源损失和浪费的问题，大量节约资源和能源，实现节能减排、清洁生产，提高了钢铁行业的环境效益和循环经济效益。

## 6.4 本章小结

尽管高炉渣约占钢铁厂固体废弃物的一半，但相对于其他炉渣来说，高炉渣是被利用得最多的副产品。绝大部分高炉渣经过水淬处理被利用作为生产水泥的原料，而其他炉渣利用水平较之相差甚远。不过，高炉渣经过水淬处理之后其蕴含的丰富的高品质余热资源也基本被废弃了。高炉熔渣余热回收成为了钢铁企业节能减排的重点工作，该目标的实现有助于钢铁企业进一步降低能耗、减少排放。

(1) 目前，国内外高温高炉渣的处理技术可分为两种，即水淬法处理技术和干式粒化法处理技术。水淬渣处理技术是指，通过把高温液态的高炉渣直接与水接触，使炉渣遇水快速冷却。这种急冷的方式限制了高炉渣的结晶，炉渣在内外热应力的作用下会破碎粒化。现有的水淬渣处理技术有：底滤（OCP）法、因巴（INBA）法、图拉（TYNA）法、拉萨（RASA）法和明特克（MTC）法等。由于高温液态高炉渣直接与水接触，反应强烈，水淬渣处理技术存在浪费了熔融高炉渣内含有的大量余热资源，消耗大量水资源。高炉渣干式粒化法处理技术作为一种环境友好型的新式处理技术，主要通过换热介质与高温高炉渣进行直接或间接的接触，进行高温炉渣的粒化，同时进行余热回收，其间几乎不消耗新水，不产生有害气体污染环境。但是由于高炉熔渣导热系数低、换热慢，高炉出渣的不连续运行使得熔渣显热回收存在困难，工程化中存在较多问题。

（2）采用高炉炉渣替代水泥熟料是一种经济的手段。高炉渣大多作为水泥、混凝土、路基材等土木工程的建筑材料再利用，但由于产量增加、处置场地缺乏、环保标准严格化等原因，炉渣高附加值化及新利用技术开发的需求愈加强烈。高炉渣的主要成分是 CaO、$SiO_2$、$Al_2O_3$、MgO，具有通过施加适当的化学工艺，能够转化成高附加值材料的潜能。

（3）熔融钢铁液态渣生产水泥熟料和雾化制粉热回收技术，是利用钢铁企业高温熔融液态渣，将其所携带的高品质热量及液态渣具有的化学成分，在高温液态下生产硅酸盐水泥熟料，并将高温液态的硅酸盐水泥熟料雾化成细小液滴，通过受热面和介质对流换热冷却形成固态硅酸盐水泥熟料粉末；同时回收高温液态的硅酸盐水泥熟料的优质热量，形成过热蒸汽用于发电。

（4）以调质高炉渣为原料，利用喷吹和离心成纤法制备矿渣棉及棉板的研究。在实验室进行高炉熔渣调质和制棉工艺优化基础上，宝钢建成了高炉熔渣生产矿棉中试生产线，打通热态高炉渣直接生产矿棉的工艺流程。

（5）一种利用高炉熔渣制备发泡陶瓷材料的技术，其将干式粒化工艺与发泡陶瓷工艺相结合，直接利用高炉熔渣的显热，实现发泡陶瓷产品制备过程中的节能降耗和高炉熔渣余热再利用的有机统一。

## 参 考 文 献


[1] 刘军祥. 高炉渣余热回收装置传热特性实验研究 [D]. 沈阳：东北大学，2009.

[2] 吴俊国. 天钢联合特钢 2 号高炉热铁渣热量的回收与利用 [J]. 天津冶金，2018（4）：67~69.

[3] 高洋，贵永亮，宋春燕，等. 高炉渣显热回收利用现状与展望 [J]. 矿产综合利用，2018（1）：12~16.

[4] 李顺. 国内外熔融高炉渣显热回收方法 [J]. 工业加热，2009，38（3）：1~4.

[5] 李大鹏. 国内外高炉渣干法粒化技术进展分析 [J]. 冶金设备，2015（S1）：44~46.

[6] 陈超，丁翠娇，朱善合. 利用高炉冲渣水余热采暖技术现状 [J]. 工业加热，2016，45（6）：66~68，72.

[7] 王涛. 浅析高炉冲渣水余热采暖的应用 [J]. 山东工业技术，2017（2）：61，90.

[8] 张春杰. 冶金流程热耦合节能研究 [D]. 郑州：华北水利水电大学，2018.

[9] 张帅，李慧，梁精龙，等. 高炉渣的综合回收利用 [J]. 中国有色冶金，2019，48（1）：68~70，73.

[10] 蔡欣悦，李铭，张一鑫. 矿渣水泥混凝土性能的研究 [J]. 建材与装饰，2017（46）：175~177.

[11] 许长红，王露，刘数华. 一种超低水化热水泥——硫酸盐水泥 [J]. 混凝土世界，2017（10）：38~42.

[12] 张贤明，曾亚，陈凌，等．高炉钛渣综合利用研究现状及展望［J］．环境工程，2015，33（12）：100~104.
[13] 宋进平，徐清，蔡世桐，等．浅谈重矿渣在国内外的研究应用现状［J］．建材发展导向，2016，14（24）：69~71.
[14] 吴胜利．高钛高炉渣综合利用的研究进展［J］．中国资源综合利用，2013，31（2）：39~43.
[15] 李林泽．高钛型高炉渣自密实混凝土配制研究［D］．四川：西华大学，2016.
[16] 崔孝炜．以钢铁行业固废为原料的高强高性能混凝土研究［D］．北京：北京科技大学，2017.
[17] 杨朋，张少高，林秀军，等．以高炉钢渣为骨料的沥青混合料性能研究［J］．广东建材，2015，31（7）：13~16.
[18] Osama L Moustafa. On the Cauchy problem for some fractional order partial differential equations Chaos［J］. Solitons and Fractals，2003（18）：135~140.
[19] 王国新，曹万智，王洪镇．高炉渣在新型墙体材料中的应用研究［J］．中国资源综合利用，2009，27（4）：8~11.
[20] 周芝林．利用攀钢高炉渣生产新型墙体材料的研究［D］．四川：西南科技大学，2004.
[21] 张春霞，齐渊洪，严定鎏．中国炼铁系统的节能与环境保护［J］．钢铁，2006，41（11）：1~5.
[22] 孔德彧，管昊，张倩，等．含钛高炉渣制备甲醛吸附剂的研究［J］．钢铁钒钛，2012，33（1）：40~43.
[23] 王哲，刘金亮，陈莉荣，等．高炉渣对 $Cd^{2+}$ 的吸附性能［J］．化工环保，2015，35（2）：187~191.
[24] 梅书霞，裴可鹏，何峰，等．高炉熔渣微晶玻璃的结构与性能研究［J］．人工晶体学报，2017，46（4）：698~704.
[25] 肖永力，李永谦，刘茵，等．高炉渣矿棉的研究现状及发展趋势［J］．硅酸盐通报，2014，33：1689~1694.
[26] 刘保瑶，张小兵．熔融高炉渣制造玄武岩棉的可行性分析［J］．矿产综合利用，2006（1）：44~47.
[27] 杨铧．高炉熔渣显热的利用一步法矿棉技术［J］．保温材料与节能技术，2002（6）：17~19.
[28] 杨铧．利用热电厂旋风炉液态渣显热生产矿棉的途径探讨［J］．节能，2004（5）：51~54.
[29] 邢海龙．基于高炉渣余热回收的生物质气化实验研究［D］．青岛：青岛理工大学，2016.
[30] 李玉琴，王红兵．高炉渣显热回收利用技术现状研究［J］．安徽冶金，2016（2）：30~34.
[31] 吴魏．高炉渣显热综合利用浅谈［J］．科技风，2014（22）：1.
[32] 王俊人，安彪，刘洁．旋转杯粒化高炉渣显热回收工艺综述［J］．能源与节能，2014（6）：129~132.

[33] 陈军，武国峰，雷震东，等．高炉冲渣水余热利用现状及技术发展分析［J］．中国钢铁业，2011（7）：26~28.

[34] 李朋．高炉渣余热回收及碳资源协同减排应用基础研究［D］．沈阳：东北大学，2013.

[35] 郝洪顺，徐利华，张作顺，等．高炉矿渣二次资源合成绿色无机材料的研究进展［J］．材料导报，2010，24（21）：97~100.

[36] Pickering S J, Hay N, Roylance T F, et al. New Process for Dry Granulation and Heat Recovery from Molten Blast-Furnace Slag [J]. Ironmaking and Steelmaking, 1985, 12 (1): 14~21.

[37] McDonald. Dry Slag Granulation with Heat Recovery [C]// METEC and 2nd ESTAD Conference, Düsseldorf, Germany, 2015: 15~19.

[38] Nexhip C, Davidson R, Norgate T, et al. "Dry" Granulation of Slags for Producing Cement Binder, Proceedings [C]//Green Processing 2004, 2nd International Conference on the Sustainable Processing of Minerals, Perth, WA, 2004: 85~96.

[39] Pan Y, Witt P J, Xie D. CFD Simulation of Free Surface Flow and Heat Transfer of Liquid Slag on a Spinning Disc for a Novel Dry Slag Granulation Process [J]. Progress in Computational Fluid Dynamics, 2010, 10 (5/6): 292~299.

[40] Pan Y, Witt P, Xie D. CFD Simulation of Slag Droplet Formation by a Spinning Disc in Dry Slag Granulation Processes [C]//8th Int. Conference on Computational Fluid Dynamics in the Oil & Gas, Metallurgical and Process Industries, Trondheim, Norway, 2011: 21~23.

[41] Xie D, Jahanshahi S, Norgate T. Dry Granulation to Provide a Sustainable Option for Slag Treatment [C]//Sustainable Mining 2010, Kalgoorlie, WA, Australia, 2010: 22~28.

[42] Jahanshahi S, Xie D, Pan Y, et al. Dry Slag Granulation with Integrated Heat Recovery [C]//First Intl. Conference on Energy Efficiency and $CO_2$ Reduction (EECR) in the Steel Industry, Dusseldorf, Germany, 2011, http://hdl.handle.net/102.100.100/103941? indek =1.

[43] Pan Yuhua, Peter J Witt, Benny Kuan, et al. CFD Modelling of the Effect of Operating Parameters on the Spreading of Liquids on a Spinning Disc [J]. Journal of Computational Multiphase Flows, 2014, 6 (1): 49~64.

[44] Mark Cooksey, Adrien Guiraud, Benny Kuan, et al. Design and Operation of Dry Slag Granulation Pilot Plant [J/OL]. Journal of Sustainable Metallurgy, Published online on 22 January 2019, https://doi.org/10.1007/s40831-019-00214-0.

[45] Sharif Jahanshahi, John G Mathieson, Michael A Somerville, et al. Phillip Ridgeway and Paul Zulli: Development of Low-Emission Integrated Steelmaking Process [J]. Journal of Sustainable Metallurgy, 2015, 1: 94~114.

[46] 刘军祥，于庆波，李朋，等．高炉渣干法粒化试验研究［J］．钢铁，2010，45（2）：95~98.

[47] 吴君军．高炉渣离心粒化机理及规律［D］．重庆：重庆大学，2016.

[48] 刘小英．高温熔融高炉渣颗粒相变冷却换热特性的数值研究［D］．重庆：重庆大学，2016.

[49] 杜滨，张衍国．转盘离心粒化液态高炉渣实验研究［J］．冶金能源，2013，32（4）：29~32.

[50] 姜超．一种混合式高炉渣余热回收装置的研究及模拟［D］．鞍山：辽宁科技大学，2016.

[51] 戴晓天，齐渊洪，张春霞，等．高炉渣急冷干式粒化处理工艺分析［J］．钢铁研究学报，2007（5）：14~19.

[52] 王东．高温液态炉渣机械离心粒化机理及关键技术研究［D］．青岛：青岛理工大学，2018.

[53] 郁国忠，李志远．一种利用雾化高温液态熔渣并回收高温显热的系统及工艺技术方案：中国，CN201810984688. X［P］. 2018-11-30.

[54] 刘晓玲．熔融矿渣直接成棉技术中的保温输送及调质研究［D］．马鞍山：安徽工业大学，2013.

[55] 杜培培．高炉熔渣离心成纤机理及实验研究［D］．唐山：华北理工大学，2016.

[56] 李杰．高炉熔渣直接成纤调质工艺基础研究［D］．沈阳：东北大学，2015.

[57] 李智慧．调质高炉熔渣直接成纤机理及实验研究［D］．沈阳：东北大学，2018.

[58] 肖永力，张友平，李永谦，等．宝钢热态高炉渣直接生产矿棉工业试验研究［C］//固废热熔渣岩矿棉生产技术交流会暨全国保温材料科技信息协会 2017 年年会论文集．北京科技大学、全国保温材料科技信息协会、中国硅酸盐学会工艺岩石分会：中国硅酸盐学会，2017：8.

[59] 张璐，薛向欣．一种利用高炉热态熔渣制备发泡陶瓷材料的工艺方法：中国，201810433081. 2［P］. 2018-09-18.

# 7 余热驱动高炉鼓风脱湿技术

高炉鼓风脱湿对于稳定高炉炉况、降低焦比、提高入炉干风温度具有显著作用，高炉鼓风脱湿技术已逐渐被钢铁行业接受并成为主流技术。但是，目前钢铁企业普遍采用的电驱动制冷脱湿方式，能耗大、成本高，而且消耗大量高品质电能，鉴于钢铁企业自身有大量余热资源可利用，如能采用余热驱动实现高炉鼓风脱湿，则能大幅减少鼓风脱湿能耗。本章主要从高炉鼓风脱湿技术发展历程及空气脱湿基本原理出发，重点介绍了余热驱动高炉鼓风脱湿技术，并针对高炉工况开展实验室研究，根据实验结果开展余热驱动高炉鼓风脱湿工程应用设计。

## 7.1 高炉鼓风脱湿

高炉鼓风脱湿系指预先将空气中的湿度降低到某一较低数值之后送往高炉，又称鼓风除湿；实际上，从高炉稳定生产来说，更准确地讲，应该是定湿鼓风。

### 7.1.1 鼓风脱湿与高炉生产

自然环境中空气可以认为是由干空气和水蒸气组成的混合气体，其中水蒸气含量很少。一般来说，每千克空气只含有几克到几十克水蒸气，但水蒸气的含量对空气状态的影响却很大。通常采用含湿量 $\omega$ 或相对湿度 $\varphi$ 表示空气的湿度，图 7-1 给出了湿空气的状态在焓湿图上的表示情况，当 $\omega$ 不变时，$\varphi$ 随着温度的升高而降低；当 $\varphi$ 不变时，$\omega$ 随着温度的升高而增大。

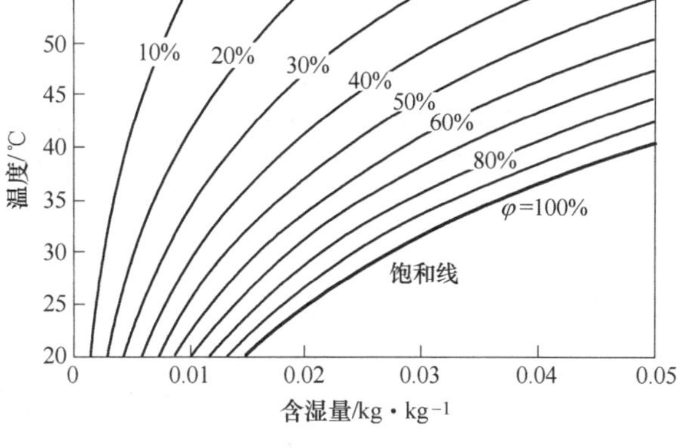


图 7-1 湿空气的焓湿图

早在19世纪中叶，人们就意识到鼓风湿度对高炉冶炼的重要性，生产实践表明：过高的理论燃烧温度导致炉料中沉淀过多的过氧化物质，引起炉料透气性变差，影响炉况顺行；过低的理论燃烧温度会导致高炉下部热交换恶化，未燃煤粉增大，引起炉况不顺[1,2]。高炉应结合自身的冶炼条件确定理论燃烧温度的合理范围，通过各种合理的调节手段将高炉燃烧的温度保持在合适的范围，这对高炉顺行稳定至关重要。20世纪末，高炉喷煤开始普遍实施，喷吹补充燃料（天然气、重油和煤粉）成为高炉炼铁的重要调节手段。对于喷煤高炉，由于喷吹燃料会增大煤气量，降低炉缸燃烧温度，若降低鼓风空气所含水分，可以减少鼓入空气中水分的分解热来弥补喷煤的分解耗热，对高炉的运行更具经济性，推动高炉鼓风脱湿技术更广泛地应用。

未经处理的空气送入高炉，不仅其中水分分解会降低炉内温度，随着昼夜更替、季节变化，空气中所含水分不定量，势必引起高炉内温度变化，成为高炉操作重要的不稳定性因素之一，而且，随着高炉喷吹煤粉技术发展，更需要稳定的风口温度，以保证稳定的喷煤。从高炉冶炼角度讲，脱湿鼓风的主要目的是提高高炉炉温和稳定高炉炉温。北京钢铁研究总院唐文权专家根据新日铁炉温公式及国内喷煤实践提出了综合炉温公式[3]：

$$T = K + 0.839T_f + 4.4972Q\psi - 6.033\xi - (1.5 + 0.06V_{\mathrm{def}})\phi \qquad (7\text{-}1)$$

式中 $K$——常数，一般取值为1559℃；

$T_f$——热风温度,℃；

$Q$——进流量，$m^3/s$；

$\psi$——富氧量，$m^3/1000m^3$；

$\xi$——含湿量，$g/m^3$ 风；

$V_{\mathrm{def}}$——可燃挥发成分,%；

$\phi$——喷煤量，$kg/1000m^3$。

由公式（7-1）可知，高炉炉温主要是由热风温度、富氧量、含湿量、喷煤量所决定的，其中含湿量、喷煤量是变动较大的两项，为了能使高炉炉温稳定在一个合理的波动范围内，需要对含湿量和喷煤量进行控制。

脱湿鼓风对高炉冶炼过程起到的影响，具体如下。

（1）对燃烧温度的影响。我国南方地区气象学上的夏季时间相较其他地区要长，且湿度较大，空气中含湿量可以达到 $30g/m^3$ 以上，上海夏季最热月平均气象条件下进入高炉的水分为 $32.5g/m^3$ 左右。宝钢 $4000m^3$ 级高炉每炼1t生铁需要空气约1.4t，且常年不间断运行。若高炉进口空气不做除湿处理，即采用自然湿度，则在年平均气象条件下随鼓风机进入高炉的水分为6.1t/h左右，而在夏季最热月平均气象条件下随鼓风机进入高炉的水分为15.4t/h。这些水分在高炉风口前发生分解反应而吸热，从而抵消热风带入炉内的热量[4]。同时大气湿度的波动会引起高炉炉况的改变，以上海为例，冬季与夏季的空气湿度一般相差 $30g/m^3$，一天中的空气湿度波动一般为 $3\sim6g/m^3$ 左右，因此，要保持高炉稳定生产、降低焦比，对高炉进口空气进行脱湿处理以保持鼓入高炉空气湿度相对稳定就显得十分重要。

鼓入空气中的湿分在高温下分解而吸热反应公式如下：

$$H_2O \xlongequal{} H_2 + \frac{1}{2}O_2 \quad 4.18 \times 3211(kJ/kgH_2O) \tag{7-2}$$

在 1200℃时干风的平均热容为 $C_p = 1.42956kJ/(m^3 \cdot ℃)$。

则：

$$\Delta T \times C_p = 4.18 \times 3.211$$

$$\Delta T = 9.39℃$$

即单位立方空气中每克水蒸气分解耗热需 9.39℃风温的热量来补偿，考虑到分解出的氢气参加氧化铁的还原又放出热量，则每克水分解相当于风温下降 6℃，因此在其他条件不变的情况下，每减少单位立方空气中 1g 水，相当于增加 6℃风温。结合理论燃烧温度计算经验公式：

$$T = 0.74T_f - 1.6M - 7.6M_{oj} + 40F_o + 1565.59 \tag{7-3}$$

式中 $T_f$——热风风温，℃；

$M$——煤比，kg/t；

$M_{oj}$——鼓风湿度，$g/m^3$；

$F_o$——富氧率，%。

由公式（7-3）可知，6℃的风温影响理论燃烧温度 $T_{理} = 0.74 \times 6 = 4.44℃$。因此，可得到在煤比和富氧率不变的情况下，湿度每减少 $1g/m^3$，理论燃烧温度增加 4.44℃左右。

（2）对焦比的影响。由上述鼓风脱湿对于高炉燃烧温度的影响可知，高炉内存在水分分解吸热反应，鼓风湿度增加 $1g/m^3$，分解吸热造成相当于 6~9℃风温降低，脱湿鼓风可减少高炉内水分分解吸热而节省焦炭，鼓风湿度每减少 $1g/m^3$ 可以节省焦比 0.6~0.8kg/t[4]。图 7-2 所示为鞍钢一年内焦比与湿度变化的数据

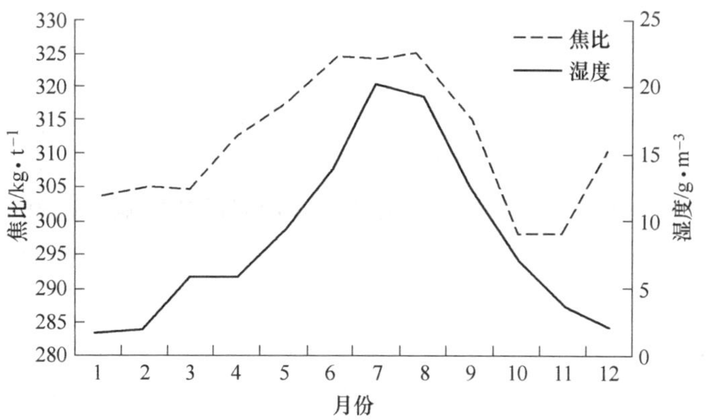


图 7-2 焦比与湿度变化的数据统计

统计[5]，由图 7-2 可知降低空气湿度对改善高炉的运行状态和降低焦比能够产生积极的影响，美国、日本等钢铁企业在生产实践中也有类似结论。

宝钢股份梅山基地对 $2500m^3$ 高炉在使用脱湿装置前后技术指标的优化情况进行了对比[6]。表 7-1 所示采用脱湿鼓风后产量上升了 27.51t/d，在热风温度下降了 14.35℃ 的情况下，燃料比仍然下降了 18.40kg/t。

**表 7-1　高炉技术指标的优化情况**

| 时　间 | 产量 $/t \cdot d^{-1}$ | 焦比 $/kg \cdot t^{-1}$ | 煤比 $/kg \cdot t^{-1}$ | 小焦比 $/kg \cdot t^{-1}$ | 燃料比 $/kg \cdot t^{-1}$ | 风温/℃ |
|---|---|---|---|---|---|---|
| 脱湿前（8 月） | 6040.19 | 326.20 | 128.40 | 45.21 | 499.81 | 1138.61 |
| 脱湿后（9~10 月） | 6067.70 | 330.10 | 126.88 | 24.43 | 481.41 | 1152.96 |
| 脱湿后-脱湿前对比 | 27.51 | 3.90 | −1.53 | −20.78 | −18.40 | −14.35 |

（3）对喷煤量的影响。随着高炉喷吹燃料及其他粉剂的需要和科学技术的发展，要求风温更高，以提高喷吹效率。这就需要提高风温来补偿喷吹燃料及其他粉剂加热、分解所消耗的热量，在这种情况下，将鼓风空气湿度降低并维持在较低限度，以减少热量消耗，保证更高的鼓风温度供喷吹燃料等使用，同时调节喷吹量以稳定炉温。因此，鼓风空气中的含湿量对喷煤量的影响也是十分明显，在保持高炉内燃烧温度不变时，根据新日本制铁公司和首钢集团[7]经验公式：

$$T = 1559 + 0.839T_f + 60F_o - 6.033\xi - 2.7M \tag{7-4}$$

式中　$T_f$——热风风温，℃；

$M$——煤比，kg/t；

$\xi$——鼓风湿度，$g/m^3$；

$F_o$——富氧率，%。

可得，湿分每增加 $1g/m^3$，喷煤比相应减少 2.23kg/t，因为湿分造成风口燃烧温度降低，直接影响煤粉的燃烧，从而限制了喷煤量的提高。

（4）对高炉稳定运行与增产影响。鼓风除湿可以控制高炉鼓入空气中的绝对含湿量，可以消除大气湿度波动对高炉稳定运行的影响。风口前燃料燃烧火焰温度会随湿度的变化而变化，例如，上海 2017 年 4~10 月期间日温差引起的湿度变化均在 $10g/m^3$ 以上，根据上述水蒸气对高炉温度的影响，这就会引起理论燃烧温度大幅变化，从而使炉缸热状态产生波动；同时燃烧带大小的变化又会引起煤气初始分布不稳。这两方面都会造成炉况不稳。要抵消湿度波动的影响，可采用湿度控制技术，从而使高炉炉况变得稳定、减少悬料、塌料、炉内结瘤现象，使高炉生产顺畅，稳定炉况。由于入炉空气湿度恒定，减少了高炉炉况波动，利于高炉稳定操作、延长高炉寿命。另外，高炉脱湿鼓风同时也可带来增产的能力。

### 7.1.2 高炉鼓风脱湿技术发展

早在一百多年前人们就意识到空气湿度对于高炉冶炼具有重要的影响。随着高炉冶炼技术的发展，高炉鼓风含湿量增加还是减少经历了理论研究与实践应用不断反复的螺旋式发展：从环境自然湿度鼓风，发展到加湿鼓风，再演变至脱湿鼓风。

早期高炉在全焦冶炼未采用喷煤条件下，通常对高炉进行加湿鼓风，高温下水分分解产生的氢气为高炉反应提供了良好的还原剂，加快了氧化铁的还原过程；伴随产生的氧气具有富氧的效果又可以提高冶炼强度，同时降低离开回旋区煤气温度的效果。因此，一定湿度的空气对改善高炉的运行状态和降低焦比产生积极的影响。同时加湿鼓风也控制了鼓风湿度，消除了大气湿度波动对高炉炉况的影响，故在采用喷煤技术以前对于不喷吹燃料的高炉，加湿鼓风不失为一种调剂炉况的手段。

近年来，随着喷吹燃料技术的广泛应用，为了提高喷吹效率，对于风温要求更高，空气中水分在高炉风口回旋区发生分解反应而吸收热量，导致风口前燃烧温度下降而降低炉内的温度，因此高炉脱湿鼓风随着喷吹燃料技术的成熟逐渐成为冶炼行业发展的趋势。然而高炉脱湿技术并非在现代冶炼技术中提出，早在18世纪初时人们就发现炼铁炉中的湿度对于有效利用能量是十分有害的。在炼铁过程中水分不仅影响铁的质量，而且还要增加燃料费用。1885年，卡内基艾德卡汤姆逊钢铁厂厂长凯利就提出了鼓风脱湿这一想法，并开始了漫长的探索道路。19世纪初，他明确了空气中湿分的波动是影响炉况变化的主要原因。1890年英国使用了冷却方法除去送风中的水分，在这种脱湿装置中使用了两个热交换器（水冷式和氨直接蒸发式），但当时大风量的脱湿设备还没有达到实用化的程度。在1904年和1905年的英美钢铁协会总会上，凯利的工业试验显示对高炉鼓风进行脱湿后，鼓风与炉况均稳定，焦比大约降低了20%，远远超过了理论上的期望值。大气鼓风的湿度对高炉冶炼影响的重要性进而被广泛认知。1913年美国为稳定高炉生产，把原先的脱湿鼓风技术发展为定湿鼓风技术，把鼓风湿度固定在5~6g/m$^3$干空气的水平上，在大气湿度过高时进行脱湿，而大气湿度低于给定值时进行加湿，该技术在西方国家部分高炉上得到了运用，一般能使焦比降低4%~16%，高炉产量提高16%~24%，但是当时对定湿技术效果评价尚未形成统一标准，定湿技术亦未能发展起来。

20世纪70年代能源危机，高能耗工业部门节能问题成为全日本关心的问题，日本加紧了鼓风脱湿技术研究，促进鼓风除湿设备普及。日本在1974年投产了世界上第一台鼓风脱湿装置，1976年先后有一批鼓风除湿装置投产使用，其中大分厂高炉的除湿装置除湿10g/m$^3$，焦比降低8kg/t，一年半即回收了全部投资费用；神户制钢所加古川铁厂1号高炉采取了大型冷冻式除湿装置，1977年6月投入运行，1977 年获益 4 亿日元；1978 年日本小仓二号高炉的直接接触式冷却除湿系统投产，鼓风脱湿技术在日本快速得到推广应用。

中国对于高炉鼓风脱湿的技术跟踪也从未停止过，1920 年汉阳高炉、1956 年鞍钢高炉曾经使用了脱湿鼓风。1985 年宝钢 1 号高炉投资几千万元从日本引进了鼓风机吸入侧冷却脱湿装置，取得了良好的经济效益。现在宝钢股份的高炉均采用脱湿鼓风新技术。莱芜钢铁股份有限公司 1880$m^3$ 高炉自 2004 年投产以来，高炉一直处于全焦冶炼状态，2005 年高炉脱湿鼓风技术实施后，炉况稳定，顺行程度、炉缸均匀活跃程度明显得到改善，同时也为高炉调剂炉况提供了一项有效手段，高炉各项技术指标也得到了提高。

### 7.1.3　高炉鼓风脱湿技术应用现状

据统计德国蒂森钢铁公司、日本君津钢铁厂、韩国光阳钢铁厂以及我国宝钢宝山基地等许多高炉，通过调节鼓风湿度作为主要手段，一年中的月平均理论燃烧温度之间最大差值被控制在 50～60℃以下[8]。自 1985 年我国宝钢从日本引进了高炉鼓风脱湿技术以来[9]，高炉鼓风脱湿技术在我国得到长足的发展并逐渐成为空气湿度波动大的区域高炉标配技术。

目前我国高炉由于所处地域差异，各个企业实际情况不同，所采取的鼓风脱湿技术工艺路线也有所差异，主要分为以下几类：

（1）蒸汽压缩制冷冷却除湿。高炉鼓风系统采用电驱动蒸汽压缩制冷机组直接蒸发制冷或制取低温载冷剂降低空气温度，使其达到露点以下，在冷却器表面凝结成水排出，达到鼓风脱湿的目的。正常情况下入炉湿度控制在 12～14$g/kg_{干}$，湿度最低可控制到 10$g/kg_{干}$，两级冷却除湿原理简图如图 7-3 所示。

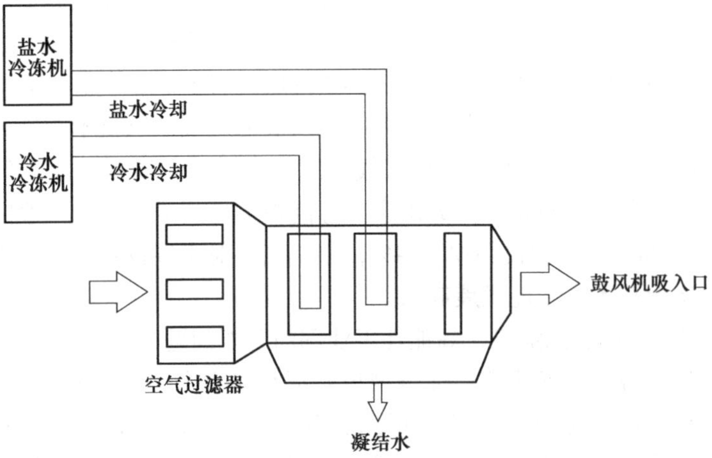


图 7-3　两级冷却除湿原理简图

宝钢股份宝山基地现有5台鼓风机组（4用1备）向四座高炉送风，鼓风站除湿设备现配有12台冷冻机，其中一级冷却8台，二级冷却4台，夏季高温期间的负荷平均在4~6台。具体参数见表7-2。

**表7-2 宝钢除湿机组配置参数**

| 设备名称 | 冷水冷冻机（1~8） | 盐水冷冻机（1~4） |
| --- | --- | --- |
| 型式 | 1~4特灵三级压缩 | 1~2特灵三级压缩 |
| | 5~8约克单级压缩 | 3~4约克单级压缩 |
| 制冷量 | 4537kW | 3411kW |
| 电机功率 | 特灵757kW，约克863kW | 特灵675kW，约克785kW |
| 冷媒 | 特灵R134a | 特灵R134a |
| | 约克R123 | 约克R123 |
| 冷却水流量 | 932m³/h | 732m³/h |
| 冷却水温度 | 33℃(入)，38℃(出) | 33℃(入)，38℃(出) |
| 冷、盐水流量（水泵） | 780m³/h | 766m³/h |
| 冷、盐水温度 | 14℃(入)，9℃(出) | 7℃(入)，3℃(出) |

首钢京唐公司鼓风站配置3台鼓风机组（2用1备）向两座高炉送风。3台高炉鼓风机共配有2个脱湿机组，其中1号鼓风机在入口处配有1套脱湿机组，2号、3号鼓风机共用1套脱湿机组。具体参数见表7-3，其冷媒直接蒸发除湿原理简图如图7-4所示。

**表7-3 首钢除湿机组配置参数**

| 设备名称 | 冷水冷冻机（1~6） |
| --- | --- |
| 电机功率 | 780kW |
| 型式 | 一级离心 |
| 冷却水流量 | 830m³/h |
| 冷却水温度 | 27℃（入），30.2℃（出） |
| 制冷方式 | 冷媒直接蒸发 |
| 出口含湿量 | (9±1.0)g/m³ |

根据以上数据，对两种脱湿方式配置进行比对分析。由于首钢和宝钢高炉、风机个数及型号不同，比对过程中按照首钢现有的脱湿技术，按四座高炉配置风机及脱湿系统。脱湿系统压缩机配置比对表，见表7-4。首钢京唐公司需配置压缩机数量与宝钢的水冷制冷方式配置压缩机数量一致，均为12台。首钢京唐公司及宝钢鼓风脱湿虽然采用的技术路线不同，但脱湿效果都达标。目前京唐公司脱湿机组出口湿度均稳定运行在9~11g/m³，宝钢脱湿机组出口湿度均稳定运行在12~14g/m³，均满足高炉入炉湿度需求。

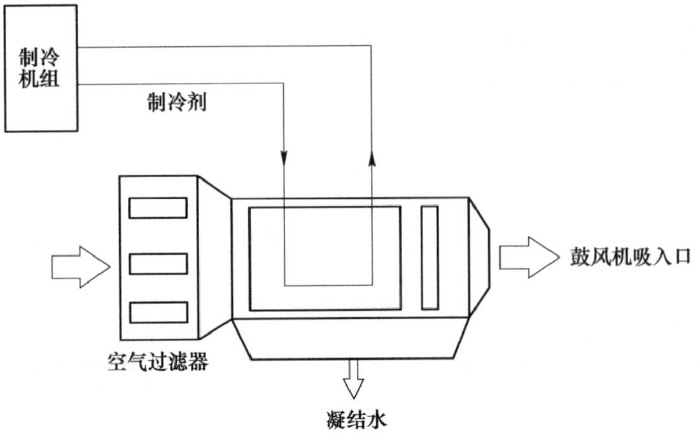


图 7-4　冷媒直接蒸发除湿原理简图

**表 7-4　按照首钢 4 座高炉与宝钢比对表**

| 公司名称 | 首钢（冷媒制冷） | 宝钢（两级水冷） |
|---|---|---|
| 高炉数量 | 4 | 4 |
| 风机数量 | 5 | 5 |
| 运行制冷压缩机数量 | 4 | 6 |
| 配置制冷压缩机数量 | 12 | 12 |

宝钢假定两座高炉的情况下，采用的冷却水、冷盐水两级冷却的脱湿技术路线，备机数量较首钢冷媒制冷的脱湿技术路线多配置了 2 台制冷压缩机作为备机，增加了投资。但是可保证上海梅雨季节持续高温、高湿以及多台制冷压缩机检修时，高炉鼓风湿度维持稳定[10]。

原宝钢不锈钢分公司 1999 年 10 月投产的 2500$m^3$ 高炉脱湿装置处理风量 4500$m^3$/min，系统同样采用了冷媒蒸发器安装在鼓风机进风管道上的技术方案，不仅减少了循环水系统的投资，很好地解决了鼓风机站原设计中没有预留脱湿装置安装场地的难题[11]。

柳钢 1 号 1500$m^3$ 高炉和 2 号 1980$m^3$ 高炉鼓风机布置在柳钢老区，由于场地有限，用地十分紧张，高炉鼓风脱湿项目设计上考虑采用小型设备，以达到布置紧凑，降低占地的目的。根据多方考察与技术论证，高炉采用鼓风机吸入侧冷却脱湿法，换热器由第一级冷却脱湿装置和第二级冷却脱湿装置组成，该方案与宝钢类似，同样采用冷水与低温盐水作为冷却介质[12~14]。

由此可见，电驱动冷冻除湿在高炉改造及空间紧张的场合具有其自身的优势，由于采用纯电驱动蒸汽压缩制冷机组电力能耗相对较高，为了减少载冷剂在换热过程中的损失以及载冷剂循环系统的投资，采用制冷剂直接进入脱湿蒸发器膨胀制冷进行冷却除湿是此类技术路线发展的方向。

（2）溴化锂吸收式制冷除湿。钢铁企业如无合适蒸汽汽源可用，可采用电驱动压缩式制冷机组；若有蒸汽热源，则可采用溴化锂制冷机组。目前钢铁厂一般都有富余的低压蒸汽，多采用溴化锂吸收式制冷机组。整体系统通常由制冷装置、冷却塔、水泵、高效脱湿换热器、排水段、自动排水器、除雾器、接水盘、膨胀水箱、空气换热器、进出口风道等组成。依据蒸汽热源的温度不同则可以采用单效或双效溴化锂吸收式制冷机组[15]。采用溴化锂吸收式制冷机组的脱湿系统原理与图 7-4 蒸汽压缩式制冷系统类似，仅仅是机组的驱动能源改为热源驱动，机组产生 5~10℃低温冷却水通入至脱湿换热器。相较于电驱动蒸汽压缩制冷机组而言，溴化锂吸收式制冷系统采用炼钢系统回收的蒸汽资源作为驱动能源，同时不采用氟利昂作为冷媒更加经济环保。

国内中金岭南有色金属股份有限公司韶关冶炼厂现使用的是单效型溴化锂吸收式制冷机，以 0.07MPa 的低压蒸汽作为驱动热源。鼓风空气脱湿换热器出来的冷媒水进入溴化锂吸收式制冷机组，经降温的冷媒水通过循环泵送至鼓风空气脱湿换热器进行冷却除湿[16]。

由于单效溴化锂吸收式制冷机组效率较低，目前大多数钢铁企业采用较多的还是双效蒸汽型溴化锂吸收式制冷机组[17]。湘钢利用夏季蒸汽富余的特点，设计采用以低压蒸汽为能源的双效吸收式制冷技术来承担 75%冷冻脱湿所需负荷，脱湿期平均湿度可以达到 6.6g/m$^3$。杭钢 750m$^3$ 高炉为了提高原有高炉的风量及风压进行了鼓风脱湿改造，采用吸入侧冷却法脱湿，也配置了双效蒸汽溴化锂制冷机组[18,19]。莱钢 3 号 3200m$^3$ 高炉与 1 号 1880m$^3$ 高炉分别配置了 2 套与 1 套脱湿机组，风机入口采用自洁式空气过滤器与脱湿器连接的组合布置方式，降低了系统空气侧阻力损失，入口空气温度 22℃、相对湿度 76%、含湿量 16.5g/m$^3$；出口空气温度 8℃，脱湿期平均湿度 8.7g/m$^3$[20]。鄂钢 2600m$^3$ 高炉采用 7℃的冷冻水对空气进行预冷却和预脱湿，根据实际气象条件，最终达到（10.0±0.5）g/m$^3$ 的湿度要求[21]。2008 年马钢 2500m$^3$ 鼓风站建设了 1 套“一拖二”鼓风脱湿系统[22]，该系统采用蒸汽式双效溴化锂吸收制冷方式制造冷水，冷水通过布置在鼓风机入口管道中的高效换热器冷却空气，使空气中的水蒸气冷凝成水而析出，以达到空气脱湿的目的。2009 年以温度降低到 8℃，脱湿期脱湿后含湿量 8.7g/m$^3$ 为目标又建造了 4000m$^3$ 高炉脱湿系统。攀钢 1 号、2 号、3 号三台 1200m$^3$ 高炉采用双效串联流程的溴化锂吸收式制冷机组，可使空气的绝对湿度自 21.5g/m$^3$降至 9.4g/m$^3$[23]。南京梅钢 2 号高炉虽然同样采用双效蒸发的技术方案，但其利用自身的技术优势将作为制冷剂的水直接送入高效换热器，通过制冷剂直接膨胀吸热使蒸发器表面温度降至空气的露点温度以下进行除湿[24]，减少了换热损失提高了系统效率。但国内也有不采用蒸汽作为溴化锂吸收式制冷机组热源的企业，典型的有位于西南地区的重钢，具有丰富的天然气资源可供利用，因此采用了直燃型溴化锂吸收制冷机组[25]。

溴化锂吸收式制冷机组对于余热蒸汽的利用能够有效的节约能源，但对其运行维护非常重要，如使用非过热蒸汽，蒸汽内含的液滴对发生器铜管的冲击破坏大，会导致铜管泄漏，系统的溶液泄漏容易导致冷冻站污染，系统运行中要使用闭路循环的供水方式，同时需加强冷却水水质监测，保证长期可靠运行。

（3）溴化锂吸收制冷与蒸汽压缩制冷复合除湿系统。采用溴化锂吸收式制冷系统进行除湿，由于采用水作为制冷剂，仅能制取高于0℃的冷量，这一特性使鼓风系统需要进行深度脱湿的需求受到了限制。为了实现对高炉进行深度脱湿，很多高炉鼓风系统采取了溴化锂吸收制冷与蒸汽压缩制冷复合除湿系统。一级脱湿为初级脱湿，即溴化锂吸收式制冷系统利用企业的富余蒸汽作为制冷机组的驱动能源，利用蒸汽溴化锂制冷机组生产的7~12℃冷水通过脱湿箱对空气进行冷凝脱湿；二级脱湿为深度脱湿，利用电制冷蒸汽压缩制冷机组产生的0~5℃的乙二醇溶液，进一步提高脱湿能力。溴化锂吸收制冷与蒸汽压缩制冷复合除湿系统原理简图如图7-5所示。

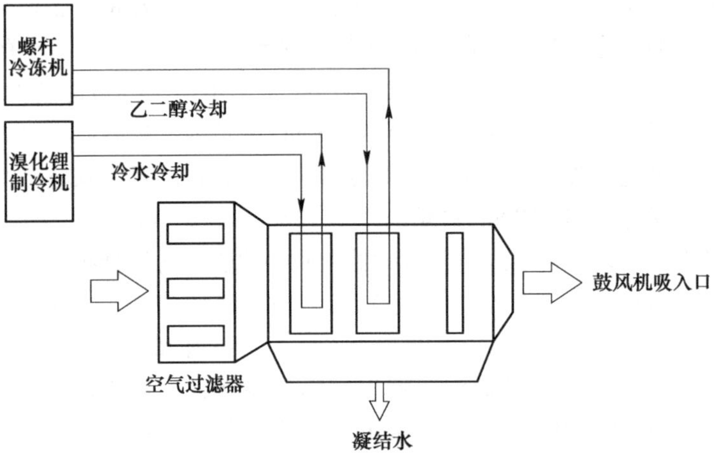


图7-5　溴化锂吸收制冷与蒸汽压缩制冷复合除湿系统原理简图

秦皇岛首秦板材有限公司于2008年建成并投入使用的1号1200m$^3$高炉3台溴化锂吸收式制冷机组、2号1780m$^3$高炉2台螺杆制冷机组，至今运行情况良好[26,27]。首钢迁钢公司3号4000m$^3$高炉鼓风脱湿系统同样采用二级脱湿方式[28]。四川乐山德胜钢铁1250m$^3$高炉配置3台热风炉，采用复合除湿系统每年除湿期间（4~11月）平均除湿量为5~8.7g/m$^3$，年除水约为4500~6000m$^3$[29]。

为了实现更加节能的运行方式，有些企业在采用复合脱湿系统的同时对电制冷系统的冷凝热进行热量回收，用于对冷却除湿后的空气进行回热，有效减少燃烧能耗，典型的如韶钢 7 号 2500m³ 高炉、8 号 3200m³ 高炉[30]，两座大型高炉的鼓风采用溴化锂制冷脱湿技术、螺杆机组深冷和回热联合技术，其系统原理简图如图 7-6 所示。

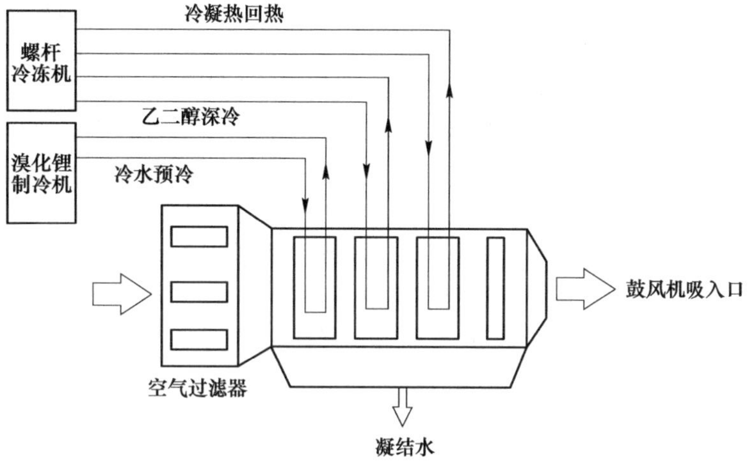


图 7-6 带回热的复合除湿系统原理简图

除上述复合系统外，冷却除湿与吸附法除湿的技术方案也被应用在高炉脱湿系统之中，吸附除湿的应用可以使湿度脱得更低，在广西康密劳 160m³ 锰铁高炉上设置了冷凝加吸附脱湿装置，使鼓风含湿量大幅下降，其原理简图如图 7-7 所示[28]。风量进入前冷段进行冷却脱湿，将鼓风中含的大量水分脱除，然后进入转轮段进行吸附脱湿，转轮连续转动，实现吸附脱湿和吸附剂再生同时进行。设置后冷段将脱湿后的鼓风入口温度控制在（20±2）℃，前后制冷器的冷冻介质由冷水机组提供。

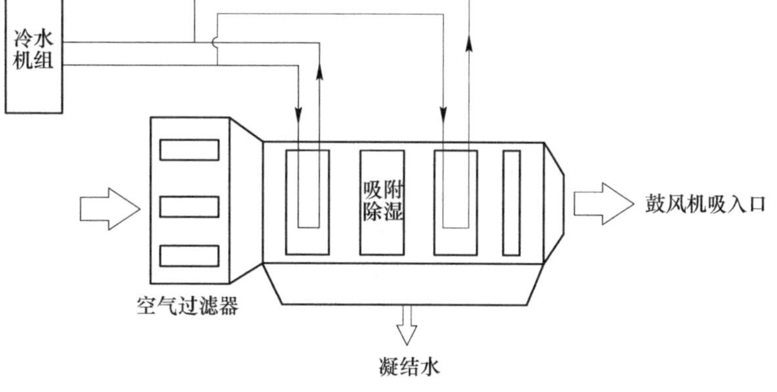


图 7-7 冷凝加吸附复合除湿系统原理简图

国外企业中日本作为钢铁冶炼的大国，在鼓风脱湿技术上最为成熟，采用的技术手段也较为全面，湿式、干式以及冷却除湿均有应用。日本于 1974 年在新日铁广畑厂安装了第一套高炉鼓风脱湿装置[31]。脱湿后的鼓风所含水分经常保持在 $5g/m^3$，效果显著，随后相继在界厂 2 号高炉，大分厂 1 号高炉、2 号高炉上建成湿式脱湿系统，在君津以西的所有高炉上推广脱湿系统，1976 年大分厂 1 号高炉安设了干式脱湿系统。在这两座高炉收到降低焦比的效果后，新日本钢铁公司决定在大型高炉上推广，其中名古屋三高炉采用冷却脱湿法。神户制钢在加古川厂的高炉也采用了脱湿鼓风。日本福山制铁所 6 号高炉采用水冷却器和盐水冷却器两级除湿方法的脱湿鼓风系统。

国内目前采用的脱湿方式主要为机前脱湿工艺，即在鼓风机吸入口之前进行鼓风脱湿，但日本的部分高炉采用了机后脱湿的工艺[32]。机后脱湿系统布置在高炉鼓风机出口，经高炉鼓风机增压后大气压力约为 0.3～0.6MPa，温度约为 180～280℃。温度和压力较高的空气进入机后脱湿系统，在机后脱湿系统中被常温水冷却到 30～40℃以脱除空气中多余的水分。由于高炉鼓风机风量大，经鼓风机压缩后的空气温度高，如果直接采用冷却水进行脱湿，脱湿系统换热量非常大，脱湿所需换热面积和冷却水量大大增加，系统投资费用较高，运行能耗大，不符合机后脱湿节能降耗的初衷。同时采用直接冷却脱湿空气温度低，鼓风进入热风炉预热需要消耗更多的燃料，因此机后脱湿系统设置预冷回热回路，利用热媒吸收高温空气大部分热量，对高温空气进行预冷，预冷后的低温空气在脱湿冷却器中冷却除湿，而吸收热量后的热媒用于加热脱湿后的空气，热媒在脱湿系统中循环使用。高炉鼓风机机后脱湿系统作为一种新的鼓风脱机后脱湿工艺尚处于推广应用阶段，特别适用于对现有中小型高炉鼓风系统改造，增加供风能力、提高产量的炼铁厂。

## 7.2　空气脱湿技术

### 7.2.1　除湿方法的分类

空气除湿方法很多，为了便于对其性能的了解和分析，将其分类如下：

(1) 按除湿机理分类。按照除湿的机理，可以分为干法、湿法和冷却法。干法，就是干式吸收，利用固体材料表面和空气之间的水蒸气压差产生水分迁移，在水分迁移中，没有水分析出，如氯化锂干式除湿法；湿法，就是湿式吸收，让除湿空气和循环的除湿溶液进行接触，利用溶液流体和空气之间的水蒸气压差产生水分迁移，如氯化锂湿式除湿法。这两种方法除湿材料在吸收空气含湿量过程中，除湿材料吸收空气中的水分后，会使与除湿空气间的水蒸气分压缩小，影响除湿效果，因此要有再生处理。冷却法就是利用冷媒，通过热交换器把除湿空气温度降到露点以下，让空气中水分析出而得到除湿目的，这种方法的特点是用制冷机制取冷量，实现降温除湿。

（2）按能源形式分类。按照能源形式，可以分为以电驱动的和以热驱动的。用电驱动的主要是冷却法，选择用电驱动的压缩式制冷机制取冷量，用于冷冻和热交换式除湿法、鼓风机出口侧冷却法等，电费费用比较大。从节能的角度出发，用余热废热实现除湿装置的热驱动，氯化锂干式除湿法、氯化锂湿式除湿法、溴化锂吸收式制冷除湿法均为热驱动。热驱动方法的原理不同，所需热源品质也不同，氯化锂干式除湿法对热源要求最高，且要用干燥的热空气作为再生热源；溴化锂吸收式制冷机次之，热源温度要求在120~150℃；氯化锂湿式除湿法所需的热源温度最低，在80℃左右就能达到驱动要求。

### 7.2.2　吸收式液体脱湿

近年来，随着国际能源形势的日趋严峻，液体除湿技术凭借采用低品位热源驱动、传质效果好以及能有效进行大容量空气处理等方面的突出优势，国内外很多学者[33~39]对其进行了大量的理论与实验研究工作，为液体脱湿技术的推广提供较为成熟的平台。目前，液体脱湿技术已经得到成功的实际应用。

液体吸收脱湿是利用某些盐类及其水溶液对空气中的水蒸气有强烈的吸收作用，对空气进行脱湿处理。它是利用溶液表面水分子较少，与同温度下含湿空气相比水蒸气分压力较低，所以周围空气中水蒸气有向溶液表面迁移的可能。溶液中盐水含量越高，水分子越少，溶液表面上水蒸气分压力则越低。盐水溶液吸湿后，浓度和温度将发生变化，为使溶液连续重复使用，需要对其进行再生处理。和固体吸附式脱湿以及冷却法脱湿方式相比，在节能角度，溶液脱湿方式有比较明显的优势。如图7-8所示，固体吸附式脱湿过程是一个等焓过程，空气含湿量降低的同时，其温度显著升高，为了达到期望的送风状态点，需要消耗较大冷量的冷却方式进行降温处理；冷却法通过冷却凝结脱湿，需要先将空气温度降到露点以下，才能使水分析出，当脱湿的要求越高，即空气脱湿终了的含湿量越低，

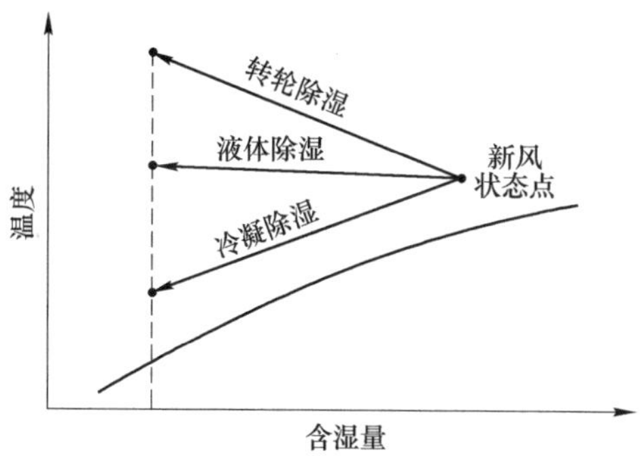


图7-8　几种脱湿方法在焓湿图上的表示

则脱湿空气要求达到的露点温度越低，制冷系统的性能系数也就越低；而液体脱湿过程是一个近似等温脱湿过程，采用此方法，在降低空气的含湿量时，脱湿空气的温度基本不变，脱湿后的空气温度比较高，不会对热风炉增加额外的负荷。

氯化锂湿式脱湿法具有连续性的特点，可以有效利用余热、废热驱动，适合大风量送风系统。不同于传统的冷冻脱湿法，采用液体脱湿无需电力驱动，氯化锂溶液具有较强的吸湿能力，由于其在脱湿中再生性能好，具有高度的化学稳定性，可大量利用低品位热源，如钢厂高炉冲渣水余热等，同时省去了制冷过程的耗能，是一种节能的脱湿方式。学者对氯化锂液体脱湿进行了研究，Rafique[37]和 Angrisani[39]指出，使用氯化锂溶液脱湿系统对空气有清除污染物的作用，挥发到空气中的锂离子浓度低于空气环境标准。若采用余热驱动的液体脱湿作为预处理的方式，空气预处理方式经济环保，但氯化锂溶液具有一定的腐蚀性，会对脱湿设备产生一定的腐蚀性，需要对脱湿系统进行防腐处理。另外氯化锂溶液本身价格较为昂贵，因而前期投入成本较高，其系统流程图如图 7-9 所示。

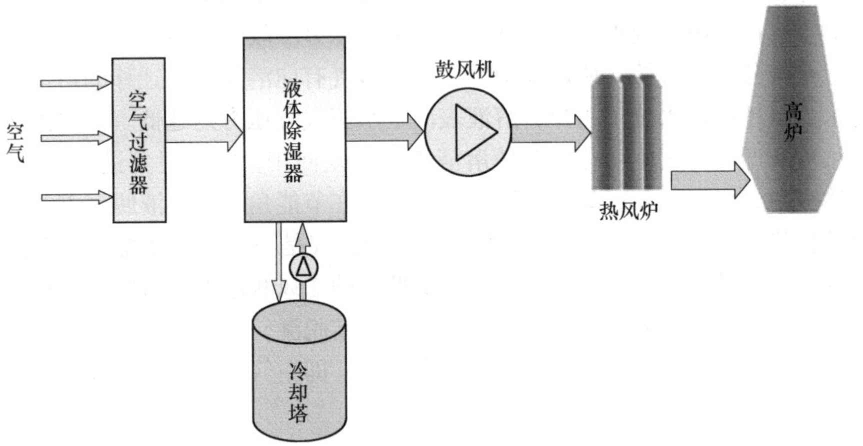


图 7-9　液体脱湿方法的高炉脱湿鼓风循环图

氯化锂液体脱湿装置是利用氯化锂溶液浓缩及再生的原理来实现利用液体将空气脱湿的系统装置。由于氯化锂液体脱湿装置可以利用低品位热源作为其驱动力，更加节能环保，使得其日渐发展起来。氯化锂液体脱湿系统主要包括除湿器、再生器、换热装置等，其系统流程图如图 7-10 所示。低温浓溶液经过除湿器与空气进行热、质交换，对空气进行脱湿，自身被稀释；低温稀溶液经过换热装置被加热后经过再生器，被空气浓缩再生为高温浓溶液，并经过换热装置冷却为低温浓溶液，完成溶液浓缩及再生的循环。

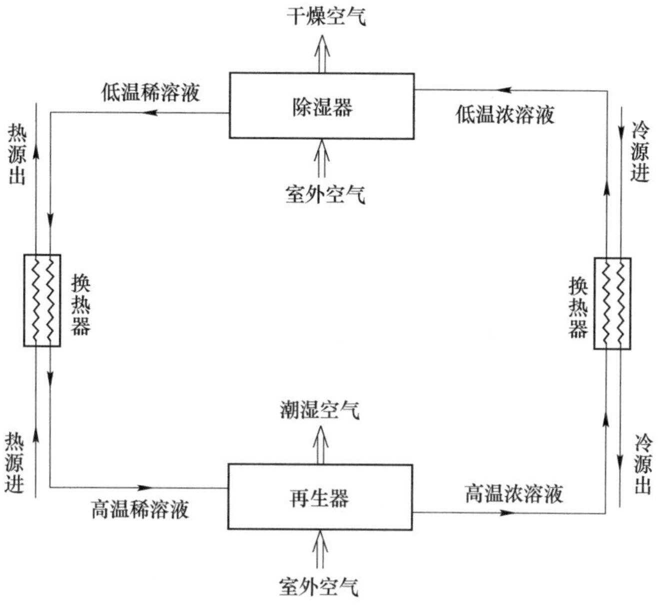


图 7-10 液体脱湿系统循环原理图

### 7.2.3 余热驱动冷却脱湿

溴化锂吸收式脱湿即采用溴化锂吸收式制冷机制取冷媒水，冷却空气脱湿。吸收式制冷的基本原理是利用热能驱动发生器和吸收器工作，来代替传统电驱动压缩制冷的制冷压缩机。因为溴化锂水溶液的水蒸气远低于相同温度下的水的饱和蒸气压，并且随着溶液质量分数的增大或温度的下降而相应降低。这样，对于吸收器中具有一定质量分数的浓溶液，其常温下的水蒸气压就比蒸发器中低温水的蒸汽压力还低，蒸发器中蒸发出来的水蒸气便会被吸收器中的浓溶液所吸收，其基本原理图如图 7-11 所示。当两种沸点不同的物质组成了工质对（溴化锂-水溶液）在发生器中受到热源加热时，沸点较低的物质（水）首先蒸发，形成一定压力和温度的冷剂蒸汽（水蒸气）进入冷凝器被冷凝成液体（水），然后进入膨胀阀节流降压后进入蒸发器，在蒸发器中液态冷剂（水）蒸发吸收热量，达到制冷的目的。最后从蒸发器中出来的冷剂蒸汽（水蒸气）被吸收器中的工质对（溴化锂浓溶液）吸收，再由泵加压送入发生器，如此不断循环制取冷量。利用产生的冷媒水与空气换热，达到冷冻脱湿的目的。这种脱湿方法由于受到制冷剂——水的性能限制，不能制取温度较低的冷媒水，所以其脱湿效果无法达到深度脱湿。

采用溴化锂吸收式制冷的优点是运动部件少，故障率低，运动平稳，振动小、噪声低。系统调节起来方便，可以实现 10%～100%的无级调节。采用溴化

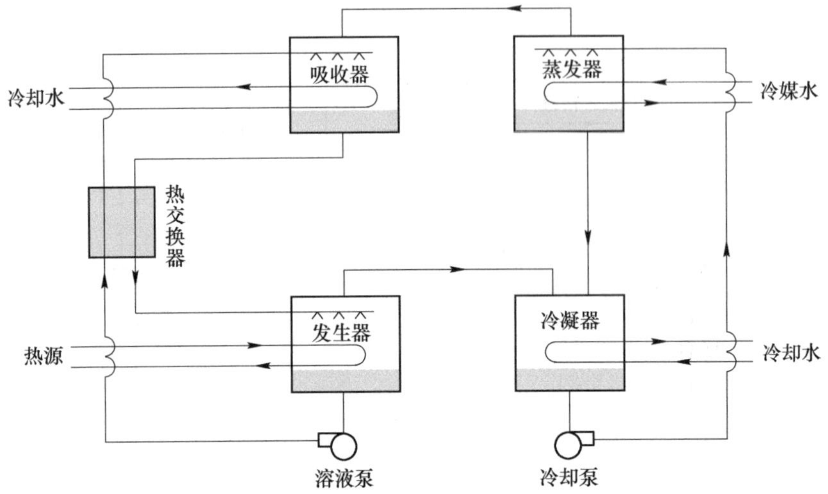


图 7-11　溴化锂吸收式制冷系统原理图

锂溶液，对臭氧层无破坏作用。利用余热、废热及其他低品位热能作为动力可以节约电费，因而运行费用低，安全性能好。采用溴化锂吸收式制冷需要热能作为动力，因而系统节电不节能，热效率低。由于机组需要保持真空性，因而要求严格密封，倘若有空气侵入，则会造成系统内的冷量衰减。机组在冷凝器内需要排出的热负荷较大，因而此处也会增大冷却水的用量。除此之外，溴化锂溶液对设备有强烈的腐蚀性，会影响机组的寿命和性能。

## 7.3　液体脱湿技术与高炉鼓风

钢铁行业的整个生产流程中，有大量的低品位余热可供利用，目前主要的利用手段有两种方式：直接利用和间接利用。直接利用是指将余热用于干燥、预热等工艺过程；间接利用是指将余热转化为机械能或电能等高品位能，再加以利用。目前用于高炉鼓风脱湿的余热主要是低压蒸汽作为溴化锂吸收式制冷系统的驱动热源，这种热源对余热的品位仍有较高的要求，通常需要 100℃ 以上的蒸汽[40,41]，但是钢厂存在大量低于这一温度低品位的热源被大量浪费，通常这些热源温度在 80℃左右，比如：高炉冲渣水余热，为了有效利用这些热源，液体脱湿技术不失为一种较有前景的技术方案。

### 7.3.1　液体脱湿原理设计

高炉炼铁过程中，空气经过空气过滤器过滤后送入脱湿装置脱湿，被脱湿后的空气送入热风炉，最后送入高炉炼铁。夏季工况为全年运行的最不利工况，为达到高炉进风空气含湿量为 $10g/m^3$（标态）的要求，脱湿系统流程图如图 7-12 所示。

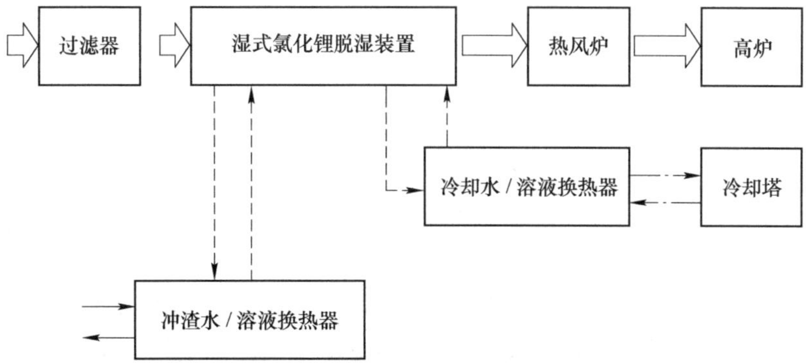


图 7-12　液体鼓风脱湿系统流程图

脱湿系统主要设备有除湿塔、再生塔、冷却塔、冷水溶液换热器、热水溶液换热器。溶液一条支路与冲渣水在换热器中换热进入再生系统再生，浓度增大；另一路与冷却塔产生的冷水换热，接着进入除湿塔与空气进行热质交换吸收空气中水分，浓度减小；冷却塔产生的冷水一路与溶液换热，为溶液提供冷量，另一路进入除湿塔作为内冷段。溶液浓度达到 43%、再生溶液喷淋温度 70℃ 以上[40,41]，脱湿溶液喷淋温度为与冷却塔产生的冷水换热后的温度。钢厂产生的冲渣水等废热在热水/溶液换热器中与溶液换热。脱湿系统原理图如图 7-13 所示。

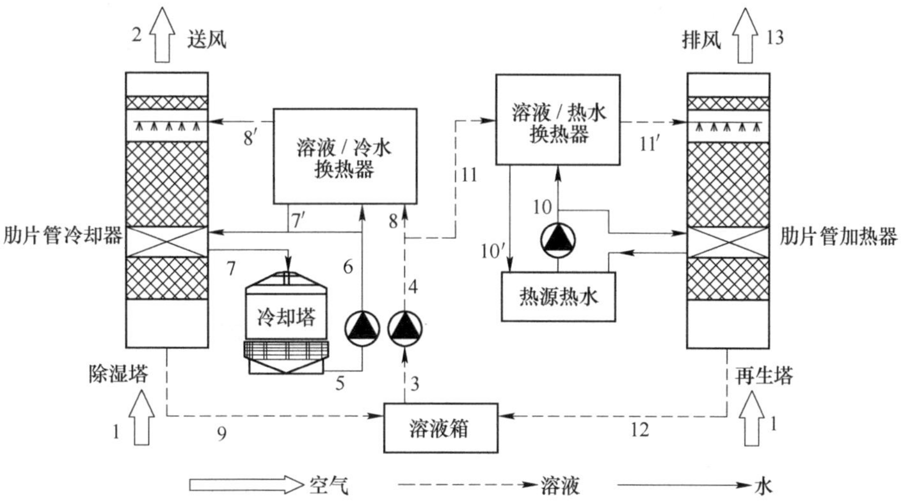


图 7-13　液体脱湿系统原理图

为了保证除湿系统的脱湿能力，应将装置按最不利工况进行设计。液体脱湿装置主要由除湿器、再生器、溶液箱和蒸发冷却器（换热器）等几大部件组成。

其中，除湿器是对空气进行除湿干燥的设备，具体的装置结构分为绝热型逆流除湿器和内冷型逆流除湿器。

两种结构的空气都采用下进上出方式，溶液都是采用在填料上方喷淋后从下部流回溶液箱，通过空气和溶液的直接接触完成对空气的脱湿。不同的是绝热型逆流除湿器中除湿器和外界的热传递很小，脱湿过程可以近似看成绝热过程，然而绝热脱湿是个升温过程，这是因为在脱湿的过程中，水蒸气被溶液吸收会放出汽化潜热，从而导致脱湿的温度会升高。溶液温度的升高会降低溶液的除湿性能，不利于除湿，而且在溶液喷淋密度较小时尤为明显；内冷型逆流除湿器是在除湿器填料之间设置冷却段[42]，利用外部冷却水或低温空气对空气和溶液进行冷却以带走除湿过程中由于被处理空气中的水蒸气汽化所放出的潜热，这种除湿热质传递过程近似于等温过程，实现了较小的液气比和较高的除湿热质传递效率。同时较小的液气比，使得溶液进出除湿器浓度差增大，为液体脱湿系统的储能和再生提供了有利条件。为了提高液体脱湿装置性能，绝热型和内冷型除湿器如图 7-14 所示。

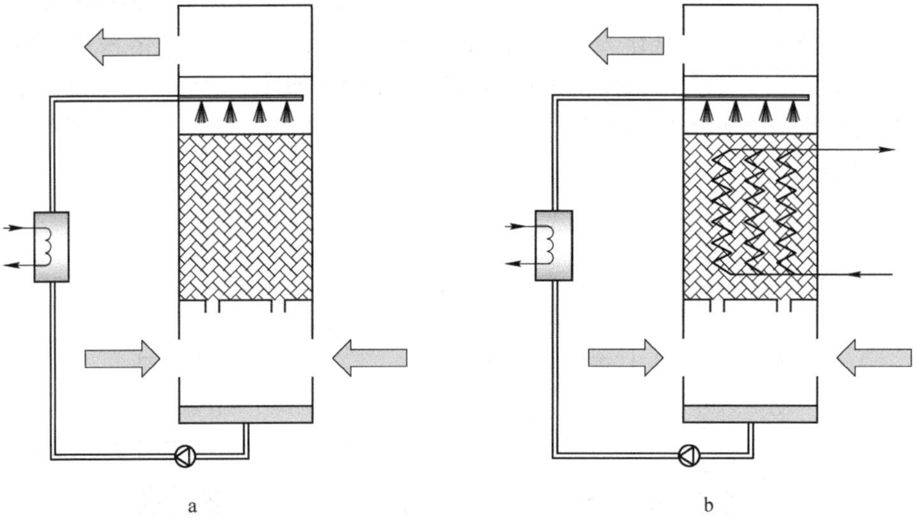


图 7-14　绝热型逆流除湿器和内冷型逆流除湿器

a—绝热型逆流除湿器；b—内冷型逆流除湿器

### 7.3.2　系统设计计算

用上海地区室外夏季空调气象参数，依据图 7-13 进行高炉脱湿系统的设计计算。

（1）除湿过程。计算过程如下：由于鼓风脱湿时空气的压力接近当地大气压，为保证鼓风的湿度控制在 10g/kg$_{干}$（8.33g/m$^3$，标态），选取内冷型除湿塔进行计算，溶液喷淋温度选取与冷却塔换热后的溶液温度，冷却空气与溶液在塔内几乎无温升。各状态点参数如下，1、2 分别为空气进出口，8′、9 分别为溶液进出口。各状态点空气状态参数见表 7-5。

**表 7-5 空气处理状态参数表**

| 状态点 | 温度/℃ | 含湿量（干）/g · kg$^{-1}$ | 相对湿度/% | 水蒸气分压/Pa | 焓值/kJ · kg$^{-1}$ |
|---|---|---|---|---|---|
| 1 | 34.6 | 21.66 | 61.96 | 3409.72 | 90.504 |
| 2 | 35 | 8.33 | 23.8 | 1339.04 | 56.723 |
| 8′ | 34 | — | — | 797.5 | — |
| 9 | 35 | — | — | 849 | — |

设液气比为 1.5，对应的 LiCl 溶液流量为（取 43%的 LiCl 水溶液的容重为 1230kg/m$^3$）：

$$Q_z = \rho_{air} V_{z-air} \Delta h \ V_l = \frac{1.5\rho_{air} V_{air}}{\rho} \tag{7-5}$$

空气与除湿器之间换热量为：

$$Q'_h = (h_1 - h_{1'})\rho_{air} V_{air} \tag{7-6}$$

（2）再生过程。再生器是将溶液进行浓缩的设备，为了方便对加热量与溶液再生温度的控制，简化设备结构，溶液的加热方式可采用工业废热、余热、太阳能等低品位热源。再生空气可以选用环境新风，也可选用房间回风或是排风。为了使再生效果最优，再生器同样选用逆流布置方式，具体结构类似绝热型除湿器。

取液气比为 1.2，且再生器的吸湿量与除湿器的吸湿量相同。因为再生器选取绝热型，因而溶液和空气存在温升。根据经验选取空气温升 20℃，且达到最佳吸湿状态；溶液与空气之间的传热使得溶液有温降。再生器工作流程如下，1、13 分别为空气进出口，11′、12 分别为溶液进出口。

为了保持设备连续运行，再生过程的吸湿量应等于脱湿过程的除湿量，因而再生过程吸湿量为：

$$m = \Delta\omega \rho_{air} V_{air} \tag{7-7}$$

$$V_{吸} = \frac{m_{吸}}{\rho_w} m_{z-air} = \rho_{air} V_{z-air} \tag{7-8}$$

对应再生过程所需空气量为：

$$V_{z-air} = \frac{m_{吸}}{(\omega_{13} - \omega_1)\rho_{air}} \tag{7-9}$$

$$m_{z-air} = \rho_{air} V_{z-air} \tag{7-10}$$

再生塔与空气之间换热量为：

$$Q_z = \rho_{air} V_{z-air} \Delta h \tag{7-11}$$

溶液流量为：

$$V_{z-l} = \frac{1.2\rho_{air} V_{z-air}}{\rho} \tag{7-12}$$

溶液温度变化为：

$$\Delta t_z = \frac{Q_z}{c \cdot \rho \cdot V_{z-1}} \tag{7-13}$$

因此，再生器出口溶液温度为：

$$t_{12} = t_{11'} - \Delta t_z \tag{7-14}$$

因此，再生器与除湿器溶液出口混合后的温度为：

$$t_h = \frac{V_l \cdot t_9 + V_{z-l} \cdot t_{12}}{V_l + V_{z-l}} \tag{7-15}$$

（3）再生过程溶液/热水换热器计算。溶液/热水换热器工作过程如下，10、10′为热水进出口，11、11′为溶液进出口。换热器平均换热温差为：

$$\Delta t_m = \frac{(t_{10'} - t_{11}) - (t_{10} - t_{11'})}{\ln \dfrac{t_{10'} - t_{11}}{t_{10} - t_{11'}}} \tag{7-16}$$

换热器的换热量为：

$$Q_h = c\rho V_{z-l} \Delta t_{h-l} \tag{7-17}$$

热水流量为：

$$V_{h-w} = \frac{Q_z}{c_w \rho_w \Delta t_w} \tag{7-18}$$

（4）除湿过程溶液/冷却水换热器计算。经过上述计算，换热器入口溶液温度为42.2℃时，6、7′分别为冷水进出口，8、8′分别为溶液进出口。换热器平均换热温差为：

$$\Delta t_m = \frac{(t_8 - t_{7'}) - (t_{8'} - t_6)}{\ln \dfrac{t_8 - t_{7'}}{t_{8'} - t_6}} \tag{7-19}$$

换热器的换热量为：

$$Q_c = c \cdot \rho \cdot V_l \cdot \Delta t \tag{7-20}$$

冷却水流量为：

$$V_{冷却水} = \frac{Q_c}{c_w \rho_w \Delta t_w} \tag{7-21}$$

## 7.4 液体除湿与再生实验研究

为验证余热驱动液体除湿方案的可行性，并确定各项参数的影响以及不同工况参数下脱湿效果，搭建实验台进行实验研究。理想状态下，利用钢铁厂可提供热源参数为70~85℃驱动，空气经过除湿装置后含湿量降至10g/m$^3$（标态）。鼓风机送风风量基本在6700~7100m$^3$/min（标态），约为400000m$^3$/h（标态）。实验中则需要按照一定比例缩小进行模化实验。考虑到比例过小则会使实验不具代表性，易存在边界效应；实际风量下实验规模较大、成本较高且结构复杂，所以实验模拟以1∶200的比例进行模化缩小设计实验台。高炉炼铁过程中，空气经过空气过滤器被过滤后送入脱湿装置脱湿，被脱湿后的空气送入热风炉回温，最后送入高炉炼铁。工艺流程图如图7-15所示。

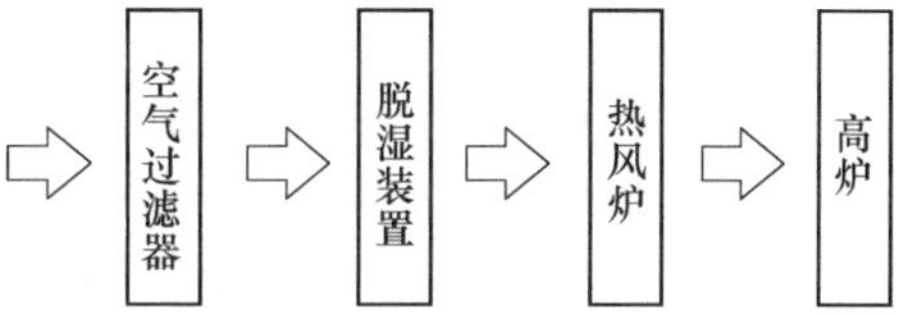


图7-15 高炉炼铁流程图

本方案设计过程中选用内冷型逆流除湿器，整套系统存在空气、溶液、水三个循环。环境空气在再生器内与LiCl溶液进行热质交换后成为热湿空气排入环境，除湿塔从环境空气吸风，在除湿塔内进行热质交换后成为低湿度的空气，即为符合要求的空气，进而可被送入热风炉回温后至高炉进行高炉炼铁。

运行中，溶液泵启动，并将溶液箱中的氯化锂溶液输送至溶液管中，接着输送至除湿塔和再生塔中。除湿溶液经过溶液/冷水换热器冷却后被送入除湿塔对空气进行脱湿，除湿后的浓溶液由于吸收了空气中的水分变为稀溶液并流回溶液箱；再生溶液经过溶液/热水换热器被加热后送入再生塔再生，再生后的浓溶液也流回溶液箱，从而保证溶液箱中溶液浓度保持不变。

系统中的水循环包括热水循环和冷水循环。热水箱内的热水可通过与钢厂冲渣水进行热交换获得。热水一路被送入换热器与再生溶液换热，一路作为再生塔的内热段。冷却塔内的冷水一路被送入换热器与除湿溶液换热，另一路通入除湿塔作为内冷段。

实验中溶液的温度通过冷水和热水的流量进行控制，溶液浓度则可以通过单独的除湿和单独的再生实验进行控制；冷水系统由冷却塔提供。

整个系统中，溶液和空气之间的湿量守恒，溶液的吸湿量等于空气的脱湿量。

$$m_s\Delta\omega_s = m_a\Delta\omega_a \tag{7-22}$$

式中 $m_s$——溶液的质量，kg；

$m_a$——空气的质量，kg；

$\Delta\omega_s$——单位质量溶液吸湿量，$kg_w/kg_{da}$；

$\Delta\omega_a$——单位质量空气失湿量，$kg_w/kg_{da}$。

依据钢厂实际风量 6700~7100m$^3$/min，以 1∶200 的比例进行缩小模化实验。实验中，除湿（再生）效果通过除湿量（或吸湿量）和质交换效率两个参数进行衡量，其中除湿量（或吸湿量）通过进出除湿（再生）塔的空气物性参数进行计算可得质交换效率计算公式如下：

$$\varepsilon_m = \frac{\omega_i - \omega_o}{\omega_i - \omega_i^*}(\text{除湿})$$

$$\varepsilon_m = \frac{\omega_o - \omega_i}{\omega_i^* - \omega_i}(\text{再生}) \tag{7-23}$$

另外一个评价指标为空气进出口的含湿量差，即质交换量，其指单位质量空气经过填料塔后的除湿量或析湿量，计算公式如下：

$$\Delta\omega = \omega_i - \omega_o(\text{除湿})$$

$$\Delta\omega = \omega_o - \omega_i(\text{再生}) \tag{7-24}$$

式中　$\Delta\omega$——单位质量空气绝对含湿量的变化量，g/kg；

$\varepsilon_m$——质交换效率，%；

$\omega_i$，$\omega_o$——进、出口空气的含湿量，g/kg；

$\omega_i^*$——进口溶液表面饱和空气层含湿量，g/kg。

针对实验搭建的逆流型除湿塔，影响整个系统运行性能的因素有吸收剂本身的性质、操作条件和塔的设备情况。当实验台已经搭建完成，各种硬件设施已经固定后，影响因素主要包括吸收剂及氯化锂溶液的流量、浓度和温度以及溶液和空气的质量比。因而操作中需要对以上因素进行实验分析。

为了获得质交换效率和除湿量等指标，通过测量溶液的温度、密度、流量；空气的温度、湿度；冷热水的温度、流量而得到。实验中直接测量可得到空气温度和相对湿度，进而计算得到空气的水蒸气分压力 $P_a$ 和含湿量 $\omega$：

$$P_a = 0.01 \times \varphi \cdot e^b \tag{7-25}$$

$$\begin{aligned} b = &\frac{-5800.2206}{t_a + 273.15} + 1.3914993 - 0.04860239 \cdot (t_a + 273.15) + \\ &0.000041764768 \cdot (t_a + 273.15)^2 - 0.000000014452093 \cdot \\ &(t_a + 273.15)^3 + 6.5459673 \cdot \ln(t_a + 273.15) \end{aligned} \tag{7-26}$$

$$\omega = 0.622 \cdot \frac{P_a}{101325 - P_a} \tag{7-27}$$

式中　$\varphi$——空气的相对湿度，%；

$t_a$——空气的干球温度，℃；

$\omega$——空气的含湿量，kg/kg$_干$。

另外，实验台的直接测试值为溶液的温度和浓度，利用 LiCl 性质表可得到溶液的质量浓度，进而可依据公式（7-25）计算出溶液表面饱和空气层的水蒸气分压力。

### 7.4.1 除湿和再生过程单独运行实验研究

（1）液气比的影响。

1）除湿液气比的影响。喷淋溶液浓度为 34.6±1%，喷淋温度在 26.1～28.2℃之间，通过调整风量来改变液气比，风量分别 2740$m^3$/h、2050$m^3$/h、1604$m^3$/h、1414$m^3$/h，除湿溶液流量为 3$m^3$/h。结果见表 7-6。

**表 7-6 除湿液气比规律表**

| 除湿液气比 | 1 | 1.5 | 1.8 | 2 |
|---|---|---|---|---|
| 温度/℃ | 26.20 | 26.40 | 26.10 | 28.20 |
| 质交换效率/% | 34.60 | 37.50 | 34.71 | 29.67 |
| 除湿量/g·$kg^{-1}$ | 6.63 | 7.34 | 6.82 | 5.26 |

根据除湿液气比呈现的规律图如图 7-16 所示，可以看出，除湿过程液气比为 1.5 左右时，质交换效率和除湿量最高，除湿效果好。即实验结果表明除湿塔存在最佳的液气比范围。超过此范围，即溶液流量偏大时，质交换效率降低，这表明过大的除湿溶液流量会降低溶液和空气的实际接触面积，影响质交换效果；溶液流量过低则会使得填料表面不能充分润湿，不利于塔内的质交换。该实验中除湿塔内液气质量比为 1.5 左右时，质交换效率可以达到 37.50%、除湿量可达到 7.34g/kg，除湿效果最好。

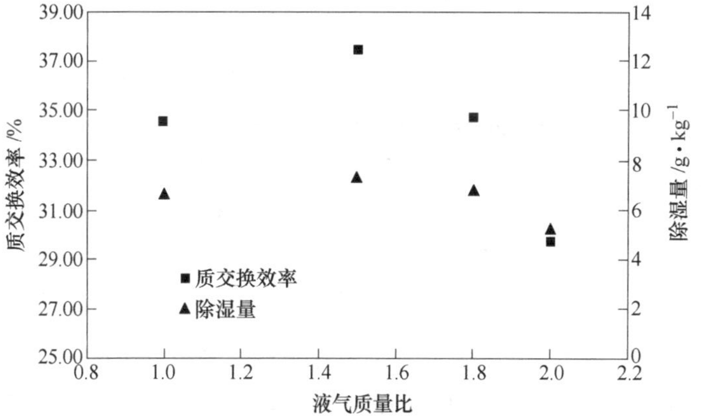


图 7-16 除湿液气比规律图

2）再生液气比的影响。对再生液气比的研究，分别通过改变风量和溶液流量来改变液气比，进行两组实验。

实验一：改变风量实现改变液气比。浓度为 39.0%~41.8%，喷淋温度为 66.4~67.1℃，溶液流量为 2.16$m^3$/h，改变风量改变液气比，风量 2214$m^3$/h、2012$m^3$/h、1845$m^3$/h、1581$m^3$/h 和 1476$m^3$/h。结果见表 7-7 及图 7-17。

**表 7-7　再生液气比的影响规律表（一）**

| 再生液气比 | 1 | 1.1 | 1.2 | 1.4 | 1.5 |
|---|---|---|---|---|---|
| 温度/℃ | 66.40 | 66.50 | 67.10 | 66.30 | 66.50 |
| 质交换效率/% | 56.16 | 58.13 | 60.33 | 60.34 | 59.91 |
| 析湿量/g · $kg^{-1}$ | 27.67 | 28.06 | 30.12 | 29.42 | 29.53 |

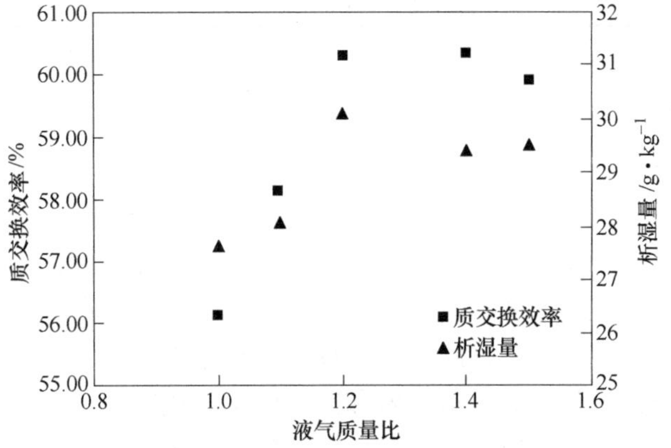


图 7-17　再生液气比的影响图（一）

实验二：改变溶液流量实现改变液气比。浓度为 39%~41.8%，喷淋温度为 66.1~66.5℃，风量为 1850$m^3$/h，改变溶液流量改变液气比，除湿溶液为 1.8$m^3$/h、1.98$m^3$/h、2.16$m^3$/h 和 2.52$m^3$/h。结果见表 7-8。

**表 7-8　再生液气比的影响规律表（二）**

| 再生液气比 | 1 | 1.1 | 1.2 | 1.4 | 1.5 |
|---|---|---|---|---|---|
| 温度/℃ | 66.10 | 66.40 | 66.50 | 66.40 | 66.50 |
| 质交换效率/% | 58.36 | 60.10 | 61.01 | 59.84 | 59.71 |
| 析湿量/g · $kg^{-1}$ | 27.5 | 28.06 | 30.12 | 28.13 | 28.43 |

实验结果显示再生塔存在最佳的液气比范围，超过此范围，即溶液流量偏大时，质交换效率降低，这表明过大的再生溶液流量会降低溶液和空气的实际接触面积，影响质交换效果；溶液流量过低则会使得填料表面不能充分润湿，不利于塔内的质交换。再生过程的液气比在 1.2~1.3 时质交换效率和析湿量高，该实验中除湿塔内液气质量比为 1.2 左右时，质交换效率可以达到 60.33%，析湿量可达到 30.12$g/kg_{干}$。

为了保证系统稳定连续运行，需要使得除湿量等于再生量，因而再生空气量是根据该关系确定的。当再生空气量确定后，液气比小时再生溶液流量小，因而再生选取 1.2 的液气比更为合理。

经过液气比实验验证发现，如图 7-18 所示，除湿和再生液气比均存在最佳值。除湿时采用 1.5 左右的液气比较为合适，再生时采用 1.2 的液气比较为合适。理论计算中，选取的除湿和再生的液气比分别为 1.5 和 1.2，与实验结果相符，因而理论计算合理。

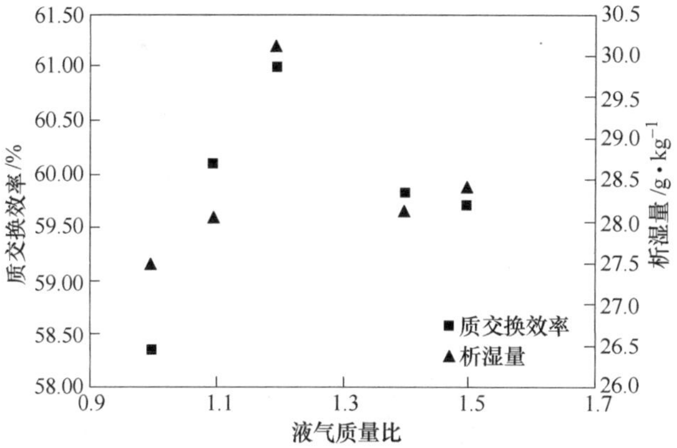


图 7-18 再生液气比的影响规律图（二）

（2）溶液温度的影响。

1）除湿溶液温度的影响。喷淋溶液浓度为 34.6±1%，喷淋温度在 26.1～28.2℃之间，通过调整风量来改变液气比，风量分别 2740$m^3/h$、2050$m^3/h$、1604$m^3/h$ 和 1414$m^3/h$，除湿溶液流量为 3$m^3/h$。结果表明：进塔溶液的温度和质量浓度决定了溶液表面饱和空气层的水蒸气分压力，对于除湿过程，该压力越低越有利于传质，因而在实际条件许可的前提下，进塔除湿溶液温度应尽可能低，浓度尽可能高。为研究除湿溶液温度的影响，控制除湿溶液浓度基本一定，改变溶液温度进行实验，此处选择两种空气进口状态相互对照，研究溶液喷淋温度对除湿的影响。

实验一：浓度变化为 38.5±0.5%，入口空气状态为 28～29℃，相对湿度在 80%～90%。结果见表 7-9 及图 7-19。

**表 7-9 除湿溶液温度的影响表（一）**

| 喷淋前温度/℃ | 27 | 28.3 | 28.8 | 29.3 | 30.7 | 31.4 | 33 | 33.3 | 35.3 | 37.1 |
|---|---|---|---|---|---|---|---|---|---|---|
| 浓度/% | 39.1 | 39.0 | 38.9 | 39.0 | 39.0 | 38.5 | 38.1 | 38.1 | 38.1 | 38.1 |
| 质交换效率/% | 59.98 | 53.72 | 53.96 | 57.96 | 52.78 | 47.04 | 42.63 | 32.19 | 24.77 | 14.68 |
| 含湿量差/g · $kg^{-1}$ | 11.1 | 9.525 | 9.362 | 9.779 | 8.972 | 7.218 | 6.097 | 4.058 | 3.233 | 1.783 |

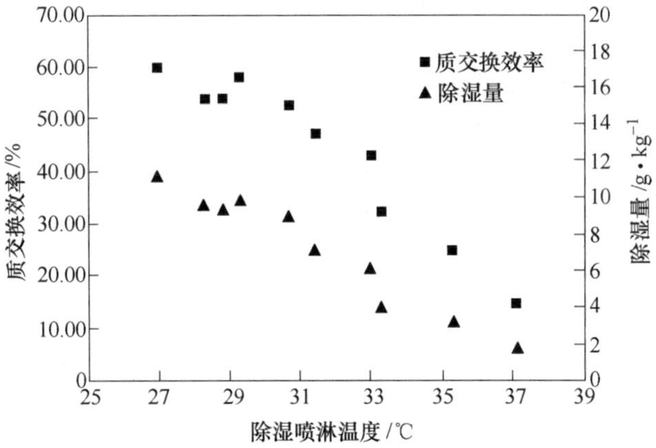


图 7-19　除湿溶液温度的影响图（一）

实验二：浓度变化为 38.5±0.5%，入口空气状态为 29.5~30.1℃，相对湿度在 70%~80%。结果见表 7-10 及图 7-20。

**表 7-10　除湿溶液温度的影响表（二）**

| 喷淋前温度/℃ | 27.6 | 28.6 | 29.7 | 30.6 | 31.4 | 32.1 | 32.8 | 33.3 | 33.7 | 34.1 |
|---|---|---|---|---|---|---|---|---|---|---|
| 浓度/% | 39.0 | 39.0 | 39.0 | 38.8 | 38.6 | 38.3 | 38.2 | 38.0 | 38.0 | 38.0 |
| 质交换效率/% | 52.81 | 48.66 | 38.52 | 38.81 | 40.74 | 28.08 | 20.35 | 18.25 | 22.59 | 14.49 |
| 含湿量差/g · $kg^{-1}$ | 8.963 | 8.027 | 5.837 | 5.932 | 5.348 | 3.880 | 2.880 | 2.451 | 2.800 | 1.830 |

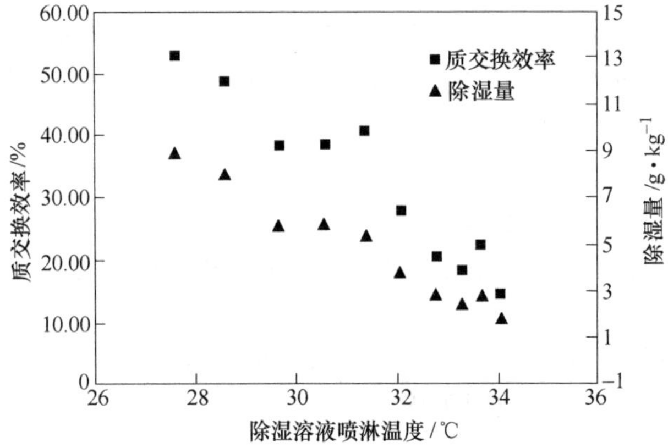


图 7-20　除湿溶液温度的影响图（二）

比较实验一和实验二不同的空气入口条件，如图 7-21 所示，由图可知除湿过程中溶液喷淋温度由 37.1℃ 降至 27.0℃，质交换效率由 14.68% 升高至 59.98%；该进口条件下，当喷淋温度为 27℃，除湿量可达到 11.3g/kg。由曲线趋势可知，除湿喷淋温度越低，除湿量和质交换效率越高。这是由于溶液温度越低，与空气间存在越大的水蒸气分压力差，而传质动力越大，传质效果越好。图7-21中的质交换效率和除湿量也呈现了同样的趋势。由两组实验结果都可得出，除湿喷淋温度越低，除湿量和质交换效率越高。

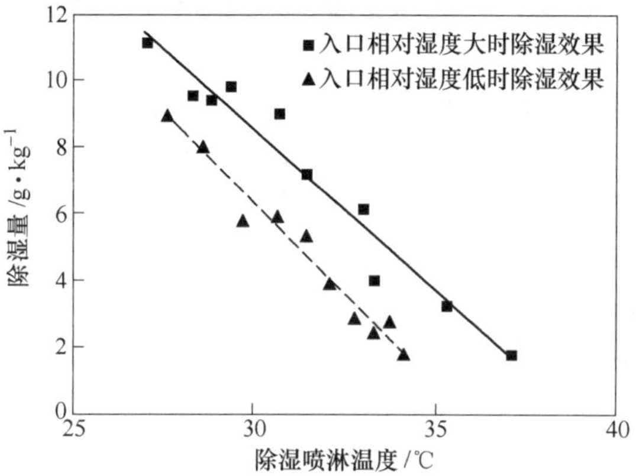


图 7-21 除湿溶液温度的影响对比图

根据实验一和实验二还可以得出，其他条件相同时（入口空气温度较接近），入口空气相对湿度越高，除湿效果越好，即除湿更容易些；由于相同温度下，空气相对湿度越高，空气中水蒸气分压力越高，即除湿塔进口传质势差更大，传质的推动力越大，此时传质效果更好。

2）再生溶液温度的影响。进塔溶液的温度和质量浓度决定了溶液表面饱和空气层的水蒸气分压力，对于再生过程，该压力越高越好，因而在实际条件许可的前提下，进塔再生溶液温度应尽可能高，浓度尽可能低。为研究再生过程溶液温度的影响，控制再生溶液浓度基本一定，改变溶液喷淋温度进行实验。溶液浓度为39.0±1%，入口空气条件为27.2~28.6℃，相对湿度在60.6%~65.0%，改变再生溶液的喷淋温度进行实验。温度变化范围为62.2~80.1℃。结果见表7-11及图7-22。

**表 7-11 再生溶液温度的影响表**

| 再生喷淋温度/℃ | 62.2 | 68 | 71.8 | 75.7 | 77.2 | 80.1 |
|---|---|---|---|---|---|---|
| 浓度/% | 38.0 | 38.0 | 38.0 | 40.0 | 41.3 | 41.4 |
| 质交换效率/% | 59.32 | 63.57 | 68.56 | 70.40 | 70.26 | 71.35 |
| 吸湿量/$g \cdot kg^{-1}$ | 24.543 | 27.695 | 44.846 | 46.174 | 52.263 | 53.171 |

从图7-22中看出，再生过程中溶液喷淋温度由62.2℃升至80.1℃，质交换

效率由 59. 32%升高至 71. 35%。由曲线趋势可知，再生喷淋温度越高，析湿量和质交换效率越高。这是由于溶液温度越高，与空气间存在越大的水蒸气分压力差，而传质动力越大，传质效果越好。再生溶液温度越高，析湿量越大，但当再生溶液喷淋温度大于 75℃后，加湿量随温度升高增加不明显，并且由于钢厂可提供低温热源温度有限制，因而采取 70~75℃喷淋较为合理。

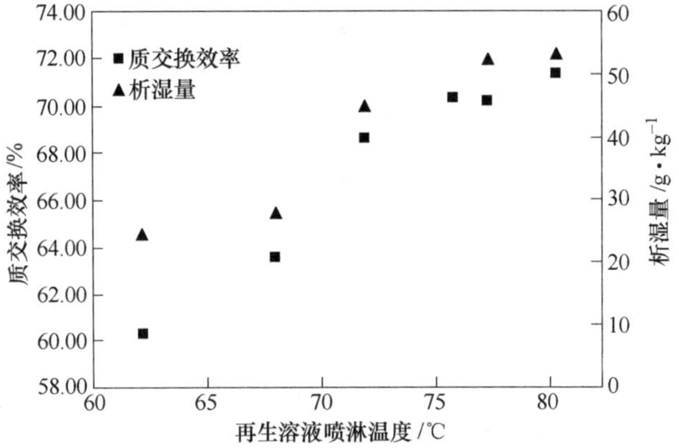


图 7-22　再生溶液温度的影响图

（3）溶液浓度的影响。

1）除湿溶液浓度的影响。为研究除湿溶液浓度对溶液的影响，控制除湿溶液喷淋温度基本不变，改变溶液浓度进行实验，此处选择两种喷淋温度（30℃，26℃）互相对照以研究溶液浓度对除湿的影响。

实验一：溶液喷淋温度变化为（30±0. 7）℃。空气入口条件为 28. 4~30. 1℃，相对湿度在 76. 5%~87. 8%，选取不同溶液浓度进行实验。浓度变化范围为 30%~39%。实验数据见表 7-12 和图 7-23。

**表 7-12　除湿溶液浓度的影响表（一）**

| 溶液浓度/% | 30. 00 | 34. 50 | 36. 00 | 38. 80 | 39. 00 | 39. 00 |
|---|---|---|---|---|---|---|
| 喷淋前温度/℃ | 29. 5 | 29. 9 | 30 | 30. 6 | 30. 7 | 29. 7 |
| 质交换效率/% | 12. 96 | 26. 33 | 30. 47 | 38. 81 | 52. 78 | 38. 52 |
| 含湿量差/g · kg$^{-1}$ | 1. 259 | 3. 200 | 3. 998 | 5. 932 | 8. 972 | 5. 837 |

实验二：实验二为溶液喷淋温度较低情况下溶液浓度影响，溶液喷淋温度变化为（26±0. 5）℃。空气入口条件为 26. 3~30. 3℃，相对湿度为 80. 0%~90. 0%，选取不同溶液浓度进行实验。浓度变化范围为 30%~39. 1%。实验数据见表 7-13 及图 7-24。

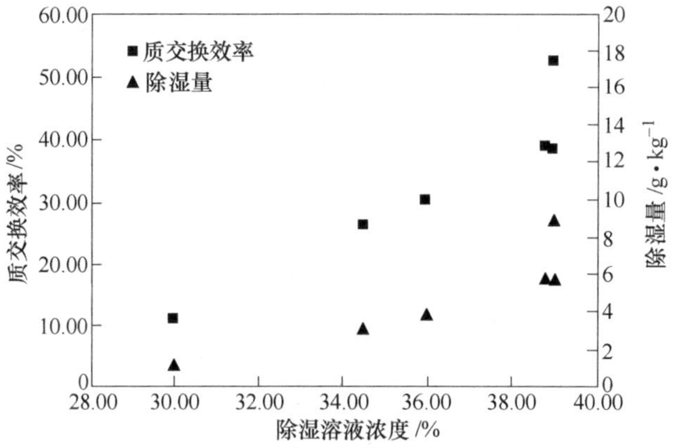


图 7-23 除湿溶液浓度的影响图（一）

**表 7-13 除湿溶液浓度的影响表（二）**

| 溶液浓度/% | 30.00 | 35.90 | 37.80 | 37.80 | 39.10 | 39.10 |
|---|---|---|---|---|---|---|
| 喷淋前温度/℃ | 26.20 | 25.90 | 26.00 | 26.50 | 26.00 | 26.00 |
| 质交换效率/% | 11.04 | 29.12 | 50.53 | 54.74 | 67.04 | 64.57 |
| 含湿量差/g · $kg^{-1}$ | 1.32 | 4.32 | 6.22 | 7.17 | 12.93 | 12.83 |

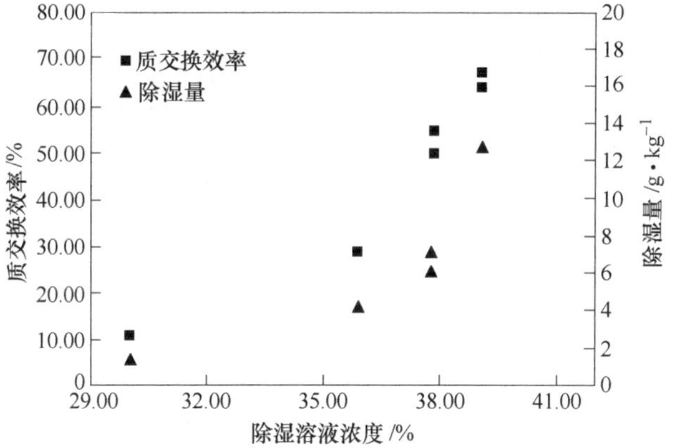


图 7-24 除湿溶液浓度的影响图（二）

将实验一和实验二的除湿量一起比较，可得趋势图如图 7-25 所示。

由此可以得出，除湿溶液浓度越高，除湿效果越明显，低温喷淋亦可加强除湿效果。溶液浓度高时，低温喷淋比增加浓度效果更明显。这是溶液温度或浓度参数变化相同的范围，当溶液温度低时，溶液表面水蒸气分压变化受温度的影响更大。在相同的空气进口条件下，气液两者的传质势差更大，传质效果更好。因而低温喷淋比增加浓度效果更明显。

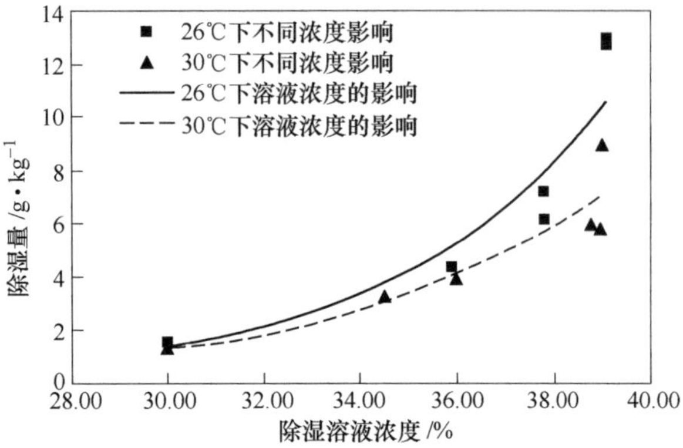


图 7-25 除湿溶液浓度的影响对比图

2）再生溶液浓度的影响。为研究再生溶液浓度对溶液的影响，控制再生溶液喷淋温度基本不变。溶液喷淋温度控制在（66±1）℃。空气入口条件为 28. 7~30. 3℃，相对湿度 76. 5%~87. 8%，选取不同溶液浓度进行实验，浓度变化范围为 35%~41. 8%。实验数据见表 7-14 及图 7-26。

**表 7-14 再生溶液浓度的影响表**

| 溶液浓度/% | 35. 0 | 36. 0 | 39. 0 | 41. 0 | 41. 8 |
|---|---|---|---|---|---|
| 喷淋前温度/℃ | 65. 4 | 66. 2 | 66. 1 | 67. 2 | 66. 4 |
| 质交换效率/% | 66. 44 | 62. 57 | 57. 36 | 56. 62 | 54. 84 |
| 析湿量/g · kg$^{-1}$ | 32. 879 | 32. 661 | 30. 495 | 27. 063 | 26. 132 |

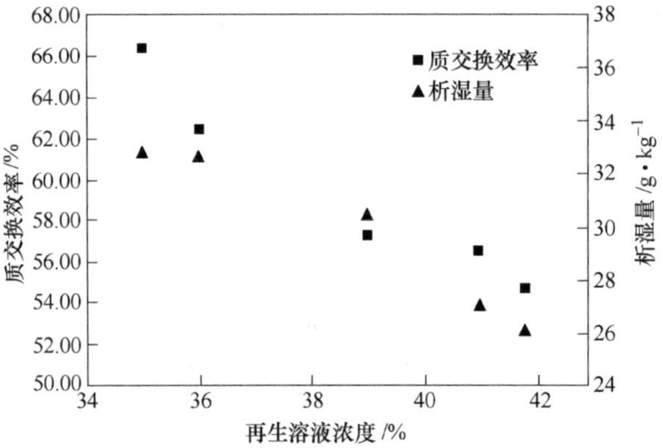


图 7-26 再生溶液浓度的影响图

由图可知，除湿时采用 1. 5，再生采用 1. 2 左右的液气比较为合适；除湿溶液浓度越高，除湿效果越明显，低温喷淋亦可加强除湿效果；除湿过程中，低温喷淋比增加浓度效果更明显；再生浓度越低效果越好，再生采用 70℃左右喷淋结果理想。

### 7.4.2 实验结果分析

将实验数据与理论计算数据进行比较分析，实验台仍有提高除湿能力的空间，主要体现在以下三个方面：

（1）内冷因素。在除湿过程中，由于水蒸气液化会释放潜热，溶液稀释也会释放热量，因而溶液在除湿塔喷淋过程中会存在温升，因而理论计算中，除湿塔结构选取内冷型。内冷型除湿塔本身即为一种传热传质效率较高的结构，在相同进口条件下，理论计算除湿塔的质交换效率可以达到86.5%，而实验测得除湿塔的质交换效率仅为50%左右，见表7-15。这是因为在实际实验中，由于各种因素限制，除湿塔未设置内冷段，导致溶液在通过除湿塔的过程中产生的热量无法换出，溶液喷淋前后有5~6℃的温差，随着溶液自身温度的升高，溶液表面的水蒸气分压力增高，其与空气的水蒸气分压差减小，传质效率大大降低，最终导致除湿效率大大降低。上述实验结果展示的喷淋温度均为溶液进口喷淋温度，而由于没有内冷换热段，在实验过程中，实际塔内溶液平均温度比溶液进口喷淋温度高3~4℃。

**表7-15 内冷因素分析表**

| 条件 | 温度/℃ | 含湿量/$g \cdot kg^{-1}$ | 相对湿度/% |
|---|---|---|---|
| 空气进口 | 28.7 | 24.1 | 96 |
| 空气出口 | 28.6 | 11.282 | 46.10 |
| 条件 | 温度/℃ | 浓度/% | 质交换效率/% |
| 溶液进口 | 26 | 39.10 | 64.57 |
| 溶液出口 | 31.7 | 38.60 | 40.74 |

（2）填料高度因素。实验中除湿塔填料高度为0.8m。根据理论计算分析可知，增加填料段塔高，可延长传热传质的时间，以提高热质交换效率，从而可增加除湿效果。理论计算结果见表7-16，可以看出随着填料高度增加，其传质效率明显上升。

**表7-16 填料高度计算结果表**

| 填料高度/m | 传质效率/% |
|---|---|
| 0.6 | 70.9 |
| 0.8 | 79.1 |
| 1.0 | 84.8 |
| 1.2 | 88.8 |

（3）浓度因素。实验条件下的浓度均在40%以下，最高达到39.6%。未达

到理论计算的浓度43%。而根据上一节内容可知，随着除湿塔溶液浓度的增加，其除湿效率增加。

根据上述的三个因素，结合已有的实验数据，进一步延伸分析。对于上海7月以及最不利的气候条件，根据理论计算认为34℃喷淋，浓度43%可达到除湿要求。因而可根据现已有实验数据对溶液喷淋温度34℃，浓度43%的除湿结果进行数据拟合和结果推算，见表7-17。

**表7-17　理论推算使用的已有数据**

| 实验序号 | 除湿喷淋前温度/℃ | 溶液箱浓度/% | 含湿量差/$g \cdot kg^{-1}$ |
|---|---|---|---|
| 1 | 28.3 | 39.0 | 9.525 |
| 2 | 28.8 | 38.9 | 9.362 |
| 3 | 29.3 | 39.0 | 9.779 |
| 4 | 30.7 | 39.0 | 8.972 |
| 5 | 31.4 | 38.5 | 7.218 |
| 6 | 33.0 | 38.1 | 6.097 |
| 7 | 28.9 | 35.9 | 8.020 |
| 8 | 23.9 | 35.3 | 12.522 |
| 9 | 24.5 | 34.8 | 9.289 |
| 10 | 27.6 | 34.6 | 7.283 |
| 11 | 28.4 | 34.5 | 5.144 |
| 12 | 26.0 | 39.1 | 12.933 |
| 13 | 26.0 | 39.1 | 12.827 |

根据上述实验数据，对内冷因素和浓度因素进行修正，由于溶液喷淋前后有5~6℃的温差，因而对进口31℃，浓度43%进行数据拟合，得到回归分析结果见表7-18。

**表7-18　回归分析结果表**

| 观测序号 | 预测 Y | 残差 | 标准残差 |
|---|---|---|---|
| 14 | 12.77 | 1.22 | 1.42 |

即除湿塔存在内冷条件时，溶液喷淋温度为34℃，浓度为43%时可除湿的量为12.78$g/kg_{干}$。该预测值的可信度见表7-19。

**表 7-19 回归分析可信度表**

| 回归统计 | 相关系数 (Multiple R) | 确定系数 (R Square) | 校正决定系数 (Adjusted RSquare) | 标准误差 | 观测值 |
|---|---|---|---|---|---|
| 结果 | 0.95 | 0.90 | 0.88 | 0.94 | 14 |

由上述结果得到，当修正了内冷因素和浓度因素后，即可满足上海 7 月平均气温的除湿要求。修正塔高因素，由填料高 0.8m 增加到填料高 1.0m，质交换效率由 79.17%提高到 84.8%，约增大 5.6%，则修正填料高因素得到除湿量为：

$$\Delta d = 12.78 \times (1 + 5.6\%) = 13.50(\text{g/kg}) \tag{7-28}$$

上海最不利工况下空气温度为 34.6℃、含水量为 21.66g/kg，计算需要达到的除湿量为 13.33g/kg，修正后的除湿量 13.5g/kg 大于要求的除湿量，可以看出，考虑了内冷、塔高和浓度的因素后，计算得到该除湿量结果满足上海最不利工况下的除湿要求。

## 7.5 工程应用设计

高炉冲渣水是水力冲渣将高炉炉渣冷却后经渣水分离后的水，温度通常在 60~90℃，冲渣水是通过冷却后循环利用，然而冲渣水携带的大量余热却在冷却的过程中浪费，同时对环境也造成了污染。对冲渣水余热的回收利用主要是：利用冲渣水采暖或加热洗浴用水；冲渣水余热发电。冲渣水余热发电无疑是一种最有价值的研发方向，但其技术要求相当高、效率提升有限，目前还处于研究阶段。而利用冲渣水采暖或作浴池用水，已被一些钢厂采纳使用，并带来一定的经济效益。目前对于冲渣水余热的应用较为单一，且在非采暖季能源依然存在浪费，利用率低，没有能够实现能源的全年利用。因此，有效利用冲渣水余热实现高炉鼓风脱湿对于节能减排具有重要的意义。

针对宝钢高炉的运行特性进行基于高炉冲渣水余热驱动的液体除湿系统进行举例设计，目前宝钢高炉送风风量约为 400000$m^3$/h。首先根据各生产基地 7 月的月平均气温（全年最湿热月份），得到除湿器和再生器的进出口空气条件；根据湿质量平衡，除湿器除湿量等于再生器吸湿量，可以计算出再生器所需的风量；再以液气质量比计算再生器溶液流量后，根据换热器相关参数计算出冷水热水流量。

宝钢四个基地所在地，广东湛江、南京梅山、武汉青山以及上海宝山四地室外空气参数如下：2017 年 12 个月的空气湿度变化如图 7-27 所示，夏季空调参数见表 7-20，空气湿度最大月（7 月）的气象参数，见表 7-21，可以看出一年四季空气湿度波动很大，这也印证了采用鼓风除湿以保证高炉运行稳定的必要性。现以四地夏季空调参数为计算参数，计算在送风量为 400000$m^3$/h 情况下的液体除湿系统参数。

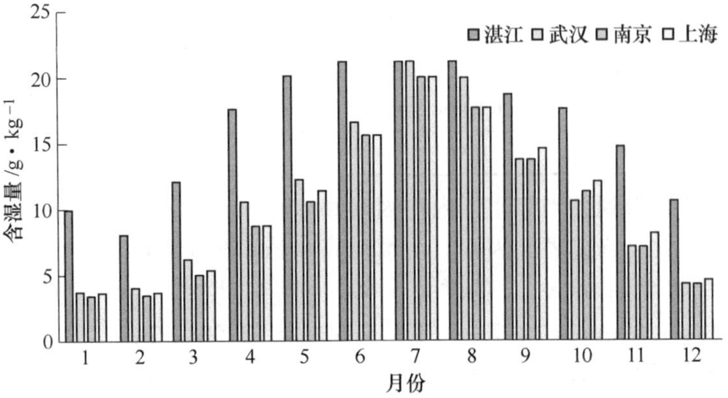


图 7-27　宝钢所在四地 2017 年空气湿度变化图

**表 7-20　2017 年四地夏季空调气象参数**

| 城市 | 干球温度/℃ | 湿球温度/℃ | 含湿量 /g·kg$^{-1}$ | 相对湿度/% | 水蒸气分压 /Pa | 焓 /kJ·kg$^{-1}$ | 比容 /m$^3$·kg$^{-1}$ |
|---|---|---|---|---|---|---|---|
| 湛江 | 33 | 27.8 | 21.592 | 67.54 | 3399.38 | 88.65 | 0.898 |
| 武汉 | 35.3 | 28.4 | 21.741 | 59.82 | 3422.03 | 91.447 | 0.905 |
| 南京 | 34.8 | 28.1 | 21.386 | 60.53 | 3367.95 | 90.01 | 0.903 |
| 上海 | 34.6 | 28.2 | 21.66 | 61.96 | 3409.68 | 90.504 | 0.903 |

**表 7-21　空气湿度最大月的气象参数**

| 项目 | $t$/℃ | 露点/℃ | 含湿量 /g·kg$^{-1}_{干}$ | 相对湿度/% | 水蒸气分压 /Pa | 焓 /kJ·kg$^{-1}$ | 比容 /m$^3$·kg$^{-1}$ |
|---|---|---|---|---|---|---|---|
| 湛江 | 30 | 26 | 21.35 | 83.91 | 3362.48 | 83.831 | 0.886 |
| 武汉 | 29 | 26 | 21.35 | 83.91 | 3362.48 | 83.831 | 0.886 |
| 南京 | 29 | 25 | 20.079 | 74.64 | 3168.63 | 81.632 | 0.885 |
| 上海 | 31 | 25 | 20.079 | 70.49 | 3168.63 | 82.679 | 0.890 |

经过以往实验研究与理论计算，得到溶液的温度、浓度对除湿过程和再生过程的影响，如图 7-28～图 7-31 所示。其中，除湿（再生）效果通过质交换效率进行衡量，质交换效率计算公式如下：

$$\varepsilon_{\mathrm{m}} = \frac{\omega_i - \omega_o}{\omega_i - \omega_o^*}(\text{除湿})$$

$$\varepsilon_{\mathrm{m}} = \frac{\omega_o - \omega_i}{\omega_i^* - \omega_i}(\text{再生}) \tag{7-29}$$

式中　$\varepsilon_{\mathrm{m}}$——质交换效率，%；

$\omega_i$，$\omega_o$——进、出口空气的含湿量，$kg_w/kg_{da}$；

$\omega_i^*$——进口溶液表面饱和空气层含湿量，$kg_w/kg_{da}$。

由此，选取除湿、再生浓度 43%，除湿再生喷淋温度 70℃进行理论计算。

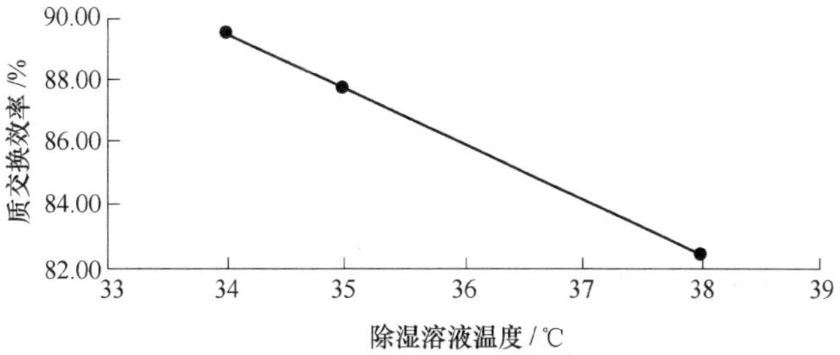


图 7-28　溶液温度对除湿过程的影响图

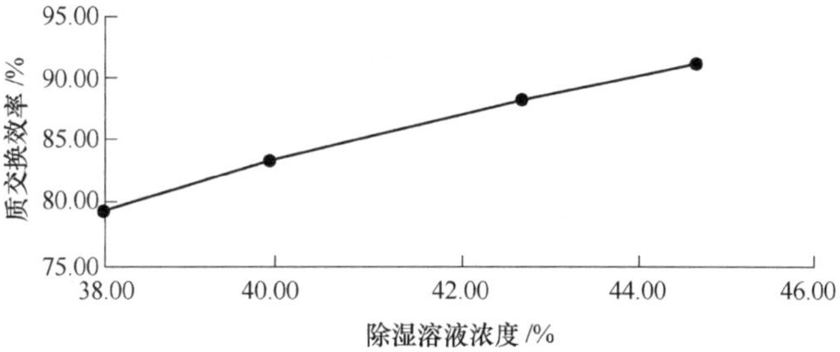


图 7-29　溶液浓度对除湿过程的影响图

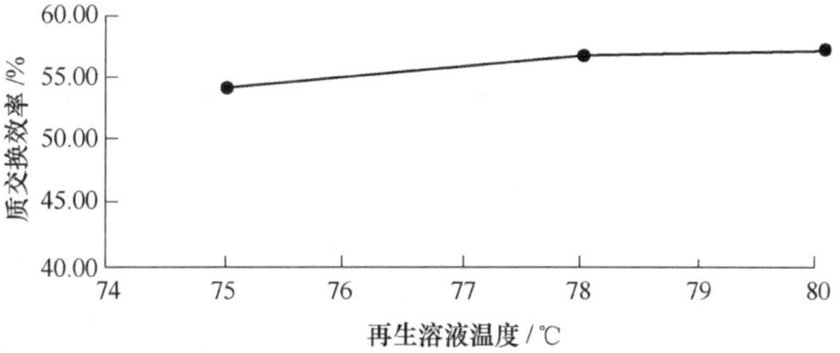


图 7-30　溶液温度对再生过程的影响图

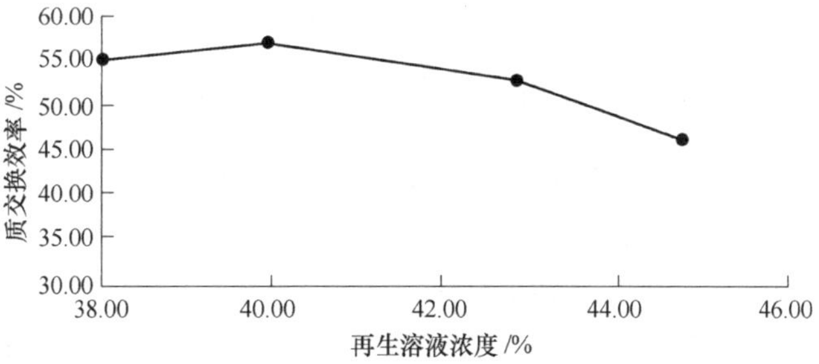


图 7-31　溶液浓度对再生过程的影响图

（1）液体除湿过程设计。系统设计选取内冷型除湿塔进行计算，溶液喷淋温度选取与冷却塔换热后的溶液温度，冷却空气与溶液在塔内几乎无温升。如图 7-32 所示，溶液除湿过程各状态点参数如下：1、2 分别为空气进出口，8、9 分别为溶液进出口。

图 7-32　溶液除湿换热流程图

各状态点参数见表 7-22。

**表 7-22　空气处理状态参数表**

| 状态点 | 温度/℃ | 含湿量 /g · $kg_{干}^{-1}$ | 相对湿度/% | 水蒸气分压/Pa | 焓值/kJ · $kg^{-1}$ |
|---|---|---|---|---|---|
| 1 | 34.6 | 21.66 | 61.96 | 3409.72 | 90.504 |
| 2 | 35 | 8.33 | 23.8 | 1339.04 | 56.723 |
| 8 | 34 | — | — | 797.5 | — |
| 9 | 35 | — | — | 849 | — |

设液气比为 1.5，对应的 LiCl 溶液流量为（取 43%的 LiCl 水溶液的容重为 1230kg/m$^3$）：

$$V_l = \frac{1.5\rho_{air}V_{air}}{\rho} = \frac{1.5 \times 1.2 \times 400000}{1230} = 585.37(m^3/h) \tag{7-30}$$

空气与除湿器之间换热量为：

$$Q'_h = (h_1 - h_{1'})\rho_{air}V_{air} = (90.504 - 56.723) \times 1.2 \times 400000 \div 3600 = 4504.13(kW) \tag{7-31}$$

（2）液体再生过程设计。设计选取液气比为 1.2，且再生器的吸湿量与除湿器的吸湿量相同。因为再生器选取绝热型，因而溶液和空气存在温升。根据实验参数选取空气温升 20℃，且达到最佳吸湿状态；溶液与空气之间的传热使得溶液有温降。如图 7-33 所示，再生器工作流程如下：1、13 分别为空气进出口，11′、12 分别为溶液进出口。

图 7-33　溶液再生换热流程图

各状态点参数见表 7-23。

**表 7-23　空气处理状态参数表**

| 状态点 | 温度/℃ | 含湿量 /g · $kg_{干}^{-1}$ | 相对湿度/% | 水蒸气分压/Pa | 焓值/kJ · $kg^{-1}$ |
|---|---|---|---|---|---|
| 1 | 34.6 | 21.66 | 61.96 | 3409.7 | 90.504 |
| 13 | 50 | 37.78 | 47 | 5802.03 | 148.483 |
| 11′ | 70 | — | — | 5869 | — |
| 12 | 53.16 | — | — | 3410 | — |

为了保持设备连续运行，再生过程的空气的吸湿量应等于除湿过程的除湿量，因而再生过程吸湿量为：

$$m_{吸} = \Delta d\rho_{air}V_{air} = (21.66 - 8.33) \div 1000 \times 1.2 \times 400000 = 6398.40(\text{kg/h}) \tag{7-32}$$

$$V_{吸} = \frac{m_{吸}}{\rho_w} = \frac{6398.4}{1000} = 6.40(\text{m}^3/\text{h}) \tag{7-33}$$

对应再生过程所需空气量为：

$$V_{z\text{-}air} = \frac{m_{吸}}{(d_{13} - d_1)\rho_{air}} = \frac{6398.4 \times 1000}{(37.78 - 21.66) \times 1.2} = 330769.23(\text{m}^3/\text{h}) \tag{7-34}$$

$$m_{z\text{-}air} = \rho_{air}V_{z-air} = 1.2 \times 330769.23 = 396923.08(\text{kg/h}) \tag{7-35}$$

再生塔与空气之间换热量为：

$$Q_z = \rho_{air}V_{z-air}\Delta h = \frac{1.2 \times 330769.23 \times (148.48 - 90.504)}{3600} = 6392.56(\text{kW}) \tag{7-36}$$

溶液流量为：

$$V_{z-l} = \frac{1.2\rho_{air}V_{z-air}}{\rho} = \frac{1.2 \times 1.2 \times 330769.23}{1230} = 387.24(\text{m}^3/\text{h}) \tag{7-37}$$

溶液温度变化为：

$$\Delta t_c = \frac{Q_z}{c\rho V_{z-l}} = \frac{6392.56 \times 3600}{2.87 \times 1230 \times 387.24} = 16.83(℃) \tag{7-38}$$

因此，再生器出口溶液温度为：

$$t_{12} = t_{11'} - \Delta t_z = 70 - 17.26 = 53.17(℃) \tag{7-39}$$

再生器与除湿器溶液出口混合后温度为：

$$t_h = \frac{V_l t_9 + V_{z-l}t_{12}}{V_l + V_{z-l}} = \frac{585.37 \times 35 + 387.24 \times 53.17}{585.37 + 387.24} = 42.23(℃) \tag{7-40}$$

（3）再生过程溶液/热水换热器计算。如图 7-34 所示，溶液/热水换热器工作过程如下：10、10′为热水进出口，11、11′为溶液进出口。

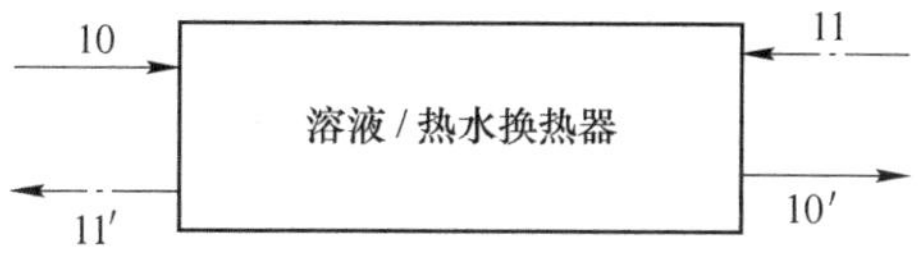


图 7-34　溶液/热水换热流程图

各状态点参数见表 7-24。

表 7-24　换热器温度参数表

| 状态点 | 温度/℃ |
|---|---|
| l 进 11 | 42.23 |
| l 出 11′ | 70 |
| w 进 10 | 75 |
| w 出 10′ | 48 |

换热器平均换热温差为：

$$\Delta t_{\mathrm{m}} = \frac{(48 - 42.23) - (75 - 70)}{\ln \dfrac{48 - 42.23}{75 - 70}} = 5.38(℃) \tag{7-41}$$

换热器的换热量为：

$$Q_{\mathrm{h}} = c\rho V_{\mathrm{z}-l}\Delta t_{\mathrm{h}-l} = \frac{2870 \times 1230 \times 387.24 \times (70 - 42.23) \div 1000}{3600}$$

$$= 10544.85(\mathrm{kW}) \tag{7-42}$$

热水流量为：

$$V_{\mathrm{h-w}} = \frac{Q_{\mathrm{z}}}{c_{\mathrm{w}}\rho_{\mathrm{w}}\Delta t_{\mathrm{w}}} = \frac{10544.85 \times 3600}{4.2 \times 1000 \times (75 - 48)} = 334.76(\mathrm{m^3/h}) \tag{7-43}$$

（4）除湿过程溶液/冷却水换热器计算。经过上述计算，换热器入口溶液温度为 42.2℃时，6、7′分别为冷水进出口，8、8′分别为溶液进出口，如图 7-35 所示，溶液/冷却水换热器工作流程如下。

图 7-35　溶液/冷却水换热流程图

各状态点参数见表 7-25。

表 7-25　换热器温度参数表

| 状态点 | 温度/℃ |
|---|---|
| 8 | 42.2 |
| 8′ | 34 |
| 6 | 30 |
| 7′ | 35 |

换热器平均换热温差为：

$$\Delta t'_{\mathrm{m}} = \frac{(42.2 - 35) - (34 - 30)}{\ln \dfrac{42.2 - 35}{34 - 30}} = 5.46(℃) \tag{7-44}$$

换热器的换热量为：

$$Q_c = c\rho V_l \Delta t_{c-w} = \frac{2870 \times 1230 \times 585.37 \times (42.23 - 34) \div 1000}{3600}$$

$$= 4724.05(\mathrm{kW}) \tag{7-45}$$

冷却水流量为：

$$V_{冷却水} = \frac{Q_c}{c_w \rho_w \Delta t_c} = \frac{4724.05 \times 3600 \times 1.2}{4.2 \times 1000 \times 5.46} = 889.93(\mathrm{m^3/h}) \tag{7-46}$$

## 7.6 本章小结

高炉鼓风除湿装置能够稳定炉温、降低焦比、提高喷煤量。目前钢铁生产中鼓风脱湿电制冷需要消耗大量高品位电能，本章提出利用钢铁生产中大量低品位余热驱动液体除湿方法来解决高炉鼓风除湿的技术方案，并开展实验室研究和工程应用设计，期待在满足高炉鼓风除湿要求的基础上，探索更节能的高炉鼓风脱湿新技术。主要结论如下：

（1）我国南方地区气象学上的夏季时间相较其他地区要长且湿度较大，空气中含湿量可以达到 $30\mathrm{g/m^3}$ 以上，上海夏季最热月平均气象条件下进入高炉的水分为 $32.5\mathrm{g/m^3}$ 左右。宝钢 $4000\mathrm{m^3}$ 级高炉每炼 1t 生铁需要空气约 1.4t，且常年不间断运行，若高炉进口空气不做除湿处理，即采用自然湿度，则在年平均气象条件下随鼓风机进入高炉的水分为 6.1t/h 左右，而在夏季最热月平均气象条件下随鼓风机进入高炉的水分为 15.4t/h。这些水分在高炉风口前发生分解反应而吸热，从而抵消热风带入炉内的热量；同时，大气湿度的波动会引起高炉炉况的改变。要保持高炉稳定生产、降低焦比，对高炉进口空气进行脱湿处理以保持鼓入高炉空气湿度相对稳定就显得十分重要。

（2）热力学计算得出空气中每增加 $1\mathrm{g/m^3}$ 水分分解耗热需 9.39℃ 风温的热量来补偿，考虑到分解出氢气参加氧化铁还原放出热量，则每克水分解相当于风温下降 6℃；结合理论燃烧温度计算经验公式，6℃ 的风温影响，在煤比和富氧率不变的情况下，湿度每减少 $1\mathrm{g/m^3}$，理论燃烧温度增加 4.44℃ 左右。而大量实际生产数据也表明，鼓入空气湿度每减少 $1\mathrm{g/m^3}$ 可以节省焦比 0.6~0.8kg/t。根据新日本制铁公司和首钢集团经验公式，计算湿度每增加 $1\mathrm{g/m^3}$，喷煤比相应减少 2.23kg/t。

（3）本研究对比分析了冷却脱湿、吸附脱湿、液体脱湿等不同的脱湿方式的技术特点，同时从空气脱湿的原理出发对余热驱动高炉鼓风液体脱湿的系统进行了研究，研究表明对于再生与除湿过程，空气侧工况参数对传热传质的影响程度低于溶液。当溶液工况稳定时，脱湿系统的运行也得以保持稳定，外界空气工况的波动不会明显地破坏脱湿以及再生状态的稳定，因此液体除湿系统应用于高炉送风系统能够稳定运行且性能良好。

（4）针对宝钢四地空气含湿量气候条件，搭建试验台进行了最不利气候条件下的脱湿效果实验研究。在液气比为 1.2 时，通过调节空气进口的温湿度以及溶液进口的温度，形成了不同空气水蒸气分压实验工况，开展实验研究了内冷、填料高度以及溶液浓度对于脱湿效果的影响，基于实验研究的参数进行了冲渣水余热驱动高炉鼓风脱湿的工业应用设计。

## 参考文献

[1] 王筱留．高炉脱湿鼓风技术［J］．鞍钢技术，2006（3）：1~4.

[2] 王筱留．高炉炼铁的脱湿鼓风［J］．冶金动力，2004（1）：50~55.

[3] 张云鹏．高炉脱湿鼓风技术的生产应用［J］．江苏冶金，2007（35）：37~39.

[4] 赵满祥，贾军民，魏建全．鼓风湿度对迁钢高炉冶炼的影响分析［C］//2010 年全国炼铁生产技术会议暨炼铁学术年会．

[5] 侯惠刚．高炉脱湿鼓风技术的应用分析［J］．山西建筑，2003（29）：94~95.

[6] 陈海蓉，陆爱娟．高炉脱湿鼓风技术在梅钢公司的应用［J］节能技术和产品，2010（7）：29~31.

[7] 沙永志．高富氧大喷煤技术分析［J］．炼铁，2006（6）：19~22.

[8] 唐文权．炼铁厂里一项被遗忘的技术——脱湿鼓风［J］．冶金管理，2005（6）：51~52.

[9] 杨永斌．高炉鼓风脱湿技术方案的研究［J］．湖南冶金，2004（4）：17~20.

[10] 吴冰，陈恩军，孙永杰，等．首钢京唐与宝钢鼓风脱湿的比对分析［J］．冶金动力，2017（2）：23~25.

[11] 张振伟，张俊宝，龚涛．宝钢不锈钢 2500$m^3$ 高炉脱湿装置的使用及效果［J］．炼铁，2006（3）：31~33.

[12] 覃志强，陈均，赵泽文，等．脱湿鼓风技术在柳钢 1 号 A 高炉的应用［J］．柳钢科技，2017（1）：6~8.

[13] 杨春．柳钢 2 号高炉鼓风脱湿技术的应用［J］．金属世界，2013（5）：70~73.

[14] 黄庆周，张海峰，墙蔷．脱湿鼓风在柳钢 1 号高炉的应用［J］．炼铁，2013（4）：56~57.

[15] 何世文．利用低压蒸汽进行高炉鼓风脱湿的实践［J］．安徽冶金科技职业学院学报，2012（4）：1~4，20.

[16] 孙红星．溴化锂制冷机在有色冶炼行业的运用［J］．世界有色金属，2018（4）：285，287.

[17] 顾洁．氯化锂液体除湿设备性能的分析与研究［D］．西安：西安建筑科技大学，2004.

[18] 王继敏，姜永敏，郁志泳．脱湿鼓风技术在北方高炉上的应用［J］．炼铁冶金动力，2009

(3)：1~4.

[19] 姚可佩，范文俊，马经纬，等．脱湿鼓风在杭钢三号高炉的应用［J］．浙江冶金，2012（2）：32~34.

[20] 谭永庆．莱钢3号3200m³ 高炉鼓风脱湿装置［J］．山东冶金，2010（4）：76~77.

[21] 朱立文，文晶晶．鄂州2600m³ 高炉鼓风脱湿工艺设计与节能分析［J］．商丘职业技术学院学报，2014（2）：49~51.

[22] 邓航．高炉脱湿鼓风技术及其在马钢的应用与发展［J］．冶金动力，2009（4）：62~65，68.

[23] 李建贞．脱湿鼓风技术在3650m³/min 风机上的应用［J］．冶金动力，2010（3）：52~56，59.

[24] 陶中明．梅山2号高炉脱湿鼓风技术的应用［J］．炼铁，2010（2）：50~52.

[25] 叶祥鹏．浅析重钢高炉鼓风系统中新技术的应用［J］．科技信息，2013（10）：419~420.

[26] 王骥．高炉鼓风除湿设计实例分析［J］．科技创新导报，2010（10）：122~123.

[27] 田丽君，王洪志，王晓东．高炉鼓风除湿技术及其应用［J］．节能与环保，2011（2）：70~73.

[28] 李泉，陈亚军，王立璞．迁钢高炉鼓风脱湿节能项目可行性研究［J］．冶金动力，2015（5）：23~26.

[29] 王伟．钢铁行业高炉及配套热风炉除湿鼓风技改案例［J］．节能与环保，2015（10）：70~72.

[30] 唐景涛．脱湿鼓风节能技术的应用［J］．中国设备工程，2015（6）：56~57.

[31] 张万益．日本钢铁企业节能措施［J］．钢铁研究，1984（1）：70.

[32] 赵琦，洪绰庭．日本高炉鼓风脱湿工艺［J］．鞍钢技术，1978（4）：87~90.

[33] 高文忠，柳建华，章学来．太阳能叉流溶液除湿空调除湿性能实验分析［J］．太阳能学报，2012（9）：1547~1552.

[34] Woods J，Kozubal E. A desiccant-enhanced evaporative air conditioner：Numerical model and experiments［J］. Energy Conversion and Management，2013. 65：208~220.

[35] Buker M S，Mempouo B，Riffat S B. Experimental investigation of a building integrated photovoltaic/thermal roof collector combined with a liquid desiccant enhanced indirect evaporative cooling system［J］. Energy Conversion and Management，2015，101：239~254.

[36] Xiong Z. Wang R Z，Dai Y. Experimental study on a two-stage liquid desiccant dehumidification system using dual desiccant solutions［J］. Heat Transfer Research，2015，46（4）：383~397.

[37] Rafique M M，Gandhidasan P，Rehman S. Performance analysis of a desiccant evaporative cooling system under hot and humid conditions［J］. Environmental Progress & Sustainable Energy，2016，35（5）：1476~1484.

[38] Elmer T，Worall M，Wu S，et al. An experimental study of a novel integrated desiccant air conditioning system for building applications［J］. Energy and Buildings，2016，111：434

~445.

[39] Angrisani G, Minichiello F, Sasso M. Improvements of an unconventional desiccant air conditioning system based on experimental investigations [J]. Energy Conversion and Management, 2016, 112: 423~434.

[40] 李阳阳，柳建华，张良，等. 高炉余热驱动鼓风除湿技术实验研究 [J]. 热能动力工程，2018，33（11）：72~77.

[41] 李阳阳，柳建华，张良，等. 高炉余热驱动鼓风除湿技术再生试验研究 [J]. 流体机械，2018，46（9）：78~82.

[42] 邓赛峰，邹同华，王敏. 填料塔中氯化锂溶液除湿剂再生性能的正交试验研究 [J]. 流体机械，2015，43（5）：70~74.

# 8　转炉烟气除尘与显热回收

转炉炼钢通过转炉煤气化学热的回收以及转炉烟气高温显热回收实现转炉工序“负能炼钢”。为了回收煤气，对高温含尘烟气的净化有 OG（Oxygen Gas Recovery System）法和 LT（Lurgi-Thyssen）法，还有已逐步开发应用的半干法和正在开发应用的纯干法等。传统转炉烟气高温显热回收主要是经汽化冷却烟道换热产生蒸汽，但烟气温度依然在 800℃以上，不仅给后续除尘带来麻烦，而且也存在未回收高温显热。本章重点介绍包钢开展 3000 多炉工业试验的转炉烟气纯干法净化及显热回收技术。该工艺主要特点有：一是实现对余热余能资源的最大限度回收；二是实现对高温烟气无水降温，节约水资源；三是还可保证回收纯干炉尘再资源化。

## 8.1　转炉冶炼过程及烟气特点

转炉炼钢基本原理是利用纯氧与熔融铁中的碳、硅、锰、硫、磷等元素进行复杂的化学反应，达到脱碳和去除有害杂质（如硫、磷等元素）的目的，其基本生产流程如图 8-1 所示。转炉冶炼中产生的烟气由风机抽引进入烟气净化回收系统，高温烟气经汽化冷却，产生余热蒸汽，回收的合格煤气入煤气柜供用户使用。冶炼产生的钢渣入渣罐，在渣场内进行处理[1]。尽管废钢保有量的增加，电炉钢呈现上升趋势，但氧气转炉炼钢仍占 85%以上的比例，本书提及转炉烟气均为氧气转炉烟气，也称转炉一次烟气。

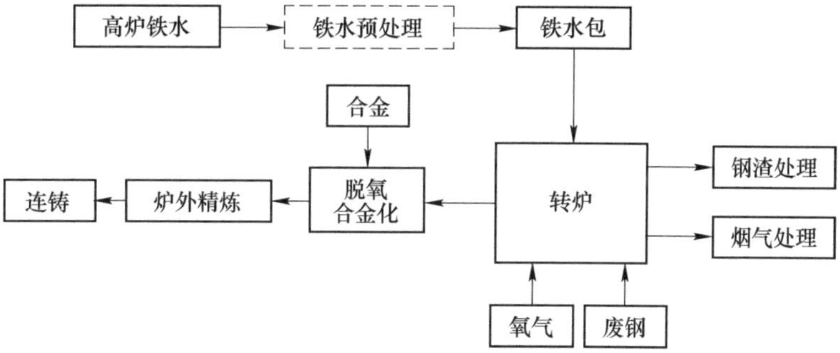


图 8-1　转炉炼钢生产工艺流程

转炉炼钢产生的烟气温度高且成分复杂，除 CO、$CO_2$、$O_2$外，还含有大量烟尘，烟尘主要成分是 $Fe_2O_3$。氧气转炉炼钢过程，向转炉鼓入大量氧气，铁水中碳等元素被迅速氧化，生成大量 CO、$CO_2$气体。在氧气射流与熔池直接作用的反应区内，局部温度可高达 2500~2800℃，由于炉内温度很高，所以碳氧反应主要产物是 CO 和 $CO_2$，部分铁被氧化成细颗粒 $Fe_2O_3$。

转炉烟气温度一般比熔池内金属熔体温度低 100~150℃，小型炉炉气温度比大、中型炉炉气温度低。国内外对小型炉子做测试，炉气温度在 1420~1480℃，大、中型炉炉气温度一般取 1600℃。炉气量主要取决于吹氧量及铁水碳含量，单位时间内产气量大小则主要取决于脱碳速度的大小，供氧强度越大，脱碳速度越快，产气量就越大。由于炉内反应激烈，熔池温度高，使得部分铁和杂质蒸发，铁蒸汽在随炉气上升过程中，又被氧化并冷却成极细微的氧化铁尘粒。转炉烟气粉尘成分有：FeO、$Fe_2O_3$、$SiO_2$、$MnO_2$、CaO、MgO 及少量的 C、Fe。

在整个吹炼过程中，炉气量、炉气温度和成分是不断变化的，其变化过程如图 8-2 所示。吹炼前期，熔池温度较低，铁水中的硅、锰首先被氧化，碳的氧化速度比较低，产生炉气量比较少，炉气中 CO 含量相对来说比较低；随着各种元素氧化，大量放热使熔池温度升高。吹炼中期，熔池温度大于 1470℃以后出现剧烈的碳氧反应，炉气中 CO 含量逐渐增加，炉气量随之增加而达到最大值。到达吹炼后期，铁水中碳含量逐渐减少，脱碳速度变慢，炉气量减少，炉气中 CO 含量亦相应减少。炉气温度随着熔池温度的不断上升而增高。

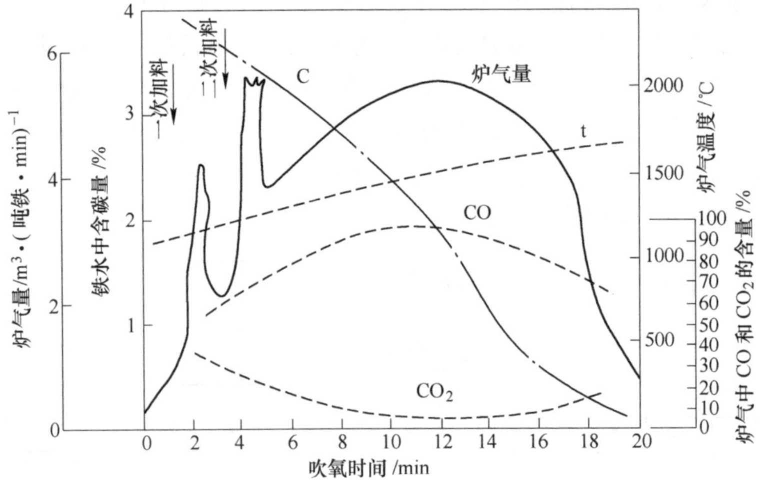


图 8-2　转炉炉气量、温度、CO 和 $CO_2$含量与吹氧时间的关系[1]

综上所述，炼钢转炉烟气在冶金行业是一类极具特殊性的烟气[2,3]：

(1) 转炉冶炼反应激烈，烟气量大，吨钢产生烟气约 $700m^3$（标态）。

（2）转炉冶炼过程烟气温度、烟气成分、烟尘量、烟尘成分、烟尘粒度都处在变化状态。

（3）转炉烟气含有 CO，属易燃、有毒气体；加之正常情况下系统负压运行，若遇到非正常情况出现泄漏，则会造成人身、设备事故。

（4）转炉烟气本身集三大资源于一体：烟气余热资源有丰富热能；烟气化学能资源含 CO 高，可达 70%；烟气炉尘资源含氧化铁、氧化钙、氧化镁的炉尘浓度为 80~150g/$m^3$；有极高回收利用价值。

由于烟气的这些特点，要想使得烟气各有效资源能高效并高价值回收利用，要综合考虑降温、除尘和防爆等多方面因素。

## 8.2 转炉烟气汽化冷却

转炉产生的高温烟气由于受到除尘设备的材料和结构条件的限制，必须要进行先降温后除尘。冷却方式按照冷却介质换热形式不同，可分直接冷却和间接冷却两大类。直接冷却是利用水或空气与高温烟气直接接触混合，进行降温，此时烟气量及其组成都有可能发生改变。间接冷却指的是冷却介质不直接与烟气接触，冷却介质通过换热设备的通道与烟气发生热传递，进而降低烟气温度。转炉烟道内部换热特征，在烟气温度 1000℃以上，主要以辐射换热为主，对流换热量所占份额较小；在 1000℃到 450℃之间，对流换热量所占份额上升，单纯提高管径对提高总体换热量的作用不大，可以同时增大管径和拉长烟道来提高总体换热量；在 450℃以下，以对流换热为主，可以通过减小管径，提高流速，同时加装热管换热器等来强化传热。将经汽化冷却烟道显热回收后的 800~1000℃高温烟气显热进一步回收，无疑可大幅度提高转炉余热回收量，降低末端到达除尘器的温度，增加除尘器安全性和使用寿命。

直接冷却应用较普遍的是喷雾冷却，喷雾冷却指的是通过向高温烟气喷水，利用水的汽化潜热而进行热交换，包括饱和冷却和蒸发冷却两种方式。饱和冷却是向高温烟气喷入大量水将其冷却至饱和温度，由于水没有完全蒸发，形成泥浆从设备下部流出。其特点是设备简单、投资省、烟气含水后对设备腐蚀性增加，需要处理污水污泥设施。蒸发冷却通过自动调节系统，随着烟气量的波动来调节喷入的水量，使水全部蒸发，将烟气温度降到要求范围。冷却后烟气相对湿度一般为 10%~20%左右，低于其饱和状态，由于不带有水滴和不产生泥浆水，所以不会引起粉尘黏结与设备腐蚀问题。蒸发冷却装置结构简单、耗水量小、烟气降温范围广、热交换效率高、除尘效率高、喷嘴寿命长，但烟气总量和含湿量有所增加，粉尘的比电阻过低，不利于后续电除尘[4]。

间接冷却有很多种形式，比如水套冷却、汽化冷却、风套冷却和余热锅炉等。水套冷却是高温烟气在管套外流过，通过管壁将热量传递给水冷夹套中流动的冷却水而带走，实现降温。水冷密排管和水冷套管，加工容易、耗水量大。这种冷却方式一般用于冶金炉出口的烟罩，高温旋风除尘器器壁，用以保护设备。汽化冷却是对高温烟气或设备冷却的同时回收物理热，产生一定数量的低压蒸汽，其主要装置为汽化冷却烟道，是由膜式水冷壁围成的具有一定外形的烟道。高温时，烟气热量主要是以热辐射的方式传给冷壁，冷壁中的水吸热后汽化；中低温时，烟气则是辐射和对流传热为主。汽化冷却方式具备水套冷却的优点，但用水量仅为水套冷却的1/60～1/2，且冷却效果更显著。从经济角度来看，汽化冷却省水、省电，综合投资费用较少，而且投资回收期较短[4,5]。烟气余热锅炉一般由辐射段和对流段组成，适用于高温烟气的降温，同时回收烟气中的物理热及化学热，产生大量蒸汽。余热锅炉一般体积庞大，结构复杂，投资高，而且自动化水平高。

转炉烟气在高温段余热回收一般采用间接冷却方式，大多数为烟道式余热锅炉，如图8-3所示。烟道的冷却方式有水冷却和汽化冷却两种形式，目前我国大部分钢铁企业的转炉烟道都采用汽化冷却的形式。

图8-3　转炉汽化冷却烟道

转炉烟气汽化冷却采用软化水以汽化的方式冷却转炉烟气，吸收大量的热量从而产生蒸汽，其工作过程是[6]：转炉烟气通过汽化冷却烟道壁面，因烟气与壁面温差较大，发生热量传递，将热量传递给受热面的同时自身温度降低；受热面另一侧管道中的水吸收烟气热量后部分蒸发，并在蒸发管内形成了汽水混合物。由于水蒸气的密度相对于水较小，在压力作用下，蒸汽在蒸发管内上升，通过上升管最终进入汽包，经汽水分离后，水蒸气从汽包引出进入蓄热器储存，最终送入蒸汽管网供回收使用。同时水下降到蒸发管底部重新进入汽化器的下联箱内，补充的水供给蒸发管内继续蒸发使用。如此反复循环，不断冷却高温烟气，产生蒸汽。

转炉烟气显热用余热锅炉回收得到的余热通常用于产生供应真空精炼系统蒸汽使用或者用饱和蒸汽进行发电。宝钢将转炉汽化冷却蒸汽应用于真空精炼系统，其1号、2号300t RH精炼炉都使用了转炉蒸汽，北台钢铁也将转炉蒸汽应用于120tVD与RH精炼系统。近几年，部分钢铁企业开始使用饱和蒸汽发电技术回收利用富余的转炉蒸汽余热发电。新余钢铁公司转炉烟道余热发电工程，建设1台6MW余热汽轮机，工程投资为0.2993元/(kW·h)，平均利用低压饱和蒸汽量为45t/h，发电量为5.1MW。按电费0.48元/(kW·h)，发电天数210天/年计算，每年可为公司节约电费1200余万元。冷凝水回水率达90%，冷凝水成本费用约4元/t，每年可节约冷凝水费用82万元[7]。电站投入运行后，每年可创造经济效益1100余万元。

目前，高温转炉烟气经汽化冷却烟道回收其高温显热后，依然有800~1000℃高温，后续除尘过程中耗费大量的水（OG法）或蒸汽（LT法）。如何有效将转炉烟气余热回收和除尘结合起来，在满足环保要求的前提下，达到最大限度地转炉烟气资源综合利用是研究者不断追求的目标。

## 8.3 转炉高温烟气处理

转炉烟气高温显热和化学能的回收对于转炉炼钢工序的节能降耗非常关键，无论是汽化冷却烟道回收部分高温显热后的烟气显热进一步回收，还是所含CO化学能回收均需要研究除尘净化技术[8,9]。当前，转炉一次除尘和煤气净化工艺，一般说来有OG湿法、LT干法以及新近开发逐渐应用的半干法。三种工艺的主要区别之一是高温烟气冷却技术的不同，冷却技术不同对转炉烟气处理系统具有显著影响。

### 8.3.1 OG法

新日铁与川崎在20世纪60年代联合开发出湿法煤气净化回收系统，简称OG法。OG法是以双级文氏管为主，抑制空气从转炉炉口流入，使转炉煤气保持不燃烧状态，经过冷却而回收的方法，又称湿法。1962年，新日铁公司转炉首次成功地应用该法对转炉烟气进行除尘并回收，合理地利用废气中的化学能及含铁粉尘[10,11]。目前已成为世界上最广泛采用的转炉烟气处理方法，在保护环境、回收能源方面发挥了积极作用。

OG法装置主要由烟气冷却系统、烟气净化系统及附属设备组成，如图8-4所示。在冶炼中生成高CO浓度且含150~200mg/m$^3$粉尘的烟气，温度达1600℃，在风机吸力作用下，烟气从活动烟罩进入封闭回收系统，经汽化冷却烟道后温度降至800~1000℃。一级文氏管进行粗除尘和烟气降温，温度降至75℃；随之烟气经重力脱水器脱水后再进入二级文氏管进行精除尘和再冷却，温度降至65℃左右，含尘量降至150mg/m$^3$以下，再度脱水后进入除尘风机[12]。转炉煤气借风机出口正压力、通过三通阀切换，当煤气中CO<35%、$O_2$>1%时，送入烟囱，燃烧后排放，当CO>35%、$O_2$<1%时，进入煤气柜回收，再供给用户作能源使用。

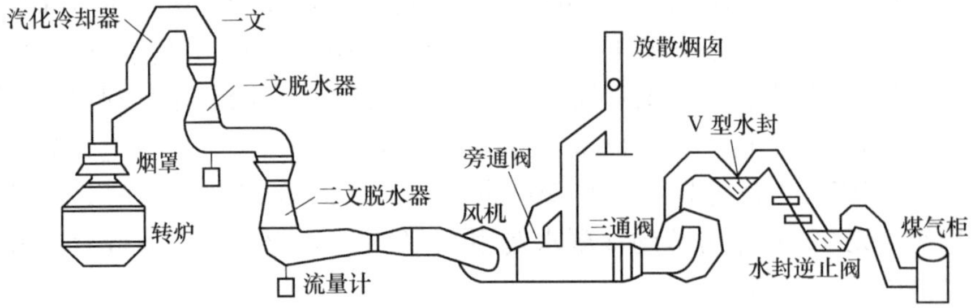


图 8-4　OG 法系统图

1985 年，宝钢一期 300t 转炉成功引进了日本“OG”技术，OG 法很快在国内占主导地位。20 世纪 90 年代，武钢三炼钢 250t 转炉，引进了西班牙 TR 公司技术，该系统是将两级文氏管及脱水器串联重组安装在一个塔体内，烟气自上而下运行，总阻力损失仅为 18kPa，出口烟气含尘量<20mg/m$^3$（标态）。近年来，基于 OG 法，发展了一些新工艺，如塔文湿法和新 OG 法[13]。塔文湿法流程是德国 Luugi. Bischoff 公司开发的技术。工艺流程为：转炉烟气经活动烟罩收集后，进入汽化冷却系统冷却，然后进入除尘塔（含环缝清洗装置），也就是将洗涤塔与环缝文氏管组合在一起成为高效除尘塔，再到脱水器脱水，然后通过风机进入切换系统，或回收或放散。该系统具有净化效率高，系统阻力小、风机能耗低、系统简单等特点，但是也存在投资高、除尘水用水量偏大、塔文结构复杂、检修清理不便的问题。新 OG 法是一种高效喷雾洗涤塔加环缝文氏管的工艺流程，已经用于近 20 座 100t 以上转炉，是将干法除尘的一些技术移植到湿法除尘系统，对湿法除尘的一些关键设备进行了突破性的改进，形成了新的湿法除尘工艺。工艺流程为烟气通过汽化冷却烟道冷却之后，温度降至 800℃左右，经过高温非金属膨胀节进入高效喷雾洗涤塔进行精除尘，再进入上行式环缝文氏管进行精除尘，然后进入旋流脱水器进行精脱水，通过管道进入风机加压，回收或者外排。该流程具有以下特点：工艺流程简化；与传统的湿法工艺比较，节省水量、降低阻力、降低电耗；从根本上消除了除尘水排除时易裹带煤气的安全隐患；降低了工人劳动强度；降低了设备故障率，提高了风机运行寿命。该技术流程简洁、单元设备少、阻损小，二级文氏管采用 RSW（Ring Slit Washer，环缝洗涤器），除尘效率高，易于控制，且不易堵塞。除尘效果保证值≤50mg/m$^3$（标态）。

OG 法主要优点：流程简单，一次投资少，安装工程量少；易于控制气流压力，吨钢煤气回收量高；在除尘工程中，管径变化小，气流运行稳定，降低了气流混合造成的爆炸危险性，系统能够安全稳定运行；OG 法将除尘、煤气冷却与灭火紧密结合为一体，可以完全隔离明火，避免了因明火造成的爆炸危险，提高了系统安全性。

OG 法的主要缺点：采用湿法除尘工艺，需要大量冷却水，浪费水资源；形成大量污水、污泥难以处理，且工艺流程长，能耗高，对环境污染严重；高温烟气余热未充分回收利用；由于采用文氏管对烟气降温除尘，烟气流动阻力大，要求风机功率大，不仅浪费了电力，而且风机易损坏，现场维护困难。文氏管除尘器自动调节精度有时难以满足转炉烟气流量变化，造成炉口烟气溢出或者烟道中吸入空气，降低煤气回收质量。

近年来，在现有湿法除尘后部增加湿式静电除尘器技术国内已建成几套，运行稳定。湿式静电除尘器技术相比干式静电除尘器具有更安全、更稳定的优势。

### 8.3.2 LT 法

德国鲁奇公司和蒂森钢厂在 20 世纪 60 年代末联合开发出干法转炉煤气净化回收技术，简称 LT 法[14~16]。西门子–奥钢联公司加以改进，更好兼顾 CO 回收与粉尘循环，在 1997 年应用于奥钢联林茨钢厂。

LT 法工艺流程如下：转炉烟气出炉口后，通过活动烟罩、固定烟罩进入汽化冷却烟道。炉气出口温度为 1600℃，汽化冷却烟道出口为 800~1000℃，然后进入蒸发冷却器。蒸发冷却器有两个作用：一是将烟气温度降至 180~200℃；二是对烟气进行增湿调质，以降低烟尘的比电阻，确保电除尘器的除尘效果。然后进入圆形静电除尘器，通过气流分布板均匀分布在除尘器横截面上，烟气得到净化。静电除尘器一般设有 3~4 个电场，采用专门的变电系统供电，在电除尘器下部的集灰，用扇形刮灰器刮到位于其下部的链式输送机中，送入中间料仓，然后通过气力输送系统再将干灰送到压块系统的集尘料仓中。煤气借风机出口正压力、通过三通阀切换，进行回收或放散，回收柜前设置二次冷却塔使煤气温度降至 50℃左右，流程如图 8-5 所示[16]。

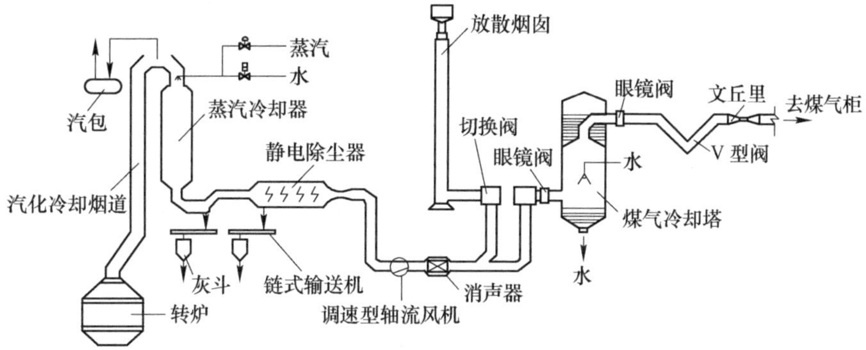


图 8-5 LT 法系统图

LT 法目前在德国、法国、奥地利、澳大利亚等国有较为广泛的应用；1995 年，宝钢三期工程转炉煤气净化系统全套引进德国 LT 技术，干法除尘在国内应用也逐渐增多。

相比较而言，LT 法具有以下优点[17~19]：（1）电场除尘，相对 OG 除尘，省去庞大循环水系统；（2）回收的粉尘压块可返回转炉代替铁矿石利用，避免泥浆处理与污染；（3）系统阻力损失小，耗电量低于 OG 法，煤气回收质量高。LT 法比 OG 法有许多优势，但 LT 法也存在如下问题：（1）投资造价高；（2）自动控制连锁多，要求自动化程度高，故障率高，维修时间长；（3）由于蒸发冷却使煤气中含有较高的水分，易形成结露，影响静电除尘器极间距和运行电压，还影响输灰系统设备运行寿命；系统泄爆频繁，影响电除尘器内部件的寿命和除尘效果；出口粉尘浓度不能稳定在设计的 $10mg/m^3$；（4）在蒸发冷却器和电除尘器内截面积和气流速度变化大，容器内气流容易混合，在蒸发冷却器和电除尘器内容易爆炸，影响系统安全性；（5）烟气 800~1000℃ 以下余热未回收，除尘后高温煤气热能浪费。

OG 法的优点在于工艺实施成本低，技术成熟，但是煤气质量差，二次污染且消耗大量水资源。LT 法的优点在于获取的煤气含尘量少，自动化程度高，但是仍需要水参与，工艺技术要求高，且投资成本高。为了减少炼钢成本，降低污染物排放，如何提高转炉煤气回收水平，更为高效地利用转炉烟气余热已成为近年来冶金工作者在转炉技术上的攻关热点。

### 8.3.3　半干法及其与焦化废水耦合处置

半干法除尘是干式蒸发冷却与湿式除尘器相结合的一种除尘工艺[20,21]。在转炉炼钢过程中，热烟气携带大量的粉尘从炉口逸出进入烟罩，通过汽化冷却烟道后，在烟道的末端经过一个无收缩段水封，进入连接烟道和两级蒸发冷却塔，在冷却塔的入口布置的多个喷枪将高温烟气迅速（1~2s）冷却到 260℃ 左右，降温的同时进行粗除尘，干烟气通过烟道引入水浴除尘后，饱和烟气向上进入上行式长径环缝文氏管，通过调整压力可以精除尘到排放浓度为 $30mg/m^3$（标态）以下，兼顾环保和节电要求，图 8-6 为半干法除尘工艺流程图[22]。

半干法除尘系统的优点是干法与湿法的工艺优势结合，利用干法的出干灰系统，再利用湿法的稳定除尘系统，使得系统稳定达标排放，故障率低；改造投资较低，可利用原有系统进行改造。目前国内三明钢厂、莱钢、唐山经安钢厂、宁波钢铁等均已采用半干法除尘系统，烟尘排放浓度可长期稳定在低于 $30mg/m^3$（标态），循环水用量减少一半，无泄爆情况发生。

在现行的焦化废水工程技术规范中，焦化废水的深度处理可采用膜法工艺或者强氧化工艺，但是存在投资多，运行成本高等问题。苏国留[23,24]等人尝试开

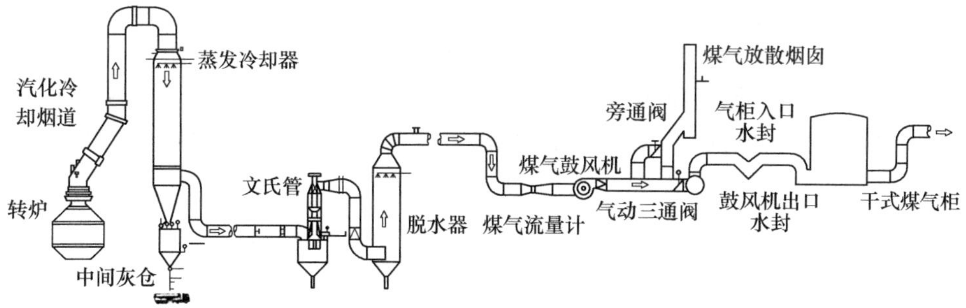


图 8-6 半干法除尘工艺流程图

发一种低成本的焦化废水深度处理工艺，就是将焦化生化出水用于炼钢转炉半干法除尘一次高温烟气的冷却，利用烟气的余热、残氧实现焦化废水的无害化、资源化利用，并于 2016 年在宁波钢铁 180t 转炉上进行了工业试验，试运行证明，焦化废水进行生化处理后，再通过采取水质稳定措施回用于炼钢转炉除尘，有助于“焦化废水零排放”。系统运行至今，稳定可靠，不影响炼钢转炉除尘水系统正常运行，输水管道喷枪未见腐蚀、堵塞，对冶炼工艺、产品及工人的工作环境也没有产生不良影响。

180t 炼钢转炉半干法除尘中处理与利用焦化废水工艺流程如图 8-7 所示，将焦化生化出水通过水泵和管道输送到炼钢厂的蓄水池，因为转炉冶炼作业不连续，设计了一个 500m$^3$ 容积的蓄水池。转炉一次半干法除尘系统蒸发冷却塔的供水泵增加一路焦化水供水管路，原供水管路保留，两者切换使用，优先利用焦化废水。

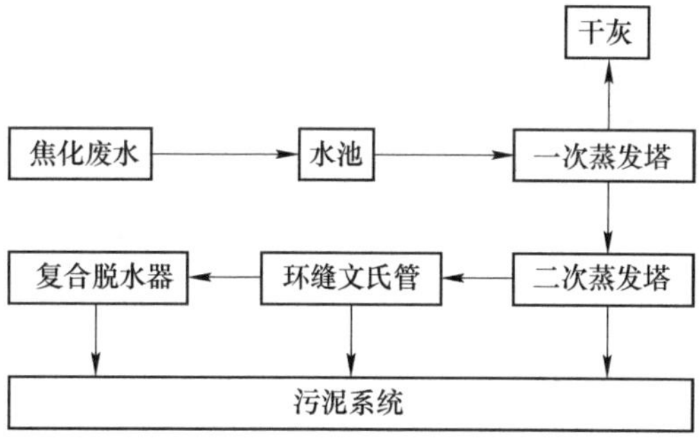


图 8-7 转炉烟气半干法除尘利用并处置焦化废水工艺流程

在转炉吹炼期间，通过双流体氮气雾化喷枪将焦化生水雾化成平均颗粒 100μm 的细水雾，与转炉一次高温烟气接触后瞬间全部闪蒸为干蒸汽，通过蒸发冷却塔的出口设定温度自动调节焦化废水的喷水量，以确保焦化废水 100%蒸发为干蒸汽。转炉一次烟气中的粉尘含有一定量的生石灰等碱性成分，会中和焦化废水中的酸性成分，并迅速被喷雾干燥成盐，随粗干灰一起去除。最主要的是，焦化废水中有机成分、氰化物等有害成分被高温含氧的转炉烟气热解、氧化，反应生成二氧化碳、氮气和水分。与干法不同，转炉半干法除尘系统还有二次蒸发洗涤、环缝文氏管洗涤等多级洗涤，可以将没有热解、热氧化的残余有机、有害成分洗涤吸收到循环排水中，通过循环水大量稀释和中和吸收，确保污染物不转移到大气中，也不转移到后面的煤气系统。

在180t转炉半干法除尘系统处理利用焦化生水的工业试验表明，本工艺可以作为低成本焦化废水深度处理方法，转炉消纳利用焦化废水后，能力富裕的焦化废水处理设施具备消纳利用城市生活污水等其他类似废水的条件，发挥利用这些潜力可以实现企业和有关污水排放企业废水的零排放与降低成本，特别是对改善和保护自然环境有利[24]。

目前，常规的OG法和LT法都以保证生产运行和回收煤气为出发点，而没有重点考虑烟气的显热回收和资源能源利用率的提高。OG法或LT法通过回收转炉煤气，基本实现了烟气化学能回收，但对热能的回收不彻底，仅通过汽化冷却（余热回收）的方式将烟气降至800~1000℃，然后通过喷水降温、除尘，造成大量热量的浪费，并由此带来水资源消耗、环境污染和能源的高消耗，严重制约了炼钢转炉工序节能降耗水平的提高。同时，当CO含量低于20%时，这部分煤气被放散掉，若此时将其热量充分回收利用则在不影响煤气回收的同时，提高了蒸汽的产量。转炉900℃以下的高温烟气基本没有得到回收利用，造成大量能源浪费，经汽化冷却烟道后的高温烟气能量利用，已引起行业重视。

## 8.4　转炉烟气纯干法除尘及余热回收技术

近年来国家对环保标准的要求越来越高，许多在产的转炉除尘系统及余热回收系统难以满足国家排放标准的要求。有些省份已经规定，从2020年1月1日起，转炉一次除尘的烟囱排放粉尘含量必须≤10mg/m$^3$（标态），现有很多除尘工艺已经无法满足该标准的要求，因此开发一种低排放、高余能回收系统对于环保和钢铁企业的可持续发展都至关重要。

### 8.4.1　技术背景

目前，国内外转炉所采用的烟气除尘工艺OG法、LT法、半干法等都是喷水降温净化，水介质直接介入式降温除尘，即都需要向烟气中喷水或水蒸气。不同点在于喷水方式不同：OG法是两级文氏管喷水；LT法是喷雾冷却塔喷水、水蒸气+煤气冷却器喷水；半干法是喷雾冷却塔喷水+环缝除尘器喷水。

喷水降温除尘的结果是烟气得到净化，但消耗大量水资源，同时800~1000℃的转炉烟气物理热无法回收；同时转炉CO煤气变为含水及水蒸气煤气，增加烟气量；转炉炉尘在高温下与水发生化学反应，失去氧化铁、氧化钙、氧化镁等氧化物原有的有益特性，变成含水氧化铁及氢氧化钙、氢氧化镁等类物质，无法直接返回转炉利用[25,27]。也就是说，转炉烟气本身存在的三大资源效能丧失，并带来后续处理的麻烦。这样的回收工艺既浪费了能源，增加了水、蒸汽的消耗，同时又产生了大量的工艺废水，增加了环境负荷。

基于目前转炉煤气净化回收现状与烟气资源情况，提出转炉烟气纯干法净化回收概念：以超低排放为主，尽可能多地回收烟气显热；对烟气采用干式的煤气降温方法，减少或者不用消耗水资源；保证煤气低含尘量、超洁净、纯干高品质，即炼钢转炉烟气纯干法（以下称为 CG 法）除尘余热回收及烟气资源高附加值利用新工艺。实现转炉高温烟气冷却到 70℃余热全回收、实现纯干除尘，转炉煤气变成纯干、转炉炉尘变成纯干，其对于炼钢工序两个“提升”（提升排放达标水平、负能炼钢水平）有着重要意义，同时为微粉应用提供保证。

转炉煤气全干法工艺的原则是：采用国内外先进、成熟的模块化技术和装备，充分吸收 OG 法、LT 法、半干法等工艺系统的成功经验，确保方案可实施性强；重点放在烟气除尘、换热冷却、防爆三个核心环节，采用周密的泄爆措施，确保工艺系统安全、高效、稳定。涉及如下五个技术创新点：

（1）转炉高温烟气冷却由现行喷水工艺改为不喷水冷却同步实现余热回收新工艺。通过自主研发的抗爆防爆型直立烟道式余热锅炉实现转炉一次烟气 800~1000℃降到 170~220℃。

（2）转炉烟气除尘由现行喷水工艺改为不喷水过滤式或电除尘纯干法新工艺，实现转炉烟尘从 80~150g/m³下降到 5~10mg/m³左右。

（3）转炉低温烟气降温由现行喷水工艺改为不喷水的冷却新工艺。通过自主研发的直立烟道式低温烟气冷却器实现由 150~200℃降到 70℃以下，保证煤气入柜温度并实现低温烟气热能回收。

（4）纯干炉尘实现资源化，制成造渣剂、冷却剂返回转炉冶炼。

（5）转炉烟气分流技术，消除含 CO、负压工况转炉烟气爆炸行业难题。

### 8.4.2 耦合现有除尘工艺流程的技术方案

根据转炉煤气纯干法回收思想，提出转炉煤气的纯干式回收技术方案：对出汽化冷却烟道的烟气采用纯干法间接换热方式回收其热量并实现降温；经过不喷水的水冷却烟道粗除尘、烟气分流、精除尘；净化后的低温烟气进入低温烟气冷却器，达到煤气入柜要求；分离后的炉尘资源化。

根据精除尘器的不同配置，与钢铁企业现有的除尘工艺、设备进行耦合，形成三类典型除尘工艺。根据精除尘器配置不同，转炉 CG 工艺中可派生为 CG(M

或 B)、CG(D)、CG(H)，其中 CG(H) 精除尘器利用湿法或半干法的环缝除尘器、CG(D) 精除尘器利用 LT 工艺电除尘器、CG(M 或 B) 精除尘器为金属膜式滤芯或布袋除尘器。

(1) 精除尘器为环缝除尘器的 CG(H) 工艺，如图 8-8 所示，其中精除尘器为环缝除尘器，满足现有的 OG 法的改造升级。

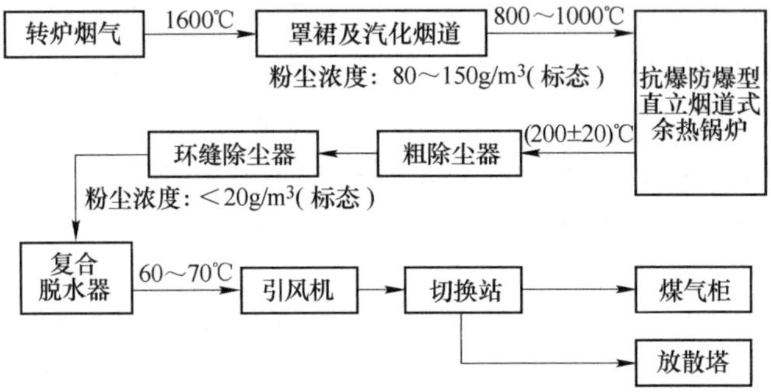


图 8-8　CG(H) 工艺图

(2) 精除尘器为电除尘器—CG(D) 工艺，如图 8-9 所示，满足现有 LT 法的升级改造。

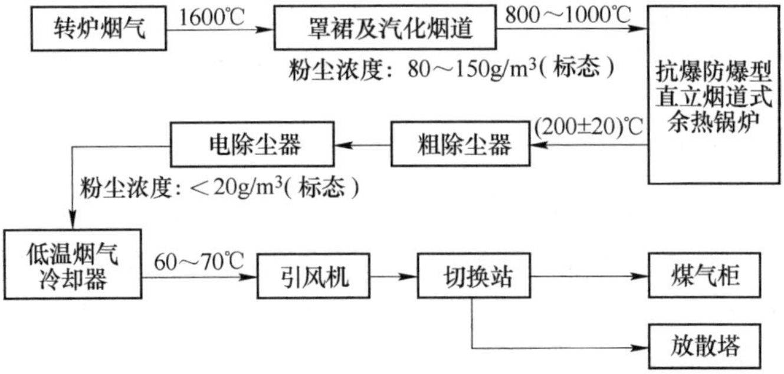


图 8-9　CG(D) 工艺图

(3) 精除尘器为合金过滤式除尘器或布袋除尘器的 CG(M 或 B) 工艺，如图 8-10 所示。利用布袋除尘器或者金属过滤式除尘器可以达到粉尘浓度低于 $10mg/m^3$ (标态) 的排放要求。

上述 3 种典型除尘工艺流程，涵盖现行转炉及新建转炉的烟尘及余热回收处理过程，企业可根据现行工艺选择其中一种实施改造。

### 8.4.3　CG 法安全原则与措施

转炉煤气干法除尘工艺设备最重要的问题是安全操作，此工艺中的安全隐患

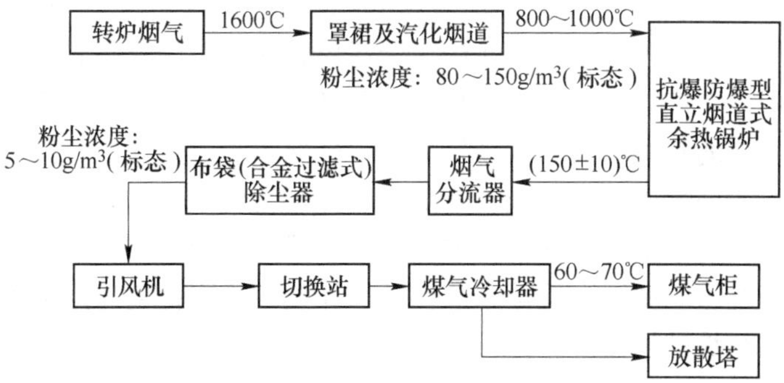


图 8-10 CG(M 或 B) 工艺图

主要有两种情况：一是转炉煤气在烟道或电除尘器内的局部可燃气体爆炸，造成冶炼中断，影响生产；二是煤气的外泄，引发煤气中毒，造成人身安全重大事故。CG 法成功的关键在于解决煤气安全问题[28]。

转炉高温烟气冷却同步余热回收系统主要工艺装备为直立烟道式余热锅炉，其换热原理为对流—传导—对流方式，转炉烟气通过余热锅炉烟道，烟气自动降温、热能自动转化为蒸汽。煤气回收限制性条件主要是防止回收爆炸性混合气体，它是安全进行煤气回收的基本条件。抗爆防爆型直立烟道式余热锅炉的研发是本项目的核心技术之一，其采取"五重"保护原则与措施。

(1) 第一重保护：高温燃烧保护。采用的余热锅炉为抗爆防爆型直立烟道式余热锅炉，采取特殊的直立烟道式炉体结构，这种结构的特点之一在于高温段在上，转炉高温烟气从炉体顶部进入，经炉体冷却后，从底部引出。在冷却过程中，烟气入口 800~1000℃、出口 200℃左右，在炉体中上部，必然经过 CO 可燃烟气 600℃燃点区；特点之二在于锅炉换热管横置排列，与烟气流形成垂直撞击，使烟气瞬间变成紊流，一旦 CO 可燃烟气，遇有空气，则瞬间混匀；在 600℃燃点区以上，只要是 CO 可燃烟气意外遇到空气（$O_2$），且快速混匀，就会即刻燃烧，而不会爆炸。燃烧后生成新的惰性烟气段，进入余热锅炉低温区，这个惰性烟气段又起着隔离作用，只要余热锅炉低温区密封性良好，余热锅炉就没有爆炸的可能。直立烟道式余热锅炉的这种特殊结构，是依据 CO 燃点温度原理研制的，它成为转炉高温烟气冷却同步余热回收烟气不爆炸的安全屏障。

(2) 第二重保护：惰性烟气段保护。惰性烟气段一是来自于吹氧开始、吹氧结束汽化烟道入口燃烧；二是来自直立烟道式余热锅炉高温区燃烧。这种惰性烟气既不属于助燃性烟气，也不属于可燃性烟气，它与可燃性烟气接触不燃爆；它与助燃性烟气接触也不燃爆。惰性烟气段有效保护余热锅炉，特别是余热锅炉低温区及后续除尘系统安全不爆。

（3）第三重保护：余热锅炉炉体密封结构保护。经过低于燃烧点温度的可燃性转炉烟气是不能再与空气接触的，为适应转炉烟气的这一特点，余热锅炉成密封结构，所有炉墙均由锅炉钢板焊成，并经打压检测，不能存在任何泄漏；余热锅炉清灰系统的仓阀，设计为锁气机构，确保清灰过程无空气进入。余热锅炉密封性结构，使外部无空气进入，转炉可燃性烟气就不会爆炸。

（4）第四重保护：余热锅炉的抗爆结构和泄压机构保护。本着有 CO 烟气就必须设抗爆与泄压的原则，抗爆余热锅炉炉体设计成圆柱筒体形或有加固结构的方形锅炉；并在炉体的多个部位，加装具有自动复位功能的泄压阀，一旦发生意外爆炸，保护锅炉本体不受损、不伤害人身、设备，不影响转炉冶炼。

（5）第五重保护：余热锅炉入口前加装烟气预处理器。烟气预处理器相当一道“防火墙”，防止转炉冶炼过程中一些不利因素影响余热锅炉的安全运行。

上述“五重”保护原则与措施，可以保障烟气冷却余热回收工艺装备安全运行，即使转炉操作出现某些不正常，“五重”保护仍能发挥作用。抗爆防爆型直立烟道式余热锅炉、环流旋风粗除尘器、布袋精除尘器或金属膜式除尘器的有机组合可以满足烟气冷却同步余热回收系统的安全性要求。

### 8.4.4　系统组成及主要参数

以精除尘器为环缝除尘器的 CG(H) 工艺为例说明系统的主要组成及工艺流程，工艺流程图如图 8-11 所示。CG(H) 工艺由主流程内 4 个子系统加主流程外 1 个子系统构成。

（1）高温烟气冷却同步余热回收子系统，包括烟气预处理器、直立烟道式余热锅炉、锅炉水汽系统和自动清灰系统。实现 800～1000℃高温烟气降至 170～220℃，同步产生蒸汽。

（2）纯干粗除尘及纯干炉尘输存子系统，包括环流旋风除尘器、带锁气功能卸灰阀、灰仓、纯干炉尘输储。功能为去除 80%以上炉尘，并输运到炉尘资源化车间。

（3）环缝精除尘及水、尘供排子系统：包括环缝除尘器、复合脱水器、循环水系统、污泥处理系统。通过精除尘，将烟气含尘浓度由 $30g/m^3$ 左右降至 $20mg/m^3$ 以下。

（4）自控子系统包括整个除尘系统检测、控制软件、数据远程传输等。

（5）纯干炉尘资源化子系统包括：配料、混料、制球、筛分、成品运储等。将纯干炉尘制成冷却剂、造渣剂等功能原料，返回转炉冶炼。

涉及的核心设备抗爆防爆型直立烟道式余热锅炉，相关参数见表 8-1，其具有的“五重”安全保护，经工业试验验证安全。

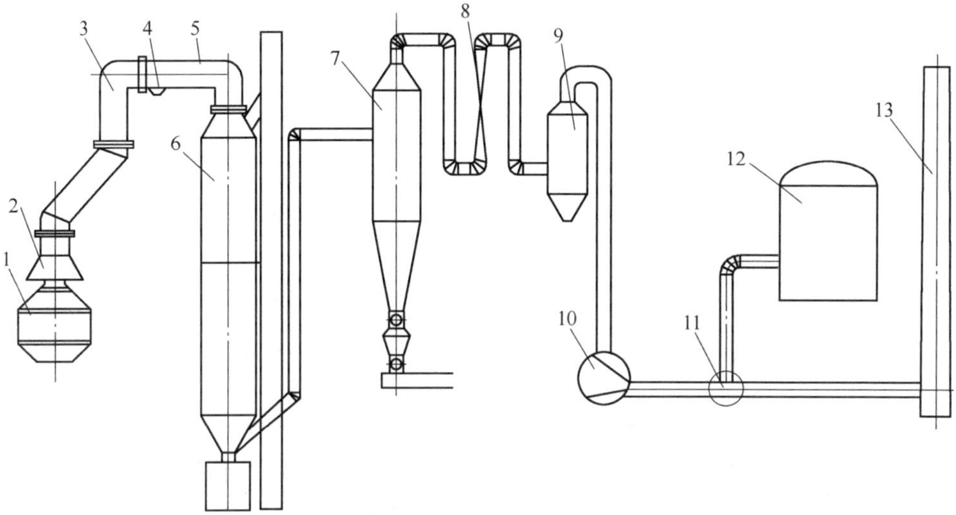


图 8-11 工艺流程示意图

1—转炉；2—罩裙；3—汽化烟道；4—烟气预处理器；5—高温连接烟道；
6—抗爆防爆型直立烟道式余热锅炉；7—环流旋风除尘器；8—环缝除尘器；
9—复合脱水器；10—引风机；11—切换站；12—煤气柜；13—放散塔

**表 8-1 抗爆防爆型直立烟道式余热锅炉主要参数（适配 50t 转炉）**

| 序号 | 名 称 | 单 位 | 数 量 | 备 注 |
|---|---|---|---|---|
| 1 | 进口烟气量 | $m^3$/h(标态) | 40000 | 最大量 |
| 2 | 进口烟气温度 | ℃ | 800~1000 | |
| 3 | 出口烟气温度 | ℃ | 170~200 | |
| 4 | 额定蒸汽压力 | MPa | 1.0~2.0 | |
| 5 | 额定蒸发量 | kg/h | 10000 | |
| 6 | 额定蒸汽温度 | ℃ | 饱和 | |
| 7 | 蒸汽输出压力 | MPa | 1.25 | 1.0~1.2 |
| 8 | 给水品质 | | 软水 | |
| 9 | 给水温度 | ℃ | 35 | |
| 10 | 输出实际蒸发量 | kg/h | 6000 | |
| 11 | 供水压力 | MPa | 1.5 | |
| 12 | 锅炉阻损 | Pa | 1500~2200 | |
| 13 | 有效受热面积 | $m^2$ | 600 | |

续表 8-1

| 序号 | 名　称 | 单　位 | 数　量 | 备　注 |
|---|---|---|---|---|
| 14 | 金属部件总重 | t | 115 | |
| 15 | 水容量 | $m^3$ | 15 | 锅筒除外 |
| 16 | 运行总重量 | t | 130 | 锅筒除外 |
| 17 | 清灰方式 | | 钢丸循环清灰 | |
| 18 | 清灰间隔时间 | h | | 自动 |
| 19 | 结构形式 | | 全密封 | 直立烟道 |
| 20 | 烟道截面尺寸 | mm | 2400×3200 | 占地 3m×4m |
| 21 | 总高度 | mm | 27000 | |

对于纯干法除尘，涉及高温烟气除尘。当前普遍使用的化纤滤袋是由 PPS、PTFE 纤维纺织制成，可承受环境温度低于 250℃，这限制了电袋复合除尘器、布袋除尘器在高温烟气工况的适用范围，目前耐高温金属滤袋或者陶瓷滤管已经接近实用，新型滤材的开发与应用，可实现对超细粉尘、高温粉尘的有效捕集，满足工业粉尘超低排放和近零排放。

金属滤袋也称为金属纤维毡滤袋，是由纯金属纤维经过无纺铺制后烧结而成，如图 8-12 所示。具有耐高温，耐腐蚀，强度高；透气性好、初始压降低、拦截效率高，排放浓度可小于 5mg/m$^3$；可在线反吹与离线清洗，再生效果好，使用寿命长；易回收处理，可避免二次污染环境。其过滤方式与现有化纤滤袋类似。含尘气体由外表面向内通过金属滤袋，粉尘被拦截在滤袋的外表面，随着粉尘厚度增加，滤袋内外压差越来越大，再采用脉冲的方式清灰，在滤袋口吹入压缩空气使得粉尘剥离并落入灰斗，集中排出。金属滤袋式袋式除尘器，避免转炉烟气除尘中使用水，进而提高了余热及粉尘的回收效果。

图 8-12　高温除尘金属纤维滤袋

陶瓷滤管由多元无机复合材料（主要原料为 $Al_2O_3$纤维）经高温烧制而成，成品滤管由内部支撑骨架和表层过滤膜组成，如图 8-13 所示，是一种具有低阻、耐高温、高精度过滤、耐酸碱腐蚀的高性能多孔滤料。具备耐高温、阻力低、高精度过滤、超低排放、寿命长以及可回收等突出性能，目前已在化工、食品以及冶金等行业大小锅炉或窑炉上成功投运多台。陶瓷过滤除尘技术不仅可以满足粉尘超低排放的要求，其高精度过滤特性也为很多需要对含尘气体进行净化、提高产品纯度的工艺带来技术革新[29]。陶瓷滤管与传统布袋的特性比较见表 8-2。

图 8-13 陶瓷滤管

**表 8-2 陶瓷滤管与传统布袋特性对比**

| 特性 | 陶瓷滤管 | 布袋 |
|---|---|---|
| 耐温性 | 适用于中高温。陶瓷滤管主体是不可燃的，并且耐高温。高温或是燃烧的粒状物可以直接通过陶瓷滤管进行过滤而不会烧毁陶瓷滤管。 | 适用于中低温，通常情况下可耐温度为最高 250℃。容易因为温度控制不当使得粉尘温度过高而烧毁滤袋。 |
| 除尘效率 | 坚硬性的结构，在进行脉冲清洗时不会伸缩或变形，尘饼不会完全被清洗干净，可作为屏障防止粒状物渗透。滤管一体成型，无接缝，不因使用频率过久而造成泄漏问题。典型的排放条件均低于标准工作条件 5mg/m³（标态），通常都小于 2mg/m³（标态）。去除效率的功效来自于极细的陶瓷纤维。 | 滤布是缝合或焊接成型。当过滤微细粒状物时会从薄弱点渗透造成泄漏问题。传统布具有弹性，逆吹时膨胀变形将尘饼完全剥离导致粉尘穿透，降低除尘效果。滤布排放条件一般为 10~30mg/m³（标态）。 |
| 抗水解 | 陶瓷纤维的耐酸碱特性，使得滤管抗水解能力大大提升，更加适用于有高温高湿且含有酸碱气体的条件。 | 高温高湿且含有酸碱气体的条件下易造成滤材水解，大分子破坏，很快失去强度。 |
| 纤维变形疲劳、磨损 | 滤管在使用高压氮气喷吹时，并无膨胀及收缩变形，纤维磨损几率小，寿命延长，再加上滤管可承受较高的差压，可减少高压氮气喷吹次数，可延长滤管使用年限。 | 采用高压氮气喷吹，使得滤袋产生膨胀及收缩变形，平均每小时喷吹变形次数 2~10 次。同时喷吹使得滤袋的滤饼几乎剥落干净，造成纤维再次直接且频繁地承接粉尘，其纤维磨损几率变大，寿命减短。 |

### 8.4.5　经济性及社会效益

在当今社会环境保护意识不断加强，资源、能源价格不断上涨，企业生产成本不断上升的情况下，用转炉烟气纯干法除尘代替喷水除尘方式是大势所趋。OG 工艺已经是相对成熟的工艺，在新的环保要求下，现有系统若不加以改造，则难以达到 $10mg/m^3$（标态）的要求。LT 法在国内企业应用中处于上升期，但是 LT 法仍然需要水参与，喷嘴通过温度控制系统对水量进行比例控制，既要保证冷却烟气效果，还要确保所喷的水完全变成蒸汽，保持烟气干燥，这个调节的难度较大，工业应用中对企业的操作水平要求较高，且 LT 法保证烟气含尘浓度在 $10mg/m^3$（标态）左右有难度。

本章提出的 CG 法处理后烟气含尘浓度可以降至 $10mg/m^3$（标态）以下，且对余热、煤气及炉尘进行综合利用，其优势如图 8-14 所示。

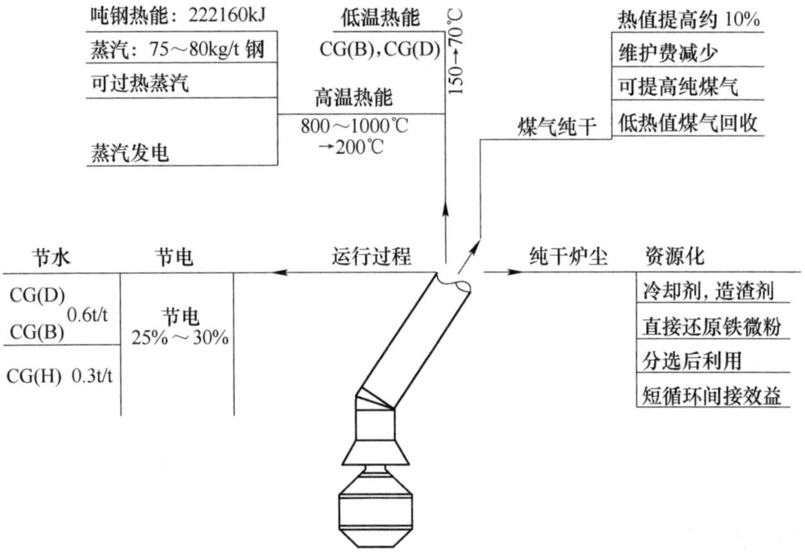


图 8-14　CG 法的优势

对比分析如下：

（1）CG 工艺节约水资源，减少水泵及风机用电。

（2）CG 工艺采用直立烟道式余热锅炉，在冷却转炉高温烟气的同时，转化为蒸汽回收。工业试验验证，蒸汽产生量达到 76kg/t 钢。

（3）CG 工艺回收的煤气为纯干煤气，不含水蒸气，可提升热值约 10%。

（4）CG 工艺的炉尘为纯干炉尘，未经喷水，仍保持氧化铁、氧化钙、氧化镁有益特性，制成转炉功能原料，例如冷却剂、造渣剂、脱磷剂。直接送转炉冶炼，既将炉尘中的铁炼成钢，同时起到造渣、冷却、脱磷作用。炉尘的资源化，有双重作用：一是产生直接经济效益，炉尘直接生成较高价值的炉料，直接效益超过 200 元/t 炉尘；二是产生间接经济效益，炉尘的直接应用导致后续烧结、炼铁少投入相应成本，效益超过 400 元/t 炉尘。

（5）适应新建转炉烟气除尘系统及现有转炉系统改造。

### 8.4.6 耦合现有工艺过程的中试

炼钢转炉纯干法除尘新工艺确定先降温后除尘工艺路线，并研制转炉高温烟气不喷水工艺装备，2014 年起在包钢进行关键设备中试试验并完成 3000 多炉工业试验生产。

图 8-15 为耦合包钢 4 号 80t 转炉 OG 法的工业试验布置图，初试 57 炉，正式试验 200 炉，图 8-16 为耦合包钢 1 号 100t 转炉 LT 法的工业试验布置图，其中上线试验 2974 炉，工业试验验证如下：

（1）转炉高温烟气冷却装备——直立烟道式余热锅炉安全不爆，运行可靠。

（2）转炉高温烟气直立烟道式余热锅炉冷却效果理想：入口烟气温度 780~1040℃，出口烟气温度 170~230℃，平均烟气温降 645℃，见表 8-3。

（3）直立烟道式余热锅炉自身参数适应转炉除尘系统要求。

（4）设计阻损：(2000±200) Pa，实际运行平均：1770Pa。

（5）转炉高温烟气余热回收产蒸汽效果：平均 76.1kg/t 钢。

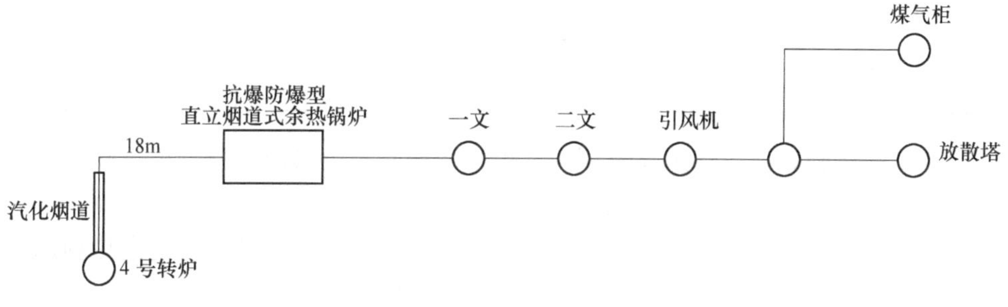


图 8-15 耦合 OG 法工业试验平面布置图

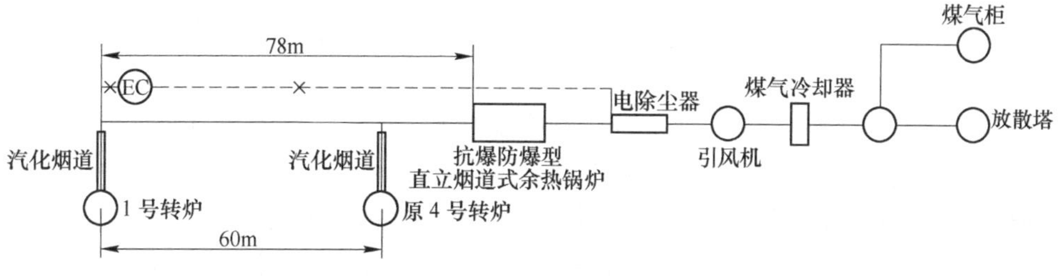


图 8-16 耦合 LT 法工业试验平面布置图

表 8-3　余热锅炉温度记录表（部分）

| 炉数 | 进口烟气温度/℃ | 出口烟气压力/kPa | 出口烟气温度/℃ | 出口烟气压力/kPa |
|---|---|---|---|---|
| 1 | 780 | -0.14 | 170 | -1.15 |
| 2 | 854 | -0.20 | 172 | -1.66 |
| 3 | 808 | -0.14 | 215 | -1.62 |
| 4 | 910 | -0.08 | 212 | -1.68 |
| 5 | 828 | -0.21 | 192 | -1.76 |
| 6 | 832 | -0.16 | 200 | -1.62 |
| 7 | 822 | -0.16 | 200 | -1.62 |
| 8 | 890 | -0.24 | 209 | -1.57 |
| 9 | 857 | -0.26 | 178 | -1.77 |
| 10 | 865 | -0.20 | 212 | -1.68 |
| 11 | 878 | -0.20 | 212 | -1.65 |
| 12 | 903 | -0.24 | 210 | -1.72 |
| 13 | 933 | -0.25 | 207 | -1.67 |
| 14 | 959 | -0.30 | 209 | -1.25 |
| 15 | 800 | -0.20 | 208 | -1.62 |
| 16 | 850 | -0.19 | 166 | -1.60 |
| 17 | 864 | 0.27 | 191 | -1.73 |
| 18 | 845 | -0.22 | 218 | -1.63 |
| 19 | 954 | -0.27 | 231 | -1.88 |
| 20 | 903 | 0.23 | 227 | -1.53 |

经工业试验验证，转炉高温烟气不喷水冷却同步余热回收新工艺可靠，设备运行稳定。炼钢转炉烟气纯干法除尘余热回收及烟气资源高附加值利用新工艺，可将转炉排放粉尘含量控制在 10mg/$m^3$（标态）以下，同时提高烟气余热利用效率及煤气回收价值。工业试验过程，也遇到一些问题，主要涉及有：

（1）整个转炉烟气除尘及余热回收是一个系统工程，需要各种设备配合才能完成工作，各种设备有其专业功能，尽力发挥每种设备的专业功能，而不是让其兼顾多种功能，当兼顾多种功能时，其主要功能往往发挥不好。例如：抗爆防爆型直立烟道式余热锅炉，主要为烟气降温服务、达到烟气通道通畅、烟气热能转化产蒸汽。在工业试验中，有让其兼做除尘功能的要求，导致余热锅炉结构的调整，不仅没有完成除尘功能，进而影响余热锅炉功能的发挥。

（2）抗爆防爆型直立烟道式余热锅炉只是转炉高温烟气冷却同步余热回收工艺装备，必须按照除尘工艺要求，配备相应的工艺装备。比如：余热锅炉前需配置烟气预处理器，余热锅炉后需配置除尘器。由于在工业试验过程中，没有配置，带来汽化烟道出口后大量积灰、电除尘器入口前大量积灰，造成系统阻损波动、电除尘器泄爆等。

（3）通过耦合 OG、LT 法工业试验，完成了各阶段工艺，例如：转炉高温烟气不喷水冷却、转炉低温烟气不喷水净化、转炉低温烟气不喷水冷却、转炉烟气分流等，但是整个系统的完整组合仍欠缺，对于纯干炉尘、蒸汽高附加值利用还需要大量研发工作。

## 8.5 本章小结

转炉烟气是冶金行业极具特殊性烟气，选择不同除尘和热回收工艺，对吨钢成本下降和“负能炼钢”贡献均有较为重要的意义。本章重点分析了国内主流的转炉除尘及煤气回收技术，以及新开发和逐渐走向工业应用的新技术，特别是纯干法（CG）技术。尽管正在研发探索的新技术、新工艺存在诸多不确定，但行业低碳高能效绿色转型发展，需要新技术突破，整理该领域技术发展，供行业参考。

（1）目前转炉除尘及煤气回收的工艺主要以 OG 法和 LT 法为主，基于 OG 法发展了一些新工艺，如：塔文湿法和新 OG 法。塔文湿法流程是将洗涤塔与环缝文氏管组合在一起成为高效除尘塔，再到脱水器脱水，然后通过风机进入切换系统，或回收或放散。新 OG 法是一种高效喷雾洗涤塔加环缝文氏管的工艺流程，是将干法除尘的一些技术移植到湿法除尘系统，对湿法除尘的一些关键设备进行了突破性的改进，形成了新的湿法除尘工艺。OG 法和 LT 法，尤其在新环保超净排放法规面前，由于工艺本身限制，很多问题需要改进提高，如：直接喷水降温，浪费了水资源，汽化冷却烟道出口的高温余热未进行回收；造成水污染和大量 OG 泥需要处置；颗粒物排放值难以达到超低排放指标等。

（2）为进一步降低炼钢工序能耗，实现“负能炼钢”，针对现行转炉烟气除尘及余热回收工艺的不足，又探索开发半干法工艺。半干法除尘是干式蒸发冷却与湿式除尘器相结合的一种除尘工艺，兼顾环保和节电要求。半干法需要用水，而焦化废水深度处理采用膜法工艺或者强氧化工艺，存在投资大，运行成本高等问题，2016 年在宁波钢铁 180t 转炉上将焦化生化出水用于炼钢转炉半干法除尘一次高温烟气的冷却，利用烟气的余热、残氧实现焦化废水的无害化、资源化利用。半干法耦合焦化废水处理后续能否成为行业有生命力的技术，对环境的影响尚需时日考证。

（3）包钢转炉烟气纯干法（CG）除尘及余热回收技术，已在包钢与现有的 OG 法与 LT 法耦合完成了 3000 余炉工业实验，初步验证了转炉烟气纯干法余热回收的技术可行性。实现转炉烟气从高温到 200℃，甚至到 60~70℃的余热回收，平均蒸汽回收量 76.1kg/t 钢，烟气含尘浓度降低到 $10mg/m^3$（标态）以下，同时提高煤气回收价值。

（4）转炉烟气纯干法（CG）除尘及余热回收技术根据后续精除尘器不同配置，形成三类典型除尘工艺 CG(H)、CG(D)、CG(M 或 B)，其中 CG(H) 精除尘器利用湿法或半干法的环缝除尘器、CG(D) 精除尘器利用 LT 工艺电除尘器、CG(M 或 B) 精除尘器为金属膜式滤芯、陶瓷滤管或布袋除尘。

高温转炉烟气是钢铁企业重要的二次余热、余能资源，也是钢铁低碳高能效共性难题之一，如何实现转炉炼钢除尘与余热、余能回收技术向高能效和超低排放发展是大势所趋，需要在相当长的时间内大量科研单位、企业、环保公司共同努力去解决。本章介绍的新技术，还缺少足够商用案例支撑，技术上也有待进一步完善，期待得到业内更多广泛关注并应用。

## 参 考 文 献


[1] 姬立胜．转炉烟气余热的充分回收与合理利用 [D]．沈阳：东北大学，2012.

[2] 李杨．炼钢烟气余热资源的回收及利用 [D]．沈阳：东北大学，2009.

[3] 赵锦．转炉烟气全干式除尘及余热回收新工艺研究 [D]．沈阳：东北大学，2012.

[4] 王猛．转炉烟道式余热锅炉热力计算及数值模拟 [D]．大连：大连理工大学，2012.

[5] 崔敏．炼钢转炉汽化冷却烟道热力性能模拟与计算 [D]．杭州：浙江大学，2012.

[6] 滕军华．转炉干法除尘系统蒸发冷却器数值模拟 [D]．唐山：华北理工大学，2016.

[7] 曹武．江西新余钢铁公司炼钢转炉余热发电工程简介 [J]．煤气与热力，2006（7）：4.

[8] 闫永欣．基于后烧期水循环安全性的汽化烟道结构优化 [D]．唐山：华北理工大学，2017.

[9] 蒋为民，王永忠．转炉一次烟气高温除尘与能源回收新技术 [J]．世界钢铁，2011，11（3）：10~12.

[10] 李洪福．炼钢转炉烟气余热回收利用研究 [D]．济南：山东大学，2006.

[11] 李静，梁精龙，霍东兴，等．转炉除尘技术发展现状 [J]．矿产综合利用，2018（3）：30~33.

[12] 闫武装，周景伟．国内转炉除尘技术介绍及趋势分析 [J]．冶金设备，2017（S1）：94，126~127.

[13] 刘晨．300t 转炉新 OG 湿法半干法节水改造方案探讨 [C]//中国金属学会炼钢分会．第十七届（2013 年）全国炼钢学术会议论文集（B 卷）．中国金属学会炼钢分会：中国金属学会，2013：5.

[14] 李鹏．转炉煤气干法电除尘工艺安全措施的探讨 [C]//中国金属学会炼钢分会．第十七届（2013 年）全国炼钢学术会议论文集（B 卷）中国金属学会炼钢分会：中国金属学会，2013：3.

[15] 陈学文．炼钢厂转炉除尘系统存在的问题及其整改方案［J］．天津冶金，2011（4）：34~37，69.

[16] 李海英．转炉 LT 干法除尘工艺应用存在问题及解决方法［C］//第十届中国钢铁年会暨第六届宝钢学术年会论文集Ⅱ．中国金属学会、宝钢集团有限公司：中国金属学会，2015：5.

[17] 柏莉．转炉系统的研究与设计改造［D］．兰州：兰州理工大学，2017.

[18] 方瑞．转炉高温烟气新型干法除尘及过程余热阶梯式回收方式研究［J］．资源节约与环保，2016（9）：3~4.

[19] 王伟明．鞍钢 90t 转炉烟气净化系统主要工艺参数的研究［D］．哈尔滨：哈尔滨工业大学，2016.

[20] 刘晨．转炉炼钢高温烟气除尘与冷却技术进步方向探讨［C］// 中国金属学会炼钢分会．第十七届（2013 年）全国炼钢学术会议论文集（B 卷）．中国金属学会炼钢分会：中国金属学会，2013：4.

[21] 刘晨．转炉湿法、干法和半干法高温烟气冷却技术［C］//中国金属学会能源与热工分会．2010 全国能源与热工学术年会论文集．中国金属学会能源与热工分会：中国金属学会，2010：4.

[22] 孙晓蔚，刘春娜．半干法除尘系统在宁钢转炉一次除尘的应用［J］．浙江冶金，2017（1）：44-46.

[23] 苏国留，刘文东，魏久鸿，等．转炉半干法除尘消纳利用焦化废水的研究［N］．世界金属导报，2014-06-10（B10）.

[24] 苏国留，刘文东，魏久鸿，等．转炉半干法除尘消纳利用焦化废水的原理及应用［C］//2014 青岛国际脱盐大会论文集．中国科学技术学会、青岛市人民政府：中国金属学会，2014：4.

[25] 李志峰，刘纯星，黄珊珊．利用转炉高温烟气催化热解蒸氨废水［J］．山东冶金，2017，39（3）：42~44.

[26] 卜二军．转炉除尘灰的高附加值利用［N］．世界金属导报，2015-04-14（B11）.

[27] 陈均．转炉除尘资源作终渣调整剂的试验［J］．钢铁，2014，49（12）：80~84.

[28] 沈建涛，郑鹏辉，崔宁，等．转炉一次烟气干法净化与回收系统爆炸原因浅析［J］．低碳世界，2016（32）：6~8.

[29] 周万亩．无机陶瓷过滤技术引领粉尘治理技术革命［C］//第八届国内外水泥粉磨新技术交流大会暨展览会·专刊（《世界建材》2016 第 5 期）．中国硅酸盐学会科普工作委员会、建筑材料工业技术情报研究所、全国水泥行业专家联盟、河北省建材工业协会：中国硅酸盐学会，2016：4.

# 9 铁钢界面铁水温降减少及能效提升

高炉—转炉界面主要任务是完成铁水承接、输送、预处理、储存缓冲、铁水兑入量准确调控以及受铁容器快速周转等。在钢铁联合企业中，炼铁工序能否高质量地提供成分和温度稳定的铁水，直接关系到炼钢过程的成本和生产效率。本章从铁钢界面鱼雷罐热特性出发，系统分析影响铁水温降的不同因素和减少界面温降的相应技术及措施，以达到提升界面能效的目的。最后提出基于热测试、热机理模型和数据模型相耦合的界面高效热链接技术，尝试实现提高铁钢界面热衔接的智能、低碳与高效。

## 9.1 铁钢界面鱼雷罐热特性分析

铁钢界面热历程中，铁水温降主要原因在于鱼雷罐空罐等待。无论是烘烤、优化空罐时间、提高鱼雷罐周转率等，其主要目的是尽量减少或弥补鱼雷罐空罐阶段的热损失。从整个系统节能的角度看，鱼雷罐空罐阶段的热状态对系统节能有重要影响。目前鱼雷罐保温特性研究主要以模拟分析为主[1]，同时结合关键节点处铁水温度测试进行验证。

### 9.1.1 鱼雷罐物理模型

如图 9-1 所示，鱼雷罐车模型的主要结构分为罐壳、罐口、罐衬和耳轴等部分。其中，鱼雷罐罐体外壳由中部圆柱段、两侧对称的圆台段和耳轴段组成，均由厚 32mm 的 16 锰钢板焊接而成；耳轴分别由不同厚度的工作层、永久层、浇注料和罐壳组成；常规型鱼雷罐的罐衬从内到外主要包括工作层（ASC 砖）、高铝浇注料、永久层（蜡石砖）和钢壳。采用软件进行建模，得到如图 9-2 所示的六面体网格模型。

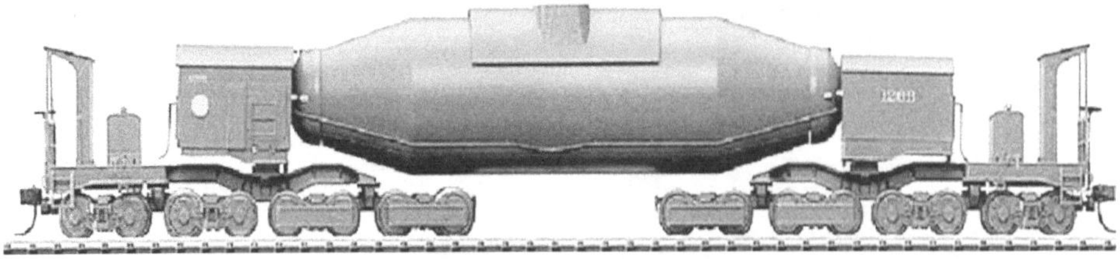

图 9-1 鱼雷罐车

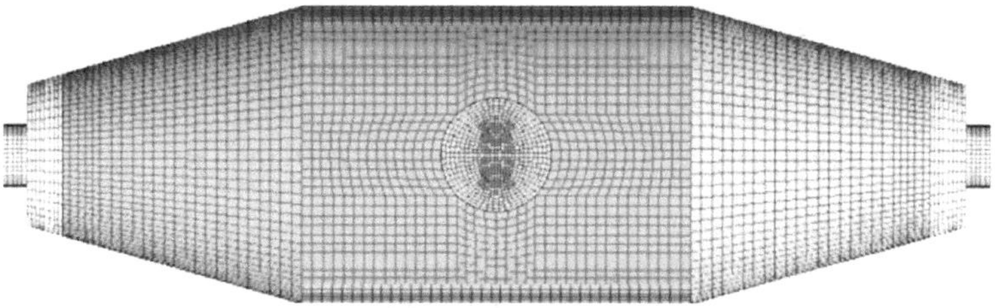

图 9-2 鱼雷罐车模型的结构网格

根据罐衬材料的物性参数和采用现场实验测温数据进行校核的方式，得到模型中罐衬耐材的材料参数，见表 9-1。

**表 9-1 罐衬材料的物性参数**

| 罐衬材料 | 热导率/W·(m·K)$^{-1}$ | 比热/J·(kg·K)$^{-1}$ | 密度/kg·m$^{-3}$ |
|---|---|---|---|
| 工作层（ASC） | 8 | 1230 | 2780 |
| 高铝浇注料 | 1 | 970 | 2340 |
| 永久层（蜡石砖） | 0.8 | 969 | 2790 |
| 永久层（硅酸镁保温板） | 0.2 | 1000 | 1300 |
| 永久层（纳米保温板） | 0.017 | 800 | 300 |
| 钢壳 | 42 | 502 | 7800 |

## 9.1.2 鱼雷罐传热模型

将鱼雷罐重罐倒包结束时刻的热状态作为鱼雷罐空罐的初始状态。鱼雷罐重罐时的传热方式如图 9-3 所示。其主要包括以下几种热交换形式：（1）铁水与罐衬之间的热传导、罐衬各层材料间的热传导以及不同位置连接处的热传导；（2）铁水液面与罐衬内壁和空气间的热辐射；（3）罐内外冷热空气在腔体内的热对流。

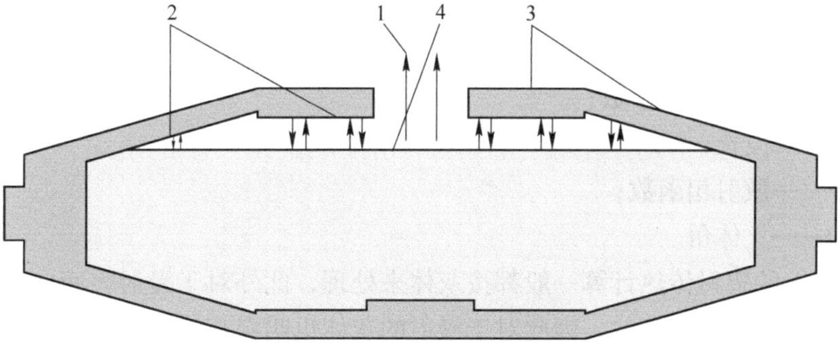


图 9-3 鱼雷罐重罐时的传热模型

1—罐口；2—罐衬内表面；3—罐衬外表面；4—铁水

#### 9.1.2.1　传热基本方程

铁水与罐衬之间、罐衬各层材料间以及不同位置的连接处主要以热传导的方式传递热量。罐衬蓄热损失是一个有热源的非稳态传热过程，可用式（9-1）的导热微分方程来描述：

$$\rho c \frac{\partial T}{\partial t} = \nabla \cdot (\lambda \nabla T) + q \tag{9-1}$$

式中　$c$——材料比热容，J/(kg · K)；

$\rho$——材料密度，$kg/m^3$；

$t$——时间，s；

$T$——温度，K；

$q$——单位体积物体单位时间内释放的热量，$W/m^3$；

$\lambda$——物体的导热系数，W/(m · K)。

#### 9.1.2.2　铁水液面与罐内壁和空气之间的热辐射

鱼雷罐重罐时，根据实际装铁水量，铁水液面与罐口存在一定空间，且由于铁水及耐火衬内表面的温度较高，故铁水液面及其上部的耐火衬内壁和空气之间存在着辐射换热，该辐射采用DO模型进行计算。DO模型将$\vec{s}$方向上的辐射传输方程（RTE）作为场方程，方程如下：

$$\nabla(I(\vec{r}, \vec{s})\vec{s}) + (a + \sigma_s) I(\vec{r}, \vec{s}) = an^2 \frac{\sigma T^4}{\pi} + \frac{\sigma_s}{4\pi}\int_0^{4\pi} I(\vec{r}, \vec{s}')\Phi(\vec{s} \cdot \vec{s}')\,d\Omega \tag{9-2}$$

式中　$I$——黑体辐射强度；

$\vec{r}$——位置向量；

$\vec{s}$——方向矢量；

$a$——光谱吸收系数；

$n$——波长，m；

$\Phi$——散射相函数；

$\Omega$——立体角。

工业上的辐射传热计算一般都按灰体来处理，此外对于漫射表面，光谱吸收率与光谱发射率是相等的，因此对于漫射的灰体也叫漫灰体。在计算中，将罐衬内壁与铁水表面看作漫灰体。

漫灰体墙面内的热流量方程如下：

$$q_{in} = \int_{\vec{s}\cdot\vec{n}} I_{in}\vec{s} \cdot \vec{n}\mathrm{d}\Omega \tag{9-3}$$

漫灰体墙面外的热流量方程如下：

$$q_{out} = (1 - \varepsilon_w)\, q_{in} + \gamma^2 \varepsilon_w \sigma T_a^{\ 4} \tag{9-4}$$

式中　$\gamma$——墙面的折射率；

$\varepsilon_w$——墙面发射率；

$T_a$——墙面与环境温差，K。

#### 9.1.2.3　罐内外（罐口）冷热空气热交换

根据质量输运守恒方程，鱼雷罐内和罐外冷热空气质量交换之间存在如下方式：

$$\frac{\partial\rho}{\partial t} + \nabla(\rho \boldsymbol{U}) = 0 \tag{9-5}$$

根据输运动量守恒方程，鱼雷罐内和罐外冷热空气动量交换之间存在如下方式：

$$\frac{\partial(\rho \boldsymbol{U})}{\partial t} + \nabla\cdot(\rho \boldsymbol{U} \otimes \boldsymbol{U}) = -\nabla P + \nabla\cdot \tau + S_M \tag{9-6}$$

式中　$\tau$——应力张量。

$$\tau = \mu(\nabla \boldsymbol{U} + (\nabla \boldsymbol{U})^{\mathrm{T}} - \frac{2}{3}\delta\, \nabla\cdot \boldsymbol{U}) \tag{9-7}$$

根据输运能量守恒方程，鱼雷罐内和罐外冷热空气热量交换之间存在如下方式：

$$\frac{\partial(\rho h_{tot})}{\partial t} - \frac{\partial\rho}{\partial t} + \nabla\cdot(\rho \boldsymbol{U} h_{tot}) = \nabla\cdot(\lambda\, \nabla T) + \nabla\cdot(\boldsymbol{U}\cdot\tau) + \boldsymbol{U}\cdot S_M + S_E \tag{9-8}$$

式中　$h_{tot}$——总焓，

$$h_{tot} = h + \frac{1}{2}\boldsymbol{U}^2 \tag{9-9}$$

$S_E$——能量源项；

$\boldsymbol{U}$——流体的速度矢量。

鱼雷罐空罐时的传热分析模型如图 9-4 所示。鱼雷罐空罐在回运过程中，主要存在以下几种热交换形式：（1）罐衬各层材料间的热传导；（2）鱼雷罐内部耐火衬内表面之间，以及罐耐火衬内表面通过罐口与外部环境的辐射换热；（3）罐内外冷热空气在腔体内的热对流。其传热数学模型与重罐一致。

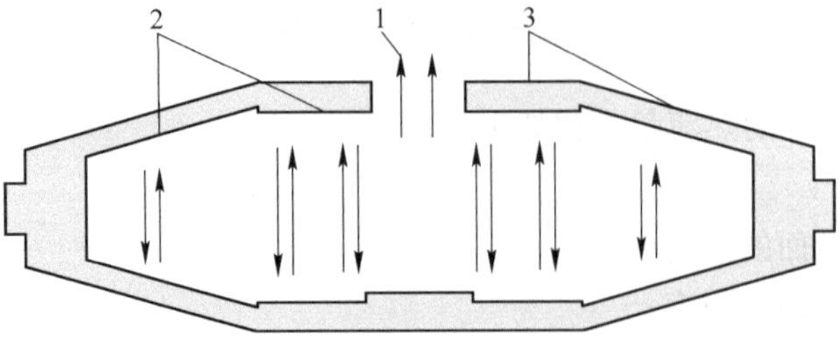


图 9-4　鱼雷罐空罐时的传热模型

1—罐口；2—罐衬内表面；3—罐衬外表面

### 9.1.3　鱼雷罐传热边界条件

#### 9.1.3.1　罐壳外表面

罐壳与外界环境之间存在对流换热和辐射换热，对流换热可分为自然对流和强制对流。当罐车运动时，罐壳外部与环境之间存在的对流换热形式为强制对流换热；当罐车静止等待受铁时，则罐壳外部与环境之间存在的对流换热形式为自然对流换热。对于罐壳热辐射造成的热量损失，不采用辐射矩阵来反映，而采用理论推导将其影响转化为相应的辐射换热系数。对于同时存在辐射与对流传热的综合传热问题，引入综合换热系数进行工程传热计算。综合换热的计算方法如下：

$$\Phi_{r+c} = A(h_r + h_c)\Delta T \tag{9-10}$$

式中　$\Phi_{r+c}$——换热总流量，W；

$A$——罐壳表面面积，$m^2$；

$h_r$——辐射换热系数，$W/(m^2 \cdot K)$；

$h_c$——对流换热系数，$W/(m^2 \cdot K)$；

$\Delta T$——罐壳和环境的温度差，K。

其中，罐壳表面辐射换热系数为：

$$h_r = \frac{\varepsilon\sigma(T_w^4 - T_\theta^4)}{T_w - T_\theta} \tag{9-11}$$

式中　$\varepsilon$——罐壳表面发射率；

$T_\theta$——环境温度，K；

$T_w$——罐外壁面温度，K；

$\sigma$——斯蒂芬-玻尔兹曼常数，$W/(m^2 \cdot K^4)$。

对流换热系数，工程上一般采用经验公式[2,3]：

$$h_c = A\theta\sqrt[4]{T_w - T_\theta} \tag{9-12}$$

$$\theta = \sqrt{\frac{v + 0.348}{0.348}} \tag{9-13}$$

式中 $A$——与鱼雷罐位置有关的系数，通过实验校核取 1.2；

$v$——车速，m/s。

#### 9.1.3.2 罐口

鱼雷罐车在输送过程中，由于罐车运动造成罐腔内外压差。因此在无盖时，将罐口设为压强出口，压强的大小与罐车的速度直接相关，罐车速度越大，罐车内外压差越大，可根据伯努利方程计算罐口处的压强。

### 9.1.4 倒罐结束时空罐的热状态

研究鱼雷罐空罐在回运过程中的热损失，首先要知道鱼雷罐空罐时的初始温度场，即鱼雷罐与铁水包倒罐完成后罐衬的即时温度场。此时，常规鱼雷罐罐体的温度分布如图 9-5 和图 9-6 所示。罐衬温度从内到外逐渐降低，在圆台段和圆柱段处的罐壳温度分别约为 322℃ 和 286℃；此外，罐衬中工作层内的温度梯度

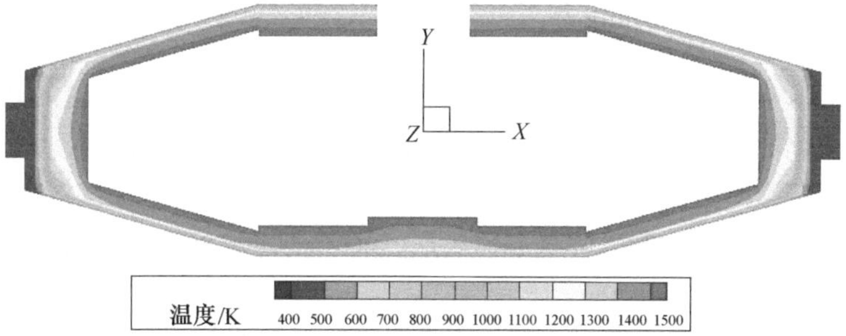


图 9-5 常规鱼雷罐倒罐结束时的温度场

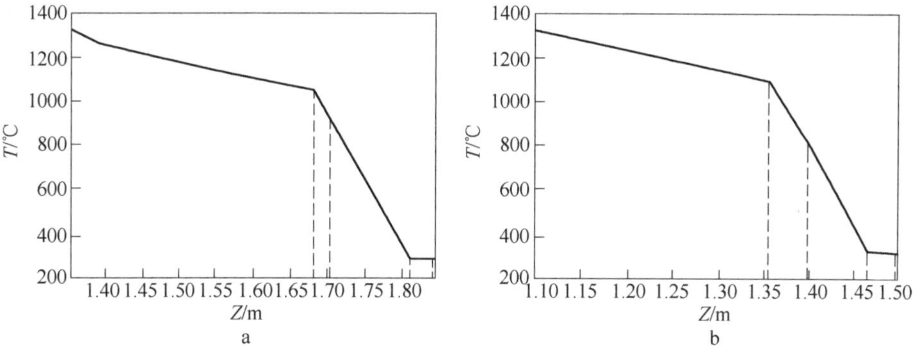


图 9-6 倒罐结束时常规鱼雷罐罐衬径向温度分布

a—圆柱段；b—圆台段

最小，浇注料和永久层内的温度梯度基本一致，且都较大；相比罐衬，罐壳温度梯度更小。这主要与各层材料的导热系数有关，工作层 ASC 砖的导热系数较大，其次永久层蜡石砖和浇注料的导热系数基本相等，且都较小，罐壳的导热系数最大，因此可采用具有较小导热系数的罐衬耐火材料，适当增大温度梯度，通过降低罐壳外表面温度来减少罐壳表面散热损失。罐衬各层此时的蓄热量见表 9-2。罐衬总蓄热达到 $1.29\times10^5$ MJ，其中以工作层的蓄热为主，占罐衬总热量的 83.75%。

**表 9-2　鱼雷罐车空罐时罐衬的初始蓄热量**

| 常规鱼雷罐罐衬 | 初始蓄热量/MJ | 比例/% |
|---|---|---|
| 工作层 | $1.08\times10^5$ | 83.75 |
| 浇注料 | $5.94\times10^3$ | 4.61 |
| 永久层 | $1.05\times10^4$ | 8.12 |
| 罐壳 | $4.53\times10^3$ | 3.52 |
| 罐衬总蓄热 | $1.29\times10^5$ | 100.00 |

### 9.1.5　空罐回运过程的热状态

对鱼雷罐空罐在回运过程中的热状态分析，可揭示鱼雷罐罐衬的热量变化和界面温度变化规律以及下罐铁水的温降情况。参考实际生产数据，铁水倒出后，鱼雷罐处于空罐回运阶段，转炉到高炉的距离设定为 20km，保持罐车以 20km/h 的速度运行，罐车为强制冷却状态；之后，罐车在高炉下等待受铁，罐车为自然冷却状态。

从图 9-7 可知，空罐期间，罐衬工作层蓄热量呈直线下降趋势，其他各层耐材蓄热量无明显变化，其中在罐口无盖和有盖两种情况下工作层和罐衬的总热损

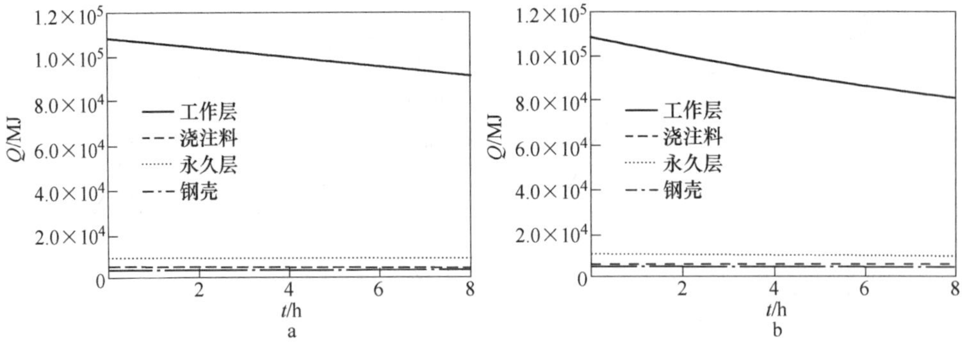


图 9-7　常规鱼雷罐罐衬的热量变化过程

a—有盖；b—无盖

分别为 $2.76\times10^4$MJ、$3.00\times10^4$MJ 和 $1.59\times10^4$MJ、$1.73\times10^4$MJ。由此可见，罐衬热损主要源于工作层的蓄热损失，无盖鱼雷罐比有盖鱼雷罐罐衬热损明显。罐车加盖能使空罐 8h 后由罐体热损引起的铁水总温降减小大约 56℃，即每小时铁水温降减少约 7℃。

### 9.1.6 空罐阶段各罐衬界面温度

图 9-8 是鱼雷罐无盖情况下，鱼雷罐圆柱段和圆台段罐衬在耐材各层界面处的温度。其中，T1、T2、T3、T5 和 T6 分别对应工作层热面、浇注料热面（工作层冷面）、永久层热面（浇注料冷面）、钢壳热面（永久层冷面）和钢壳外表面的温度。从图中可知，罐衬内壁面温降明显，且由于圆柱段紧邻罐口，外界进入的冷空气持续冷却内壁，使其散热速率更快，因此在圆柱段工作层的热面温度在空罐 3h 以后开始低于冷面温度；此外，空罐时间 4h 后，罐衬内壁温度开始低于烘罐温度；6h 以后，罐衬内壁温度低于预设警戒温度 900℃，因此超出 6h 后再受铁，需对鱼雷罐进行二次烘烤。

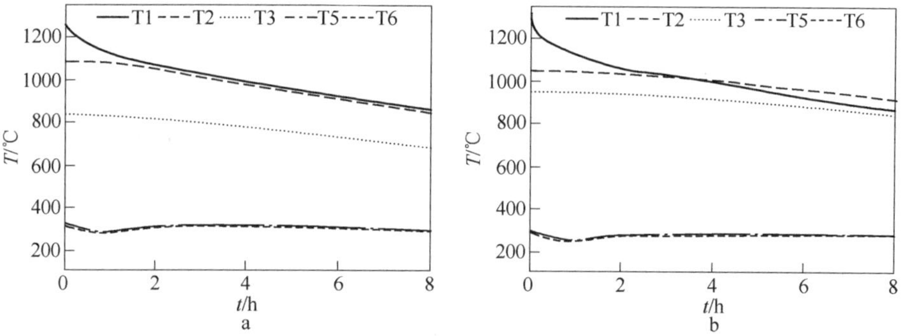


图 9-8 无盖鱼雷罐罐衬交界面温度变化

a—圆台段；b—圆柱段

图 9-9 是鱼雷罐空罐加盖情况下，在圆台段和圆柱段罐衬耐材各层界面的温度。从图中可知，罐车回运过程中，罐衬温度逐渐降低，但在 8h 后，罐衬内壁温度仍高于预设的警戒温度 900℃，此时受铁无需烘烤。由此可见，加盖可提高鱼雷罐的保温效果，节省烘烤耗能。因此，在实际操作中，有必要采用加盖操作，以提高系统的节能效果。

### 9.1.7 空罐阶段罐体热损

为了提出鱼雷罐保温的主要措施和优化鱼雷罐的结构以及为合理使用耐材提供相应的理论和技术支撑，主要剖析罐车在空罐输送阶段热损的主要途径和主要源头。

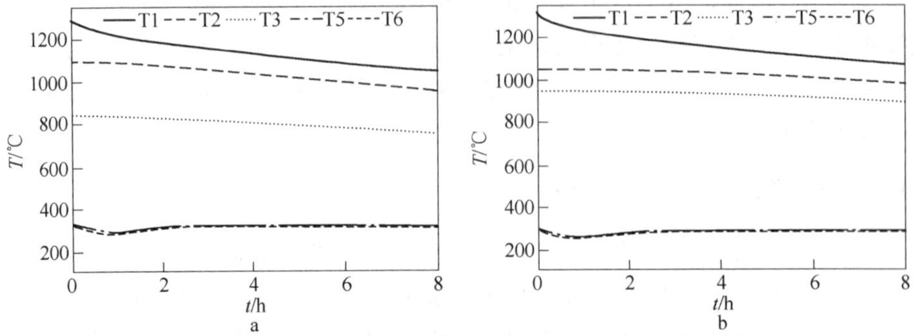


图 9-9　加盖鱼雷罐罐衬界面温度变化

a—圆台段；b—圆柱段

### 9.1.7.1　空罐鱼雷罐车热损途径

研究罐车不同部位热损可确定罐车热损的主要途径。图 9-10 和表 9-3 为常规无盖鱼雷罐在空罐回运过程中，分别在罐壳的圆柱段、圆台段、耳轴段和罐口等位置处，在每 1h 内，通过罐壳相应外表面的总热损对比。从图表中可知，各个时间段内，罐车热损的主要途径为罐口和罐壳，分别约占总热损的 41.89%和 58.11%，其中罐壳的圆台段、圆柱段和耳轴段的热损分别约占总热损的 30.04%、25.23%和 2.84%。由此说明，减少罐壳热损和罐车加盖可有效抑制热损。

**表 9-3　鱼雷罐不同部位外表面的热损和比例**

| 时间段/h | 耳轴段 | | 圆柱段 | | 圆台段 | | 罐口 | |
|---|---|---|---|---|---|---|---|---|
| | 热量/MJ | 比例/% | 热量/MJ | 比例/% | 热量/MJ | 比例/% | 热量/MJ | 比例/% |
| 1 | 163.02 | 3.09 | 1320.77 | 25.04 | 1586.81 | 30.08 | 2204.50 | 41.79 |
| 2 | 91.65 | 2.49 | 792.29 | 21.56 | 981.48 | 26.70 | 1810.00 | 49.25 |
| 3 | 95.82 | 2.58 | 870.35 | 23.44 | 1076.34 | 28.99 | 1670.00 | 44.98 |
| 4 | 97.50 | 2.68 | 897.07 | 24.66 | 1093.30 | 30.05 | 1550.00 | 42.61 |
| 5 | 98.34 | 2.79 | 903.45 | 25.65 | 1079.94 | 30.66 | 1440.00 | 40.89 |
| 6 | 98.68 | 2.90 | 898.41 | 26.42 | 1052.88 | 30.97 | 1350.00 | 39.71 |
| 7 | 98.66 | 3.03 | 886.18 | 27.23 | 1019.98 | 31.34 | 1250.00 | 38.40 |
| 8 | 98.37 | 3.15 | 869.32 | 27.84 | 984.89 | 31.54 | 1170.00 | 37.47 |

图 9-11 为鱼雷罐空罐回运过程中，在每 1h 时间段内，通过罐壳相应外表面单位面积上的热量损失比例。从图中可知，圆台段、圆柱段和耳轴段罐壳单位面积热损分别约占整个罐壳单位面积热损的 43.49%、37.25%和 19.26%。由此可

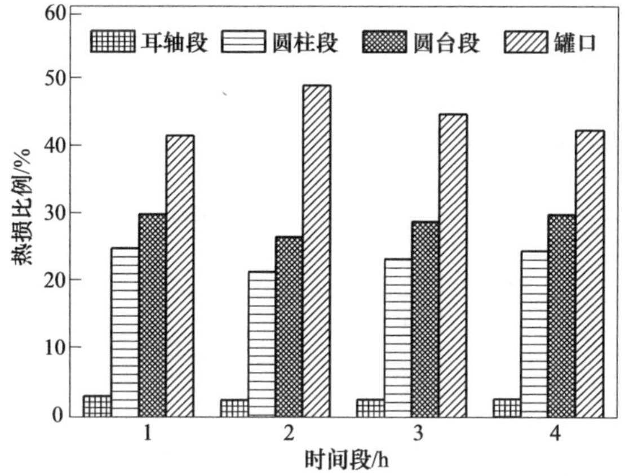


图 9-10 鱼雷罐不同部位外表面的热损比例

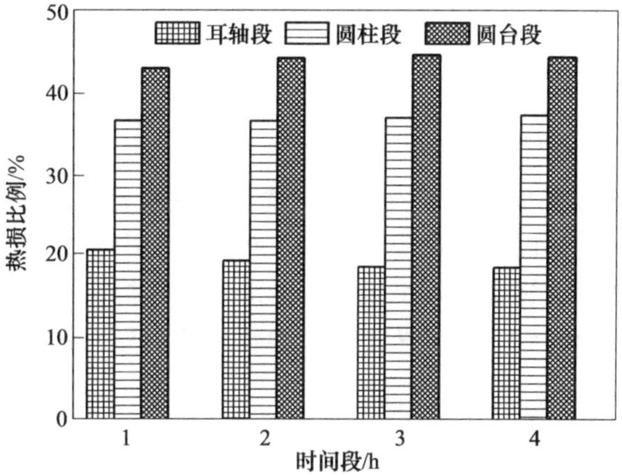


图 9-11 鱼雷罐不同部位单位面积的热损比例

见，在不同罐壳位置处，热损不均匀，圆台段罐壳热损大于圆柱段和耳轴段罐壳。在对鱼雷罐采取保温措施时，还有必要加强对圆台段的保温。

#### 9.1.7.2 空罐阶段鱼雷罐车主要热损

研究罐衬各层热损可确定罐车空罐回运阶段的主要热损发生位置。图 9-12 为常规鱼雷罐在回运 4h 以内各个时间段内（每 1h），在无盖和有盖两种情况下的罐衬各层耐材热损比率。可见，不管鱼雷罐是否加盖，工作层的热损比例都最大，约占 71%以上，且最大时可以达到 116%，其他各层罐衬热损比例都很小；此外，罐壳在第 2、第 3 和第 4 个时间段内出现了占比为负的情况，说明罐壳处于升温蓄热阶段，且蓄热逐渐减少。这主要是由于罐车在前 1h 时间段内（空罐返运阶段)，罐车罐壳表面强制对流，热损较大；在第2、第3和第4个时间段内(空罐静置阶段)，罐车罐壳为自然对流，此时罐壳热损的量小于罐衬内部补充来的热量，罐壳处于升温蓄热阶段，因此出现比例为负的情况。由此可见，鱼雷罐罐衬工作层是热损主要发生位置。

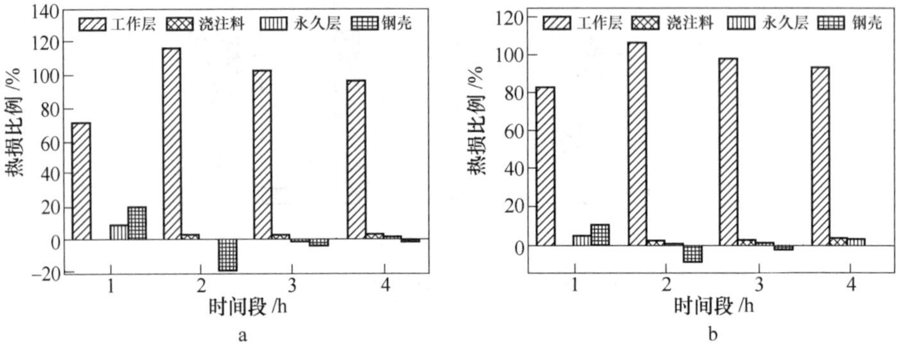


图 9-12　常规鱼雷罐的罐衬各层耐材热损比率

a—有盖；b—无盖

## 9.2　铁钢界面铁水温降

在钢铁企业中，铁水温降是指高炉出铁口的铁水至炼钢厂倒罐站铁水包后，再经铁水预处理入转炉时整个过程的温降。在此过程中如果铁水温降太大，不仅会影响炼钢生产效率，还会增加炼钢过程的能耗，分析铁钢界面铁水温降具有重要的实际意义。下面介绍界面工艺过程及参数对铁钢界面铁水温降的影响。

### 9.2.1　出铁和受铁过程铁水的温降

#### 9.2.1.1　受铁过程铁水温降

在受铁过程中，铁水的温降主要包括入罐前铁水的空冷过程和铁水在罐内的散热过程。铁水入罐前的空冷过程中的热损失主要是表面的对流和辐射散热。参考铁水的内能变化，可建立以下能量平衡方程[4]：

$$Q_{kl} = c_{Fe}M(T_{orig} - T_0) \tag{9-14}$$

将铁水空冷环节的散热过程等效为一个铁水组成的圆柱的散热过程，如图9-13所示，则有：

$$Q_{kl} = F\left(\frac{T_{orig} + T_0}{2} - T_{\infty}\right)h_{Fe}\tau_{kl} + \sigma\varepsilon XF\tau_{kl}\left[\left(\frac{T_{orig} + T_0}{2} + 273\right)^4 - (T_{\theta} + 273)^4\right] \tag{9-15}$$

式中　$F$——铁水的等效换热面积，$m^2$；

$\tau_{kl}$——铁水空冷过程的时间，s；

$Q_{kl}$——铁水在空冷过程中的热能损失，J；
$c_{Fe}$——铁水的定压比热容，J/(kg · K)；
$T_{orig}$——出铁温度,℃；
$T_0$——铁水抵罐平均温度,℃；
$M$——装入铁水的质量，kg；
$h_{Fe}$——表面对流换热系数，W/($m^2$ · K)；
$\sigma$——斯蒂芬-玻尔兹曼常数，W/($m^2$ · $K^4$)；
$\varepsilon$——铁水的发射率；
$X$——角系数；
$T_\theta$——环境温度,℃。

式（9-15）中，仅 $T_0$为未知数，代入各已知参数后，可计算出铁水抵罐的平均温度 $T_0$。

由于鱼雷罐的形状不规则，为简化计算通常将其等效转换为规则的圆柱体，如图 9-13 所示，其中 $r_1$为等效内径。鱼雷罐主要的散热损失项为罐口散热和与内衬接触部分的散热。对罐内的铁水可建立如下能量平衡方程：

$$-c_{Fe}M_{Fe}\frac{dT_{Fe}}{d\tau}=Q_m+Q_{nb} \tag{9-16}$$

$$Q_m=h_mF_m(T_{Fe}-T_\infty)+\sigma\varepsilon XF_m[(T_{Fe}+273)^4-(T_\theta+273)^4] \tag{9-17}$$

$$Q_{nb}=h_{nb}F_{nb}(T_{Fe}-T_{nb}) \tag{9-18}$$

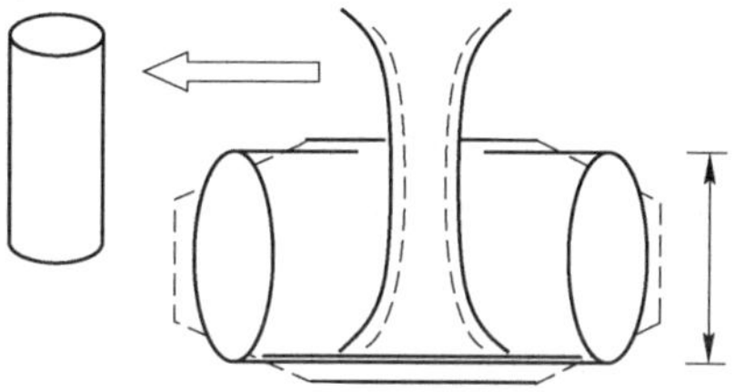

图 9-13 铁水空冷过程和鱼雷罐受铁的等效示意图[4]

由于鱼雷罐的罐口面积较小，铁水表面的对流和辐射换热都将受到很大影响，可近似地将 $F_m$ 看作是罐口面积。在鱼雷罐形状已知的情况下，可近似地将 $F_{nb}$看作是时间 $\tau$ 的线性函数。按以上各式，可求得受铁完毕时刻的铁水温度[4]。以实际生产数据进行计算，实际受铁过程耗时 30min，由上式可计算得到受铁过程的温降速率约为 2.06℃/min。

实际测试表明，铁水在受铁阶段的温降一般占整个铁钢界面铁水温降的 27%~29%，其中从大沟到摆动流嘴的温降为 5~10℃，出铁过程温降为 50~60℃。表 9-4 为某厂不同工艺技术条件下铁钢界面模式下的铁水温降[5]。由表可见，出铁过程温降最大，其次是等待过程中的温降和预处理过程的温降。为减少受铁阶段鱼雷罐中铁水的温降，各国冶金学者做了大量的研究工作，主要是围绕鱼雷罐的保温问题提出了不同的保温技术。

表 9-4　不同工艺技术界面模式下铁水温降　（℃）

| 阶段 | 受铁 | 运输 | 扒渣 | 运输 | 预处理 | 运输 | 扒渣 | 倒罐 | 等待总温降 | 合计 |
|---|---|---|---|---|---|---|---|---|---|---|
| 单脱硫 | 50 | 7 | 12 | 6 | 30.8 | 6 | 6.8 | 10 | 40.3 | 177.9 |
| 同时脱硫脱磷 | 57 | 9 | 15 | 7 | 39.1 | 11 | 10 | 13 | 47 | 208.1 |

#### 9.2.1.2　高炉下滞留时间对铁水温降的影响

鱼雷罐在高炉下的滞留时间是影响鱼雷罐内铁水温降的一个重要因素。滞留时间主要与每次出铁所用的时间、高炉出铁时间和调运时间等有关。研究表明[5]，每座高炉的出铁时间主要受出铁次数的影响，产量基本不变，出铁次数少，每次出铁罐数就多，时间就长。若对高炉整个生产组织过程进行全面调整，出渣尽量为出铁创造条件，运输机车科学调配，缩短传搁时间，可达到减少铁水温降的目的。

### 9.2.2　过程参数对鱼雷罐内铁水温降的影响

#### 9.2.2.1　铁水装入量及罐衬厚度与铁水温降

铁水温降与鱼雷罐的受铁重量有关。鱼雷罐铁水装入量的多少直接影响装入鱼雷罐的能量和铁水渣层与空气接触面积的大小。超半罐以上装入量越多，接触面积就越小，装入的能量也越多。由图 9-14 可以看出，随着铁水装入量的增加，铁水输送过程中的温降减小，铁水装入量每增加 10t，铁水温降平均减小 3.94℃，

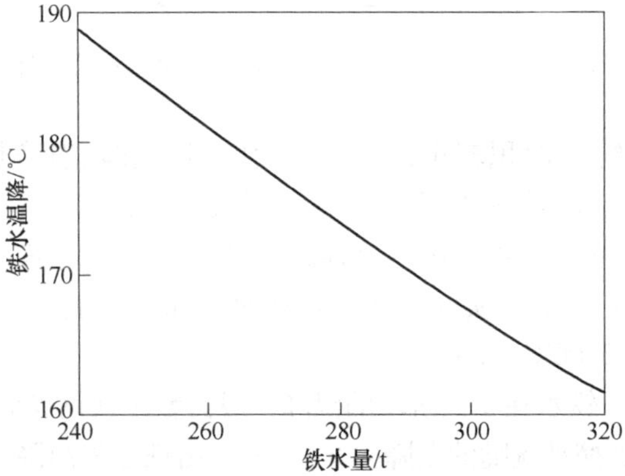


图 9-14　铁水量对铁水温降的影响

减小的幅度随铁水装入量的增加而减缓[6]。考虑到运输费用及安全等因素，鱼雷罐车的铁水盛装量应为其容积的90%。

罐衬厚度对罐衬蓄热和向外界的散热都有影响，它对铁水温降的综合影响需通过计算来判断。鱼雷罐使用次数表征了罐衬厚度，鱼雷罐使用次数对铁水温降的影响如图9-15所示。由图可见，随着鱼雷罐使用次数的增加，铁水和炉渣侵蚀使内衬平均厚度减少，导致保温效果下降，铁水温降逐渐变大，使用次数每增加100次，铁水温降平均增加0.62℃[6]。

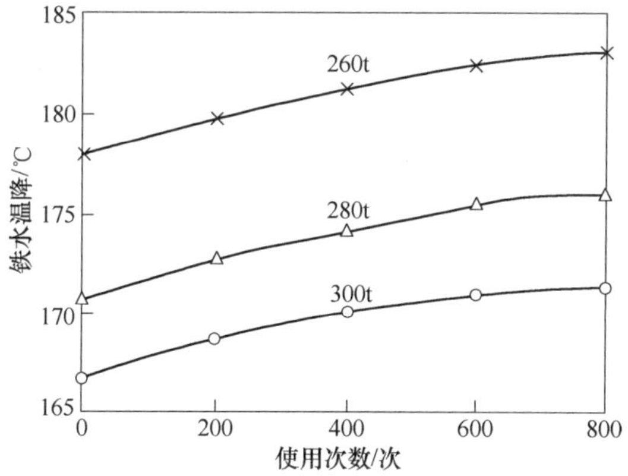


图9-15 鱼雷罐使用次数对铁水温降的影响

#### 9.2.2.2 空罐和重罐时间及周转率与铁水温降

空罐时间是指鱼雷罐倒空到再次受铁的时间。空罐时间对铁水温降的影响如图9-16所示[6]。由图可见，不加盖时，空罐时间每增加1h，铁水温降平均增加7.3℃。所以通过合理调度，减少鱼雷罐运行过程中的等待时间（即柔性时间），

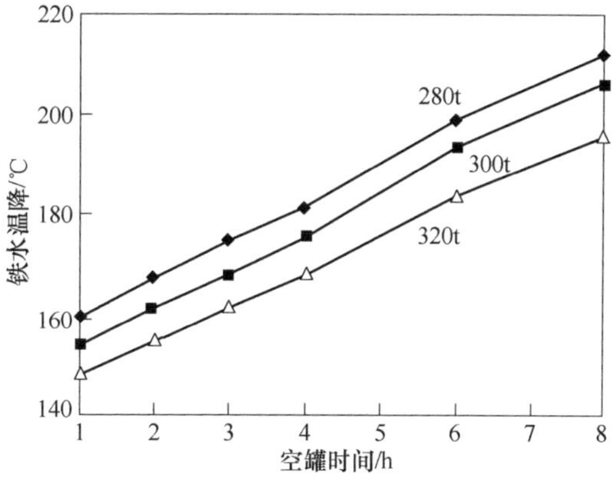


图9-16 空罐时间对铁水温降的影响

缩小可优化比例特别是空罐运行阶段的可优化比例，以减少鱼雷罐的运行时间，这对提高铁水温度有实际意义。

重罐时间是指从高炉出铁完毕到鱼雷罐内的铁水倒空之间的时间。重罐时，铁水直接通过罐口和罐衬向外散热，时间越长，散热越多，铁水温降越大。铁水在重罐内开始降温较快，随后趋于稳定。图 9-17 为重罐时间对铁水温降的影响，由图可知，重罐时间每增加 1h，铁水温降将增加约 15℃，因此，重罐时间对铁水温降的影响十分明显[6]。这就要求炼铁和炼钢工序在满足生产的情况下，进一步优化工序的作业时间，提高工序运行水平，从而间接提高对鱼雷罐的运行控制水平。宝钢股份湛江钢铁对现场数据做统计，也回归出相似关系。

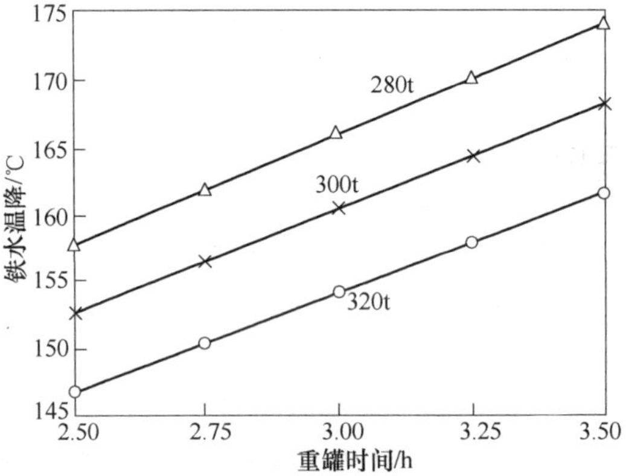


图 9-17 重罐时间对铁水温降的影响

鱼雷罐周转率是指在一定时间内（通常以 24h 为标准），高炉产铁量所对应的鱼雷罐罐数与鱼雷罐周转个数的比值。表 9-5 是某钢厂运行模式优化前、后的鱼雷罐周转率对温降的影响[7]。由表可知，该钢厂 1 号高炉的鱼雷罐周转率为 2. 4 次/天，2 号高炉的鱼雷罐周转率为 2. 5 次/天。优化后 1 号高炉的鱼雷罐周转率为 2. 9 次/天，2 号高炉的鱼雷罐周转率为 3. 0 次/天。两座高炉的鱼雷罐周转率比原来提高 0. 5 次/天，铁水温降由原来的 140℃降低至 120℃左右，这也相应地提高了铁水的脱硫率。

**表 9-5 鱼雷罐周转率优化前、后的温降**

| 高炉号 | 优化前 | | | 优化后 | | |
|---|---|---|---|---|---|---|
| | 优化前平均运行时间/min | 周转率/次·天$^{-1}$ | 平均温降/℃ | 优化后平均运行时间/min | 周转率/次·天$^{-1}$ | 平均温降/℃ |
| 1 号 | 594 | 2. 4 | 142 | 399 | 2. 9 | 118 |
| 2 号 | 602 | 2. 5 | 145 | 404 | 3. 0 | 123 |

### 9.2.3 鱼雷罐罐体材质对铁水温降的影响

#### 9.2.3.1 工作层物性对鱼雷罐保温性能的影响

工作层的导热系数和厚度对鱼雷罐内铁水温降有较大影响。通过对四种耐材鱼雷罐保温效果的对比研究发现，鱼雷罐铁水温降随工作层耐火材料导热系数增大而增大，从减小铁水温降的角度考虑，应采用导热系数小的耐火材料[8]，但其厚度的影响还有必要结合工作层的整体蓄热来进行研究。

如图 9-7 所示，工作层是罐体蓄热的主体，也是鱼雷罐罐衬热损的主要源头。当工作层比热容分别为 200J/(kg · K)（C1）、1000J/(kg · K)（C2）和 1500J/(kg · K)（C3）时，鱼雷罐倒罐结束后各层罐衬的初始蓄热量及分配情况，见表 9-6[1]。由表可见，减小工作层比热容可有效减小工作层的蓄热量和罐衬的总蓄热量。

**表 9-6 不同比热容工作层鱼雷罐倒罐结束时各层罐衬的蓄热量**

| 罐衬 | C1 | | C2 | | C3 | |
|---|---|---|---|---|---|---|
| | 蓄热量/MJ | 占比/% | 蓄热量/MJ | 占比/% | 蓄热量/MJ | 占比/% |
| 工作层 | $1.78\times10^4$ | 45.92 | $8.89\times10^4$ | 80.94 | $1.33\times10^5$ | 86.43 |
| 浇注料 | $5.94\times10^3$ | 15.34 | $5.94\times10^3$ | 5.41 | $5.94\times10^3$ | 3.85 |
| 永久层 | $1.05\times10^4$ | 27.04 | $1.05\times10^4$ | 9.53 | $1.05\times10^4$ | 6.78 |
| 钢壳 | $4.53\times10^3$ | 11.70 | $4.53\times10^3$ | 4.12 | $4.53\times10^3$ | 2.94 |
| 总蓄热 | $3.87\times10^4$ | 100.00 | $1.10\times10^5$ | 100.00 | $1.54\times10^5$ | 100.00 |

加盖鱼雷罐在空罐回运 8h 后，三种鱼雷罐工作层（C1、C2 和 C3）的总热损分别为 $8.39\times10^3$MJ、$1.51\times10^4$MJ 和 $1.61\times10^4$MJ。若将罐车在空罐 8h 期间的总的热损失转化为下罐铁水温降，则有盖情况下，采用低比热容 C1 的鱼雷罐内由于空罐热损引起的铁水温降将比采用 C2、C3 的鱼雷罐铁水温降分别减少 8.31℃、9.42℃。这说明，具有较小比热容的罐衬工作层，可有效抑制铁水的温降速率，减少铁水温降。但有盖情况下，耐材各层径向界面温度随时间变化的计算结果表明，当工作层的比热容是 C1 时，约 2.5h 后罐衬内壁温度开始低于警戒温度 900℃；当工作层的比热容是 C2 和 C3 时，8h 以内罐衬内壁温度没有低于警戒温度 900℃，罐衬保温效果好。

综上所述，罐衬温降与罐衬比热容密切相关，罐衬材料比热容越小，虽然能减少罐衬蓄热引起的热损，但罐衬温降速率也越快，这又不利于罐衬保温，影响罐衬使用寿命。因此，对于工作层材料比热容的选择还有必要配合加盖技术和适宜的鱼雷罐周转率来综合考虑。

### 9.2.3.2　永久层材料和厚度对铁水温降的影响

为提高鱼雷罐的保温效果，研究人员模拟分析了不同永久层材料鱼雷罐的保温效果[9]。同时，研究发现将永久层材料的导热系数由 1.5W/(m·K) 减小至 0.5W/(m·K) 时，其罐壳外部温度可由 290℃降低至 185℃。如图 9-18 所示，重罐运输 270min 后，铁水平均温度能提高大约 11℃[10]。

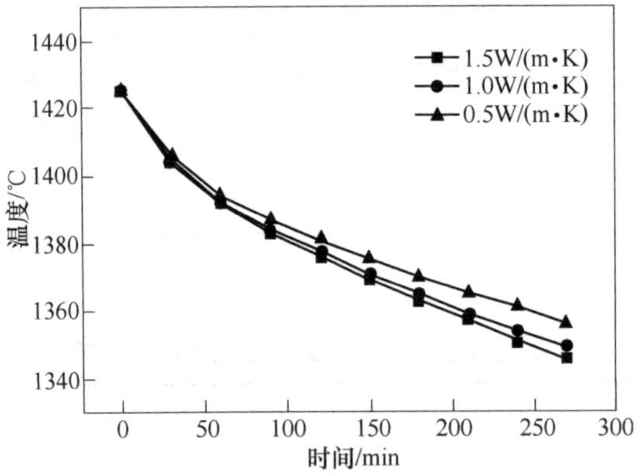


图 9-18　永久层导热性能对铁水温度的影响

减薄永久层厚度能增加鱼雷罐的容量，但永久层减薄，又会削弱罐体的保温性能，从而引起铁水温度的降低。图 9-19 为永久层厚度对鱼雷罐内铁水温度的影响[10]。研究发现，减薄永久层厚度对外壳温度有显著影响。永久层减薄 20mm 时，其外壳温度提升 30℃以上。

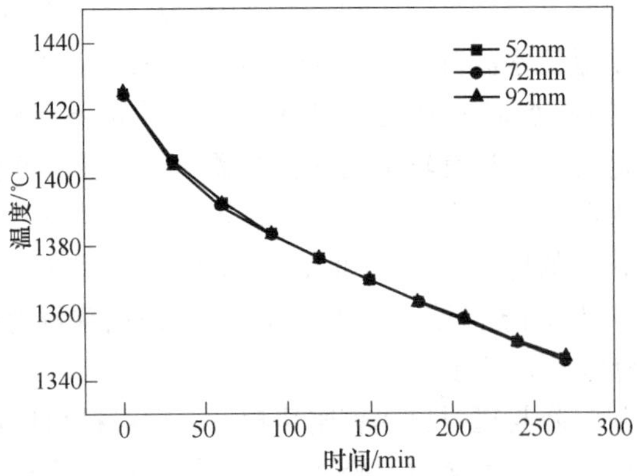


图 9-19　永久层厚度对铁水温度的影响

#### 9.2.3.3　绝热板对铁水温降的影响

为了进一步提高鱼雷罐内衬的保温性能，目前国内外一些钢铁冶金企业通过在鱼雷罐外壳和永久层间增设绝热保温层来降低铁水温降，达到铁水保温和节能降耗的目的[9,10]。

韦尔顿钢铁公司将12mm硅酸镁绝热板作为保温层应用到鱼雷罐车，减缓了鱼雷罐车内铁水的温降速率，提高了进入铁包的铁水温度。保温层的引入也降低了鱼雷罐车的罐壳温度，进而延长了其使用寿命。此外，美国的伯利恒钢铁公司等许多大型国外钢铁企业都开始在鱼雷罐上引入保温层。宝钢、中国台湾中钢公司等大型钢铁公司的现场报告表明，添加保温层不仅可以降低鱼雷罐车罐壳温度，还可以对鱼雷罐车起到扩容作用。

对于保温板的保温效果，目前主要从其对重罐和空罐的保温效果两个方面来进行评价和研究。添加保温板的前提是不改变鱼雷罐的外壳形体和罐车的有效容积，即减薄罐衬永久层厚度更换为同等厚度的绝热保温板材料。高密度硅酸钙绝热材料的保温层对鱼雷罐重罐保温性能的影响结果如图9-20所示[6]，其表明了不同铁水量时，所加绝热板厚度与铁水温降的关系。由图可知，添加的绝热保温板的厚度从3mm增加到12mm时，铁水温降相较于常规传统鱼雷罐分别减少了6℃和16℃。此外，在罐衬永久层与罐壳之间加入一层厚10mm的硅酸铝保温板后，鱼雷罐罐壳温度显著降低，最高温度为176℃，与未加硅酸铝保温板的鱼雷罐相比，罐壳温度降低了43℃[11]。这说明添加导热系数较小的罐衬绝热保温板可有效减少铁水温降。

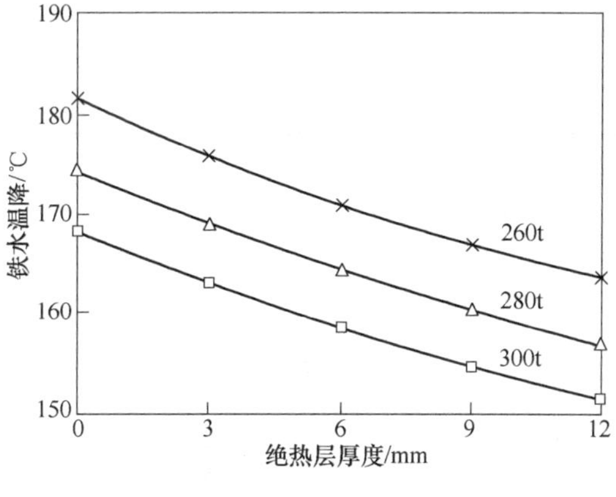


图9-20　绝热层厚度对铁水温降的影响

对于采用硅酸镁绝热板的320t鱼雷罐，蒋全强等人[9]采用二维模型对此鱼雷罐的保温效果进行了模拟分析。发现采用硅酸镁绝热板后，鱼雷罐内重罐3h

后的铁水温度升高，且鱼雷罐内的铁水温度随着绝热层厚度的增大而增大。保温层厚度与铁水最低温度的关系如图 9-21 所示。

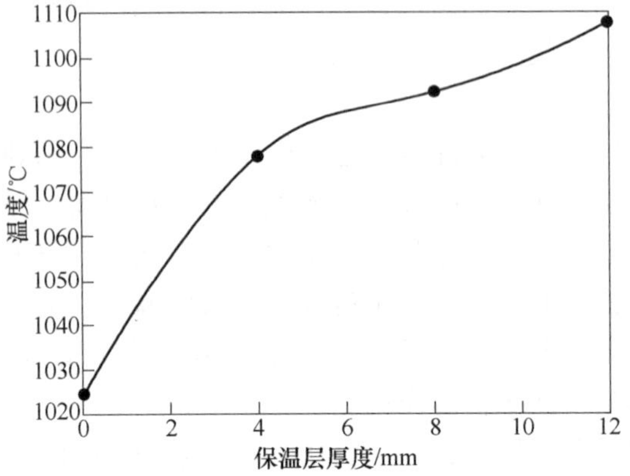


图 9-21　保温层厚度与铁水最低温度的关系曲线

刘诗薇等人[10]将新开发出的纳米孔绝热材料应用于鱼雷罐的保温层中，并模拟分析了其铁水温降特性。常规材料和纳米孔绝热材料的物性见表 9-7。图 9-22 所示为无保温层、应用普通保温层和应用纳米孔绝热保温层的鱼雷罐车重罐运行时的铁水温度曲线。由图可见，在鱼雷罐车中使用 15mm 纳米孔绝热材料作为保温层时，铁水温降比无保温层时减少约 28℃，比使用普通绝热材料时减小约 20℃，罐壳温度可降低 100℃以上。应用纳米孔绝热材料的鱼雷罐车保温效果更为明显。

**表 9-7　纳米孔绝热材料和常规材料的属性**

| 材　　料 | 比热/J · (kg · K)$^{-1}$ | 密度/kg · m$^{-3}$ | 导热系数/W · (m · K)$^{-1}$ |
|---|---|---|---|
| 常规材料 | 850 | 1200 | 0. 25 |
| 纳米孔绝热材料 | 800 | 523 | 0. 033 |

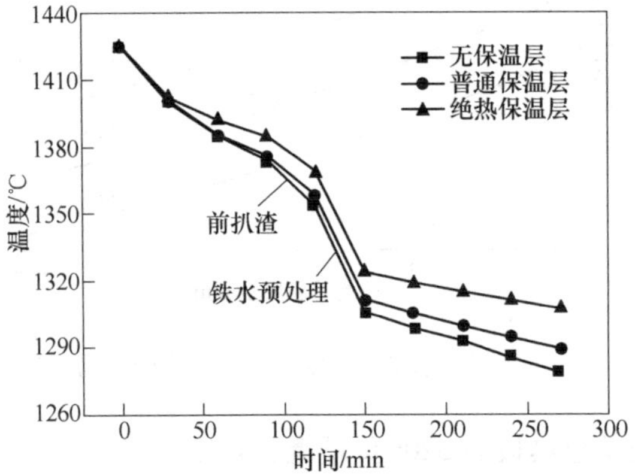


图 9-22　保温层导热系数对铁水温度的影响

添加保温层对铁水起到保温作用，罐壳温度降低明显，但对鱼雷罐罐体耐材温度也产生影响[9]。鱼雷罐罐体的温度分布也将直接影响罐体的使用寿命和鱼雷罐运行的安全性，因此，保温层的添加，必须保证在保温的前提下，不能使鱼雷罐罐体温度过高，不能超过鱼雷罐材料的耐火度。计算表明，随着保温层厚度的增加，工作层的最低温度近似呈线性增加，保温层从 4mm 厚度增加至 12mm 厚时，每增厚 1mm，工作层最低温度约升高 5.5℃。保温层厚度达到 12mm 时，经 3h 重罐后，工作层温度达到 1289℃，比未添加保温层时的温度提高 31℃，这将有利于减小下一罐铁水的温降。同时，如图 9-23 所示，未添加保温层时罐壳的最高温度约为 255℃。由于保温层能够降低从鱼雷罐内部向外部传输热量的速率，因此随着保温层的添加及保温层厚度的增加，罐壳的温度有所降低。

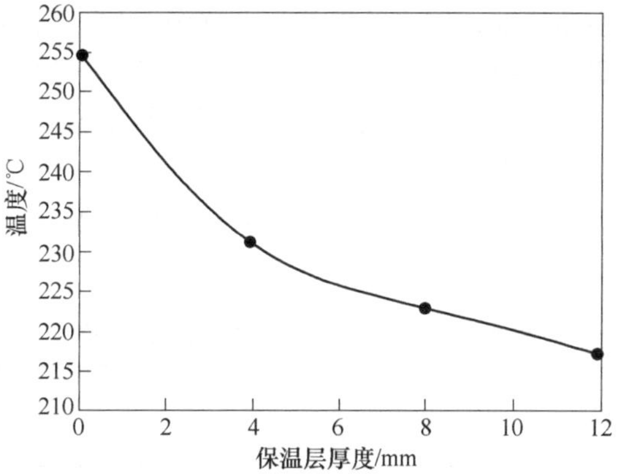


图 9-23　保温层厚度对罐壳最高温度的影响

## 9.3 铁钢界面能效提升技术

在实际生产中，为减少铁钢界面铁水温降，冶金企业通过对铁钢界面铁水温降特性的全面分析和试验研究，将影响铁水温降基本因素归纳为：出铁口热状态、空罐时间、罐内残渣量、罐口是否加盖和受铁量等因素，并提出了相应的措施，从而提高铁钢界面能效。近些年城市钢厂限制能源消耗总量，长流程钢铁厂尝试开展研究在鱼雷罐中添加废钢，一方面利用工作层高温余热预热废钢，提升铁钢界面能效，另一方面提升废钢比。

### 9.3.1 出铁和受铁过程铁水保温技术

为减少受铁阶段鱼雷罐中铁水的温降，冶金学者主要提出了鱼雷罐再加热技术、铁沟加盖技术和增加鱼雷罐受铁量等保温技术。

#### 9.3.1.1 鱼雷罐再加热技术

鱼雷罐内衬的蓄热损失也是造成铁水温度大幅下降的因素之一，解决罐衬材料蓄热损失的最有效措施是鱼雷罐再加热，使其重新恢复或基本恢复到原来的蓄热量，可大幅减小铁水输送过程的温降，提高铁水到达钢厂的目标温度。济钢和鞍钢的研究人员进行了空罐再加热尝试，在控制鱼雷罐温降的同时，提高了罐衬寿命[9]。

一般来说，鱼雷罐罐衬由三层耐火材料组成。分析认为，鱼雷罐烘烤对工作层意义非常重大，只要烘烤措施得当，30min 的烘烤时间已能保证达到热罐时罐衬的热焓水平。利用前面建立的铁水温降解析模型计算可知，与不烤罐相比，将鱼雷罐预热至 900℃时，可以减小铁水温降 26.0℃[4]。

表 9-8 为在现场调研数据基础上，模拟分析不同烘烤温度下（800℃、850℃、900℃、950℃和 1000℃）鱼雷罐重罐 3h 后铁水的平均温度[9]。结果表明，随着烘罐温度不断增加，铁水的整体温度逐渐增加。当烘罐温度达到 1000℃时，铁水温度为 1088~1441℃，铁水温度分布更均匀。图 9-24 为烘烤温度与铁水温降的关系曲线[9]。由图可以看出，铁水温降随烘罐温度升高而线性降低，烘罐温度每升高 50℃，铁水温降就减少约 5℃，当烘罐温度达到 1000℃时，与烘罐温度在 800℃时相比，铁水温降降低了约 21℃。试验也表明空罐再加热可使整体温降减少 20℃以上。

**表 9-8　不同烘罐温度下铁水平均温度**　（℃）

| 烘罐温度 | 800 | 850 | 900 | 950 | 1000 |
|---|---|---|---|---|---|
| 铁水平均温度 | 1348 | 1354 | 1359 | 1364 | 1369 |

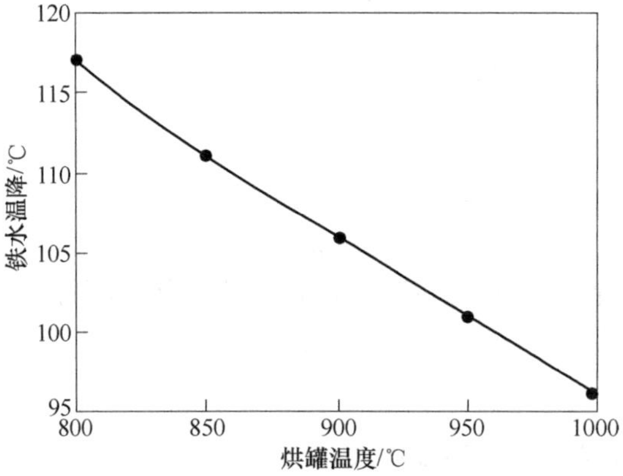


图 9-24　烘烤温度与铁水温降的关系曲线

#### 9.3.1.2　出铁场铁水的保温

高炉炉缸内被还原的炽热的渣铁通过出铁口流入主沟中，在主沟中由于渣铁密度不同形成渣铁层，流经撇渣器实现渣铁分离，铁水再顺着铁水沟流到摆动溜嘴进入鱼雷罐。这个过程铁水主要散热为：（1）以传导传热方式向主沟、撇渣器、铁水沟、摆动流嘴传热；（2）以辐射和热对流向环境散热。

从表 9-9 中数据[12]看，出铁场铁水总温降约为 32℃，最大的温降在主沟中，为 26℃，铁水沟到摆动溜嘴的温降只有 6℃，主要原因是主沟辐射散热面积比铁水沟大。同时，对出第一罐铁水时各点温度进行测量，发现第一罐铁水的温降远大于其后的温降，其原因是主沟、撇渣器、铁水沟、摆动流嘴在没出铁水时的自然冷却导致温度大幅度下降，因此在出第一罐铁水时它们需吸收大量热量达到与铁水温度平衡。

**表 9-9 3200m³高炉出铁场铁水温降情况** （℃）

| 测温部位 | 温 度 | 温 降 |
|---|---|---|
| 出铁口在线测温 | 1528 | |
| 撇渣器出口 | 1502 | 26 |
| 摆动流嘴 | 1496 | 6 |

### 9.3.2 鱼雷罐加盖技术

在运输过程中大部分鱼雷罐车罐口是敞开的，重罐时由于铁水与空气存在温差，两者不断发生热交换（热辐射和热对流），增加了铁水温降；空罐时，罐衬也会通过罐口进行热辐射，造成罐衬温度下降，罐衬温度过低时，需用烘烤装置给罐衬升温[13]。铁水温度每降低 60℃相当于每吨铁水向大气散热 41858kJ，相当于 1600kg 标准煤的燃烧放热[14]。

美国 Interlake 钢铁公司对铁水 24km 运输过程中，鱼雷罐返回时加盖与不加盖情况下，铁水和罐衬温降值进行了实测和统计。结果表明，在空罐返回过程中，加盖能使罐衬温度提高 100~160℃，并最终使铁水到达转炉车间时的温度提高了 28~42℃。英国 Teesside 钢铁厂于 1993 年就鱼雷罐加盖对罐内铁水温度变化的影响进行了比较试验。结果表明，加盖对减少铁水输送过程的温降效果非常显著。试验开始 5 个小时后，加耐火纤维盖的铁水比不加盖时高出 100℃左右；即使加普通耐火材料盖，其罐内铁水温度也比不加盖时高 60~80℃。本章 9.1 节对鱼雷罐热特性分析的研究也表明，罐车加盖能使空罐 8h 后由罐体热损引起的铁水总温降减小大约 56℃。

为了减少鱼雷罐车在运输铁水过程中的温降，许多研究工作者针对鱼雷罐车自动加盖的方式、盖的结构等进行了设计和试验[15]。宁波钢铁开发了鱼雷罐车自动加取盖装置，并在宁钢得到了实际应用，发现此装置可大大减少鱼雷罐在运输过程中热量的散失和有害烟尘的排放[16]。现有鱼雷罐车保温盖结构类似钢包盖结构，采用纤维块进行保温。

宝钢研究人员在实验室内对比测试分析了纤维盖的保温特性。其采用立式试验炉模拟高温状况，试验炉如图 9-25 所示。在实验过程中，立式炉内温度在 8h 达到 1300℃，然后保温 2h（耐材基本达到热饱和状态）。温度测量采用预埋热电偶方式，测试不同层数钢壳材质表面温度，以及无盖、钢板盖和纤维盖三种情况下内壁表面温度、温降速率的变化规律，其中纤维块和单层钢板厚度分别为 30mm 和 1. 2mm。

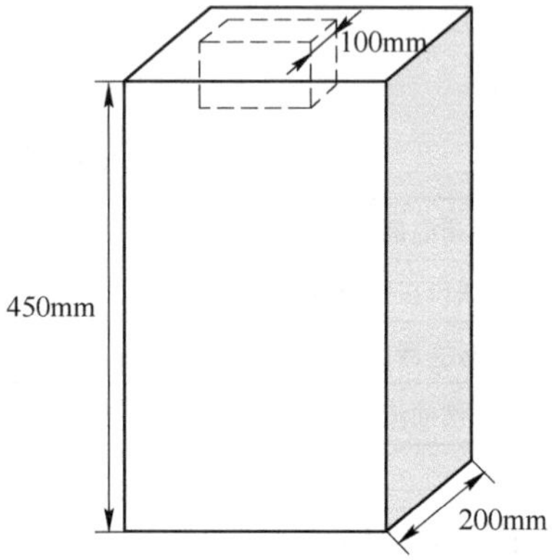


图 9-25　立式试验炉

### 9. 3. 2. 1　隔热效果测试

实验时将温度加热至 1300℃，保温 2h，然后分别采用 2 层保温盖和无保温盖，在此情况下，将热电偶插入耐材内壁，测试冷却过程的温度变化规律。图 9-26 为有无盖时内衬温度变化规律。随着时间的增加，试验炉内衬温度变化分两阶段——快速下降阶段和缓慢下降阶段。与无盖试验炉相比，钢板保温盖试验炉内衬两阶段

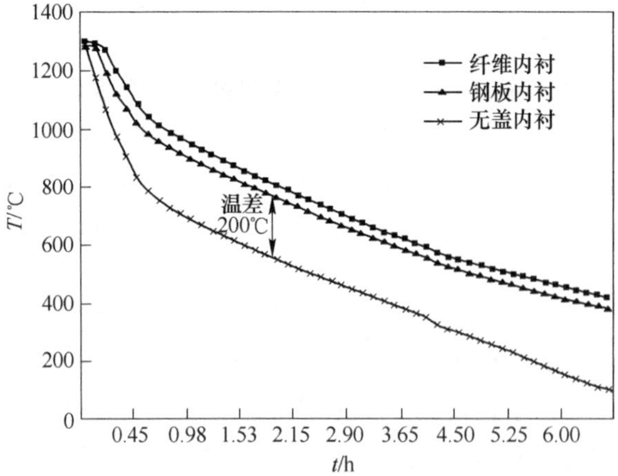


图 9-26　不同保温盖内衬温度变化规律

的温降速率都降低，第二阶段温度相差约200℃。与钢板内衬相比，纤维保温盖内衬温度平均约高40℃。

对比测试了不同材质保温盖的表面温度，见表9-10，纤维保温盖其表面温度约320℃，热面温度约1180℃，温差达860℃。与三层钢板保温盖相比，纤维保温盖表面温度下降了280℃，最内侧热面温度升高330℃，温差增加610℃。

**表9-10 不同材质盖对温度的影响**

| 材 质 | 热面温度/℃ | 冷面温度/℃ | 备 注 |
|---|---|---|---|
| 三层钢板盖 | 850 | 600 | 1300℃保温2h |
| 纤维盖 | 1180 | 320 | |

### 9.3.2.2 隔热效果分析

采用多层形式保温盖能够有效降低热辐射量，进而减少耐材热损失。具体的热损失量，通过将外壳热辐射转换为对流换热系数 $h_r$，然后利用牛顿冷却定律计算采用不同层保温盖的热流密度[16]：

$$q = (h_r + h_c) \times (T - T_\theta) \tag{9-19}$$

$$h_r = \frac{\varepsilon\sigma(T^4 - T_\theta^4)}{T - T_\theta} \tag{9-20}$$

采用以上公式可得到如图9-27所示不同温度下的辐射对流换热系数。

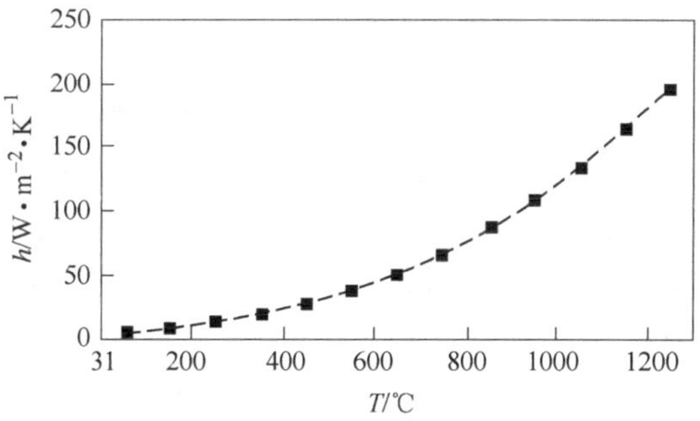


图9-27 不同温度下辐射换热系数

增加 $m$ 块相同遮热板，同样其发射率为0.8，理论推导得出辐射热流量为：

$$\Phi_{1,2}^{m} = \frac{1}{m+1}\Phi_{1,2} \tag{9-21}$$

当 $m=1$ 时，有：

$$\Phi_{1,2}^{1} = \frac{1}{1+1}\Phi_{1,2} = \frac{1}{2}\Phi_{1,2} \tag{9-22}$$

当 $m=2$ 时，有：

$$\Phi_{1,2}^{2}=\frac{1}{2+1}\Phi_{1,2}=\frac{1}{3}\Phi_{1,2} \tag{9-23}$$

表 9-11 为不同材质、钢板层数的辐射热流量。依据表 9-11 中钢板的辐射热流量可知，试验测试结果表明增加一层钢板后，实际测温辐射量之比约为 0.7，而理想状况辐射能量之比为 0.5。这是由于钢板间采用石墨作为支撑点，传导传热加大钢板间的热交换，从而降低“遮热板”的隔热效果。

与三层钢板冷表面温度 600℃相比，纤维块冷表面温度更低，为 320℃，辐射换热流量减少 5~6 倍。这是由于纤维块 1000℃的导热系数为 0.2W/(m · K) 以及厚度为 30mm，而钢板导热系数为 39W/(m · K)，每层钢板厚度为 1.2mm。由式（9-21）可知，当钢板 $m=9$ 时，30mm 纤维块冷面温度与 11 块钢板组成的保温盖冷面温度接近。

**表 9-11　不同层数和材质的辐射热流量**

| 材　质 | 钢　板 | | | 纤维块 |
|---|---|---|---|---|
| 层数 | 1 | 2 | 3 | 1 |
| 表层温度/℃ | 750 | 675 | 600 | 320 |
| 辐射换热系数/W · $m^{-2}$ · $K^{-1}$ | 75.96 | 62.83 | 51.36 | 19.81 |
| 辐射热流量/W | 546.94 | 405.25 | 292.54 | 53.50 |

## 9.3.3　不同材质绝温板的鱼雷罐保温技术

即使采用如前所述的空罐再加热技术，仍会消耗额外的能量，且增加更多的排放，因此还有必要在提高鱼雷罐的本身保温性能方面采取积极措施。在前面对常规鱼雷罐的热状态分析中发现，罐壳是罐体热损的主要途径之一，这主要是由于罐壳内表面温度较高造成的。因此，在不影响鱼雷罐容量和减小改动的条件下，采取减薄罐衬永久层，分别添加一层热阻较大的厚 15mm 的硅酸镁保温板或厚 10mm 的纳米保温板来增强罐衬的保温绝热性，降低罐壳外表面温度。

### 9.3.3.1　烘烤测试和模型验证

选择添加硅酸镁保温板的鱼雷罐在现场进行了烘烤实验。借助热电偶进行罐衬界面温度的测量和输出，以此数据对三维有限元程序进行了校核。热电偶位置如图 9-28 所示。

图 9-29 是鱼雷罐在圆台段处，实验与数值计算的罐衬界面温度数据对比。数值计算结果与实验数据符合较好，最大误差在 8%以内，满足工程误差要求。鱼雷罐在烘烤的过程中，罐衬各层材料温度不断上升，罐衬一直处于蓄热状态。

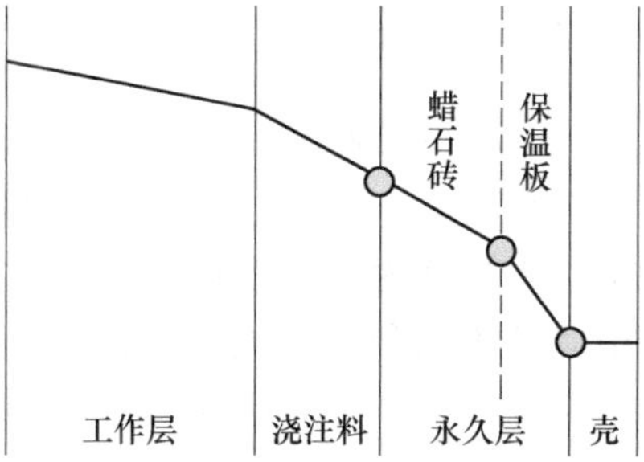


图 9-28 测温位置

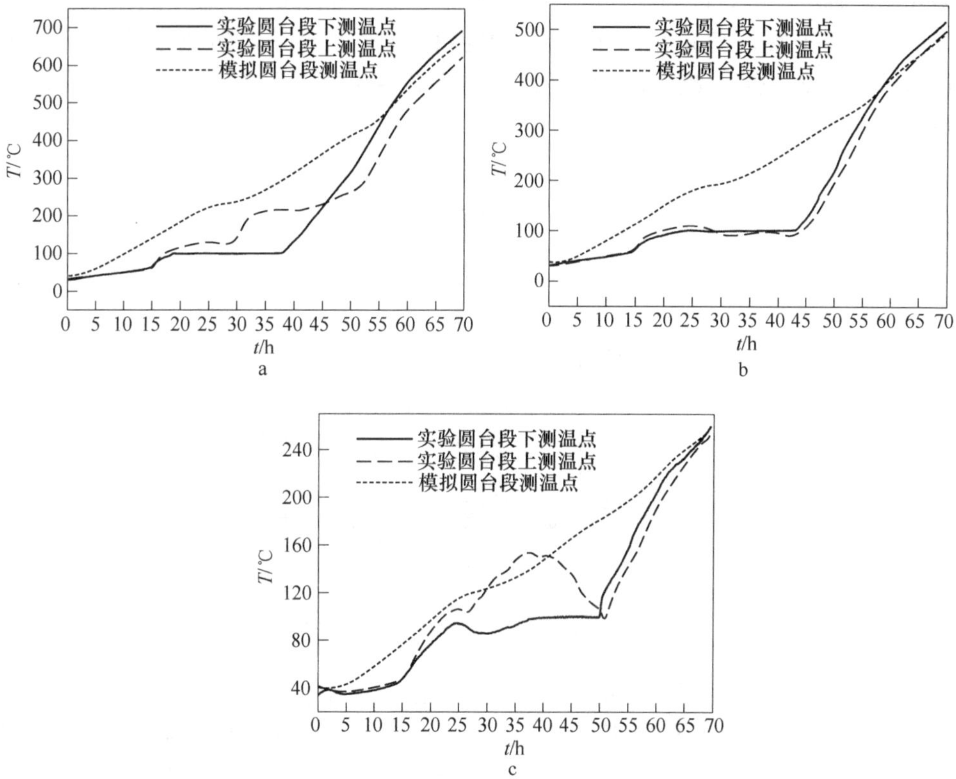


图 9-29 鱼雷罐圆台段处实验与数值计算的测温点数据

a—永久层热面测温点；b—保温层热面测温点；c—罐壳热面测温点

分析烘烤实验监控点的温度数据发现，在烘烤的前期，温度缓慢上升，烘烤后期温度直线上升，这是由于新罐罐衬材料潮湿，热阻大于材料正常干燥期间造成的。模拟和实验数据在烘烤初期的升温速率有明显差异，这主要是模型计算中没有考虑材料潮湿的影响。

### 9.3.3.2　不同材质绝热板鱼雷罐的热损流向

针对永久层的改进，目的是降低罐壳温度，减少罐壳散热，从热损的主要途径——罐壳散热上减少鱼雷罐热损。对于改进后的鱼雷罐，还需要进一步对比剖析罐壳各个位置上的热损。图 9-30 为硅酸镁保温板鱼雷罐在空罐回运过程中每 1h 时间段内，通过罐壳相应外表面和罐口处的热损比例。从图中可知，各个时间段内，罐车热损的主要途径为罐壳和罐口，分别约占总热损的 44.58%和 55.42%。其中罐壳圆台段、圆柱段和耳轴段，分别约占总热损的 29.28%、23.03%和 3.10%。此外，随着时间的延长，在罐车等待受铁的各个时间段内，罐壳的耳轴段、圆台段和圆柱段的热损率都是先增加后减小，罐口热损率在逐渐降低，相较于常规鱼雷罐，永久层+保温板鱼雷罐罐壳处的热损比例降低了 13.26%。由此说明，罐衬改为永久层+硅酸镁保温板后，有助于减少罐壳体散热，降低铁水温降。

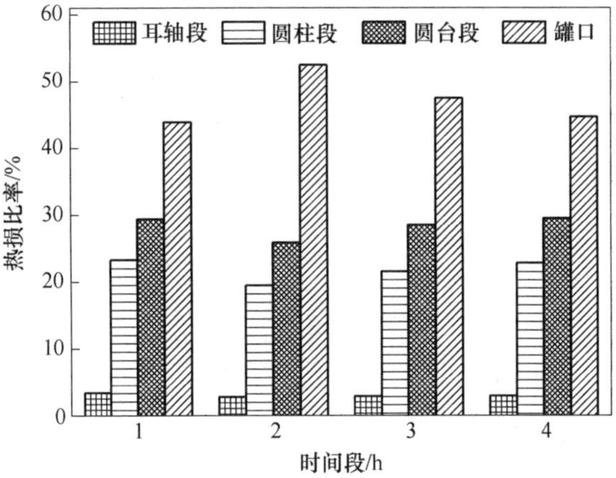


图 9-30　硅酸镁保温板鱼雷罐总热损占比

图 9-31 为纳米保温板鱼雷罐，在空罐回运过程中，在每 1h 时间段内，通过罐壳相应外表面和罐口的热损比例。由图可见，各个时间段内，罐车热损的途径为罐壳和罐口，分别约占总热损的 33.49%和 66.51%，其中罐壳圆台段、圆柱段和耳轴段，分别约占总热损的 15.74%、13.68%和 4.07%。此外，随着时间的延长，在等待受铁的各个时间段内，罐壳的耳轴段热损率在逐渐减小，罐壳圆台段和圆柱段的热损率先增加后减小，罐口的热损在逐渐降低。相较于常规鱼雷罐，罐壳热损比例降低了 24.62%。由此说明，罐衬改为永久层添加纳米保温板，更加有助于从热损的主要途径罐壳上抑制热损。

综上所述，在常规鱼雷罐的基础上，改进永久层，使用硅酸镁保温板后，罐壳热损比例降低了 13.26%；使用纳米保温板后，罐壳热损比例降低了 24.62%。

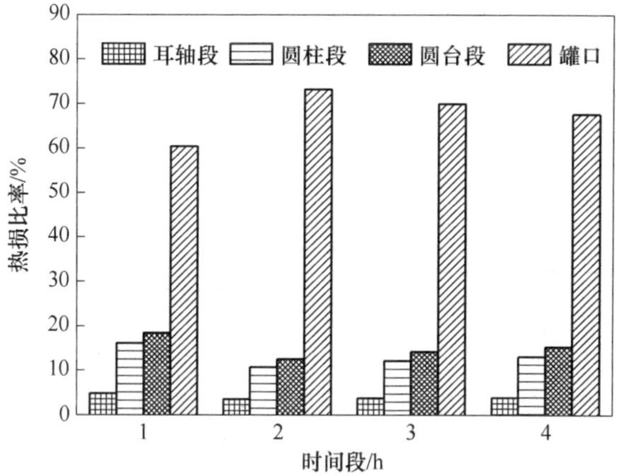


图 9-31 纳米保温板鱼雷罐不同部位处热损占比

### 9.3.3.3 不同材质绝热板鱼雷罐界面温度

图 9-32 是无盖硅酸镁保温板鱼雷罐罐衬在圆柱段和圆台段耐材各层界面温度随时间的变化曲线。其中 T4 为保温层热面温度。从图中可知，圆柱段工作层的热面温度在空罐 2h 以后开始低于冷面温度；此外，空罐时间 4h 后，罐衬温度开始低于烘罐温度 1000℃；6h 以后，低于罐衬内壁警戒温度 900℃。因此，为保证鱼雷罐车使用寿命和保温性能，在超出 6h 后受铁，需对鱼雷罐进行二次烘烤。

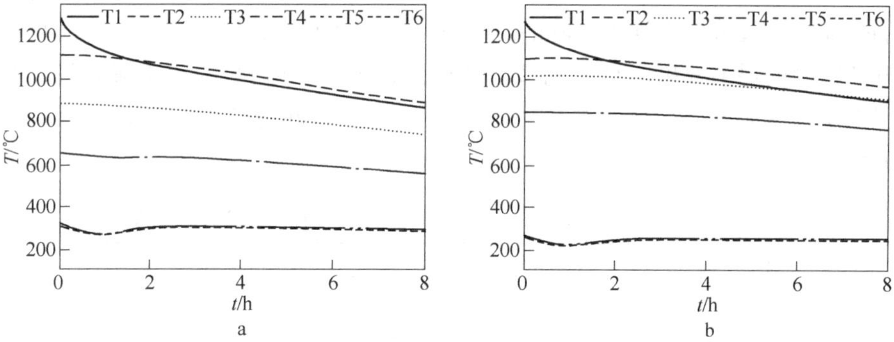


图 9-32 硅酸镁保温板鱼雷罐耐材各层界面温度随时间的变化

a—圆台段；b—圆柱段

图 9-33 是无盖纳米保温板鱼雷罐罐衬在圆柱段和圆台段耐材各层界面温度随时间的变化曲线。从图中可知，保温层内的罐衬温度整体升高。圆柱段工作层的热面温度在空罐约 0.5h 以后开始低于冷面温度，但罐车罐衬在回运的 8h 过程中，罐衬内壁温度均高于警戒温度 900℃，此时受铁无需烘烤。

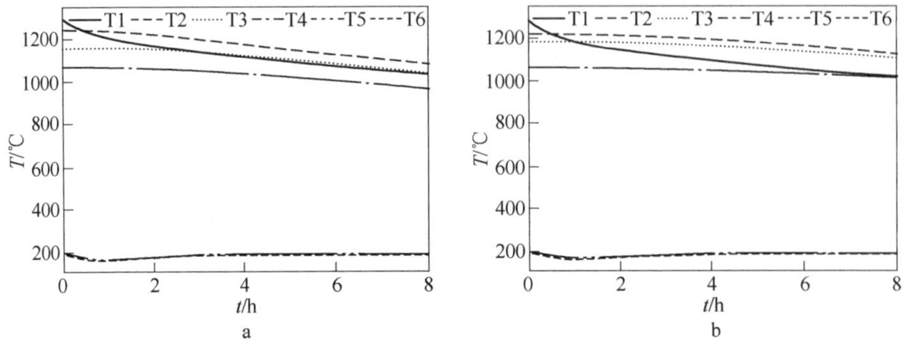


图 9-33　纳米保温板鱼雷罐耐材各层界面温度随时间的变化

a—圆台段；b—圆柱段

综上所述，纳米保温板鱼雷罐相较于硅酸镁保温板和常规鱼雷罐，无论有无罐盖，罐车回运的 8h 过程中，罐衬的界面温度始终高于罐衬内壁警戒温度 900℃。因此，采用纳米保温板可有效提高罐衬保温性能，降低罐衬温降，延长罐车使用寿命，还能节省烘烤耗能，有利于节省成本和环境保护。

### 9.3.3.4　不同材质绝热板的铁水温降

与常规鱼雷罐相比，采用绝热板鱼雷罐空罐阶段不同时刻的热损均减少，即相对于常规鱼雷罐，使用绝热板鱼雷罐时铁水温降将会减少。为评价不同绝热板鱼雷罐对铁水温降效果，将使用绝热板鱼雷罐相对于常规鱼雷罐不同空罐时间对应的热损减少量折算为铁水温降的减少量，见表 9-12。采用纳米板保温层可明显提升鱼雷罐的保温效果，与常规鱼雷罐相比，对于空罐 8h 的鱼雷罐来说，纳米板保温层鱼雷罐可减少铁水温降 40℃以上。空罐时间越长，纳米板保温层鱼雷罐的保温优势越明显。

表 9-12　使用绝热板鱼雷罐后相对于常规鱼雷罐可减少的铁水温降

| 比　较 | 加　盖 | | | | 无　盖 | | | |
|---|---|---|---|---|---|---|---|---|
| 空罐时间/h | 5 | 6 | 7 | 8 | 5 | 6 | 7 | 8 |
| 硅酸镁罐内铁水可减少的温降/℃ | 5.0 | 6.1 | 7.3 | 8.3 | 7.2 | 9.0 | 10.7 | 12.4 |
| 纳米板罐内铁水可减少的温降/℃ | 29.8 | 35.5 | 41.0 | 46.4 | 27.9 | 33.0 | 37.8 | 42.4 |

此外，整个过程中，罐内铁水温降都在逐渐增大，因此缩短罐车的等待受铁时间，即提高鱼雷罐的周转率，当周转率从以前的 21 罐/周增加到 28 罐/周时，有盖和无盖两种情况下，对于硅酸镁绝温板鱼雷罐，每罐分别可以减少铁水温降 16.2℃和 26.7℃；对于纳米绝温板鱼雷罐，每罐分别可以减少铁水温降 7.5℃和

20.7℃，有效地减少了铁水的温降。因此，优化鱼雷罐的调度工艺，调整好鱼雷罐空罐阶段的等待受铁时间，提高罐车在线运行的周转率，对降低下罐铁水温降具有显著的效果。

### 9.3.4 鱼雷罐加废钢热分析

鱼雷罐加废钢有两方面主要作用：(1) 有效回收空罐高温耐材散掉的热；(2) 加入废钢覆盖在罐底部内衬表面，可减弱空罐高温耐材辐射散热以及鱼雷罐内腔与环境对流换热。下面主要从以上两个方面对鱼雷罐加废钢过程进行热分析计算。

#### 9.3.4.1 废钢吸收的热量

(1) 从室温加热到鱼雷罐内腔温度吸收的热量。取废钢比热 $c_{废钢}$ 为 460J/(kg · K)，刚兑完铁水的鱼雷罐加入废钢，废钢吸收 1300℃左右高温耐材散出的热，温度从 25℃升高至 920℃、940℃、960℃等，计算该过程废钢吸收的热为：

$$Q = c_{废钢} m_{废钢} \Delta T \tag{9-24}$$

不同废钢加入量、不同鱼雷罐内腔温度，废钢所吸收的热量见表 9-13。

**表 9-13 废钢吸收的热量** (GJ)

| 温度/℃ \ 废钢/t | 3 | 5 | 8 | 10 |
|---|---|---|---|---|
| 920 | 1.24 | 2.06 | 3.29 | 4.12 |
| 940 | 1.26 | 2.10 | 3.37 | 4.21 |
| 960 | 1.29 | 2.15 | 3.44 | 4.30 |
| 980 | 1.32 | 2.20 | 3.51 | 4.39 |

(2) 吸热后废钢与 25℃废钢直接入转炉对温度的影响。设转炉铁水初始温度 $T_{铁水}$ 为 1320℃，加 25℃废钢入转炉，混合后转炉铁水重量为 295t，混合后铁水温度为 $x$，则废钢吸收的热量为：

$$Q_1 = c_{废钢} m_{废钢}(x - T_{废钢}) + Q_{熔} m_{废钢} \tag{9-25}$$

铁水放热量为：

$$Q_2 = c_{铁水} m_{铁水}(T_{铁水} - x) \tag{9-26}$$

取废钢熔化潜热 $Q_{熔}$ 为 272.09kJ/kg，废钢比热容 $c_{废钢}$ 为 460J/(kg · K)，铁水比热容 $c_{铁水}$ 为 700J/(kg · K)，3t 废钢加入转炉，求得混合后铁水温度 $x$ 为 1307.35℃。此时，铁水温降为：$\Delta T = 1320 - 1307.35 = 12.65$℃。依此，可计算出不同状态废钢加入转炉引起转炉铁水的温降，见表 9-14。

**表 9-14　不同温度废钢加入转炉引起铁水的温降**　　（℃）

| 温度/℃ \ 废钢/t | 3 | 5 | 8 | 10 |
|---|---|---|---|---|
| 25 | 12.65 | 21.13 | 33.93 | 42.52 |
| 920 | 6.65 | 11.11 | 17.84 | 22.35 |
| 940 | 6.52 | 10.88 | 17.48 | 21.9 |
| 960 | 6.38 | 10.66 | 17.12 | 21.44 |
| 980 | 6.25 | 10.44 | 16.76 | 20.99 |

可见鱼雷罐空罐加废钢可吸收来自内衬向罐内空间的散热，可升温至与高温耐材相同，废钢吸收的热，可减少 25℃室温废钢直接入转炉引起的铁水温降。初步计算，5t、920℃废钢比 25℃废钢与 290t 铁水混合，可减少铁水温降 10.02℃；10t、920℃废钢比 25℃废钢直接加到转炉的 285t 铁水中，可使转炉铁水温降减少 20.17℃。

### 9.3.4.2　加废钢耐材的散热

图 9-34 为用数值计算并结合实测获得的鱼雷罐空罐冷却过程罐体内衬散热过程温度变化[18]。表明空罐经 2h 冷却后，铝碳化硅砖工作层内腔侧温度从 1300℃降到 960℃，而工作层铁壳侧温度仍可保持在 920℃。

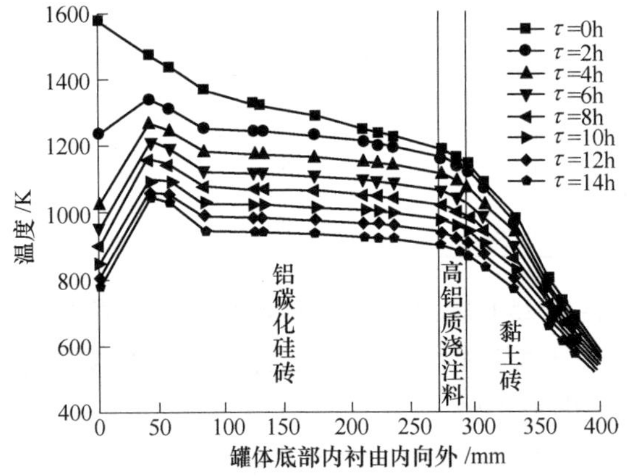


图 9-34　鱼雷罐空罐冷却过程内衬温度分布

根据式（9-20）可得不同温度下辐射对流换热系数，如图 9-27 所示，1000℃时辐射换热系数为 110W/(m$^2$·K)，此时对应的对流换热系数为 10～20W/(m$^2$·K)，因此，空罐耐材以辐射散热为主。空罐高温耐材通过辐射将热散出，最终通过罐口空气对流及辐射将热散到环境中。

加废钢后，空罐高温耐材辐射散热减少，高温耐材表面对流换热也减少；同时，空罐空腔与空气之间的换热也减少。增加 $m$ 层发射率相同的遮热板，其辐射热流量可按式（9-21）计算。如前所述，在实验室也验证了增加1层、2层、3层遮热板辐射热流量的变化。理想状况，增加 1 层遮热板，其辐射能量为 0.5，实际测温辐射量之比约为0.7。假设无废钢，鱼雷罐到受铁时冷却至 $T_{in1}=900℃$；若在鱼雷罐兑铁后，耐材内衬 $T_{in0}$ 为 1300℃ 时加废钢，对废钢预热作用相当 1 层遮热板，则可计算受铁时的内衬温度 $T_{inx}$。由能量守恒公式可知：

$$0.7 \times C \times m \times (T_{in0} - T_{in1}) = C \times m \times (T_{in0} - T_{inx}) \qquad (9\text{-}27)$$

可得，$T_{inx} = 1020℃$。

这里仅按 1 层遮热板保守计算废钢加入对耐材的保温效果。当然加废钢仅在底部局部，未覆盖鱼雷罐整体耐材，对整体影响相当于几层遮热板还无法准确换算。

由以上分析可知，鱼雷罐中加入的废钢覆盖在罐底部内衬表面，可以减弱内衬对流换热和表面热辐射，从而减少空罐时内衬单位时间内的热损失，即延长空罐时耐材内腔侧温度保持在冷透点（内腔侧温度等于铁壳侧温度）的时间。

在耐材内腔侧温度冷透点附近情况下，计算鱼雷罐受铁重罐热平衡后铁水温降。耐材温度初始状态和重罐平衡状态的温度分布如图 9-35 所示，$T_1$、$T_2$分别为空罐和重罐平衡时内衬工作层的平均温度。耐材铝碳化硅碳砖的比热为 1000J/(kg · K)，重量按 90t 计算，鱼雷罐装铁水重量为 275t，受铁温度为 1490℃。假设耐材内腔侧温度分别为 900℃、920℃、940℃、960℃、980℃。

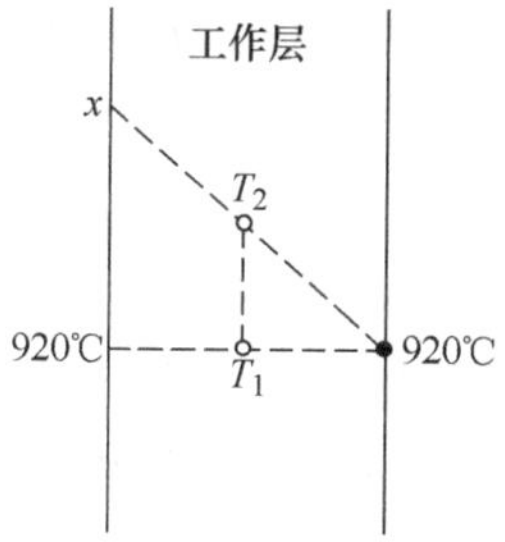


图 9-35 鱼雷罐内衬温度平衡示意图

设重罐热平衡后铁水温度为 $x$，则铁水由于温度下降放出的热量为：

$$Q_1 = c_{铁水} m_{铁水} (T_{铁水} - x) \qquad (9\text{-}28)$$

内衬吸收的热量为：

$$Q_2 = c_{耐材} m_{耐材} \Delta T_{耐材} \qquad (9\text{-}29)$$

其中，$\Delta T_{耐材} = (T_2 - T_1)$，$T_2 = (x + 920℃)/2$，$T_1 = (900℃ + 920℃)/2$。

根据能量守恒：

$$Q_1 = Q_2 \tag{9-30}$$

得出，$x$=1378.21℃。即，铁水温降 $\Delta T$=1490−1378.21=111.79℃。

这里，111.79℃就是耐材吸热造成铁水的温降。在小井测温，铁沟到摆动溜槽温降5~15℃，重罐运输过程其他因素温降20~30℃，鱼雷罐铁水到铁水包温降5~15℃，KR脱硫温降25~35℃，整个过程温降为165~205℃，与实际的铁水温降（185℃）基本一致。依此，可计算不同空罐耐材内腔侧温度，鱼雷罐重罐热平衡后铁水温降见表9-15。

**表 9-15　空罐时耐材内腔侧不同温度下的铁水温降**

| 耐材内腔侧温度/℃ | 900 | 920 | 940 | 960 | 980 |
|---|---|---|---|---|---|
| 铁水温降/℃ | 111.79 | 108.00 | 104.21 | 100.42 | 96.63 |

### 9.3.4.3　加废钢受铁热平衡点

受铁重量275t，受铁温度1490℃，耐材铁壳侧温度920℃，加入废钢量3t、5t、8t和10t，鱼雷罐内腔侧耐材温度为920℃、940℃、960℃和980℃。设热平衡点铁水温度为 $x$，则铁水因温度下降而放热：

$$Q_1 = c_{铁水} m_{铁水}(\Delta T_{铁水} - x) \tag{9-31}$$

废钢温度升高和熔化吸热：

$$Q_2 = c_{废钢} m_{废钢} \Delta T_{废钢} + Q_{熔} m_{废钢} \tag{9-32}$$

耐材温度升高而吸热：

$$Q_3 = c_{耐材} m_{耐材} \Delta T_{耐材} \tag{9-33}$$

其中，$\Delta T_{耐材} = (T_2 - T_1)$，$T_2 = (x + 920℃)/2$，$T_1 = (900℃ + 920℃)/2$。

根据热量守恒：

$$Q_1 = Q_2 + Q_3 \tag{9-34}$$

得 $x$=1375.91℃。即，铁水温降 $\Delta T$=1490−1375.91=114.09℃。

以此类推，将计算结果汇总，见表9-16。

**表 9-16　鱼雷罐加废钢铁水温降**　　（℃）

| 废钢/t ＼ 温度/℃ | 920 | 940 | 960 | 980 |
|---|---|---|---|---|
| 3 | 114.09 | 110.32 | 106.55 | 102.78 |
| 5 | 118.10 | 114.35 | 110.60 | 106.85 |
| 8 | 124.07 | 120.34 | 116.61 | 112.88 |
| 10 | 128.02 | 124.30 | 120.58 | 116.86 |

不加废钢，耐材内腔侧温度为900℃时，鱼雷罐受铁重罐热平衡后，耐材吸

热造成铁水温降是111.79℃；加废钢，耐材内腔侧温度提高到940℃时，鱼雷罐受铁重罐热平衡后，铁水温降仍为111.79℃，如图9-36所示，*A*点对应可加废钢量为3.73t。

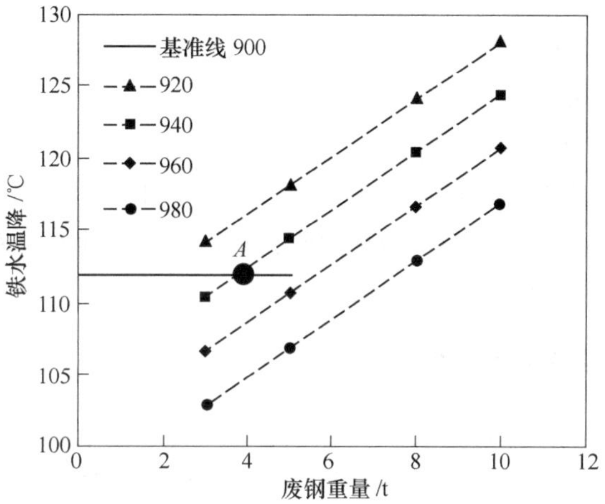


图9-36 废钢加入量对铁水温降的影响

## 9.4 铁钢界面高效热链接技术

宝钢股份正式立项，支持开展铁钢界面智能高效热链接技术开发。通过大数据分析、数值模拟、精确测量等手段，可确定铁钢界面的散热、温降的关键影响因素与规律，制定相应的温控解决方案，并通过保温新技术应用、生产组织优化，以及精益生产、数字化、柔性制造、智能制造等新技术导入与系统集成开发，减少铁钢界面铁水温降，实现铁钢界面智能高效热链接。

### 9.4.1 铁钢界面数据集市

由于铁钢界面数据来自不同数据库，不同的工艺环节，为了研究铁钢界面铁水温降和数据优化模型，需要构建一个动态的数据集市，该数据集市依据铁钢界面铁水遍历的工艺及设备过程来搭建，每条信息涉及一次铁水从高炉到铁水包的设备、工艺及时间历程信息，数据集市应满足可快速且方便地访问铁水温降过程涉及的各种历程信息，同时满足方便添加，便于查找、分类及分析。

基于数据预处理的模型建立需要收集大量的数据，如果数据获取不够全面，或者样本数据本身就存在局部性，那么该模型的应用就会存在非常明显的非全局特征，研究结果必然会存在比较大的误差。

高炉铁水铁钢界面温度下降模型的预测性能从根本上取决于数据的数量和质量。理顺铁水从高炉出铁口到铁水包之间的温度下降过程涉及的接触设备、工艺过程、时间历程，收集上述设备、工艺过程现场能够提供的所有能收集到的信息，进行数据分类。在收集数据时，不可避免地存在一些关键信息的缺失，需要做机理方面的认识和校核。

由于铁钢界面的温降是一个热历程，温度和时间节点数据是关键，需要通过运用记录仪或通过观察测量来获取所研究系统的真实有限的数据集合，必要时还需要对温度或时间数据进行补充。

铁水温降过程中，不可避免地存在一些不完整甚至错误的数据，在进行分析处理前，必须对所依据的资料进行认真的检查、整理、加工和调整等。在铁水温降预测建模时，输入变量众多且相互耦合，则在建模之前必须对其数据进行预处理，其主要有异常数据处理、缺损值补充、归一化等。

### 9.4.2 铁钢界面温降机理模型

铁水温降过大，不仅会影响预处理工艺和炼钢的质量，而且为了保证铁水出罐时的温度，不得不提高铁水入罐时的温度，这样就会增加炼铁的能耗。通过准确地预测各个工序过程鱼雷罐的热状态，才能确定合理的鱼雷罐调度工艺和烘烤工艺等，以提高管理水平。分析研究鱼雷罐保温特性，掌握鱼雷罐热损失的主要流向及其主要影响因素，可为提出鱼雷罐保温的主要措施和优化鱼雷罐的结构以及合理使用耐材提供相应的理论和技术支撑。通过对不同技术措施影响铁水温降机理的研究，找出减少铁水温降的经济可靠方法，则可实现铁水温度的精确控制，这也是钢铁厂减少铁水温降及提升能效的一个可行的有效途径。

### 9.4.3 铁钢界面多点测温技术开发

铁钢界面铁水常规测量主要在高炉铁沟、铁水包进行。高炉出铁口铁水温度不断变化，温度极值变化 30℃ 以上，这给后续的制定铁水调度计划、炼钢生产计划带来困难。在线实时测量出铁受铁过程中铁水温度，可为铁钢界面铁水温降研究提供有效的数据支撑。由于进出鱼雷罐的铁水流位置不固定、易受阵发性烟尘、表面浮渣干扰，因此选用面阵近红外 CCD 作为传感器，进行非接触辐射测温。

近红外面阵 CCD 可以看作是由若干独立像素组成的一个微传感器阵列，近红外 CCD 图像测温是利用这个微传感器阵列的光电特性对高温表面的温度及其梯度分布进行非接触式测量的技术，是辐射测温的一种特殊形式。现在工业近红外 CCD 的有效工作波长上限已经延展到 1.1μm，可以通过热成像方法测量高于 800℃ 以上的温度及其梯度分布。近红外面阵 CCD 可以看作是由一个个相对独立的像素微传感器组成的器件，每个像素都被映射到被测目标上的唯一一个单元，面阵 CCD 温度场测量原理如图 9-37 所示。

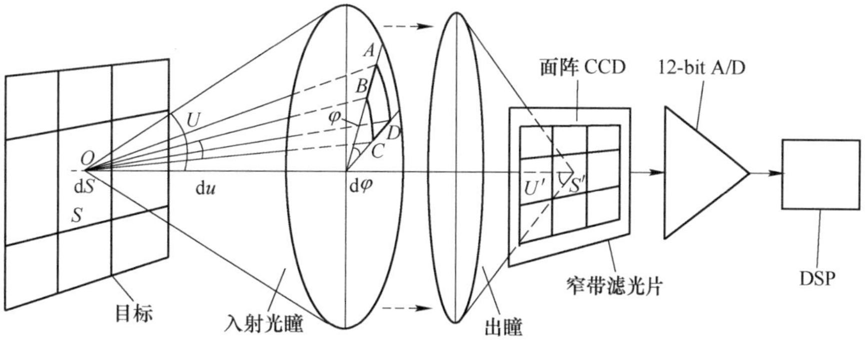


图 9-37 面阵 CCD 温度场测量原理示意图

根据红外测温理论设计了专用的近红外热成像温度测量系统，该系统包括近红外热成像仪、防尘冷却模块、工业信号处理模块及信号传输模块，安装在高炉炉下受铁位置及鱼雷罐倒铁位置，如图 9-38 所示，可实时测量铁水温度。

图 9-38 流入鱼雷罐铁水温度测量系统现场安装图

利用该测试系统在现场进行了多次测试。如图 9-39 所示，高炉出铁口从出铁开始到出铁结束，总计时间为 130min，共计 6 个鱼雷罐，整个出铁过程铁水温度先由 1440℃升高至 1490℃然后保持在 1485~1500℃范围内，到最后一个鱼雷罐由于铁口堵塞，温度逐渐降低至 1440℃。

如图 9-40 所示，鱼雷罐从出铁开始到出铁结束，总计时间为 160s，整个出铁过程铁水温度先由 1393℃升高至 1398℃然后保持在 1397~1398℃范围内。

由此可知，通过现场安装的近红外热成像温度测量系统，可连续稳定测量进出鱼雷罐铁水温度，为研究铁钢界面铁水温降变化提供了有力的数据支撑。

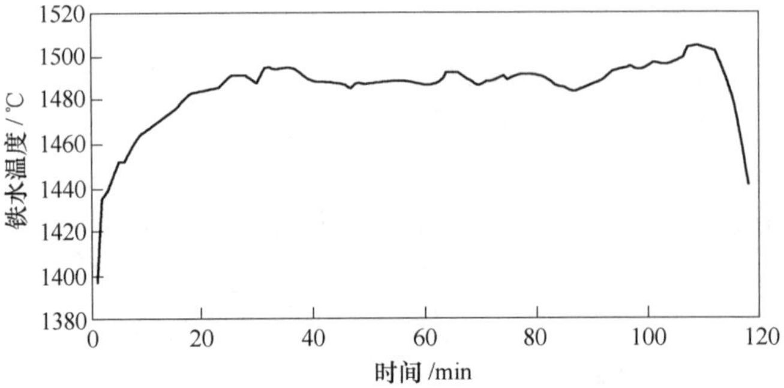


图 9-39　流入鱼雷罐铁水温度测量结果

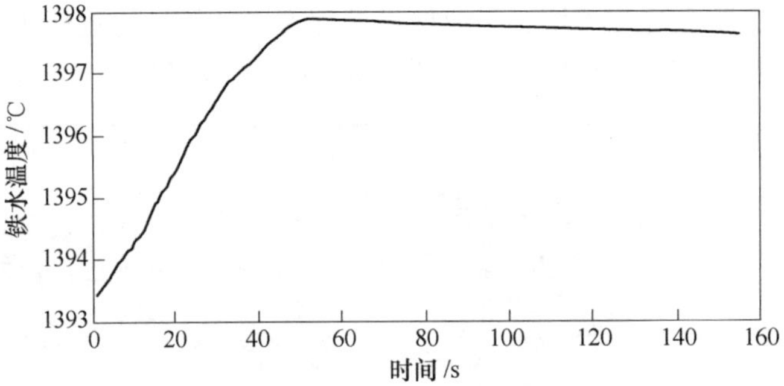


图 9-40　流出鱼雷罐铁水温度测量结果

## 9.4.4　系统集成

通过铁钢界面智能高效热链接技术开发，集成专用传感器信息、机理模型及基于工艺数据的数据集市，实现如下功能：

（1）通过数据采集和分析，依据各个工艺系统分析，通过各种机理或智能模型，建立智能调度系统，实现铁水从高炉出铁到转炉入炉的智能调度管理。

（2）通过数据分析，以高炉液面计重量为基础，识别鱼雷罐车的状态与履历，包括炉龄、不同耐材状态、上次倒铁量、液面净空等，智能预测炼钢可以倒出的铁水重量。

（3）通过数据分析，以大沟铁水温度和远红外检测温度为基础，识别鱼雷罐车的状态与履历，包括铁口第一罐、铁次第一罐、电炉使用罐、加废钢（金属化球）、异常兑罐等数据信息及停留时间，预测铁水包倒铁后的铁水温度。

（4）以大沟铁水成分为基础，识别鱼雷罐车的状态与履历，包括二次受铁、上次残铁、前罐铁水成分信息，结合温度情况，智能预测铁水包倒铁后的成分。

（5）通过数据分析，结合炼钢的出钢计划和高炉开口节奏，智能判定未来一段时间的铁钢平衡趋势波动。

（6）建立不同钢种需要的铁水质量（成分、温度）类别，依据智能预测的铁水重量和质量结果，识别出不能满足关键钢种的铁水类别。

（7）鱼雷罐车在通过固定红外测定点时，测定的壳体温度传送至系统，依据大数据分析，得出鱼雷罐车耐材的变化，确保鱼雷罐车安全运行，提供鱼雷罐车最佳的检修时间点。对每一罐铁水及鱼雷罐车的实时信息和履历信息进行动态跟踪、更新，并实时智能化显示。

（8）系统依据车辆实时定位及运输指令系统，通过运行线路及时间的计算，对配置到高炉下的每一台鱼雷罐车，在指令发出后，按倒计时方式实现鱼雷罐车到达时间的计算，并将相关信息在高炉平台显示，协助高炉提前做好高炉出铁准备，提高出铁的安全性。

（9）铁钢对应信息追溯子系统的建立，实现每一罐铁水从出铁开始至倒铁为止每一环节的运行状态和铁水质量变化追溯，每一炉钢所用铁水及所用鱼雷罐车状态的追溯。

## 9.5 本章小结

在总结文献的基础上，本章围绕铁钢界面上的铁水温降，系统分析了高炉—转炉界面减少铁水温降的节能增效技术和研究进展。

（1）以320t鱼雷罐车为数学模拟计算原型，通过建立鱼雷罐车铁水运输过程的数学模型，对鱼雷罐车在铁水运输过程中温降的影响因素进行了数学模拟计算，讨论了罐体耐材特性对鱼雷罐保温特性的影响和基本规律，指出了鱼雷罐的热损途径和热损源头，分析了不同材质绝热板鱼雷罐保温技术，并揭示了其在不同阶段的热特性。

（2）对于铁钢界面，针对主要运输设备——鱼雷罐，在理论及数值模拟分析的基础上，介绍了控制鱼雷罐内铁水温降的主要技术：鱼雷罐加盖技术、鱼雷罐加废钢技术、受铁过程铁水保温技术、鱼雷罐再加热技术、鱼雷罐运输过程参数优化节能技术、鱼雷罐铁水温度检测技术以及新型耐材鱼雷罐技术等。

（3）介绍了宝钢通过大数据方法、数值模拟和精确测量耦合方法，获得铁钢界面温降关键因素与规律，通过降低铁水温降新技术应用、智能排程，精益生产等新技术导入与系统集成开发，减少铁钢界面铁水温降，实现铁钢界面智能高效热链接技术。

## 参 考 文 献


[1] 刘国光．320t 鱼雷罐的热特性分析［D］．沈阳：东北大学，2018.

[2] 李跃华．大型混铁车罐体热力耦合分析研究［D］．大连：大连理工大学，2008.

[3] 华泽錞，张德信，高捷．工业炉耐热炉衬［M］．北京：化学工业出版社，2007.

[4] 李亚军．钢铁企业高炉—转炉区段铁水温降研究［D］．沈阳：东北大学，2008.

[5] 徐杰．鞍钢高炉—转炉区段界面技术及其应用研究［D］．沈阳：东北大学，2006.

[6] 吴懋林，张永宏，杨圣发，等．鱼雷罐铁水温降分析［J］．钢铁，2002：37（4）：12~15.

[7] 万文，赵紫玉，赵静．铁水鱼雷罐的温度控制［J］．冶金丛刊，2013（5）：24~26.

[8] 刘诗薇，于景坤，颜正国，等．鱼雷罐车热量损失的影响因素及控制方法［J］．材料冶金学报，2010，9（3）：159~163.

[9] 蒋全强．320t 鱼雷罐铁水温降的有限元分析［D］．鞍山：辽宁科技大学，2015.

[10] 刘诗薇．鱼雷罐车及钢包的保温性能研究［D］．沈阳：东北大学，2014.

[11] 刘硕．320t 鱼雷罐车罐体的有限元热场分析［D］．鞍山：辽宁科技大学，2009.

[12] 邓森彪，梁南山，彭欣．高炉铁水温降机理及降低温降措施分析［J］．涟钢科技与管理，2016，（3）：14~16.

[13] 杨圣发，张晓丽，吴懋林，等．铁水输送过程中的在线温度预测模型［J］．冶金自动化，2002（4）：10~14.

[14] Narasaki S. Hot metal temperature loss between blast furnace and basic oxygen furnace［J］. Transaction ISIJ，1984，24（12）：B-381.

[15] 陈韦玮，张云盂，吴佳佳．鱼雷罐车自动加取盖装置：中国，201310234747.9［P］．2013-9-18.

[16] 韩建国．铁水运输鱼雷罐车加取盖装置的设计及应用［J］．浙江冶金，2016（1）：38~41.

[17] 杨世铭，陶文铨．传热学［M］．第四版．北京：高等教育出版社，2006.

[18] 楚化强，冯艳，顾明言，等．鱼雷罐罐体温降与内衬厚度关系特性分析［J］．安徽工业大学学报（自然科学版），2016，33（2）：95~99.

# 10 余热蒸汽用于加工矿渣钢渣微粉

传统的矿渣微粉、钢渣微粉或超细粉加工技术主要有立磨、球磨、辊压磨、辊压磨+球磨和气流磨等，这些加工方式不同程度存在着加工能耗高、设备磨损大或生产规模小的缺点，特别是加工 $d_{50}$ 小于 10μm 的超细粉体。钢铁企业中，低压蒸汽高效利用也是行业共性难题。本章提出利用蒸汽动能磨将工业余热回收的中、低压蒸汽转换为动能用于加工高炉渣、钢渣微粉或超细粉体，将高炉渣、钢渣等二次资源的低成本、规模化粉碎与中、低压蒸汽的高效利用相结合，为钢铁二次资源粉碎和余热利用提供新方法。

## 10.1 钢铁余热蒸汽

### 10.1.1 钢铁余热蒸汽来源及特点

蒸汽是钢铁企业能源体系中的重要组成部分之一，也是钢铁企业生产和生活必需的能源之一。根据对部分大中型企业的统计，蒸汽能耗占钢铁企业总能耗的10%左右，而可回收利用的余热蒸汽量也很大，占企业能耗的 7%左右，蒸汽是除了煤气、电力外，占据第三位的能源介质，其地位不容忽视。

根据品质不同，钢铁企业的蒸汽一般可分为高压蒸汽和低压蒸汽。在高压侧，主要是动力锅炉产生蒸汽以及干熄焦余热锅炉产汽，其中，动力锅炉通过燃烧煤气等燃料产生蒸汽，余热锅炉通过回收红焦的热量产汽。在低压侧，主要是汽轮机抽汽或排汽以及钢铁生产过程中各生产工序回收的余热蒸汽。有文献表明，太钢新产蒸汽由发电厂及余热锅炉提供，分别占 61%和 39%[1]。随着对余热资源利用的重视，余热锅炉产生的蒸汽量占比在上升。

钢铁企业的通过余热锅炉回收主工序中产生的余热资源，在降低工序能耗、提高能源转换效率的同时，为企业提供所需的蒸汽。各个工序中因余热资源不同，回收的蒸汽差别很大，既有“量”的差异，也有“质”的区别，主要工序回收余热蒸汽的典型参数见表 10-1[2]。

**表 10-1 主要工序回收余热蒸汽的典型参数**

| 余热蒸汽种类 | 温度/℃ | 压力/MPa | 是否过热 |
|---|---|---|---|
| 干熄焦 | 450 | 3.82 | 是 |
| 烧结环冷 | 375 | 1.95 | 是 |

续表 10-1

| 余热蒸汽种类 | 温度/℃ | 压力/MPa | 是否过热 |
|---|---|---|---|
| 转炉煤气 | 240 | 3.2 | 否 |
| 加热炉烟气 | 175 | 0.8 | 否 |

在焦化、烧结、转炉、轧钢等工序，通过余热锅炉等设备来回收余热是非常成熟的工艺过程[3]。以轧钢工序余热回收为例，一是利用加热炉烟气的余热回收，二是炉底汽化冷却水管内冷却水的余热回收。图 10-1 所示为某钢厂的四台加热炉余热流程图。1 号加热炉属于蓄热式加热炉，2 号、4 号加热炉为常规加热炉，采用汽化冷却，使用空气换热器，并采用了余热锅炉，加热炉最终的排烟温度为 180~230℃。3 号加热炉为脉冲加热炉，采用汽化冷却，使用空气换热器，未采用余热锅炉，最终的排烟温度为 250~300℃。这些加热炉都采用汽化冷却步进梁，在空气换热器后设置蒸汽过热器，生产 1.6~1.7MPa，265~295℃的过热蒸汽外送蒸汽管网。

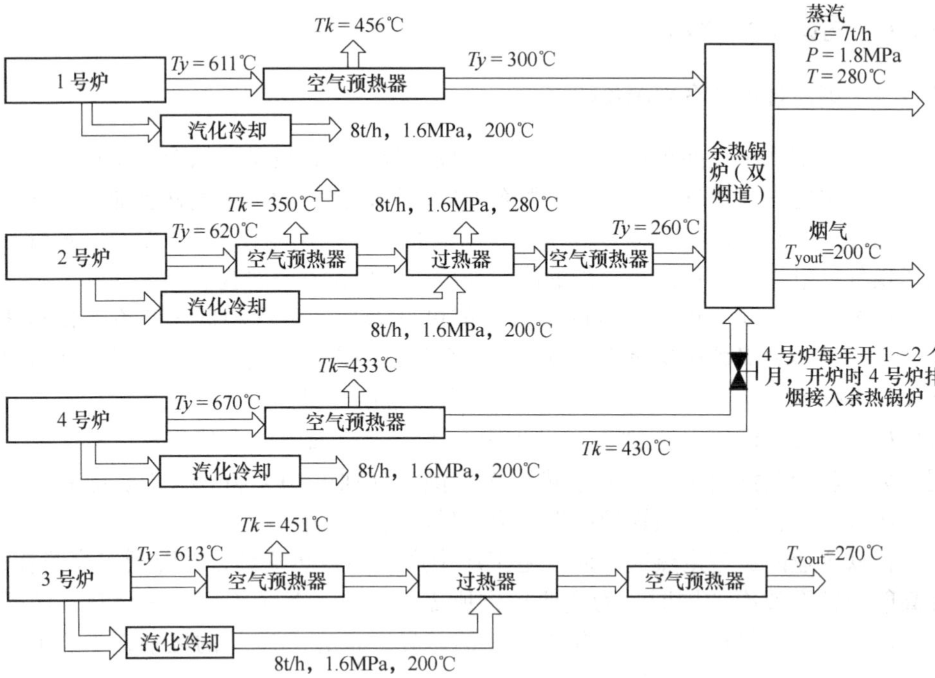


图 10-1　加热炉余热流程图

钢铁企业的余热蒸汽是钢铁工艺流程的副产品，因此，余热蒸汽的产生必然受到钢铁工艺的影响。钢铁企业余热蒸汽有以下特点[4]：

（1）余热蒸汽的参数较低。按照目前国内钢铁企业余热蒸汽的回收技术水平，回收余热蒸汽的参数普遍较低，由热力学第二定律可知，余热蒸汽的热能转化为动能等其他形式能的效率较低，余热蒸汽的使用范围有限。余热蒸汽的另一个特点是大多为饱和蒸汽，而钢铁企业中余热热源分布比较分散，蒸汽管线较长，造成余热蒸汽湿度大、输送困难，也影响了余热蒸汽的合理使用。

（2）余热蒸汽的回收波动性较大。由于钢铁工艺的特点，钢铁企业的余热蒸汽具有间歇性、波动性和周期性。例如，转炉炼钢烟气流量和温度的周期性变化，导致转炉汽化冷却系统回收的蒸汽量呈波动性，蒸汽的压力和温度也具有波动性，瞬间最大蒸汽产量为冶炼期平均蒸汽量的 4 倍以上，接入蒸汽管网，会对蒸汽管网造成冲击，需要在蒸汽源和蒸汽管网之间设置蓄热器，蒸汽蓄热器虽然解决了余热蒸汽波动的问题，但是以降低蒸汽的参数为代价。蒸汽蓄热器蓄热和放热的过程虽然热量守恒，但是蒸汽的㶲降低。

（3）蒸汽利用效率不高。由于用户所需蒸汽品位不一，而蒸汽产生和回收的环节有限，为了满足生产需求，钢铁企业通常只设 1 套或 2 套统一的蒸汽管网系统，将蒸汽降温减压后使用，导致蒸汽系统不能按质用能，高品位蒸汽贬值严重。

（4）季节性供需不平衡。钢铁企业的蒸汽产量因受用户的制约而呈季节性变化，尤其北方更为明显。在冬季采暖期，对蒸汽的需求明显高于非采暖期，冬季余热蒸汽产量为夏季的近两倍，夏季蒸汽放散量大，部分余热蒸汽因为没有合适的用户，没有进行回收或者回收后直接放散。

### 10.1.2 余热蒸汽利用特点及难点

钢铁企业生产蒸汽主要为了满足各个工序生产产品的工艺要求和企业生活、采暖的需求。各工序生产产品所需的蒸汽中，因工艺各异，对蒸汽的品位和需求量都不同；而且各个工序蒸汽的用途也存在很大差异，有的作为热源，有的作为冷却剂，有的则作为动力源。有的工序在生产产品时可以用其他能源介质来代替蒸汽，有的则只能使用蒸汽。北方生活采暖季节长，对蒸汽需求量大，但主要利用的是蒸汽的热量，对蒸汽品位的要求不高。

对于余热蒸汽的利用，一般有两条基本原则[1]：一是就地利用，避免余热蒸汽的输送损失。例如：烧结工序烟气回收余热锅炉产生的余热蒸汽全部就地利用用于加热原料。二是按质用能，做到梯级利用。对接收的余热蒸汽，按照使用单位的不同用汽要求，通过不同的压力管道经调温调压后送到各用户点，对特殊用户也可以利用就近的高中压蒸汽管道进行二次调整，这样基本上保证了各单位的用汽需求，做到按质用能。另外，对用汽量较大的单位，可以进行蒸汽冷凝水回收。例如：冬季采暖用冷凝水回收，回收的冷凝水又重新回到泵站进行循环利用，避免了浪费。对于沿海地区，可以利用余热进行海水淡化等，以缓解水资源不足的压力[5]。

一般来说，钢铁企业的低温余热蒸汽资源往往难以得到充分利用。余热蒸汽在满足主要工艺对蒸汽的需求后，富余的蒸汽由于品质较低，用于发电效率不高，在夏季，低温蒸汽资源大多被钢铁企业放散掉，未能有效回收利用。近年来，为了回收余热和节约能源，钢铁企业加大了余热蒸汽的回收和高效利用力度，但因蒸汽在钢铁企业作为辅助系统，长期不被重视，整个系统效率不高。

## 10.2　矿渣钢渣微粉技术

近年来，微粉技术成为有效处理钢铁企业固废的一种手段。高炉渣和钢渣微粉技术是把炼铁高炉排出的水淬渣或者炼钢排出的钢渣整合少量助磨剂，粉磨后获得一种粉末状产品，为现代建筑工程施工期间一种常用添加材料，应用于水泥相关材料的制备中，有助于提升水泥的各项性能及使用效果，优化水泥属性，促使其在工程施工中体现出高性能[6,7]。

### 10.2.1　高炉矿渣微粉技术

高炉矿渣微粉（Ground Granulated Blastfurnace Slag，简称 GGBS），是一种高技术附加值、高环保效益的新型绿色建筑材料，其主要原料高炉水渣，是高炉炼铁过程产生的高温熔渣用大量水急冷成粒，使其中的各种化合物来不及形成结晶矿物，而以玻璃体状态将热能转化成化学能封存其内，这种潜在的活性在激发剂的作用下，与水化合可生成具有水硬性的胶凝材料，是生产水泥的优质原料，其化学成分与普通硅酸盐水泥相似，主要是 Ca、Mg、Al、Si、Mn 等的氧化物。钢铁企业高炉水渣传统的使用方法是作为水泥混合材料。

宝钢研制推出粒化高炉矿渣粉代替部分水泥配制高性能、高附加值混凝土的技术和产品，取得了显著的技术经济效果。通过一系列的试验和工程实践证实，开发的高炉矿渣微粉用作高性能混凝土掺合料，具有以下优点：

（1）采用“双掺”技术配制 40%高炉渣微粉混凝土取代等量水泥，再使用多种高效减水剂（掺量 1%～2%），不仅明显提高了混凝土的和易性，而且提高了混凝土的 28 天强度。

（2）高炉渣微粉混凝土的坍落度能满足各种性能混凝土的要求，混凝土浆量饱满，混凝土的工作性、黏聚性和抗离析性能优异。

（3）高炉渣微粉混凝土中可掺入 20%～50%的高炉渣微粉，节约成本。

（4）掺高炉渣微粉的混凝土具有很好的抗硫酸盐侵蚀、抗氯离子侵蚀能力，有利于提高混凝土的耐久性。

（5）高炉渣微粉混凝土的力学性能优于普通混凝土，耐久性方面除个别指标相同于普通混凝土外，大部分指标优于普通混凝土。

(6) 高炉渣混凝土具有良好的施工性能，如可塑性、黏聚性、保水性、可泵性、水化析热速度慢、耐磨、与钢筋黏结力强、后期强度高等。

高炉渣加工矿渣微粉已成为高炉渣的主要利用途径，钢铁公司自己加工或外售加工，一般采用立磨加工工艺，宝钢矿渣微粉生产工艺流程如图 10-2 所示。

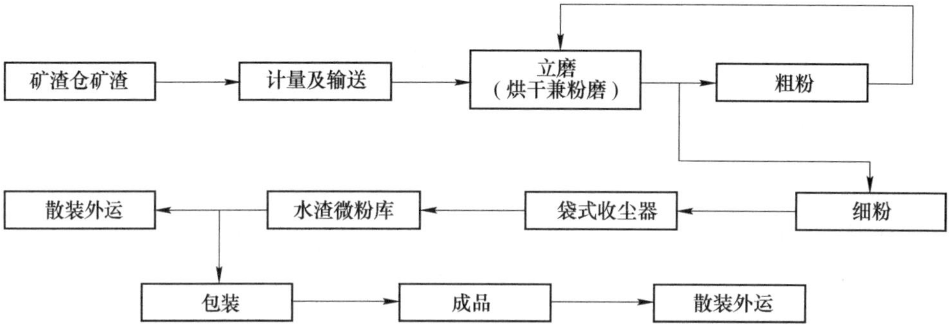


图 10-2 宝钢高炉水渣矿渣微粉生产工艺流程示意图

宝钢利用高炉水渣生产的矿渣微粉，作为一种新型绿色建筑材料，已大量应用于上海磁悬浮工程、卢浦大桥、上海科技馆、隧道工程、上海大剧院、大小洋山港、东海大桥等上海重大工程基础建设。

### 10.2.2 钢渣微粉技术

钢渣是炼钢过程中的副产品，其中氧化钙量在 40%～50%，主要以硅酸三钙、硅酸二钙和游离氧化钙等低熔点矿物形式存在。钢渣按产生环节主要分为：铁水脱硫渣、转炉渣、铸余渣和电炉钢渣。钢渣按处理工艺有热泼渣、热焖渣、风碎渣和滚筒渣。钢渣的主要利用途径有厂内返生产利用（返烧结和冶金辅料等）、水泥生料原料、辅助性胶凝材料、道路工程材料、砂浆和混凝土骨料、喷丸材料、肥料或土壤改良剂、海洋应用等；其中，作胶凝材料、填充材料和肥料等应用时需要将钢渣粉碎变成钢渣微粉等粉料。

由于钢渣是在 1500～1600℃ 的炼钢过程生成，比硅酸盐水泥熟料烧成温度（1400℃）高 100～200℃，因此钢渣中硅酸三钙、硅酸二钙的结晶致密、晶粒粗大，水化硬化缓慢。钢渣通过磨细适当加入外加剂助磨后，当细度大于 450$m^2$/kg 时，可以最大限度地清除金属铁的含量，并激发活性，起到水硬性胶凝材料作用。钢渣微粉激发机理来自于超细粉磨，它带动物料、晶体结构及表面理化性质发生重组转化并形成新生颗粒的内能和表面能，提高混凝土的水化反应活性的发挥。当钢渣微粉与高炉矿渣微粉、粉煤灰等复掺时，还有优势叠加功效。

只用矿渣粉配制的混凝土会出现开裂、表面起砂和碳化现象，而使用钢渣微粉配制混凝土具有耐磨性好、水化热低、和易性好等优点，符合高性能混凝土发展方向。大量试验和工程实践证明，钢渣、铁渣双掺粉使两种渣粉取长补短，性能更加完善，是混凝土掺合料最佳方案。利用钢渣微粉与高炉矿粉相互激发的特征，加以石膏等激发剂可配制出高性能混凝土胶凝材，图 10-3 为钢渣及普通混凝土显微结构对比图，钢渣混凝土结构更加致密。

a　　b

图 10-3　钢渣及普通混凝土显微结构对比图

a—钢渣混凝土；b—普通混凝土

钢铁渣粉是以钢渣和粒化高炉矿渣为主要原料，可掺加少量石膏分别粉磨成一定强度并按一定比例混合均匀而成的粉体，需要时可加入助磨剂。钢铁渣粉可以发挥矿渣粉和钢渣粉在水泥和混凝土中应用的优点并具有互补性，一方面矿渣粉保证混凝土掺合料的活性，实现大掺量，改善混凝土的工作性、稳定性和耐久性等，另一面钢渣粉中游离氧化钙的水化膨胀特性可补偿混凝土的收缩。

钢渣微粉是实现钢渣高值化资源化利用的主要途径。国家也颁布了《用于水泥和混凝土中的钢渣粉》（GB/T 20491—2006）、《钢铁渣粉》（GB/T 28293—2012）和《钢铁渣粉混凝土应用技术规范》（GB/T 50912—2013）等国家标准。用钢渣粉配制的混凝土具有较高的耐磨性、抗碳化性、水化热低、抗折强度高、韧性好等，但早期强度低，如果采用钢渣和矿渣双掺粉，强度可以提高到 C80 等级。

### 10.2.3　钢铁渣超细粉技术

超细粉技术在 20 世纪 80 年代逐渐发展起来，由于超细粉体粒度极细，比表面积大，加之表面活性高，填充补强性能好，国内企业也开展了高炉矿渣超细粉的探索和实践，以拓展高炉矿渣的应用领域和高价值利用。

国内一般将比表面积在600~800m²/kg、$d_{50}$小于10μm的粉体归类于超细粉体。高炉矿渣被磨制成超细粉后具有了大部分超细粉体具备的特性，高炉矿渣超细粉较常规的高炉矿渣微粉具有粒度小、比表面大和表面活性高的优点，从而在混凝土上应用时具有较好的填充和改善孔隙结构，掺量较大时泌水量增加不显著，改善早期强度等性能。矿渣超细粉主要应用于高性能混凝土，混凝土结构修补材，产、灌浆材料，高铁无砟轨道材料和固化材料等[8]。

钢渣较难磨，超细化成本高，且钢渣高碱度超细化后，易于和空气中的水和$CO_2$发生反应，存放较困难，且超细化对活性增加不明显，钢渣超细化目前研究和实践较少。

高炉渣超细化工艺基于矿渣微粉的球磨、辊压磨+球磨、立磨生产工艺，通过闭路粉磨和分选将矿渣加工到超细粉，因常规机械磨难以将矿渣粉直接加工到超细粉（600m²/kg），超细粉生产时一般还需经过二次选粉系统。二次选粉系统的选择范围为450~800m²/kg可调，当产品的细度超过600m²/kg时，即进入超细粉的范围，将矿渣微粉通过气力分流分级，分选出超细粉，分离的粗粉可返回到原矿渣微粉粉磨中。除了上述的机械磨工艺外，近年来涌现了气流磨和介质搅拌磨等工艺，但尚未规模化应用。

现有的超细粉生产工艺因为采用机械粉磨和二次选粉的方法，单台产量仅为4~5t/h；机械粉磨主要是采用多级粉磨、多级选粉和延长粉磨时间等，设备的增加和时间的延长增加了吨产品电耗，且矿渣含水率较高，需要烘干处理，也增加了加工成本。

## 10.3 蒸汽动能磨

高炉水淬渣具有粒度小、脆性大、易破碎的特点。其含有较多的结晶相及玻璃相，结构为连续网络状，不存在应力集中界面，粉磨时要打断玻璃体中的Si—O键，难度很大，现有的粉磨设备需要消耗大量的电能。

钢渣活性相对较低，必须采用有效方法激活钢渣潜在活性，这是钢渣应用的关键问题[9]。通过机械物理粉碎研磨方法提高钢渣细度，可以很好地激发出钢渣的活性，也是最常见的方式。国家在“十二五”大宗固体废物综合利用规划中提出要将生产钢渣微粉和钢、矿渣复合微粉作为钢渣处理与利用的核心内容[10]。研究表明钢渣的细度影响钢渣活性的激发，钢渣细度越大，其潜在的水硬性被激发出来的速度越快，但钢渣的易磨性差，细度的要求越高，粉磨能耗高，增加了钢渣处理成本[11]。所以降低粉碎研磨钢渣的能耗和成本，低成本钢渣粉磨技术是钢渣综合利用的技术瓶颈和难点问题，开发技术经济可行的粉磨设备在矿渣微粉的产业化生产及产品的推广中起着重要作用。

我国钢铁工业消耗了社会总能耗的15%左右，而生产过程的能量利用效率为30%~50%左右，余热资源的量非常巨大，目前钢铁企业余热回收利用率仅为40%左右[12]，所以如何有效利用工业余热是钢铁企业面临的又一问题。

### 10.3.1 钢渣粉新型粉碎技术

目前钢渣粉磨设备主要有球磨机、辊压机半终粉磨、辊压机终粉磨、立式磨、卧式辊磨等。球磨机和立式磨难以将钢渣加工到 $d_{50}<10\mu m$，若研磨至更细的粉体，则需要成倍增加能耗，产能急剧下降，且球磨机噪声大，物料在腔体内停留时间长，生产周期长，而立式磨振动大，磨辊、磨盘的损耗高，结构复杂。辊压机对钢渣一般只能磨到80μm左右，无法进一步细化[13]。在超细粉碎加工方法中，干法的气流磨，湿法的搅拌磨等可以将钢渣加工到 $d_{50}<10\mu m$，但成本太高，在工业应用方面不具备经济可行性。

正因为如此，粉磨行业以提高粉磨效率、降低能耗和钢耗为宗旨，进行粉磨新装备、新技术的研究开发一直都没停止。为了提高粉磨效率、降低能耗，1997年西南科技大学陈海焱提出利用过热蒸汽作为气流粉碎的动力，从理论上分析了蒸汽动能磨可行性，并将研究成果发表在《四川冶金》[14]。为验证蒸汽动能磨的性能，2003年在四川滴水岩煤矿，建成了一台500t/a小型工业试验样机，用于超细加工粉煤灰，试验表明了蒸汽动能磨的超强粉碎性能，研究结果发表在《现代电力》[15]。为加强蒸汽动能磨工业化应用，随后展开了蒸汽动能磨工业化应用过程中的难点研究，于2006年，在四川江油巴蜀电厂，建成了一条1200t/a的中试线，用于加工超细粉煤灰，中试生产线运行测试表明——设备安全、稳定、可靠。在此基础上，展开了大型化蒸汽动能磨研究，开发出了年产万吨级的大型蒸汽动能磨[16]，已获得国家发明专利“利用窑炉余热制备超细矿物掺合料”等相关专利5项。该技术是在传统气流磨基础上发展起来的，其特点是粉碎效率高，能低成本、规模化的实现物料超细粉碎。此项技术设备已经进入工业化示范阶段，于2014年在山西朔州市巨光建材有限公司建成年产50万t循环流化床粉煤灰超微粉工业示范线，示范结果表明，利用蒸汽动能磨将粉煤灰粉碎至平均粒度小于5μm和10μm，吨超微粉煤灰产品的成本低于100元和30元人民币，表明蒸汽动能磨具有工业规模化生产的技术和经济可行性。

2014年德国耐驰推出S-JET粉碎产品[17]，通过超高温蒸汽的能量作用于研磨物料，与传统压缩空气相比，颗粒可获得更高的速度，碰撞对颗粒的冲击力甚至可达4倍以上，大大提高了研磨的细度。另一方面，在蒸汽环境中，分级轮转速可更高，可以达到的切割点较之压缩空气更小，从而使得更精细的分级成为可能。由于在超高温状态下，过热蒸汽完全是干燥状态，不会对物料带来额外的水分，其将干法研磨可企及的细度极限延伸到了亚微米级（$d_{50}<1\mu m$）。

利用过热蒸汽作为流化床气流粉碎的动力介质的新型粉碎技术，相对于传统物料超细粉碎而言，其性能优异，为低成本制备超细粉体提供一种新的方法工艺和设备。

## 10.3.2 蒸汽动能磨

### 10.3.2.1 蒸汽动能原理

蒸汽动能磨是以有压过热蒸汽作为研磨介质，蒸汽压力可在 0.2~4MPa，温度在 230~350℃之间，其组成原理如图 10-4 所示。蒸汽动能磨由粉碎区和分级区组成，粉碎区周边布置有物料进料口和喷嘴，喷嘴轴线在粉碎区中心交汇，分级区布置有涡轮分级机，用于将粉碎合格物料从粉碎区分选出来。

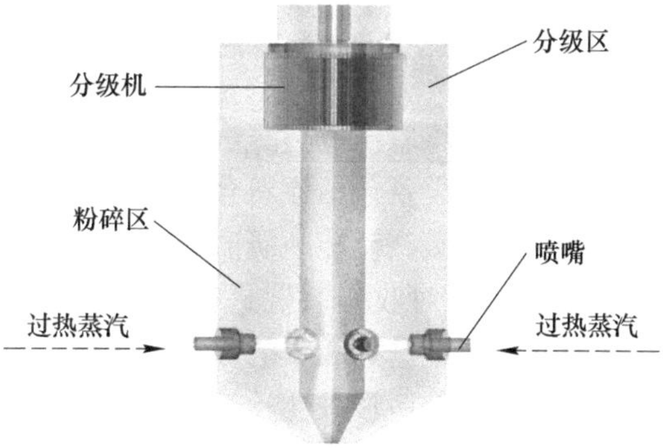


图 10-4 蒸汽动能磨原理

其工作原理是：有压过热蒸汽通入蒸汽动能磨粉碎区周边布置喷嘴，有压过热蒸汽经喷嘴射出，在粉碎室内形成高速蒸汽气流。高速蒸汽气流将粉碎室的物料颗粒在负压的作用下，卷吸进入高速蒸汽气流区域对物料颗粒进行加速，使物料颗粒获得很高的速度；高速运动物料颗粒在粉碎区内经相互冲击、碰撞、摩擦而粉碎。被粉碎后的物料随气流到达涡轮分级机分级区，在分级区内达到细度要求的物料可通过分级机进入收集器，由收集器收集。没有达到细度要求的物料，则无法通过分级机，会沿着蒸汽动能磨边壁返回粉碎区继续参与粉碎，直到粉碎至所需细度后，通过分级机进入收集器收集。

### 10.3.2.2 蒸汽动能磨粉磨系统设备及工艺

蒸汽动能磨粉磨系统组成设备主要有：蒸汽气源设备、加料设备、蒸汽动能磨、收集器和引风机。图 10-5 为蒸汽动能磨粉磨系统生产工艺流程。

蒸汽气源设备是蒸汽动能磨粉碎动力来源，主要设备为锅炉（燃气锅炉、燃煤锅炉、余热锅炉），也可直接采用电厂蒸汽，若利用工业生产过程中产生的余

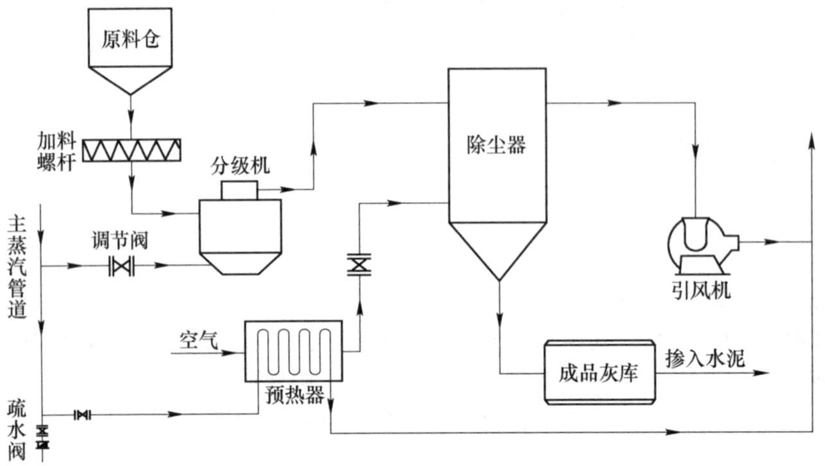


图 10-5　蒸汽动能磨粉磨系统生产工艺流程

热生成蒸汽，由于蒸汽动能磨是将有压过热蒸汽作为动力使用，其为余热的利用提供了一种新的应用方法。加料设备包括原料仓、加料及计量设备。收集器包括旋风收集器和袋式收集器。由于蒸汽动能磨研磨介质是过热蒸汽，粉料收集系统需要在干燥的工况下运行，需要对收集装置进行特殊设置，以保证其正常的运行。首先根据蒸汽参数和物料属性选择相应的除尘器滤料；其次为防止水蒸气在收集设备开机、运行、停机等各个阶段发生冷凝，需对收集装置进行[18,19]：（1）保温隔热；（2）开机阶段预热；（3）合理的结构设计，保证均匀的温度场分布，防止局部冷凝；（4）脉冲清灰气源气体和温度设置；（5）过热蒸汽进气温度和流量的确定；（6）设备的气密性；（7）卸料装置的连续性和密闭性；（8）停机阶段收集装置内部过热蒸汽的置换等合理的设置。图 10-6 为蒸汽动能磨粉磨系统设备图。

蒸汽动能磨粉磨系统包括两个流程（如图 10-7 所示）：过热蒸汽流程（虚线）和物料流程（实线）。过热蒸汽流程为：蒸汽源产生过热蒸汽先后进入蒸汽动能磨、分级机、收集器，经引风机排出。物料流程为：物料进入蒸汽动能磨粉碎后，经分级机分级进入收集器，再由收集器进入超细粉体产品库。

### 10.3.3　过热蒸汽研磨特性

#### 10.3.3.1　能量转换环节少、能量利用率高

传统的气流粉碎是以电能带动空压机产生的压缩空气用于物料的粉碎，我国的电力格局以火电为主，占总电力的 75%左右。以空压机消耗热电的气流粉碎为例，其一次能源利用率不高。这是由于热电转换效率平均为 35%，电能输配效率

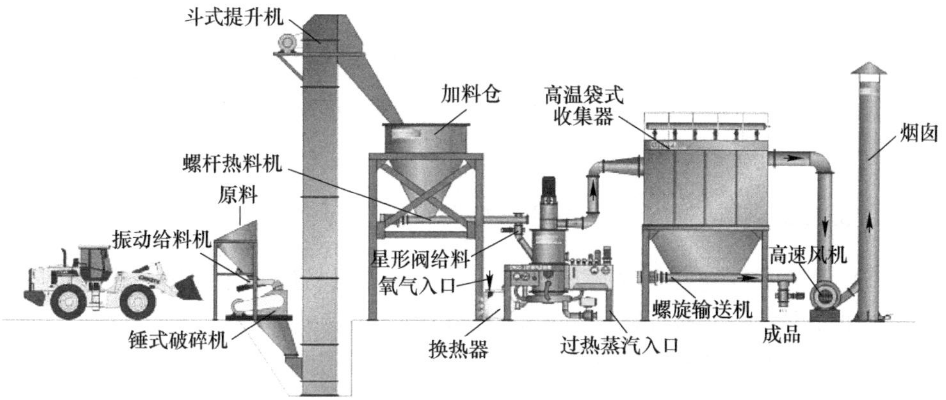


图 10-6 蒸汽动能磨粉磨系统设备

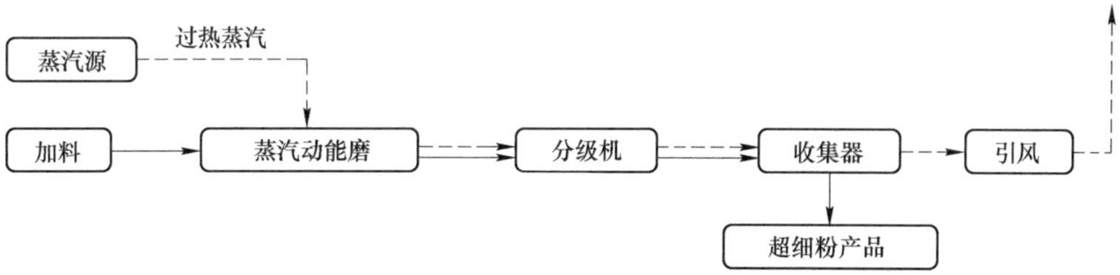


图 10-7 蒸汽动能磨工艺图

为 90%，空压机由于压缩级数不同，效率不同，一般双级压缩电能利用效率为 58%，单级压缩电能利用效率为 78%，所以空压机使用的电能，由于能量的转换环节多，对一次能源（燃料）的利用率大致在 18.3%~24.6%左右，造成一次能源浪费。

图 10-8 为气流粉碎和蒸汽动能磨能量转换图。从图中可见，传统气流粉碎由燃料到形成物料颗粒动能的中间环节有 5 个，而蒸汽动能磨转换环节只有 3 个，能量的转换环节减少，提高了能量的转换效率。以采用燃料的蒸汽动能磨为例，

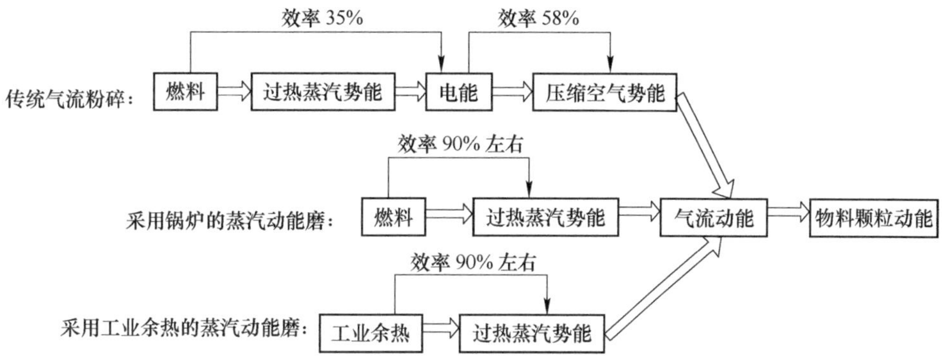


图 10-8 气流粉碎和蒸汽动能磨能量转换图

此时一次能源燃料的热能有90%以上转换成了过热蒸汽的势能，蒸汽通过动能磨喷嘴，更多过热蒸汽的势能将转换成高品质蒸汽流动能，使其一次能源利用率大于传统气流粉碎。而采用工业余热回收的蒸汽用于蒸汽动能磨，无需燃料，低碳高能效特性更加明显。

#### 10.3.3.2　气流速度高、粉碎强度大

(1) 过热蒸汽与空气喷嘴出口速度对比。气流粉碎常用研磨介质主要有压缩空气和过热蒸汽，不同研磨气体喷嘴出口计算表达式如下：

压缩空气研磨气体喷嘴出口速度为：

$$u_2 = \left\{\frac{2k}{k-1}p_0v_0\left[1-\left(\frac{p_2}{p_0}\right)^{\frac{k-1}{k}}\right]\right\}^{\frac{1}{2}} \tag{10-1}$$

式中　$p_0$，$p_2$——喷嘴进出口气体压力，Pa；

$v_0$——喷嘴进口气体比容，$m^3/kg$；

$k$——绝热指数，空气 $k=1.4$。

过热蒸汽喷嘴出口速度为：

$$u_2 = [2(i_0 - i_2)]^{\frac{1}{2}} \tag{10-2}$$

式中　$i_0$，$i_2$——喷嘴进出口过热蒸汽比焓，J/kg。

图10-9给出了在粉碎压力为0.3~1MPa间，过热蒸汽温度为300℃、350℃时，空气为30℃、200℃、300℃时喷嘴出口的气流速度，可见过热蒸汽喷嘴气流出口速度远高于空气在喷嘴出口处的速度。如相对压力为0.5MPa、300℃低品位过热蒸汽喷嘴气流出口速度为871m/s，而相同压力下，30℃和300℃空气喷嘴气流出口速度分别为491m/s和675m/s。表明过热蒸汽在喷嘴出口形成的蒸汽流速度远高于空气在喷嘴出口形成的速度。

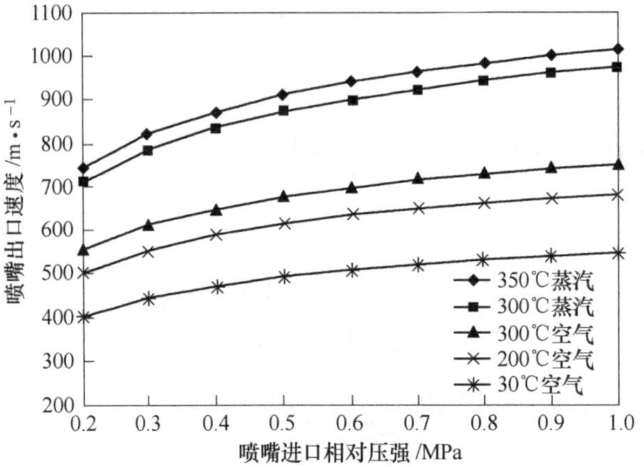


图10-9　不同介质喷嘴出口气流速度

（2）颗粒的加速特性。气流粉碎是物料颗粒在高速气流中加速，从而获得冲击、碰撞、摩擦的能量，物料颗粒在冲击状态下发生自由冲击碰撞粉碎时，所需的冲击速度 $u$ 为：

$$u = \sigma \sqrt{\frac{1}{E\rho_s(1-\varepsilon^2)}} \tag{10-3}$$

式中 $\sigma$ ——颗粒的强度极限，Pa；

$E$ ——颗粒的弹性模量，Pa；

$\rho_s$ ——颗粒的密度，$kg/m^3$；

$\varepsilon$ ——冲击碰撞的颗粒速度的恢复系数。

由式（10-3）知，物料的冲击破坏所需要的速度 $u$ 与颗粒的强度极限、弹性模量等机械性能有关。当物料颗粒获得的碰撞速度越大时，粉碎后的物料越细，所以物料颗粒在高速气流中的加速是粉碎的关键。由于不同气流物性不同，对物料颗粒的加速性能不同，为研究过热蒸汽条件下物料的加速性能，数值模拟对比了过热蒸汽与空气高速气流对物料颗粒的加速，图 10-10 给出了在相同的进出口压力温度条件下，在压缩空气和过热蒸汽条件下，对密度为 2650$kg/m^3$，入料粒度在 50~200μm 之间的颗粒加速性能的模拟结果[20]。

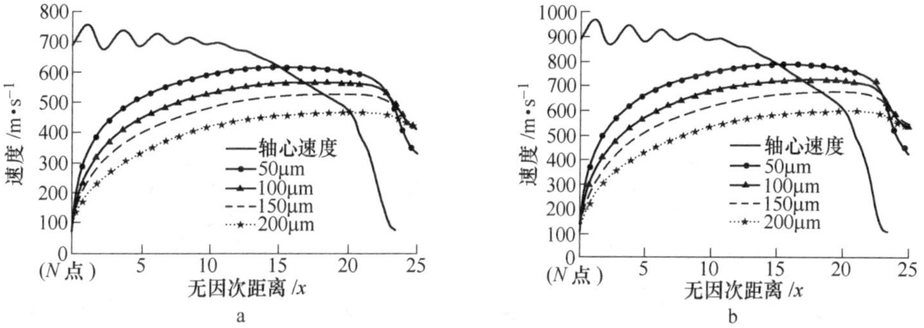


图 10-10 不同气流工质下轴心气流对颗粒的加速

a—空气工质下轴心气流对颗粒的加速；b—蒸汽工质下轴心气流对颗粒的加速

从图中可以看出，蒸汽工质加速性能优于空气工质，两种工质均随粉碎物料粒径的增大，被加速达到的最大速度在减小。如对于粒径 $d = 50\mu m$ 的颗粒，蒸汽工质条件下颗粒被加速达到最大速度为 768m/s，比在空气工质条件下达到的最大速度 593m/s，增大了 175m/s，可见蒸汽工质条件下，颗粒被加速到更高的速度，增大了颗粒间的冲击、碰撞、摩擦的作用力，更利于物料的粉碎。

从颗粒相的径向瞬时速度场对比分析 $d = 5\mu m$、$d = 15\mu m$、$d = 30\mu m$、$d = 45\mu m$ 四种粒径下颗粒群的加速特性。从微观上分析颗粒在粉碎腔的核心射流区域内的加速情况，如图 10-11a 所示，取喷嘴出口气流扩散角度为 30°和 10°内距离喷嘴出口 $x = 3$、$x = 6$、$x = 9$、$x = 12$ 倍无因次距离的四条径向直线。

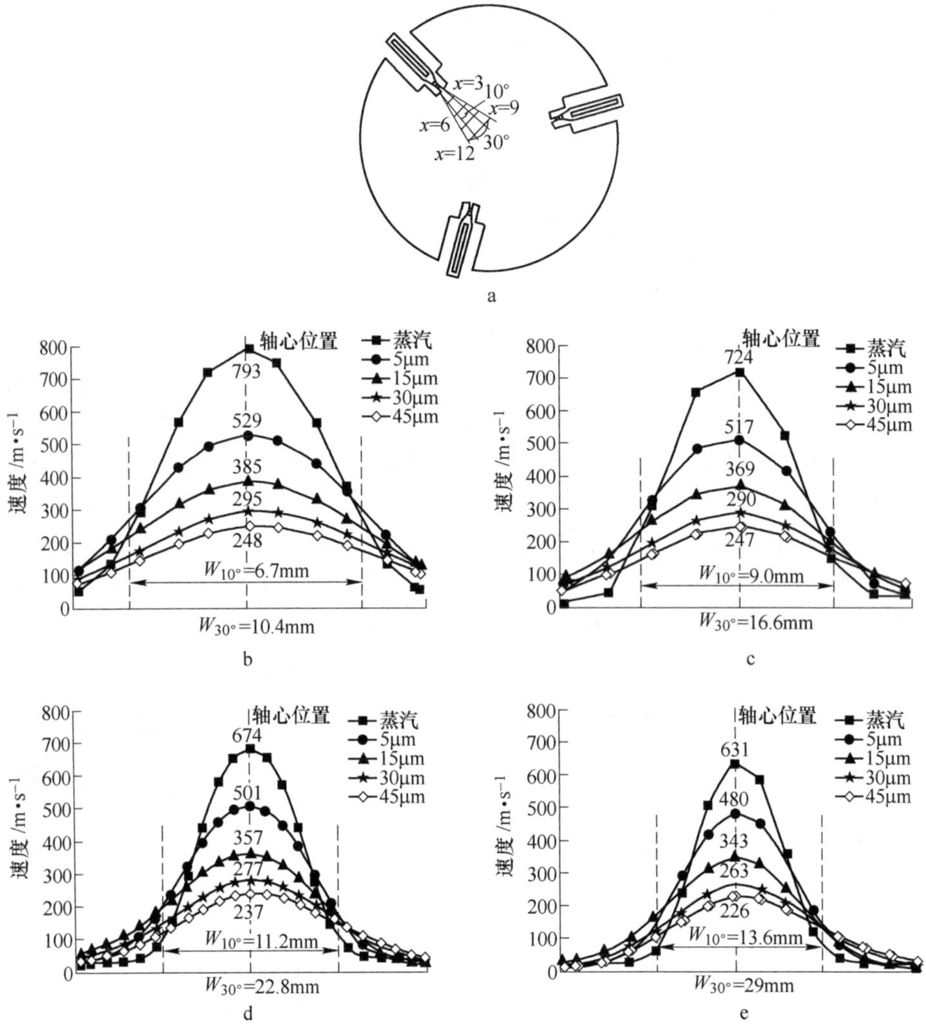


图 10-11　不同无因次距离对应的径向速度

a—喷嘴射流断面核心加速区域；b—$x=3$；c—$x=6$；d—$x=9$；e—$x=12$

图 10-11b～e 所示分别为射流断面距离喷嘴出口 $x=3$、$x=6$、$x=9$、$x=12$ 倍无因次距离的径向宽度 $W_{30°}$ 与 $W_{10°}$ 的速度分布，分别对 $d=5\mu m$、$d=15\mu m$、$d=30\mu m$、$d=45\mu m$ 四种粒径的颗粒被加速达到的速度进行分析，可以看出，不同的无因次距离下，气固两相的速度均不同，存在明显的速度差，蒸汽的速度均高于颗粒的速度。并且，在射流轴心位置及其附近，颗粒的速度随粒径的增大而减小；而在射流边缘，颗粒的速度几乎不受粒径的影响。从图中还可以看出，颗粒主要集中在 10°的射流角度内被加速，说明在 $W_{10°}$ 宽度以外的颗粒几乎很难被气流带动加速，在实际过程中可以考虑在 10°的射流核心加速区域内加入加料喷嘴，

有助于颗粒群被气流带动加速，提高颗粒的粉碎效率。

如图 10-11b 所示，在 $x=3$ 倍无因次距离的径向速度分布可以看出，蒸汽的速度最大为 793m/s，粒径 $d=5\mu m$、$d=15\mu m$、$d=30\mu m$、$d=45\mu m$ 的颗粒被蒸汽加速达到的最大速度分别为 529m/s、385m/s、295m/s、248m/s，随着粒径的增大，速度不断降低。同理，从图 10-11c、d、e 中可以看出，在 $x=6$、$x=9$、$x=12$ 倍无因次距离下，蒸汽和四种粒径下颗粒的加速最大速度，汇总表 10-2。

**表 10-2 不同无因次距离下蒸汽和颗粒被加速的最大速度** (m/s)

| 序号 | 蒸汽 | 5μm | 15μm | 30μm | 45μm |
|---|---|---|---|---|---|
| $x=3$ | 793 | 529 | 385 | 295 | 248 |
| $x=6$ | 724 | 517 | 369 | 290 | 247 |
| $x=9$ | 674 | 501 | 357 | 277 | 237 |
| $x=12$ | 631 | 480 | 343 | 263 | 226 |

根据颗粒在 $W_{30°}$ 与 $W_{10°}$ 径向宽度上被加速的速度情况，得出了颗粒的加速速度与粒径的关系。而影响粉碎效率的影响因素除加速速度之外，还有颗粒的相对体积分数（区域内体积分数与入料体积分数的比值），图 10-12 从粉碎腔喷嘴面分析被加速颗粒的相对体积分数情况。

图 10-12a~d 分别是 $d=5\mu m$、$d=15\mu m$、$d=30\mu m$、$d=45\mu m$ 四种粒径下，喷嘴中心面颗粒的体积分数云图。从图 10-12 中可以看出：在相同的进料量下，粉碎腔内颗粒的相对体积分数随着粒径的增大而增大。粒径 $d=5\mu m$ 的颗粒群在粉碎腔喷嘴面的相对体积分数最大，最容易被高速的蒸汽气流带动加速，$d=15\mu m$、$d=30\mu m$、$d=45\mu m$ 时依次减小。因此，粒径小的颗粒跟随性好，容易被引射气流带入核心区域加速；反之，粒径大的颗粒不易被带动加速。粒径 $d=5\mu m$、$d=15\mu m$ 颗粒易进入喷射气流核心加速区域，$d=30\mu m$、$d=45\mu m$ 的颗粒较难进入核心加速区域。这是由于颗粒粒径越小，在同等密度条件下的重量越小，蒸汽克服颗粒重力所做的功也越小。

（3）过热蒸汽压力对粉碎的影响。过热蒸汽进口压力的变化，影响蒸汽流的射流速度和对物料颗粒的加速性能，进而影响到物料的粉碎效果。为研究过热蒸汽进口压力对粉碎的影响，对过热蒸汽工质进口温度 573K，进口压力分别为 0.5MPa、0.7MPa、1.0MPa，出口背压为-34kPa 的不同参数过热蒸汽，对密度 $\rho=2650kg/m^3$，粒径 $d=100\mu m$ 颗粒加速性能进行了模拟，结果如图 10-13 所示[20]。

图 10-13 为同条件下蒸汽射流速度和颗粒的加速性能对比图。从图 10-13a 可

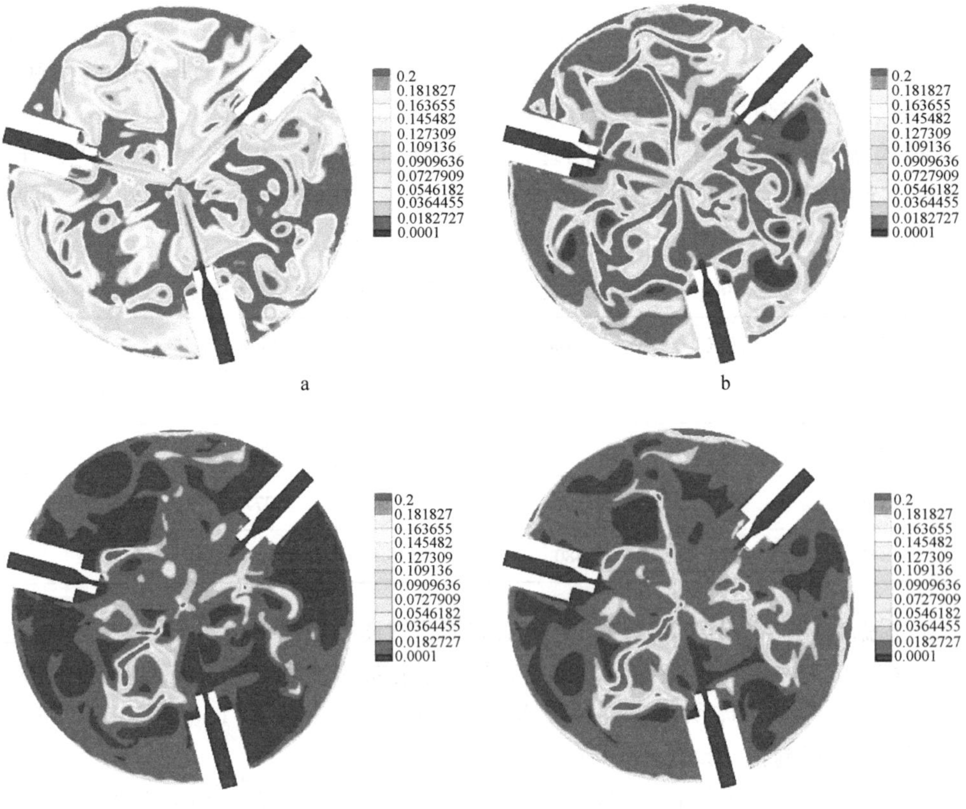


图 10-12　喷嘴面颗粒的体积分数云图

a—$d=5\mu m$；b—$d=15\mu m$；c—$d=30\mu m$；d—$d=45\mu m$

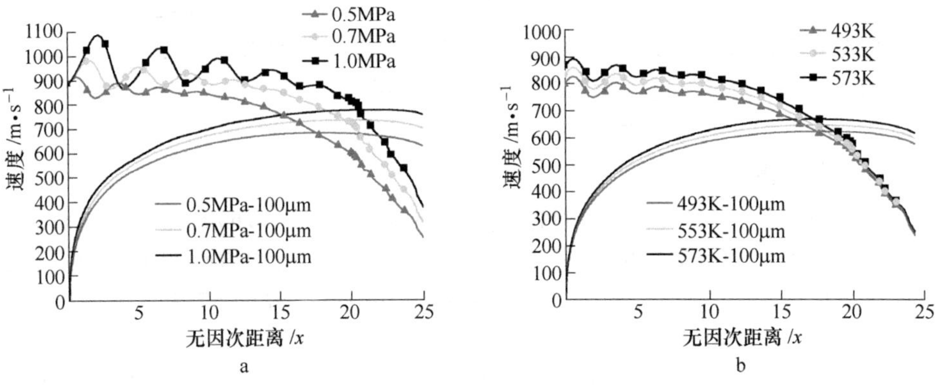


图 10-13　不同条件下蒸汽射流速度和颗粒的加速性能

a—不同入口压力；b—不同入口温度

以看出，蒸汽压力增大，虽然喷嘴出口的速度是相同的，均为 886m/s，但随着粉碎压力由 0.5MPa 增大到 0.7MPa、1.0MPa 时，喷嘴出口压力和粉碎腔体的背压差增大，蒸汽流膨胀作用明显，蒸汽射流轴心速度增大，颗粒获得的最大速度分别是 916m/s、984m/s、1087m/s，所以粉碎压力的增大，能使物料加速到更高的速度，从而提高粉碎强度，利于物料的粉碎。图 10-13b 为过热蒸汽工质进口压力为 0.5MPa，进口温度分别为 573K、533K、493K，出口背压为 -34kPa 时，不同温度过热蒸汽对颗粒密度 $\rho = 2650\text{kg/m}^3$，粒径 $d = 100\mu\text{m}$ 颗粒加速性能的模拟结果[20]。同样，过热蒸汽进口温度的不同，通过喷嘴形成的蒸汽流的速度不同，也影响着颗粒的加速性能和粉碎性能。

（4）过热蒸汽进口温度对粉碎的影响。由图 10-13b 可见，过热蒸汽射流速度随着进口温度的升高而增大，进口温度为 573K、533K、493K 时，最大气流速度分别为 916m/s、882m/s、857m/s，颗粒被加速达到的最大速度分别是 685m/s、661m/s、638m/s，即随着温度的增加，颗粒被加速达到的最大速度也增加。当然进口温度不是越高越好，还要考虑到设备的耐温等性能，在满足设备耐温等性能的同时，在保证蒸汽提供最大焓差，且使用能耗最小的前提下，尽可能的提高进口温度，可使气流能够获得更高的速度，这是可以提高颗粒的粉碎效果的。

可见，利用过热蒸汽作为气流粉碎的动力介质，具有能量利用率高，产生相对于空气介质更高的蒸汽流射流速度，物料获得更高速度，这些结果均指向蒸汽动能磨用于物料颗粒超细粉碎的优势。

### 10.3.4 蒸汽动能磨的特性

（1）物料粉碎粒度细。传统气流粉碎是目前公认的获得最小粒径的物理干法粉碎方式，但很难将物料粉碎到粒径小于 1μm 以下。而采用蒸汽动能磨，一次能源利用率远远大于传统气流粉碎，物料颗粒获得的速度远大于气流粉碎提供的气流速度，使物料具有更高的运动速度，粉碎强度提高到气流粉碎的 3~4 倍。利用蒸汽动能磨超细加工粉体，突破了传统气流粉碎最小粒径的限制，可加工出比传统气流粉碎更细的超细粉体产品。表 10-3 是采用绵阳流能粉体设备有限公司生产的蒸汽动能磨加工出亚微米粉体细度，以及德国耐驰公司采用 S-Jet mill 蒸汽研磨机加工出的纳米粉体细度。由于蒸汽动能磨以蒸汽作为动态分级颗粒介质，蒸汽相比空气而言，蒸汽分子量小，固有音速高，所以在蒸汽环境中能够分级出更小切割粒径的粉体；再者，物料蒸汽粉碎中，由于蒸汽环境粉体碰撞粉碎产生的荷电被及时导出，无法蓄积，防止了粉体的团聚，分散性好，大大利于分级机的分级，也使得分级机的切割粒径更细。

**表 10-3　蒸汽工质加工超细物料**

| 物料名称 | 成品粒度/μm | | | 蒸汽参数 | 设备厂家 |
|---|---|---|---|---|---|
| | $d_{50}$ | $d_{97}$ | $d_{99}$ | | |
| 绿碳化硅 | 0.83 | 1.34 | — | 280℃<br>0.4MPa | 绵阳流能<br>蒸汽动能磨 |
| 叶蜡石 | 0.9 | 1.67 | — | | |
| 黑滑石 | 0.7 | 1.3 | — | | |
| 伊利石 | 0.9 | 1.56 | — | | |
| 石英粉 | 1.05 | 1.93 | — | | |
| 氧化铝 | 0.13 | — | 0.35 | 350℃<br>4MPa | 德国耐驰<br>S-Jet Mill |
| 钡 | 0.13 | — | 0.34 | | |
| 铁矿石 | 0.07 | — | 0.37 | | |
| 玻璃粉 | 0.57 | — | 1.89 | | |
| 无定形石墨 | 0.16 | — | 0.58 | | |
| 石灰石 | 0.54 | — | 1.87 | | |
| 金刚砂 | 0.24 | — | 1.04 | | |
| 硅灰石 | 0.3 | — | 2.6 | | |
| 氧化锆 | 0.44 | — | 2.59 | | |

（2）设备大型化。传统气流粉碎，采用空压机为粉碎系统提供动力气源，由于空压机终了温度过高将影响汽缸润滑油性能，并可能造成运行事故。因此，气体空压机对压缩终了温度进行了限制。空气压缩机排气温度一般不允许超过160~180℃。为了获得更高的压力，常采用具有中间冷却设备的多级压缩，将排气温度控制在40℃。但是级数过多，设备复杂，造价增高，阻力损失增大[21]，很难将空压机的压机做高。同时，气流粉碎设备的产能取决于气源设备提供的压缩气体的流量，目前单台空压机最大空压200~300m$^3$/min，很难再大型化。

蒸汽动能磨采用有压的过热蒸汽，其是将水先进行增压，然后在高压下经加热生成高压高温过热蒸汽。由于水是不可压缩流体，给不可压缩的水增压是很容易实现，如电厂锅炉压力可达22MPa，这是空压机无法实现的。并且高压水下依靠加热方式形成蒸汽，需要蒸汽的量仅仅取决于蒸发面的大小，可根据蒸汽量的需求安排蒸发面的大小。

因此，蒸汽动能磨气源系统容易大型化，大型化锅炉设备已普及，很容易满足大型蒸汽动能磨的需求，大大提高了单机蒸汽动能磨的产能。表10-4为绵阳流能粉体设备有限公司生产的蒸汽动能磨的型号和德国耐驰公司生产的S-Jet蒸汽研磨机型号及其性能参数。

**表 10-4 蒸汽动能磨的性能参数**

| 型号 | 水蒸气质量流量/kg · h$^{-1}$ | 蒸汽压力/MPa | 温度/℃ | 产量/kg · h$^{-1}$ | $d_{50}$ | 设备厂家 |
|---|---|---|---|---|---|---|
| LNGS-150 | 150 | 0.4~0.6 | 240~320 | 5~500 | 0.3~32 | 绵阳流能粉体设备有限公司 |
| LNGS-1000 | 1000 | 0.4~0.6 | 240~320 | 20~3000 | 0.5~32 | |
| LNGS-3000 | 3000 | 0.4~0.6 | 240~320 | 50~10000 | 0.5~32 | |
| LNGS-10T | 10000 | 0.4~0.6 | 240~320 | 4000~30000 | 1~32 | |
| LNGS-20T | 20000 | 0.4~0.6 | 240~320 | 8000~60000 | 2~32 | |
| LNGS-40T | 40000 | 0.4~0.6 | 240~320 | 60000~120000 | 2~32 | |
| S-Jet-25 | 25 | 11 | 300 | — | 0.1~50 | 德国耐驰 |
| S-Jet-150 | 75~150 | 4 | 230~360 | 2~150 | 0.1~100 | |
| S-Jet-500 | 250~500 | 4 | 230~360 | 6~500 | 0.1~100 | |
| S-Jet-1000 | 500~1000 | 4 | 230~360 | 12~1000 | 0.1~100 | |
| S-Jet-2000 | 1000~2000 | 4 | 230~360 | 30~2000 | 0.2~120 | |
| S-Jet-3000 | 1500~3000 | 4 | 230~360 | 45~3000 | 0.2~120 | |
| S-Jet-4500 | 2250~4500 | 4 | 230~360 | 70~4500 | 0.3~150 | |
| S-Jet-6000 | 3000~6000 | 4 | 230~360 | 100~6000 | 0.3~150 | |

（3）产能大、低成本、节能显著。由于蒸汽动能磨对物料颗粒加速性能远大于气流磨，大幅增加了颗粒间的冲击、碰撞、摩擦的作用力，粉碎强度大，更易实现物料粉碎。同时大型化蒸汽动能磨具备产能大、加工物料成本低、节能显著的特点。以朔州巨光建材有限公司为例，采用绵阳流能粉体设备有限公司生产的蒸汽动能磨，用于超细加工朔州煤矸石电厂的固硫灰，当超细灰的平均粒度为8.999μm时，其产能达73t/h（年产56万t），成本不高于30元/t；当超细灰的平均粒度为5μm以下时，其产能达21t/h（年产16.8万t），成本不高于100元/t，单位产能能耗小，节能显著。对比传统的气流粉碎，达到相同的粉碎粒度，成本将超过1000元/t。

（4）物料粉碎和烘干同步。蒸汽动能磨是在过热环境中运行，其天然具备物料烘干性能，而且烘干速度快，且物料的粉碎与物料的烘干同步进行，粉碎结束，烘干完成，此过程时间仅有十几秒，烘干效率高，大大缩减了物料的烘干时间。

含水物料本身需要粉碎和烘干时，传统加工方法一般是将物料的粉碎和烘干分开单独进行，而采用蒸汽动能磨，可将物料粉碎和烘干同步，大大简化了既要粉碎又要烘干物料的加工工艺，缩短工艺流程，增加了工艺的连续性。表10-5为采用绵阳流能粉体设备有限公司的蒸汽动能磨粉碎含水物料，粉碎前后物料的含水率对比表明蒸汽动能磨高效的粉碎烘干性能。

**表 10-5　蒸汽动能磨对含水物料粉碎烘干性能**

| 物料名称 | 粉碎前水分/% | 粉碎后水分/% | 成品粒度 $d_{50}$/μm | 成品粒度 $d_{90}$/μm |
|---|---|---|---|---|
| 脱硫石膏 | 25~30 | 0.5~1 | 1.93 | 3.18 |
| 拟薄水铝石 | 60~70 | 7.1~8.1 | 1.66 | 2.80 |
| 褐煤 | 22~30 | 14.5~16.5 | 11.45 | 23.65 |
| | 22~30 | 6.5~8 | 5.51 | 9.09 |
| 活性硅酸钙 | 25~30 | 5.2~6 | 3.89 | 11.70 |
| 石油焦 | 13~15 | 1.1~2 | 23.33 | 65.11 |

(5) 加工物料范围广泛。蒸汽动能磨制备超细粉体，由于加工成本低，加工粉体粒径调节范围宽（改变分级机频率、实施多级分级），极大地拓宽了加工物料的范围。不但可广泛用于重钙、滑石、高岭土、硅灰石、石墨、云母、石英、锆英石等大宗非金属矿及碳化硅、钛白粉等各类非热敏性化工原料的低成本、大规模超细加工，还可用于如粉煤灰、冶金渣、化工渣等大宗工业固体废渣超细加工。

我国非金属矿资源极为丰富，已探明储量的非金属矿就达八十多种，其中石墨、萤石、重晶石、硅粉石、沸石等储量居世界首位。然而，我国超微粉加工工业总体上较为落后，在对非金属矿进行深加工中，通常只能采用常规机械磨机（如雷蒙磨、高速冲击磨等）加工出 400 目（37μm）粗细的产品，而难以（或极少）能完成对非金属矿产品的超细加工。因此，我国丰富的矿产资源被外商以低价买去加工成超微粉以后，再反过来高价卖给我们，经济损失极为惨重。为此，原国家建材局一再呼吁国家重点发展超微粉技术，据估算，如果出口原矿石的 30%得到超微加工粉碎，就是不增加出口量，也可以使目前的出口额翻一翻甚至还要更多。

再者，蒸汽动能磨粉碎节能优势明显，不但克服了传统气流粉碎高耗能、低产能的缺陷，而且为低附加值物料，如固硫灰、钢渣、高炉渣等固体废弃物的低成本超细加工提供了技术和设备上的支撑，为低附加值物料资源化的利用提供了可能。

(6) 加工过程防爆、防静电、防氧化。传统气流粉碎物料是在空气中进行的，无法对易爆、易氧化物料进行粉碎，对易爆、易氧化物料的粉碎必须采用特殊的方式。如易爆、易氧化物料需采用氮气、氩气等作为气流粉碎介质；对易产生静电物料粉碎时需在粉碎设备和粉体收集中增加静电导出部件将静电导出。但无论是采用惰性气体作为气流粉碎介质，还是增加静电导出部件，都将会增加粉碎的成本和降低系统的可靠性。

而用蒸汽动能磨制备粉体，动能介质为工业余热制取的低品位过热蒸汽，粉碎是在过热蒸汽中完成，不存在氧气，防止了物料的氧化和爆炸的危险；同时，蒸汽环境中物料流动和粉碎中产生的静电能快速被导出，防止了静电的蓄积，增加了设备可靠性。

### 10.3.5 蒸汽动能磨的余热利用特征

我国工业余热资源丰富，广泛存在于工业各行业生产过程中，余热资源约占其燃料消耗总量的17%~67%，其中可回收率达60%，而目前我国余热利用率仅为33%左右，余热利用率提升空间大，潜力巨大，但由于工业余热利用方式有限，至少50%的工业耗能（约12亿吨标准煤）以各种形式的余热被废弃。

工业余热一般分为600℃以上的高温余热，300~600℃的中温余热和300℃以下的低温余热三种。目前余热利用主要方式为余热发电（热功转换技术）、热能利用（热交换技术、余热制冷制热技术）[22]。但余热发电效率低（不超过20%），且为一种间歇性电力，难以并入电网，电力只能在企业内部消化，消化不了只能浪费；再者余热发电投资大，从而限制了余热发电的应用。作为热能使用的余热主要用于热交换和余热制冷制热，但用于热交换和制冷制热的余热，由于用热的不平衡性和使用半径的限制，用量有限，造成了余热浪费严重。所以，开拓余热的利用新方法是提高余热利用的重要途径。

蒸汽动能磨以过热蒸汽作为粉碎动力介质，一般对蒸汽温度要求为240~300℃。工业余热中低温余热可用于预热锅炉进水，600℃以上的高温余热和300~600℃的中温余热用于提高蒸汽品质，如果作为动力粉碎物料，这为工业余热的利用提供一种新方法和新途径。同时，工业固废（钢渣、粉煤灰、矿渣）产生和工业余热常常是伴生存在的，固废的超细加工是固废资源化利用的重要途径，蒸汽动能磨有机的将余热利用和固体废弃物资源化的低成本超细加工结合在一起，不但为工业余热利用提供了一种新途径，同时为工业固废大宗资源化低成本超细加工提供全新的方法。

### 10.3.6 蒸汽动能磨的固硫灰加工应用案例

（1）应用单位：山西朔州市巨光建材有限公司。

（2）主要设备包括：蒸汽动能磨、过热蒸汽袋式除尘器、高温风机、脉冲喷吹装置、螺杆加料系统装置、控制系统、各种智能仪表、安全装置等。图10-14为系统现场照片。

（3）试验工艺：固硫灰原灰通过气力输送进入固硫灰储库，再经螺旋给料计量称进入蒸汽粉碎分级机，过热蒸汽通过蒸汽管道进入蒸汽粉碎分级机，粉碎后的超细固硫灰经收尘器收集，通过螺旋输送机、斜槽输送机和斗式提升机进入超细固硫灰贮存库。图10-15为固硫灰超细化工艺流程图。

图 10-14　系统现场照片

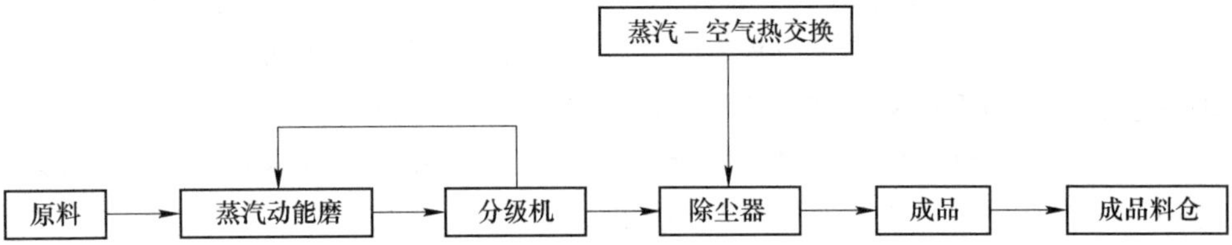


图 10-15　固硫灰超细化工艺流程图

(4) 成本分析：超细固硫灰的加工能耗和成本测算见表 10-6。产能随目标粒径的减小而减小，能耗和成本则上升；三个不同目标粒径下的成本、产量和能耗结果体现了蒸汽动能磨在加工固硫灰超细粉体上的规模和成本优势。

**表 10-6　不同工况下蒸汽动能磨加工超细固硫灰能耗对比分析**

| 参　数 | 温度/℃ | 压力/MPa | 温度/℃ | 压力/MPa | 温度/℃ | 压力/MPa |
|---|---|---|---|---|---|---|
| | 246 | 0.25 | 270 | 0.4 | 296 | 0.54 |
| 功率/kW | 215.7 | | 282.9 | | 275.1 | |
| 产量/$t \cdot h^{-1}$ | 12 | | 21 | | 73 | |
| 粒度 $d_{50}$/μm | 3.430 | | 4.758 | | 8.999 | |
| 蒸汽价格/元 · $t^{-1}$ | 80 | | 80 | | 80 | |
| 电价/元 · 度$^{-1}$ | 1.0 | | 1.0 | | 1.0 | |
| 单位产量蒸汽价格/元 · $t^{-1}$ | 80 | | 64.9 | | 23 | |
| 单位产量价格/元 · $t^{-1}$ | 97.9 | | 78.6 | | 27.6 | |

## 10.3.7 高炉渣和钢渣的蒸汽磨加工

### 10.3.7.1 高炉渣和钢渣蒸汽磨加工的特点

高炉渣超细粉是高炉渣高值化利用的重要途径；钢渣微粉化是拓宽钢渣利用途径和提高其附加值利用的重要方向。由于钢渣既难破又难磨，粉磨效率低，电耗高，粉磨成本高，如何提高粉磨效率，降低粉磨电耗，直接影响到钢渣资源的综合利用水平；同时钢渣微粉用作辅助性胶凝材料时，还需解决其游离氧化钙问题，否则其利用规模受限。

（1）加工产能大。现有的高炉渣超细粉主要采用机械粉磨和二次选粉的方法，单台产量仅为4~5t/h；而蒸汽动能磨单台产量为50~60t/h。

蒸汽流粉碎加工技术利用过热蒸汽作为载体，过热蒸汽经超音速喷嘴加速到近千米/秒形成高速蒸汽流，使加入到其中的高炉渣和钢渣颗粒因相互间碰撞、摩擦等多力耦合作用而粉碎，样品无需预烘干，能很好克服机械和气流粉碎的缺点，可以低成本、规模化的加工钢渣粉和矿渣，且特别适于加工超细粉体。

（2）粉碎加工与烘干同步。高炉水渣含水率大于10%，而钢渣含水率也接近5%，传统机械磨粉碎加工时需先烘干，蒸汽动能磨是在过热环境中运行，天然具备物料烘干性能，可实现物料的粉碎与烘干同步进行，粉碎结束，烘干完成，此过程时间仅有十几秒，烘干效率高，大大缩减了物料的烘干时间；简化了加工工艺的同时对节省烘干的成本有帮助。

（3）钢渣粉碎时消解游离氧化钙。钢渣粉本质上是过烧的硅酸盐水泥熟料，主要成分硅酸三钙、硅酸二钙、RO相等矿物，钢渣的生成温度为1600~1700℃，晶体致密，水化速度慢，由于钢渣碱度较高，故其中含有较高的游离氧化钙和游离氧化镁，此会导致钢渣应用过程中产生体积膨胀，造成钢渣的体积不安定性，限制了钢渣的建材化利用水平和规模的提高；同时钢渣碱度高从而pH值高，应用时还需避免对环境的影响。

世界钢协钢铁副产品管理项目报告中对世界主要钢铁公司钢渣的游离氧化钙含量进行过统计，其中超过40%钢铁企业的游离氧化钙含量在5%~7.5%，如图10-16所示。消除游离氧化钙的方法主要有钢渣调质、自然陈化及蒸汽陈化。钢渣调质指在熔融钢质中喷入硅砂粉等酸性氧化物，以消除碱性的游离氧化钙，此方法快速且对游离氧化钙消解彻底，钢渣稳定性好，但成本昂贵。自然陈化去除是将钢渣堆存，空气中的水分、$CO_2$和钢渣中游离氧化钙慢慢发生反应，此方法时间长达1~2年且游离氧化钙消解不彻底；蒸汽陈化是将钢渣放在一个封闭的容器中，利用0.5MPa的蒸汽可在2~3h内将钢渣中大部分的游离氧化钙消解，钢渣膨胀率降低到可以建材安全利用的水平。

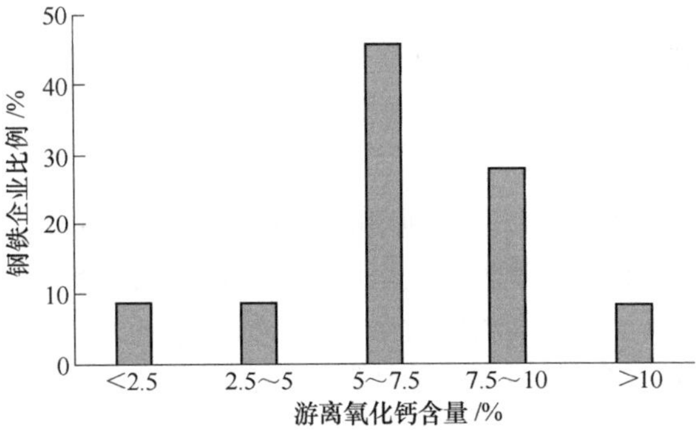


图 10-16　钢渣游离氧化钙含量范围

蒸汽动能磨恰恰以过热蒸汽作为粉碎动力介质，蒸汽温度要求为 230～350℃，且蒸汽粉碎加工的过程提供了蒸汽和钢渣游离氧化钙充分反应的良好环境。

（4）钢渣粉碎时分离富铁和非活性相组分。蒸汽动能磨加工时通过工艺设计，利用密度差、结合磁选等手段可以在粉碎加工过程中将富含铁和非活性的 RO 相进行分离，进而使得钢渣粉活性高、稳定性好；RO 相等富铁相可以返生产或用作他用，如耐磨颗粒料等。

（5）钢铁渣余热回收与蒸汽动能磨粉碎一体化。吨钢热态熔融的钢铁渣出渣温度为 1450～1600℃，热焓约为 1600～1700MJ/t 熔渣，结合热态钢铁渣的余热回收，可以部分利用其回收余热生产过热蒸汽用于粉碎加工尾渣，从而实现钢铁渣余热回收与尾渣蒸汽动能磨产品加工一体化（如图 10-17 所示）。

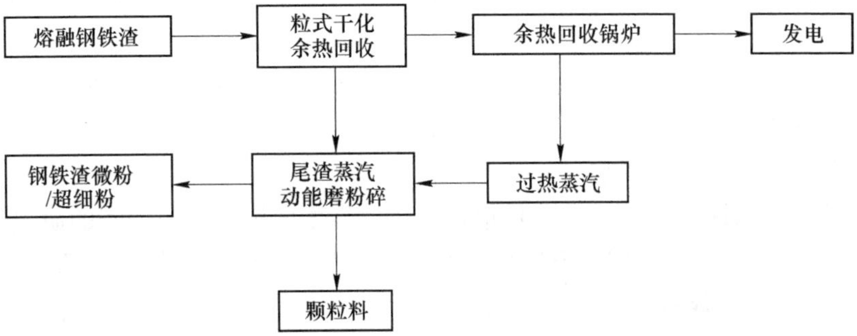


图 10-17　钢铁渣余热回收与蒸汽动能磨粉碎一体化示意图

#### 10.3.7.2　高炉渣和钢渣蒸汽动能磨中试加工效果

利用小型蒸汽动能磨进行了高炉水渣和钢渣中试加工，其产量、能耗和成本测算见表 10-7。

**表 10-7 高炉水渣和钢渣蒸汽动能磨中试加工数据**

| 物料名称 | 物料要求 | 产品细度 $d_{50}$/μm | 产量/t | 单位电耗 /kW · h · $t^{-1}$ | 蒸汽用量 /t · $h^{-1}$ | 单位生产成本 /元 · $t^{-1}$ | 蒸汽参数 |
|---|---|---|---|---|---|---|---|
| 高炉水渣 | <3mm | 3 | 1.0 | 32.4 | 1.0 | 147.6 | 温度：230~250℃ 压力：0.4~0.6MPa |
| | 含水率 2.4% | 5 | 1.6 | 17.11 | | 114.68 | |
| | | 12 | 2.0 | 7.2 | | 63.35 | |
| 钢渣 | <3mm | 3 | 1.25 | 25.92 | | 140.07 | |
| | 含水率 2.1% | 5 | 1.8 | 15.21 | | 78.76 | |
| | | 12 | 2.2 | 6.54 | | 57.58 | |

三个不同粒径的小型蒸汽动能磨加工钢渣粉的活性指数见表 10-8。钢渣粉 $d_{50}$<8.1μm 时，能满足《用于水泥和混凝土中的钢渣粉》(GB 20491—2017) 中钢渣粉掺量 30%时，7d 和 28d 活性指数不小于 65%和 80%的要求（一级品）。当钢渣粉细度较高时（$d_{50}$=2.5μm），其活性指数超过 90。

**表 10-8 钢渣粉细度和钢渣活性指数的关系**

| 钢渣粉 $d_{50}$/μm | 7d 活性指数 | 28d 活性指数 |
|---|---|---|
| 8.1 | 75 | 82 |
| 5.1 | 77 | 87 |
| 2.5 | 93 | 95 |

小型蒸汽动能磨加工 $d_{50}$实测为 8.1μm 的钢渣粉及钢渣原料、加工过程中分离的钢渣底料主要成分见表 10-9，其中钢渣粉的游离氧化钙降到 2.82，分离的富铁钢渣底料总铁含量接近 35%。

**表 10-9 钢渣蒸汽磨加工前后主要成分变化** (%)

| 成分 | 钢渣原料 | 钢渣粉 $d_{50}$ (8.1μm) | 钢渣底料 |
|---|---|---|---|
| $SiO_2$ | 11.40 | 13.06 | 9.79 |
| $Al_2O_3$ | 1.25 | 1.17 | 1.86 |
| CaO | 38.97 | 39.25 | 33.13 |
| MgO | 10.94 | 15.14 | 9.93 |
| MnO | 1.89 | 2.32 | 1.71 |
| $P_2O_5$ | 1.79 | 2.15 | 1.52 |
| f-CaO | 3.55 | 2.82 | 3.27 |
| M. Fe | 4.30 | 1.79 | 12.32 |
| TFe | 24.61 | 19.22 | 34.85 |

## 10.4 本章小结

目前，我国钢铁企业对余热资源的回收率总体有很大提高，但在回收的余热资源如何高效利用方面，还有很大的潜力可挖，尤其是中低压余热蒸汽。高炉渣、钢渣微粉用作胶凝材料可以部分代替水泥，而且能改善水泥混凝土的性能，提升其实用性，合理利用优势资源，优化建筑施工质量。高炉渣和钢渣的微粉化是拓宽其利用途径和提高其附加值利用的重要方向。

（1）蒸汽动能磨以过热蒸汽为动力介质，粉碎强度大，可以有效解决高炉渣、钢渣粉碎特别是超细粉加工中存在的活性、能耗、规模和稳定等问题；高炉渣超细粉体经济高效的规模化加工可以在蒸汽动能磨单体设备中实现，无需二次风选。利用蒸汽动能磨同样可经济高效的规模化加工钢渣微粉或超细粉，可以有效降低游离氧化钙含量（可实现小于1%），分离富铁的RO相提高钢渣粉产品的活性（28$d$活动指数接近100）。

（2）蒸汽动能磨利用钢铁生产过程中产生的工业余热蒸汽作为动力介质，为工业余热利用提供了一种新途径，提高余热利用价值。蒸汽动能磨将高炉渣或钢渣等二次资源低成本规模化超细粉碎，为固废资源化和余热利用提供了新方法。

（3）将钢铁渣蒸汽动能磨粉碎加工工艺和高温高热焓的熔融渣余热回收系统一体化结合，既有利于熔融钢铁渣的粒式干化及其余热回收，又可为蒸汽动能磨提供尾渣原料和过热蒸汽。

---

### 参考文献

[1] 段新虎，林泉．太钢余热蒸汽回收利用实践［J］．冶金动力，2008（2）：33~35.

[2] 杨明华．钢铁厂蒸汽利用现状及发展方向［C］//中国金属学会、河北省冶金学会．2011年全国冶金节能减排与低碳技术发展研讨会文集．中国金属学会、河北省冶金学会：河北省冶金学会，2011：9.

[3] 田永华．钢铁企业蒸汽合理利用及优化分配研究［D］．沈阳：东北大学，2011.

[4] 张延平，董春柳，苑海冬．钢铁企业节能途径与低品质蒸汽发电技术进展［J］．冶金信息导刊，2016（3）：1~3.

[5] 刘宏强，张福明，刘思雨，等．首钢京唐钢铁公司绿色低碳钢铁生产流程解析［J］．钢铁，2016，51（12）：80~88.

[6] 李鹏林．矿渣微粉的应用及生产工艺设计浅析［J］．四川水泥，2018（11）：11.

[7] 万代云．冶金固废资源化利用现状及发展分析［J］．冶金与材料，2017，37（6）：50~51.

[8] 韩自博，张硕，张宇，等．矿渣超细粉应用和生产现状概述［J］．中国冶金，2014，24

(6)：6~11.

[9] 付诚，李伏琦，陈雪．钢渣矿渣水泥性能的研究［J］. 全面腐蚀控制，2012（7）：22~27.

[10] 关于印发《大宗工业固体废物综合利用“十二五”规划》的通知．工信部规［2011］600号．

[11] 许远辉，陆文雄，王秀娟，等．钢渣活性激发的研究现状与发展［J］. 上海大学学报（自然科学版），2004，10（1）：91~95.

[12] 张敏．余热回收技术在钢铁行业的应用及节能潜力分析［J］. 资源节约与环保，2015（8）：8~9.

[13] 陆静娟，邢天鹏，施存有，等．钢渣粉磨工艺技术探讨［J］. 新型建筑材料，2011（9）：70~72.

[14] 陈海焱，李显寅，张家达．应用过热蒸汽干法制备超细粉的研究［J］. 四川冶金，1997（3）：53~55.

[15] 陈海焱，胥海伦．电厂过热蒸汽制备微细粉煤灰的试验研究［J］. 现代电力，2003（12）：37~39.

[16] 王沁淘，陈海焱，胥海伦，等．大型蒸汽动能磨制备超细固硫灰的工艺［J］. 中国粉体技术，2014（10）：71~73.

[17] 耐驰．耐驰（NETZSCH）最新干法工艺——突破了以往干法粉碎无法企及的细度极限［J］. 中国陶瓷，2014（5）：89.

[18] 李子林，陈海焱，胥海伦．过热蒸汽袋式除尘器 CFD 分析［J］. 西南科技大学学报 2011（3）：37~40（44）．

[19] 李珣，陈文梅，陈海焱，等．超细气流粉碎基础理论的研究现状和发展［J］. 化工机械，2004（6）：378~382.

[20] 邱洁．利用钢厂余热超细加工钢渣的研究［D］. 绵阳：西南科技大学，2017.

[21] 邱信立．工程热力学［M］. 北京：中国建筑工业出版社，1992.

[22] 连红奎，李艳，束光阳子，等．我国工业余热回收利用技术综述［J］. 节能技术，2011（2）：123~128.

# 11 二氧化碳捕获、利用与封存（CCUS）

二氧化碳捕集、利用与封存（Carbon Capture，Utilization and Storage，简称CCUS）是指将$CO_2$从工业或相关能源的排放源中分离出来并加以资源化利用或输送到一个封存地点长期与大气隔绝的过程。CCUS技术适用于固定的$CO_2$排放源（如火电发电厂、钢铁厂、水泥厂、化工厂等）的碳减排。目前国际社会普遍认为，采用CCUS技术是减少人类活动产生$CO_2$排放的解决方案之一，是减缓气候变化人类迫切需要实施的行动。在政府间气候变化专门委员会（IPCC）和国际能源署（IEA）的引领下，各国政府和科研机构正大力开展有关CCS（Carbon Capture and Storage，碳捕集和封存）的基础研究工作。我国也已开展了大量CCS相关研究工作，并已着手建立大型的$CO_2$捕集示范工程。在国家相关政策的扶持下，经过科研院所和各大企业的努力，中国的$CO_2$捕集技术已达到国际领先水平。在$CO_2$捕集技术的研发及示范装置的建设方面，我国大型的发电公司和石油化工行业率先开展实践，钢铁行业近年来也在积极开展行动，探索与掌握CCUS技术，为企业在未来低碳竞争中形成主动竞争力。

## 11.1 二氧化碳分离方法

CCUS技术包括$CO_2$的捕集（包括$CO_2$的分离、净化和压缩）、运输、封存和利用四个环节[1]。主要捕集方式有三类：燃烧后捕集、燃烧前捕集和氧燃烧捕集。燃烧后捕集方式是最早实现工业化$CO_2$捕集的方式[2]。

燃烧后碳捕获的主要方法有：变压吸附法（Pressure Swing Adsorption，PSA）、化学吸收法（Chemical Absorption）、膜分离法（Membmne Separation）、低温分离法（Cryogenic Separation）、物理吸收法（Physical Absorption）、压力水洗法（Pressurized Water Scrubbing）等多种方法[3]。其中变压吸附法、化学吸收法、膜分离法、物理吸附四种方法在$CO_2$分离中应用较多[4~6]。

### 11.1.1 变压吸附法

变压吸附法（PSA）是在加压下，将$CO_2$吸附在沸石、硅胶、活性炭等吸附剂的表面，以达到去除$CO_2$的目的。日本JFE钢铁公司和欧洲阿塞洛米塔尔法国公司的高炉煤气碳捕获中试装置基于该技术。变压吸附法的原理是：利用吸附剂对不同气体具有选择性吸附的作用，将气体混合物中的某些组分选择性吸附，使其与混合物中其他气体组分得以分离。而吸附剂对某一组分的吸收量一般受温度和压力的影响较大，一般可以认为，温度越低，压力越大，吸附剂对组分的吸附量越大；温度越高，压力越小，吸附剂对组分的吸收量越小。变压吸附法对原料气来源的要求很严格，如果原料气中含有 $H_2S$，会使吸附剂永久中毒，并且要求原料气是干燥的，所以在变压吸附前要先对 $H_2S$、$H_2O$ 等进行脱除[7]，典型的变压吸附法工艺流程如图 11-1 所示。

变压吸附法工艺流程：原料气首先进入储气罐，通过脱硫塔脱除原料气中所含的硫化物，经压缩机加压至一定压力后，继而经过冻干机进一步脱除原料气中所含水分，预处理后的原料气进入缓冲罐后，进入变压吸附器和一系列程序控制阀门构成的变压吸附系统，在变压吸附系统中，任一时刻总是部分吸附器处于吸附步骤的不同阶段，由入口端通入原料气，在出口端释放出大部分废气，有用的 $CO_2$ 气体在吸附剂上被吸附，每台吸附器在不同时间依次经历吸附、顺放降压、压力均衡降、置换、逆放、抽真空、压力均衡升、最终升压等步骤；吸附器的压力均衡降用于其他吸附器的压力均衡升。置换气去作抽空后预充压气，逆放、抽空得到纯度为 95.0%~99.5%的 $CO_2$ 产品气，经压缩机加压后送出。

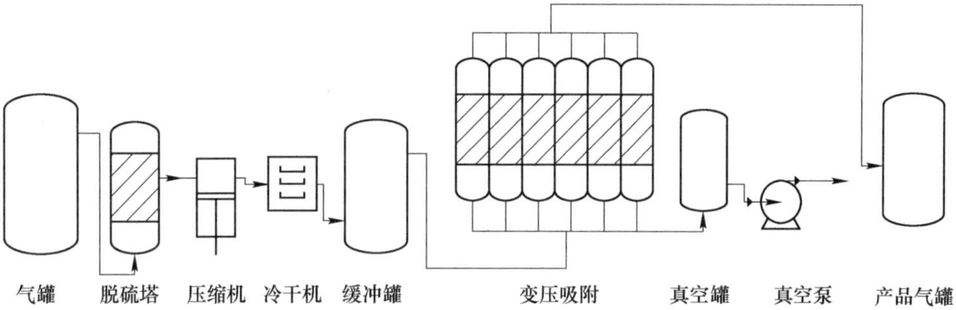


图 11-1 典型 PSA 法 $CO_2$ 脱除工艺流程

### 11.1.2 化学吸收法

化学吸收法是利用烟气 $CO_2$ 与吸收液发生可逆放热反应，进而吸收 $CO_2$，根据吸收剂种类不同，化学吸收法又可分为不同种类[8]。

#### 11.1.2.1 氨液喷淋法

最近几年，在烟气脱碳领域中提出用氨来脱除电厂烟气中的 $CO_2$，吸收能力可以高达 1.0kg（$CO_2$)/kg($NH_3$）以上，理论摩尔比为 1∶1，实际摩尔比为

4∶10，即相当于40%的效率[9]。韩国浦项钢铁公司的高炉煤气碳捕获中试装置采用该技术。

氨法脱碳是一个较为复杂的气液化学反应，总反应方程式如下：

$$CO_2 + NH_3 + H_2O = NH_4HCO_3 \tag{11-1}$$

实际反应为分步反应，首先生成 $NH_2COONH_4$，然后与水发生反应，最后 $(NH_4)_2CO_3$ 吸收 $CO_2$ 生成 $NH_4HCO_3$，分步反应方程式如下：

$$CO_2 + 2NH_3 = NH_2COONH_4 \tag{11-2}$$

$$NH_2COONH_4 + H_2O = NH_4HCO_3 + NH_3 \tag{11-3}$$

$$NH_3 + H_2O = NH_4OH \tag{11-4}$$

$$NH_4HCO_3 + NH_4OH = (NH_4)_2CO_3 + H_2O \tag{11-5}$$

$$(NH_4)_2CO_3 + CO_2 + H_2O = 2NH_4HCO_3 \tag{11-6}$$

总反应：

$$CO_2 + NH_3 + H_2O = NH_4HCO_3 \tag{11-7}$$

氨水脱除效率可达95%～99%，并且其副产品 $NH_4HCO_3$ 经热解可生成 $CO_2$ 和氨水，$CO_2$ 可作为工业原料，氨水也可循环使用。

#### 11.1.2.2　无机热钾碱法

无机热钾碱法是用 $K_2CO_3$ 水溶液吸收 $CO_2$，其反应原理如下：

$$CO_2 + H_2O + K_2CO_3 = 2KHCO_3 \tag{11-8}$$

无机热钾碱法早在20世纪50年代开始在生产中使用，但能源消耗量很高。后来对其进行技术改进，在高压下用高浓度的 $K_2CO_3$ 吸收 $CO_2$，此法的工艺流程包括一个在加压下的吸收阶段和一个在常压下的再生阶段，吸收温度与再生温度接近，能耗相对降低。然而，高温 $K_2CO_3$ 水溶液腐蚀性强，对碳钢设备腐蚀严重。为了减少腐蚀性并提高气体净化程度，在 $K_2CO_3$ 中添加腐蚀抑制剂和活化剂，效果良好，使得该方法得到新发展。以氨基乙酸为催化剂的称之为氨基乙酸法（或无毒脱碳法），以三氧化二砷为催化剂的称为含砷热钾碱法，它们的工业生产始于1959年；以烷基醇胺、硼酸为催化剂的称为卡脱卡勃法（或催化热钾碱法），工业生产始于1964年；以二乙醇胺为催化剂的称为苯菲尔法（或改良热钾碱法），工业生产始于1964年。据1975年统计，全世界范围内，采用苯菲尔法有400多个、含砷热钾碱法有140多个、卡脱卡勃法有80多个，氨基乙酸法有50多个[10]。无论采用热钾碱法中的何种脱碳方法，对于减小能耗、设备防腐、提高净化度、提高生产能力等四个方面总是作为技术革新改善生产工艺的关键环节。

#### 11.1.2.3　有机醇胺溶液法

有机胺法出现于20世纪60年代，已成为重要脱碳方法之一。日本新日铁钢铁公司的高炉煤气碳捕获中试装置采用该技术。它是以胺类化合物作为吸收剂，与其他方法相比具有十分巨大的优势而广泛应用，如：吸收量大、吸收效果好、成本低、洗涤剂可循环使用并能回收到高纯产品[11]。

其工艺主要有 N-甲基二乙醇胺（MDEA）、二乙醇胺（DEA）、一乙醇胺（MEA）、二异丙醇胺（DIPA）、三乙醇胺（TEA）法等。一些醇胺的物理性质见表 11-1。

**表 11-1　一些常用的有机胺理化性质**

| 中文名称 | 一乙醇胺 | 二乙醇胺 | N-甲基二乙醇胺 |
|---|---|---|---|
| 英文代号 | MEA | DEA | MDEA |
| 结构式 | 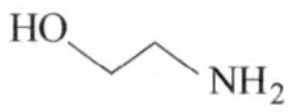 | 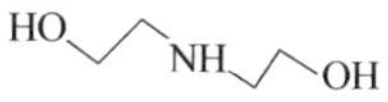 | 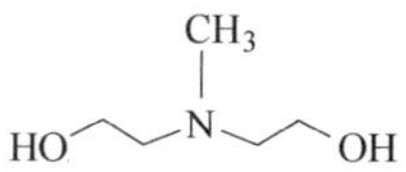 |
| 分子量 | 61.08 | 105.14 | 119.17 |
| 密度/$kg \cdot m^{-3}$ | $1.0179\times10^3$ | $1.0919\times10^3$ | $1.0380\times10^3$ |
| 熔点/℃ | 10.5 | 28.0 | -21.0 |
| 沸点/℃ | 170.5 | 268.8 | 247.2 |
| 黏度/mPa·s | 24.14（20℃） | 351.9（30℃） | 101（20℃） |
| 溶解度（20℃）/% | 全溶 | 96.4 | 全溶 |
| $CO_2$ 吸收量/mol | 0.5 | 1.0 | 1.0 |

乙醇胺（MEA）是伯胺，一种有机强碱，对酸性气体（$H_2S$ 和 $CO_2$）的吸收能力强、吸收速度快、投资省成本低，但也存在解吸能耗高，MEA 降解或亏损消耗大，严重腐蚀设备等缺点，适用于低压气体混合物 $CO_2$ 去除[12]。N-甲基二乙醇胺（MDEA）是一个性能较好的醇胺，溶液碱性弱，适合于中、高压气体混合物 $CO_2$ 的去除。三乙醇胺（TEA）的溶液碱性很弱，和 $CO_2$ 的反应很慢，并且溶剂较为昂贵，一般不使用。

改良 MEA 法分离 $CO_2$ 技术利用的是一乙醇胺及特定活化剂组成的碱性化学溶剂，在常温常压下与 $CO_2$ 进行反应、吸收，生成不稳定性盐，然后再通过加热的方式使不稳定性盐分解，解析出 $CO_2$，从而使溶液获得再生。改良 MEA 溶液是一种对 $CO_2$ 具有良好选择性吸收的溶剂，由于该化学吸收反应的选择性强，因而有效气体组分基本不损失[13]。由于其对 $CO_2$ 具有良好的选择吸收性能和较低的解吸温度（100~110℃），因而采用改良 MEA 法分离烟道气中的 $CO_2$ 具有投资省、脱除效率高、成本低、装置运行稳定、建设周期短等优点[14]。

MEA 与 $CO_2$ 的反应式如下：

$$CO_2 + HOCH_2CH_2NH_2 \!=\!=\!= HOCH_2CH_2HNCOO^- + H^+ \tag{11-9}$$

$$HOCH_2CH_2HNCOO^- + H_2O = HOCH_2CH_2NH_2 + HCO_3^- \quad (11\text{-}10)$$

$$H^+ + HOCH_2CH_2NH_2 = HOCH_2CH_2NH_3^+ \quad (11\text{-}11)$$

因为 MEA 与 $CO_2$ 反应生成比较稳定的氨基甲酸盐，反应式（11-10）比反应式（11-9）要快得多，所以总反应式可以写为[15]：

$$CO_2 + 2HOCH_2CH_2NH_2 = HOCH_2CH_2HNCOO^- + HOCH_2CH_2NH_3^+ \quad (11\text{-}12)$$

由总反应式可知，MEA 吸收 $CO_2$ 的最大容量为 0.5mol$CO_2$/mol 胺。

在回收 $CO_2$ 过程中，MEA 易与 $O_2$、$CO_2$ 及硫化物等发生化学降解，也易发生热降解，MEA 降解问题一直是 MEA 法回收 $CO_2$ 存在的难以解决的技术难题。而引起 MEA 降解损耗增大的主要原因是 $O_2$ 与 MEA 的氧化降解反应，MEA 与 $O_2$ 的降解中间产物主要为过氧化物，最终产物为氨基乙酸等；MEA 与 $CO_2$ 的降解产物主要有恶唑烷酮类等。针对这些问题，国外开发了一系列胺保护技术，如陶氏化学公司的气/标 FT-1 技术及 FS-1 溶剂，在一定程度上解决了设备腐蚀及能耗高等问题[16]。

利用有机胺法回收高炉煤气 $CO_2$ 典型的工艺流程是：来自高炉的原料气首先进入洗涤冷却塔，温度降至约 40℃，经增压风机升压至 12kPa 进入 $CO_2$ 吸收塔底部总管。在吸收塔内，气体中 $CO_2$ 组分被溶液吸收。未被吸收的尾气在吸收塔上部经洗涤水冷却至 36~40℃，再经塔顶高效除沫器除掉夹带的溶液后直接排入大气。洗涤液返回洗涤液槽，再经洗涤液泵加压后经水冷却器冷却至≤40℃后入吸收塔洗涤段循环。吸收 $CO_2$ 达到平衡的溶液称为富液。富液自塔底由富液泵抽出，加压后进入贫-富液换热器加热至 95~98℃，从再生塔顶部喷头喷淋入塔。在再生塔内，富液中 $HOCH_2CH_2NH_3HCO_3$ 分解释放出 $CO_2$，$CO_2$ 随同大量的水蒸气及少量活性组分蒸汽由塔顶流出，温度约为 95~98℃，压力约 0.05MPa 进入再生气冷凝器与富液泵送来的溶液换热。出再生气冷凝器的气体温度约 40℃，经 $CO_2$ 分离器分离气体夹带的凝液。出装置 $CO_2$ 纯度≥99.5%（干基）、温度≤40℃、压力为 0.02MPa、流量≥1548$m^3$/h（标态）。

凝液流入地下槽，再经回流液泵重新送入 $CO_2$ 回收系统。采用新鲜脱盐水控制系统水平衡。再生塔底部设置一台再沸器，采用导热油对塔底溶液间接加热，以保证塔底温度在 105~110℃左右。由再生塔底部引出的贫液流经贫-富液换热器，然后由贫液泵升压，经贫液-富液换热器及贫液水冷却器进一步降温至≤40℃后，送入 $CO_2$ 吸收塔上部。

### 11.1.3 膜分离法

膜分离方法依赖于混合气体和膜材料之间的不同的物理化学反应，使被分离组分快速通过薄膜，使原料混合器分为剩余气流和穿透气流两个部分。其分离能力主要取决于膜材料对组分气体的选择性和脱除能力两个过程参数，即总气流与穿透的压力比和流量比。膜分离机理主要有两种，一种是气体通过非多孔膜的溶解扩散机理；另一种是气体通过多孔膜的微孔扩散机理。

分离膜按原材料可分为有机聚合物膜和无机膜。有机聚合物膜已逐渐进入应用阶段，大多数的有机聚合物膜的渗透性和选择性相反，即膜的选择性高，则渗透性比较差，反之，膜的渗透性高，选择性则较低。有机聚合物薄膜主要有容易污染、不易清洗等缺点，有机聚合物薄膜在高腐蚀性和高温环境中应用也受到一定的限制，而且有机聚合物薄膜在使用过程中容易发生老化。无机膜用于分离 $CO_2$ 时的 $CO_2$ 分离系数较低，当采用单级膜来分离 $CO_2$ 时，只能分离很少一部分的 $CO_2$ 气体，在实际应用中，一般采用多级膜进行分离，这种多级膜的方法则使得无机膜的使用价值降低很多。根据进料气体的组成和回收率的要求不同，一般可采用一级或二级膜分离装置，若使用二级分离装置，则一般 $CO_2$ 回收率能达到80%左右。现阶段，膜分离法研究重点主要集中在开发低成本高效的分离膜材料上，工业化应用方面，目前还少见报道，并且膜分离法一般要与其他方法联合使用[17]。

根据原理不同，膜分离法分为气体分离膜法和气体吸收膜法。气体分离膜法的原理是：混气中二氧化碳与膜材料发生物理或化学作用，使二氧化碳能够快速溶解并穿过薄膜，从而实现分离。气体吸收膜法与气体分离膜法的主要区别在于：气体吸收膜法在膜的一侧放有化学吸收液，膜起到的作用只是选择性，隔离其他气体和吸收液，达到脱碳的目的。

为了克服有机膜的缺陷，新发展了陶瓷膜、促进传递膜、混合膜等。其中，高温气体的分离是陶瓷膜应用的重要领域。陶瓷膜的材质主要是 $Al_2O_3$ 基、$TiO_2$ 基、$ZrO_2$ 基、$SiO_2$ 基、碳化硅基、碳分子筛基（Carbon Molecular Seives，简称CMS）和多孔 Vycor 玻璃基膜管等。虽然陶瓷膜在气体分离领域获得了一定的应用，但由于目前所用的陶瓷膜大多应用多孔膜的 Knudsen 扩散、毛细管冷凝机理进行分离，难以达到高的选择性，因此其应用前景受到了很大限制。陶瓷膜（无机膜）的优点是耐高温、耐化学侵蚀、机械强度高、抗微生物能力强、渗透量大，恢复性能好、使用寿命长等技术特点。但陶瓷膜的单体组件和装置的造价相对于有机膜较高。国外公司介绍有可以生产用于气体分离的陶瓷膜，比如，德国 Schumacher 公司（后被美国 Pall 公司收购），美国 CeramaTec 和法国 Tami，尚不能提供可商业化应用的分离 $CO/CO_2$ 的陶瓷膜成套装置。

### 11.1.4 物理吸收法

根据二氧化碳是否与吸收液发生化学反应，溶剂吸收法分为化学吸收法和物理吸收法。物理吸收法是利用 $CO_2$ 在吸收溶液中的溶解度高，使其在吸收溶液中溶解，但不与吸收剂溶液发生化学反应。根据已知的一般溶解特性：随着温度的降低或压力的升高，气体在吸收液中的溶解度不断升高。物理吸收法是通过改变吸收塔和解吸塔的压力和温度，来吸收和解吸 $CO_2$。降低温度或增加系统的压力可使得 $CO_2$ 溶解吸收溶液中，温度上升或降低操作压力则会使 $CO_2$ 从吸收液中解吸出去。此方法能耗较低，但对吸收剂要求很高，要求选定的吸收液必须有很高的 $CO_2$ 溶解度，具有良好的选择吸收性、沸点高、腐蚀性小。在工业中常用的物理吸收其吸收剂为环丁砜和甲醇[14,15]。

工业典型的物理吸收工艺流程如图 11-2 所示。预处理后的原料气从底部进入吸收塔塔底，与吸收塔塔顶喷淋下的吸收液逆流接触，净化后的气体从塔顶部排出。塔底流出的吸收剂富液进入闪蒸器，减压闪蒸出部分 $CO_2$，然后将闪蒸过后的半富液送入解吸塔顶部降至常压并加热，从而释放出大量的 $CO_2$，经过解吸后的贫液用泵送至吸收塔塔顶再次吸收 $CO_2$。

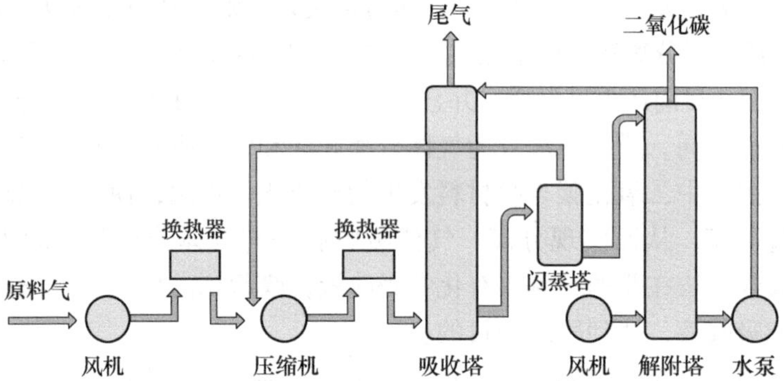


图 11-2　工业典型的物理吸收工艺流程

物理吸收法适用于处理高压力、高 $CO_2$ 含量的原料气，若原料气压力较低、$CO_2$ 浓度较小，则物理吸收的吸收效率远低于化学吸收[16,17]。

高压水洗法脱除 $CO_2$ 实际是一种物理吸收过程，它是根据 $CO_2$ 和被分离气体在水中溶解度不同的特性而实现气体分离的。例如，在水中，$CO_2$ 的溶解度大约是 $CH_4$ 的 70 倍左右，$H_2S$ 在水中的溶解度比 $CO_2$ 还要大。在高压水洗工艺中，当整个工艺过程温度变化不大时，可认为被分离气体在水中的溶解度变化不大，而在较高压力下 $H_2S$ 和 $CO_2$ 在水中的溶解度较大，在较低压力下，$H_2S$ 和 $CO_2$ 在水中的溶解度较小，通过压力循环变化的方法而使得 $CO_2$ 被释放出来，从而实现对原料气混合物种 $CO_2$ 组分的分离，完成生物天然气净化提纯[18]。高压水洗法可同时去除 $H_2S$ 和 $CO_2$，吸收了 $H_2S$ 和 $CO_2$ 的水可以在解吸塔中通过用空气吹脱或减压解吸循环使用。

### 11.1.5　不同方法用于高炉煤气 CCS 对比

综上所述，结合钢铁流程及高炉煤气的特点，从一次性投资、运营成本与能耗、废弃物处理等方面综合考虑，比较不同方法用于高炉煤气 CCS 的优劣。

如表 11-2 所示，从一次性投资、运营成本与能耗、废弃物处理等方面综合考虑，化学吸收法可以充分发挥钢铁企业余热综合利用的优势，有效利用低温热质，最大限度地减少投资。对于化学吸收试剂的腐蚀性可以通过缓蚀剂、改变处理工艺、增强再生塔钢质耐腐性等条件进行优化。

**表 11-2 不同分离方法的比较**

| 方法 | 优 点 | 缺 点 | 不适合高炉煤气的特点 |
|---|---|---|---|
| 变压吸附 | （1）对含烃类气源要求不严格，可以综合处理；<br>（2）能够分离极性分子与非极性分子 | （1）气源干燥；<br>（2）无 $H_2S$；<br>（3）需要对气源增压，解压需要真空泵，投资大，无法利用余能；<br>（4）产品气源仍含有较少量的杂质气体 | 硫化氢或氯化氢等酸性气体容易使分子筛的离子活性消失，从而造成吸附剂失效 |
| 膜分离 | （1）体积小，占地空间紧凑；<br>（2）输出压力稳定 | （1）需要压缩机将气源压力增加到 1MPa 左右；<br>（2）膜价格昂贵；<br>（3）气源前端净化处理严格；<br>（4）不适于高腐蚀性和高温环境；<br>（5）对二氧化碳分离系数低 | （1）高炉煤气中粉尘多；<br>（2）含有酸性气体；<br>（3）含有腐蚀性气体；<br>（4）对烟气、高炉气没有渗透性和选择性的膜 |
| 高压水洗 | （1）可以脱除原料气中的 $H_2S$；<br>（2）处理气量大 | （1）压力高，需要增压设备，投资成本大，能耗高，只有规模大才能降低单位处理能耗；<br>（2）产品气中仍含有一定量的杂质气体；<br>（3）产品气中会新加入空气中的成分，如氧、氮 | 气量大，需要大的压缩机将气源压缩到 1MPa 左右的高压，须采用可燃气体压缩机，成本高，能耗高，类似于变压吸附，但变压吸附可以采用真空变压吸附，因此，相比而言，水洗法的增压能耗占了相当大的比重 |
| 化学吸收 | （1）属于变温解吸，可以充分利用余热，达到节能减排的目的；<br>（2）可以大规模处理气源，对气源的适应性强；<br>（3）可以获得高品质二氧化碳 | （1）腐蚀管道；<br>（2）与气源中不同成分发生反应，试剂小部分失活；<br>（3）失效试剂处理 | （1）失效试剂处理与蒸汽散失；<br>（2）气源中氧气的去除 |

## 11.2　CCUS 现状

CCUS 技术是一种重要的 $CO_2$ 减排技术。CCUS 技术已经安全投入商业运营 45 年，至 2018 年底全球有 21 座大规模 CCUS 设施投入运行，每年将捕集 3700 万吨二氧化碳。中国也在积极推进 CCUS，已建成十多个千吨级以上规模的中试和示范项目[14]。

### 11.2.1　国内现状

二氧化碳捕集方面，参与者以燃煤电厂和煤化工企业为主，2009 年华能公司在上海石洞口第二电厂实施了 12 万 t/a $CO_2$ 捕集示范项目；国家电力投资集团投资建设的重庆合川双槐电厂 1 万 t/a $CO_2$ 捕集工业示范项目于 2010 年 1 月正式投运。2018 年 1 月 15 日，华润海丰电厂碳捕集测试平台 EPC 总承包项目开工。华润海丰正在建设华南地区首个燃煤电厂碳捕集和利用示范项目，二氧化碳捕集能力达到 2 万 t。神华集团为在内蒙古鄂尔多斯的煤直接液化项目配套了 $CO_2$ 捕集装置。该项目设计捕集、封存 $CO_2$ 能力为 10 万 t/a，概算投资 2.1 亿元。该装置采用 MEA 为吸收剂的化学吸收法。华能的首座燃煤电厂烟气二氧化碳捕集示范工程，即华能北京高碑店热电厂二氧化碳捕集工程，年捕获 3000t 二氧化碳。自 2008 年 7 月 16 日奥运前建成以来，已经顺利运行多年，可以算得上世界上运行时间最长的燃煤电厂二氧化碳捕获装置。捕获的二氧化碳达到食品级的标准，纯度为 99.99%。华能的工程均采用基于胺基吸收剂的化学吸收法。

华能上海石洞口电厂 $CO_2$ 分离装置于 2009 年 7 月开工，2009 年 12 月 30 日正式投运，设计年运行 8000h，捕获二氧化碳 12 万 t。脱碳装置采用了燃烧后捕集技术的化学吸收法，这也是目前国际上燃煤电厂 CCUS 项目普遍采用的办法，即在对烟气进行脱硝、除尘、脱硫的基础上，采用化学吸收法（MEA 法）实现脱碳。其流程如图 11-3 所示。碳捕集装置主要由烟气预处理系统、吸收、再生系统、压缩干燥系统、制冷液化系统等组成。首先，对电厂脱硫、脱硝后的排烟进行预处理，脱除烟气中对后续工艺的有害物质，然后在吸收塔内胺溶液与烟气中的二氧化碳发生反应，将二氧化碳吸收，与烟气分离；其后在一定条件下于再生塔内将吸收富液分解，再生，从而释放出二氧化碳。二氧化碳再经过压缩、净化处理、液化，得到高纯度的液体二氧化碳产品（99.997%）[15]。

中石油、中石化分别启动了 $CO_2$-EOR（$CO_2$ enhanced oil recovery，二氧化碳驱提高石油采收率）的中试，中联煤层气也进行了二氧化碳提高煤层气采收率的试验。中海油与中科金龙等企业成功利用二氧化碳生产可降解塑料。

### 11.2.2　国外现状

国际上已建立的部分 $CO_2$ 捕获项目见表 11-3。CCUS 主要集中在燃煤电厂、

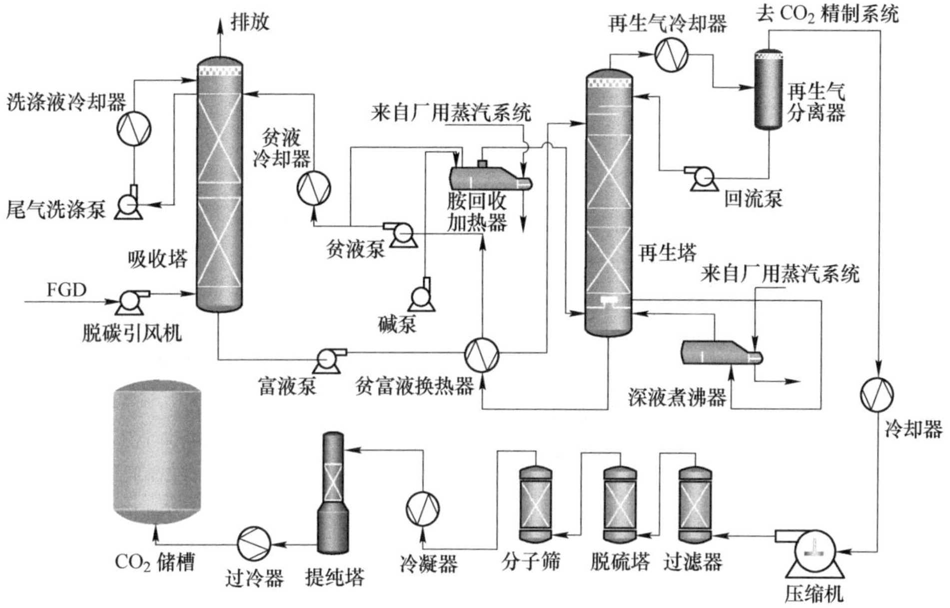


图 11-3 上海石洞口电厂 MEA 法 $CO_2$ 分离装置系统图

化肥厂和天然气等领域。采用的捕获方法，无一例外，均采用化学吸收法，并且均基于胺基法。

**表 11-3 国际上已建 $CO_2$ 捕集的部分项目摘要**

| 序号 | $CO_2$ 排放源（工厂名称） | 类型 | $CO_2$ 用途 | 吨 $CO_2$/天（捕集量） | 百万吨 $CO_2$/年 | 捕集工艺及供应商 |
|---|---|---|---|---|---|---|
| 1 | IMC Global Soda Ash Plant（美国） | 燃煤电厂 | 苏打粉生产 | 800 | 0.3 | ABB Lummus 的 MEA 法 |
| 2 | Warrior Run Power Plant（美国） | 燃煤电厂 | 食品/饮料 | 330 | 0.1 | ABB Lummus 的 MEA 法 |
| 3 | Schwarze Pumpe Pilot Plant（德国） | 燃煤氧燃烧电厂 | 多用途 | 202 | 0.1 | 类似 MEA 法的化学吸收 |
| 4 | Shady Point Power Plant（美国） | 燃煤电厂 | 食品/饮料 | 200 | 0.1 | ABB Lummus 的 MEA 法 |
| 5 | Great Plains Synfuels Plant（美国） | 煤制气 | EOR | 5480 | 2 | Rectisol 工艺（低温甲醇） |
| 6 | Sumitomo Chemicals Plant（日本） | 天然气电厂 | 多用途 | 200 | 0.1 | Flour 的 Eonamine 醇胺法（MEA） |
| 7 | Prosint Methanol Production Plant（巴西） | 甲醇厂 | 饮料/食品 | 90 | 0 | Flour 的 Eonamine 醇胺法（MEA） |

续表 11-3

| 序号 | $CO_2$排放源（工厂名称） | 类型 | $CO_2$ 用途 | 吨 $CO_2$/天（捕集量） | 百万吨 $CO_2$/年 | 捕集工艺及供应商 |
|---|---|---|---|---|---|---|
| 8 | Enid Fertilizer Plant（美国） | 化肥 | 尿素，EOR | 1850 | 0.7 | — |
| 9 | Indian Farmers Fertilizer Company（印度） | 化肥 | 生产 | 900 | 0.3 | MHI（三菱重工）的 KS-1 醇胺法 |
| 10 | Ruwais Fertilizer Industries（印度） | 化肥 |  | 400 | 0.1 | MHI（三菱重工）的 KS-1 醇胺法 |
| 11 | Petronas Fertilizer（马来西亚） | 化肥 | 尿素 | 160 | 0.1 | MHI（三菱重工）的 KS-1 醇胺法 |
| 12 | Shute Creek Natural Gas Processing Plant（美国） | 天然气 | EOR | 15870 | 5.8 | Selexol 工艺（聚乙二醇二甲醚同系混合物） |
| 13 | Val Verde Natural Gas Plants（美国） | 天然气 | EOR | 3970 | 1.4 | — |
| 14 | In Salah Natural Gas Production Facility（阿尔及利亚） | 天然气 | 地质储存 | 3290 | 1.2 | 醇胺（MEA）法 |
| 15 | Sleipner West Field（北海，挪威） | 天然气 | 地质储存 | 2740 | 1 | 醇胺法 |
| 16 | Snohvit LNG Project（巴伦支海，挪威） | 天然气 | 地质储存 | 1920 | 0.7 | — |
| 17 | DTE Turtle Lake Gas Processing Plant（美国） | 天然气 | EOR/地址储存 | 600 | 0.2 | 醇胺法 |

### 11.2.3　钢铁行业 CCUS 现状

#### 11.2.3.1　国外

日本 JFE 公司开展了基于物理吸附法的分离 $CO_2$ 试验，开发了 ASCOA-3 工艺流程及试验设备，如图 11-4 和图 11-5 所示。ASCOA-3（ASCOA-3：Advanced Separation System by Carbon Oxides Adsorption-3t）是用物理吸附法分离回收 $CO_2$ 的小规模试验设备，处理能力每天约 3t $CO_2$，约每小时 300$m^3$ 烟气量，是日本环境和谐型炼铁工艺开发项目（COURSE50）的一环，JFE 受委托在福山厂建立试验设备[19]。系统运行时，仅仅依靠吸附、解吸还不能获得高浓度的 $CO_2$，所以加入了清洗过程，包含吸附塔、清洗塔和解吸塔 3 个塔，各塔每 100s 连续替换操作。吸附加压 100~200kPa，解吸由真空泵来完成，将分离回收 $CO_2$ 的 3 个塔称为Ⅰ段 PSA，各塔尺寸为直径 750mm×高度 1200mm。分离回收 $CO_2$ 后的煤气经中间塔送到Ⅱ段 PSA，用 CO 吸附剂回收 CO。Ⅱ段 PSA 有 2 个塔，各塔尺寸为直径 900mm，高度 1755mm。由Ⅱ段 PSA 分离回收的 CO 气体可作为热源再利用。在试验设备中经混合罐返回到高炉煤气管道。

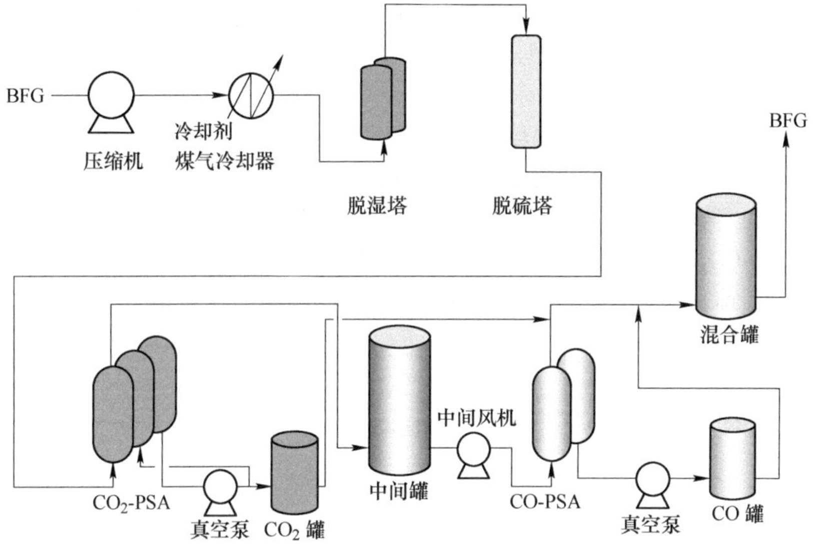


图 11-4 ASCOA-3 流程图

图 11-5 JFE 福山厂内 ASCOA-3 设备

传统技术分离回收 $CO_2$ 的成本约 4000 日元/t，JFE 分离回收成本的目标是降低一半至2000日元/t（120元人民币/t）。2010年进行综合试运行，2011年验证实验室研究成果和开展降低成本的相关试验，2012年进行了综合运行。工厂占地面积21m×25m＝525m$^2$。

该项目的吸附剂使用吸附分离$CO_2$最好的沸石（二氧化硅和氧化铝的混合结晶）。同时，试验课题还研究了高炉煤气中的微量成分对吸附性能和耐用性的影响。考虑到场地空间的限制，在PSA的钢铁企业应用过程中必须考虑将其小型化。

日本新日铁住金和日本地球革新技术研究所运用在君津厂建设的$CO_2$分离回收试验设备，共同研究推进化学吸收法的改良，期望降低捕集高炉煤气中的$CO_2$的成本，可以降到常规化学吸收法的一半。主要目的是开发出新的吸收剂，以低的能耗去除$CO_2$，并开发余热利用技术回收钢厂的余热，为$CO_2$捕集提供低成本蒸汽[20]，该项目的流程图如图11-6所示，设备如图11-7所示。

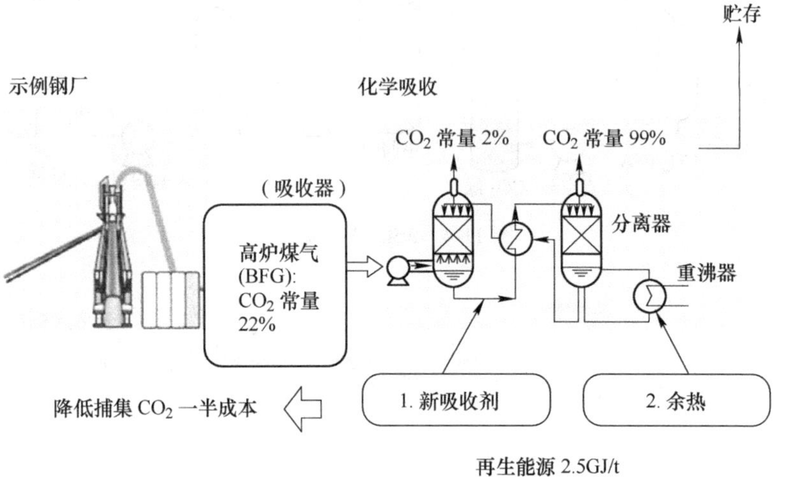


图11-6 COCS项目流程图

新日铁的君津厂的试验装置，$CO_2$的捕集能力为1t/d（约100m$^3$/h烟气量）。再生锅炉用钢厂的蒸汽进行加热，吸收剂的再生温度控制在大约120°C。以使用30%MEA水溶液作吸收剂和使用厂内蒸汽为基准，预期成本为6000日元/t。然而，使用新开发的溶剂和进行余热回收，在其他两个案例中（自已开发的吸收液RITE-5和RITE-6）成本预计在3000日元/t，几乎是基准的一半。因为对再生能量的需求低，使用新溶剂对降低蒸汽成本有显著作用。

浦项制铁正在开发利用氨水分离高炉煤气中的$CO_2$技术[21]。该技术路径如图11-8所示。通过回收厂内排放的中低温余热，以提供$CO_2$再生所需要的能量，从而实现低成本分离$CO_2$。浦项从2006年开始启动技术研发，到2008年12月开

图 11-7 新日铁君津厂内的化学吸收法设备
(Kimitsu Works, Nippon Steel Corporation)

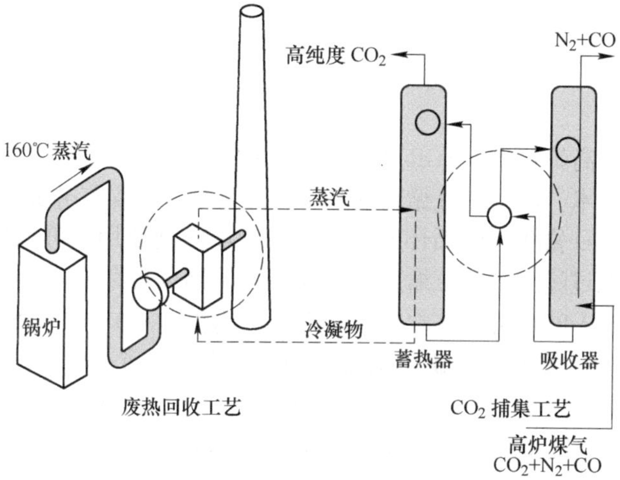


图 11-8 利用 $NH_3$ 捕集高炉煤气中 $CO_2$ 的技术

始进行了第一阶段中试试验，规模为 50$m^3$/h（标态）高炉煤气。$CO_2$ 捕集率超过 90%，纯度达到了 95% 以上。2010 年实施了第二阶段中试试验，规模为 1000$m^3$/h（标态）高炉煤气。并于 2011 年 7 月在浦项钢厂设立了试验工厂，2012 年建立了回收 $CO_2$ 的液化储存设备。2015 年底，浦项完成了试验厂的工艺优化，完成每年捕集二氧化碳 30 万 t 的商业化设备的设计，计划所有捕集的二氧化碳将被用于焊接、农业和干冰生产。

除了化学吸收法，浦项同时也在研究 PSA 技术[22]。浦项从 2011 年启动对

PSA 技术的研究，计划采用该技术从煤气中分离 CO 和 $CO_2$，并进行最佳分离工艺和吸附剂的研发工作。浦项搭建了一个小型试验平台，规模为 $1m^3/h$（标态），如图 11-9 所示，可以吸附分离出纯度达到 99%以上的 CO，2014 年在生产现场进行应用研究。后续计划在现场建立 $100m^3/h$（标态）以上的大型中试装置，真正实现纯度为 99%以上的商业化生产目标。

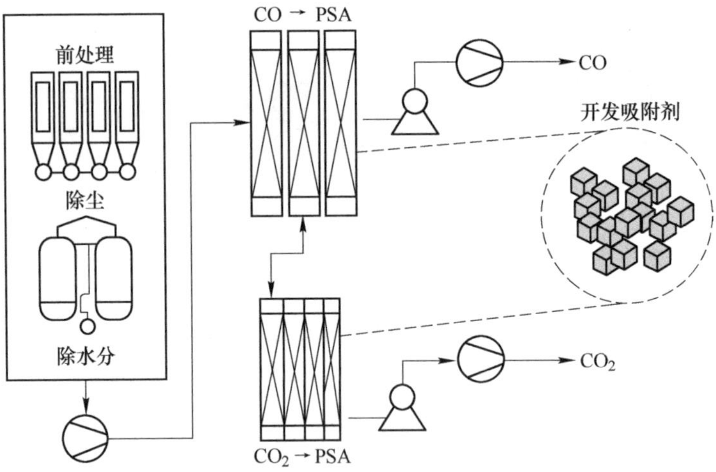


图 11-9　PSA 变压吸附最佳分离技术

新型无氮气高炉技术（TGR-BF）是高炉炉顶煤气循环利用（ULCOS）项目的一项重点新技术。高炉煤气循环的基本原理是把高炉煤气分成 $CO_2$ 富集煤气和 CO 富集煤气。CO 富集煤气循环回到高炉内做还原剂使用，可以降低焦比，$CO_2$ 富集煤气可以通过除尘净化压缩后，送入 $CO_2$ 管网或者存储器。

欧盟选择了 VPSA 法（真空变压吸附）分离提纯 CO[23]。VPSA 相比于 PSA，尾气杂质解析得比较彻底，缺点是要加动力设备和一个抽真空罐，需要增加投资，运行费用也会增加（指的是动力设备用电）。欧盟瑞典冶金研究所（MEFOS）的模拟试验高炉附近建立了小型气体分离设备，并进行了前期试验。继而，该技术在安赛乐米塔尔 Eisenhüttenstadt 钢厂产能为 70 万 t/a 的高炉试用，如图 11-10 所示，主要研究炉顶煤气循环工艺及闭环操作的可行性。项目第二阶段的中试将在安赛乐米塔尔公司 Florange 钢厂较大高炉上进行，如图 11-11 所示。$CO_2$ 的纯化通过烟气净化压缩系统实现。

#### 11.2.3.2　国内

宝钢曾在 2004~2008 年期间，回收石灰窑烟气中的 $CO_2$ 用于转炉炼钢底吹的研究。该项目采用化学吸收法，基于改良 MEA 化学吸收剂。项目的第一阶段，开展了小试研究，规模为烟气量 40L/h。由于某种原因，第二阶段的 $CO_2$ 转炉底

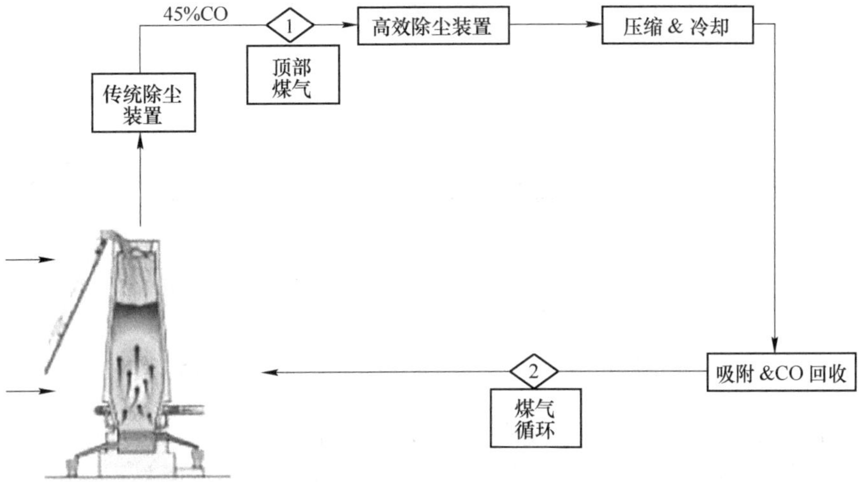


图 11-10 安赛乐米塔尔 Eisenhüttenstadt 钢厂 CO 分离示意图

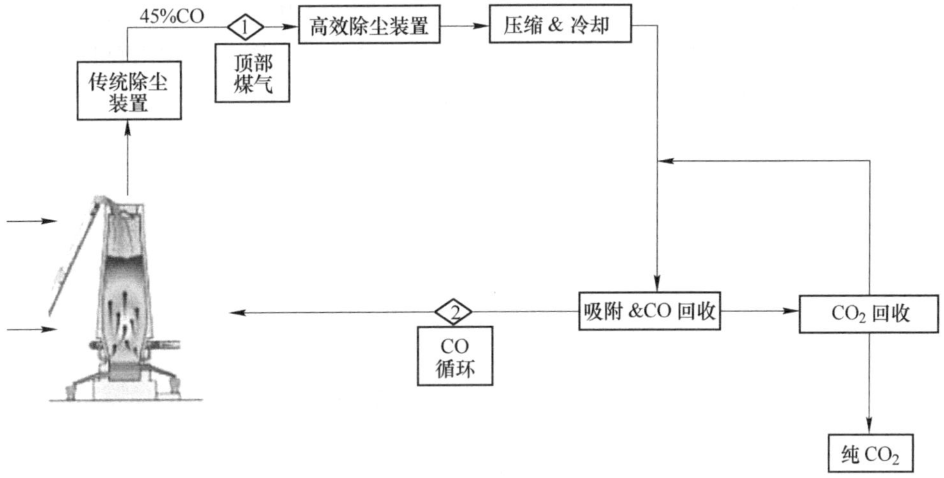


图 11-11 安赛乐米塔尔公司 Florange 钢厂 CO 和 $CO_2$ 分离示意图

吹试验研究终止，最终没有建立大型工业化 $CO_2$ 分离装置。2013 年衡阳钢管建成了世界上第一套从高炉煤气分离 CO 的 PSA 法大型工业装置，工艺流程如图 11-12 所示。该装置的烟气处理规模为 67000$m^3$/h（标态），采用单层分散性 CuCl 分子筛吸附分离 CO，该分子筛具有较强的 CO 吸附能力。项目投产后各项指标均优于设计值，产品气 CO 收得率大于 70%，浓度为 70%，热值 8700～8800kJ/$m^3$。该热值可以满足工业炉对热值的需求，保证了高热值燃气的有效供给。扣除装置运行成本后，每年为衡钢节约 2.9 万 t 标煤，年创收达 2500 多万元。以获得 $1m^3$CO 估算，考虑到设备的折旧与消耗，成本约在 0.5～0.6 元/$m^3$ 产品气。

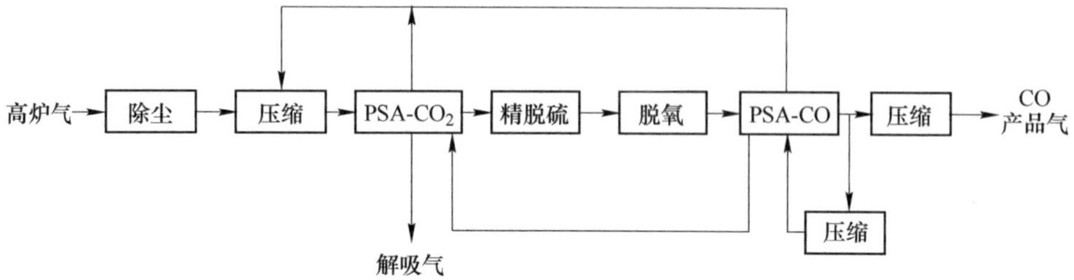


图 11-12　衡阳钢管高炉煤气热值提升技术路径图

2012 年，四川达钢建立了规模为 10 万 t/a 的焦炉煤气配加转炉煤气制甲醇生产线，如图 11-13 所示。自投产以来，由于缺少主要生产原料——焦炉煤气，其生产常常处于半负荷状态，导致了公司甲醇产量低、生产成本高的状况。结合达钢焦炉煤气用户多，而转炉煤气、高炉煤气又有富余的生产实际，为了进一步有效利用资源，减少废气排放，达钢大胆创新，制定了用转炉煤气混入焦炉煤气用于焦炉加热而置换更多焦炉煤气生产甲醇的工艺改造方案，属国内首创。该方案在生产中的成功，填补了国内炼焦生产工艺的一项空白。

图 11-13　四川达钢 TSA 工艺深度净化转炉煤气装置图

达钢与天一公司一起研发了 TSA（变温吸附法）工艺净化转炉煤气，可使其硫、磷、氟及其化合物含量从 1～500mg/$m^3$ 降至 0.1ppm 以下，砷及其化合物降至 5ppm 以下，满足甲醇合成要求。

驰放气是甲醇生产过程中副产气，其成分与合成气相似，为此达钢研究开发了新的变压吸附 PSA 技术，将驰放气一次性分离成富氢气、富碳气和富氮气三股，并分别回收利用。纯度≥99%的富 $H_2$ 气进甲醇装置合成压缩机二段入口；$CH_4$、CO 和 $CO_2$ 含量≥99%的富 C 气进入甲醇装置前焦炉煤气管网；主要成分为 $N_2$ 的富氮气直接去甲醇装置燃料管网做燃气，如图 11-14 所示。

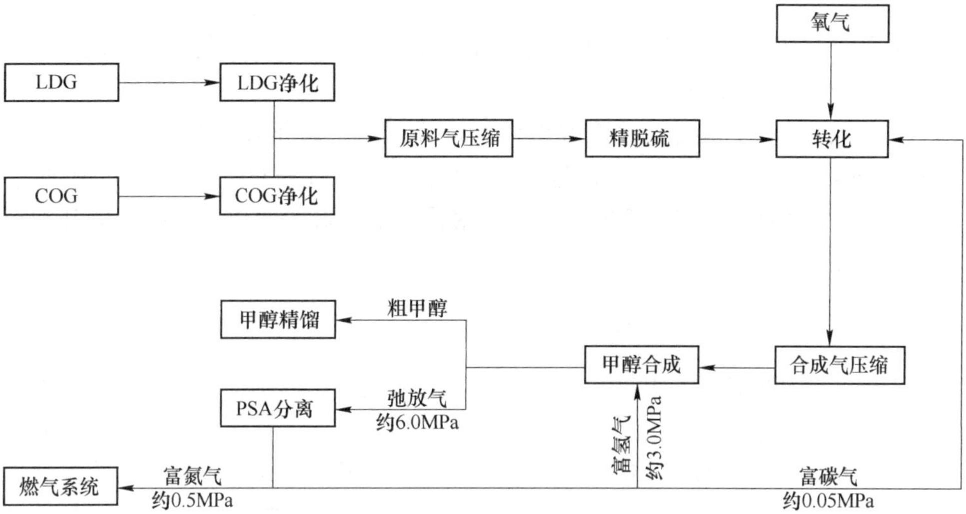


图 11-14 达钢制甲醇工艺流程图

2010 年 6 月，中国科学院生物局、宝钢集团和新西兰朗泽公司（LanzaTech）签署了《关于合作开展生物能源技术研发的意向书》，宝钢与朗泽公司合作，同时与中科院的膜分离技术、发酵工艺等结合，在宝钢罗泾地区，利用 COREX 炼铁装置所产生的煤气制乙醇，该项目中试阶段计划年产无水乙醇 300t。2011 年 3 月 27 日工程奠基，经过近一年的建设，300t/a“钢厂 COREX 煤气制乙醇”中试示范项目于 2012 年 4 月初正式投运，初步完成了中试阶段的试验目标，成功生产出了无水乙醇样品。2012 年由于罗泾钢厂停产后试验中止。COREX 煤气制乙醇的核心工艺和技术是将钢厂排出的一氧化碳尾气收集后，通过微生物发酵技术进行转换，使其成为无水乙醇。2012 年，首钢京唐公司亦与朗泽公司合作，引进煤气发酵制燃料乙醇技术，实施年生产燃料乙醇 300t 技术示范工程。该示范工程以高炉煤气、转炉煤气、焦炉煤气及其彼此间的混合气体为原料，通过微生物发酵工艺，生产汽车及航空用燃料乙醇产品。项目占地约 5000$m^2$，具有包括气体预处理、生物发酵、酒精提纯、污水处理等全工艺流程，通过项目示范形成可商业化规模应用的钢铁工业煤气发酵制燃料乙醇核心技术。该核心技术商业化应用后，可提高煤气利用价值近 2 倍，实现二氧化碳减排约 33%。目前该公司的钢厂尾气制乙醇项目尚处实验阶段。2013 年 3 月 14 日，唐钢与美国哈斯科集团签订了乙醇项目合作框架协议。双方决定共同建设利用微生物技术将转炉煤气制成燃料乙醇项目。发酵法制乙醇是利用微生物技术将转炉煤气制成燃料乙醇，与目前国内大多数钢铁企业将富余转炉煤气主要用于燃烧加热或发电相比，具有更加清洁、高效的优点。根据协议，此项目建成后，具有日处理65万$m^3$的转炉煤气制乙醇能力。项目达产后的$CO_2$排放量将降低近30%，经济效益将是原来的2倍。

此外，京唐钢铁公司正在计划建立石灰窑的烟气捕集$CO_2$装置。一期规模设计为5万t/a。目前，该项目正在招标中，尚未工程化实施。重钢建立了9000t/a的石灰窑收集$CO_2$，用于生产食品级的$CO_2$产品气。鞍钢在石灰窑建有5000t/a的$CO_2$捕集能力的装置。另外，包钢和柳钢目前也在计划对高炉煤气/转炉煤气/焦炉煤气中的$CO/H_2/CO_2$等进行提取，然后合成高附加值化工产品，提升副产煤气的利用价值。

#### 11.2.3.3 CCUS技术分析

目前，变压吸附法（PSA）技术可行性已被工程化案例证实，PSA法技术成熟，国内外已广泛应用于化工企业。我国的PSA提纯CO技术，已达世界领先水平，衡阳钢管的高炉煤气CO提纯项目，是世界上第一个成功应用于高炉煤气提纯CO的工程化案例，并已开始盈利。化学吸收法（胺基吸收剂）技术可行性已被国内外多个中试和示范工程所证实，国际上已有多家公司掌握此技术，国内亦有几家公司和科研院所具有工程化实施的能力，并且已经在火电厂和石化企业有多项业绩，适合于从副产煤气中分离$CO_2$，既可获得热值小幅度提升的燃气，又可得到高纯度的$CO_2$产品气。化学吸收法的能耗一般为3.6~4.0GJ/t$CO_2$，日本目前可以达到3.1GJ，正在攻关2.5GJ，理论上可以降到2.0GJ。我国技术目前可以达到3.6GJ。华能北京中试平台运行数据显示，获得1$m^3$ $CO_2$产品气（纯度99.5%），其成本介于0.5~0.6元。陶瓷膜法相对于前两种技术，最大的优势在于装置的占地面积，占地空间小，分离效果好，不仅可以分离$CO_2$，也可用于分离$O_2$，能耗低，适宜在已建成厂区内应用。该方法作为技术储备，具有较高的研究价值，是未来气体分离的发展方向。

## 11.3 BAO-CCU探索

二氧化碳气体的分离可通过多种方式实现，其中化学吸收法与变压吸附法在工业尾气二氧化碳的捕获应用案例最多。在燃煤电厂、化肥厂和天然气等领域采用的二氧化碳捕获以化学吸收法为主，大部分基于有机胺法或改良有机胺法。基于有机胺法的传统CCS技术，运行成本由两部分组成，分别是分离与封存，约50~60美元/t$CO_2$，若无政府层面支持，难以可持续发展。由于CCS项目对$CO_2$进行的捕集与封存是一种纯粹的投入行为，不带来直接的经济效益，因而项目运行的持续性会受到影响。为了解决项目的经济性问题，现在的 CCS 项目更多地综合考虑 $CO_2$ 捕获后的利用问题，以创造项目的经济价值。我国一直高度重视和支持 $CO_2$ 资源化利用的创新行为，提出了 CCS 向 CCUS 方向转变的思路，进一步强化了 $CO_2$ 资源化利用的重要性和现实性。

钢铁行业从 2005 年以来，以日本和韩国为代表，在各自政府的支持下，投入大量的资金开展 CCS 研究，其捕获对象是高炉煤气中的二氧化碳，化学吸收法和变压吸附法两种技术路线均在实践中得到了应用。两种技术路线的研究目的均是为了降低二氧化碳捕获成本。化学吸收法的核心技术是低能耗化学吸收剂的开发，日本基于量子计算化学理论，采用空间位阻胺作为活化剂，开发了基于胺基溶液的新型吸收剂，代号为 RITE-5 和 RITE-6，目标解吸能耗为 2.0GJ/$CO_2$。韩国采用了类似于 $ECO_2$（氨水捕获法）捕集工艺，其本质上也是化学吸收法，只是吸收剂不同，以氨水替代有机胺类吸收剂。相比于胺基吸收剂，解吸温度可从 120℃降至 80℃，解吸能耗为 1.5~2.5GJ/t$CO_2$。相比于常规的有机胺类吸收剂的解吸能耗 3.5~4.0GJ/t$CO_2$，能耗降低接近一半。变压吸附法的核心技术是吸附剂的研发，常规的吸附剂有活性炭和沸石等。日本 JFE 开发了二氧化硅和氧化铝的混合结晶吸附剂，同时研究了高炉煤气中的微量成分对吸附性能和耐用性的影响。浦项也在积极进行吸附剂的开发与研究。

钢铁行业已有的二氧化碳捕获案例主要集中在分离技术的研究，目标是通过降低分离成本实现 CCS 的可持续发展，对二氧化碳的经济性利用技术研究较少，只是跟踪国际上大宗量地质封存或海洋封存，除了 EOR 技术有部分的经济效益之外，其余的地质封存技术都是需要花费封存费用而不能创造经济效益。

### 11.3.1 BAO-CCU 流程概念

#### 11.3.1.1 概念流程

钢铁行业已有的 $CO_2$ 捕获案例主要集中在分离技术研究，目标是通过降低分离成本实现 CCS 的可持续发展，对 $CO_2$ 的经济性利用技术研究较少。国际钢铁同行的主流观点是：为实现碳减排，若通过常规 CCS 技术，钢企将面临巨大经济压力。为此，宝钢重点研究 CCU（Carbon Capture and Utilization），以厂内余热资源为驱动力，将低成本捕获后的 $CO_2$ 和高炉提质气以经济的方式多重利用，在实现碳减排的同时，创造复合经济效益。

钢铁属于周期性行业，国内钢铁业表现尤其明显。国际钢铁业近年普遍处于“严冬”时期，节能降本是钢企在困难时期提升自身竞争力的有效手段之一。在此大环境之下，为了实现碳减排，若通过常规 CCS 技术，则会给钢企带来巨大的经济压力，指望碳税市场推动钢铁业 CCUS 任重道远。为此，宝钢项目小组提出了 CCU（Carbon Capture and Utilization，碳捕获及利用）的概念。该理念是基于宝钢的能源结构特点和长流程钢铁生产流程的特性而提出，尝试解决其经济性，实现可持续运行。以厂内余热资源为驱动力，将低成本捕获后的二氧化碳和高炉提质气以经济的方式多重利用，重视和强化 $CO_2$ 资源化利用，在实现碳减排的同时，创造复合经济效益。宝钢 CCU 的概念设计如图 11-15 所示。

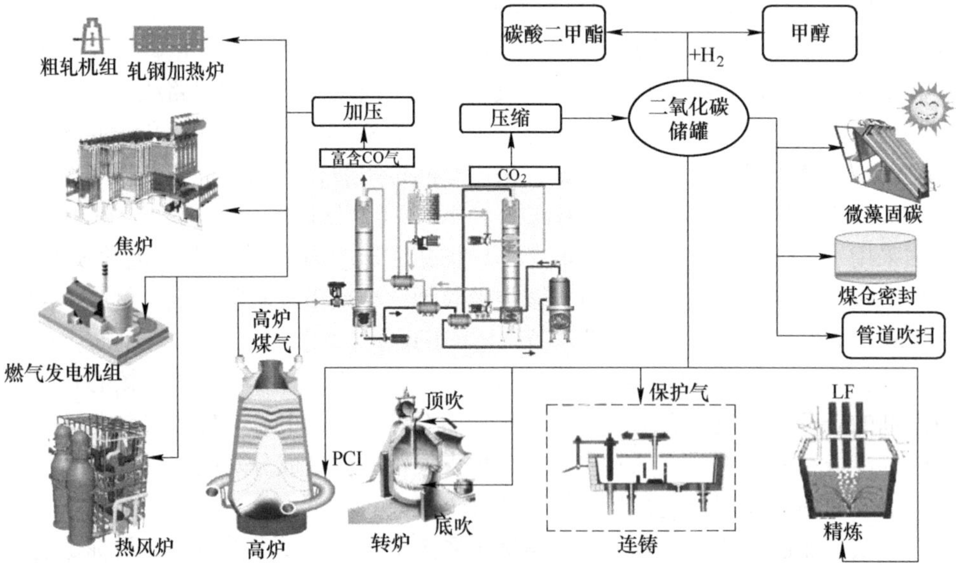


图 11-15　宝钢 CCU 概念设计图

在钢铁联合企业，高炉煤气提质后的产品气用途更广泛，根据厂内的能源结构特点、厂内副产煤气现状和国际国内标杆，具有宝钢特色的技术路线设想有：高炉提质气用于焦炉工序；高炉提质气用于电厂 CCPP 机组；二氧化碳用于顶吹转炉炼钢，减少铁蒸发与烧损，降低烟尘量；二氧化碳用于转炉底吹替代氮气；二氧化碳用于连铸工艺中的保护气；二氧化碳用于高炉炼铁煤粉输送和二氧化碳喷吹；二氧化碳用于精炼工序，如 LF 和 AOD；二氧化碳替代氮气用于管道吹扫；二氧化碳用于微藻固碳，制取生物燃料；二氧化碳用于化工生产，作为化工原料等。

对比分析化学吸收法和变压吸附法各自优缺点和经济性后，宝钢提出利用钢厂余热资源作为化学吸收法实施碳分离与捕获的能量来源，获得高纯度 $CO_2$ 产品气，同时提升单位体积高炉煤气热值。理想状态下，$1m^3$ 的高炉煤气可提取分离 $0.18m^3CO_2$，同时得到 $0.82m^3$ 热值为 $4100kJ/m^3$ 的高炉提质煤气。

#### 11.3.1.2　模块化 CCS 技术

从欧盟 ULCOS 和日本 COURSE50 看，CCS 的不同主要在于提纯 CO 和分离

$CO_2$ 的方法，如图 11-16 所示，有低温蒸馏法、吸附法、吸收法、膜分离法和电化学法等。每一种方法还有具体分类，如吸附法还有 PSA、TSA、VSP、VPSA、PTSA 等。高炉煤气中主要成分之一是 CO，CO 分离方法见表 11-4，$CO_2$ 分离方法见表 11-5。

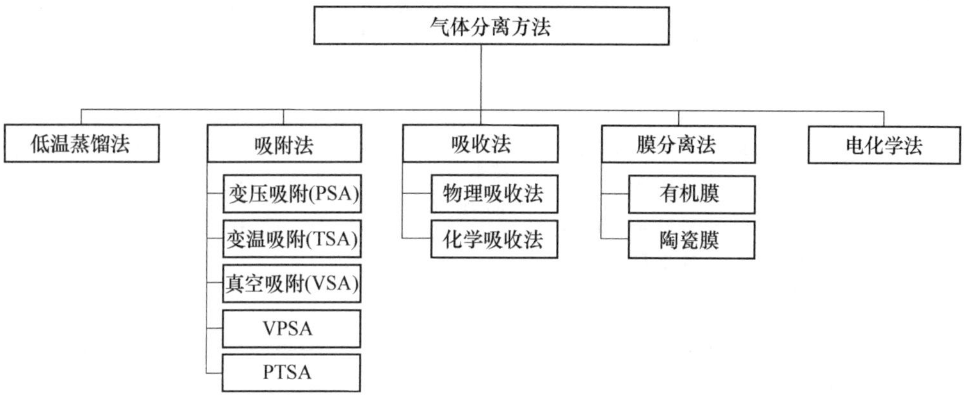


图 11-16 常用的几种气体分离方法

**表 11-4 分离 CO 方法的比较**

| 比较 | 变压吸附提纯 CO | 深冷分离 CO | 膜分离 CO |
|---|---|---|---|
| 装置组成 | 吸附塔、仪电控系统、真空泵等组成，设备简单。 | 预冷机组、纯化器、膨胀机、主换热器、冷箱、冷凝器、电控、仪控等设备组成、设备复杂。 | 预处理系统、膜分离器组件、换热器等组成、设备简单。 |
| 工艺特点 | 负荷调节方便、开停车速度快、运行维护费用低，负荷调节灵活；装置临时停车后可立即再开车即可保证 CO 产品纯度要求。 | 工艺流程复杂，装置负荷调节比较困难；装置开停车时间长、难度高，运行维护费用高；装置短时间停车后再开车需 10h 左右才能得到 CO 产品气。 | 工艺流程简单，对预处理要求较高；负荷调节灵活，开停车速度快；装置临时停车后可立即再开车即可保证 CO 产品纯度要求；装置长时间停车不影响工况，可立即投入使用。 |
| 对原料气适应性 | 原料气适应性广，可实现 CO 与 $N_2$ 有效分离；可在较低操作压力下进行，减少原料气增压能耗的巨大浪费。 | 由于沸点相近，难以实现 CO 与 $N_2$ 的有效分离；需在较高的操作压力下进行，必须对原料气在现有基础上进行压缩，能耗大。 | 对于高氮气含量的 CO 混合气体，膜法没有成功分离 CO 与 $N_2$ 应用实例。 |
| 装置投资 | 装置投资低。 | 装置投资成本高。 | 对原料气净化要求较高；膜的使用寿命短，更换费用高。 |

表 11-5　分离 $CO_2$ 方法的比较

| 比较 | 化学吸收法 | 吸附分离法 | 膜分离法 | 低温蒸馏法 | 电化学法 |
|---|---|---|---|---|---|
| 优点 | 技术成熟，$CO_2$ 产品纯度高，反应解析温度低。 | 技术成熟，操作弹性大，$CO_2$ 产品质量稳定，适合高浓度 $CO_2$ 处理。 | 模块化设计，安装维护方便，适合高浓度 $CO_2$ 处理。 | 技术成熟，流程简单能够产生液态的 $CO_2$，以便于管道输送。 | 在燃料电池方面的应用有广泛的技术基础；从烟气中分离 $CO_2$ 费用较低；装置体积小。 |
| 缺点 | 胺液易氧化，溶液循环量大，吸收塔与再生塔高度较高，占地面积大。 | 产品纯度低，回收率低，且吸附解吸频繁，要求自动化程度高。 | 技术不成熟，产品纯度低，常规膜组件易堵塞，寿命短。 | 该方法设备庞大、能耗较高。 | 技术不成熟，熔融碳酸盐是一种糊状腐蚀剂，其制作和操作都很困难；烟道气中的 $SO_2$ 也会毒化电池；电解质隔离和电极退化。 |

宝钢开展的 CCUS 研究，参考了国际钢铁行业的典型做法，也借鉴了国内电力行业燃煤电厂碳捕获技术。在二者共同的基础上，结合宝钢钢铁生产流程的实际情况，在理论研究和实验室结果的支持下，设计工程方案首选成熟可借鉴的模块化技术。

#### 11.3.1.3　Bao-CCU 低碳竞争力

以电力行业为例，其 CCUS 技术发展至今，所面临的主要问题是如何利用捕获到的二氧化碳创造价值。若不能创造价值，只靠政府机构的补贴，则该技术难以可持续发展。部分燃煤电厂位于油田附近，捕获的二氧化碳可以用于油田的 EOR。CCS+EOR 是目前 CCUS 技术可以盈利的唯一模式。但该模式对于宝钢而言，难以借鉴。宝钢周边 200 公里之内并无大型油气田，最近的油田位于江苏，运输成本高昂。宝钢必须探索新路径，既能通过捕获减少碳排放，同时还能创造价值，至少能收回碳捕获成本，宝钢提出了下列具有低碳竞争力的技术路线。

（1）煤气热值提升：以高炉煤气为目标碳源，分离二氧化碳后的高炉煤气，其单位体积热值由于 CO 的相对富集，因此热值得到提升，可以作为部分冶金炉窑的气体燃料，比如高炉热风炉和焦炉，节省焦炉煤气。

（2）化学吸收法利用余热：钢铁厂余热资源丰富，特别是低温余热资源丰富。化学吸收法解析塔供热温度大于 105℃ 即可，可利用余热资源选择较多，例如，高炉渣所携带的热量、高炉热风炉的烟气余热等。

（3）$CO_2$ 用于替代氩气：通过研究发现，二氧化碳在炼钢工序不仅可以实现能源转换，增加转炉煤气中的 CO 含量；还可以替代部分氩气作为转炉的搅拌气，改善转炉脱磷条件。氩气价格远高于二氧化碳，经济效益显著。

## 11.3.2 变压吸附法高炉煤气二氧化碳分离技术

### 11.3.2.1 设计参数

原料气来自高炉煤气，其主要成分见表 11-6，其中流量为 200000$m^3/h$（标态），压力为 0.008MPa，温度为 40℃。产品气为两种，一种是替代氮气，作为置换或密封用的 $CO_2$，流量为 28180$m^3/h$（标态），压力为 0.2MPa，温度为 40℃，组分见表 11-7，另外一种为冶炼工艺用 $CO_2$，流量为 14227$m^3/h$（标态），压力为 0.9MPa，温度为 40℃，组分见表 11-8。

**表 11-6 原料气规格**

| 组分 | CO | $CO_2$ | $H_2$ | $N_2$ | $O_2$ | 焦油和灰尘 | HCl | $H_2S$ | $H_2O$ |
|---|---|---|---|---|---|---|---|---|---|
| 含量/mol% | 21.8 | 23.1 | 3.2 | 51.7 | 0.2 | 8.5mg/$m^3$（标态） | 4mg/$m^3$（标态） | 2.41mg/$m^3$（标态） | 饱和 |

**表 11-7 置换（密封）用 $CO_2$**

| 组分 | $CO_2$ | $N_2$ | $H_2$ | CO | $O_2$ | HCl | $H_2S$ |
|---|---|---|---|---|---|---|---|
| 含量/mol% | 96.49 | 3.51 | <2ppm | <1ppm | <0.5% | <0.1ppm | <0.1ppm |

**表 11-8 冶炼工艺用 $CO_2$**

| 组分 | $CO_2$ | $N_2$+CO+ $H_2$+ $O_2$ | HCl | $H_2S$ |
|---|---|---|---|---|
| 含量/mol% | ≥99.99 | ≤0.01 | <0.1ppm | <0.1ppm |

### 11.3.2.2 流程框图及物料平衡计算

根据原料气及产品气的成分及流量等设计参数，进行基于变压吸附法的高炉煤气二氧化碳分离工艺流程设计，如图 11-17 所示。原料气经过 11 个状态点变成需要的产品气，各个状态点的组分及状态参数等见表 11-9。

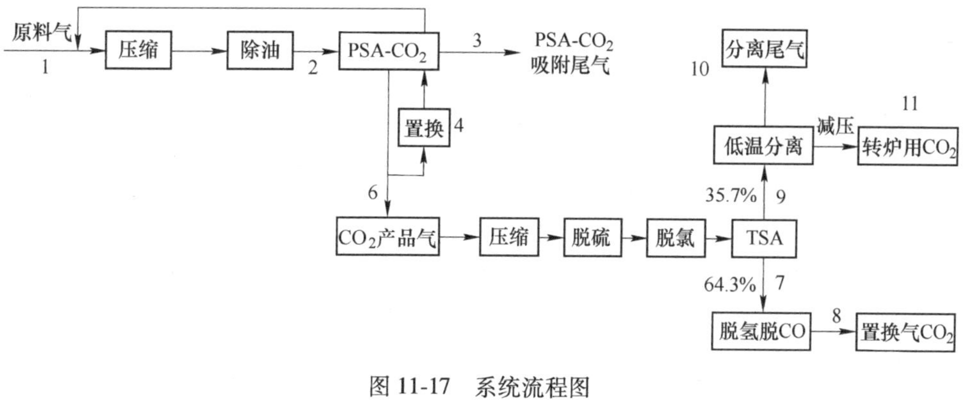


图 11-17 系统流程图

**表 11-9　物料平衡计算汇总表**

| 组分 | 1 | | 2 | | 3 | |
|---|---|---|---|---|---|---|
| | 原料气 | | PSA-$CO_2$ 原料气 | | PSA-$CO_2$ 尾气 | |
| | % | $m^3/h$（标态） | % | $m^3/h$（标态） | % | $m^3/h$（标态） |
| CO | 21.80 | 43600.00 | 21.60 | 44500.00 | 27.60 | 43072.51 |
| $CO_2$ | 23.10 | 46200.00 | 23.30 | 48000.00 | 2.85 | 4440.00 |
| $H_2$ | 3.20 | 6400.00 | 3.26 | 6712.00 | 4.05 | 6312.08 |
| $N_2$ | 51.70 | 103400.00 | 51.64 | 106370.00 | 65.28 | 101861.47 |
| $O_2$ | 0.20 | 400.00 | 0.20 | 418.00 | 0.23 | 356.04 |
| Σ | 100.00 | 200000.00 | 100.00 | 206000.00 | 100.00 | 156042.11 |
| $P$/MPa | 0.008 | | 0.7 | | 0.68 | |
| $T$/℃ | 40.0 | | 40.0 | | 40.0 | |
| 组分 | 4 | | 5 | | 6 | |
| | 置换气 | | 置换尾气 | | $CO_2$ 产品气 | |
| | % | $m^3/h$（标态） | % | $m^3/h$（标态） | % | $m^3/h$（标态） |
| CO | 1.20 | 527.49 | 15.00 | 900.00 | 1.20 | 527.49 |
| $CO_2$ | 95.00 | 41760.00 | 30.00 | 1800.00 | 95.00 | 41760.00 |
| $H_2$ | 0.20 | 87.92 | 5.20 | 312.00 | 0.20 | 87.92 |
| $N_2$ | 3.50 | 1538.53 | 49.50 | 2970.00 | 3.50 | 1538.53 |
| $O_2$ | 0.10 | 43.96 | 0.30 | 18.00 | 0.10 | 43.96 |
| Σ | 100.00 | 43957.89 | 100 | 6000.00 | 100.00 | 43957.89 |
| $P$/MPa | 0.1 | | 0.05 | | 0.005 | |
| $T$/℃ | 40.0 | | 40.0 | | 40.0 | |
| 组分 | 7 | | 8 | | 9 | |
| | TSA 后气体 | | 置换（密封）用 $CO_2$ | | TSA 后气体 | |
| | % | $m^3/h$（标态） | % | $m^3/h$（标态） | % | $m^3/h$（标态） |
| CO | 1.20 | 339.18 | | | 1.20 | 339.18 |
| $CO_2$ | 95.00 | 26851.68 | 96.49 | 27190.86 | 95.00 | 26851.68 |
| $H_2$ | 0.20 | 56.53 | | | 0.20 | 56.53 |
| $N_2$ | 3.50 | 989.27 | 3.51 | 989.27 | 3.50 | 989.27 |
| $O_2$ | 0.10 | 28.26 | | | 0.10 | 28.26 |
| Σ | 100.00 | 28264.93 | 100.00 | 28180.13 | 100.00 | 15692.97 |
| $P$/MPa | 0.25 | | 0.2 | | 0.25 | |
| $T$/℃ | 40.0 | | 40.0 | | 40.0 | |

续表 11-9

| 组分 | 10 | | 11 | | |
|---|---|---|---|---|---|
| | 分离尾气 | | 转炉用 $CO_2$ | | |
| | % | $m^3/h$（标态） | % | $m^3/h$（标态） | |
| CO | 12.79 | 188.40 | | | |
| $CO_2$ | 46.70 | 687.89 | ≥99.99 | 14225.58 | |
| $H_2$ | 2.13 | 31.37 | | | |
| $N_2$ | 37.31 | 549.58 | | | |
| $O_2$ | 1.07 | 15.76 | | | |
| Σ | 100.00 | 1473.00 | 100.00 | 14227.00 | |
| $P$/MPa | 0.2 | | 0.9 | | |
| $T$/℃ | 40.0 | | 40.0 | | |

### 11.3.2.3 流程详述

本高炉煤气 $CO_2$ 分离方案拟采用变压吸附（PSA）气体分离技术从原料气中分离提纯 $CO_2$ 产品气，提纯的 $CO_2$ 产品气分为两个用途，其一作为代替氮气用的置换（密封）气，其二为作为转炉顶吹气的 $CO_2$。整个工艺过程总体上可分为以下几个工序，即变压吸附提纯 $CO_2$ 工序（PSA-$CO_2$）、脱硫脱氯工序、变温吸附脱水工序（TSA-$H_2O$）、脱氢脱 CO 工序和低温分离工序。

（1）变压吸附提纯 $CO_2$ 工序（PSA-$CO_2$）。原料气经过压缩及除油装置，进入 PSA-$CO_2$ 工序，PSA-$CO_2$ 工序作用是提纯原料气中的 $CO_2$ 组分。PSA-$CO_2$ 装置采用 12 塔工序，在一个操作周期中，每台吸附塔依次经历：吸附、均压降压、置换、逆放、抽真空、预吸附、均压升压、终充压等步骤。下面以其中的一个吸附塔为例对各个操作步骤进行简要描述：

1）吸附：除油后的原料气进入 PSA-$CO_2$ 吸附塔，绝大部分 $CO_2$ 组分被吸附剂吸附下来，未被吸附的其他组分则从塔顶排出，作为吸附尾气排走。当吸附进行到预定时间后，关闭吸附塔的原料气进口阀门和吸附尾气出口阀门，停止吸附步骤，开始转入再生过程；

2）均压降压：结束吸附步骤后，将吸附塔依次与处于低压的吸附塔连通，将吸附塔死空间内的有用组分回收；

3）置换：吸附塔经过多次均压步骤后，$CO_2$ 在吸附塔中的吸附前沿进一步向吸附床层的出口移动，为了提高吸附塔中的 $CO_2$ 浓度，利用部分 $CO_2$ 产品气增压后冲洗吸附塔，将吸附塔中的其他组分排出吸附塔；

4）逆放：置换结束后，吸附塔内为 $CO_2$ 产品气，打开吸附塔逆放阀门，将吸附塔内的气体放入逆放气缓冲罐和 $CO_2$ 产品气缓冲罐；

5）抽真空：逆向放压结束后，为得到更多产品 $CO_2$ 并使吸附剂得到再生，用真空泵逆着吸附方向对吸附塔进行抽真空操作，使被吸附的 $CO_2$ 得以彻底地解吸，解吸下来的 $CO_2$ 流入产品气缓冲罐；

6）预吸附：置换步骤冲洗出来的尾气中还含有较多的 $CO_2$，为了回收这部分 $CO_2$，置换冲洗出来的尾气，引入到低压的吸附塔中，并将最后的预吸附尾气返回到原料气入口；

7）均压升压：用来自其他吸附塔的较高压力气体依次对该吸附塔进行均压升压，使吸附塔的压力逐渐升高，最终相互连通的吸附塔的压力相等；

8）终充压：经历了以上各个均压升压步骤的吸附塔还未达到预定的吸附压力，为了使吸附塔可以平稳地切换到下一次吸附，用同时处于吸附步骤的吸附塔的吸附尾气将吸附塔压力升至预定的吸附压力。

至此，吸附塔完成了一个完整的吸附—再生循环过程，并为下一个循环过程做好了准备。每个吸附塔交替进行以上各个步骤的操作，各台吸附塔相互匹配、协同操作，使整套装置连续平稳运行。

（2）脱硫脱氯。为了满足最终产品的要求，也为了防止硫化氢和氯化氢对后续工序以及设备的影响，所以经过 PSA-$CO_2$ 工序得到的 $CO_2$ 产品气需要进行脱硫脱氯。将 $CO_2$ 产品气加压到 0.35MPa，经过先脱硫、后脱氯的工序，将产品气中的硫和氯脱除到 0.1ppm。

（3）变温吸附脱水工序（TSA-$H_2O$）。脱硫脱氯后的产品气进入变温吸附脱水工序（TSA），将其中的饱和水分脱除。TSA 工序采用四塔等压变温吸附流程，两塔吸附脱水，另两个塔进行再生，其中一塔进行加热再生，一塔进行冷却再生。每一个吸附塔在一个周期中需经历吸附、加热、冷却等步骤，四塔交替操作，实现产品气连续脱水操作。下面以其中一个吸附塔为例对各个操作步骤进行简要描述：

1）吸附：部分产品气通过调节阀和程控阀门从塔顶部进入吸附塔，脱水后的气体从塔底部流出，再经过程控阀后进入后工序。

2）加热：达到预定时间后此吸附塔开始转入再生步骤。剩余产品气经过流量计和程控阀后先进入“冷却”步骤的塔，对冷却塔进行降温；冷却塔流出气经过加热后通过程控阀，从加热塔底部通入，对加热塔进行加热再生，加热流出气经过冷却器、气水分离器，分离掉水后的气体汇入吸附入口管线。

3）冷却：剩余产品气先通过冷却入口程控阀从塔顶进入吸附塔，对吸附塔进行冷却；冷却塔底流出气经过加热器后从加热塔底部进入加热塔，对加热塔进行加热再生。

吸附塔冷却结束后进行下一个吸附，依次循环，从而达到连续脱水的目的。

（4）脱氢脱 CO。脱水后的 $CO_2$ 产品气，其中约 2/3 直接进入脱氢脱 CO 工序，脱除产品气中微量的氢气和一氧化碳，然后作为代替氮气应用的置换（密封）气。

（5）低温分离工序。脱水后的 $CO_2$ 产品气，其中约 1/3 经过压缩机增压至 3.0MPa 后送入低温冷箱。液化分离部分拟采用循环制冷加精馏液化的流程。$CO_2$ 产品气进入冷箱后，分别经过一级、二级换热器后送往精馏塔进行精馏操作，通过传热传质，在精馏塔的底部得到纯度≥99.99%的 $CO_2$，然后经节流减压后送往换热器复温，复温后得到 0.9MPa 的气体食品级 $CO_2$ 送往后续使用。在精馏塔的顶部分离出其他杂质，经复温后送出系统。

### 11.3.3 化学吸收法高炉煤气二氧化碳分离技术

高炉煤气富含 CO 高热值气体，去除高炉煤气中的 $CO_2$（约 23%），不仅提高了煤气的热值，扩大了使用范围，而且可以将 $CO_2$ 作为能源介质用于钢铁生产。采用吸收法分离 $CO_2$，能够充分利用钢铁企业低品位热量，为吸收剂的再生提供能量，优于膜法与变压吸附法，在用电与能耗方面因地制宜地发挥行业优势。吸收法以 $K_2CO_3$ 水溶液、氨水、醇胺类吸收剂为主，但碳酸盐吸收效果差，氨水存在结晶和挥发问题，目前，复配有机胺在“高吸收速率、高吸收容量、低再生能耗、低损失”方面最有发展优势，但其解吸能耗高。大多研究围绕计算、模拟、工艺进行分析与研究，而忽略了吸收剂本身物性参数的测定，即缺乏基础数据，因此，其结果可信度较差。通过建立吸收剂吸收量、吸收速率、解吸量、解吸速率、解吸能耗、表面张力、吸收热等参数的测量平台，完成各种基础数据的采集与分析，形成大规模基础数据库，从化学反应、动力学、吸收剂成本、腐蚀性诸多方面综合反映吸收剂的分离效果；同时，建立起完整的吸收剂评估评测体系，结合 Aspen PLUS 模型，为工艺与工程方案提供设计参考与依据。最终形成吸收法提纯分离气体的研发、设计与方案论证体系。

#### 11.3.3.1 试剂方案

针对高炉煤气成分，气源中含有 CO、$H_2$、$N_2$、$O_2$ 等非极性分子，所分离的 $CO_2$ 为极性分子，选用胺溶液可以有效去除酸性气体，但硫化氢和氯化氢会使胺生成难以解吸的盐，使胺溶剂失效。采用伯胺和仲胺可以提高吸收速率，但吸收容量小，解吸能耗高，容易生成氨基甲酸盐，腐蚀性强；叔胺吸收速率低，但吸收容量大，解吸能耗低，生成的是可降解的碳酸盐，对管道腐蚀性小。空间位阻胺和 $CO_2$ 反应的反应速率比叔胺快，但比伯胺、仲胺要慢，与 $CO_2$ 反应生成的氨基甲酸盐非常不稳定，空间位阻胺吸收 $CO_2$ 过程中的 $CO_2$ 负载较大，但价格贵。因此，提出两种基本方案：

（1）方案一采用以仲胺为基液，配以叔胺。叔胺有利于降低能耗，增加吸收量；仲胺有利于提高反应速率。

（2）方案二以仲胺为基液，配以空间位阻胺和叔胺。提高吸收量，减小腐蚀，投资较高。

#### 11.3.3.2　技术方案

由于富液进行解吸时，如果温度过高，会导致溶液温度梯度加大，产生的显热较大；温度高会加速溶液对管道与塔体的腐蚀；温度高容易引起溶液的挥发，在再生塔塔顶散失的蒸汽会增加；温度高会使冷却蒸汽所需要的冷却水与电耗增加；如果温度超过100℃，水的蒸发潜热会增加能耗，因此，需采用低于水的沸点温度进行解吸。

由于再生温度低于水的沸点，应根据高温介质的性质与流量进行针对性设计。以低品质余热资源为例：

250℃烟气，气体的比热低，需增加流量和提高温差强化传热。系统中，烟气无法与吸收剂直接接触换热；比较合适的是逆流式换热器，但要保证材质防腐性强；铜板换热器热导率大，但存在与吸收剂腐蚀可能性；如果采用管式换热器，需要多台并联工作。

70~80℃冲渣水，由于冲渣水换热，水温较低，并且水中杂质较多，需要进行过滤，在这种情况下，可以考虑液液换热，由于吸收液在低温腐蚀性较低，可以采用304/316不锈钢。通过控制冲渣水流量调节换热温差。冲渣水在流动中通过管壁散热，较难达到吸收剂再生效果，可考虑加入一定量的烟气，提高冲渣水的温度，最高不超过水的沸点，强化换热效果。

高炉煤气脱碳主体工艺流程如图11-18所示。净煤气经过间歇式脱硫塔后脱除硫化氢，脱硫塔采用精矿粉或氧化铁皮构成的反应料层，当其中一塔的脱附能力下降时，切换至另一塔，同时该塔进行更换吸附剂操作；脱硫后的气体经过盛有消石灰的吸收塔，混合气中的HCl和部分二氧化碳被吸收后直接进入吸收塔，此时混合气对弱碱胺液的破坏程度最低，尤其是当气量非常大时，这个效果更为明显，减少有机胺溶液的失效。胺液从吸收塔上部喷淋，在下降过程中与上升的混合气在填料上接触，形成气液传质膜，充分反应吸收，当混合气到达吸收塔顶部时，混合气中二氧化碳被吸收干净，排出热值较高的富一氧化碳气体。吸收二氧化碳达到饱和的富液经泵泵入解吸塔，自上向下喷淋，同时，溶液被不断加热，解吸出来的二氧化碳经过解吸塔塔顶被冷却器冷却，直接加以利用，富液在下降过程中，逐渐失去二氧化碳成为贫液，当到达底部时，温度最高，同时含有的二氧化碳最低，再经过泵泵入吸收塔塔顶循环利用。

（1）烟气预处理系统。根据高炉煤气气体的性质、高炉生产工艺过程可知，

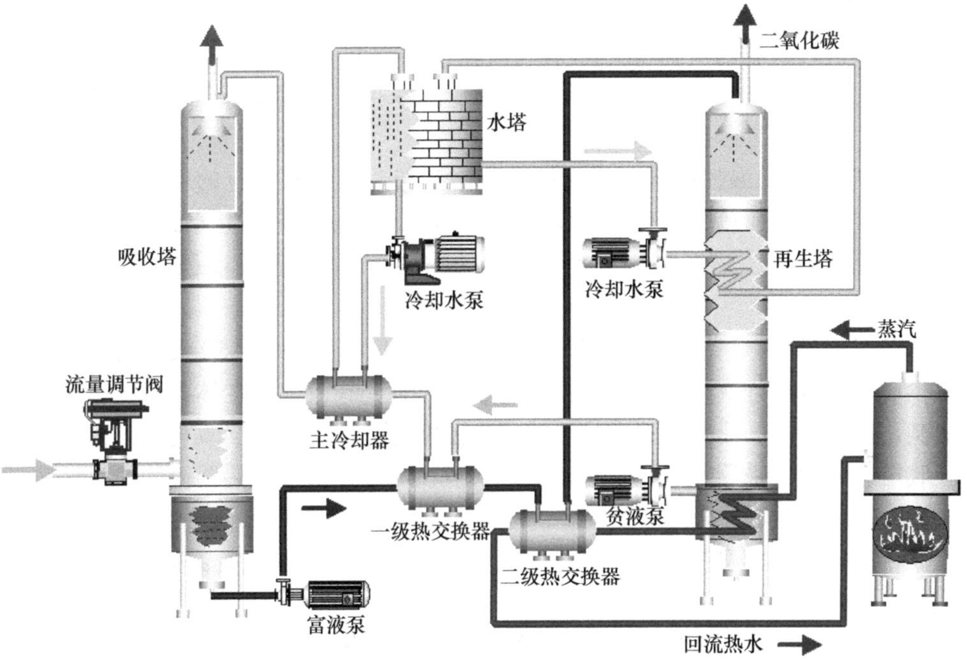


图 11-18 高炉煤气脱碳主体工艺流程示意图

荒煤气自高炉排出后，经重力除尘、文氏管除尘、洗涤塔后成为净煤气，一部分用于热风炉，其余部分供给焦化厂、加热炉、转炉等工序。

净煤气成分复杂，主要含有微量酸性气体，对弱胺溶液造成失效性破坏，由于 $H_2S$ 具有强还原性，可以利用钢铁厂固有优势进行氧化-还原法脱除，精矿粉主要成分为三氧化二铁，热轧钢厂除鳞产生一部分氧化铁皮，这部分氧化铁含油和水较多，使用前要进行干燥处理，利用精矿粉与氧化铁皮混合造粒，装入脱硫塔，采用多塔间歇操作进行交替除硫。此外，净煤气中含有一定量的 HCl，与弱碱胺溶液反应，可通过消石灰水采用喷淋或鼓泡方式去除，净煤气中的二氧化碳会一同发生反应生成碳酸钙，起到提前脱除的目的，但二氧化碳脱除量较小，经净化后的煤气成为可以用弱碱胺溶液吸收的混合气。

（2）吸收塔与解吸塔以及塔内填料结构。经净化后的高炉煤气从吸收塔底部进入，经过富液洗涤后降去一部分二氧化碳，鼓泡出来的气体上升进入二塔段，这一段分布着填料环，增加了贫液与煤气的接触面积，煤气与贫液在填料表面发生反应，煤气中的二氧化碳进一步降低，继续上升到一塔段，此段填料环比表面积较大，可以在二氧化碳低分压下保持较高的吸收率，贫液从吸收塔上方喷淋，形成与下部气体的逆向流动接触，当贫液到达吸收塔底部时，形成饱和的富液，被泵抽出进行循环。再生塔与吸收塔不同之处在于，为了增强解吸效果，在富液中加入填料环。富液自上向下喷淋，与填料环接触，在较高温度下解吸放出二氧化碳，富液越向下流动，其温度越高，解吸的二氧化碳越多，当到达塔釜时，温度最高，进行完全解吸，形成贫液，被泵抽出至吸收塔上端。

（3）多级节能换热。

1）吸收塔内温控系统。吸收塔是胺溶液与二氧化碳反应的容器，反应放出的热将溶液及塔加热，不利于二氧化碳的吸收，因此，需通过气量与液量联动调节、水冷散热器、塔釜散热器将多余热量散失，保证吸收过程在较低温度下完成。

2）贫富液换热器。贫液温度高，富液温度低，贫液泵入吸收塔与富液泵入再生塔可进行充分换热，大量实验数据表明，管壳式散热器在体积紧凑情况下无法满足换热要求，而且富液在换热过程中温度升高，会放出二氧化碳，重新回到吸收塔，因此，采用具有一定倾角的板式换热器是贫富液换热器设计的关键。

3）解吸塔换热器。解吸塔底部空间有限，通过冲渣水无法达到设计要求，因此，必须采用高温气体进行换热，控制高温烟气流量和富液量调节再生塔内部温度，实现富液的充分解吸。

4）二氧化碳冷却器。再生塔上部为高纯二氧化碳，同时含有一部分胺液蒸汽，有机胺蒸汽的挥发污染环境，在再生塔上部设置过滤器、铜水冷壁冷却和及时去除冷凝的液体，降低蒸气压，通过管道阻力降低二氧化碳流速，从而减少带出的杂质气体和水分。

（4）吸收剂回收系统。吸收剂为弱碱性有机胺溶液，随着吸收到解吸的进行，溶液中的水会以蒸汽形式挥发出来，而有机胺沸点高，蒸气压低，再生塔顶部设有回流和冷凝装置，可以回收部分溶液。当胺溶液浓度较低时，可以取出旧液放入前端 HCl 去除系统，生成的化合物以盐的形式存在于渣中。另一部分废液经过过滤，在萃取塔内与高选择性低蒸发焓的吸收溶剂逆流接触，萃取后经精馏，分离出有机胺；再经高温氧化消解处理，废液转化为含氮的无机离子，COD 达到排放要求；处理后的废液调节 pH 值至中性，用作化学肥料。

（5）尾气系统。吸收二氧化碳后排出的富一氧化碳气体含湿量大，可以通过过滤除水获得湿度相对较低的气源，这部分气体与高炉煤气经文氏管与洗涤塔产生的煤气湿度相当。

再生塔解吸的高纯二氧化碳可以作为煤仓保护气，含湿量大有助于煤仓内煤的保护。

（6）胺逃逸控制。为了减少胺的挥发，在工艺条件选择方面主要做好以下几点：1）选用沸点高的试剂；2）尽量选用 MDEA 叔胺试剂和空间位阻胺试剂，如 SG、AMP 等；3）在再生塔内温度梯度变化要大，即再生阶段与冷却段区分明显。

### 11.3.4 提质煤气利用

这里主要研究了用高炉提质气替换电厂 CCPP 机组的常规高炉煤气、高炉热风炉以及焦炉燃烧室的焦炉—高炉混合气。对于钢铁联合企业煤气系统而言，燃料互换主要指不同种类的煤气互换，具体是指用一种煤气置换另一种煤气或燃料。

### 11.3.5 $CO_2$ 利用研究

（1）$CO_2$ 用于转炉炼钢。从 20 世纪 80 年代开始，国内外科研工作者开始开发底吹 $CO_2$ 的新技术，其冶金价值在于：1）脱磷要求的强动力学搅拌；2）减少氩气消耗；3）抑制钢水过氧化现象。欧洲、日本及澳大利亚是利用 $CO_2$ 进行复吹成熟的地区，宝钢也曾试验过该技术。日本底吹 $CO_2$ 主要采用转炉底吹 $N_2$-$CO_2$ 切换技术、底吹 $N_2$+$CO_2$ 混合气体以及全程底吹 $CO_2$ 技术，如福山厂的 180t 和 250t 转炉从 20 世纪开始应用底吹 $CO_2$ 技术，降低了生产成本，改善了高碳钢脱磷。日本住友转炉废气作为底吹气体以 1500$m^3$/h 的流量供给转炉作为底吹气体直到开始出钢，使烟气体积百分数为 71.1%CO、15.2%$CO_2$、10.5%$N_2$、3.2% $H_2O$，提高了煤气质量。

（2）$CO_2$ 替代氮气。宝钢使用的氧气、氮气和氩气主要由宝钢制氧厂的空气分离装置生产，制氧的原理主要是以空气为原料，通过加压、膨胀制冷、换热等手段使之液化，然后利用氧、氮、氩等组分沸点上的差异，实现氧、氮、氩等气体的分离。宝钢现有七套制氧装置，最大制氧能力约为 31 万 $m^3$/h，制氮能力约为 57 万 $m^3$/h。三种产品以气体的形式供给炼铁厂、炼钢厂、冷轧厂、热轧厂、化工公司及其他各用户单位使用。空气分离装置在生产气体的同时，也生产液体，有液氧、液氮、液氩三种液体产品。气体的生产主要根据用户用量进行调节，当气体产量有过剩时，富裕的部分气体可以进入液化装置液化成液体后，分别储存在各自的液体储罐中，以备装置故障时应急使用，也可作为产品外销。

氮气在宝钢各个工序得到广泛的应用，中压氮用户主要为高炉、炼钢和冷轧，高压氮用户主要为高炉喷煤、炼钢溅渣等，由于空气分离装置制氧、制氮是相伴产生的，一般都以需求量大的一种气体的平衡来组织空分的生产，另一种气体富裕时只能进行放散，造成能源损失。为满足冷轧等高端用户的需求，宝钢生产的氮气品质相当高，氮气纯度为 99.999%，高压氮气压力为 3.0MPa，中压氮气压力为 0.6MPa，而许多用途并不需要如此高的品质，这些低端的用户完全可以以其他的惰性气体来满足它们的工艺需求，如用于煤气管道吹扫；用于气动输送；用于石灰料仓的保护气；用于 CDQ 补充气等。根据氮气的用途和使用品质要求，基于宝山基地的能源平衡表，分离出必须使用的氮气和可以考虑使用的惰性气体和二氧化碳的用户群，冷轧、硅钢、炼钢等必须使用高品质的氮气，而供钢厂用于气体输送，保护气、吹扫气等用途的用户则可以用相应的惰性气体、二氧化碳替代。

宝山基地能源平衡表中的各生产单元用户的氮气总消耗量约 60km$^3$/h（标态），其中大部分用量用以气动输送、料仓保护、吹扫、气封等用途，用二氧化碳代替这部分氮气中的60%～70%是可以实现的。另外，从统计表中有一块损失量也达到 40km$^3$/h（标态），主要是一些管道吹扫等临时用户的使用没有纳入计量和少量放散的结果，这部分气体也有部分可以由二氧化碳来替代。因此，二氧化碳替代 40km$^3$/h（标态）的氮气是可以实现的目标，如此可以减少氮气的生产量，进而降低空分的负荷，乃至减少空分的运行台数，可大大地降低制氧、制氮的成本。

（3）$CO_2$ 养藻。许多跨国能源公司投巨资开发能源微藻。美国 GreenFuel 公司于 2005 年在 Arizona APS 完成中试，并筹资 2000 万美元在其封闭管式光反应器中试成功的基础上开始进行更大规模的工业试验。Shell 公司 2007 年宣布投资 70 亿美元开展微藻生物柴油技术的研究。美国第二大石油公司 Chevron 于 2007 年底宣布与美国能源部可再生能源实验室协作研究微藻生物柴油技术。2008 年 4 月，美国 PetroSun 公司宣布投资开发利用开放池系统培养微藻生产生物柴油的技术，其中部分产品是高品质的航空生物柴油。

典型高炉煤气中除了含有 21%～24%的 $CO_2$，还含有 20%～23% CO 和 50%左右的 $N_2$ 等主要成分，利用高炉煤气培养微藻技术不仅可以降低 $CO_2$ 捕获成本，而且可以产出生物燃料。与物理和化学脱碳工艺相比，具有变废为宝，能耗低，且没有二次污染的特点，实现了 $CO_2$ 固定和含油生物质获取的双重目的。但是由于高炉煤气成分复杂，其化学成分在一定范围内波动，且部分微量成分对藻类生长可能有害，因此，需要通过调控和优化培养条件提高生物质产率、目标物含量积累以及 $CO_2$ 去除率。宝钢研究了藻种筛选和扩大培养、小试和中试光生物反应器设计和优化改造的探究，研究高炉煤气中 $CO_2$ 用于蛋白核小球藻培养并开展小试规模的微藻固碳研究。宝钢研究高炉煤气高效培养小球藻技术，结合实验室小试及现场实验，开展培养方案优化及机理分析，为大规模工业化应用提供技术支撑。

光生物反应器（PBR）包括开放式和封闭式。开放式培养与外界环境直接接触，微藻利用自然光实现光自养生长，最常见的是跑道池。和传统的开放式培养相比，封闭式的光生物反应器培养微藻的密度高、培养条件容易控制、培养出的微藻安全无污染，因此在微藻减排资源化利用中较受青睐。一般封闭式光生物反应器可分为管道式、平板式、柱状气升式、搅拌式发酵罐、膜式等。近年来开发的封闭式光生物反应器多种多样，平板式和管道式光生物反应器是目前最普遍的两种封闭式的光生物反应器。宝钢开发设计了两套小试规模的光生物反应器。一套用于实验室内的小型平板式反应器；另一套用于现场实验的斜板和管道式联合的反应器。小型平板光生物反应器主体装置包括密封装置、微孔曝气管、造浪泵搅拌混合、LED 灯、箱体温度控制和曝气流速控制系统，如图 11-19 所示。接入对数生长期的藻种，初始接种浓度为 0.15g/L，设定培养温度控制在 25~28℃，光照强度为 6000~8000lux，光暗时间比 12h：12h，培养时间为 10d。调节高炉煤气通气速率 0.2L/min、0.5L/min、1.0L/min，每天通入 2~3 次，调整通入时间 1~10min，调节 pH 范围在 5.8~6.5。

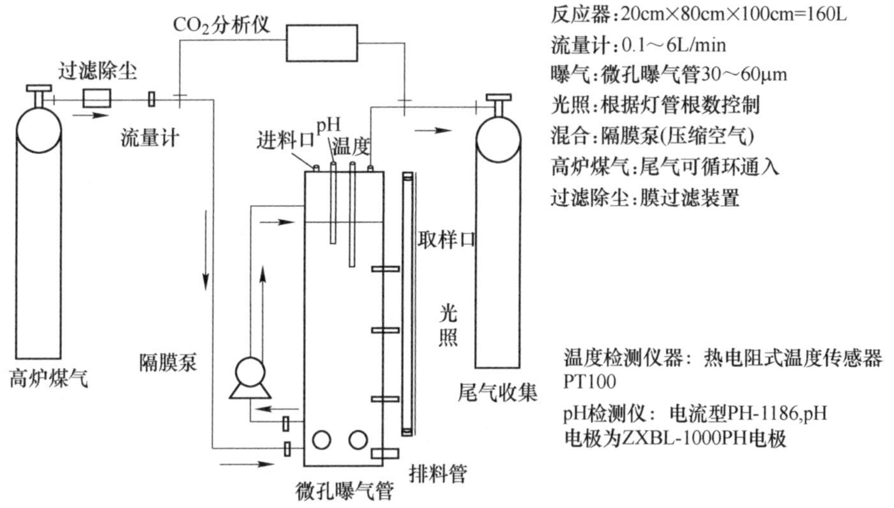


图 11-19 小型平板式光生物反应器

根据高炉煤气的化学成分及培养基营养物的添加方式，小球藻的培养模式分为三种，即自养培养（高炉煤气直接培养）、混合培养（高炉煤气+空气培养）和兼养培养（高炉煤气+废水培养）。小试阶段主要研究包括适合高炉煤气生长的藻种筛选及培养条件的优化。藻种的筛选主要根据其在高炉煤气作为碳源条件下的最大藻生长量、最大比生长速率、油脂含量、成分及其积累速率及高炉煤气中 $CO_2$ 脱除情况。培养条件的优化主要包括通气速率、pH、温度、光照及营养物的影响等。

采用高炉煤气中的 $CO_2$ 作为碳源，可以有效地降低微藻生长所需碳源的成本，持续循环利用提高生物质浓度及其生物质能源。同时，可以达到 $CO_2$ 减排及其资源化利用的目的，这种高炉煤气微藻固碳培养模式不仅可以获得较大的环境效益，而且随着技术进步，其经济价值潜力也会逐渐凸显。微藻的低成本、大规模培养是实现微藻能源产业化的关键环节。能源微藻规模化光自养培养过程，面临着复杂多变的外部环境，光生物反应器内的光分布具有时空非线性变化特性，且微藻细胞之间也存在着一定的相互作用。因此，能源微藻代谢网络对外部环境及光生物反应器内的流场特性（特别是光照方向的混合特性）的应答机制极其复杂。

（4）二氧化碳资源化利用。

1）油田 $CO_2$ 混相驱油。近十年来，采油领域正逐渐成为 $CO_2$ 的超级用户，随着油田原油采出难度加大，针对提高原油采出率的新工艺不断应用，其最具前景的工艺为 $CO_2$ 混相驱油工艺。国内已有几家采油企业正在做工业试验，据报道，平均可提高采收率20%。仅此一项，其 $CO_2$ 年需求量可达50万~80万t。

2）用作植物气肥。植物叶绿素在光合作用下吸收 $CO_2$ 成植物淀粉，这是植物生产的自然规律。用 $CO_2$ 制成气肥，加大植物生长空间中的 $CO_2$ 浓度，可增加植物的干物质从而达到增产的目的。

3）用于超临界萃取。目前国内有关研究部门已经能够利用该技术提纯一百多种生物的精素，尤其是在生物制药领域和食品保健品等方面，国内已经有几套工业装置。

4）代替氟氮烃用作发泡剂。$CO_2$ 用作泡沫塑料发泡剂比氟氮烃类发泡剂对环境污染小，用量小易于回收利用，无毒可制作降解饮食餐具。

5）用作焊接保护气。$CO_2$ 保护焊接是一种公认的高效率、低成本、省时省力的焊接方法，并具有可行性小、油锈敏感性低、抗裂、致密性好。与手工电弧焊相比，自动 $CO_2$ 气体保护焊接的功效可提高2~5倍，半自动可提高1~2倍，能耗下降50%。我国 $CO_2$ 气体保护焊接仅占全部焊接的5%；发达国家67%；全球平均为23%，发展前景十分乐观。

6）用于生产泡沫板材。美国DOW化学公司以 $CO_2$ 为现有聚苯乙烯泡沫板用发泡剂的替代物，已在世界范围内发放这项新技术的许可证。此板厚仅6~35mm，环境污染小，并具有发泡剂用量少等优点。

7）用于生产无机化工产品。以 $CO_2$ 与金属或非金属氧化物为原料生产的无机化工产品主要有轻质 $MgCO_3$、$NaCO_3$、$NaHCO_3$、$CaCO_3$、$K_2CO_3$、$BaCO_3$；碱式 $PbCO_3$、$Li_2CO_3$、MgO 等多为基本化工原料，广泛用于冶金、化工、轻工、建材、医药、电子机械等行业。

8）白炭黑。白炭黑可由硅酸钠和精制 $CO_2$ 气体反应制得。它可用作橡胶补强剂，塑料填充剂，润滑剂和绝缘材料等。目前我国白炭黑的生产厂家不少，但产量满足不了国内需求，产品畅销。

9）硼砂。将预处理的硼镁矿粉与碳酸钠溶液混合加热，然后再通入 $CO_2$，加压后反应即可制得硼砂。它主要用于玻璃和陶瓷行业。此外，在冶金、化工、机械等部门也有广泛应用。

10）轻质氧化镁。白云石经煅烧、硝化处理后，再经 $CO_2$ 碳化、热解等一系列处理后制得轻质氧化镁。它主要用作制造陶瓷和耐火材料。此外，还可用作磨光剂、油漆及纸张的填料、催化剂的原料、橡胶促进剂等。

11）用于有机化工产品。

综上所述，$CO_2$ 用途广泛，市场潜力大，在国民经济中占有越来越重要的位置。它既是一个基本化工原料，来源极广，可回收利用，属环保型产品。将逐步引起人们的高度重视，发展势头十分强劲。

## 11.4 二氧化碳用于炼钢技术

### 11.4.1 技术原理

将 $CO_2$ 作为氧化剂用于炼钢，主要为转炉顶吹混合喷吹、电炉侧吹保护、VOD 及 AOD 喷吹等。例如：将 $CO_2$ 用于转炉顶吹每吨钢可减少 2~3kg 左右的烟尘，其原因是炼钢烟尘的形成来源于钢液熔池中火点区金属铁的蒸发，氧气射流与钢水接触区域产生约 2500℃ 以上至 3000℃ 的高温火点区，而金属铁的沸点为 2750℃，因此氧气射流接触熔池时，熔池一次反应区中的铁元素将大量蒸发。如能控制高温火点区的产生，将降低铁的蒸发，减少烟尘产生量。根据冶金热力学原理：$CO_2$ 虽属弱氧化性气体，但在炼钢温度下，$CO_2$ 氧化碳等元素的化学反应是完全可以进行的，见表 11-10。

**表 11-10 反应的热力学数据**

| 元素 | 化学反应 | $\Delta G^{\ominus}$/J · mol$^{-1}$ | $\Delta G^{\ominus}$（1773K）/kJ · mol$^{-1}$ | $\Delta H$(298K)/kJ · mol$^{-1}$ |
|---|---|---|---|---|
| C | $1/2O_2 + [C] = CO(g)$ | $-140580 - 42.09T$ | -215.21 | -139.70 |
|  | $O_2 + [C] = CO_2(g)$ | $-419050 + 42.34T$ | -343.98 | -393.52 |
|  | $CO_2(g) + [C] = 2CO(g)$ | $137890 - 126.52T$ | -86.43 | 172.52 |
| Fe | $1/2O_2(g) + Fe(l) = (FeO)$ | $-229490 + 43.81T$ | -151.81 | -272.04 |
|  | $CO_2(g) + Fe(l) = FeO + CO(g)$ | $48980 - 40.62T$ | -23.04 | 40.37 |
| Si | $O_2 + [Si] = SiO_2$ | $-804880 + 210.04T$ | -432.48 | -910.36 |
|  | $2CO_2(g) + [Si] = SiO_2 + 2CO(g)$ | $-247940 + 41.18T$ | -174.93 | -344.36 |
| Mn | $1/2O_2 + [Mn] = MnO$ | $-412230 + 126.94T$ | -187.17 | -384.93 |
|  | $CO_2(g) + [Mn] = MnO + CO(g)$ | $-133760 + 42.51T$ | -58.39 | -101.91 |

二氧化碳脱碳反应是吸热反应，与硅、锰元素的反应虽是放热反应，但相对于氧气与硅、锰元素的反应放热仅有 30%左右。根据能量平衡计算，喷入的氧气中添加 5%~10%左右的 $CO_2$，熔池升温速度下降，而熔池火点区的理论温度下降约 300~500℃，这将限制金属铁的蒸发量，从而减少烟尘的产生，而产生的 CO

被回收利用。其次，通过喷吹一定比例 $CO_2$ 可调控熔池温度、强化熔池搅拌，为熔池提供良好的脱磷及终点碳、氧的控制条件。

在炼钢温度下，$CO_2$ 也可直接参与脱磷反应：

$$2[P] + 5CO_2 + 4CaO \xlongequal{} 4CaO \cdot P_2O_5 + 5CO \tag{11-13}$$

$$\Delta G^{\ominus}(J/mol) = -717000 + 213.3T \tag{11-14}$$

从以上分析可知，炼钢温度下利用 $CO_2$ 可参与炼钢脱磷反应，完成脱磷任务。但在相同温度下由于 $CO_2$ 氧化性弱于氧气，因此，反应进行程度较氧气脱磷有所减弱。与纯氧相比，采用 $CO_2$ 作为炼钢过程氧化剂时，由于 $CO_2$ 参与熔池反应为吸热或微放热反应，反应的热效应降低，因此，可利用喷吹一定比例的 $CO_2$ 实现炼钢脱磷过程温度的调控，为脱磷反应的发生创造良好的热力学条件；同时利用 $CO_2$ 参与反应可产生更多的气体，有利于强化熔池搅拌能力，为脱磷反应创造良好的动力学条件。

将 $CO_2$ 作为转炉及电炉的底吹搅拌气代替 Ar 进行底吹，可减少氩气消耗，增强搅拌能力，提高脱磷及降低渣中铁损，节约生产成本；如 $CO_2$ 用于 LF 底吹，可提高 LF 的搅拌能力，通过 $CO_2$ 与 C 的反应生成 2 倍体积的 CO，可降低钢中夹杂物的产生及提高脱硫率；用于连铸保护可防止钢水二次氧化，以上结果均具有理论依据并在试验中得到验证。

### 11.4.2　$CO_2$ 在转炉工艺中的应用

在转炉炼钢过程中也存在以下问题：（1）炼钢过程有烟尘量产生，钢铁料消耗较高；（2）底吹搅拌强度相对较小，脱磷要求的强动力学搅拌条件有提升空间；（3）氩气消耗量大；（4）钢水可能存在过氧化现象。从 20 世纪 80 年代开始，国内外科研工作者开始开发底吹 $CO_2$ 的新技术。$CO_2$ 作为一种弱氧化性气体，在炼钢温度下利用可参与炼钢氧化反应，完成脱磷、脱碳等冶金任务。因此，可在转炉炼钢过程混合喷吹一定比例的 $CO_2$ 来实现对炼钢过程温度和氧化性的调控，为选择性氧化反应的进行创造良好的热力学条件；同时利用 $CO_2$ 参与熔池反应可产生更多的气体，强化熔池搅拌能力，为炼钢过程创造良好的动力学条件。

考虑转炉冶炼过程顶吹气体中平均混入约 10% $CO_2$，顶吹全程采用氧气和 $CO_2$ 的混合气体，混合比例可根据炉况进行调节，比例为 0~20%，设计流量为 0~12000$m^3$/h（标态）；转炉吨钢 $CO_2$ 顶吹喷入量为 5$m^3$/h（标态）计算，每年可消耗 $CO_2$ 7000 万 $m^3$；底吹采用 $CO_2$ 完全代替 Ar，每年可消耗 $CO_2$ 约 1120 万 $m^3$。因此，转炉炼钢顶底复合吹炼过程每年可消耗 $CO_2$ 15.95 万 t。

## 11.5　本章小结

联合国政府间气候变化专门委员会（IPCC）第五次报告的各种情景显示，

要实现温室气体减排，CCS 是重要减排技术之一。随着不同行业的不断努力和实践，CCUS 逐渐成为国际社会的共识和行动，对我国低碳发展具有越来越重要的战略指导意义。钢铁 CCUS 刚起步，期待前期的探索与研究工作对钢铁低碳转型发展有推进和帮助，现做简要总结。

（1）二氧化碳分离方法：低能耗、低成本和环境友好的二氧化碳分离方法 CCUS 技术是实现可持续发展的基础条件之一。在目前的科学和技术条件下，变压吸附法、化学吸收法和膜分离法均有工业化应用的案例。在不同的情景模式下，三种方法各有所长。但三种方法的分离成本仍然较高，其中变压吸附法和膜分离法的分离成本以电耗为主，化学吸收法的能耗以蒸汽消耗为主。学术界仍在探索降低能耗的新路径，例如，超低解吸能耗的新型化学吸收剂、更高效的物理吸附材料和膜材料。

（2）CCUS：近十年来，CCUS 技术在国内外得到了广泛的发展和应用。尤其是在电力行业，欧盟和北美的很多火力发电公司相继建立了碳捕获装置，开展碳捕获以及二氧化碳的封存和利用。典型的技术路径：火力发电厂+碳捕获装置+二氧化碳油田驱油（EOR）。国内电力行业以华能、大唐公司为代表也开展了 CCUS 的中试和工业示范，取得了较好的示范效果。国内的石油行业的 CCUS 相比于电力行业，其优势更加明显。因为捕获得到的二氧化碳可以用于其自身的油田驱油，有一定的经济效益，推动 CCUS 可持续发展。钢铁行业的 CCUS 尚处于初期阶段，欧洲和日本的钢铁公司从 2005 年开始启动碳捕获技术研究，目前还处于工业化研究和实验阶段，尚未大规模应用。国内钢铁公司，以宝钢和首钢为代表，近年来开展了相关的研究和工业化试验，中国钢铁行业 CCUS 技术处于发展期。

（3）宝钢碳减排探索：宝钢提出从 CCS（碳捕获与储存）到 CCU（碳捕获与利用），被国际钢协（World Steel）命名为 Bao-CCU。该技术路线更关注于 $CO_2$ 的厂内循环利用（Utilization），更关注依托于钢铁厂特有的能源结构和高温反应器，更关注实现 $CO_2$ 的资源化利用，更关注经济性以及运行可持续。利用钢铁厂的低品质余热资源作为碳捕获的驱动力，具有较大地降低捕获成本的潜力。以高炉煤气为碳源，分离二氧化碳后的高炉煤气，其热值得到提升，利用价值得到改善，可直接应用于部分炉窑作为燃料，可节省大量高附加值的焦炉煤气。所获的二氧化碳，可以替代部分氮气在钢铁厂内部作为吹扫气体和保护气体，减少空分装置的负荷，节省电能，从而间接减少了空分系统的碳排放。所获的二氧化碳，还可用于转炉炼钢。

（4）宝钢尝试了利用生物微藻捕获高炉煤气中的二氧化碳。生物法相比于传统的化学吸收法和变压吸附法，更加环保和低碳。不需要消耗额外的能量，借助于微藻的光合反应，便可以实现二氧化碳的分离。同时，光合作用将二氧化碳转化为蛋白质，可以实现二氧化碳的资源化利用，比如作为人类的高端保健品、动物饲料、农林肥料和生物燃料等。

（5）二氧化碳资源化利用：CCUS 的可持续化发展，除了上文所述的低捕获成本之外，二氧化碳的经济化利用尤为重要，尽管资源化利用的数量相比于地质封存较小，但可以为企业带来效益，可以更好地驱动企业从事 CCUS 业务，为进一步减少碳排放提供了原动力。

（6）二氧化碳炼钢技术：二氧化碳的资源化利用，不同的行业应结合自身的工艺特点，探索不同的资源化利用途径，比如，中石油的 EOR 技术，就是利用二氧化碳的“气驱”，替代传统的“水驱”。既节约了水资源，又封存了二氧化碳，一举两得。同样，钢铁行业也有其本身的特点。二氧化碳资源化利用的一个分支是二氧化碳的能源转化，通常是在催化剂的作用下，在相对较高的温度下实现的，消耗一定的能源。钢铁行业有很多高温反应器，比如转炉，借助于转炉的高温条件和铁水中所含的碳元素，可以几乎无成本的实现二氧化碳的能源转换，增加了转炉煤气的热值，改善了转炉冶炼指标。

钢铁行业碳排放是世界上碳排放总量的重要组成部分，单一技术的应用难以短期内快速降低碳排放总量。因此，不仅需要钢铁厂内部不同技术综合应用，也需要同社会上不同的行业合作与协同，共同进行减排和固碳，为气候变化的改善做出最大的贡献。

## 参考文献


[1] 陈龙 . MEA 对 MDEA 吸收 $CO_2$ 的影响特性 [D]. 北京：华北电力大学，2013.

[2] 朱振玉，刘恩举，杨杰，等 . 二氧化碳脱除原理及工艺 [J]. 广州化工，2011，39（5）：51~53，125.

[3] 曾涛 . 乙醇胺法与冷冻氨法二氧化碳捕集技术对比分析 [D]. 武汉：华中科技大学，2012.

[4] 程明珠，刘忠生 . 二氧化碳减排技术和发展趋势 [J]. 当代化工，2011，40（8）：824~826.

[5] 徐文青，李寅蛟，朱廷钰，等 . 中国钢铁工业 $CO_2$ 排放现状与减排展望 [J]. 过程工程学报，2013，13（1）：175~180.

[6] Yang Hongjun，Fan Shuanshi，Lang Xuemei，et al. Economic Comparison of Three Gas Separation Technologies for $CO_2$ Capture from Power Plant Flue Gas [J]. Chinese Journal of Chemical Engineering，2011，19（4）：615~620.

[7] 刘汉钊，王华金，杨书春 . 变压吸附制氧法与深冷法的比较 [J]. 冶金动力，2003，（2）：26~29.

[8] 王桂红，余云松，张早校 . 化学吸收法分离烟气二氧化碳研究进展 [J]. 青海大学学报

（自然科学版），2011，29（4）：35~39，67.
[9] 任德刚．冷冻氨法捕集 $CO_2$ 技术及工程应用［J］．电力建设，2009，30（11）：56~59.
[10] 齐国杰，王淑娟，余景文，等．氨水溶液联合脱除燃煤烟气中 $CO_2$ 和 $SO_2$ 的模拟和经济性分析［J］．中国电机工程学报，2013，33（17）：6，16~23.
[11] 江文敏．化学吸收法捕集二氧化碳工艺的模拟及实验研究［D］．杭州：浙江大学，2015.
[12] 张克舫，刘中良，王远亚，等．化学吸收法 $CO_2$ 捕集解吸能耗的分析计算［J］．化工进展，2013，32（12）：3008~3014.
[13] 姚梦茵．基于有机胺法的 $CO_2$ 吸收—解吸工艺试验研究及捕获系统能耗分析［D］．北京：北京交通大学，2014.
[14] 蒋晶，田秀君，李进，等．火力发电厂化学吸收法捕获二氧化碳研究现状及展望［J］．科技资讯，2009（32）：81.
[15] 陆诗建，杨向平，李清方，等．烟道气二氧化碳分离回收技术进展［J］．应用化工，2009，38（8）：1207~1209.
[16] 陈继辉，程旭．钢铁企业二氧化碳减排技术浅析［J］．冶金能源，2012，31（5）：3~6，19.
[17] 张春霞，上官方钦，张寿荣，等．关于钢铁工业温室气体减排的探讨［J］．过程工程学报，2012，4（3）：221~230.
[18] Treadgold C J，Zeilstra C，Gers G A J，等．以钢铁联合企业副产煤气为燃料的热电厂 $CO_2$ 捕集［J］．世界钢铁，2014，14（3）：49~56.
[19] 全荣．JFE 二氧化碳分离回收试验进展［N］．世界金属导报，低碳技术，2011-6-28.
[20] Goto K，Chowdhury F A，Kodama S，等．一种联合钢厂新型化学法吸收 $CO_2$ 捕集系统的开发［J］．世界钢铁，2013，13（6）：21~26，46.
[21] 罗晔，王超．韩国浦项制铁公司的 $CO_2$ 捕集与封存技术［J］．环境保护与循环经济，2016，36（12）：29~32，66.
[22] 罗晔．浦项二氧化碳捕集封存技术取得进展［N］．世界金属导报，2015-12-1（B01）.
[23] Kim J Y，Han K，Chun H D. $CO_2$ absorption with low concentration ammonia liquor［J］．Energy Procedia，2009，1（1）：757~762.
[24] Belgoderea Clément，Jérôme Sterpenich，Pironon J，et al. $CO_2$ Storage from Blast Furnace in the Triassic Sandstones of Lorraine，（Eastern Paris Basin，France）：an experimental study［J］．Energy Procedia，2013，37：5315~5322.

# 12 钢铁余热耦合生物质能利用及生物炭制备

我国每年产生总量巨大的农林固废和城市有机废弃物等生物质资源，钢铁企业丰富的余热资源可为生物质能利用过程中原料干燥、预处理，生物质热解、活化等提供合适能源，不仅降低生物质能转化利用成本，还可使钢厂余热资源实现高效率利用，创造较高的经济效益。生物质能利用与冶金流程余热耦合，或能带来生物质能开发利用的技术变革与成本优化。本章对生物质能、生物炭、碳汇等概念及应用进行介绍，重点分析钢铁企业能源化利用生物质资源的途径，介绍钢厂余热协同处置生物质能及制备生物炭的基础研发进展，为钢铁厂余热与生物质能耦合利用进一步技术开发提供参考。

## 12.1 生物质与生物质能

### 12.1.1 生物质

生物质主要是指农林业生产过程中除粮食与果实以外的秸秆、树木等木质纤维素、农产品加工业下脚料、农林废弃物、畜牧业生产过程中的禽畜粪便和废弃物以及居民生活中产生的食品垃圾和木质垃圾等物质。广义上讲，生物质包括所有的植物、微生物以及以植物、微生物为食物的动物及其生产的废弃物。可以说，生物质是地球上最广泛存在的物质，它包括所有动物、植物和微生物以及由这些有生命物质派生、排泄和代谢的有机质。生物质具有资源丰富、种类繁多、数量巨大、可再生性、低污染性等特点。生物质资源可分为能源植/作物资源和有机生物质废弃物两大类[1~5]。

（1）能源植/作物类。能源植/作物类生物质按化学成分组成，可分为糖料植物、淀粉植物、油料植物、含油微藻植物和木质纤维素植物五类。其中可用生物炭化的作物主要为杨柳科、桃金娘科桉属、银合欢属等植物。目前世界上较好的薪炭树种有加拿大杨、意大利杨、美国梧桐等。而中国近年来也发展了一些适合作薪炭的树种，主要有银合欢、刺槐、紫穗槐、沙枣、旱柳、竹柳、泡桐等，有的地方种植薪炭林 3~5 年即见效，平均每公顷薪炭林可产干柴 15t 左右。而竹柳种植薪炭林当年见效，每公顷可密植 15 万株，当年采割可获干物质 60t 左右，其速生性和丰产性十分明显。

（2）有机生物质废弃物类。有机生物质废弃物类资源[1~3]可分为农作物秸秆、林业剩余物、工业有机废弃物、城市有机垃圾及畜禽粪便五类。以有机废弃物作为原料制备有机质炭在制备新能源的同时避免了环境污染，是一种变废为宝的方法。不同种类的有机废弃物产量及特点见表 12-1。

**表 12-1 有机生物质废弃物原料分类**

| 种类 | 来源及特点 | 产 量 |
|---|---|---|
| 农作物秸秆 | 主要来源于高粱、玉米、小麦、稻谷、油料、棉花、甘蔗等农作物，是农村最主要的农作物副产品。 | 中国是农业大国，也是秸秆资源最为丰富的国家之一，每年生产 7.2 亿多吨秸秆，且随着农作物单产的提高，秸秆产量也将随之增加。 |
| 林业剩余物 | 一部分来源于采伐剩余物和木材加工剩余物，另一部分来自各类经济林抚育管理时育林剪枝所获薪材。木材类生物质的灰分较小，热解制得的生物炭中固定碳含量和热值均较高，是目前生物炭化效率较高的生物质原料。 | 近年我国可用作林业生物质能的各种薪材和林业废弃物年产量达 1 亿 t，约合 6000 万 t 标煤。 |
| 工业有机废弃物 | 主要来自农林产品加工工业。主要包括谷类磨制、植物油加工、制糖、菜果、水产品加工等，将其作为生物炭化原料，集中易收集。 | 以造纸为例，我国纸及纸板年产量约 8000 万 t，由此而产生的有机废弃物总量为 1000 万 t，相当于 500 万 t 标准煤。 |
| 城市有机垃圾 | 有机垃圾包括食品垃圾、普通垃圾、废皮革制品、废木材及木制品等。此类物质中亦富含大量炭质，相关研究表明可作为生物炭的生产原料。 | 城镇生活垃圾产生量约 1.2 亿 t 左右，相当于 1500 万 t 标准煤/a，平均热值在 4.18MJ/kg（1000kcal/kg）左右，并以每年 8%~10%的速度增加。 |
| 畜禽粪便 | 家禽、家畜的粪便，有机质，含有大量的碳，可用于制备生物炭，其中大中型养殖场的畜禽粪便最易集中开发利用。 | 据估算，中国主要畜禽鸡、猪、牛等的粪便资源总量约为 8.5 亿 t，约合 8000 万 t 标煤，我国目前大中型牛、猪、鸡场近万家，每年粪便资源量约 3 亿 t，约合 2000 万 t 标准煤。 |

2015 年我国政府工作报告首次提出大力发展生物质能源，2016 年政府工作报告强调完善生物质能等发展扶持政策，在“十三五”及更长时期里，可以预见，发展生物质能源将成为我国产业政策的重点支持方向[4,5]。然而由于生物质自身的分散性大、水分高、能量密度低以及不易储存等缺点，限制了其大规模工业化利用，因此选择合理的预处理方式解决生物质利用中存在的瓶颈问题已成为当前的研究重点。

### 12.1.2 生物质能与碳循环

生物质是地球上最广泛存在的物质，各种生物质都具有一定能量。以生物质为载体、由生物质产生的能量便是生物质能。生物质能是太阳能以化学能形式贮存在生物质中的一种能量形式，直接或间接来源于植物的光合作用。生物质能几乎不含硫，含氮很少，且具有 $CO_2$ 近零排放的优点，是仅次于煤炭、石油、天然气之后的第四大能源，在整个能源系统中占有重要的地位，对于农业、环境以及能源利用具有十分重要的意义[5]。生物质能作为一种清洁的可再生能源，与其他可再生能源相比，生物质能的突出优势在于它是一种物质能源，是唯一可再生的碳源。生物质与化石燃料同属烃类化合物，其物质属性越来越为人们所重视。

生物质的碳循环[6]如图 12-1 所示。绿色植物利用叶绿素通过光合作用，把 $CO_2$ 和 $H_2O$ 转化为葡萄糖，并把光能储存在其中，然后进一步把葡萄糖聚合淀粉、纤维素、半纤维素、木质素等构成植物本身的物质。据估计，作为植物生物质的主要成分——木质素和纤维素每年以约 1640 亿 t 的速度再生，如以能量换算相当于石油产量的 15～20 倍。如果这部分资源得到好的利用，人类相当于拥有一个取之不尽的资源宝库。而且，由生物质来源于空气中的 $CO_2$，燃烧后再生成 $CO_2$，不会增加空气中 $CO_2$ 的含量。整个过程为“碳中性”。碳汇（Carbon Sink）是指通过植树造林、森林管理、植被恢复等措施，利用植物光合作用吸收大气中的二氧化碳，并将其固定在植被和土壤中，从而减少温室气体在大气中浓度的过程、活动或机制。碳汇是自然界中碳的寄存体，增加碳汇则主要采用固碳技术。从现实来看，生物质能利用中的碳循环周期要远远低于传统的化石能源中的碳循环，基本实现整个循环过程对大气的零排放；其次，生物质能在替代化石能源的过程中不仅可以节省（或储存）化石能源的方式减少排放温室气体，而且还可

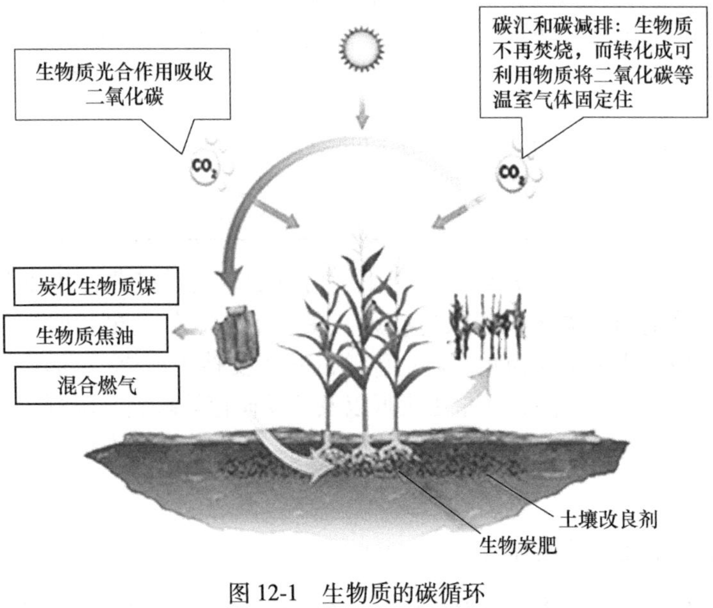


图 12-1　生物质的碳循环

以有效减少排放 $SO_2$、$NO_x$、烟尘、粉尘等有害气体。如果将生物质转化为生物炭（进一步制备成生物炭肥或土壤改良剂），埋到地下后可以几百至上千年不会消失，这等于把碳封存进了土壤，有助于减缓全球变暖，碳被埋入地下，实现“碳汇”[6]。

生物质能利用在“零排放”之外，还有“碳负性”。譬如：将生物质转化为生物炭用于土壤，即将生物质能封存在土壤中，整个过程为“碳负性”。生物质能的碳减排性如图 12-2 所示。

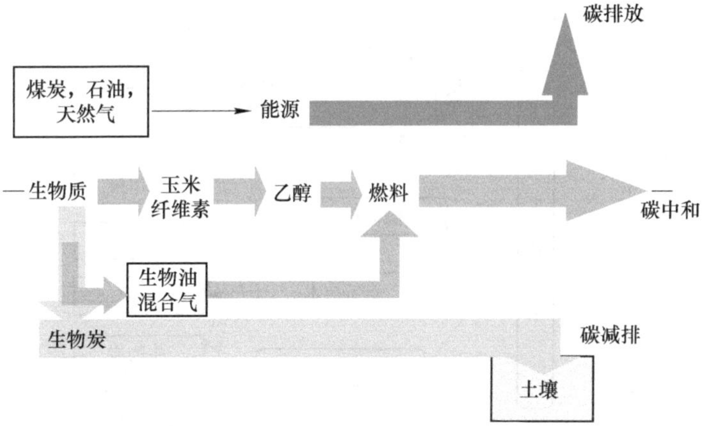


图 12-2　生物质能的碳减排

### 12.1.3　生物质能开发

有关专家估计，生物质能极有可能成为未来可持续能源系统的组成部分，到 21 世纪中叶，采用新技术生产的各种生物质替代燃料将占全球总能耗的 40%以上，生物质能利用技术开发已成为各国竞相投入研发的热点，得到了各国的普遍重视。生物质能的利用技术已经发展成一个丰富多彩的技术门类，用于将生物质原料转化为固态、液态和气态燃料加以高效利用[7~11]。图 12-3 列出了生物质能主要的开发利用技术。

生物质能主要利用技术包括物理转化技术、化学转化技术、生化转化技术以及共转化技术。生物质可通过直接利用或者通过一定的技术手段将生物质原料转化为固态（固体燃料、生物炭）、液态（焦油、木醋液、甲醇、二甲醚、乙醇等）以及气态（高压蒸汽、合成气、$H_2$ 等）加以利用。

图 12-3 中多数技术路线与煤炭转化路线类似，这是因为生物质与煤炭等化石燃料都是以碳氢元素为主的燃料，同属烃类化合物，只是各成分的质量比例不同而已。因此生物质热化学转化方面，可以借鉴煤炭能源的利用技术和工程经验。由图 12-3 所示，生物质的热化学利用主要包括燃烧、气化、液化与热解炭

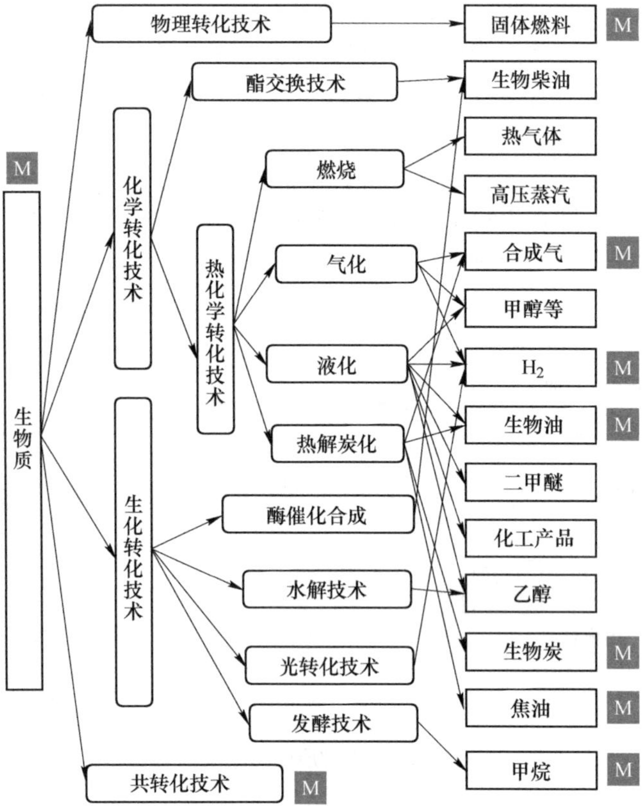


图 12-3　生物质能主要的开发利用途径[9]

（M 代表可作为钢铁冶金过程中潜在可用的能源和燃料产品）

化等技术，围绕钢厂低碳需要的最终成品是气化能源以及生物质固碳，这里重点探讨生物质热解气化及生物炭制备。

### 12.1.4　生物质热解气化与炭化

生物质热解气化技术是一种将生物质转化成生物质能的热化学处理技术，即在高温下生物质原料与有限的气化剂（空气、氧气、水蒸气等）发生部分氧化反应，将生物质原料转化为以气体燃料为主的过程。生物质气化与炭化技术相比，主要的不同在于反应温度和反应气氛。通常来说，都是在一定温度下，有限的氧化气氛下进行的反应，进而造成了固、液、气产物分布的不同。因此，也常统称热解气化技术。

热解气化是一个复杂的热化学转化过程，是生物质热解、热解产物氧化或燃烧、氧化产物气化还原等诸多复杂反应的集合。从宏观现象上来看，可分为生物质干燥、热解、氧化、还原重整四个反应阶段[12,13]，如图 12-4 所示。生物质热解气化过程包括热量传递、物质扩散等物理过程，以及生物质大分子化学键断裂、分子内（间）脱水、官能团重排等化学过程。

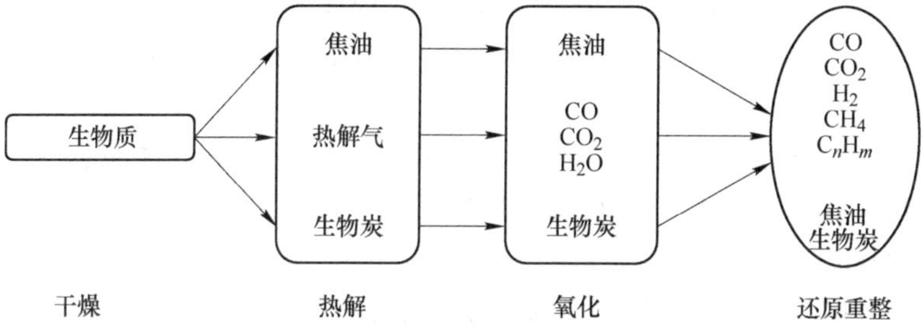


图 12-4 生物质热解气化过程及产物

（1）干燥。生物质进入气化装置后，在热量的作用下，首先析出表面水分。干燥是一个简单的物理过程，生物质的化学组成并没有发生变化。干燥过程主要发生在 200℃以下，大部分水分受热蒸发逸出。

（2）热解。当温度升高到 200～300℃以上时开始进行热解反应，析出挥发分，并且随着温度的升高，热解反应越剧烈。热解反应析出挥发分主要包括水蒸气、氢气、一氧化碳、甲烷、焦油及其他碳氢化合物。在 300～400℃时，生物质就可以释放出 70%左右的挥发组分，而煤要到 800℃才能释放出大约 30%的挥发分。在气化工艺中，在热解的中间反应阶段，当挥发分析出后，留下的固体为富含碳质的生物炭，并且与挥发分一起参与下阶段的氧化还原过程。

（3）氧化。在气化过程中，干燥、热解和还原过程都是吸热过程，要保证这些反应的充分进行，必须有足够的热量提供。氧化过程是热解产物与氧化剂发生氧化，释放热量。氧化过程释放大量的热，可以支持生物质干燥、热解和后续的还原反应，温度最高可达到 1000～1200℃。在气化装置中，只供入有限的氧，整个氧化过程属于不完全燃烧，生物炭以及热解产生的挥发分被氧化，反应产物主要包括 $H_2O$、CO、$CO_2$ 等。

（4）还原重整。还原重整过程位于氧化反应的后边。由于几乎没有氧气存在，氧化过程的燃烧产物及水蒸气与炭发生反应，生成氢气和一氧化碳等，同时焦油等大分子物质在热量的作用下，化学键断裂，从而进一步裂解成小分子的碳氢化合物挥发分。这些气体和挥发分组成了可燃气体，完成了固体生物质向气体燃料的转化过程。

需要指出的是上述四个阶段分界面并没有办法严格界定，通常也将原料的干燥和热解过程统称为原料的准备阶段，氧化和还原重整过程统称为气化过程。生物质经热解气化转化得到的产物主要包括固体产物、气体产物和液体产物等。

（1）固体产物。通过加热除去原料中的挥发性物质，得到具有一定初始孔隙结构和机械强度的固体产物即为生物炭，也被称为生物质焦或生物质炭。热解过程中主要发生了热分解和缩聚反应。生物质经过干燥后，温度达到200~300℃时，此时，生物质的热分解反应比较明显，生物质的化学组分开始发生变化，其中不稳定组分（如半纤维素）分解生成$CO_2$、CO；温度超过300℃时，生物质急剧地进行热分解，生产大量的分解产物，炭化物的骨架结构在这一阶段基本形成。

（2）气体产物。有研究表明[14]，热解过程中产生的气体主要为CO、$H_2$、$CO_2$、$CH_4$、$C_2H_4$、$C_2H_6$等，具有良好的热值性能，生物质热解气的热值高达12000~16500kJ/$m^3$。

热解温度对热解气的成分分布起决定性作用，热解温度升高有利于生物质向气体产物转化。$CO_2$的含量随着热解温度的增加而减小，C与水蒸气在低温区域反应生成$H_2$和$CO_2$，而在高温区域则生成$H_2$和CO，且生成的$CO_2$在高温区域会与C发生还原反应，属于吸热反应，且随着温度的增加还原反应加剧，$H_2$主要由水蒸气与C、$CH_4$的反应式（12-1）~式（12-4）相关，这些反应都属于吸热反应；CO的含量随着热解温度的升高而呈现持续上升趋势，CO主要来源于C与$H_2O$、$CO_2$的反应式（12-2）、式（12-3）和式（12-5），升高温度有利于反应的进行，所以CO的含量持续上升。$CH_4$由C与$H_2$反应生成，属于放热反应，升高温度不利于$CH_4$的生成，此外由$CH_4$与$H_2O$生成$H_2$，$CH_4$与$CO_2$生成CO的反应属于吸热反应，增加热解温度会促进$CH_4$的分解，所以随着热解温度的升高，$CH_4$的含量降低[15,16]。

$$C + 2H_2O \longrightarrow 2H_2 + CO_2 - 75kJ/mol \tag{12-1}$$

$$C + H_2O \longrightarrow H_2 + CO - 131kJ/mol \tag{12-2}$$

$$CH_4 + H_2O \longrightarrow 3H_2 + CO - 206kJ/mol \tag{12-3}$$

$$CH_4 + 2H_2O \longrightarrow 4H_2 + CO_2 - 165kJ/mol \tag{12-4}$$

$$C + CO_2 \longrightarrow 2CO - 173kJ/mol \tag{12-5}$$

$$C + 2H_2 \longrightarrow CH_4 + 75kJ/mol \tag{12-6}$$

生物质燃气具有燃烧效率高、洁净方便、省力省时的优点，同时又可减少环境污染、节约能源，对国民经济发展具有重大意义。作为一种再生的、清洁的、高效的新型能源，生物质燃气越来越受到关注。裂解气通过净化后可直接燃烧用于炊事、烘干农副产品、供暖、照明等用途。此外通过生物质热解得到的燃气还可用来制造一系列的石油化工产品，包括甲烷、二甲醚、甲醇、羧基醇、氨、合成天然气、碳氧化合物和还原性气体等。如果条件控制得好，CO、$H_2$等还原性气体的含量可达60%以上，可以作为一种高热值的气体还原剂。

（3）液体产物。液体产物主要为焦油等物质。焦油是热解气化过程中不可避免的产物，是一种复杂的可凝结烃类物质的混合物。焦油主要含有醛、酮、酸、酯、醇、呋喃、酚类有机物和水等。这些重烃类焦油遇冷凝结，容易堵塞输送管道、腐蚀动力设备等。如何彻底清除焦油，一直是生物质热解气化中的难点问题。

生物质能种类繁多，分别具有不同特点和属性，利用技术复杂、多样，纵观国内外生物质能的利用技术，均是将其转换为固态、液态和气态燃料三种形态的生物质能加以高效利用。其中将生物质转化为固态的生物质能—生物炭封存在土壤中，整个过程为“碳负性”。

## 12.2　生物炭及其应用

### 12.2.1　生物炭

生物炭（Biochar，BC），也称生物质炭、生物质焦，是富含碳的生物质在有限氧或无氧条件下进行热裂解产生的富碳固体物质，广义上属于一种“黑炭”。最早用来描述一种由高粱制备的、用于有害气体吸附的活性炭。2007 年在澳大利亚第一届国际生物炭会议上取得统一命名，主要施用于农林业土壤。近年来，随着粮食安全、环境安全和固碳减排需求的不断发展，生物炭的内涵逐渐与土壤管理、农业可持续发展和碳封存等相联系如图 12-5 所示，[17]。2009 年，康奈尔大学的 Lehmann 教授在其所著的《Biochar for Environmental Management：Science and Technology》一书中，将生物炭特指为以改良土壤性状为目的人为施入的炭化有机物[18]。同年，《Nature》发表的“The Bright Prospect of Biochar”新闻评论

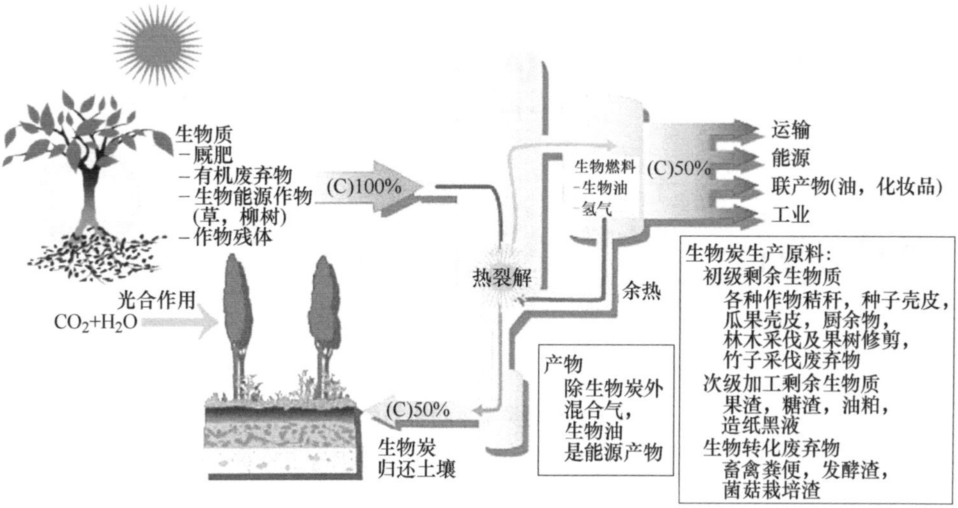


图 12-5　生物炭的生产与利用❶[17]

❶ 根据国际生物炭倡导组织网站资料翻译和修改。

和2010年发表的“Sustainable Biochar to Mitigate Global Climate Change”通讯以及2011年《中国工程科学》发表的“生物炭应用技术研究”等文献，进一步明确了生物炭在粮食安全、环境安全、农业可持续发展及固碳减排中的作用[17,19]。

生物炭主要由芳香烃和单质碳或具有类石墨结构的碳组成，一般含有60%以上的C元素，其他元素主要有H、O、N、S等。生物炭的元素组成与制炭过程中的炭化温度密切相关，具体表现为在一定范围内，随炭化温度的升高，碳含量增加，氢和氧含量降低，灰分含量亦有所增加。生物炭的可溶性极低，溶沸点极高，具有高度羧酸酯化、芳香化结构和脂肪族链状结构。羧基、酚羟基、羟基、脂族双键以及芳香化等典型结构特征，使生物炭具备了极强的吸附能力和抗氧化能力。在制炭过程中，原生物质的细微孔隙结构被完好地保留在生物炭中，使其具有较大的比表面积，如图12-6所示。

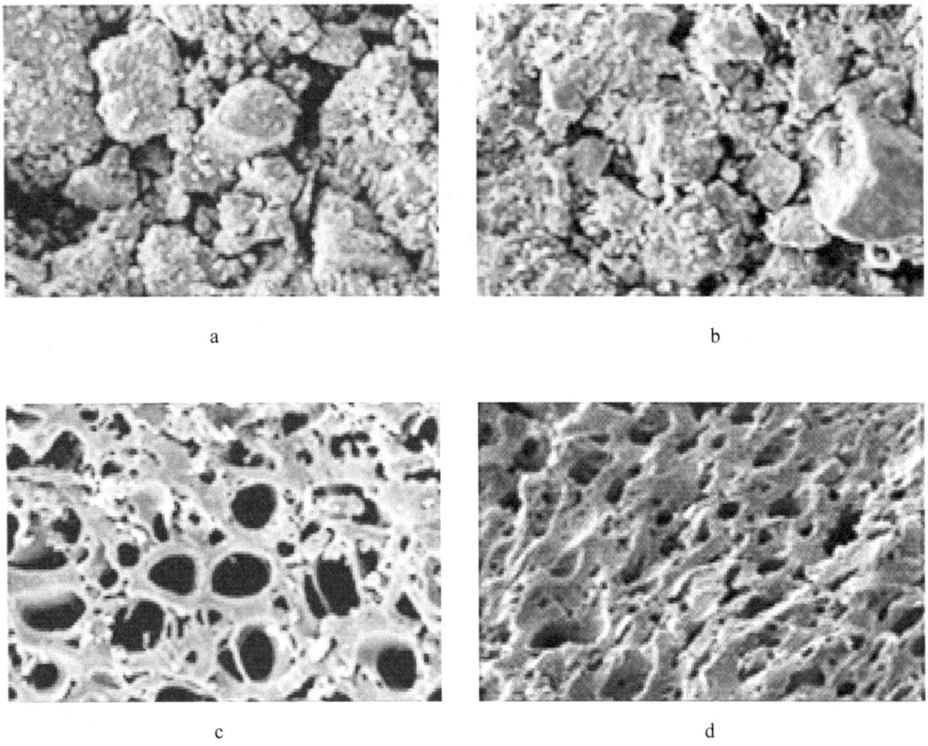

图12-6　不同类型生物炭的微观形貌

a—煤质1.0mm；b—煤质1.5mm；c—椰壳；d—果壳

### 12.2.2　生物炭的碳负性

对生物炭研究的重视源于对巴西亚马逊河流域中部黑土（Terra Preta

deIndio）的认识，研究发现富含木炭的土壤比临近无木炭土壤具有更高的肥力，且其在土壤中保存已有数百、数千年的历史[17]。2008 年，生物黑炭国际行动计划（Biochar International Initiative）协会在美国注册成立，这个协会网罗了全球农业生物质转化的技术研发、农业试验和研究组织，每年召开一次全球的协作交流会（2010 年年会于 9 月在巴西召开），并编写了《生物黑炭与环境管理：科学与技术》一书，该书影响着全球生物炭化研究与应用的发展。2008 年，美国联邦众议院通过了食物与能源安全的农业法案，首次在联邦层面建立了对全世界生物黑炭研究、生产、应用与推广的激励机制，专门设立了农业基金支持生物质碳转化及生物黑炭的研究与示范，以推动农业生物质能源对世界能源的贡献。2009 年 6 月，美国国会举行了生物质碳转化与生物黑炭农业应用的听证会，全面论证了生物黑炭农业应用减缓全球变暖的研究、推广与政策问题。同年 8 月，美国农业部长 Tom Vilsack 在科罗拉多州出席了 2009 北美生物黑炭大会，强调了奥巴马政府对气候变化问题的世界领导作用，生物炭化及应用可能是美国乡村地区在应对气候变化中的新机遇。美国农业部正在组织一系列的生物黑炭研究、技术开发与推广以及培训合作项目，旨在全面推进生物黑炭这项绿色技术在世界农业和能源领域的应用。在美国生物炭科学和技术问题已经受到了政府和社会的高度重视，并且试图保持世界生物炭研究与应用领域的领导地位。英国也成立了生物炭基金会（Biochar Fund），支持在非洲等发展中国家转化农业废弃物碳而促进农业固碳减排。英国环境食物、乡村事务部和能源与气候变化部还合作新建了英国生物炭研究中心（UK Biochar Research Center），专门进行生物炭的研究[20]。

中国对生物炭的研究以南京土壤所赵其国院士[21]、沈阳农业大学陈温福院士[22~24]、南京林业大学张齐生院士[25]、南京农业大学潘根兴教授[26,27]等为代表。研究工作主要集中在生物炭对促进植物生长，分解、降低重金属和有机污染物生物有效性，以及生物炭对作物产量和养分吸收的影响，生物炭分解和对土壤碳周转以及对污染物降解和生物有效性影响的研究。研究发现，生物炭具有较高的抵抗生物和非生物降解的能力，能够长期稳定地封存在土壤中，具有巨大的碳封存潜力，增加土壤有机碳（SOC）含量，被认为是能够获得碳封存和修复退化土壤双重效益的有效途径[22,24,26]。康奈尔大学的生物炭研究者们认为[17~19]，如果大规模生产生物炭，可以帮助减缓全球气候变化。以生物质（主要是废弃生物质）慢速热裂解技术生产得到的生物炭几乎是纯碳，是稳定的碳固定载体。如果单纯将生物炭作为燃料燃烧使用，会将生物质通过光合作用固定的碳释放到大气中，这个过程最多是碳中和过程；但如果将生物炭作为土壤改良剂或肥料增效载体使用，生物炭可将生物质固定的二氧化碳以生物炭形式固定于土壤，并影响土壤碳、氮转化，降低土壤温室气体（$CO_2$，$CH_4$ 及 $N_2O$）排放，同时将富含的碳素储存到土壤中，可实现碳的固定及二氧化碳减排，实现碳汇，如图 12-7 所示。

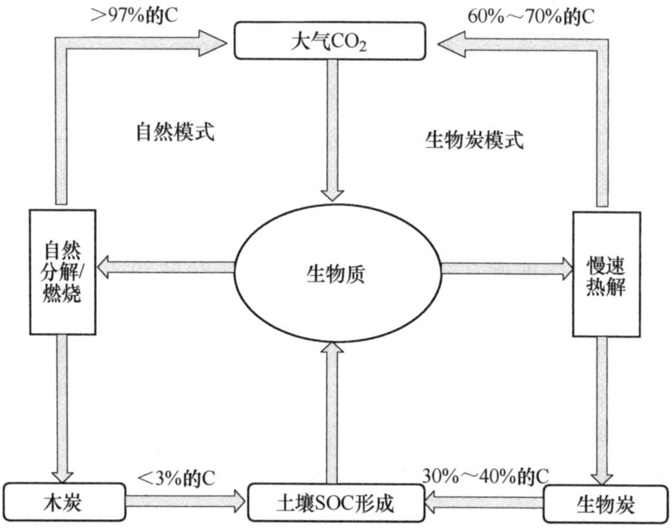


图 12-7　生物炭碳封存机制

1t 生物炭，按照 60%含 C 量计算，其中 2%生物炭在土壤中以 $CO_2$ 形式逸出，剩下 58%以稳定的碳形式存在，相当于 2.13t $CO_2$ 被封存。生物炭在土壤中可保持长达数百年甚至上千年不会消失，这等于把碳封存进了土壤，减缓全球变暖，整个过程为“碳负性”。

### 12.2.3　生物炭应用研究

生物炭作为生物质热解炭化的主要产物之一，具有疏松多孔和良好的表面特性；灰分低，具有良好的燃料特性；低容量；含硫量低；易研磨；热值较高、燃烧时无烟、反应能力强等特点，在生活与生产中得到了广泛应用。

（1）生物炭在农业领域应用。在农业领域，生物炭是含碳量丰富的多孔性物质，其容重小，比表面积大，吸附能力强，稳定性强，在自然条件下通常呈碱性。围绕生物炭在土壤、作物、环境系统中的作用与其机理等问题，各国研究者进行了诸多探索，初步证实了生物炭在改善土壤结构与理化性质、提高作物产量、治理环境污染以及增加“农业碳汇”、减少温室气体排放等方面具有的重要作用。近年来，许多专家学者将研究重点放在了生物炭的农学和环保应用上[28~30]。

生物炭含碳率高，富含 K、Ca、Mg 等灰分元素，孔隙结构丰富，比表面积大，理化性质稳定，呈碱性或强碱性。从农学应用方面考虑，生物炭不仅可以增加土壤中的有机质、K、Ca、Mg 等灰分元素（尤其是 K 元素），还可以改善土壤结构，其丰富的孔隙结构还能为微生物提供理想的栖息场所，促进土壤中微生物的活化增殖；同时，生物炭的强碱性对于改良和提高酸性土壤有很显著的效果。从环保、健康方面考虑，利用生物炭的强吸附性可以减少土壤中重金属、农药等残留，降低粮食、蔬菜的重金属污染风险。

我国长期施用化肥不仅造成了严重的土壤板结，极大地破坏了土壤团聚体结构，还导致土壤中微生物锐减。将生物炭加入土壤中，不仅可改变泥粒结构，调节酸碱度，其丰富的孔隙结构还能为微生物提供理想的栖息场所，促进土壤中微生物活化增殖。下列为结合国内外研究进展总结出的生物炭系列产品。

1）有机蔬菜专用肥：蔬菜中过量的硝酸盐含量是人类健康的隐形杀手，因此有机蔬菜已经成为人们的健康首选。当然，有机蔬菜更绿色健康，但是它的产量却不高，绿色健康与高产高效无法兼得，这也是制约有机蔬菜行业能否蓬勃发展的瓶颈所在。生物炭富含各种营养元素，尤其是K元素，不仅优化果蔬的外表形态、延长储存时间，更可显著降低蔬菜的硝酸盐含量。许多试验结果也表明施用生物炭不仅可以促进蔬菜增产、还可显著降低其硝酸盐含量。因此，研发有机蔬菜专用肥针对性强，前景广阔。

2）生物炭基复合肥、缓释肥：生物炭容重小、化学性质稳定，绿色环保，是理想的缓控释肥包衣材料，研发适当的技术用以复合肥包衣，不仅可以提高肥料利用率，降低肥料的投入成本，节约资源、能源，还可减少肥料渗漏引起的地下水污染；此外，生物炭基缓释肥作为基肥一次性施入土壤足以供给作物中后期肥料需求，这可以大大减少农民中后期的工作投入。

3）创新营养土、栽培基质系列产品：随着高楼大厦的崛起，城市裸土变得越来越珍贵。将生物炭与其他辅料（如蛭石、珍珠岩、砂等）混合配制专用的营养土或无土栽培基质用于阳台、楼顶种植将大有可为。开发生物炭型无土栽培基质的主要优点有：①降低基质投入成本；②减少无土栽培的工作投入量，生物炭的缓冲性较强，可在进行基质配制时将植物生长所需的有机肥直接掺混，减少营养液供给养分带来的工作量和资金投入；③提高蔬菜品质，生物炭可显著降低蔬菜食用部分的硝酸盐含量，产品更绿色环保。

南京农业大学潘根兴等人自2009年开始，先后在我国南方稻作农业和黄淮海平原、黄土高原丘陵地区、新疆干旱地区旱作区进行了多地多用途网络化田间试验，探索生物炭温室气体减排、提高氮肥利用率而减少氮肥损失、盐碱土和低劣地土壤改良和污染土地处置等相应农业技术。沈阳农业大学吴伟祥、陈温福等人分别试验开发了生物炭基生物肥料或缓释肥等农业应用产品，盐碱土快速改良技术已经处于示范阶段。

（2）生物炭在环境领域的应用。生物炭应用于生态与环境领域，可以固碳减排，是一种有效的“碳汇”技术。生物质经热解炭化转变为生物炭后，其中碳以苯环等较复杂的形式存在，非常稳定，这就使得环境中的碳循环被分离出来一部分，称为“碳负”过程[20,22,30,31]。生物炭这种固碳方式，比其他固碳方式能更长时间的对碳进行固定。一些欧美科学家提出生物炭化还田有望成为人类应对全球气候变化的一条重要途径[17~19]。美国康奈尔大学教授 Lehmann 曾在《Nature》杂志上撰文指出，植物通过光合作用吸收 $CO_2$，合成并转化成碳水化合物储存在植物体内，可以在无氧或缺氧条件下将这些植物体热解处理，炭化后得到的生物炭可重新施入并封存于土壤中，以达到固碳的目的。这是一个净的“负碳”过程，可以大大降低大气中 $CO_2$ 的含量，进而解决因温室气体排放所引起的全球气候变暖问题。Lehmann 乐观地估计[19]，生物炭每年最多可吸收 10 亿 t 温室气体，采用有效的生物炭还田及荒漠化土壤改良，预计到 2100 年可使土壤潜在碳汇达到 9.5Pg❶。因此，大力发展生物炭技术是固碳减排的根本途径之一，也是改善全球生态系统物质循环、促进农业可持续健康发展的必然选择。

生物炭可吸附有毒有害物质[32,33]。生物炭具有非常复杂的微孔结构，可以固定污染物；比表面积较大，可以有效吸附污染物；稳定性较高，且表面含有很多活性基团，对有机物亲和力强，非常适合作为一种低成本的高效吸附剂，用于吸收多种污染物质。此外，生物炭表面含有大量的负电荷以及较高的电荷密度，可以利用静电作用和化学沉淀作用将多种污染物同时除去，例如生物炭对 Pb 的脱除。

随着气候变化日趋剧烈，低碳经济的发展受到了广泛关注，$CO_2$ 等温室气体的排放量日益成为影响和制约国家经济发展的一个重要因素。如何在保持经济发展的同时保证低碳排放，是世界各国面临的重大挑战。农田土壤在全球碳库中最为活跃，在面对低碳减排这个任务上，农业责无旁贷。我国秸秆资源，占世界总量的 20%~30%，传统农业阶段的秸秆资源主要用于肥料、燃料、饲料和建筑材料，但是随着农业现代化进程的推进，大量的传统农业生产要素被大工业所提供的农用生产要素所替代，农业主产区秸秆资源大量过剩，农民就地焚烧秸秆现象日益突出。农作物秸秆燃烧时，会产生大量的 $CO_2$、CO、氮氧化物、苯以及多环芳烃等有害气体，不仅危害人体健康，还会造成环境污染。其中，大量排放的 $CO_2$ 会使地球变暖，而大气中 CO 的存在会降低大气的氧化性，延长 $CH_4$ 在大气中的停留时间，是一种间接作用的温室气体。生物炭技术正是解决这些问题的优化方案之一。采用生物质热解炭化与生物炭还田相结合的方式，不仅能够切实锁定和降低大气 $CO_2$ 浓度，将生物质中 50%左右的碳素固定于土壤中变成碳的净汇，更兼具土壤改良之利。

（3）生物炭在能源领域的应用。生物质应用于能源领域，制备成生物炭燃料，可成为替代煤、石油、天然气的清洁能源。世界高速发展背后是化石能源的

---

❶ 碳储量的单位，$1Pg=10^9t=10^{15}g=1Gt$。

日渐枯竭，能源危机已经成为限制经济社会发展的瓶颈问题，积极开发和利用新的替代能源已是当务之急。生物质是地球上唯一可再生的碳源，在环境保护、资源利用等方面具有特殊优势，被认为是人类未来能源和化学燃料的重要来源，极具开发潜力[34]。生物质来源广泛，数量巨大。在保证农业应用的前提下，将剩余的秸秆制成生物炭后，可利用其较好的燃烧性能制备炭化生物质煤，广泛用作农村分散供热、供暖、供能的新能源，成为农村能源结构调整的有效抓手。尤其是生物炭化副产物木焦油等液态热解产物的深加工和综合利用，有望为液体生物燃料提供原料，成为代替木柴、原煤、液化气等不可再生能源的新型能源，市场潜力巨大。

用作碳燃料电池。直接碳燃料电池可将燃料炭的化学能直接转化为电能，具有污染物排放少、碳燃料能量密度高和原料来源广的优点。生物炭较高的比表面积、丰富的含氧官能团能促进电池的阳极反应；良好的导电性能以及较低的灰度则能降低欧姆极化，延长电池使用寿命，是直接碳燃料电池理想的阳极材料。

（4）生物炭在冶金工业中的应用。用于钢铁生产[35,36]。在多数采用焦炭作为还原剂的高炉中，温度和鼓风压力都较高，而生物炭（主要是木炭）对氧化铁的还原过程可在较低温度下进行，木炭冶炼的生铁一般具有细粒结构、铸件紧密、没有裂纹、杂质少等优点，适合于优质钢。此外，还可以作为渗碳剂对钢制零件进行渗碳处理。

用于有色金属生产[37]。生物炭也可作为表面助溶剂用于有色金属生产。当有色金属熔融时，表面助溶剂在熔融金属表面形成保护层，使金属与气体介质分开，既可减少熔融金属的飞溅损失，又可降低熔融物中气体的饱和度。低灰分的生物炭还可用于结晶硅的生产。此外，生物炭还广泛应用于硅钙合金、钼铁合金等的生产。

（5）生物炭在复合材料方面的应用。生物炭具有较大的比表面积，带有较多的含氧活性基团，可作为活性炭的替代品。生物炭可以作为载体制备多种催化剂[38]，例如：利用生物炭制备固体酸催化剂，具有价格低廉、稳定性好、活性高、易回收、重复性好等优点，可用于催化废油中高级脂肪酸与甲醇反应等。

生物炭的综合利用在很大程度上可以解决可持续发展、节能降耗、环境保护与治理等领域面临的复杂问题，有助于构建低碳高效经济发展模式，对保障国家环境、能源、粮食安全意义重大。

## 12.3 生物质能与钢铁

### 12.3.1 生物质能直接用于钢铁冶炼

钢铁行业是国家重要的基础产业，也是高能耗、高排放、增加环境负荷的源头行业。钢铁生产工序多、工艺流程长，是使用化石能源和环境污染的“大户”，据分析，目前全球每年排放的 $SO_2$ 中，80%为化石燃料燃烧，而 $NO_x$ 的产生近70%来自于煤的直接燃烧。随着钢铁产量的高速增长，由此带来的环境问题日益显著，特别是排放 $SO_2$、氮氧化物和二噁英等对大气的污染引起了广泛关注。因此，为了钢铁工业的清洁生产和可持续发展，人们不得不寻找新的能源。

近年来，生物质能的利用成了国内外钢铁冶金行业研究的热点[39~43]。生物质能是碳中性能源，除了利用其燃烧性能作为燃料利用，还可以利用其还原功能作为还原剂用于钢铁冶炼。炼铁过程需要大量焦炭和煤粉提供能量与还原剂，因此大部分研究集中于焦炭及煤粉的高效利用。生物质能目前主要用于直接燃烧或与煤混燃以获得热、电。这两种利用方式都需要额外供氧，碳的还原剂功能未得到有效利用。若将生物质应用于炼铁过程，则生物炭可参与铁矿的还原过程，夺取炉料中的氧，碳的化学功能可得到充分利用。

如前所述，生物质是一种可再生的绿色能源，生物质的燃烧基本可以实现 $CO_2$ 的零排放。生物质中含有的硫远低于钢铁工业中使用的主体燃料煤和焦炭，而且因生物质燃料燃烧温度较化石燃料低，在燃烧过程中氧化生成的 $NO_x$ 减少。这对大气中减少 $SO_2$、$NO_x$ 的排放是非常有利的。图 12-3 已经列出了钢铁冶金过程中潜在的可利用的能源和燃料产品，主要包括生物质及固体燃料、合成气、氢气、甲烷、生物炭、焦油等产品，以及和煤等经过共转化技术应用于冶金流程。图 12-8 为生物质在高炉冶炼过程中的应用示例。

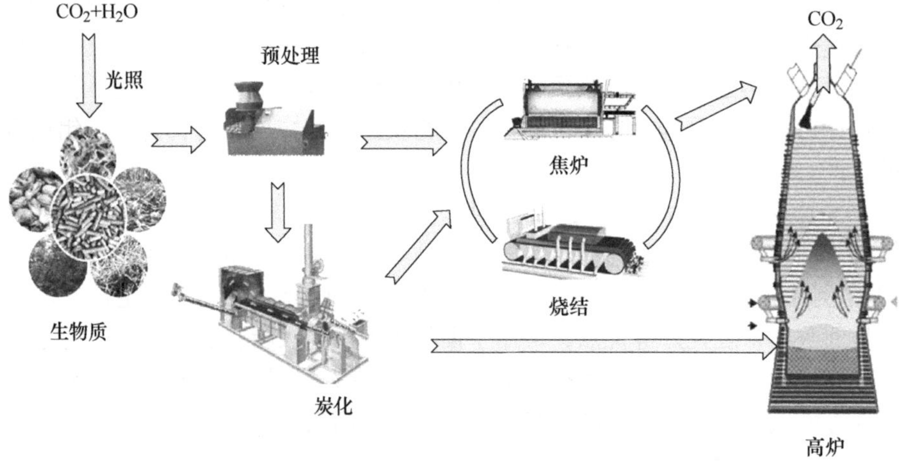


图 12-8　生物质在高炉冶炼中的应用

对生物质在炼铁过程中的应用进行研究的国家，一般以农林业为其经济基础，或是本国化石能源匮乏、能源生产及消耗依赖进口燃料，如巴西、日本、澳大利亚等，但欧洲钢铁工业也正在开发利用木炭作为高炉用可再生能源的技术，以减少 $CO_2$ 的排放量。

目前生物质作为燃料在高炉中利用主要借鉴了高炉炼铁中的喷吹技术，亚琛工业大学的冶金研究所与巴西曼内斯曼 S. A. 在高炉（高炉内容积为 474$m^3$，炉缸直径为 5.5m）上首次进行了喷吹木炭和木炭与粉矿混合物的研究[40]。生物质燃料喷吹对高炉具有很好的效果，不仅可以提高含碳原料在高炉炉身的还原，而且有利于保持 $CO_2$ 的中性气氛或减少木炭产生 $CO_2$ 的总量，从而可以降低高炉恒温带的温度，实现提高气体利用率和降低还原介质消耗的目的。目前使用木炭喷吹高炉技术已应用于巴西的小型高炉。现代大型高炉上喷吹生物质或木炭的技术目前正处于研发阶段。

日本对生物质能在炼铁过程中的应用进行了较深入研究。Takeihro Matsumura 等人对炼焦过程中配加木质生物质制备冶金焦炭进行了研究[42]，并对所得焦炭的特性进行了分析。结果表明，将生物质在室温条件下压制成小于 10mm 的颗粒后，可以将炼焦原料中生物质的配比增至 1.5%，并可防止焦炭产量的降低；200℃压制成型生物质的密度比室温压制的高 60%，这可以进一步提高焦炉中生物质的配比，并防止焦炭强度的降低；将压制成型的木质生物质与煤混合后制备冶金焦炭是可行的。

澳大利亚博思格钢铁和头号钢铁公司与联邦科学与工业研究组织（CSIRO）自 2006 年底开展合作，开发了一项旨在发展技术为目的的研发计划。该计划能大幅度削减温室气体的净排放量。澳大利亚钢铁工业二氧化碳减排计划是由国际钢铁协会捐助的。在生物质可持续利用方面，正从生物质供应和裂解技术角度出发检测整个产业链，贯穿了钢铁工业的应用，比如：烧结固体燃料、焦炭混合比、炼钢的再碳化过程和高炉鼓风口喷吹（最大应用）、小块焦替代品和预还原物质的还原剂。针对电炉工业，生物质的应用包括碳交换剂的替代品，发泡剂和钢增碳剂。研究工作包括几个产品生命周期和技术经济的研究。在所有的应用研究中，木炭用途的优化是较乐观的，涉及一个“设计型木炭”的概念。

典型澳大利亚长流程钢铁企业中木炭应用见表 12-2。

**表 12-2　典型澳大利亚长流程钢铁企业中木炭应用**

| 应　用 | 基　　准 | 净排量 | |
|---|---|---|---|
| | | $CO_2$ 排放量 /t 粗钢 | $CO_2$ 排放率/% |
| 烧结固体燃料 | 50%~100%替代焦粉或煤粉，45~60kg 焦炭（无烟煤）/t 烧结矿（1.7t 烧结矿/t 铁水） | 0.12~0.32 | 5~15 |
| 炼焦煤混合比例 | 2%~10%的炼焦煤混合，300~350kg 焦炭/t 铁水 | 0.02~0.11 | 1~5 |
| 高炉鼓风口喷吹燃料 | 100%替代基准煤粉，150~200kg 焦炭/t 铁水 | 0.41~0.55 | 19~25 |
| 高炉小块焦替代量 | 50%~100%替代，45kg 小块焦/t 铁水 | 0.08~0.16 | 3~7 |

续表 12-2

| 应　用 | 基　　准 | 净排量 | |
|---|---|---|---|
| | | $CO_2$ 排放量/t 粗钢 | $CO_2$ 排放率/% |
| 高炉 C/O 成分，或转炉的预还原物 | 高炉 C/O 球团含 5%~10%铁，高炉或转炉中碳基预还原物 | 0.08~0.15 | 4~7 |
| 钢水再碳化 | 100%替代，0.25kg/t 粗钢 | 0.001 | 0.04 |
| 合　计 | | 0.7~0.126 | 32~58 |

注：假设结果仅来源于直接的材料替代。

2004 年，欧洲钢铁工业联盟成员、欧盟委员会、欧盟成员国等代表组成的欧洲钢铁技术平台委员会决定实施超低 $CO_2$ 炼钢技术研发项目（ULCOS），该项目的目标是研究新的低碳炼钢技术，计划到 2050 年使吨钢 $CO_2$ 的排放量比现在最好水平减少 50%，使用生物质燃料，可以把冶炼 1t 钢产生的 $CO_2$ 由 2t 降低为 1t。加入生物质炼钢的研究目前主要集中在欧洲、日本、巴西和澳大利亚等国家。

尽管我国是农业大国，生物质资源丰富，但我国对于生物质能应用的研究主要集中于直接燃烧发电、与煤混燃发电、气化发电以及制取燃料等，几乎未见有在炼铁过程中应用的研究。但是基于日益严峻的环境压力以及能源的短缺，可以预见，未来钢铁生产发展的一个新的方向必然是使用清洁生物质能替代化石能源。

当前全球气候问题是不争的事实，生物质能是 $CO_2$ 的零排放，对钢铁工业应用具有非常大的吸引力。生物质燃料用于冶金生产不仅可有效减少化石能源使用总量，而且对减少温室气体效应和降低有害气体的排放具有显著优势。目前，关于生物质燃料的研究和应用绝大多数都还只是停留在实验研究阶段，主要原因是理论与实际的结合及成本问题没有得到有效解决，例如，能量转化效率低、中间成本高、外部性显著。目前关于生物质能源转换和回收方面技术单一，在综合效益评价方面还是空白。生物质全身是宝，通过炭化利用其固体燃料的同时，应该收集其他的能源，实现其综合利用，大量的生物质不仅可替代煤，而且能替代石油和天然气，其潜在的升值空间会更大。因此，加强生物质燃料综合能源的转化，是有效实现“环保—经济”双赢目标的前提，对推动生物质能在钢铁冶金工业中的应用具有重要作用。其中，利用钢铁企业“免费”余热资源协同制备生物质能就是一个很好的思路。

## 12.3.2　钢铁余热与生物质能利用

### 12.3.2.1　钢铁工业流程的余热资源

如前章所述，钢铁工业制造流程是一个大规模能源循环系统，在构成该系统的工序内部，在各工序之间进行复杂的能量消耗、转换、再生、输送，钢铁联合流程具有很强的热管理特征。钢铁工业余热资源指钢铁生产全流程中未被利用而排放到周围环境中的热能。钢铁生产消耗的一次能源中约40%以某种形式的热能释放出，其温度上至1500℃以上，下至近于环境温度的广泛范围。目前，我国生产1t钢产生的余热余能资源量约为8～9GJ。钢铁行业具有丰富的余热资源可利用，见表12-3[44~47]。

**表12-3 钢铁行业余热资源**

| 工序 | 高温余热 | 中温余热 | 低温余热 |
|---|---|---|---|
| 焦化 | ● 红焦显热<br>● 焦炉煤气化学热<br>○ 荒煤气显热 | — | ○ 焦炉烟气<br>○ 氨水 |
| 烧结 | — | ◎ 烧结矿中温显热<br>○ 烧结机中温烟气 | ○ 烧结矿低温显热<br>○ 烧结机低温烟气 |
| 高炉 | ● 高炉煤气化学热<br>● 炉顶余压<br>○ 熔渣显热 | ● 热风炉烟气 | ○ 冲渣水显热<br>○ 热风炉低温烟气 |
| 炼钢 | ● 转炉煤气化学热<br>● 转炉煤气高温显热<br>○ 熔渣显热<br>○ 电炉烟气 | ○ 转炉煤气中温显热<br>○ 连铸坯辐射热 | ○ 转炉煤气低温显热<br>○ 连铸坯辐射热 |
| 轧钢 | ◎ 炉窑高温烟气 | ◎ 炉窑中温烟气<br>○ 板坯辐射热<br>◎ 汽化冷却 | ○ 炉窑低温烟气<br>○ 各类冷却水 |
| 公用 | — | ○ 放散蒸汽<br>○ 蒸汽余压 | ○ 锅炉排烟<br>○ 冷凝水<br>○ 焙烧烟气 |

注：●大部分回收；◎部分回收；○基本未回收。

钢铁行业具有丰富的余热资源可利用，但余热本身具有布局分散、品质参差不齐的特点，造成了以传统方式回收利用能源存在一定问题，比如高能低用、无效回收、能流传输能耗高、传输损失大等问题。过去几十年，由于技术、资金的限制，钢铁行业余热回收利用更多聚焦在高品质、技术易实现的余能余热资源上，如焦炉荒煤气余热、烧结矿余热、高炉冲渣水余热、转炉高温烟气显热、干熄焦余热回收发电等。如本书前几章所介绍，目前钢铁中、高温余热已基本得以回收，传统成熟的余热余压回收利用技术已在钢铁企业得到广泛普及，未来的回收利用空间越来越小，难度也将越来越大。低品位余热资源综合利用将成为进一步挖掘节能潜力的关键所在，包括高炉冲渣水余热、汽轮机冷却水余热、焦化初冷水余热等，虽然温度较低，但是资源总量相当可观，具有非常大的节能潜力。

如何进一步挖掘节能潜力，突破“瓶颈”是目前很多企业面临和亟待解决的问题。节能工作者应该根据分布式能源梯级利用的理念，提高余热质量，建设具有一定经济规模效应的地区式热能利用系统；同时注重余热利用的功能拓展，如将余热污泥处理、协同制备生物质能等。此外，随着低碳经济时代的到来，企业传统的余热余能单一转化为电能的利用方式将面临转型，如何实现“资源—能源—再资源”综合利用将是进一步提高能效的关键所在。实现回收利用的经济性和可行性同时不断提高能源利用效率是其未来发展的主要方向。

基于此，为了充分利用生物质资源和钢铁余热资源，一些学者和研究机构在钢铁余热协同处置生物质能方面进行了探索。结合钢铁企业丰富的余热资源，设计低能耗、适合大规模协同制备城市废弃物生物质能的生产工艺，并充分利用钢铁企业相应的设备和技术为发展生物质固体成型燃料和气体燃料提供设备和技术保证等。形成生物能产物高效分离和工艺连续化生产的低成本成套技术；通过技术路线节能性和经济性比较，确定主工艺路线，最终确定工业化路线。长远来看，钢厂余热用于协同生物质能利用技术符合国家产业政策：技术含量高、创新性强；发展前景好，市场竞争力强，产生的经济、社会、环境效益显著，并有望形成新兴产业。在此背景下，基于余热利用的钢铁工业与沙漠碳汇林业共生概念被提出，如图 12-9 所示。以生物质为载体，利用钢铁工业的余热将其碳化生成生物质炭，然后将生物质炭与其他物质混合制成炭基复合肥/土壤调理剂，利用炭基复合肥/土壤调理剂对荒漠进行土壤修复，变荒漠为林地；最后在林地上种植树木，树木的生长吸收大气的二氧化碳，间接减少大气中的二氧化碳，减排的二氧化碳补充钢铁企业的碳排放配额。

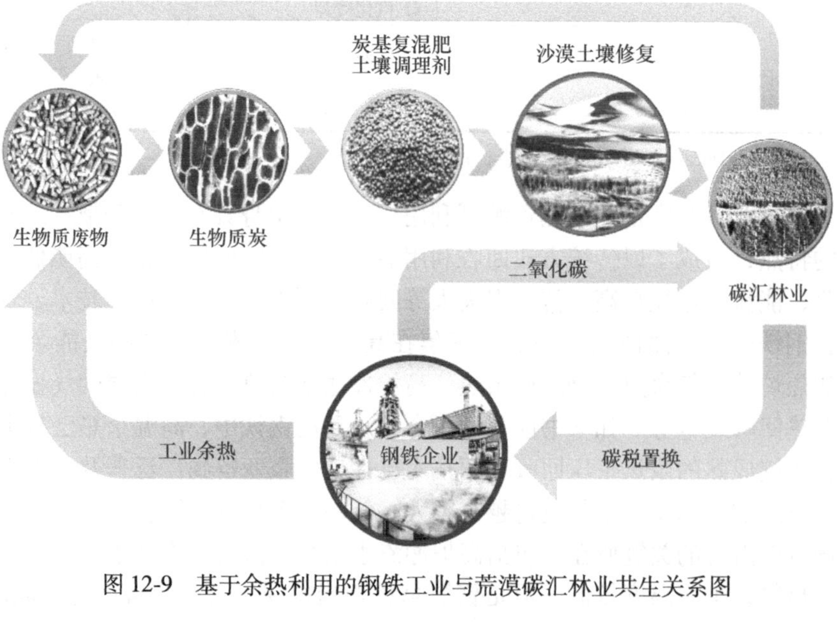


图 12-9 基于余热利用的钢铁工业与荒漠碳汇林业共生关系图

通过热化学转化方法将其转化为高品位的生物炭、合成气、生物油等生物质能加以利用。钢铁企业丰富的余热资源协同用于制备生物质能，可以为生物质能利用过程中的原料的干燥、预处理，生物质的热解、活化等提供能源动力，可大大降低生物质能转化利用成本，为生物质能的大规模工业化生产提供便利，制备出高附加值的产品，还可使钢厂余热资源得到充分利用，促进余热利用价值提升，实现能源的高效率利用，减少温室气体效应和降低有害气体的排放，创造较高的经济效益。中国年产 7 亿 t 铁，协同处置 7 亿 t 生物质能制备生物炭，大约可实现 5.1 亿 t 的碳汇。

#### 12.3.2.2 高炉渣余热协同制备生物质能前期研究

高炉渣是钢铁生产过程的主要副产品，每生产 1t 生铁要副产 0.3~0.6t 炉渣，温度高达 1500℃左右，含热量丰富，每吨渣约含有（1.26~1.88）$\times 10^6$ kJ（0.04~0.06t 标准煤）的显热。炉渣所含有的余热量较高，开发利用潜力巨大，但目前炉渣余热还没有找到有效的利用途径。炼铁高炉渣所具有的温度和热量，恰好满足生物质热解和气化工艺的要求，为其提供“免费”能源，有效解决生物质热解和气化生产成本过高制约其产业化的难题。高炉渣由于含有 CaO、$Al_2O_3$、$Fe_2O_3$、MgO、MnO 和 $TiO_2$ 等金属氧化物而具有较高的催化活性，对生物质热解产生的焦油具有一定的催化裂解能力，并能够促进燃气中 $CH_4$ 等低分子碳氢化合物的催化转化。

将高炉渣的热量作为化学反应的热源进行回收利用，这一领域属于前沿和交叉学科的研究，无论是实验还是理论上，国内外都有相关的报道[44,45]。如 Bisio 研究采用将高炉渣显热转换成化学能的方式来回收炉渣余热。甲烷（$CH_4$）和水蒸气（$H_2O$）的混合物在高炉渣高温的作用下，生成氢气（$H_2$）和一氧化碳（CO）气体，通过吸热反应将高炉渣的显热转移出来。刘宏雄提出了利用高炉熔渣作热载体进行煤气化的方法，既可以解决炉渣的冷却、热能的回收问题，又能解决煤气化过程中的吸热问题。东北大学的研究人员[48]针对国内资源短缺、高炉渣利用效率低、二氧化碳大量排放等问题，结合高炉渣转杯粒化技术，利用化学法高效回收高炉颗粒渣的余热，开展了以高炉颗粒渣为热载体的生物质热解和生物质二氧化碳气化实验。分别考察升温速率、粒径、高炉渣添加量对生物质热解的影响，并建立各自工况下的动力学模型，求出反应工况下的动力学参数，并进行热态实验，分析在不同工况下，生物质热解气化的产物和气体组分。青岛理工大学[49,50]提出采用流动混合式热解反应器作为高温炉渣余热催化气化生物质制氢的反应装置（如图 12-10 所示），可实现炉渣与生物质颗粒的充分混合，液态高炉渣经粒化后温度较高，处于液固转化状态，属于过渡体颗粒，具有一定的黏弹性，生物质颗粒附着在液-固过渡态高炉渣表面通过热解/气化吸收炉渣颗粒的热量，并借助气-固多相流进行快速换热，同时可实现过渡态炉渣颗粒的迅速冷却。通过开展生物质气化实验，对高炉渣在生物质气化过程中的催化性能进行评价，并考察高炉渣温度、粒径分布等因素对生物质气化产物分布和产气组成的影响，确定提高燃气中氢气含量和气体产率的最佳工艺条件，为高炉渣热载体催化气化生物质制氢关键技术的开发奠定基础。

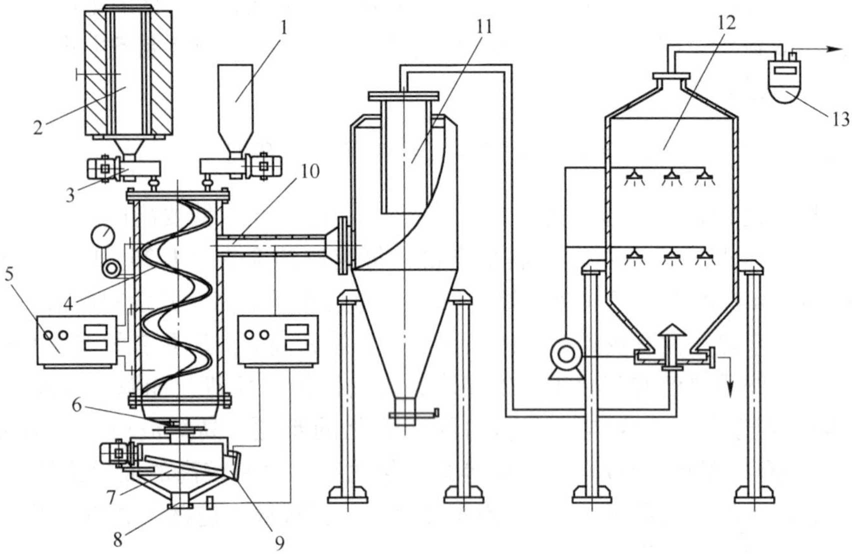


图 12-10　流动混合式高炉渣催化气化生物质制氢装置

1—生物质进料器；2—高炉渣预热电炉；3—高炉渣进料器；4—内螺旋；
5—温度压力监测装置；6—水蒸气进口；7—高炉渣生物质灰分离装置；
8—生物质灰出口；9—高炉渣出口；10—气化燃气出口；
11—旋风除尘器；12—喷淋塔；13—气体流量计

利用冶金渣余热作为生物质和生活垃圾等有机固体废弃物热解、气化的加热源，国内外研究较少，且主要集中在对热解、气化参数的优化研究上，多采用固定床反应装置，以冶金炉渣作为传热介质，渣粒和物料在反应器内呈无规律堆积状态，热质传递效果差。此外，由于高温高炉渣是具有黏弹性的液固过渡态颗粒，在固定床中容易黏结造成堵塞，研究结果与实际工业化应用有一定差距，也并未实现工业化应用。

#### 12.3.2.3　烟气余热协同转化制备生物质能

工业过程中会产生大量的烟气，如转炉烟道气温度在 800～1000℃，加热炉烟气温度 800～900℃，焦炉荒煤气显热温度 650～700℃，热风炉排烟温度 500℃左右，烧结烟气温度为 300℃左右。这些余热可以为不同类型的生物质热解炭化提供全部或部分热源，低温余热还可用于生物质干燥，低温炭化，可实现余热的综合利用。

通过热化学的方法，将生物质转化为生物质能，需要提供热源。研究外热源向成型生物质的传热是很有意义的。目前研究者们用的热解热源多为电力，电是一种高品质能源，消费高品质能源时应考虑到它的经济性，所以工业化应用时热解热源应考虑使用烟气余热等。烟气向生物质的传热现象和以电为热源的程序升温设备上的传热现象是有较大区别的。高温烟气以辐射和对流的方式向成型生物质传热，烟气向生物质传热后温度降低。而程序升温设备主要以辐射的方式向生物质传热，向生物质传热后程序升温设备仍按照一定的升温速率继续升高。虽然如此，但这两种传热现象在对热解影响上也存在着重要联系，两者联系的中介为传递的热量，即传递给了生物质多少热量就会对热解过程造成多大的影响。

昆明理工大学进行了利用高温烟气热解成型生物质制炭的实验室模拟研究。利用高温烟气热解成型生物质制炭时，直接将高温烟气引入到制炭换热器中，高温烟气直接向生物质传热，这样利用高温烟气也遵循了能级的匹配原则，利用热能时不仅要考虑热效率，还要考虑㶲效率。生物炭化终温一般要求在350℃以上，炭化对余热的品质要求高，而高温烟气是高品质热能。从换热器出来的烟气还可用于生物质的干燥，来实现热能的梯级利用。

南京工业大学于红梅等设计的热管式生物质固定床气化炉，利用高温烟气加热热管蒸发段，通过在不同位置布置不同数量的高温热管，利用热管的等温性、热流密度可变性以调控气化炉床层温度，更好地达到控制制气与制炭的目的。这种新型加热方式在固定床热解气化炉中得到了成功应用，但在炭化中由于温度在热解最佳反应条件下较难实现均匀分布，且由于温度传递的滞后效应，不适用于硬质木料的炭化，可针对粒径较小的生物质进行热解炭化实验研究。

## 12.4　钢铁余热协同处置生物质能

### 12.4.1　钢铁余热协同制备生物质能技术路线

宝钢探索开展钢厂余热用于协同处置城市废弃物生物质能的技术研究。宝钢厂区每年园林废物产生量约4000t，生活污泥2000t，将其通过热化学转化的方式制备成生物质能加以利用，可实现有机固体废弃物的“零出厂”。同时，作为有社会责任担当的大企业，宝钢还有责任帮助社会消化处置社会废弃物。以上海市水葫芦处理为例：上海市每年约产生40万t的水葫芦，至少含4万t干物质，泛滥时期严重危害水体生态环境。宝钢探索将水葫芦残余物与园林垃圾一起热解获得炭，作为燃料系统内部利用，或者用作土壤改良剂或炭基肥料。

结合钢铁企业丰富的余热资源，宝钢开发出一套低能耗、适合大规模协同制备城市废弃物生物质能的生产工艺，以期形成生物质能产物高效分离和工艺连续化生产的低成本成套技术。低温烟气余热用于干燥：一般在低于 150℃ 是生物质热解炭化的干燥阶段，通过风机将钢厂放散的低温烟气引入到炭化反应器内，生物质物料在炭化反应器内吸收热量干燥，水分蒸发逸出再随烟气放散，可提升低温烟气的价值；高温烟气用于热解炭化：生物质一般在 300~600℃ 发生炭化，通过合适的工艺设计，将一定温度的高温废烟气引入到炭化反应器内，使生物质热解炭化，产生一部分生物炭、木醋液和木焦油，还有一部分热解气，热解过程中产生的气体主要为 CO、$H_2$、$CO_2$、$CH_4$、$C_2H_4$、$C_2H_6$ 等，热解产生的气体具备良好的热值（16~17MJ/$m^3$）和还原性（还原组分约占 60%），可返回到钢铁生产流程中利用，也可用作生物质燃气。通过技术路线节能性和经济性比较，确定主工艺路线，最终确定工业化路线；结合产物特性，对其进行深加工制备高附加值产品，同时兼顾副产品，尤其是热解气等同钢铁生产的关联应用，确定钢铁余热协同制备生物质能技术路线，如图 12-11 所示。

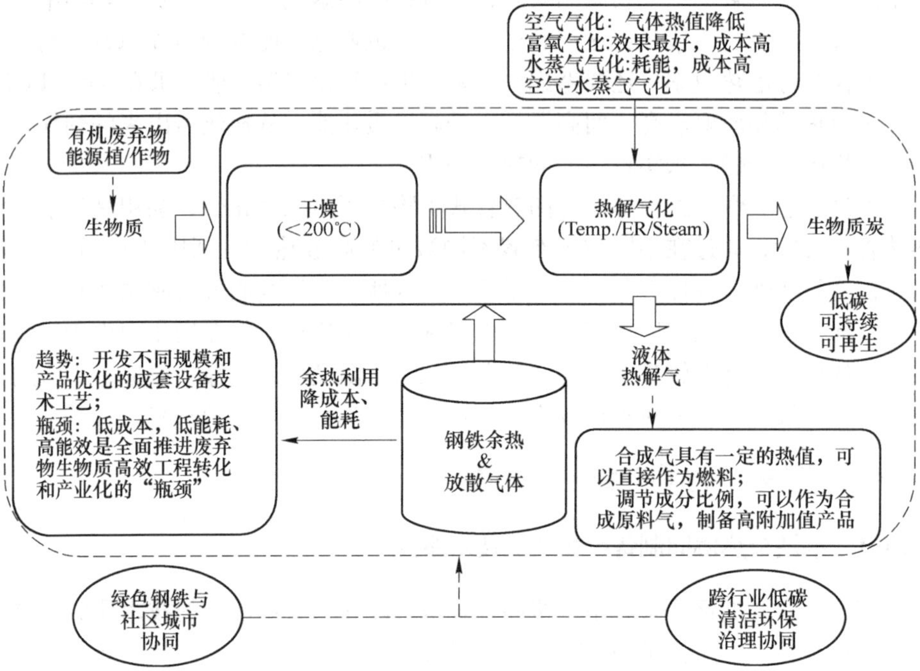


图 12-11　宝钢钢铁余热用于协同制备生物质能

### 12.4.2　钢铁余热协同处置水葫芦基础研究

以水葫芦为研究对象，在 $N_2$ 保护气氛下，气流量 50mL/min，升温速度 20℃/min 条件下进行热重分析，结果如图 12-12 所示。

从图 12-12 中可以发现：（1）100~130℃，初始升温，表面水分脱除；（2）

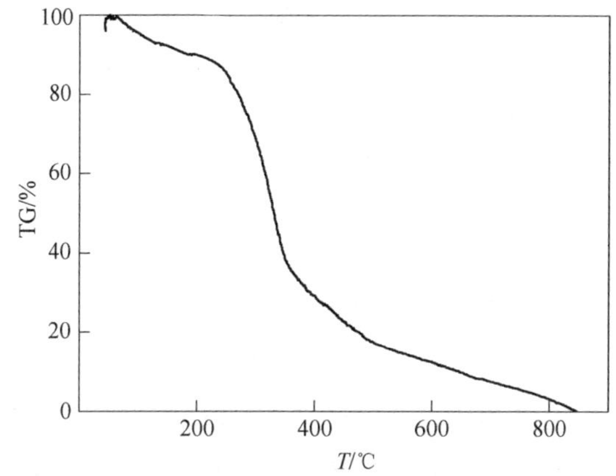


图 12-12　生物质（水葫芦）热解热重分析结果

130~250℃，原料化学结合水脱除和少量解聚反应发生；(3) 250~450℃，TG 曲线迅速下滑，热解反应主要发生阶段；(4) >450℃为炭化过程，残余物缓慢分解。从热重分析看，水葫芦较常规生物质热解炭化四阶段温度相对偏低。

不同温度、不同升温速率下生物质干物质的反应热见表 12-4。

**表 12-4　水葫芦干物质反应热**

| 温度/K | 反应热/kJ · $kg^{-1}$ | | | |
|---|---|---|---|---|
| | $\beta$=10K/min | $\beta$=15K/min | $\beta$=20K/min | $\beta$=30K/min |
| 373 | 130 | 120 | 124 | 150 |
| 453 | 278 | 257 | 267 | 321 |
| 623 | 532 | 509 | 510 | 584 |
| 873 | 782 | 747 | 699 | 776 |
| 973 | 882 | 833 | 769 | 843 |

水葫芦生物质按照干燥后全水分 10%估算，1kg 生物质 350℃、600℃热解反应需热量分别为 532kJ/kg、782kJ/kg。

实验对干燥后的水葫芦以及水葫芦热解炭化后的生物炭进行了分析，结果见表 12-5。

**表 12-5　水葫芦热解炭化前后成分分析结果**　（质量分数,%）

| 项目 | 水分 | 挥发分 | 灰分 | 固定碳 |
|---|---|---|---|---|
| 水葫芦 | 12.08 | 66.80 | 17.35 | 15.85 |
| 生物炭 | 4.89 | 41.85 | 27.34 | 30.81 |

从水葫芦热解炭化前后成分分析结果可以看出，热解后生物炭固定碳含量增

加了近 1 倍。水葫芦经热解炭化转变为生物炭后，碳可以稳定存在，这就使得环境中的碳循环被分离出来一部分，实现“碳负”。生物炭应用于生态与环境领域，可以固碳减排，是一种有效的“碳汇”技术。

以生物炭制备（包括预热干燥和热解炭化阶段）需热量 782kJ/kg 为基准，高炉煤气作为能源介质进行计算，高炉煤气热值约为 3000kJ/$m^3$，需要 327$m^3$ 高炉煤气。处理 1t 生物质，在不考虑传热损耗的前提下，合 78.5 元/t 生物质（高炉煤气参考价 0.24 元/$m^3$）。利用炉窑烟气余热进行原料干燥可进一步降低处理成本。生物质热解炭化过程除了收得生物炭产品之外，还可获得气态和液态可燃副产物。可燃的气态和液态副产品的燃烧发热量，理论上满足热解炭化需热量，实现自平衡。有文献报道，1kg 玉米秸秆产生的烟气总热量为 2210.49kJ。可以将生物质热解产生的烟气全部或部分循环用于生物质热解，降低燃料的需求量。

以宝钢股份宝山基地为例，将其内部每年产生 4000t 绿植固废考虑在内，按 50%含水率折合约含有 0.2 万 t 干物质，结合上海市水域每年产生 40 万 t 水葫芦，至少含有 4 万 t 干物质，共计 4.2 万 t 生物质原料。按照 1/3 生物炭产率计算，可生产 1.4 万 t 生物炭。若将生物炭制成复合肥，可配套生产炭基复合肥料 7 万~14 万 t。

### 12.4.3　回转窑用于协同制备生物质能实验室研究

宝钢股份炼钢厂有 5 套焙烧石灰用回转窑，因生产和成本调整等原因，目前有闲置。初步设计将之用于有机废弃物气化制备高品质合成气及生物炭，采用的技术原理为连续三段式反应，第一段有机废物热解、第二段氧化、第三段还原，产物合成气组成主要是 CO 为 32%，$CH_4$ 为 25%，$H_2$ 为 5%，$C^{2+}$ 为 5%，$O_2$ 为 1%，$N_2$ 为 12%，$CO_2$ 为 20%，热值约>4000×4.185kJ/$m^3$，合成气可就近供生产单元运行的石灰窑，代替现用燃气焦炉煤气；也可接入宝钢现有的煤气系统送至宝钢自备电厂发电或各加热炉利用等。回转窑气化炉膛内划分为 3 部分：窑头 20m 为热解区，干馏。热源：窑尾燃气降温经空气换热器换得热风，送热解区回转窑夹层，作为干馏的热源。干馏产生挥发分和焦炭，挥发分去氧化区明火燃烧，焦炭的 2/3，从热解区底部排出收集。回转窑中间 10m 为氧化区，送入气化剂。来自热解区的挥发分，遇到气化剂明火燃烧，生成 $CO_2$ 放热，维持运行。回转窑末段 40m 为还原区，不给气化剂。来自氧化区的 $CO_2$、$H_2O$ 及 $H_2$，在还原区与炭（C）反应生成燃气，即：$CO_2+C = 2CO$，$2H_2O+C = CH_4+O_2$，$2H_2+C = CH_4$。燃气从窑尾排出，经除尘和脱硫后成为洁净燃气。

为了后续工程化应用，专门设计开发了可进行 10kg/h 和 20kg/h 的连续性气化实验的回转窑实验设备并开展实验，如图 12-13 所示。实验首先将生物质制备成成型的生物质燃料，如图 12-14 所示。所用生物质的成分分析见表 12-6。

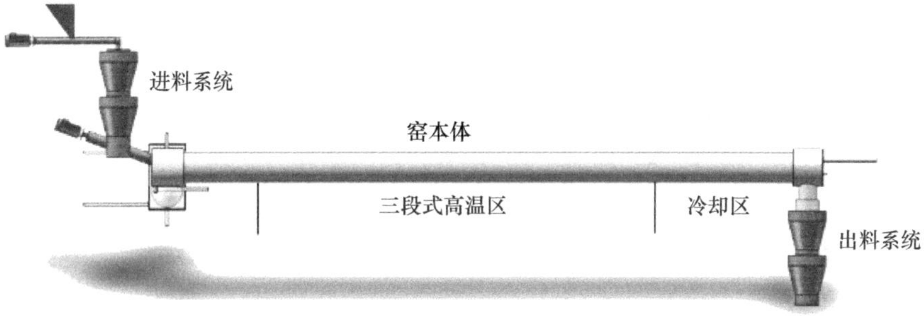


图 12-13 回转窑协同制备生物质能示意图

图 12-14 生物质燃料棒形貌

**表 12-6 生物质的成分分析** (%)

| 成分 | 水分 | 灰分 | 挥发分 | 固定碳 |
|---|---|---|---|---|
| 含量 | 5.52 | 1.54 | 76.83 | 16.54 |

900℃时，不同气氛下生物质气化结果如图 12-15 所示。

对 20kg/h 的生物质气化实验分析，在 900℃下进行 20kg/h 连续性生物质气化实验，实验用量为 40kg，实验周期为 2h，在实验过程中对气体进行取样分析，取样时间分别为 20min、40min、60min、80min、100min，气体成分见表 12-7。根据气体成分进行平均气体成分计算，然后根据气体成分计算出合成气的平均热值。

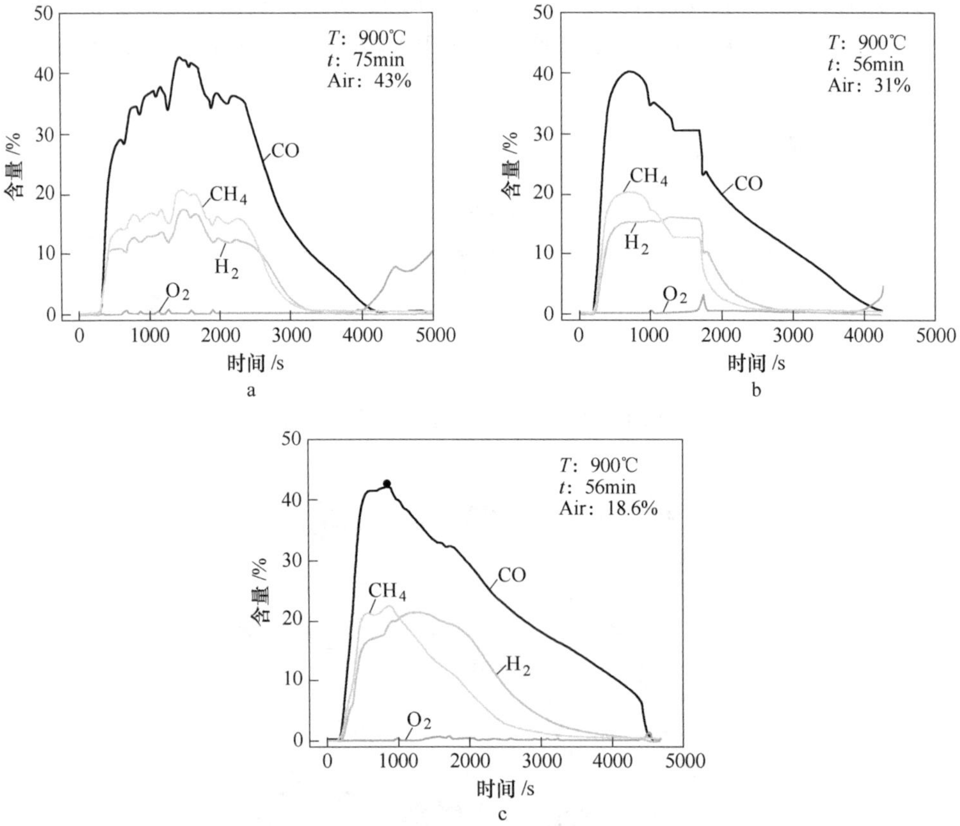


图 12-15　不同气氛下生物质气化产物成分及含量

a—900℃，43% Air；b—900℃，31% Air；c—900℃，18.6% Air

**表 12-7　生物质合成气成分**　（%）

| 编号 | CO | $CO_2$ | $CH_4$ | $H_2$ | $O_2$ |
|---|---|---|---|---|---|
| 1 | 41.31 | 14.5 | 21.19 | 16.52 | 0.03 |
| 2 | 41.43 | 15.13 | 21.01 | 17.01 | 0.01 |
| 3 | 40.25 | 13.8 | 20.94 | 20.28 | 0.04 |
| 4 | 39.96 | 13.69 | 20.93 | 19.6 | 0.41 |
| 5 | 40.63 | 14.21 | 21.01 | 16.11 | 0.03 |
| 平均含量 | 40.72 | 14.23 | 21.02 | 17.91 | 0.10 |
| 平均热值 | 14.62MJ/$m^3$（标态） | | | | |

气化后所得残渣进行元素分析，结果见表 12-8。

**表 12-8 生物质气化残渣成分分析** （质量分数，%）

| Al | Si | P | S | Cl | K | Ca | Fe |
|---|---|---|---|---|---|---|---|
| 21.41 | 13.91 | 0.80 | 0.52 | 22.33 | 33.66 | 6.84 | 0.53 |

废弃生物质热裂解气化可获得混合气、生物油、生物炭等产物，生物油或混合气经过蒸汽催化重整分离可得到氢气副产品，氢气可作合成氨原料，也可作氢能源。生物油精炼可得到生物柴油燃料，生物油也可升级加工为工业化学品。生物质能产业可以使这些有机“废弃物”和“污染源”在无害化和资源化过程中，转化生产出高端绿色能源与材料，可降低对化石能源或原料的依赖，可降低化石原料的碳排放。

### 12.4.4 城市生活垃圾催化气化改质制备清洁合成气的研究

生活垃圾中含有各种类型的生物质及高分子有机组分，因此，垃圾中蕴含着丰富的焓。通过运用高效能源回收技术，实现垃圾替代化石资源，已成为发达国家解决能源短缺问题、减少排放量、构筑环境友好型循环社会的一项重要举措。鉴于通过气化处理技术，可以将固体生活垃圾有效地转化成富含 $H_2$、CO、$CH_4$ 等可燃性合成气体，并作为清洁气体燃料广泛适用于燃气发电、燃料电池应用及液体燃油合成等能源生产领域，因此，生活垃圾的气化技术并被公认为具有巨大发展潜力的清洁能源回收利用技术，受到广泛地关注。因此，宝钢同东北大学合作，开展了城市生活垃圾催化气化改质制备清洁合成气的研究工作。

实验以城市生活垃圾为原料，以镍基催化剂为气化改质用催化剂，研究探讨了气化温度（如图 12-16 所示）、水蒸气（S/C）添加（如图 12-17 所示）、氧气（ER）添加量（如图 12-18 所示）等操作要素对城市垃圾向 $H_2$、CO 等有效气体组分转化的影响，评估了镍基催化剂对促进 $H_2$ 等气体组分生成的催化作用（如图 12-19 所示）。

由图 12-16a 可以看出，随着气化温度的升高，合成气中的 $CO_2$ 浓度也逐渐升高，当气化温度为 850℃时，$CO_2$ 为 33.14vol.%。$C_nH_m$、$CH_4$ 的浓度则随着气化温度的升高而降低，当气化温度为 850℃ 时，$C_nH_m$、$CH_4$ 浓度分别为 11.38vol.%和 7.78vol.%。气化温度的升高促进了原料发生热解反应式（12-7），从而使更多的原料被热解为合成气，同时温度的升高还促进了反应器中残炭发生反应，产生的部分 CO 被氧化为 $CO_2$ 导致合成气中的 $CO_2$ 随气化温度的升高而升高，部分 $CH_4$ 被 $O_2$ 氧化导致其浓度下降。$C_nH_m$ 浓度的降低主要是因为气化温度的升高使其裂解为小分子的合成气，还有一部分 $C_nH_m$ 被氧气氧化导致其浓度有所下降。

$$\text{RDF} \longrightarrow H_2 + CO + CH_4 + CO_2 + C_nH_m + \text{Char} \tag{12-7}$$

$$\text{Char} \longrightarrow H_2 + CO + CH_4 + CO_2 + C_nH_m \tag{12-8}$$

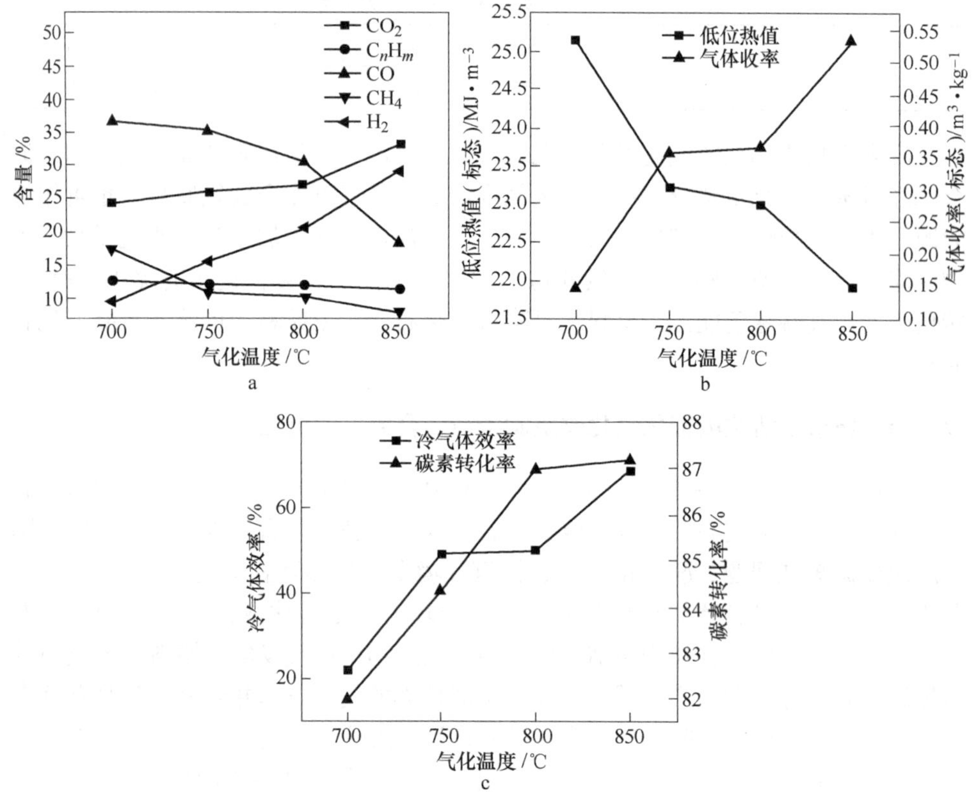


图 12-16　气化温度对生活垃圾气化改质制合成气组分的影响

a—气化温度对气体成分的影响；b—气化温度对合成气性质的影响；
c—气化温度对气化效率的影响

图 12-16b 为合成气低位热值及气体收率随气化温度变化的趋势图。气化温度在 700~850℃的范围内，随着气化温度的升高导致合成的低位热值降低，从最高的 25.14MJ/m$^3$（标态）减少至 21.90MJ/m$^3$（标态），而气体收率则随着气化温度的升高而升高，由 0.148m$^3$/kg（标态）升高至 0.533m$^3$/kg（标态）。随着气化温度的升高导致合成气中 $C_nH_m$ 及 $CH_4$ 的浓度减少，而合成气中 $CO_2$ 及低位热值较小的 $H_2$ 浓度上升，所以使合成气的低位热值减少。气化温度的升高有利于原料的进一步热解，同时还有利于焦油的裂解及残炭的热解及氧化反应，导致合成气的气体收率变大，所以气体收率会随着气化温度的升高而升高。

图 12-16c 为冷气体效率及碳素转化率随气化温度变化的趋势图，冷气体效率及碳素转化率随气化温度的升高而升高，在气化温度为 850℃时，冷气体效率和碳素转化率分别为 68.84%和 87.17%，在气化温度为 750℃和 800℃时，冷气体效率基本相同。随着气化温度的上升，导致合成气的气体收率增长速率要高于

合成气低位热值的下降速率，所以会使合成气的冷气体效率升高，而气化温度为750℃和800℃时，合成气的气体收率及低位热值基本相同，输出能量基本相同，所以使合成气冷气体效率在此范围内变化不大。气化温度是影响碳素转化率的一个重要因素，随着气化温度的升高，发生了原料及残炭的热解反应，如反应式（12-7）和式（12-8），从而使残炭中的碳更多的转移至合成气及焦油中，使碳素转化率上升，而气化温度超过800℃后，碳素转化率变化不大，主要是因为残炭中的碳大部分已经转移至合成气和焦油中，故气化温度超过800℃后对碳素转化率影响不大。

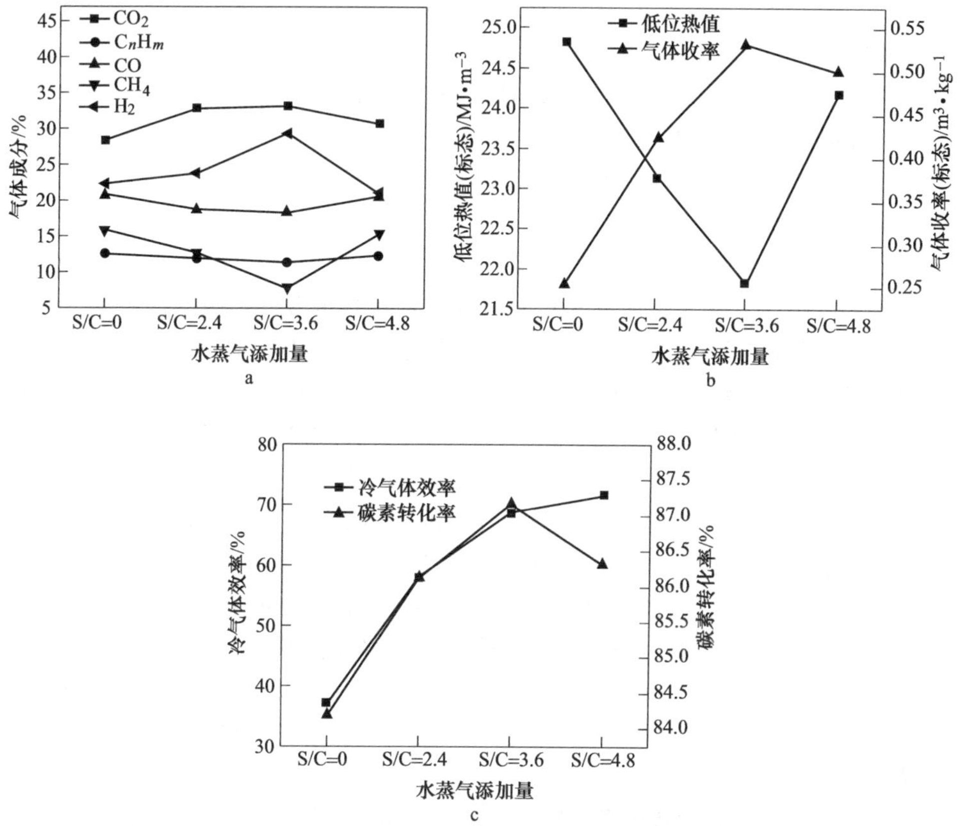


图 12-17 水蒸气对生活垃圾气化改质制合成气的影响

a—水蒸气添加量气体成分的影响；b—水蒸气添加量对合成气性质的影响；

c—水蒸气的添加对气化效率的影响

本部分主要研究了水蒸气的添加对合成气性质的影响，水蒸气添加量 S/C 的范围为 0~4.8。由图 12-17a 可以看出，水蒸气的添加对 $C_nH_m$、$CH_4$ 有着显著的影响。随着水蒸气添加量 S/C 的上升，$C_nH_m$、$CH_4$ 的浓度均出现先降低后升高的趋势，当 S/C 为 3.6 时，$C_nH_m$、$CH_4$ 均达到最小值，其值分别为 11.38vol.% 和 7.78vol.%。当水蒸气添加量 S/C 上升到 4.8 时，$C_nH_m$、$CH_4$ 的浓度均出现回升。水蒸气的添加有利于发生碳氢化合物的重整反应式（12-9），残炭的水气反应式（12-10）及甲烷的水蒸气重整反应式（12-11），从而导致合成气中的 $C_nH_m$、$CH_4$ 的浓度出现上升趋势。过多水蒸气的添加使炉内热损失加剧，使炉内的温度下降，从而不利于吸热反应的发生，所以当水蒸气添加量 S/C 升高到 4.8 时，$C_nH_m$、$CH_4$ 的浓度出现回升。

碳氢化合物的重整反应：

$$C_nH_m + H_2O \longrightarrow H_2 + CO_2 \tag{12-9}$$

残炭水气反应：

$$C + H_2O \longrightarrow CO + H_2 \tag{12-10}$$

甲烷水蒸气重整反应：

$$CH_4 + H_2O \longrightarrow CO + H_2 \tag{12-11}$$

水气变换反应：

$$CO + H_2O \longrightarrow CO_2 + H_2 \tag{12-12}$$

图 12-17b 为水蒸气添加量 S/C 对合成气低位热值及气体收率的影响。水蒸气的添加使合成气的低位热值下降，但会使气体收率上升，但过多水蒸气的添加则会出现相反的趋势。当 S/C=3.6 时，合成气的低位热值最低，气体收率最高，其值分别为 21.83MJ/$m^3$（标态）和 0.533$m^3$/kg（标态）。水蒸气的添加会发生碳氢化合物的重整反应式（12-9）及甲烷水蒸气重整反应式（12-11），使部分 $C_nH_m$ 及 $CH_4$ 被消耗掉，由于低位热值较高的气体浓度下降，所以合成气的低位热值会随水蒸气添加量 S/C 的升高而降低，但过多的水蒸气使炉内温度降低，从而使 $C_nH_m$ 及 $CH_4$ 浓度有所回升，进而使合成气的低位热值上升。在有水蒸气时是一个强氧化性的氛围，水蒸气会使原料、残炭及焦油发生进一步的反应生成更多的合成气，所以会使气体收率升高，当过多水蒸气通入时，炉内热损失加剧从而导致气体收率减少。所以，适量水蒸气的通入有利于气体收率的提高，但过多水蒸气并不利于气体收率的提高。

冷气体效率及碳素转化率随 S/C 的变化如图 12-17c 所示，水蒸气添加量 S/C 的提高有利于冷气体效率及碳素转化率的升高，过高的水蒸气添加量会使碳素转化率下降。在水蒸气添加量 S/C 在 0～4.8 的范围内，冷气体效率最高为 71.75%。水蒸气添加量 S/C 的提高使合成气低位热值下降，但会使气体收率上升，气体收率上升的速率要快于气体下降的速率，从而使合成气的冷气体效率呈上升趋势。当水蒸气添加量 S/C=3.6 时，碳素转化率最大其值为 87.17%。水蒸气添加量的升高使原料中的碳更多的转化到合成气及焦油中，从而使碳素转化率变大，但当水蒸气添加量 S/C=4.8 时，合成气碳素转化率下降，是因为水蒸气把反应器内热量带走，使反应器内温度下降，温度下降不利于原料被气化，从而导致碳素转化率降低。

实验进一步研究了富氧状态下氧气供应量对合成气生成特性，如图 12-18 所示。在气化温度恒定为 850℃ 的条件下，氧气供应量分别调整为 ER = 0，ER = 0.05，ER = 0.1，ER = 0.15，ER = 0.2，气体成分随氧气的添加量的变化如图 12-18a 所示。随着氧气供应量的提高，$CO_2$ 浓度出现先降低后增高的趋势，$C_nH_m$ 和 $CH_4$ 的浓度则一直下降，当 ER = 0.2 时，$CO_2$ 浓度最高为 37.98vol.%，$C_nH_m$ 和 $CH_4$ 浓度最低分别为 1.02vol.%和 16.00vol.%。$CO_2$ 浓度出现先降低后增高的趋势主要是因为在氧气供应量较低时，随着氧气供应量的增多，导致 CO 浓度增多，而当氧气供应量持续增加，导致 CO 被氧化为 $CO_2$，故 $CO_2$ 出现先降低后增加的趋势。氧气供应量的增加会导致 $C_nH_m$、$CH_4$ 被氧化 $CO_2$ 和 CO，从而使其浓度下降。氧气的存在还会发生式（12-13）~式（12-15）的反应。所以，氧气含量的增加有利于降低 $C_nH_m$ 和 $CH_4$ 的浓度。

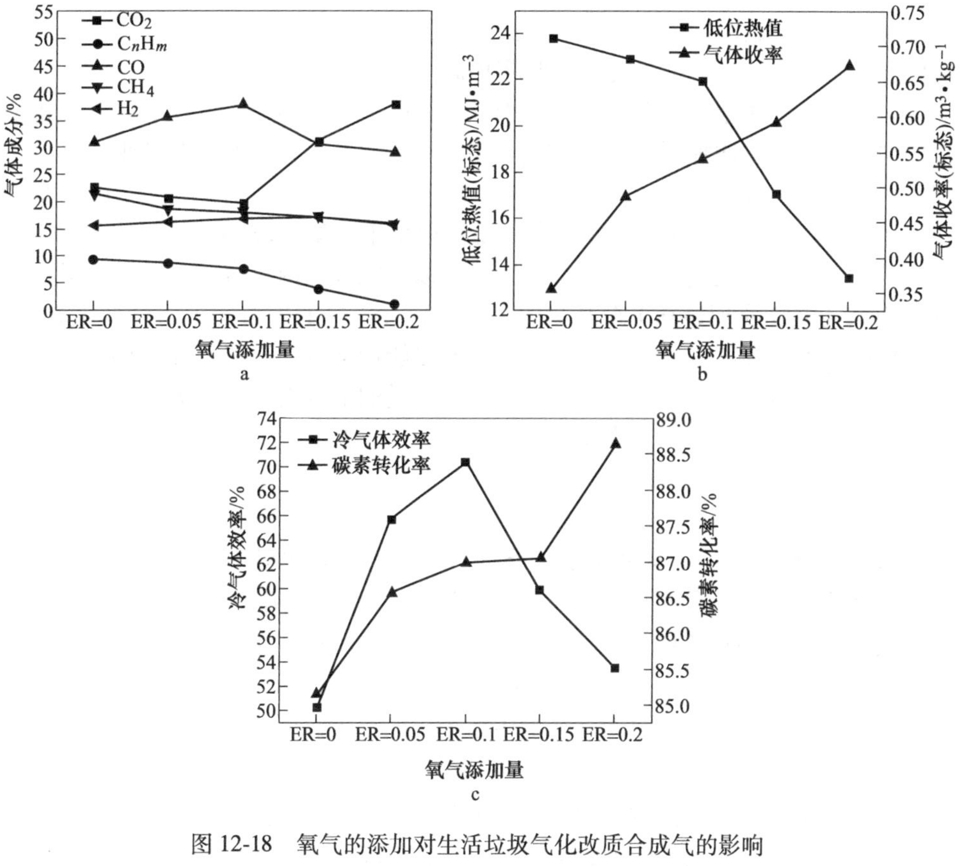


图 12-18　氧气的添加对生活垃圾气化改质合成气的影响

a—氧气添加量对气体成分的影响；b—氧气添加量对合成气性质的影响；

c—氧气的添加对气化效率的影响

RDF 不完全燃烧反应：

$$C_aH_bO_c + O_2 \longrightarrow H_2 + CO + CO_2 + C_nH_m + char + H_2O \qquad (12\text{-}13)$$

碳氢化合物的氧化反应：

$$C_nH_m + O_2 \longrightarrow CO_2 + H_2O \qquad (12\text{-}14)$$

残炭的完全及不完全燃烧反应：

$$Char + O_2 \longrightarrow CO_2 + CO \qquad (12\text{-}15)$$

图 12-18b 为合成气低位热值和气体收率随氧气供应量变化的趋势图。当 ER=0 时，合成气低位热值最高为 23.80MJ/$m^3$（标态），当 ER=0.2 时，合成气低位热值最低为 13.39MJ/$m^3$（标态）。随着氧气供应量的增加，合成气低位热值出现下降的趋势，当氧气供应量 ER 超过 0.1 后，合成气低位热值下降较明显。氧气供应量的提高有利于 $C_nH_m$ 和 $CH_4$ 浓度的降低，从而使合成气热值出现下降的趋势，在氧气供应量 ER=0 至 ER=0.1 的范围内，由于氧气对合成气各组分浓度影响并不大，故合成气热值变化趋势比较平缓。在 ER=0 至 ER=0.2 的范围内，随着氧气供应量的提高，气体收率由 0.356$m^3$/kg（标态）升高至 0.675$m^3$/kg（标态）。氧气供应量的提高有利于反应器内发生式（12-13）~式（12-15）的反应并可以氧化焦油，从而使气体收率提高。

合成气冷气体效率及碳素转化率如图 12-18c 所示，冷气体效率随氧气供应量的增多，出现先增加后减少的趋势，在 ER=0 时，冷气体效率最小，其值为 50.14%，ER=0.1 时，冷气体效率最大为 70.38%。主要原因是氧气供应量在 ER=0 至 ER=0.1 的范围内，合成气的低位热值下降幅度较小，而气体收率上升幅度较大，导致合成气的输出能量变大，所以在此范围内，合成气冷气体效率上升。当氧气供应量 ER=0.1 至 0.2 的范围内，合成气的低位热值下降幅度较大，而气体收率上升幅度基本不变，所以导致输出能量减少，所以在此范围内合成气的冷气体效率减少。碳素转换率随着氧气供应量的上升而出现上升的趋势，氧气有利于原料的完全及不完全燃烧反应式（12-13）和残炭完全及不完全燃烧反应式（12-15），从而使更多的碳从原料中转移至合成气及焦油中，所以氧气的使用可以提高碳素转化率。

实验还研究了 Ni 基催化剂存在条件下，水蒸气添加对生活垃圾水蒸气气化催化改质制合成气的影响，结果如图 12-19 所示。水蒸气添加量 S/C 在 0~3.6 的范围内，$C_nH_m$、CO、$CH_4$ 浓度随着水蒸气添加量的增多而减少，当 S/C=3.6，$C_nH_m$、$CH_4$ 浓度均达到最低值，分别为 2.66vol.%、12.32vol.%和 3.01g/$m^3$（标态）。而 $H_2$ 浓度则随着水蒸气添加量 S/C 的增大而增大，最高可达 44.79vol.%。但当 S/C=4.8 时，则出现相反趋势，$C_nH_m$、$CH_4$ 浓度均有所上升，而 $H_2$ 浓度则有小幅下降。从气体性质方面来看，水蒸气添加量会提高气体收率及冷气体效率，在一定范围内有利于碳素转化率的升高，但随着水蒸气添加量的增多，合成气的低位热值呈下降趋势。

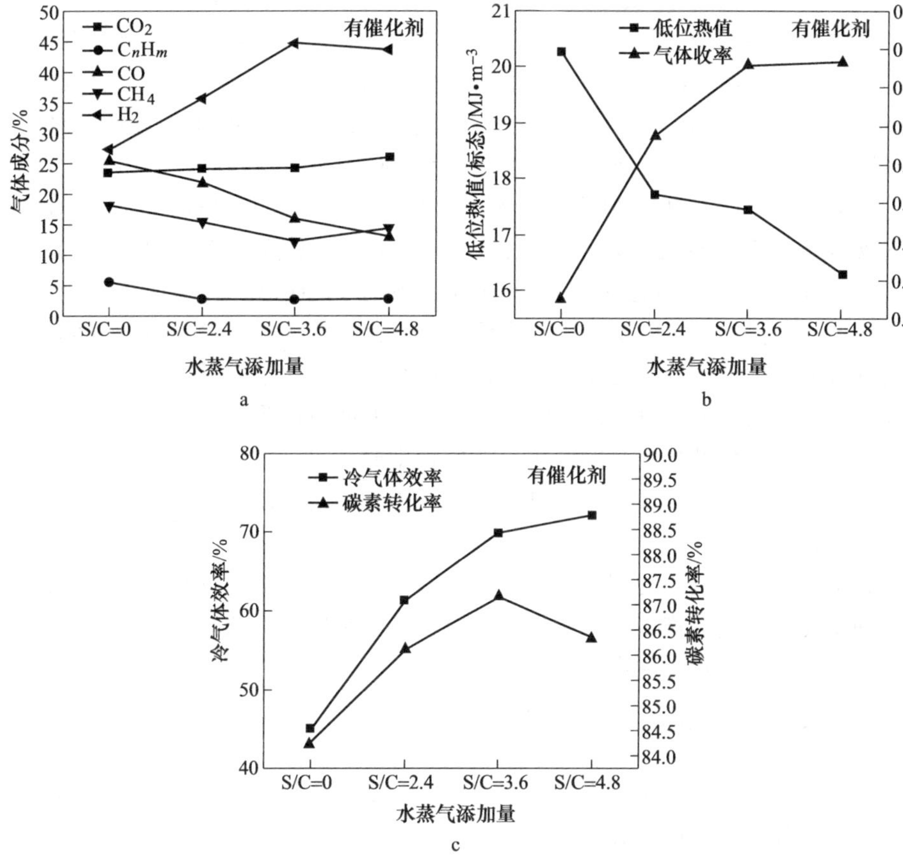


图 12-19 使用 Ni 基催化剂时 S/C 对生活垃圾气化催化制合成气的影响

a—使用催化剂时 S/C 对合成气组分的影响；b—使用催化剂时 S/C 对合成气性质的影响；

c—使用催化剂时 S/C 对气化效率的影响

一方面原因是，适量的水蒸气加入可以发生碳氢化合物的重整反应、残炭水气反应、水气变换反应、甲烷的重整反应以及焦油的重整反应，可以使合成气中 $C_nH_m$、$CH_4$ 浓度下降，从而提高 $H_2$ 的浓度，但过多的水蒸气通入使反应器内热损失加剧从而不利于吸热反应的发生，导致 $C_nH_m$、$CH_4$ 浓度小幅上升，$H_2$ 浓度小幅下降。另一方面原因是，适量的水蒸气添加可以使催化剂表面的焦油发生积碳水气反应及焦油的重整反应，从而使催化剂保持良好的催化活性，但过多的水蒸气通入会使催化剂表面覆盖一层薄薄的水膜，导致催化剂不能发挥其功效。故适量的水蒸气通入有利于提升合成气的品质，过多的水蒸气添加则会使合成气品质下降。

城市生活垃圾催化气化改质制备清洁合成气的研究结果表明：利用气化-改质技术，可以从生活垃圾中制造出富含 $H_2$ 的合成气；改质过程中，适量的水蒸气、氧气投入，对提高 $H_2$ 的浓度和收率有促进作用，而过量的水蒸气和氧气的投入，会对 $H_2$ 产生不利影响；镍基催化剂对促进生活垃圾向氢气转化具有重要的促进作用，对确保生活垃圾在相对低温条件下高效生产出富含 $H_2$ 的合成气具有积极作用；在 850℃温度条件下，利用镍基催化剂实施气化-催化改质处理时，在水蒸气添加量 S/C=3.6，氧气添加量 ER=0.06 的条件下，可以获得最大产氢效率，其中，浓度最大可达 44.79vol.%，最大产氢量可达 37.7mol/kg 生活垃圾。此时的碳素转化率、冷气体效率、气体收率、合成气低位热值分别为 87.17%、70.17%、0.679$m^3$/kg（标态）、17.47MJ/$m^3$（标态），$H_2$/CO 比值为 2.80。

钢铁企业丰富的余热资源可以为生活垃圾气化改质提供热源，放散气体以及过热蒸汽可以为生物质及生活垃圾的气化提供充足的气化剂。城市生活垃圾催化气化改质制备清洁合成气可以产生富氢气体，一方面可以为钢厂的生产提供可替代的能源，从而减少部分煤炭的使用，降低碳排放；另一方面，城市生活垃圾催化气化改质制备的清洁合成气可以进一步合成乙醇、乙醚以及生物柴油等高附加值的中间产物或产品，从而为钢铁企业创造效益。如前所述，冶金行业发展生物质能源无论是从二次资源的利用还是从物流网络的分布，无论是从装备技术还是从环境的驱使，都具有许多便利条件。可以预见，利用钢厂余热耦合生物质能利用将会成为未来城市钢厂建设的一个热点。

### 12.4.5　废弃物综合处理及热解工艺

结合宝钢实际以及城市钢厂建设需要，设计钢厂余热协同处置有机废弃物及热解工艺流程如图 12-20 所示。

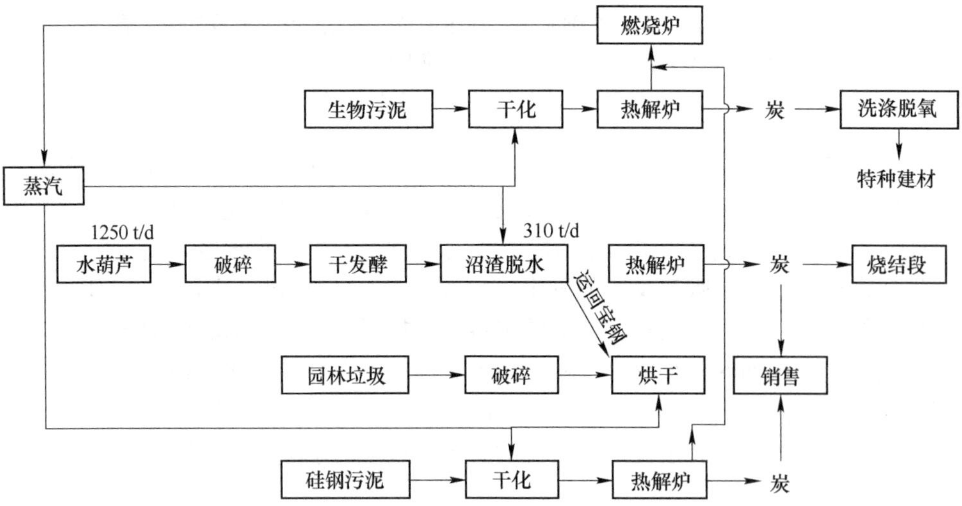


图 12-20　钢厂余热与有机废弃物协同处置及热解工艺流程图（规模化工艺）

采用国际上最新流行的热解技术，将废物进行综合热解处置，通过热解参数的合理控制，将产物控制为炭和热解气两种，热解气在洗涤后用于燃烧或者系统内使用；而炭用于替代焦粉等。利用宝钢的余热资源实现综合处理是一种传统工业和现代资源综合利用相结合的新模式、也是一种选择趋势。

废物综合处理的内容是：将园林废弃物、污泥和水葫芦综合处理。例如：将水葫芦通过挤压机械分离水分以后，通过水热脱水、再和园林废弃物混合热解可以生产燃气和高品质的炭。其他污泥可以热解后作为建材，或者生产材料，将原本是废物的各种物料纳入生产体系中。

热解是在隔绝空气缺氧环境下进行。通常在缺氧的条件下的热解，又叫干馏，但是这里所说的热解并非简单的干馏概念，而是研究者根据废物的特性并调整产物组成的一种新式热解技术。它是一种固体有机质的热化学加工方法，即固体有机物在隔绝空气条件下加热裂解的反应过程，裂解结果生成各种可燃气体、有机液体（焦油）、焦炭，而焦油又回流调节产物的一个复杂的物理化学反应过程。其中可燃性气体主要为 $C_1$~$C_5$ 可燃物，即：CO（一氧化碳）、$CH_4$（甲烷）、$C_2H_4$（乙烯）、$C_2H_6$（乙烷）、$C_3H_6$（丙烯）、$C_4H_8$（丁烯）等高热值气态燃料，及 $CO_2$ 等少量不可燃气态物；热解油中一般含有在热解过程中产生的焦油类液态燃料和蒸馏水；在水分分离后的轻油可以在线燃烧，供应系统能量；而重质油采用特殊措施发生二次裂解生成气体。炭中一般含有大量的灰渣，因此热值较低，但是可以作为焦粉利用，尤其是园林废弃物和水葫芦的炭品质较高，可以替代焦粉。

热解过程是在隔绝空气条件下进行的。采用近 600℃ 的温度比较经济，温度过低（500℃以下），热解炭仍含有挥发分，焦粉不能满足烧结工段的要求；温度过高对设备要求过高，产品亦不成熟，提高了项目的难度。

过程中产生的热解气和烟气在系统内可进行热能利用：热解出来的可燃气体经过洗气净化后，回炉膛燃烧，作为热解的热源循环利用；放热后的高温烟气（400℃或者以上）又可以作为干燥的热源，充分利用了系统的热量，达到了低能耗的环保要求。处理后的最终产物为：（1）可燃气，是清洁能源，除在线燃烧外、多余的可以纳入宝钢的焦炉气体系；（2）炭，可作烧结厂燃料、建材原料；（3）焦油，使用特殊技术将其二次裂解变为气体。该技术的资源化程度高、对环境影响小，是环境友好型新废物处理技术。

### 12.4.6 生物质废弃物热解炭化制生物炭用于荒漠化治理

基于图 12-9 所示的余热利用的钢铁工业与沙漠碳汇林业思路，以生物质炭化循环为核心，生物炭及衍生产品用于沙漠化治理为目标，从研究炭化条件—产品性质—应用功能的关系出发，探索构建钢厂余热利用与废弃物炭化技术、沙漠化土壤综合治理及其生物炭系列产品产业化应用的运行模式与机制，为低碳循环高效生态资源化利用农林废弃物提供新的技术途径与应用模式。这里所采用的生物质废弃物主要是农林牧废弃物，如农作物秸秆、农林加工废弃物、牧业废弃物等，设计的主要技术路线如图 12-21 所示。

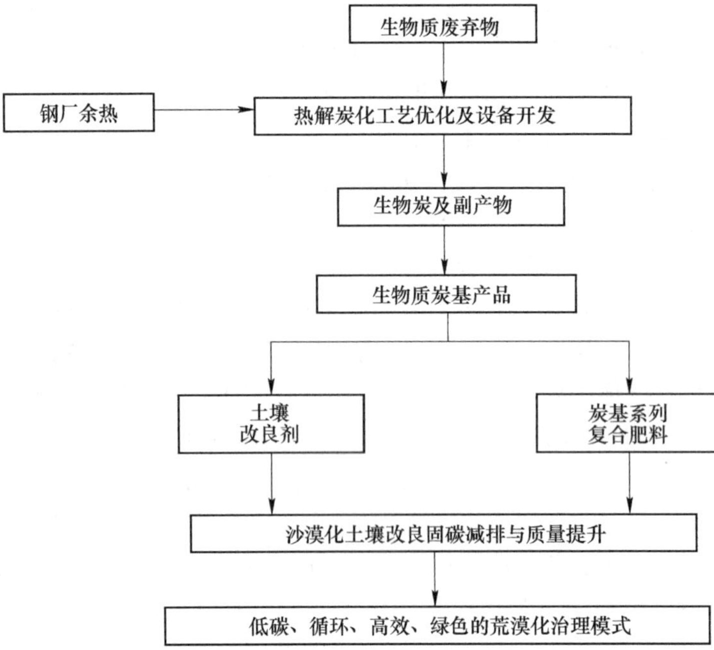


图 12-21　生物质废弃物热解炭化制生物炭用于荒漠化治理

通过研究预期可达到的成果有：（1）把农林生物质废弃物的炭化处理与生物炭系列产品研发及退化沙化土壤治理、土壤生产力提升、固碳减排有机结合，拓宽了生物质废弃物低碳循环固碳减排生态高效利用的新领域，为我国荒漠化治理和节能减排应对气候变化提供一条新途径；（2）通过研发基于钢铁余热利用与不同类型生物质炭化相结合的工艺和装备，实现了农林牧废弃物循环炭化利用及生物炭生产过程中的余热应用，大大降低生物炭热解炭化的成本；炭化产物加工为炭基有机肥料、沙化土壤结构改良剂，既实现了退化耕地恢复重建和土壤固碳，又减少了化肥的使用，提高肥料利用率，生态效益和经济效益同步提高；(3) 以生物炭为主要载体，通过沙化土壤中有益微生物（包括固氮菌、解磷菌、解钾菌和刺激作物生长抗病功能的菌类）的提取、纯化、接种等技术的综合运用，生产出新型的、生态安全多功能炭基荒漠化修复材料。

生物质热解制炭技术和生物炭基系列产品的开发对于我国农村节能减排、增加退化沙地土壤固碳增汇、促使土壤持续增产、农业可持续发展和新农村建设具有重大支撑作用。一方面，经过炭化处理后的生物炭，与传统的生物资源（秸秆等）直接还田相比，属结构及其稳定的土壤有机质，由于微生物不能直接利用且含有较多养分，保证了还田后农田的有机质的稳定提升，同时又能够消除病原菌危害，实现了无公害还田和低碳利用。另一方面，高效便捷的生物质炭化技术的开发与应用，有效解决了农林作物秸秆等废弃物直接燃烧和随意堆放的陋习，显著减少了农业源温室气体的排放和环境污染。另外，生物炭的多孔特点及比表面积特性，又可有效降低农药化肥的施用，增氮保氮，提高肥料利用率，减少 $N_2O$、$CH_4$ 等温室气体排放，炭化 1t 秸秆类生物质应用于农田，估计可以净减少 0.2~0.3t 碳排放，这对我国温室气体减排和气候变化外交具有重要意义。

可以预见，生物质废弃物热解炭化技术及生物炭产品在荒漠化治理中具有广阔的市场。通过全面开发农林废弃物生物质炭化技术和装备，直接服务于绿色能源示范县的绿色能源生产，同时结合不同生物质炭化及系列生物炭产品开发及生产应用，为废弃物生物质处理和沙漠化治理应用架起有效桥梁和使用途径，必将提高生物质能源企业和废弃物炭化处理企业的经济效益。另外，节能减排和提高退化耕地土壤质量的需求也为废弃生物质炭化还田和脆弱生态系统恢复重建提供了千载难逢的机遇。

生物质废弃物热解炭化制生物炭用于荒漠化治理项目的实施不仅能为我国荒漠化治理和有机肥料产业的发展提供一条新的途径，还能带动全国废弃生物质资源循环利用和新型肥料研发领域科研、生产的进一步发展，有助于缓解我国由于大量使用化肥造成的土壤退化、环境污染的状况，保障我国国土资源安全，促进经济、社会的可持续发展。还能解决一大批人员的就业问题，有助于增加农民收入，优化农村产业结构，促进新农村建设，构建和谐社会。

## 12.5 本章小结

生物质能是唯一可以转换成固、液、气三态的可再生能源，市场潜力巨大。开发利用生物质能是解决能源与环境问题的重要途径之一，生物质能利用技术开发已成为各国竞相投入研发的热点。在“十三五”及更长时期里，发展生物质能源将成为我国产业政策的重点支持方向。这对于钢铁行业低碳高能效技术的开发无疑是一个机遇。本章对生物质能、生物炭、碳汇等概念及应用进行介绍，重点分析钢铁企业能源化利用生物质资源的途径，介绍钢厂余热协同处置生物质能及制备生物炭的基础研发进展。通过对钢厂余热资源的梳理，并结合生物质能制备的实验研究，主要得到如下结论：

（1）钢铁行业发展生物质能源具有许多便利条件：1）冶金领域低温显热和烟气量大，为发展生物质燃料的烘干、焙烧创造一定的条件；2）钢铁企业各种煤粉、矿石的破碎加工技术经验可为生物质原料的颗粒化、大型生物质压制和气化提供设备保证和技术基础；3）随着钢铁企业产能过剩和炼焦煤资源的缺乏，炼焦设备富裕，为生产木炭和秸秆炭创造了便利条件，钢铁企业的原料运输场地和工业废水池及其所含一些重金属，为生物质的水解生产沼气和制氢创造了条件；4）钢铁企业以主要农业大省分布为主，钢铁企业的物流网络为向农村运出钢铁产品、运回生物质提供物流保证；5）钢铁企业环保压力可以通过加工利用生物质能源得到减轻，实现钢铁产业由产能过剩产业，到生物质能源加工利用新兴产业的转型升级。

（2）生物质能利用与冶金流程余热耦合，有希望带来生物质能开发利用的技术变革与成本优化。钢铁企业丰富的余热资源可为生物质能利用过程中原料干燥、预处理、生物质热解、活化等提供合适能源，放散气体以及过热蒸汽可以为生物质的热解气化以及生物炭的活化提供合适的介质，这有望解决热解能耗高、时间长、可控性差等制约生物质能高效低成本发展的问题，不仅降低生物质能转化利用成本，还可使钢厂余热资源实现高效率利用，创造较高的经济效益。

（3）实现绿色钢铁与社区城市环境友好协同。中国工业、农业和人民生活产生的大量有机生物质废弃物的处置一直是政府和社会极为关注的大气和环境的战略性任务，事关减排、环保和民生。开发钢铁余热制备生物炭技术可有效减缓社区处理工农业及社会生活有机废弃物的压力，并得到如生物炭、清洁合成气等具有一定价值的清洁产品。一方面可以为钢厂的生产提供可替代的能源，从而减少部分煤炭的使用，降低碳排放；另一方面，制得的生物炭产品经过加工后还可作为高附加值的材料使用，清洁合成气也可进一步合成乙醇、乙醚以及生物柴油等高附加值的中间产物或产品，从而为钢铁企业创造效益。冶金行业发展生物质能源无论是从二次资源的利用还是从物流网络的分布，无论是从装备技术还是从环境的驱使，都具有许多便利条件。可以预见，利用钢厂余热耦合生物质能利用将会成为未来城市钢厂建设的一个热点。

（4）钢铁余热耦合生物质能利用及生物炭制备技术，有望成为钢铁高碳行业低碳路的解决方案。生物炭应用于生态与环境领域，固碳减排，是一种有效的“碳汇”技术。钢铁行业作为 $CO_2$ 等温室气体的排放大户，减排任务十分艰巨。钢铁余热耦合生物质能利用及生物炭制备技术，基于“过程节能、产品高值与环境友好”这一前提，并着重于有我国特色的城市生物质固废处置，实现其定向转化制炭，将城市生物质固废利用置于多个行业碳循环背景中的节能减排框架内进行，不仅可实现生物质固废的高值化利用，也能实现冶金过程节能减排，并极大提升城市生物质固废处置工业技术的水平，构建低碳经济的工业新模式。高效低成本的钢铁余热耦合生物质能利用及生物炭制备技术，有望成为钢铁高碳行业低碳路的解决方案，对国家巴黎会议承诺也是有力支撑。

总的来说，我国钢铁行业要时刻关注世界钢铁业关于生物质能利用与研发进展，同时加强科技创新和产业实践。钢厂余热用于协同生物质能利用技术符合国家产业政策：技术含量高、创新性强；发展前景好，市场竞争力强，产生的经济、社会、环境效益显著，并有望形成新兴产业。随着经济和社会的和谐发展，钢铁行业的发展更要实现和城市协同发展，就要借助自身特点，更好地服务城市，融入生态圈。利用钢铁企业产生的余热资源协同处理城市固废，可极大地降低能耗的同时变废为宝。制得的生物炭产品经过加工后可作为土壤改良剂或肥料增效载体使用，同时将富含的碳素储存到土壤中，可实现碳的固定及二氧化碳减排，实现碳汇。钢铁企业在生产过程中有效地消纳了城市有机固废，在制备新能源的同时避免了环境污染，实现与城市的协同共存。

## 参 考 文 献

[1] 孙立，张晓东．生物质热解气化原理与技术［M］．北京：化学工业出版社，2013.
[2] 赵连有．生物质和生物质能的开发利用［J］．农业环境与发展，2007（6）：30~33.
[3] 王晓明，唐兰，赵黛青，等．中国生物质资源潜在可利用量评估［J］．三峡环境与生态，2010，32（5）：38~42.
[4] 袁振宏，雷廷宙，庄新姝，等．我国生物质能研究现状及未来发展趋势分析［J］．太阳能，2017（2）：12~19，28.
[5] 石元春．我国生物质能源发展综述［J］．智慧电力，2017，45（7）：1~5.
[6] 翟帆．污染零排放与生物质利用［C］//中国环境科学学会．中国环境科学学会2009年学术年会论文集（第三卷）．中国环境科学学会：中国环境科学学会，2009：837~842.
[7] 马浩，雷光宇，李娟．生物质炭对农田土壤碳循环影响研究进展［J］．农业与技术，2017，37（6）：53~55.
[8] 李媛，张俊涛，谢红艳．生物能源技术发展和利用的现状研究［J］．广东化工，2017，44（13）：112，143.
[9] Wei Rufei. An Overview of Biomass Utilization in Ferrous Metallurgy Processes［C］// 中国金属学会、宝钢集团有限公司．第十届中国钢铁年会暨第六届宝钢学术年会论文集Ⅱ．中国金属学会、宝钢集团有限公司：中国金属学会，2015：1~7.
[10] 马隆龙．生物质能利用技术的研究及发展［J］．化学工业，2007（8）：9~14.
[11] 李抒阳．生物质能转化技术及资源综合开发利用研究［J］．中国资源综合利用，2017，35（10）：46~47.
[12] 闫凯．生物炭气联产实验研究［D］．北京：华北电力大学，2017.
[13] 张鹏．生活垃圾催化气化基础研究［D］．沈阳：东北大学，2015.
[14] 吴畏．利用废弃物衍生燃料的热化学处理法制富含氢气合成气［J］．环境工程学报，2013，7（4）：1515~1521.
[15] 吴畏．生活垃圾催化气化——改质制清洁合成气的研究［C］//中国环境科学学会．2014中国环境科学学会学术年会（第七章）．中国环境科学学会：中国环境科学学会，

2014：8.

[16] 周显超，张璐，吴畏．生活垃圾衍生燃料催化气化制备合成气［J］．环境工程学报，2016，10（10）：5914~5918.

[17] Johannes Lehmann. Biochar production diagran courtesy [EB/OL]. http：//www. biochar-international. org.

[18] Lehmann J，Joseph S. Biochar for environmental management：science，technology and implementation [M]. London and New York：Routledge，2015.

[19] Woolf D，Amonette J E，Street-Perrott F A，et al. Sustainable biochar to mitigate global climate change [J]. Nature Communications，2010，1（5）：1~9.

[20] Johannes Lehmann，Rillig M C，Thies J，et al. Biochar effects on soil biota—A review [J]. Soil Biology & Biochemistry，2011（43）：1812~1836.

[21] 赵其国，滕应．国际土壤科学研究的新进展［J］．土壤，2013，45（1）：1~7.

[22] 孟军，陈温福．中国生物炭研究及其产业发展趋势［J］．沈阳农业大学学报（社会科学版），2013，15（1）：1~5.

[23] 韩光明，蓝家样，陈温福，等．生物炭及其对土壤环境的影响［J］．安徽农业科学，2014，42（31）：10941~10943.

[24] 孟军，张伟明，王绍斌，等．农林废弃物炭化还田技术的发展与前景［J］．沈阳农业大学学报，2011，42（4）：387~392.

[25] 张齐生．林业将为社会发展作出不可替代的贡献［J］．国土绿化，2013（2）：9.

[26] 潘根兴，林振衡，李恋卿，等．试论我国农业和农村有机废弃物生物质碳产业化［J］．中国农业科技导报，2011，13（1）：75~82.

[27] 李大伟，周加顺，潘根兴，等．生物炭基肥施用对蔬菜产量和品质以及氮素农学利用率的影响［J］．南京农业大学学报，2016，39（3）：433~440.

[28] 王月，刘兴斌，蔡芳芳，等．生物炭及炭基肥对花生生理特性和产量的影响［J］．花生学报，2017，46（4）：36~41.

[29] 黄燕，黎珊珊，蔡凡凡，等．生物炭土壤调理剂的研究进展［J］．土壤通报，2016，47（6）：1514~1520.

[30] 孟静静．土壤碳汇能力衰退的生物炭修复［C］//中国环境科学学会．2011 中国环境科学学会学术年会论文集（第二卷）．中国环境科学学会：中国环境科学学会，2011：5.

[31] 黄少鹏．启动生物炭碳汇工程，开辟节能减排新途径［J］．科技导报，2009，27（15）：18.

[32] 王晓佩，薛英文，程晓如，等．生物炭吸附去除重金属研究综述［J］．中国农村水利水电，2013（12）：51~56.

[33] 徐楠楠，林大松，徐应明，等．生物炭在土壤改良和重金属污染治理中的应用［J］．农业环境与发展，2013，30（4）：29~34.

[34] 许洁，刘姝娜，姜洋，等．中国生物质成型燃料产业政策与执行效果分析［J］．新能源进展，2015，3（6）：477~484.

[35] 陈东峰，胡夏雨，李小静．我国钢铁企业能源化利用生物质资源的途径［J］．钢铁研究，2015，43（4）：60~62.

[36] 罗晔．生物质在钢铁生产过程中的应用［N］．世界金属导报，2018-10-23（B12）．

[37] 汤翔宇．生物炭还原剂的制备及对铜熔渣熔融还原特性的研究［D］．昆明：昆明理工大学，2017．

[38] 杨兴卫，马文会，魏奎先，等．高性能生物炭还原剂的制备与表征［J］．过程工程学报，2016，16（2）：330~335．

[39] 张化义．加拿大生物质炼铁技术前瞻［N］．世界金属导报，2012-11-06（B08）．

[40] 胡正文．低碳时代寻找高炉新燃料［N］．中国冶金报，2013-08-22（005）．

[41] John G Mathieson，Harold Rogers，袁兵，等．生物质在钢铁工业中的应用——澳大利亚人的观点［J］．世界钢铁，2013，13（6）：34~42．

[42] 曲余玲，毛艳丽，景馨，等．生物质能在钢铁生产中的应用研究及前景分析［J］．上海金属，2015，37（5）：70~74．

[43] 魏英杰．木质生物质对氧化铁还原行为的影响［N］．世界金属导报，2016-09-06（B10）．

[44] 周志远．钢铁生产余热、余压再利用技术的探讨［J］．中国金属通报，2017（10）：72~73．

[45] 代铭玉．钢铁制造全流程余热余能资源的回收利用现状［J］．冶金经济与管理，2017（2）：52~56．

[46] 赵艳，刘文武，谢国刚，等．浅谈冶金行业低温余热利用方向及建议［J］．冶金能源，2018，37（3）：38~42．

[47] 郭红玲，翟炜．余热资源回收利用的现状及途径［J］．工业炉，2017，39（2）：14~16．

[48] 姚鑫．以高炉颗粒渣为热载体生物质气化的实验研究［D］．沈阳：东北大学，2016．

[49] 童力，胡松涛，罗思义．高炉渣余热回收协同转化生物质制氢［J］．化工学报，2014，65（9）：3634~3639．

[50] 邢海龙．基于高炉渣余热回收的生物质气化实验研究［D］．青岛：青岛理工大学，2016．

# 13 钢铁能源系统低碳高能效重构

国际分布式能源技术的兴起，对传统钢铁能源系统保供应、保稳定且智能化技术不发达而形成较大余量设计的理念与系统是颠覆性的突破。借鉴国际分布式能源、工业 4.0 的物理信息系统的理论与技术突破，宝钢就钢铁企业能源系统低碳、灵活、柔性、弹性等方面的突破开展了近十年的实践。

## 13.1 分布式能源

"分布式能源"（Distributed Energy Resources，简称 DER，或 Distributed Energy System，简称 DES）作为一个能源领域的新概念，经过历年的发展，欧盟、美国和世界分布式能源联盟（World Alliance for Decentralized Energy，简称 WADE）及国内对 DER 的内涵逐步趋向统一，一般可以理解为被分布式系统利用和转化的所有能源资源[1]，是一种建在用户端的能源供应方式，可独立运行，也可并网运行，以资源、环境效益最大化来确定方式和容量，将用户多种能源需求，以及资源配置状况进行系统整合优化，采用需求应对式设计和模块化配置的新型能源系统，是相对于集中供能的分散式供能方式。分布式能源可以定义为[2]："靠近用户侧，由不同模块化设备组成的提供多种能源的供应系统"，DES 可以说是能源领域的一场革命，是能源的清洁化利用较为现实和经济的一种选择，成为缓解各国能源问题的有效途径。一般而言，DES 具备如下特征：可灵活并网或离网；减少集中式能源网络传递或转换损失；多种能源输入满足多种需求；能源的梯级高效利用；设备的小型化与模块化等。

经过数十年的发展，分布式能源系统呈现出两个方向：可再生能源发电和热电联产，虽然它们的发展看似迥异，所侧重的应用和技术领域也是不尽相同，但都处于并行发展的节奏，构成了分布式体系中的两个有机组成部分和主要的分支，都在不同的程度上落实了各自市场化的运营，在分布式能源体系中处于不可或缺的地位[3]。

分布式能源项目具有诸多的优点，最受关注的焦点是其建设与用户侧[4]，不需要远距离的能源输送，减少了输送过程中的能量损失，同时也能够使产生与转化的能源得到及时的应用，较少能量的损失，使能源的综合利用率得到提高，是一种对能源高效利用的理想方式。除此之外，由于在产能的过程中仅排放极少的大气污染物，这对降低区域污染物含量，减轻大气负担等方面起到积极的作用。

分布式能源项目有巨大的市场潜力，但我国相关应用、研究起步较晚，项目的发展必将面临诸多的问题，除了技术本身需要改进、完善外，最主要的问题集中在两个方面[4]：一方面是行业分割以及行业利益冲突。市场中行业的划分成为限制新兴产业、技术的壁垒。各行业从自身利益出发，忽视维护行业间的公共利益，必然给分布式能源这样的节能环保型产业的推广带来阻碍。分布式能源未来发展还将面临并网的问题。因分布式能源自身的特点，没有形成统一的标准，因此实现各分布式能源并网将对能源大系统的稳定性和安全性带来威胁。另一方面问题是观念认识上的落后。在经济方面就有观点认为，分布式能源项目的建设实现周围区域的能源供给，采用小机组，使得项目的规模经济优势消失，使其失去经济上的竞争力，无法大规模的推广。对于这种观点，没有考虑到传统长距离能源损失，忽略分布式能源对资源的利用率的提高，国内外众多运行的项目表明，科学合理的规划设计，保持良好的运行状态，分布式能源项目一般在投资建设几年就能实现资本的回收。

## 13.2 信息物理系统（CPS）

《能源发展“十三五”规划》提出，要主动适应、把握和引领新常态，全面推进能源生产和消费革命，努力构建清洁低碳、安全高效的现代能源体系。为提高能源监管效能，《规划》明确了未来五年能源发展的重大工程，其中包括高效智能电力系统、能源关键技术装备等环节。企业为进行能源结构的战略性调整，打造高水平的能源管理体系则成为提高能源管理水平的重要手段[5]。近年来国际兴起与发展的信息物理系统 CPS（Cyber-Physical Systems）理论为智慧能源提供了体系化的理论指导。

CPS 核心内涵包括：智能工厂与智能生产 2 大主题；横向、纵向、端对端的 3 项集成；由集中向分散、大规模趋同性生产向规模化定制生产、由客户导向向客户全程参与的 3 个转变；满足用户的个性化需求、灵活柔性生产、优化决策、提高资源利用率与生产效率等 8 大价值。

李杰在《工业大数据》中指出，以 CPS 为核心的智能化体系，主要特征在如下几个方面[6]：

（1）智能的感知：从信息的来源、采集方式和管理方式保证数据的质量和全面性，建立支持 CPS 上层建筑的数据环境基础。

（2）数据到信息的转化：对获取的信息进行特征提取、筛选、分类和优先级排列，保证数据的可解读性。

（3）网络的融合：构建网络环境，保证数据的精确同步、数据的记录及分析预测。

(4) 自我的认知：将机理模型和数据驱动模型相结合，保证数据的解读符合客观的物理规律，并从机理上反映对象的状态变化，同时结合数据可视化工具和决策优化算法工具为用户提供面向其活动目标的决策支持。

(5) 自由的配置：根据目标进行优化，进而执行优化后的决策实现价值应用。

信息物理融合系统（CPS）是信息网络融入物理系统，在环境和状态感知基础上，集通信、计算和控制于一身的网络化系统，是信息化与工业化“两化融和”及孕育中的第四次工业革命的基础。信息物理融合能源系统能够充分感知环境和系统状态信息，对能源生产和消耗实时监测、预测、统一优化调度和控制，以便充分利用高度不确定的可再生新能源，使能源生产和消耗协调配合，实现信息科技支撑下的节能减排，为解决能源环境问题开辟新途径。

## 13.3　传统钢铁能源系统

### 13.3.1　传统钢铁能源系统特点

钢铁生产过程是将铁矿石、焦炭、生石灰、水等众多原料通过烧结、高炉、转炉、轧钢等一系列工序后，加工成成品钢材。传统的钢铁能源结构都是围绕工序建立起来的，钢铁生产工序多，涉及多种能源介质，各种能源介质交互并存，分布在企业各工艺区。能源中心通过将分布于全厂范围的变电所（室）、排水泵站和给排水设施、煤气加压站、煤气混合站和能源分配设施等信息通过计算机网络联结在一起，并根据不同能源介质的特点及产生量，建立能源的优化和调控模型，完成对各能源介质的实时监测、分散控制和优化分配等功能，最终实现对能源系统的集中统一管理。能源系统主要实现动力、水道、环保、电力四个子系统的过程信号的采集、处理与存储，可进行运行趋势分析、设备运行状态监视、报警、归档和其他相关处理，可通过信息管理系统对能源系统中的主要设备进行运行参数设定、控制量下发及远程操作，并为企业的决策支持提供最基础的数据依据。典型钢铁企业能源管理结构如图 13-1 所示。

国内冶金企业宝钢能源中心是一个典型范例。宝钢能源中心一期于 1982 年投产，目前已经更新到三期工程，从最初的单机计算机监控系统发展到目前的集散式能源管理系统（Energy Management System，简称 EMS）。系统覆盖全厂区所有能源设施，在变电站、煤气柜、各类输运管网和用能设备等节点处共有 11525 个测量节点，分布式的子服务器和中心服务器进行实时数据交换，在能源生产、输送和消耗环节实现集中化、扁平化和全局化[7]。

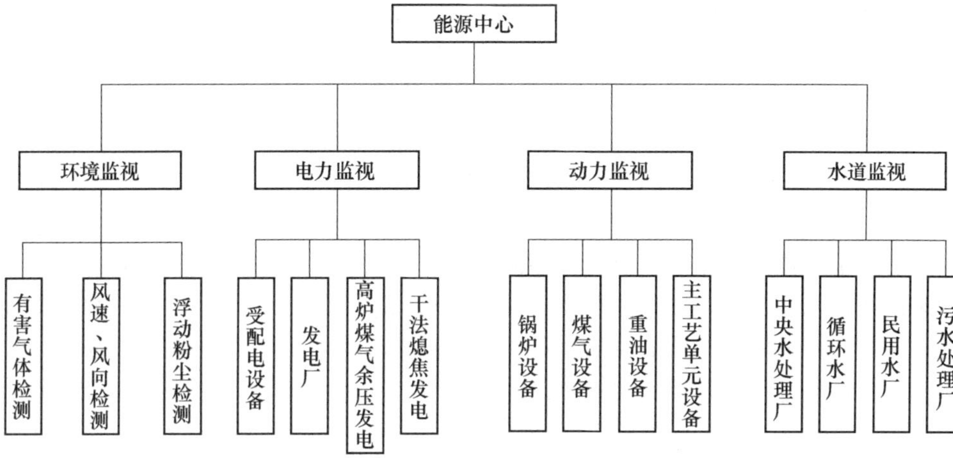


图 13-1 典型钢铁企业能源管理结构示意图

### 13.3.2 传统钢铁能源系统存在问题

剖析传统钢铁能源系统特点，归纳特征问题如下：（1）高碳化石能源大量使用带来的环境污染和煤炭总量控制问题日益加剧，“控煤减碳”已成为钢铁企业，特别是城市钢厂发展的硬约束。（2）钢铁流程连续、半连续、非连续并存，以及大型高能耗装备多、种类复杂，导致能源供需大进大出，能源系统大惯性、强冲击、灵活性柔性不足。（3）集中一贯为特征的能源系统布置满足了钢铁流程能源安全稳定供应要求，但导致粗放单向供能成为主流，制约能源系统能效突破性提升。（4）以集中式为特征的能源管控系统与钢铁工艺流程亟须深度融合，数据驱动、预测分析等智能化技术尚未大量应用。面对以上特征问题与现状，钢铁企业必须大力开展能源领域技术创新，解决内外环境变化带来能源系统清洁化、低碳化、弹性化、精细化发展不足等问题，引领能源技术进步。

### 13.3.3 钢铁能源与分布式能源耦合特性

钢铁流程具有典型的耗散结构特征，全流程不同工序存在连续、半连续、非连续特点，能源流“质”和“量”宽幅波动，从本质上阻碍集中式能源供应系统进一步能效提升。分布式能源是一种建在用户端的能源供应方式，具有灵活可靠特点，是可同时满足用户多种能源需求的新型能源系统，是相对于集中供能的分散式供能方式。通过系统研究及反复验证，钢铁生产流程用能特征与分布式能源系统高度耦合性，表现在：（1）钢铁清洁发展需求与分布式能源低碳特征相耦合。我国钢铁企业用能受制于国家整体以煤为主的高碳能源结构，在“控煤”“减碳”的硬约束下，适用于钢铁流程的光伏、生物质、能效电厂等低碳清洁能源成为钢铁企业的用能发展方向。而光伏、生物质能受现场布置、区域环境、资源分布等影响，通常呈现分布式布置特征，低碳能源利用与分布式能源系统强耦合。(2) 钢铁能源需求的多样性与分布式能源的多能互补、多能互换、多能联供相耦合。钢铁流程通常以煤炭为主要外部能源输入，其生产的过程呈现不断反复的"加热—冷却"的过程，在生产过程中伴随产生大量电力、煤气、蒸汽(热水)，而且消耗大量电力、燃料、热力、冷量等，"能流"复杂多样。而分布式能源系统通常输入燃气、热力等能源可同时提供热、电、冷等多种能源，且可动态调节，以满足用户"多能流"需求。(3) 钢铁企业传统能源供需宽幅波动常态化与分布式能源供应的灵活性相耦合。钢铁流程中用能负荷频繁波动是常态性变化，在能源充足和能效要求不高的情况下，通过大流量满负荷供应可以应对用户侧的波动需求，但大幅降低了系统的能效；而分布式能源可以结合不同的用能特征，进行区域性、针对性布置，可以提供灵活变化的能源供应，以满足用户波动性需求而不降低用能可靠性。这是钢铁行业突破传统用能方式的一项重大理论发现。

### 13.3.4 钢铁能源与 CPS 耦合特性

CPS 是信息网络深度融入物理系统，在环境和状态感知基础上，集通信、计算和控制于一身的网络化系统。信息物理融合能源系统（Cyber-Physical Energy System，CPES）是 CPS 在能源领域的应用。构建的信息物理融合能源系统，利用信息获取和处理技术如新型传感器、传感器网络等，能够保证获取更加准确的能耗、环境、系统状态等节能优化与控制所必需的信息。在信息获取与分析的基础上使得信息物理融合能源供需系统的整体节能优化成为可能[8]。CPES 能够在信息和物理系统层次上包含遍布于能源供需两端的分布式能源和储能设备等，支持能量流与信息流在供应侧和需求侧的双向流动，具有可靠、自治、自愈控制等特点。

钢铁 CPES 是钢铁 EMS 与钢铁 MES（Manufacturing Execution System）的深度融合和集成，表现在：(1) 钢铁企业多种能源介质间的相互耦合。钢铁企业多种能源介质沿着转换、使用、排放的路径流动形成能量流，多种能源介质（如电力、煤气、蒸汽等)，在能源转换单元（如自备发电厂等）进行能量或介质的转化，使得多种能源介质之间存在相互耦合；(2) 钢铁能量流与制造流的空间耦合。钢铁能源系统为钢铁流程提供动力或燃料等，生产过程中反复的"加热—冷却"过程，消耗大量电力、燃料、热力、冷量等能源，同时伴随产生大量电力、煤气、蒸汽（热水）等，能源系统与制造系统间存在介质或者能量的交互，致使钢铁能量流与制造流之间存在空间耦合；(3) 能量流与制造流之间时间动态耦合。钢铁生产流程中的加工步骤或进行物质或能量的传递，或进行物质或能量的转换，或进行物质或能量的储运等。各加工步骤串联作业，前工序的输出即为后工序的输入，相互衔接、相互缓冲匹配；储能或者其他存储缓冲设备的存储状态受到存储容量、上游设备产出、下游设备需求的影响。生产过程生产工序的上下游关系及存储设备状态的动态变化等，使得能量流与制造流之间存在时间动态关联耦合。

钢铁 CPES 通过信息系统将企业 EMS 与 MES 有机地结合到一起，在信息获取与分析的基础上使得钢铁能量流—制造流的协调优化成为可能，能够支持在满足生产需求且不改变生产工艺的前提下，优化调度企业能源系统，优化企业生产调度计划，实现企业节能减排。

### 13.3.5 多流耦合分布式钢铁能源关键技术

2016 年 2 月，国家发改委、能源局、工信部联合发布《关于推进“互联网+”智慧能源发展的指导意见》。2017 年 4 月，国家科技部印发《科技部关于印发“十三五”先进制造技术领域科技创新专项规划的通知》。《规划》中指出“网络协同制造”理论、攻克“互联网+”环境下设计资源共享和研发设计价值链协同以及众创空间构建新技术、研发支持云制造的设计资源共享服务平台。“互联网+”智慧能源是一种互联网与能源生产—传输—分配—使用—回收的全过程管控紧密结合的发展新形态，具有设备智能、单设备节能和系统节能等主要特征[5]。智慧能源以智能系统为基础，理论核心是“物联网”“大数据”“云计算”等科学[9]。钢铁工业分布式能源理论与技术的提出正是以分布式能源理论和物理信息系统理论为两大基石，目的在于新形势下使得传统钢铁能源系统在清洁、低碳与低成本方面取得突破，其涉及的关键技术主要有：

(1) 多能互补：充分考虑能效电厂、光伏太阳能、生物质能等具有低碳、分布灵活等特点的清洁能源，以及电力、天然气调节能力强的优势，通过钢铁电力系统源、网、荷、储适配性技术研究实现“多能互补”；针对钢铁设备“冷、热、电、气”多能流要求特点，结合“就地利用、梯级利用、温度对口”及相应技术突破，实现区域微网“多能互换”；促进钢铁企业既保证用能成本持续下降的前提下，能源结构由高碳向低碳清洁转变。

(2) 数据驱动：依托现有完备的能源网、良好的热工检测、一流的钢铁能源信息系统以及持续几十年开展的数模研究，围绕光伏、天然气、电力等多种能源输入最佳匹配多种能源需求，减少生产工艺大惯性强冲击造成瞬时煤气、蒸汽放散，减少蒸汽集中网络传递转换损失，以及余能就地利用、极限利用等需求，加强基础检测数据、EMS 信息数据以及生产系统 MS 数据的挖掘以及预测分析模型的研究开发；加强钢包、加热炉等涉及界面能效的热工机理模型开发及其与数据模型的耦合；通过“数据驱动”，实现能源动态调控和能效提升。

（3）网储一体：以钢厂整体园区与外部网络开放协同，钢厂内部电网、动力网、其他能介网、区域微网相互融合，形成“多网融合”；自备电厂、CDQ、典型工业炉窑为节点，与多网、储柜，形成“网储一体”；增加储能装置适应动态变化的能源价格体系；通过“多网融合”“网储一体”提升系统灵活性与可靠性，降低能源成本。

（4）区域平衡：开展副产煤气高效利用、冷/热/电联产等技术开发，构建多能互换的区域微网；以蒸汽余热资源区域能源自平衡，减少集中式能源网络传递、转换损失；采用小型化、模块化、可灵活并网或离网设备，开展余能驱动替代电制冷鼓风脱湿技术开发；以“区域能源自平衡”，实现钢铁多流耦合分布式能源系统的基础能源综合站逐步形成。

（5）源荷交互：外部城市、前工序、能源网为“源”，钢厂、后工序、单体设备为“荷”，研究“源荷交互”；对宝钢厂区主要用能负荷配置、输配管网结构、能介使用和生产工艺需求进行诊断，重在“源荷交互”；开发数据驱动和机理模型提升源侧与荷侧的相互响应与匹配能力，实现“源荷交互”；通过大系统、多维度的“源荷交互”，实现传统能源单向供能的灵活性柔性不足等问题的突破。

（6）极限能效：在前期多轮副产煤气、余热资源系统盘查的基础上，围绕多流耦合分布式能源系统构建以及智能制造新技术突破，开展副产煤气、余热资源又一轮基础盘查积累全厂数据和技术应用现状；开发工序极限能耗专项模型以及低碳节能技术路线图；以系统高能效、能源价值最大化为目标，对标极限能效；通过信息技术、高效设备技术、智慧控制等技术实现能源极限利用与余能深度回收。

## 13.4　钢铁能源系统低碳高能效架构模型

钢铁生产流程与分布式能源具有高度耦合性，针对内外环境快速变化新形势传统钢铁集中式能源系统平衡与匹配协调灵活性柔性不足问题，宝钢率先提出钢铁流程分布式能源理论：以可再生能源开发、清洁能源引入的多能互补优化钢铁冶金能源结构；以钢铁冶金流程中余能就地极限回收利用与区域平衡提升能源价值；以需求侧响应能力提升增强源荷互动能力；以多网互融数据驱动的网储一体优化扩大系统储能能力；以横向多能互补与纵向源网荷储加强系统可调整能力。其理论框架如图 13-2 所示。

该理论以提升能源系统对外交互与对内调整的柔性、灵活性以适应快速发展的内外环境变化为根本目标，以源网荷储的多维度互融为手段，从根本上促进钢铁工业绿色、低碳发展。基于此理论架构，钢铁冶金能源系统发展理念产生重大变革，即由单向向双向及网络化转变；由集中式向分散式转变；由单一源头向多源头转变。从而实现全面升级，建立新型冶金能源系统。

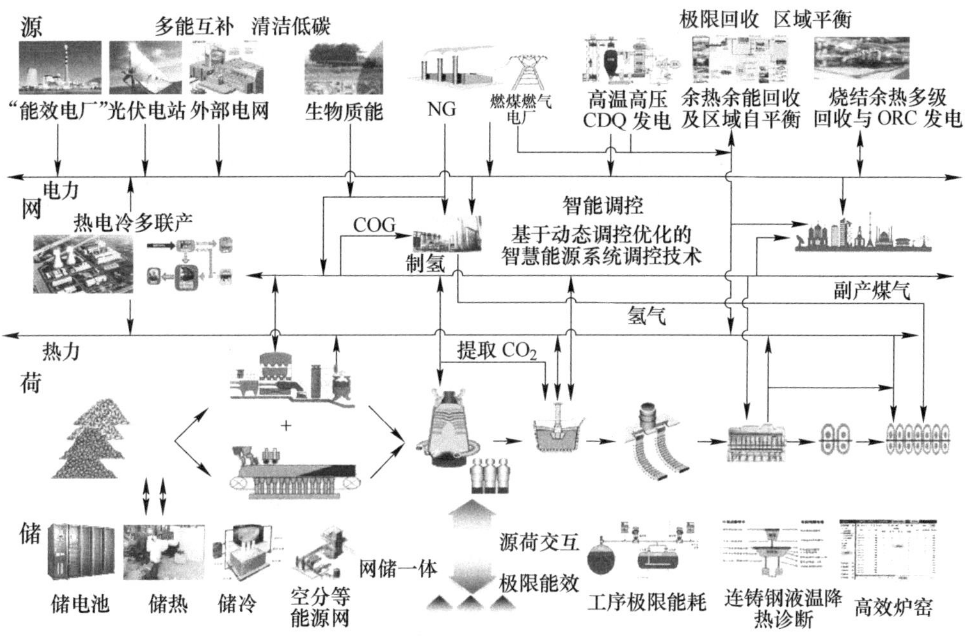


图 13-2 钢铁企业分布式能源理论框架

## 13.5 钢铁能源系统低碳高能效重构实践

中国钢铁工业能源结构中，煤炭依旧占有主要部分。因此，在限制煤炭消费总量和低碳发展（碳市场/碳交易）的整体形势下，在钢铁企业中发展分布式能源尤为重要。

按照 WADE 的分类，DES 可以分为当地的可再生能源、高效冷/热电联产、工业能量就地回收三项，这也是目前国内外较为认可的一种分类。DES 在钢铁企业中率先得到了广泛的应用，并且伴随着能源减量化、清洁化与低碳化的要求，变得越来越具有重要的意义。

以 WADE 的分类为基础，钢铁工业的分布式能源的形式可以分为三类，即：钢铁工业本地可再生能源、钢铁工业能量就地回收、钢铁工业冷/热电组合联产。

### 13.5.1 钢铁工业本地可再生能源

可再生能源是能源供应体系的重要组成部分，主要包括水能、风能、太阳能、生物质能、地热能和海洋能。钢铁工业利用可再生资源可以减少对不可再生煤炭资源的依赖。考虑到钢铁企业的特性，可考虑发展的有风能、太阳能、生物质能等。其中风能（如利用某些钢厂临江靠海，具有一定风力资源的优势）正在跟踪和探讨之中，这里不再讨论，以下主要介绍一下太阳能和生物质能的利用。

#### 13.5.1.1　钢铁厂太阳能开发

钢铁企业一般占地较广，同时拥有大量的厂房，具有发展屋面光伏发电的天然优势。图 13-3 为钢铁企业光伏发电结构示意图，通过安装在屋面的光伏组件转化光能为电能，然后通过汇流箱、逆变器、变压器、并网电气室并提供给钢铁厂内用户使用，就地消纳光伏电能。

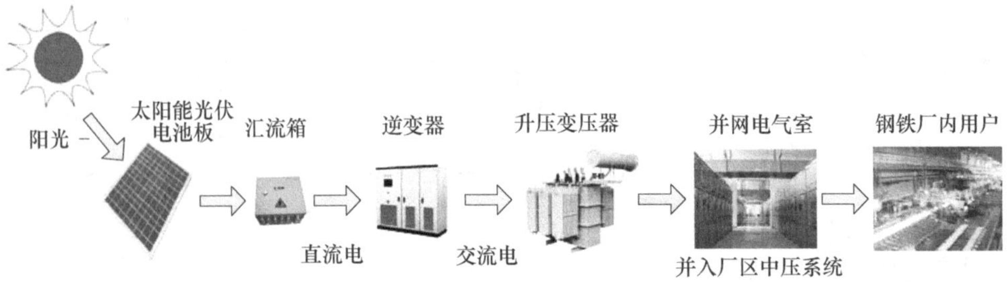


图 13-3　钢铁企业光伏发电结构示意图

宝钢股份金太阳光伏发电示范项目是利用宝钢闲置的建筑物屋顶建成的光伏发电站，电站总装机容量为 70MW，分为两期进行建设，其中一期工程 50MWp 于 2014 年初全部建设建成投运，在宝钢股份冷轧、热轧、厚板、钢管、汽车板、硅钢等 15 个区域约 102 万 $m^2$ 的屋顶上安装约 20 万块多晶硅光伏板，所发电力经逆变、升压后就近并入所在区域电力系统，所发电能供厂内用户直接使用。在一期成功投运的基础上，二期项目涉及屋顶面积约 34 万 $m^2$，安装约 8 万块多晶硅光伏板，电站总装机容量约 20MWp，于 2016 年 3 月底建成投产[10]。

在钢铁工业厂房屋面光伏发电方面，宝钢率先走在了前列，既顺应国家和地方发展的要求，也是企业本身发展清洁能源，成为打造“都市钢铁企业清洁能源示范基地”的重要组成部分。在宝钢股份宝山基地、梅山基地厂房屋面率先发展了光伏发电的应用，在钢铁行业中起到示范作用[10,11]。

与以上应用不同，钢铁厂除了太阳能发电的开发利用，还可以考虑太阳能光热的开发，如济钢在新建车间利用太阳能为浴室提供热源。

#### 13.5.1.2　生物质能开发与利用

生物质作为一种可再生资源，主要是指动物、植物和微生物通过生长和新陈代谢所产生的有机物质，包括农作物及农业有机剩余物、林木及林业有机剩余物、工业及社会生活有机废弃物等，是仅次于煤炭、石油和天然气之后的第四大能源，在整个能源系统中占有重要的地位。

在钢铁工业中，可利用的生物质能主要有本厂或社会的有机剩余物和废弃物。这个部分尚未在钢铁企业中推开，多数还处于实验室或小范围测试阶段，图13-4给出了钢铁工业生物质能开发技术路径图[10]。

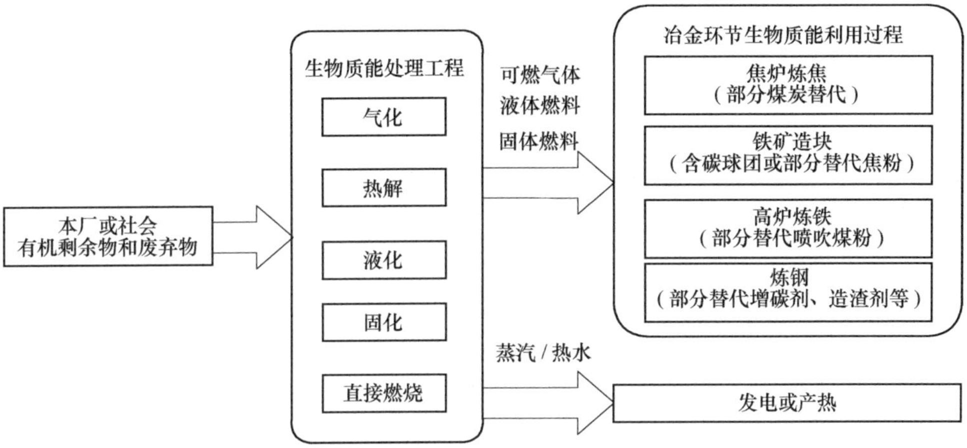


图 13-4 钢铁工业生物质能开发技术路径图

冶金行业具有发展生物质能源的典型便利条件，如利用冶金过程中的低温蒸汽和烟气，对生物质燃料进行烘干、焙烧；利用钢铁企业的加工制造能力和研发能力，进行生物质压制和气化；钢铁剩余产能用于生物质处理等。除了直接在钢铁生产环节中的利用之外，在钢铁厂中利用生物质能源进行发电或产热也具有重要的意义。应该说，目前生物质能在钢铁生产中的应用还基本处于研究或实验阶段，但从生物质能独有的特点以及国内外的研究结果来看，生物质能未来在钢铁生产中具有一定待开发潜力。

### 13.5.2 钢铁工业能量就地回收（余热、余压）

钢铁工业制造流程同时也是一个大规模能源循环系统，在构成该系统的内部各工序之间进行复杂的能量消耗、转换、再生和输送。由于钢铁联合企业具有很强的热特征，从而产生大量的余能，并主要是以余热的形式体现。

在钢铁工业中余能回收是节能的一项主要工作。钢铁工业余能资源指钢铁生产过程中某一工艺系统排出的未被利用的能量，包括余热和余压。其中，余热指工艺过程中未被利用而排放到周围环境中的热能，按载热体形态的不同，分为固态载体余热（如焦炭、炉渣、烧结矿、球团矿和连铸坯）、液态载体余热（如冷却水、冷凝水）和气态载体余热（如高炉、焦炉、转炉煤气、废烟气和蒸汽）；余压指工艺设备排出的有一定压力的流体，按载体形态的不同分为气态余压（如高炉炉顶余压）和液态余压（如循环冷却水余压）。表13-1给出的统计表，基本上涵盖了钢铁工业的主要余能资源。

**表 13-1　钢铁工业已回收余热余压资源及利用途径**

| 工序 | 余热余压资源 | 种类 | 回收利用设施 | 主要利用途径 | 普及率 |
|---|---|---|---|---|---|
| 焦化 | 焦炭 | 固态余热 | 余热锅炉 | 发电 | 高 |
| | 焦炉煤气 | 气态余热 | 燃烧、作为化工原料 | 供生产、发电、化工产品 | 高 |
| | 烟道气 | 气态余热 | 换热器或直接利用 | 供生产或煤调湿 | 低 |
| | 初冷水 | 液态余热 | 换热器 | 采暖 | 低 |
| 烧结 | 烧结矿 | 固态余热 | 余热锅炉或直接利用 | 供生产、发电 | 高 |
| | 烧结烟气 | 气态余热 | 余热锅炉、换热器 | 供生产、发电 | 低 |
| 球团 | 球团矿 | 固态余热 | 直接利用 | 供生产 | 高 |
| | 烟气显热 | 气态余热 | 热管换热器 | 供生活 | 低 |
| | 冷却水 | 液态余热 | 汽化冷却装置 | 替代水冷方式 | 低 |
| 炼铁 | 高炉煤气 | 气态余热 | 燃烧 | 供生产、发电 | 高 |
| | | 气态余压 | TRT（BPRT①） | 发电（回收能量） | 高 |
| | 热风炉烟气 | 气态余热 | 换热器 | 助燃空气、预热煤气 | 中 |
| | 高炉冲渣水 | 液态余热 | 换热器 | 采暖或预热煤气 | 低 |
| 炼钢 | 转炉烟气 | 气态余热 | 汽化冷却装置 | 供生产、发电 | 高 |
| | 转炉煤气 | 气态余热 | 燃烧 | 供生产、发电 | 高 |
| 轧钢 | 连铸坯 | 固态余热 | 直接利用 | 热装热送 | 高 |
| | 加热炉烟气 | 气态余热 | 蓄热式燃烧装置 | 降低燃耗 | 中 |
| | 冷却水 | 液态余热 | 汽化冷却装置 | 替代水冷方式 | 中 |
| 动力 | 锅炉排烟 | 气态余热 | 换热器 | 助燃空气或预热给水 | 高 |
| | 空压机余热 | 气态余热 | 换热器 | 供生活 | 低 |
| | 循环冷却水 | 液态余压 | 水轮机 | 替代电机 | 低 |
| | | 液体余热 | 换热器 | 采暖 | 低 |

① BPRT：Blast Furnace Power Recovery Turbine，高炉鼓风能量回收机组。

#### 13.5.2.1　余热能量回收

在钢铁工业余能中，主要是以余热形式存在。高效回收利用余热资源是现在和未来钢铁工业节能的主攻方向，主要是回收钢铁工序中产生的显热。

近年来余热回收得到了飞速地发展，国内先进钢厂主要高品质与低品质余热都已经进行了有效的回收和利用，如干熄焦技术、高炉煤气干法除尘、转炉煤气干法除尘、炼焦煤调湿和烧结余热回收等典型的钢铁企业余热回收技术等；并正在进一步根据“源头减量、逐级回收、温度对口、梯级利用”基本原则开展低品位余热综合梯级利用工作，进行发电、热水、供热等方面利用和建立示范项目。

#### 13.5.2.2 余压能量回收

在钢铁工业中，余压的能量回收主要是指高炉顶吹余压发电，也就是TRT。据统计目前90%以上大型高炉配备有干式TRT。

除此之外，利用钢厂低压蒸汽在减温减压处理过程中的能量收集也是一种重要的余压回收方式，如低压蒸汽差压发电技术，利用螺杆膨胀动力机回收蒸汽的势能做功发电，该技术能有效回收低品位能源处理过程中损失的能量。

### 13.5.3 钢铁工业高效冷/热/电联产

对钢铁企业在生产冶炼过程中需要消耗大量的电力和蒸汽，同时存在一定冷需求，具有天然的发展冷/热电联产的优势。根据具体应用环境的需求，在冷负荷、热负荷和电负荷进行组合，相对于传统的单纯发电方式，具有高效、经济的优势。冷/热电联产，也称为冷、热、电三联供是将制热（包括供蒸汽/供热水）、制冷及发电过程集成化的能量系统。其最大的特点就是对不同品质的能量进行梯级利用，温度比较高的、具有较大可用能的热能用来发电，而发电后的低品位蒸汽用于工业生产或制冷，同时将汽轮发电机冷凝器的废热用于供暖和供应生活热水[12,13]。

对于只产生电和热的情况，也就是热电联产已经在钢铁工业中得到了广泛的应用。燃气蒸汽联合循环发电机组（CCPP）及抽汽凝汽式热电机组均属于热电联产的范畴，CCPP的装机容量从50~300MW，热电机组的装机容量最大也达到300MW，在一定程度上实现了能源的梯级利用。再如，遵循分布式能源梯级利用理念，在高炉区域内建设高炉汽动鼓风及热电联产装置，能够实现高炉煤气就地转化及热能的梯级利用，形成区域性热能利用系统。

钢铁企业的工艺冷却及企业的办公楼和车间操作室存在一定的冷量需求，根据实际情况在靠近用户侧建立热、电、冷三联产循环系统或者热、冷联产系统，结合现场余热资源及热负荷、冷负荷的具体情况，采用热泵技术、吸收式制冷技术、喷射制冷技术在内的热电冷联产技术以提高系统能源利用效率。如根据区域分布式利用原则，在高炉区域可利用高炉冲渣水余热驱动吸收式制冷机，作为高炉鼓风脱湿系统的冷源；在焦化区域可利用焦炉煤气或干熄焦蒸汽驱动吸收式制冷机，作为焦炉煤气净化工艺冷源；利用焦炉、烧结、热风炉等中低温烟气驱动制冷机组。

值得指出的是，天然气发电是“十三五”规划期间，国家重点发展的清洁能源。在国家能源发展“十三五”规划中，明确提出，将天然气消费比重力争达到10%。在钢铁工业中，天然气除了作为加热炉的燃料之外，还可以应用于发展分布式天然气三联供。以天然气为主要燃料带动燃气轮机、微燃机或内燃机发电机等燃气发电设备运行，产生的电力供应用户的电力需求，系统发电后排出的余热通过余热回收利用设备（余热锅炉或者余热直燃机等）向用户供热、供冷。通过这种方式大大提高整个系统的一次能源利用率，实现了能源的梯级利用。还可以提供并网电力作能源互补，整个系统的经济收益及效率均相应增加。系统总能源转换效率可达80%以上（发电效率+余热利用效率）。

### 13.5.4　多种分布式能源并入的钢铁能源系统

大量分布式能源的开发与利用，势必会对钢铁工业的能源系统带来新的变化，形成更加复杂且灵活的多源并入与多能互补的局面。对钢铁企业能源系统的全局系统优化既是机遇又是挑战[14~16]。

#### 13.5.4.1　分布式能源的多源并入与多能互补

分布式能源并网，分别以电的形式并入企业电网、以蒸汽或热水形式并入企业热网（蒸汽网、热水网），以冷（水）的形式并入企业区域冷网。对原有能源系统是一个新的变动影响因素，从系统安全而言，这种影响是双方面的，一方面实现了多能互补和一定的系统备用，另一方面分布式微（能）网自身的安全也会给系统带来影响，也就是说，带来一定灵活性的同时又对原有能源网络提出新的要求。需要能源主网络具有一定的“强壮性”来消纳分布式能源并入带来的系统能源流的变化及扰动。这就需要在钢铁企业能源系统设计、建设与运行中，充分考虑分布式能源的多源并入与多能互补的各种可能性，为安全、可靠、经济的分布式能源并网创造有利条件。

#### 13.5.4.2　能源管控中心功能提升

钢铁企业是能源消耗大户也是碳排放大户。然而社会和工业的发展都要求可持续性，要求绿色、低碳、环保以及能源的高利用率和再生循环利用。因此，能源管理系统一直是钢铁企业多年来不断探讨的课题和持续建设的项目。传统钢铁企业能源管控中心的主要功能以监视、人工在线控制与调整为主，已经无法完全适应新形势下对能源的管理和要求。在新的形势下，能源网络的管控将更加复杂，需要进一步建设能源智能管控中心，以数据的实时在线采集与监视为基础，以预测控制、优化控制等高级应用为手段，提升智能化管理/管控水平[17]。

能源管理不仅仅是一种信息化系统和平台软件，更应该作为“能源网络”进行智慧设计和建设、管理，对能源的可持续性、可循环性利用通过全网设计和全网优化的理念来进行管理、实现和完成。《能源发展“十三五”规划》提出，要主动适应、把握和引领新常态，全面推进能源生产和消费革命，努力构建清洁低碳、安全高效的现代能源体系。打造高水平的能源管理体系则成为提高能源管理水平的重要手段。

新的形势迫切需要大力提升能源管控中心的智能化水平，以新一代能源管控中心作为整个智慧/智能能源系统的运行与指挥中枢，以安全供能、节能降本和环境保护为目标，全局优化在线管控整个钢铁企业能源系统。

#### 13.5.4.3 储能/蓄能技术发展

在现有的钢铁能源系统中，煤气系统中的“煤气柜”作为煤气缓冲与储存装置，在系统中可以视为储能（蓄能）设备，这是钢铁工业能源系统中的最为重要的蓄能设施；蒸汽系统中，蒸汽蓄能器也是一种重要的蓄能装置；再如压缩空气及氧氮氩系统中的储气罐，以及以水为载能体的蓄热/水罐等。这些现有的储能/蓄能设施对减少能源介质放散，降低用能成本和系统优化调整意义非常重大[18]。

在分布式能源的大量并入的环境下，需要大力发展储能技术应用，尤其是电储能技术的工业应用需要获得大力突破，使得各能源网络内部及之间的耦合由“刚性”逐步“柔化”。分布式能源的发展需要在钢铁企业内部能源网络中配置更多的储能/蓄能设施，从而为全网的更经济、更安全、更智能的优化提供必要条件和可能。

## 13.6 本章小结

分布式能源开发具有巨大的优势，钢铁工业作为高耗能的工业，在其能源系统建设中，已经或正在开发有大量的包括可再生能源、余能及冷/热电联产在内的分布式能源。

关于分布式能源的开发，钢铁工业在整个工业领域中走在了前列。钢铁工业分布式能源梯级利用的核心在于高效、灵活、靠近用户，重点强调“分布式”，积极关注实际效益，寻求资源代价、环境代价和资金代价最低，经济效益和社会效益最佳的项目作为重点实施对象。

应该指出的是，分布式能源对钢铁工业而言，并非是一种全新的技术或能源利用方式，更多的是以一种新的视角，新的理念，从理论高度，系统重构方面以能源互联网/智慧能源网的思维来重新审视、再思考和全局优化钢铁企业的能源系统，最终形成更安全、更经济、更环保、更智能/智慧的新一代钢铁企业能源系统，率先引领工业企业进入智慧制造（能源）时代。可以预见，伴随着技术的进步和新的能源形势（限煤/低碳），未来分布式能源在钢铁企业中将获得更大的应用。

## 参 考 文 献

[1] 宋英华，张敏吉，肖钢．分布式能源综述［M］．武汉：武汉理工大学出版社，2011.
[2] 徐建中，邓建玲．分布式能源定义及其特征［J］．华电技术，2014，36（1）：3~5.
[3] 刘易霖．基于 ORC 的分布式能源系统的优化研究［D］．贵州：贵州大学，2018.
[4] 苏杨．分布式能源投资模式及综合效益研究［D］．北京：华北电力大学，2018.
[5] 首钢京唐钢铁联合有限责任公司．冶金企业智慧能源体系的构建［J］．冶金管理，2018（4）：38~44.
[6] 李杰．工业大数据［M］．北京：机械工业出版社，2016.
[7] 魏子清，陈旭东，魏俊卿．钢铁能源管理系统发展现状与展望［J］．冶金能源，2017，36（S2）：8~9.
[8] 管晓宏．信息物理融合能源系统［M］．北京：科学出版社，2016.
[9] 周佃民．钢铁企业智慧能源研究［C］//中国金属学会．第十一届中国钢铁年会论文集——S15. 能源与环保．中国金属学会：中国金属学会，2017：6.
[10] 周佃民．钢铁工业分布式能源及其在宝钢的开发实践［C］//中国金属学会．第十一届中国钢铁年会论文集——S15. 能源与环保．中国金属学会：中国金属学会，2017：4.
[11] 周佃民．分布式能源在钢铁工业中的应用［J］．冶金能源，2017，36（S1）：1~5.
[12] 刘梦男．新建燃煤热电联产项目的碳减排量化分析［D］．邯郸：河北工程大学，2016.
[13] 李冰．我国钢铁工业热电联产现状及发展［J］．中国钢铁业，2013（11）：19~22.
[14] 何世文．分布式能源技术在钢铁工业应用的现状与前景［J］．冶金动力，2018（12）：28~30，35.
[15] 吴礼云，梁高林，凌晨，等．分布式与集中式智慧能源管控系统在大型钢铁企业中的应用［J］．冶金动力，2017（11）：7~10.
[16] 熊超，程小矛．分布式能源梯级利用——钢铁工业“十二五”节能的重要方向［J］．冶金经济与管理，2011（6）：9~11.
[17] 盛春阳．基于数据的钢铁企业二次能源系统预测方法及应用［D］．大连：大连理工大学，2014.
[18] 张永丽．承德钢铁公司能源系统优化管理研究［D］．秦皇岛：燕山大学，2013.

# 附录 钢铁生产工序中典型纯物质热力学的回归公式

| 物质成分 | 拟合函数关系/$J \cdot mol^{-1}$ | 适用温度范围/K |
|---|---|---|
| $Fe_2O_3$ | $y = 0.0049x^2 + 136.62x - 43865$ | 298 ~ 4000 |
| $Fe_3O_4$ | $y = 207.56x - 63379$ | 298 ~ 1870 |
| | $y = 1.0742x^2 - 3976x + 4 \times 10^6$ | 1870 ~ 2000 |
| $Fe_{0.947}O$ | $y = 56.305x - 17992$ | 298 ~ 1650 |
| | $y = 65.84x - 43865$ | 1650 ~ 2000 |
| FeS | $y = -0.0088x^2 + 80.526x - 22469$ | 298 ~ 1465 |
| | $y = 62.551x + 19103$ | 1465 ~ 3000 |
| $CaCO_3$ | $y = 0.0204x^2 + 82.871x - 26686$ | 298 ~ 2000 |
| $MgCO_3$ | $y = 0.0326x^2 + 68.439x - 23858$ | 298 ~ 1500 |
| CaO | $y = 53.767x - 18528$ | 298 ~ 2888 |
| | $y = 83.091x - 25518$ | 2888 ~ 6000 |
| MgO | $y = 54.18x - 20240$ | 298 ~ 3098 |
| | $y = 84x - 30649$ | 3098 ~ 5100 |
| $SiO_2$ | $y = 69.622x - 23897$ | 298 ~ 1996 |
| | $y = 85.772x - 44679$ | 1996 ~ 3000 |
| $Al_2O_3$ | $y = 127.18x - 45625$ | 298 ~ 2327 |
| | $y = 191.82x - 76295$ | 2327 ~ 4000 |
| MnO | $y = 0.0037x^2 - 46.318x - 14504$ | 298 ~ 2058 |
| | $y = 60.668x + 27122$ | 2058 ~ 3000 |
| $P_2O_5$ | $y = 0.05x^2 + 97.987x - 34310$ | 298 ~ 1100 |
| CO | $y = 0.0006x^2 + 32.693x - 11058$ | 298 ~ 6000 |
| $CO_2$ | $y = 0.0012x^2 + 53.658x - 19630$ | 298 ~ 7600 |
| $H_2$ | $y = 0.0014x^2 + 28.191x - 8872.6$ | 298 ~ 5000 |
| $H_2O(g)$ | $y = 0.0050x^2 + 31.573x - 10173$ | 298 ~ 2800 |
| $CH_4$ | $y = 0.0178x^2 + 32.953x - 12237$ | 298 ~ 2000 |
| $H_2S$ | $y = 0.0077x^2 + 29.372x - 9436.6$ | 298 ~ 1800 |

续附录

| 物质成分 | 拟合函数关系/J · mol$^{-1}$ | 适用温度范围/K |
|---|---|---|
| $O_2$ | $y = 0.0012x^2 + 32.443x - 10595$ | 298 ~ 4500 |
| $N_2$ | $y = 0.0021x^2 + 27.865x - 8493.3$ | 298 ~ 2500 |
| Fe | $y = -1.0 \times 10^{-5}x^3 + 0.0411x^2 - 0.505x - 3208.7$ | 298 ~ 1809 |
| | $y = 46x - 12658$ | 1809 ~ 3158 |
| C | $y = 0.0011x^2 + 19.533x - 7994.8$ | 298 ~ 4765.3 |
| Si | $y = 0.0027x^2 + 20.763x - 6516.4$ | 298 ~ 1685 |
| | $y = 27.196x + 40368$ | 1685 ~ 3504 |
| P | $y = -0.0004x^2 + 27.347x - 7825.9$ | 298 ~ 2000 |
| S | $y = 0.073x^2 - 21.313x - 130$ | 298 ~ 388 |
| | $y = 0.0785x^2 - 31.212x - 4547.5$ | 388 ~ 440 |
| | $y = -0.0203x^2 + 59.179x - 6441.7$ | 440 ~ 710 |
| Mn | $y = 5.0 \times 10^{-6}x^3 + 0.0002x^2 + 27.151x - 8357.6$ | 298 ~ 1519 |
| | $y = 46.024x - 7782.6$ | 1519 ~ 2335 |

| 物质成分 | 拟合函数关系/kJ · mol$^{-1}$ | 适用温度范围/K |
|---|---|---|
| $TiO_2$(1) | $y = 0.07579x - 26.9552$ | 298 ~ 2143 |
| | $y = 0.08786x + 17.2555$ | 2143 ~ 3000 |
| $TiO_2$(2) | $y = 0.07279x - 23.65315$ | 298 ~ 2000 |
| $Na_2O$ | $y = 0.08662x - 27.3427$ | 298 ~ 1023 |
| | $y = 0.09714x - 35.4891$ | 1023 ~ 1243 |
| | $y = 0.09914x - 26.03119$ | 1243 ~ 1405 |
| | $y = 0.1046x + 14.0018$ | 1405 ~ 2223 |
| $K_2O$ | $y = 0.10298x - 33.06162$ | 298 ~ 1154 |
| $FeS_2$ | $y = 0.07486x - 23.21297$ | 298 ~ 1016 |
| ZnO | $y = 0.05462x - 18.99859$ | 298 ~ 2243 |
| CuO | $y = 0.05665x - 18.81524$ | 298 ~ 1359 |
| $PbO_2$ | $y = 0.07572x - 23.87575$ | 298 ~ 1200 |